In rund 350 Einträgen erschließt dieses Nachschlagewerk das theologische Wissen und vermittelt den Diskussionsstand der Theologie heute. Schnell und zuverlässig kann sich der Leser über Grundlagen wie über einzelne Themenfelder informieren. Was genau ist unter Erlösung zu verstehen, was unter Sünde, was bedeutet das Bilderverbot, was ist eine Synode, was meint der Begriff Transzendenz? Präzise und allgemein verständlich sind aber auch die großen Weltreligionen in Überblicksartikeln berücksichtigt, werden Begriffe wie Holocaust, Feministische Theologie oder Astralmystik erläutert. Wer sich über Theologie informieren will, findet hier übersichtliche und leicht zugängliche Orientierung.

Matthias Viertel, geb. 1952, Dr. phil. und Theologe. Als Pastor war er Referent der norddeutschen Kirchen beim NDR, von 1996 bis 2005 Direktor der Evangelischen Akademie Hofgeismar.

Matthias Viertel (Hrsg.)

Grundbegriffe der Theologie

Deutscher Taschenbuch Verlag

Originalausgabe
Dezember 2005
© Deutscher Taschenbuch Verlag GmbH & Co. KG,
München
www.dtv.de
Das Werk ist urheberrechtlich geschützt.
Sämtliche, auch auszugsweise Verwertungen bleiben vorbehalten.
Umschlagkonzept: Balk & Brumshagen
Umschlaggestaltung: unter Verwendung des Gemäldes »Hieronymus«
von Gabriel M. Mamougiorgis
Redaktion und Satz: Lektyre Verlagsbüro
Olaf Benzinger, Germering
Druck und Bindung: Druckerei C. H. Beck, Nördlingen
Gedruckt auf säurefreiem, chlorfrei gebleichtem Papier
Printed in Germany · ISBN 3-423-34256-0

Inhalt

Vorwort

In seiner *Philosophie des Stattdessen* (Stuttgart 2001) schreibt Odo Marquard: »Die Begriffsgeschichte befreit Begriffe aus dem Gefängnis ihrer Definition und aus dem Zuchthaus der Statuseindeutigkeiten: das Historische entdomestiziert das nur noch Systematische zum Lebendigen.« Vor diesem Hintergrund muss jeder Versuch eines Wörterbuchs sich als ein hermeneutisches Projekt verstehen, das darum bemüht ist, die Darstellung der historischen Entwicklung eines Begriffs dafür zu nutzen, Verständnis für dessen innere Lebendigkeit zu erzeugen. Gerade die kurzen und vermeintlich präzisen Definitionen stehen doch immer in der Gefahr, die schillernde Ambivalenz der Sachzusammenhänge und Traditionen, die sich nur widerwillig in den Mantel eines Begriffs hüllen lassen, unzulässig zu vereinfachen.

Das mag insbesondere für ein Wörterbuch gelten, das in überschaubarer Weise Begriffe der Theologie erklären soll, die zum Teil den Status einer Fachsprache erlangt haben und ihren einstigen Sitz im Leben längst einbüßen mussten. Der erzählende Charakter und die historische Dimension der Termini, die in einer nunmehr 2000jährigen Geschichte gleichermaßen die christliche Kultur geprägt haben, wie sie von ihr geprägt worden sind, sollten deshalb in dem vorliegenden Wörterbuch nicht zugunsten prägnanter »Übersetzungen« geopfert werden. Dies gilt umso mehr, als bei dtv bereits ein *Wörterbuch Kirchengeschichte* erschienen ist, das sich gleichwohl auf Begriffe aus der Disziplin der Kirchengeschichte konzentriert, ohne damit die historische Dimension auch für die anderen theologischen Disziplinen ersetzen zu können.

Das Anliegen, die Sprache der Theologie allgemein verständlich zu machen, ihr wieder eine Aufmerksamkeit zu verschaffen, die über Kreise der Fachtheologen hinausgeht, stößt indes auf einige Probleme. Zum einen ist es eine Frage der Abgrenzung: Theologie wird hier als Wissenschaft von den Glaubensinhalten der christlichen Religion verstanden. Demgegenüber gilt zu vermerken, dass auch andere, nichtchristliche Religionen den Begriff der Theologie kennen, *Grundbegriffe der Theologie* müssten folglich streng genommen auch die Gesichtspunkte beispielsweise des Islam oder des Judentums berücksichtigen.

Darüber hinaus ist die Anfrage berechtigt, ob nicht im Zuge der immer bedeutsamer werdenden Bereitschaft zum interreligiösen Dialog jede Darstellung theologischer Vorstellungen nur noch aus einer dialogischen Perspektive zu leisten wäre, die religionswissenschaftliche Betrachtungen zumindest bedenkt? In dieser Zielsetzung stellt sich zum anderen aber das Problem der Quantität. Allein die christliche Theologie bietet mit ihren Einzeldisziplinen eine derart umfassende Fülle, die in einem einbändigen Wörterbuch kaum zu bewältigen ist. Die Autoren dieses Wörterbuchs haben sich deshalb auf eine Darstellung christlich relevanter Begriffe beschränkt, ohne dabei die Notwendigkeit zu einer dialogischen Perspektive ausklammern zu wollen.

Nicht minder problematisch zeigt sich auch in dieser Perspektivwahl die Zusammenstellung der behandelten Stichworte. Auf den ersten Blick mag es verwunderlich erscheinen, zwar Artikel zu Begriffen wie »Astralmystik«, »Geld«, »Tanz«, aber auch »Holocaust« zu finden, andere wie beispielsweise »Erbsünde« oder »Scholastik« jedoch vergeblich zu suchen. Zum einen erklärt sich das daraus, dass auf Begriffe, die bereits in dem *Wörterbuch Kirchengeschichte* dargestellt sind, hier weitgehend verzichtet werden konnte; zum anderen gibt sich in dieser Auswahl aber auch das Anliegen zu erkennen, mit den Stichworten die Formulierungen zu wählen, die auf eine Alltagssprache verweisen und überdies mit einer gewissen Relevanz in der aktuellen Diskussion rechnen dürfen – Begriffe also, die zu Beginn des dritten Jahrtausends besondere Beachtung finden.

Diese Auswahl ist subjektiv und lässt hier und dort vielleicht den Eindruck entstehen, dass etwas Wichtiges fehlt, anderes wiederum durchaus hätte eingespart werden können. Demgegenüber war bei der Auswahl der Stichworte die Zielgruppe, an die sich das Wörterbuch richtet, nicht unerheblich: Es sind diejenigen, die sich für Fragen der christlichen Lebensgestaltung interessieren, die der kulturellen Bedeutung der christlichen Religion nachspüren wollen, ohne dabei als Experten zu gelten. Grundlegend für die Konzeption des Wörterbuchs mögen die Erfahrungen aus der Arbeit der Evangelischen Akademie sein, die seit nunmehr über 50 Jahren als Ort der Vermittlung steht und dabei immer bemüht ist, unabhängig von konfessionellen Grenzen und religiösen Zugehörigkeiten die Fragen des Lebens aus christlicher Perspektive zu deuten.

Ohne den Anspruch wissenschaftlicher Genauigkeit aufzugeben, liegt das Proprium doch darin, Theologie greifbar und begreifbar zu machen. Aus diesem Grund sind auch die Wörter aus anderen Sprachen sozusagen »unwissenschaftlich« buchstabiert, wie man sie spricht. Wörter, deren Betonung schwer ersichtlich scheint, haben bei der ersten Nennung einen Akzent erhalten.

Nicht zuletzt sei die Schwierigkeit der konfessionellen Ausrichtung erwähnt, die bei *Grundbegriffen der Theologie* zwangsläufig immer wieder auftaucht. Die Beiträge sind in ökumenischer Verantwortung geschrieben, ohne dabei im Einzelnen persönlichen Standpunkten ausweichen zu können. Dieser persönliche Zugang, der in der Theologie unabdingbar ist, auch wenn es sich um ein Wörterbuch handelt, erweist sich dabei schon im Stil der Darstellung. Die Tatsache, dass verschiedene Autorinnen und Autoren an dem Wörterbuch mitgewirkt haben, konnte und sollte nicht einer stilistischen Harmonisierung geopfert werden; insofern sind die einzelnen Beiträge trotz aller Bemühungen um sachliche Eindeutigkeit und wissenschaftliche Genauigkeit zugleich auch Zeugnisse eines persönlichen Zugangs zum Glauben, ohne den *Grundbegriffe der Theologie* zu einer leblosen Hülle geraten, die dem Anspruch der Theologie, Wissenschaft von Glaubensinhalten zu sein, nicht gerecht werden könnte.

Hofgeismar, im Sommer 2005   Matthias Viertel

Verzeichnis häufig erwähnter Personen, Konzile und Konferenzen

Flavius Josephus	(37/38– ca. 100)
Clemens von Alexandrien	(† um 215)
Origenes	(185–253/54)
Aurelius Augustinus	(354–430)
Johannes Chrysostomos	(354–407)
Anselm von Canterbury	(1033–1109)
Hildegard von Bingen	(1098–1179)
Petrus Lombardus	(† um 1160)
Thomas von Aquin	(1225–1274)
Martin Luther	(1483–1546)
Ignatius von Loyola	(1491–1556)
Johann Calvin	(1509–1564)
Immanuel Kant	(1724–1804)
Friedrich D. E. Schleiermacher	(1768–1834)
Ludwig Feuerbach	(1804–1872)
Sören Kierkegaard	(1813–1855)
Rudolf Bultmann	(1884–1976)
Paul Tillich	(1886–1965)
Karl Barth	(1886–1968)
Karl Rahner	(1904–1984)
Dietrich Bonhoeffer	(1906–1945)

Konzil von Nicäa	(325)
Konzil von Konstantinopel	(381)
Konzil von Ephesus	(431)
Konzil von Chalkedon	(451)
Konzil von Konstantinopel	(553)
Morgenländisches Kirchenschisma	(1054)
Konstanzer Konzil	(1414–1418)
Augsburger Konfession (Confessio Augustana)	(1530)
Schmalkaldischer Bund	(1531–1546)
Nürnberger Anstand	(1532)
Trienter Konzil (Tridentinum)	(1545–1563)
Augsburger Religionsfriede	(1555)
Reichsdeputationshauptschluss	(1803)
I. Vatikanisches Konzil	(1869–1870)
Barmer Theologische Erklärung	(1934)
Stuttgarter Schuldbekenntnis	(1945)
II. Vatikanisches Konzil	(1962–1965)
Konvergenzerklärung von Lima	(1982)

Abkürzungsverzeichnis

I. Biblische Bücher und außerkanonische Schriften

a) Altes Testament

Gen	Genesis (= 1. Buch Mose)
Ex	Exodus (= 2. Buch Mose)
Lev	Leviticus (= 3. Buch Mose)
Num	Numeri (= 4. Buch Mose)
Dtn	Deuteronomium (= 5. Buch Mose)
Jos	Josua
Ri	Richter
1Sam	1. Samuel
2Sam	2. Samuel
1Kön	1. Könige
2Kön	2. Könige
Jes	Jesaja
DtJes	Deuterojesaja
Jer	Jeremia
Ez	Ezechiel
Hos	Hosea
Jo	Joel
Am	Amos
Ob	Obadja
Jon	Jona
Mi	Micha
Nah	Nahum
Hab	Habakuk
Zeph	Zephanja
Hag	Haggai
Sach	Sacharja
Mal	Maleachi
Ps(s)	Psalm(en)
Spr	Sprüche
Hi	Hiob
Hhld	Hohes Lied
Ruth	Ruth
Klgl	Klagelieder
Pred	Prediger
Est	Ester
Dan	Daniel
Esr	Esra
Neh	Nehemia
Weish	Weisheit Salomos
1Chr	1. Chronik
2Chr	2. Chronik

b) Neues Testament

Mt	Matthäus(evangelium)
Mk	Markus(evangelium)
Lk	Lukas(evangelium)
Joh	Johannes(evangelium)
Act	Acta Apostolorum (Apostelgeschichte)
Röm	Brief an die Römer
1Kor	1. Brief an die Korinther
2Kor	2. Brief an die Korinther
Gal	Brief an die Galater
Eph	Brief an die Epheser
Phil	Brief an die Philipper
Kol	Brief an die Kolosser
1Thess	1. Brief an die Thessalonicher
2Thess	2. Brief an die Thessalonicher
1Tim	1. Brief an Timotheus
2Tim	2. Brief an Timotheus
Tit	Brief an Titus
Phlm	Brief an Philemon
Hebr	Brief an die Hebräer
Jak	Jakobusbrief
1Petr	1. Petrusbrief
2Petr	2. Petrusbrief
1Joh	1. Johannesbrief
2Joh	2. Johannesbrief
3Joh	3. Johannesbrief
Jud	Judasbrief
Apk	Apokalypse
(Offb.)	(Offenbarung des Joh)

c) außerkanonische Schriften

AddDan	Zusätze zu Daniel
AddEst	Zusätze zu Ester
Ahiq	Ahiqar
ApkAbr	Abraham-Apokalypse
ApkEl	Elia-Apokalypse
ApkEsr	Esra-Apokalypse
ApkMos	Mose-Apokalypse
ApkSedr	Sedrach-Apokalypse
ApkZeph	Zephanja-Apokalypse
ApokrEz	Ezechiel-Apokryphon
Arist	Aristeasbrief
AristEx	Exeget Aristeas
Aristob	Aristobulos
Artap	Artapanos
AscJes	Ascensio Jesajae

Ass Mos	Assumptio Mosis		Ev Maria	Evangelium nach Maria Ez-
Bar	(1.) Baruch		Trag	Tragiker Ezechiel
2Bar	2. (syrischer) Baruch		1Hen	1. (äthiopischer) Henoch
3Bar	3. (griechischer) Baruch		2Hen	2. (slawischer) Henoch
4Bar	(4.) ParJer		3Hen	3. (hebräischer) Henoch
Dem	Demetrios		Jdt	Judit
Did	Didache		Jub	Jubiläenbuch
EpJer	Epistula Jeremiae		1Makk	1. Makkabäer
3Esr	3. Esra		2Makk	2. Makkabäer
4Esr	4. Esra		3Makk	3. Makkabäer
Eup	Eupolemos		4Makk	4. Makkabäer

II. Allgemeine Abkürzungen

aO	am angegebenen Ort		bez.	bezeichnet
Abb.	Abbildung(en)		BGB	Bürgerliches Gesetzbuch
Abh.	Abhandlung(en)		bibl.	biblisch
Abk.	Abkürzung		Bibliogr.	Bibliographie
Adj.	Adjektiv		bibliogr.	bibliographisch
äg.	ägyptisch		Biogr.	Biographie
ahd.	althochdeutsch		bspw.	beispielsweise
Akk.	Akkusativ		byz.	byzantinisch
akkad.	akkadisch		bzgl.	bezüglich
allg.	allgemein		CA	Confessio Augustana
amer.	amerikanisch		ca.	circa
ammon.	ammonitisch		ChrG	Chronistisches
amor.	amoritisch			Geschichtswerk
anglik.	anglikanisch		christl.	christlich
Anm.	Anmerkung		CG	Christengemeinschaft
Ann.	Annalen		CIC	Codex Juris Canonici
AO	Alter Orient		d.Gr.	der Große
ao.	altorientalisch		d.Ä.	der Ältere
Apokr.	Apokryphen		d.i.	das ist
apokr.	apokryph		d.J.	der Jüngere
App.	Apparat		DBK	Deutsche Bischofskonferenz
arab.	arabisch		DDR	Deutsche Demokratische
aram.	aramäisch			Republik
Art.	Artikel		DEK	Deutsche Evangelische
ass.	assyrisch			Kirche
AT	Altes Testament		ders.	derselbe
äth.	Äthiopisch		dgl.	dergleichen, desgleichen
atl.	alttestamentlich		Did	Didache
Aufl.	Auflage		Diöz.	Diözese(n)
Aufs.	Aufsatz/Aufsätze		Diss.	Dissertation
bab.	babylonisch		dt.	deutsch
Bd(e).	Band/Bände		dtn.	Deuteronomisch
Bearb.	Bearbeiter/Bearbeiterin		Dtr	Deuteronomist
bearb.	bearbeitet		dtr.	deuteronomistisch
Beih.	Beiheft(e)		DtrG	Deuteronomistisches
bes.	besonders			Geschichtswerk
betr.	betreffen(d)		E	Elohist
Bez.	Bezeichnung		ebd.	ebenda

ed.	edito, herausgegeben von, edited by	hschr.	handschriftlich
edom.	edomitisch	i. allg.	im allgemeinen
EG	Evangelisches Gesangbuch	i.j.	im Jahre
		ibd.	ebenda
ehem.	ehemalige(r), ehemals	insbes.	insbesondere
EKD	Evangelische Kirche in Deutschland	insg.	insgesamt
		ir.	iranisch
elam.	elamitisch	isl.	islamisch
engl.	englisch	isr.	israelisch
etym.	Etymologisch	israelit.	israelitisch
EU	Europäische Union	ital.	italienisch
eur.	Europäisch	J	Jahwist
ev.	evangelisch	Je	Jehowist
Ev.	Evangelium	Jh.	Jahrhundert
evtl.	eventuell	joh.	johanneisch
exil.	exilisch	Jt.	Jahrtausend
f(f).	folgend(e)	jüd.	jüdisch
franz.	französisch	kanaan.	kanaanäisch
Frgm.	Fragment(e)	Kap.	Kapitel
frgm.	fragmentarisch	kath.	katholisch
FS	Festschrift	KF	Kurzform
GA	Gesamtausgabe	kirchl.	kirchlich
geb.	geboren(e)(r)	kopt.	koptisch
gedr.	gedruckt	lat.	lateinisch
GER	Gemeinsame Erklärung	latin.	latinisiert
germ.	germanisch	Lit.	Literatur
ges.	gesammelte	LKR	Landeskirchenrat/rätin
Gesch.	Geschichte	luk.	lukanisch
gesch.	geschichtlich	luth.	lutherisch
gez.	gezeichnet	LXX	Septuaginta
GG	Grundgesetz	MA	Mittelalter
ggf.	gegebenenfalls	ma.	mittelalterlich
gnost.	gnostisch	mask.	maskulin
griech.	griechisch	masor.	masoretisch
GS	Gesammelte Schriften	mazed.	mazedonisch
GUS	Gemeinschaft Unabhängiger Staaten	med.	medizinisch
		mhd.	mittelhochdeutsch
GW	Gesammelte Werke	Mio.	Million(en)
hasm.	hasmonäisch	mk	markinisch
HB	Hebräische Bibel	MkR	Redaktor des Mk
hd.	hochdeutsch	Mrd	Milliarde(n)
hebr.	hebräisch	Ms	Manuskript(e)
hell.	hellenistisch	MT	masoretischer Text
herod.	herodianisch	mt.	matthäisch
heth.	hethitisch	NA	Neue Auflage
Hg.	Herausgeber	nab.	nabatäisch
hg.	herausgegeben	Nachdr.	Nachdruck
hierogl.	hieroglyphisch	Neudr.	Neudruck
Hist.	Tacitus, Historien	Nom.	Nominativ
hist.	historisch	norw.	norwegisch
hl.	heilig	Nr.	Nummer
Hs(n).	Handschrift(en)	NT	Neues Testament
		ntl.	neutestamentlich

ntr.	neutrum
o.	oben
o.a.	oder ähnlich
o.J.	ohne Jahr
o.O.	ohne Ort
Obj.	Objekt
öfftl.	öffentlich
OKonsR	Oberkonsistorialrat/rätin
OKR	Oberkirchenrat/rätin
ökum.	ökumenisch
OLKR	Oberlandeskirchen-rat/rätin
ON	Ortsname
ÖRK	Ökumenischer Rat der Kirchen
orth.	orthodox
P	Priesterschrift
päd.	pädagogisch
paläst.	palästinisch
päpstl.	päpstlich
par(r).	Parallelstelle(n)
passim	hier und da
Past.	Pastoralbriefe
patr.	patristisch
pers.	persisch
Philol.	Philologie
philol.	philologisch
Philos.	Philosophie
philos.	philosophisch
phön.	phönizisch
Pl.	Plural
pln.	paulinisch
PN	Personenname
polit.	politisch
prot.	protestantisch
Q	Quelle
R	Redaktor
rabb.	rabbinisch
ref.	reformiert
Rel.	Religion
rel.	religiös
röm.	römisch
russ.	russisch
S.	Seite
s.o.	siehe oben
s.u.	siehe unten
s.v.	sub voce
seleuk.	seleukidisch
sem.	semitisch
Sg.	Singular
slaw.	slawisch
Sp.	Spalte
span.	spanisch

StGB	Strafgesetzbuch
Subj.	Subjekt
Subst.	Substantiv
sum.	sumerisch
Suppl.	Supplement
Synopt.	Synoptiker
synopt.	synoptisch
syr.	syrisch
syst.	systematisch
talm.	talmudisch
targ.	targumisch
theol.	theologisch
Theol.	Theologie
u.a.	und anderes, unter anderem
u.ä.	und ähnlich
u.a.m.	und andere(s) mehr
u.ö.	und öfter
u.U.	unter Umständen
Übers.	Übersetzer(in), Übersetzung
übers.	übersetzt
ugar.	ugaritisch
UN	United Nations
unbek.	unbekannt
urspr.	ursprünglich
USA	Vereinigte Staaten von Amerika
usw.	und so weiter
V.	Vers(e)
v.a.	vor allem
Var.	Variante(n)
VELKD	Vereinigte Evangelisch-Lutherische Kirche Deutschlands
Veröff.	Veröffentlichung(en)
veröff.	veröffentlicht(e)
Verz.	Verzeichnis
vf.	verfasst(e)
Vf.	Verfasser(in)
vgl.	vergleiche
Vol.	Volume(s), Volumen, Volumina
WA	Werkausgabe
Wiss.	Wissenschaft(en)
wiss.	wissenschaftlich
wörtl.	wörtlich
WRV	Weimarer Reichsverfassung
z.B.	zum Beispiel
z.T.	zum Teil
z.Z.	zur Zeit
zit.	zitiert
zus.	zusammen
zw.	zwischen

Abendmahl Der Begriff begegnet uns im Spätmittelhochdeutschen und meint zunächst nur das Abendessen, bis dann Anfang des 14. Jh. auch Christi Abschiedsmahl mit seinen Jüngern damit bezeichnet wird. Durch Luther ist der Begriff im 16. Jh. in der ev. Kirche heimisch geworden.

Der kath. Begriff war anfangs (seit Beginn des 2. Jh.) jener der Eucharistie. Er geriet allerdings bereits seit dem frühen Mittelalter in Konkurrenz zum Begriff der → Messe, nachdem zuvor auch schon andere Titel wie *Koinonia* (Gemeinschaft) und *Anamnesis* (Erinnerung) verblasst waren. Im deutschsprachigen Raum dominierte schließlich der des Messopfers. Luther und Melanchthon, die wie auch andere das A. als Dankopfer verstanden, sahen in dem altkirchlichen Eucharistiebegriff eine angemessene Bezeichnung. Unter *Eucharistia* verstand man ursprünglich sowohl das Geschenk als auch den Dank dafür. Heute ist dieser Begriff wieder in der kath. Kirche geläufig und hat den des Messopfers verdrängt. Darüber hinaus wird in beiden Kirchen der Begriff des Herrenmahls (1Kor 11,20) verwendet, womit sich u.a. ein wissenschaftliches und ökumenisches Interesse bekundet. Er charakterisiert nicht irgendein Mahl bzw. A., sondern das von den Evangelisten Mk, Mt, Lk und vom Apostel Paulus beschriebene Vermächtnismahl Jesu.

Die Zeugnisse sind unterschiedlich. Während Lk und Paulus das Brotbrechen und den Weinkelch – historisch plausibler – als einen durch das eigentliche Mahl getrennten Vorgang verstehen, ist bei Mk und Mt daraus eine unmittelbare Aufeinanderfolge geworden. Mk und Mt sehen Jesu Blut »für viele« vergossen, Lk formuliert »für euch«. Mt betont als Einziger, dass dies zur »Vergebung der Sünden« geschah. Lk und Paulus verbinden mit dem Geschehen die Aufforderung zur Wiederholung: »Solches tut.« Der Evangelist Johannes kennt keine ausgeführte Abendmahlsgeschichte. Bestimmte Aussagen wie »Wer mein Fleisch isst und mein Blut trinkt, der bleibt in mir und ich in ihm« (6,53–56) setzen indes die Kenntnis der Abendmahlsüberlieferung voraus. Insgesamt dürften die verschiedenen Darstellungen die unterschiedliche Praxis in den einzelnen Gemeinden widerspiegeln.

Ob es sich bei dem luk. Bericht (Apg 2,42–47 bzw. 20,7.11), in dem lediglich vom Brotbrechen und nicht auch vom Wein die Rede ist, nur um eine verkürzte Darstellung (pars pro toto) handelt oder gar um ein sozialgeschichtlich bedingtes Phänomen, sprich Armut der Gemeinden, ist nicht zu entscheiden. Der später in der Scholastik ausgebildete und auch heute noch virulente Gedanke von der Konkomitanz, wonach jeweils in Brot und Wein der ganze Christus gegenwärtig ist, dürfte hier jedoch noch keine Rolle spielen.

Die Entwicklung seit der Frühzeit ist im Ganzen dadurch bestimmt, dass das ursprünglich gemeinsame Mahl aller am Gottesdienst Teilnehmenden – nur dieses verdiente nach Paulus (1Kor 11,20f.) im Gegensatz zum Privatmahl die Bezeichnung Herrenmahl – zu einem kultischen Vorgang wurde, an dem längst nicht mehr die ganze Gemeinde Anteil hatte. Eucharistiefeier und tatsächlicher Empfang des → Sakraments (→ Kommunion) fielen somit nicht mehr unbedingt zusammen. Begünstigt wurde die Entwicklung dadurch, dass der christliche Kult (→ Kultformen) unter Konstantin d.Gr. öffentlich wurde. Nicht mehr in Katakomben und Privathäusern wurde gefeiert, sondern in den mit staatlichen Geldern gebauten Basiliken. Damit waren weitere äußerliche Veränderungen verbunden, die allerdings für die Zukunft weitreichende Folgen im theologischen Verständnis des Sakraments haben sollten. Dazu gehörte, dass der Priester jetzt abgesondert von der Gemeinde am Altar das Sakrament zelebrierte und das Gebet ebenso wie die Einsetzungsworte leise und selbstverständlich in Latein gesprochen wurden, woher denn auch die Verballhornung »Hokuspokus« stammt (entstanden aus: *hoc est corpus meum*). Das Brot wurde nicht mehr gebrochen, sondern dünne Oblatenscheiben den Kommunizierenden in den Mund gegeben. Seit Anfang des 13. Jh. wurde dem Volk aus Gründen der Scheu, Christi Blut zu vergießen, der Kelch vorenthalten. Zur selben Zeit (seit 1264) entstand der Brauch, das Fronleichnamsfest (→ Fest) zu begehen. Auch dieser Kult partizipierte an der theologischen Defloration des Herrenmahls – insofern nämlich, als damit das ursprüngliche sakramentale Geschehen aus der Kirche, aus der Gemeinde auf die Straße verlegt wurde. Mochte dieser Brauch noch damit motiviert sein, dass einmal geweihte und unverbrauchte Elemente besonders aufzubewahren waren, so stand doch hier letztlich die Schau, die Verehrung der Monstranz im Vordergrund. Luther und andere Reformatoren sahen darin einen Götzendienst, ebenso wie sie den Kelchentzug als Betrug am Kirchenvolk brandmarkten, hieß es doch im Evangelium: »Trinket alle daraus!« (Mt 26,18).

Ihr Einspruch richtete sich aber auch noch gegen einige weitere Entscheidungen, die in der Scholastik getroffen worden waren und die jetzt im Verständnis des Herrenmahls dominierten: Es war die Vorstellung von der sog. Transsubstantiation (4. Laterankonzil, 1215), wonach die Worte des Priesters das Wesen von Brot und Wein veränderten, während, rein äußerlich betrachtet, sie eben Brot und Wein blieben. Dem setzte Luther entgegen, dass Christus »in« und »unter« Brot und Wein gegenwärtig sei (Großer Katechismus, 1529). Zu den Korrekturen mittelalterlicher Lehre gehörte auch eine Klarstellung der Wirksamkeit des Sakraments. Wenn auch die Vorstellung vom *opus operatum* ursprünglich daran erinnern sollte, dass das Sakrament von Christus eingesetzt war und unabhängig von der Würde des Spenders wirkte, der evtl. einen unmoralischen Lebenswandel führte, so hatte diese doch zu großen Missverständnissen dahingehend geführt, dass allein das Verfahren ohne Disposition derjenigen, die das Sakrament empfingen, genügte. Deswegen führten Luther und Melanchthon (Conf. Aug. XIII) für den richtigen »Gebrauch der Sakramente« den Glauben wieder ein. Am heftigsten wurde jedoch der Gedanke des Opfers kritisiert, wonach der Priester das Opfer Christi am Altar, wenn auch unblutig, wiederholte. Luther bestand darauf, dass dies ein für allemal auf Golgota geschehen sei.

Das Konzil von Trient verteidigte die so angegriffenen Positionen, allerdings nicht, ohne sie zu modifizieren. So wurde bzgl. des vorenthaltenen Kelchs auf den Gedanken der Konkomitanz verwiesen und hinsichtlich des Opfers dessen Präsentation und nicht seine Wiederholung betont. Das II. Vatikanum hat auch in dieser Hinsicht neue Akzente gesetzt. So wird die Gegenwart Christi auch in anderen Sakramenten vorausgesetzt sowie im Wort und in der Gemeinde selbst. Gebet und Einsetzungsbericht werden jetzt in der jeweiligen Muttersprache gesprochen, und auch der Laienkelch ist unter bestimmten Umständen möglich. Nach wie vor gibt es jedoch kirchenrechtliche Hindernisse (CIC 1983, C.844 §1–4). So ist eine völlige Abendmahlsgemeinschaft zwischen kath. und ev. Kirche nach wie vor nicht gegeben, da die kath. Kirche u.a. am Weihesakrament für Priester festhält. Auch wird immer noch davon ausgegangen, dass die Abendmahlsgemeinschaft der Kirchengemeinschaft folgt und nicht umgekehrt. Trotzdem bedeuten das 1978 gemeinsam erarbeitete Dokument »Das Herrenmahl« und die 1982 in Lima beschlossene Konvergenzerklärung der Kommission für Glaube und Kirchenverfassung des ÖRK – Letzterer gehört die röm.-kath. Kirche seit 1968 an – einen großen Fortschritt in der ökumenischen Verständigung. [GB]

Aberglaube Der Begriff ist umgangssprachlich geläufig. Als abergläubisch gilt, wer z.B. am 13. des Monats nicht heiratet, wer mit dem Auto umkehrt, nachdem ihm eine schwarze Katze über den Weg gelaufen ist, der die Fahrt aber fortsetzt, nachdem ihm anschließend ein Schornsteinfeger begegnete. Zur Rede gestellt, werden die Betreffenden zumeist erklären, dass sie keineswegs abergläubisch seien, trotzdem könne »etwas dran sein«. Das Gleiche gilt für Menschen, die ihr Horoskop in der Zeitung lesen, obgleich in diesem Fall der Sachverhalt schon etwas komplizierter sein kann, denn hier hat das Phänomen auch eine kommerzielle Seite. Schließlich hat das Ganze auch psychopathologische Auswirkungen, wenn Menschen in Abhängigkeit geraten und von Ängsten geplagt werden.

Das Phänomen ist alt, wie man an dem griech. Begriff *deisidaimonía* und dem lat. *superstitio* ablesen kann, die wissenschaftliche Beschäftigung mit demselben jedoch verhältnismäßig jung. So verstand sich die europäische Aufklärung im 18. Jh. als »Befreiung vom Aberglauben« (Kant, *Kritik der Urteilskraft*, 1790). Dies sollte geschehen durch »Verbesserung des Verstandes«, durch »Mündigkeit« und selbständiges Denken. Sie verstand sich darüber hinaus als zweite Reformation, was so viel bedeutet, dass die religiöse und kirchliche Erneuerung, die sich mit dem Namen Luthers verband, in dieser Hinsicht eben keine Aufklärungsarbeit geleistet hatte. Symptomatisch dafür war nicht nur Luthers deutsche Übersetzung von Apg 25,19 und 17,22 (»Sie hatten aber etliche Fragen wider ihn von ihrem Aberglauben / Ihr Männer von Athen, ich sehe euch, dass ihr in allen Stücken allzu abergläubisch seid«), wo im Grunde nur eine andere Religion gemeint war, sondern auch sein handfestes Vorurteil, dass es den Teufel und Hexen gäbe. Die Legende, wonach er auf der Wartburg ein Tintenfass gegen den Satan schleuderte, findet inhaltlich Unterstützung in entsprechenden Äußerungen. So wie der Teufel sein Spiel mit den Menschen triebe, war die »ganze Welt vom Satan besessen« (Genesisvorlesung 1535/45). Auch Hexen waren für ihn eine Realität. Er nannte sie »Teufelshuren«, die das »Feuer« verdienten (Erklärung zum Buch Mose, WA 50, 648).

So gesehen ist der im Spätmittelhochdeutschen erstmals begegnende Begriff *abergloube* als theologisches Werturteil charakterisiert, ähnlich der Verwendung von *superstitio* im röm. Sprachbereich. Man verstand darunter fremde, nicht mit der offiziellen Religion bzw. dem kirchlichen Dogma konforme Kulte. Tacitus (Ann. XV 44,3) z.B. nannte das Christentum Aberglauben (superstitio). Der ntl. geprägte (1Kor 10,14) und dann bei den Kirchenvätern verbreitete Begriff der Idolatrie teilt sich in diesen Bedeutungsgehalt. Nicht nur Fremdheit ist gemeint, sondern auch Dummheit und Unwissenheit.

Das Adversativpronomen »aber« dient, strukturgleich dem Aberwitz, dem Unsinn also, der Abgrenzung vom offiziellen Glauben. Als A. konnte somit jede Lehrmeinung deklariert werden, die von der in der Kirche herrschenden abwich.

Die Kirchengeschichte spiegelt dieses Phänomen in z.T. erschreckender Weise wider, wie Inquisition und Hexenverfolgung bis ins 18. Jh. belegen. Darüber hinaus dokumentieren rel. Vorurteile und rassistische Verfolgung bis in die Gegenwart, dass es in der Aufklärung keinen Status quo geben kann, dass die Gesellschaft ständig informiert werden muss. Seit der wiss. Forschung im 19. Jh. (Volkskunde) ist umgangssprachlich der Begriff *Volksglaube* an die Seite des A. gestellt worden und muss deshalb von diesem abgehoben werden. Er schließt tatsächlich mehr Phänomene ein, als sich unter dem theologischen Begriff des A. subsumieren lassen. Vor allem ist er wertneutral. So gesehen gehört dazu auch das weite Feld des religiösen und kirchlichen → Brauchtums, das sich nicht als Gegenbild zum Glauben, sondern vielmehr als dessen Explikation versteht. [GB]

Abstammungsreligion   Früher sprach man von »primitiven« Religionen, was der Wirklichkeit nicht entspricht. Manche nennen sie »Naturreligionen«, was sie dem Verdacht der Kulturarmut aussetzt, der ebenfalls nicht zutrifft. Unter Zuhilfenahme einer soziologischen Kategorie nennt man sie auch »Stammesreligionen«, wogegen deren Angehörige protestieren, weil das Wort »Stamm« im Verdacht neokolonialistischer Vorurteile steht, da es immer nur auf farbige Menschen angewendet wird, auf weiße so gut wie nie. Neuerdings spricht man von »ethnischen« Religionen. Auch diese Bezeichnung ist nicht frei von neokolonialistischem Beigeschmack, da es weiße Menschen nicht gewohnt sind, sich als Angehörige eines »Ethnos« zu verstehen. Religionsgeschichtlich ist der soziologische Unterschied zwischen Familie, Clan, Stamm und Volk so wenig bedeutsam wie der rassische. Sinnvoll erscheint dagegen ein religionsgeschichtlicher Unterschied. Alle Menschen gehören ihrer Religionsgemeinschaft an entweder durch ihre Abstammung (Blutsbande) oder durch ihre eigene bzw. durch die Konversion ihrer Vorfahren (Glaubensbande).

A. weichen in Lehre und Praxis nicht unerheblich voneinander ab. Gemeinsames Charakteristikum ist die Nähe. Die Religion ist überall nah, da man eine Trennung von heilig und profan nicht kennt. Alle Bereiche des Lebens sind mit Religion eng verwoben, die Rechtsprechung, der Ackerbau, die Kindererziehung, das Kriegswesen usw.

Die Gemeinschaft. »Ich bin nicht allein!« Das ist die Grunderfahrung der Menschen in A. Weil sie wo immer möglich zusammen leben, sind alle Nachbarn nahe Verwandte. Die Älteren nennt man »Vater« oder »Mutter«, die Jungen verstehen sich als Brüder und Schwestern. A. waren früher die einzigen Religionen auf der Erde. Folglich finden sie sich auch überall, es sei denn, sie wurden auf die Seite oder ganz verdrängt von jüngeren Religionen, die sich ihrerseits von einer A. abgelöst und Selbständigkeit erlangt hatten. Die jüngeren Religionen sind gestiftet, d.h., sie führen sich auf eine Gründerpersönlichkeit zurück, ihre Anfänge sind historisch. Sie verkünden das → Heil für das Individuum im Jenseits nach dem Tode. A. lehren das Gegenteil: Heil und Unheil erwartet man hier im Diesseits vor dem Sterben, wovon nicht Einzelne betroffen sind, sondern immer alle, eine komplette Gemeinschaft Blutsverwandter. Ziel solcher Gemeinschaften ist es demnach, in der Welt zu bestehen, nicht unterzugehen, nicht dezimiert oder gar ausgerottet zu werden. Dieses Ziel sucht die Gemeinschaft auf doppelte Weise zu erreichen: Sie wollen so zahlreich wie möglich sein und sie müssen fest zusammenhalten.

Der wahre Reichtum, heißt es, sind nicht kostbare Dinge, sondern Kinder. In Afrika z.B. heiratet ein Mann so viele Frauen, wie er ernähren kann. In afrikanischen Gehöften hat jede von ihnen ihr eigenes Haus, wo sie mit ihren Kindern wohnt. Unverheiratete gelten als nutzlos, Unfruchtbare als höchst bedauernswert. Die westafrikanischen Igbo z.B. nutzen eine Institution, die kinderlosen Frauen zugute kommt. Die Frau heiratet eine andere Frau, für die sie Männer mietet. Kinder, die aus solch flüchtigen Begegnungen hervorgehen, werden als rechtmäßige Nachkommen jener Frau anerkannt, welche die Hilfsmutter geheiratet hat. »Ich bin nicht allein!« Diese Erfahrung verleiht ein stabiles Sicherheitsgefühl: »Mir wird immer geholfen werden.« Andererseits verpflichtet sie auch: »Ich werde jedem Verwandten jederzeit zu Hilfe kommen!« Dazu motiviert Liebe. Verwandtenliebe zeigen z.b. Polynesier auf anrührende Weise. Man umarmt einander, drückt zärtlich Nase an Nase, weint vor Rührung. Selbst hartgesottene Krieger lassen Gefühl und Tränen freien Lauf

Umso verwerflicher erscheint ichsüchtiges Verhalten. Es wird gefürchtet, weil Individualismus und Egoismus den Zusammenhalt aller aufzuweichen drohen. Ichsüchtige Tat reift als Frucht negativer Gefühle wie Neid, Missgunst, Eifersucht. Weil solche Emotionen der Verwandtenliebe entgegenstehen und weil man mit den Gehassten in enger Gemeinschaft lebt, greifen die »Hasser«, um unerkannt zu bleiben, aus dem Hinterhalt an. Dazu eignen sich Mittel mit Zauberkraft. Dergleichen gegen Verwandte einzusetzen gilt in A. als Sünde schlechthin.

Zauberer und Hexer arbeiten auf einer anderen Wirklichkeitsebene als der gewöhnlichen. Sie rauben z.b. einer Frau in den besten Jahren die Gebärmutter, woraufhin diese Frau unfruchtbar wird, obschon moderne medizinische Untersuchungen bei ihr alles in bester Ordnung finden. Europäern begegnet Zauberei auf der Ebene der Alltagswirklichkeit. Dort muss sie ihnen als Hirngespinst erscheinen, selbst wenn niemand die Wirkmacht von Zauberei leugnen kann. Spezialisten in A. bekämpfen das Übel auf jener Ebene, auf der es eingesetzt und wirksam wird. Aktive Abwehr von Unheil besitzt in diesen Religionen eine nicht wegzudenkende Funktion.

Mitgliedschaft. Mitglied der Gemeinschaft wird ein Neugeborenes durch zeremonielle Namengebung. Auf der Schwelle zum Erwachsenenalter folgt die Initiation, mit ihr enden kindliche Abhängigkeiten. In vielen A. separiert man die Jugendlichen für eine bestimmte Zeit, in der sie lernen, was sie als Erwachsene wissen müssen, und auch, wie man Schmerzen und Ängsten standhält. Bei den nordamerikanischen Dakota z.b. erleben Jugendliche zum ersten Mal die Visionssuche (indianisch: »um eine Vision weinen«). Nachdem ein Priester ihn eingewiesen hat, bleibt der Initiand auf einem Hügel in der Einsamkeit bis zu vier Tagen und Nächten. Er ist allein, darf weder trinken noch essen, liegt abgedeckt mit Zweigen in einer engen Grube. Nur im Morgengrauen verlässt er diese, um viermal, in jede Himmelsrichtung, zu beten. Tiere, die sich nähern, müssen sorgsam beobachtet werden, denn sie könnten mit einer Botschaft gekommen sein. In Träumen und Visionen erscheinen Geistwesen. Die Erlebnisse werden später vom Priester gedeutet. Ziel dieser indianischen Initiation ist es, seinem persönlichen Schutzgeist zu begegnen, der einen zeitlebens begleiten soll.

Der Tod beendet das irdische Leben, aber nicht die Mitgliedschaft in einer A. Tote werden aufgebahrt, manchmal über viele Tage, weil man alle

Verwandten, auch die weit entfert lebenden, erwartet. Die Seelsorge der Totenriten gilt der abgeschiedenen Seele. Sie ist verwirrt, möchte am liebsten bleiben. Man hilft ihr, sich zu lösen und den Weg ins Totenland nicht zu verfehlen. Lösen müssen sich auch die Hinterbliebenen. Am Ende der tagelangen Riten werden sie leer geweint sein. Es ist nicht unüblich, zwischen den Toten und ihren Hinterbliebenen alles zu bereinigen, was ein Ressentiment hinterlassen könnte. In Abschiedsreden spricht man zur Seele des Toten. Man sagt ihm, wo er gefehlt hat, was unrecht war. Nichts wird vertuscht, nichts beschönigt. Dann vergibt man alles und bleibt ohne heimlichen Groll zurück.

Unsichtbare Wirklichkeit. Die Tradition wird oral überliefert, das macht sie flexibel. Mündlich tradiert man nichts Unbekanntes, nichts, das man erst noch exegesieren und ausdeuten müsste. Wanderte ein Volk in der Vergangenheit, dann glich man seine Überlieferung jeder neuen Umgebung an. Ein wesentlicher Teil der Tradition besteht aus machtvollen Worten. Sie könnten von Feinden mitgehört und entwendet werden oder, unbedacht gesprochen, unter den eigenen Leuten Schaden anrichten. Deshalb hält man sie geheim und erzählt neugierigen Forschern die Märchenversion für unmündige Kinder. Weil sie Macht besitzen, lehrt man solche Texte anders als profanes Wissen. Maori z.B. haben ihre heiligen Gesänge nicht »gepaukt«. Bewahrer der Tradition rezitierten neben schlafenden Kindern. Nach einiger Zeit folgte die Probe: Die Rezitierer ließen Teile der Gesänge aus. Wenn ein Kind dann korrekt weitersang, hatte es die Prüfung zum Priesteranwärter bestanden.

Von Heil wie von Unheil betroffen werden alle gemeinsam, aber es sind mehr, als zu sehen sind. Den unsichtbaren Teil bilden die Toten, die in enger Verbindung mit den Irdischen weiterleben. Den »Altar« übersetzen z.B. die Igbo mit »Angesicht der Ahnen«, d.h., sie stehen ihnen täglich gegenüber. Gestorbene und noch Lebende hängen voneinander ab, helfen einer dem anderen. Ahnen sind immer »unsere« Ahnen, Fremde haben nichts mit »uns« zu schaffen. In der Welt leben aber neben »unseren« auch die Verwandten von Fremden. Regiert wird die Welt von Unsichtbaren. Sie herrschen über das Meer, die Wälder, die Pflanzen, das Wetter usw. Ihnen schulden alle Menschen Respekt. Andere unsichtbare Wesen sind gewöhnlicher, den Menschen nicht unähnlich. Solche Geistwesen hat man zum Feind oder auch zum Freund. Beseelt sind auch die Tiere und selbst die Steine und Pflanzen. Der Mensch hört auf ihre leisen Stimmen und erweist ihnen Zuneigung. Selbst eine unpersönliche Macht wie z.B. *Wakantánka* der Dakota-Indianer *(wakan* »heilig«, *tanka* »groß«) manifestiert sich als die Erde, auf der die Menschen leben, oder im Gewittersturm als Blitz und Donner.

Die Verpflichtung. In A. gilt die Welt nicht als der lediglich vorläufige Aufenthaltsort der Menschheit. Deshalb sorgt man dafür, dass sie im rechten Zustand erhalten bleibt, und schont sie, so gut es geht. Jäger z.B. erklären dem erlegten Wild, dass sie es getötet haben, weil sie Hunger leiden. Sie bitten die Tierseele um Vergebung und um Wiederkehr. Bevor ein Baum gefällt wird, mit dem man ein Haus oder ein Boot bauen will, bittet man den Herrn des Waldes um seine Erlaubnis. Damit ein Fluss oder See nicht leergefischt wird, tabuisiert man ihn für eine Schonzeit. All das tut man religiös, d.h. rituell, achtsam, andächtig. Die Menschen in A. wollen ihrer Gemeinschaft und zugleich der Welt dienen, deshalb stellen sie zwischen beiden einen Zusammenhang her. Das geschieht in der Überlieferung von der Urzeit. Dabei steht nicht das »wie« der Entstehung im Vordergrund. Manche glauben, die Welt sei von einem Schöpfergott erschaffen worden, andere lehren, sie habe sich schrittweise entwickelt. Jedenfalls datiert die Gemeinschaft der eigenen Blutsverwandten aus der Urzeit, im ersten Menschenpaar erblickt man die eigenen Ureltern. Verklammert werden Welt und Gemeinschaft durch die Ordnung, die in der Urzeit entstand. Jeder Mann und jede Frau hat die Pflicht zu beachten, was ihnen die Urordnung gebietet und was sie verbietet, damit die ursprüngliche Harmonie zwischen den Dingen und Wesen ungestört fortbestehe.

Der Aufrechterhaltung dieser Harmonie dienen in spezieller Weise die Priester und Priesterinnen. Zu jedem neuen Jahresbeginn rezitiert z.B. ein Priester der afrikanischen Dogon den komplizierten Weltentstehungsbericht. Er spricht auswendig und ohne Unterbrechung von Sonnenuntergang bis Sonnenaufgang. Der Harmonie dient auch das periodische Fortgeben (von Nichtindianern *Potlatch* genannt) der Kwakiutl an der Nordwestküste Amerikas. Ihren unter Mühen angesammelten Reichtum geben sie bei diesen Zusammenkünften zum Teil fort, zum anderen Teil zerstören sie ihn. Das tun sie, weil sie in der Habgier die gefährlichste Bedrohung der wohlgeordneten Welt erkennen.

Die rechte Ordnung der Welt wird aufrechterhalten durch die Sittlichkeit aller sowie durch Riten, welche Priester zum rechten Zeitpunkt und am rechten Ort durchführen. Die Gemeinschaft braucht den Schutz ihrer Religion in unregelmäßigen Abständen, wenn Gefahr sie bedroht: Hunger, Krieg, Krankheit. Was die Priester sonst tun, dient Einzelnen, d.h. die meisten Riten finden unregelmäßig statt. Alles, was nicht mehr funktioniert, soll wieder heil werden – ein lahmes Bein, körperliche oder geistige Schwäche, anhaltende Schmerzen, Ängste, ausbleibendes Jagdglück usw. Mit seinem Leid geht man zum Priester oder zur Priesterin. Diese suchen als Erstes die Ursache und entdecken sie innerhalb oder außerhalb der Alltagswirklichkeit. Nicht selten verursacht böswilliger Zauber das Leiden. Auf die Diagnose folgt eine angemessene Therapie, an der unsichtbare Mächte im Rahmen von Riten mitwirken. Eine Honorierung der Bemühungen von religiösen Spezialisten ist üblich. Ebenfalls üblich ist es, wenn Unzufriedene ihren Beistand wechseln.

Auch die Riten und ihre Wirkungen sind nah. Erlösung erwartet man nicht irgendwann und an einem fernen Ort, sondern hier und in absehbarer Zeit. Bleibt der erhoffte Erfolg eines Ritus aus, dann war es ein falscher Ritus oder man hat den richtigen falsch durchgeführt. Beides lässt sich korrigieren. [HJG]

Abt/Äbtissin   [von aramäisch *abba* »Vater«] Bezeichnung für den Klostervorsteher, die sowohl in der orthodoxen wie der katholischen Kirche üblich ist und in der die geistliche und die rechtliche Leitung sich verbinden. Auch jene zum Protestantismus konvertierten Klöster (wie z.B. Loccum) kennen einen A. als Leiter. Ursprünglich war der Begriff A. jedoch auf den Eremiten bezogen, der als »geistlicher« Vater bzw. als »Ziehvater« für ein Leben in Askese zum Vorbild für junge Mönche wurde. Entscheidend für die Bedeutung der Bezeichnung A. mag die Tatsache sein, dass Jesus die aramäische Grundform *abba* als direkte Anrede für Gott prägte (z.b. in Mk 14,36), wie sie auch den Eingangsworten des → Vaterunser zugrunde liegt. → Kloster.

Achtzehngebet   Seit dem 1. Jh. zentrales Gebet des Synagogengottesdienstes, das ursprünglich aus 18 einzelnen Segenssprüchen bestand und gewisse Parallelen zum → Vaterunser aufweist. In das A. ist die sog. Häretikerklausel erst später als 19. Bitte hinzugefügt worden – wahrscheinlich als Reaktion auf judenchristliche Bestrebungen im 2. Jh. → Gebet.

Advent   [lat. *adventus* »Ankunft (des Herrschers)«] Der christliche A., mit dem das Kirchenjahr beginnt, hat sein Vorbild und seine Parallele im *adventus* der römischen Kaiser. Schon die Botschaft, dass die herrschaftslose Zeit vorbei und ein neuer Regent bestimmt sei, löste im Volk Freude aus. Als Evangelium, als gute Nachricht wurde sie aufgenommen. Die Einzüge in Rom selbst konkurrierten miteinander, was Prachtentfaltung und Demonstration von Stärke anging. Die röm. Historiker Cassius Dio (63,20,5), Tacitus (Hist 2,70 u. 2,89) und Josephus Flavius (Bellum Judaicum 7,4,1) berichten z.T. ausführlich über die *adventus* der Kaiser Nero, Vitellius und Vespasian. Dokumentiert sind auch jene des Kaisers Hadrian in den Provinzen, die auf Münzen festgehalten sind. Stets verknüpften sich mit jedem neuen Herrscher die alten Erwartungen von Frieden und Wohlstand. Nur zu oft wurden sie enttäuscht.

Der A. des irdischen Jesus in Jerusalem wies, außer dass es ein Einzug war, dazu kaum Parallelen auf. Zu wenig spektakulär war das, was die Evangelisten (Mk 11,1ff. u.par.) schließlich notierten: Eine Schar von Anhängern, weniger das ganze Volk, bereitete dem wie viele andere auf einem Esel reitenden Jesus einen begeisterten Empfang. Das Ganze geriet mehr oder weniger zu einer Demonstration der Ohnmacht. Wenige Tage später wurde er verhaftet, angeklagt und hingerichtet. Es gehörte Mut dazu, die Frage: »Bist du es, der da kommen soll?« anders zu beantworten, als es die gängige Reichsideologie nahe legte – anders als Vergil, der in seinem Hirtenlied (4. Ekloge) Augustus als Friedenskönig pries, der die Welt von der ewigen Angst erlösen würde. Anders auch, als die sog. Kalenderinschrift von Priene (9 v.Chr.) es wahrhaben wollte, die in ihm den Retter der Menschheit sah und eben mit diesem Kaiser eine neue Zeitrechnung beginnen ließ. Das Evangelium, so heißt es ausdrücklich, verband sich mit seinem Namen.

Ironie liegt dabei darin, dass die Geburtstage der Mächtigen seinerzeit der Vergessenheit anheim fielen, ja oftmals sogar ihre Namen, dass aber die Botschaft dieses Menschen Jesus, der aus einem entlegenen Winkel des Römischen Reiches stammte, überlebte. Seinen Geburtstag begeht die Kirche nun seit der Mitte des 4. Jh. Damit die Verkündigung von der Menschwerdung Gottes, das eigentlich Unfassbare, fassbar werden konnte, bedurfte es einer Zeit der Vorbereitung, die nach Auffassung der Alten Kirche durch Fasten gekennzeichnet sein sollte. Die Adventszeit war zunächst unterschiedlich lang – bis zu sechs Sonntagen – und wurde erst unter Papst Gregor I. (590–604) einheitlich auf vier Sonntage begrenzt.

Aus mannigfachem Brauchtum ragt besonders der Adventskranz heraus, der zum ersten Mal im 19. Jh. im Rauhen Haus von J. H. Wichern angezündet wurde. Allerdings damals noch mit so vielen Kerzen, wie der A. Tage hatte. Die Fülle des Lichtes war mit der Geburt Christi erreicht. Im theologischen Verständnis der Adventszeit dominiert die symbolische Deutung des Einzugs Christi, so wie es in einem sehr bekannten Weihnachtslied aus dem 17. Jh. zum Ausdruck kommt: »Macht hoch die Tür, die Tor macht weit, es kommt der Herr der Herrlichkeit, ein König aller Königreich.« Wer dies noch falsch verstehen könnte, wird darauf verwiesen, was wirklich gemeint ist: »Wohl allen Herzen insgemein, da dieser König ziehet ein.« [GB]

Agnostizismus [griech. *agnostos* »unbekannt«] Die Frage, ob eine transzendente Wirklichkeit mit den Mitteln der rationalen → Vernunft zu erkennen ist, wird von den Vertretern des A. verneint. Der Begriff A. geht dabei auf Th. Huxley (1869) zurück, der als überzeugter Darwinist in der konsequenten Fortführung der Aufklärungsphilosophie (→ Aufklärung) zwar nicht die Realität des Absoluten bzw. Göttlichen leugnet, wohl aber die Möglichkeit, sie unter den Voraussetzungen der Vernunft zu beschreiben. In Anlehnung an den A. lehnt schließlich der Positivismus, der sich einem ausschließlich empirisch verstandenen Wissenschaftsverständnis verpflichtet weiß, jede Art der Metaphysik und somit alle Aussagen über das wahre Sein, die Wirklichkeit und die Wahrheit konsequent ab, soweit sie im Sinne einer Erkenntnis verstanden werden könnten. Nicht zu verwechseln ist diese Form des philosophischen Positivismus mit dem religiösen Positivismus, der die Offenbarungsreligionen vom Vernunftglauben unterscheidet. Problematisch erscheint heute die kategorische Unterscheidung zwischen einem sog. »sicheren« Wissen in den Naturwissenschaften und einem »spekulativen« Wissen in den Geisteswissenschaften. Diese Schwierigkeit zeigt sich bereits darin, exakt zu bestimmen, was unter »Tatsächlichkeit« und »Erkennbarkeit« verstanden werden kann. Vor allem P. Tillich hat sich darum bemüht, die divergierenden Begriffe einer objektiven und einer subjektiven Vernunft zu versöhnen und für eine systematische Theologie nutzbar zu machen. [MV]

Agnus Dei [lat. »Lamm Gottes«] Teil der Messe, der der Austeilung der Hostien unmittelbar vorangeht und aus einem dreimaligen Bittruf besteht (»agnus Dei qui tollis peccata mundi, miserere nobis«). In der orthodoxen Liturgie Bezeichnung für die aus gesäuertem Teig hergestellte Prosphora, das Zerbrechen des Brotes gilt dort als Schlachtung des Opferlamms, die Hostie selbst als A. D. → Messe.

Ägypten → Exodus

Ahnen [indogerm. Lallwort (an) für Eltern und Großeltern] A. nennt man Vorfahren von Familien, Sippen und Völkern. Sie waren Väter und Mütter, die Kinder gezeugt und geboren haben. In Religionen kommt man nicht ohne Lehrer aus. Deren Schüler werden zu »Kindern im Geiste«. Geehrt werden mithin auch Vorfahren geistiger Abstammungslinien.

Nimmt die natürliche Liebe zu A. religiöse Züge an, dann spricht man von A.-Verehrung. Verehrung ist an Orte (Altäre) und Zeiten (Gedenktage) gebunden. Man gedenkt der Väter und Mütter, bittet die Mächtigen unter ihnen um Schutz und dankt für empfangene Wohltaten.

A. kennt man entweder als Einheit oder als Einzelne. Als Gruppe nennt man z.B. »die Väter«. Sie haben die Überlieferung ihrer Religion durch die Generationen forttradiert. Ihre Autorität ist daher beträchtlich, ihr Vorbild gilt als Norm für rechtes Tun und Denken.

An Individuen erinnert man sich genauer, an ihre Namen, an Worte und Taten aus ihrem irdischen Leben. Man kennt A., die bis in die Gegenwart auf ihre Nachkommen einwirken. Religiöse Lehrer tun es mittels hinterlassener Lehren, Familien-A. tun es auf übernatürliche Weise. In Afrika gelten sie z.B. als Hüter der Moral. Unsichtbar stehen sie neben ihren Nachkommen, hören und sehen, was diese planen und ausführen. Die Lebenden und die Gestorbenen bilden zusammen Familien und Sippen. Deren Zusammenhalt muss vor Gefahren durch interne Neider und Hasser geschützt werden. A., wenn sie als Masken ins Dorf kommen, ermahnen potentielle Übeltäter öffentlich und bestrafen Uneinsichtige auf natürliche oder übernatürliche Weise. Dieses Wächteramt hat ein moralisches Vorleben zur Voraussetzung.

Bestattungsriten öffnen gleichsam den Weg in die Welt der A. Die westafrikanischen Igbo gewähren die Riten z.b. nur solchen Verstorbenen, die vorbildlich gelebt haben. Leichen von Taugenichtsen legen sie an jenem Platz außerhalb des Dorfes ab, an dem sie ihren Müll deponieren. Neben außergewöhnlichen ehrt man auch gewöhnliche A. Chinesen respektieren bspw. Ältere und Eltern. Sie zeigen kindliche Liebe, wenn sie den Toten bei Anbruch der kalten Jahreszeit warme Kleidung schicken, indem sie deren papierene Abbilder im Tempel verbrennen, sie gleichsam vergeistigen, damit die Gaben zu den Geistern gelangen können. Auf einen chinesischen Ahnenaltar gehören keine Bilder (die in anderen Tempeln den Göttern zukommen), sondern längliche Holztafeln mit den Namen der Familienahnen. Personennamen, die im Tempel auf Ahnentafeln geschrieben stehen, dürfen nicht an Neugeborene vergeben werden. Bewahrt werden die Tafeln der letzten vier Generationen. Stirbt der gegenwärtige Hausherr, wird für ihn eine neue Tafel aufgestellt und die älteste entfernt, deren Name nun neu vergeben werden kann.

In China wurde A.-Verehrung durch Kong (Fu) Zi (um 551–479 v.Chr.) [«Meister Kung«, latinisiert »Konfuzius«] geprägt. Der Ritus soll im einzelnen Menschen sowie im Volk kindliche Liebe und Verehrung festigen. Meister Kung lehrt, es sei unvernünftig anzunehmen, die Toten wären noch so lebendig wie vor ihrem Tod, andererseits verletze es das Zartgefühl, sie für ganz und gar tot zu halten. Es gilt, den Weg zwischen den beiden Extremen zu wählen. In Ostasien wird Konfuzius als Ahnherr der traditionellen Gesellschaftsordnung verehrt. In den ihm geweihten Tempeln feiert man seine Verdienste, jedoch ein Eingreifen aus dem Jenseits oder gar die Erlösung erwartet man von ihm nicht. [HJG]

Allmacht   Die Rede von der A. Gottes geht den Christen scheinbar leicht von den Lippen. Im Gottesdienst bekennt die Gemeinde ihren Glauben an »Gott den Allmächtigen«, und dies seit fast 2000 Jahren. Am Schluss des Gottesdienstes spricht der Pfarrer den Segen im Namen des »allmächtigen und barmherzigen Gottes«. Kaum jemand empfindet dabei Probleme. Und doch – der innere Vorbehalt sitzt tief. Meist artikuliert er sich im Leid, in der Trauer: Wie ist es möglich, dass mir dies geschah? Wie konnte Gott das zulassen?

Das Buch Hiob im AT schildert in packenden Szenen, wie der unschuldig Leidende mit sich, seiner Umwelt, mit Gott hadert. Die Erklärungsmuster, von der zeitgenössischen Theologie bereitgestellt, versagen kläglich. Das Deutungsschema von Schuld und Sühne will nicht passen (das → Böse). Und so führt keine Logik zur Erklärung, warum Hiob so viel erleiden muss. Die Lösung – so das Buch Hiob – kann nur von Gott selbst kommen. In einer großartigen Theophanie (38ff.) verweist er Hiob auf eine Welt, die nicht harmonisch ist, aber trotzdem von ihm erhalten wird. Hiob verschlägt es die Sprache, ohne dass Grund und Sinn seines Leidens erklärt bzw. gerechtfertigt werden. Hiob, der immer dunkel ahnte, dass sein »Erlöser lebt« (19,25), wird erlöst. Gott also doch der Allmächtige? Im NT wird dieselbe Problematik an der von Joh 9,1ff. referierten Heilung des Blindgeborenen deutlich. Auch hier stellt sich die Frage nach der Schuld, die das Leid auslöste. Wenn es der Betroffene nicht selbst war, mussten dann nicht seine Eltern verantwortlich gemacht werden? Jesus hat dem Kausalzusammenhang von Krankheit und Schuld ausdrücklich widersprochen. Das Leiden lässt sich nicht moralisch erklären. Vielmehr, so heißt es, sei dieser Mensch krank, damit die Werke Gottes an ihm offenbar würden. Er wird geheilt. Jesus – der Christus und damit allmächtig?

Religionsgeschichtlich dürfte sich die Vorstellung vom allmächtigen Gott entwickelt haben, nachdem die vielen anderen miteinander konkurrierenden Götter entthront waren. Der Monotheismus ließ dieses Prädikat zu. Aber gerade an diesem Punkte setzt die Begriffsanalyse ein. Sie verweist darauf, dass A. ein Verhältnis bezeichnet, insofern als Macht – im Singular – auch noch woanders vorausgesetzt wird. Fiele dieses Gegenüber weg, sei der Begriff sinnlos.

In der ma. Theologie galt der omnipotente Gott auch noch als allwissend und allgegenwärtig. Spätestens nach Auschwitz, so haben Kritiker argumentiert, sei diese Vorstellung nicht mehr aufrechtzuerhalten, müssten andere Prädikate an deren Stelle treten – wenn man überhaupt am Gottesbegriff festhalten wolle. So sei es angemessener, von einem mitleidenden, sich entwickelnden, sich sorgenden, ja selbst von einem gefährdeten Gott zu sprechen. Er würde dadurch menschlicher, gütiger, verstehbarer. Eine Position, der widersprochen wird mit dem Hinweis darauf, dass es besser sei, mit einer Aporie, also einem verstandesmäßig nicht auflösbaren Widerspruch zu leben als mit einem postulierten ohnmächtigen Gott. [GB]

Altar [hebr. *mizbeach*, eigentlich »Schlachtstätte«; griech. *thysiasterion*; lat. *altare/altaria* (entweder von *altus* »Aufsatz, erhöhter Ort« oder von *adolere* »Brandopfer darbringen«)] Der A. ist der Ort der Präsentation der Opfergabe und des Opfervollzugs. Zwar stellt der A. keine grundsätzliche Voraussetzung für eine Kultstätte dar; in den meisten Kulten gibt es jedoch einen festen Ort, an dem eine Opfergabe dargebracht, niedergelegt oder verbrannt wird. Die Gestalt der Altäre kann recht unterschiedlich sein. Im AT werden einfache, für eine einmalige Verwendung gedachte Steine (1Sam 14,33–35), aus Lehmziegeln errichtete Podien (Ex 20,24), behauene, z.T. mit Altarhörnern versehene Monolithen (wahrscheinlich in 2Kön 12,10 vorausgesetzt) bzw. mit Metall überzogene (Ex 7,1f.) und aus Steinen aufgerichtete Altäre mit einer beträchtlichen Größe (Ez 43,13–17) erwähnt. Aus der Umwelt des AT sind aber auch gemauerte A.bauten (z.B. Pergamonaltar) bekannt. Im Allgemeinen dürfte ursprünglich die Vorstellung bestimmend gewesen sein, dass die Götter, denen Opfer dargebracht werden, an dem Opfermahl als Gäste beteiligt sind. Der A. ist durch die (gedachte) Anwesenheit von Göttern daher eine aus der profanen Welt herausgehobene Kultinstallation. Die ersten Altäre in Palästina aus dem 13. Jh. v.Chr. sind als → Tempel en miniature gestaltet; so wurde hier der A. als Ort besonderer Gottespräsenz ausgewiesen. Das auf dem A. dargebrachte Opfer diente in den meisten antiken Religionen der (symbolisch gedachten) Sättigung der verehrten Gottheit.

In den christlichen Gemeinden wurde anfangs – in Anlehnung an die üblichen Tischsitten der damaligen Zeit – für die Abendmahlsfeier (→ Abendmahl; Gottesdienst) ein einfacher, beweglicher Tisch (*mensa*; vgl. 1Kor 10,21) benützt, der zunächst noch nicht als sakraler Gegenstand verstanden wurde. Erst mit der Errichtung nur für gottesdienstliche Zwecke benutzter Räume im späten 2. Jh. n.Chr. konnte ein sakraler Tisch für die Eucharistiefeier eingeführt werden. Um 400 war die Praxis eines feststehenden A. im Kirchenraum in der ganzen Christenheit verbreitet. Meist wurde die Tischform beibehalten; insbesondere in Deutschland wurde sie jedoch im Mittelalter von der (monolithischen) Blockform verdrängt. Im Hochmittelalter fand aber auch der Kastenaltar Verbreitung, in dessen Hohlraum man Reliquien oder andere Schätze verwahrte. Seit dem 6. Jh. n.Chr. sind im Westen auch Nebenaltäre in Kirchen erwähnt. Sie waren wegen der zunehmenden Zahl an Messen (in einigen Gegenden war es nicht erlaubt, an einem A. eine zweite Messe pro Tag zu lesen), aber auch wegen der stetig steigenden Menge an Reliquien, die jeweils angemessen aufgestellt werden sollten, notwendig. Vor allem im 14. und 15. Jh. wurden von reichen Personen auch spezielle Familienaltäre gestiftet, die in Seitenkapellen der Kirche aufgestellt wurden.

Im 4. Jh. wurden erstmals Antependien – Verkleidungen des Altarunterbaus – verwendet; sie wurden in der Folgezeit allgemein üblich. Im 10. bis zum 13. Jh. waren statt der aus Stoff hergestellten Antependien vielfach metallene Vorsatztafeln beliebt, die mit figürlichen Motiven dekoriert waren. Ab dem 11. Jh. sind Altaraufsätze (Retabeln, von lat. *retrotabulum* »rückwärtige Seite des Tisches«) belegt, die mit Malereien oder Holzschnitzereien verziert waren; ab dem 14. Jh. gehören diese Altarbilder zur Standardausstattung eines A. und wurden oft von herausragenden Künstlern gestaltet. Zunehmend wurden die Retabeln auch mit seitlichen Flügeln versehen; durch das Auf- und Zuklappen der Flügel konnte der A. nun je nach liturgischer Zeit unterschiedlich gestaltet werden. Nach der Reformation übernahmen die lutherischen Kirchen die vorreformatorische Tradition weitgehend ungebrochen. Im Verlauf des 16. Jh. wurden die Retabeln dann mit architektonischen Elementen weiter ausgestattet. Im 20. Jh. zeigt sich wieder vermehrt eine Rückkehr zu den ursprünglichen Altarformen als Tisch oder Blockaltar.

Der A. bildet in den katholischen und evangelischen Kirchen in der Regel den Mittel- oder Fluchtpunkt des Kirchenraumes (→ Kirche); damit wird seine zentrale Bedeutung für das Kultgeschehen betont. Als Ort des Abendmahlsakramentes ist er räumlich von der Kanzel als dem Ort der Wortverkündigung getrennt. In einigen Freikirchen (z.B. Baptisten) gibt es keinen A.; das Abendmahl steht dort, die urchristliche Tradition aufnehmend, auf einem Abendmahlstisch. In orthodoxen Kirchen meint der Begriff A. den gesamten Bereich hinter der Bilderwand (Ikonostase) mit dem dort aufgestellten heiligen Tisch. [WZ]

Alte Kirche A.K. ist der in Deutschland gebräuchlichste Begriff für die Kirche bzw. das Christentum der Antike und Spätantike. Die Wissenschaft von der A.K. heißt, insbes. in der kath. Theologie, oft »Patrologie« oder »Patristik« (Lehre von den [orthodoxen Kirchen-]Vätern). Alle drei Begriffe sind missverständlich, zum Teil verdanken sie sich bestimmten theologischen Voraussetzungen. In jüngerer Zeit werden sie daher zunehmend durch den präziseren Begriff des »antiken Christentums« ersetzt.

Die Epoche der A.K. beginnt mit den Anfängen christgläubiger Gemeinschaften in den Jahren nach dem Tod Jesu. Ihr Ende fällt mit dem Ende der Spätantike zusammen. Wichtige Zäsuren sind die Völkerwanderung im Westen (4.–6. Jh.) und die Anfänge des Islam im Osten (7. Jh.). Als letzter lat. Kirchenvater gilt gewöhnlich Isidor v. Sevilla († 636) bzw. Beda Venerabilis († 735), als letzter griech. Kirchenvater Johannes v. Damaskus († vor 750).

Die entscheidende Zäsur innerhalb der Epoche ist das Ende der Verfolgungen durch das Toleranzedikt des Galerius 311 (→ Christenverfolgung), die Privilegierung der Kirche unter Kaiser Konstantin (306–337) und schließlich im Jahr 380 die Erklärung des Christentums zur Staatsreligion durch Kaiser Theodosius I. (379–395). Damit ergibt sich zwanglos eine Untergliederung der Epoche in eine vor- und eine nachkonstantinische Zeit.

Charakteristisch für die vorkonstantinische Zeit sind insbesondere: der langwierige und schmerzhafte Prozess der Trennung der Kirchen von den Synagogen; die damit gegebene Rechtsunsicherheit, die jederzeit lebensgefährlich werden konnte; der Prozess der Bestimmung einer »christlichen« Identität – der Begriff des Christentums (griech. *christianismós*) taucht zuerst bei Bischof Ignatius v. Antiochien († ca. 115, → Apostolische Väter) auf (Brief an die Magnesier 10,1, → Urchristentum); die Selbstdefinition der »kath. Kirche« (der Begriff zuerst bei Ignatius, An die Smyrnäer 8,2) in Abgrenzung von anderen, »häretischen« Spielarten des Christentums (→ Ketzer: → Gnosis/Gnostizismus, → Judenchristentum, Montanismus, Donatismus u.a.); die Entwicklung des dreigliedrigen Amtes mit einem Bischof an der Spitze (→ Bischof, Presbyter, Diakon); die Bestimmung eines → Kanons christlicher Schriften und einer Glaubensregel (→ Bekenntnis); der Eintritt des Christentums in die Öffentlichkeit – die Apologeten (→ Apologetik) verteidigen es im 2. Jh. gegen die Einwände der paganen Gesellschaft (Athenagoras, Justin, Tatian, Theophilus v. Antiochien); eine »wissenschaftliche« Theologie entsteht (Clemens v. Alexandrien, † vor 215; Origenes, † 253/ 254).

Charakteristisch für die nachkonstantinische Zeit ist die massive Förderung des Christentums durch die nun christlichen Kaiser (Steuerbefreiung, Kirchenbauten) bei gleichzeitiger Unterdrückung der paganen und jüdischen Religion und Kultur (Schließung der Tempel und Duldung von Tempelzerstörungen; Schließung der platonischen Akademie 529; antijüdische Gesetze); der innerkirchliche Streit um die rechte Lehre, insbes. die → Christologie (→ Arianismus, Monophysitismus, Konzile von Nicäa 325, Konstantinopel 381, Chalkedon 451; Pelagianismus [dagegen Bischof Augustin v. Hippo, † 430]); die Entstehung des → Mönchtums (Antonius der Einsiedler, † 356; Benedikt v. Nursia, † ca. 550); die Entwicklung des → Papsttums (Bischof Damasus v. Rom 366–384; Papst Leo I. 440–461; Gregor I. 590–604); die Christianisierung der germ. Völker gemäß der arianischen Lehre bei den Westgoten (Bischof Wulfila, † 383), Ostgoten (Theoderich d. Große, † 526), Vandalen (König Geiserich, † 477); zum kath. Christentum bekehrt sich ca. 500 der Franke Chlodwig († 511). [WR]

Altes Testament Die Bezeichnung Altes Testament – in Abgrenzung zum Neuen Testament – geht auf das lateinische *testamentum*, »Bund«, zurück. Es bezeichnet den »Alten Bund«, den Gott am Sinai mit seinem Volk geschlossen hat, im Gegensatz zum neuen Bundesschluss Gottes in Christus. Biblisch ist die Formulierung vom Alten und Neuen Bund in Jer 31,31; Lk 22,20; 1Kor 11,25; 2Kor 3,6.14 angelegt, auch wenn an keiner der Stellen der Begriff Testament als Buchbezeichnung gemeint ist. Erstmals gegen Ende des 2. Jh. n.Chr. findet sich bei Melito von Sardes die Bezeichnung A.T. im Sinne eines abgegrenzten Textcorpus.

In neuerer Zeit wurde der Name A.T. problematisiert, weil man darin eine u.U. antijüdisch zu verstehende Herabwürdigung des ersten Teils der Bibel sehen kann. Stattdessen schlug man »Erstes Testament« oder »Hebräische Bibel« vor. Hier wird zum einen die in der Bibel angelegte Entstehungsgeschichte des Namens A.T. nicht ausreichend bedacht. Zum zweiten wird die Hochschätzung der Vergangenheit durch die Menschen in biblischer Zeit nicht genügend beachtet (vgl. z.B. der Rückgriff auf die idealisierten Erzväter- und Davidstraditionen in Apg 7,1ff.; Röm 4,6ff.; 1Petr 3,5f. u.ö.). Zudem bilden AT und NT gemeinsam die Gesamtheit biblischer Botschaft im Sinne zweier Seiten einer Münze. Alt ist daher nicht als überholt, sondern als historisch älter und damit als Grundlegung für eine biblische Theologie zu verstehen.

Das A.T. wird in den unterschiedlichen Religionsgruppen verschieden unterteilt. Im Judentum bildet der → Pentateuch (5 Bücher Mose) die erste Gruppe (Tora bzw. Gesetz). Es folgen die Nᵉbi'im (Propheten), die die Bücher Josua bis 2Kön, die drei großen Propheten Jesaja, Jeremia und Ezechiel und die 12 kleinen Propheten, aber nicht das Danielbuch umfassen. Zur dritten Gruppe der Schriften (Kᵉtubim) gehören alle übrigen Bücher des A.T. Tora, Nᵉbi'im und Kᵉtubim bilden in der jüdischen Tradition somit die kanonische Grundlage (nach den Anfangsbuchstaben der drei Gruppen Tᵉnak genannt). In evangelischer Tradition wird das A.T. in Geschichtsbücher (Pentateuch, Bücher Josua und 2Kön, beide Chronikbücher, Esra, Nehemia, Ruth und Ester) eingeteilt. Eine zweite Gruppe bilden die Lehrbücher und Psalmen (Hiob, Psalter, Sprüche Salomos, Prediger Salomos, Hohelied), eine dritte Gruppe die Prophetenbücher (inklusive Daniel und Klagelieder, die Jeremia zugeschrieben werden). Die nur in griechischer Sprache erhaltenen Bücher, die im griechisch sprechenden Judentum gleichfalls eine hohe Autorität erlangt haben und die aus der zwischentestamentlichen Zeit stammen, werden als → Apokryphen bezeichnet. Die katholische Tradition, die sich an die lateinische Übersetzung (Vulgata) und ihre Gliederung anschließt, teilt in die 5 Bücher Mose, in Geschichtsbücher (Josua und 2Kön, Chronikbücher, Esra und Nehemia, Ruth, Ester sowie die griechisch abgefassten Tobias und Judith), Psalmen und Weisheitsbücher (wie in evangelischer Tradition, aber zusätzlich das griechische Jesus Sirach-Buch) sowie in die Prophetenbücher ein.

Die ältesten Texte des AT stammen möglicherweise schon aus dem 12. Jh. v.Chr. Ein Teil der Forschung schreibt dieser frühen Zeit insbesondere Lieder (Miriamlied Ex 15,21; Deboralied Ri 5) zu. In vorexilischer Zeit dürften einzelne Schriften in Oberschichtkreisen entstanden sein, da nur diese Gruppen über eine entsprechende Literalität verfügten. In der Exilszeit (587 bis 538 v.Chr.) und dann vor allem in nachexilischer Zeit entstanden große Teile des A.T. Die alten Traditionen wurden immer wieder im Licht der neuen Zeitereignisse gelesen und als gültiges Gotteswort für die jeweilige Gegenwart verstanden und neu interpretiert. Dies führte in den unterschiedlichen Kreisen des Judentums dazu, dass der altüberkommene Text oft mehrfach redaktionell erweitert und ergänzt wurde. Die jüngsten Texte des Pentateuch dürften im 3. Jh. v.Chr. hinzugefügt worden sein, als man anfing, das A.T. ins Griechische zu übersetzen und es so zur verpflichtenden Grundlage für alle Juden – auch der griechisch sprechenden Gemeinde in der Diaspora – machte (vgl. die Legende im Aristeasbrief). Die beiden übrigen Gruppierungen Nᵉbi'im und Kᵉtubim wurden auch in der Folgezeit noch erheblich überarbeitet.

Das A.T. berichtet in seinen ersten Büchern (Pentateuch) von Gottes heilvollem Mitsein mit seinem Volk. Gleichzeitig finden sich in diesen Büchern auch die Grundlagen für das durchweg religiös begründete Recht und für den Kult. Die huldvolle Nähe Gottes zu seinem Volk ist Glaubensgrundlage für Israel, das sich als Antwort darauf zum Glaubensgehorsam, zur Einhaltung der Gesetze und zur Bewahrung des Kultes verpflichtet weiß. Das deuteronomistische Geschichtswerk (Geschichtsbücher von Josua bis 2Kön) erzählt die Geschichte des Volkes Gottes von der Landnahme bis zum Untergang Judas 587 v.Chr. und der dabei erfolgten Zerstörung Jerusalems und des Tempels. Unter Aufnahme von Hof- und Tempelarchivmaterial wurde im Exil ein Geschichtsverlauf Israels entworfen, das trotz eines von jeglichen fremden Einflüssen befreiten Landes (vgl. Jos 12) daran scheiterte, seinen Glauben an JHWH, den Gott Israels, durchgängig zu bewahren (vgl. das Resümee in 2Kön 17,7ff.), und das deshalb von Gott mit dem Exil bestraft wurde.

Die Propheten (→ Prophetie) waren in vorexilischer Zeit vornehmlich Mahner Gottes, die das Volk auf den richtigen Weg zurückführen wollten. In exilischer und nachexilischer Zeit sind die Propheten zunächst Tröster für das zerschlagene Israel (insbesondere Jes 40–55), fordern dann aber auch zunehmend wieder die Beachtung des Gotteswortes als Grundlage für das tägliche und politische Leben. Vervollständigt wird das A.T. durch eine Gruppe von Texten unterschiedlichen Inhalts und verschiedener Herleitung. Weisheitliche Texte (→ Weisheit), die der Lebensgestaltung im Alltag dienen, finden sich hier (Sprüche, Prediger) ebenso wie Lieder (Psalmen), Legenden (Esther, Judith) oder erotische Literatur (Hohelied). [WZ]

Amen [hebr. »gewiss!« bzw. »so geschehe es«] Liturgische Form der Zustimmung der Gemeinde auf die Worte des Vorbeters bzw. des Predigers oder als Schlussbestätigung einer liturgischen Lobpreisung. Im AT wird das A. sowohl in der quasi juristischen Bedeutung der Bestätigung eines Fluchs (Lev 5,22), eines Eides (Neh 5,6) oder als Akklamation des gesungenen Segenswunsches (1Chr 16,31) durch die Öffentlichkeit des versammelten Volkes benutzt. Im NT ist das A. als Eingangsformel für Jesusworte überliefert (Joh 1,51: »Amen, Amen, ich sage euch…«). → Gebet.

Anastasis [griech. »Auferstehung«] In der Orthodoxie Bezeichnung für die Auferstehung Christi, zugleich als Name für die Grabeskirche in → Jerusalem geläufig, in der Kunst auch als Motiv der Höllenfahrt Christi verbreitet. → Auferstehung.

Angst Obwohl in der Umgangssprache die Begriffe A. und Furcht meistens weitgehend austauschbar benutzt werden, hat es sich seit S. Kierkegaard (*Der Begriff der Angst*, 1844) durchgesetzt, grundsätzlich die A. von der konkreten, objektbezogenen Furcht (vor jemandem bzw. vor etwas) als eine unbestimmte, subjektiv ausgeprägte Befindlichkeit abzugrenzen, die sich sowohl auf den Körper (Atem, Blutdruck, Gefühl der Bedrängung) als auch auf die Psyche auswirkt. In den Schriften des AT findet sich die A. als Ausdruck des Zitterns (Ps 48,7), des Bangens (Ps 31,10) und der Todesfurcht (Ps 116,3) vornehmlich im Kontext konkret drohender Gefahren oder Erfahrungen, andererseits kennt das AT auch die Unterscheidung zwischen einer A. der Guten und einer der Bösen (Weis 17,1–17), durch die eine Verbindung zwischen dem Glauben und der A. herbeigeführt wird. Im NT wird die A. als Grundsituation des in die Welt gestellten Menschen hervorgehoben und dem Glauben gegenübergestellt: »In der Welt habt ihr Angst, aber seid getrost, ich habe die Welt überwunden« (Joh 16,33). Paulus deutet die A. als Begleiterscheinung des Bösen (Rö 2,9) bzw. versteht sie als Grundbefindlichkeit alles Geschöpflichen (Rö 8,22). Besondere Aufmerksamkeit verdient die Erwähnung der A. als Anfechtung Jesu in der Nacht in Gethsemane, die dem Verrat des Judas vorausgeht: »Und er geriet in Angst und betete noch anhaltender; und sein Schweiß wurde wie Blutstropfen, die auf die Erde fallen« (Lk 22,44). Diese Erwähnung des weinenden, sich ängstigenden Jesus wurde von vielen Handschriften aus dogmatischen Gründen gestrichen, wohl in der Befürchtung, der Gottessohn könne durch diese allzu menschliche Befindlichkeit an Würde einbüßen.

Auf die existentielle Dimension der A. hinweisend, beschreibt M. Heidegger (*Sein und Zeit*, 1926) das, wovor A. sich ängstigt, als »die Welt als solche«, wobei es ihm darauf ankommt, das Unbestimmte und Unbenennbare als wesentliches Kriterium jeder A. hervorzuheben. Ihm folgt der Existentialismus, vor allem J.-P. Sartre, der die A. als Verunsicherung des Individuums angesichts des eigenen Freiheitsbewusstseins begreift. Auch P. Tillich geht es um eine Ontologie der A., die er als das Hinschauen des Menschen in den dämonischen Abgrund absoluter Sinnlosigkeit beschreibt. Indem er die A. auf die existentiellen Fragestellungen nach Schuld, Sinnlosigkeit und Wertlosigkeit bezieht, stellt er Abhängigkeit zwischen A. und den Sinnfragen her.

Seit der Aufklärung ist die Tendenz zu beobachten, die unbestimmte, existentielle A. zu überwinden, indem das Numinose in konkrete Furcht umgewandelt wird, um diese dann in Einzelfaktoren zergliedert durch wissenschaftliche Erkenntnis beherrschbar zu machen oder – wo das an Grenzen stößt – das existentielle Restrisiko durch Versicherungen in den Griff zu bekommen. [MV]

Anthropologie [griech: *anthropos/logos* »Lehre vom Menschen«] ist der summarische Oberbegriff für das Bemühen, das Wesen des Menschen auf den Begriff zu bringen (→ Mensch). Im Gefolge der neuzeitlichen Ausbildung unterschiedlicher Wissenschaftszweige ergeben sich verschiedene Zugangsarten. Die naturwissenschaftliche A. widmet sich den Fragen nach der biologischen Konstitution des Menschen und seiner Stellung im Prozess der Evolution und des Kosmos. Gegenwärtig steht die Erforschung des genetischen Programms und der Funktionsweise des menschlichen Bewusstseins im Vordergrund. Ähnlich empirisch ausgerichtet versucht die sozial- und kulturwissenschaftliche A., ein Bild des Menschen vor dem Hintergrund seiner sozialen Einbindung in Familie, Stamm oder Gesellschaft und deren kulturellen Ausdrucksformen zu gewinnen.

Die philosophische A. bearbeitet seit der Antike in verschiedenen klassisch gewordenen Ausprägungen die duale Grundausrichtung des Menschen. Durch seine Leiblichkeit ist er einerseits in der sinnlich-materiellen Sphäre des Lebens verhaftet, zugleich ragt er aber andererseits durch seinen Geist darüber hinaus. Die vertretenen Positionen reichen von einem extremen Leib-Seele-Dualismus, der das Eigentliche des Menschen in seiner geistigen Verfassung erblickt, bis hin zu einem monistischen Materialismus, der im Rückgriff auf naturwissenschaftliche Einsichten den Geist zu einem bloßen Stoffwechselvorgang degradiert. Im Kontext der Religionen verlagert sich das Interesse auf die Frage, wie der Mensch im Horizont der Kategorien der Unendlichkeit und der → Transzendenz zu verstehen ist. Spezielle Aufgabe der theologischen A. ist es dann, das Bild des Menschen vor Gott zu entwerfen. Der A. kommt daher in allen Gesamtdarstellungen christlicher Lehre oder Theologie eine wichtige Rolle zu. In der Durchführung sind prinzipiell zwei Verfahren zu unterscheiden: Im einen Fall wird in der Nähe zur naturwissenschaftlichen bzw. philosophischen A. ein empirischer Ausgangspunkt gewählt, den es dann theologisch zu interpretieren gilt. Im anderen Fall wird offenbarungstheologisch in den Aussagen der biblischen Schriften über den Menschen das maßgebliche Fundament gesehen. In der gegenwärtigen Diskussion zeichnet sich ab, dass nur eine Verknüpfung beider Ansätze zu einer theologischen A. führt, die im Horizont der Moderne anschlussfähige Aussagen gewährleistet.

Inhaltlich steht die christliche A. in dem Spannungsbogen zwischen der → Gottebenbildlichkeit (Gen 1, 26f.) und der → Sünde des Menschen (Gen 3). Der Mensch ist auf der einen Seite mit besonderen Gaben ausgestattet. Dazu zählt in erster Linie seine Geisthaftigkeit. Damit ist die Vernunft mit ihren Möglichkeiten zu sprachlicher Kommunikation und kultureller Gestaltung ebenso wie die Verpflichtung gemeint, die eigene Lebensführung sittlich zu verantworten. Diese Gaben zeichnen den Menschen vor anderen Geschöpfen aus. Dem steht auf der anderen Seite gegenüber, dass der Mensch in seinem Bemühen zur Selbstverwirklichung diese idealtypische Bestimmung de facto stets verfehlt und sich somit von dem, was er eigentlich wäre, entfremdet. Die Realisierung seiner eigenen Bestimmung liegt nach den Grundeinsichten der christlichen A. außerhalb der menschlichen Realisierungsmöglichkeiten und bedarf daher eines göttlichen Gnadenhandelns. Mit diesem Spannungsbogen verfügt die christliche A. über ein begriffliches Instrumentarium, das es ihr erlaubt, gleichermaßen das Bewusstsein menschlicher Erhabenheit wie die Gebrochenheitserfahrungen des Menschen in seiner Welt zu deuten. Sie steht daher von selbst im Gespräch mit anderen Versuchen des Menschen, sich selbst zu verstehen. [JL]

Anthroposophie [griech.»Weisheit vom Menschen«] Bekannter als die Lehre selbst ist deren Wirkungsgeschichte, die sich in der Waldorfpädagogik, in bestimmten Formen der Kunst (Architektur, Malerei, Tanz), in einer sog. ganzheitlichen Medizin, in biologisch-dynamischem Landbau manifestiert. Nichtsdestoweniger bleibt die anthroposophische Lehre Grundlage wie Richtschnur zugleich, so dass von einer eigenständigen Fortentwicklung, die auch Vorgaben außer Acht lassen bzw. revidieren müsste, nicht die Rede sein kann.

Die A. ist aufs Engste verbunden mit ihrem Begründer Rudolf Steiner (1861–1925), der zunächst Mitglied der Theosophischen Gesellschaft und seit 1902 Generalsekretär der deutschen Sektion war, dann jedoch – nach einem Bruch mit derselben – im Jahre 1923 die Allgemeine Anthroposophische Gesellschaft gründete. In die Jahre des Übergangs fallen zwei wichtige Ereignisse: 1919 die Gründung einer Schule für Arbeiterkinder der Waldorf-Astoria Zigarettenfabrik und 1922 die der Christengemeinschaft, die sich als dritte Kirche neben der kath. und ev. verstand.

Obwohl Steiner für die von ihm inaugurierte A. den Namen Theologie bzw. Religion vermied und stattdessen lediglich beanspruchte, eine neue Wissenschaft etabliert zu haben, konnte es nicht ausbleiben, dass seine vielfältigen Schriften über theologische Themen, insbesondere über die Bibel, sowohl bei Anhängern als auch Kritikern den Eindruck hinterließen, dass damit eine neue Epoche in der Theologiegeschichte angebrochen sei. Die von ihm in Anspruch genommene Wissenschaftlichkeit wurde mit Begriffen wie Okkultismus, Geheimlehre, Geheimwissenschaft, Geheimforscher, Geheimschüler umschrieben, der geläufige Wissenschaftsbegriff, wonach es um Einsichtigkeit, Nachprüfbarkeit u. dgl. geht, damit aufgegeben. Wie viele, die damals mit dem verlorenen Krieg zugleich den Untergang des Abendlandes verbanden, versuchte auch Steiner, sich und seiner Gemeinde das Phänomen zu deuten: Die Kirchen hatten den Krieg nicht verhindern können. Sie hatten versagt, weil ihre Theologie falsch war. Und so bemühte Steiner eine Vorstellung, die er schon Jahre zuvor entwickelt hatte, nämlich die von den verschiedenen Weltaltern, die miteinander dadurch verbunden sind, dass Engelshierarchien ihr Wesen bzw. Unwesen treiben. Dieser von Steiner konstatierte Schwund an geistiger Substanz, der von Eingeweihten bzw.

Hellsehern wahrgenommen werden kann, hatte insbesondere vor fast 2000 Jahren zu dem Christusereignis von Betlehem und später Golgota geführt. Vom Mysterium ist hier die Rede. Schon durch die Bezeichnung »Der Christus Jesus«, also in der Umkehrung von Name und Prädikat, wird der Eindruck des Neuen erweckt.

Steiners Darstellung unterscheidet sich von allen dadurch, dass er am historischen Jesus, wie ihn die vier Evangelien beschreiben, gar nicht interessiert ist. Das Gleiche gilt für die Zeitumstände und theologischen Strömungen innerhalb des Alten wie Neuen Testaments. Wie Steiner mehrfach anmerkt, hatte die historisch-kritische Forschung seiner Zeit die Einheit der Bibel zerstört. Sie wiederentdeckt und wiederhergestellt zu haben war seine feste Überzeugung, die er als Vermächtnis seinen Anhängern in der Anthroposophischen Gesellschaft und Christengemeinschaft hinterließ.

Nach Steiner bedarf es keiner mühevollen Forschungsarbeit an alten Quellen. Diese wird ersetzt durch die innere Einkehr, die Schau. Dem Geisterseher sind die gesamte Vergangenheit und die Schicksale von Menschen und Völkern in der sog. Akasha-Chronik präsent. Diese Bezeichnung ist allerdings durchaus irreführend, denn sie existiert nicht auf dem Papier, sondern erschließt sich nur dem, der eingeweiht ist und über die entsprechenden Augen und Ohren des Geistes verfügt. Die Evangelisten waren Eingeweihte, und entsprechend sind ihre Werke Einweihungsriten, -mysterien. Aber sie sind unterschiedlich, wie man weiß, was daher rührt, dass ihre Verfasser unterschiedliche Grade erlangt hatten. Sie sind auch unvollständig. Hier greift nun Steiners Vision von einem 5. Evangelium, einem Urevangelium bzw. ewigen Evangelium, aus dem er ablesen konnte, was wesentlich zum richtigen Verständnis der Christusgeschichte gehörte. In Christus, so erfuhr er, verbinden sich alle geistigen Ströme der Vorzeit, hebräische, buddhistische und persische. Aufgrund dieser Fülle erfolgt die Inkarnation in zwei Jesusknaben, die beide in Betlehem geboren werden und auf wunderbare Weise miteinander verschmelzen. Das aus dem Geiste Zarathustras lebende Ich des matthäischen Knaben geht über auf den vom Buddhismus bestimmten Jesus des Lk mit der Folge, dass Ersterer stirbt. Bei der Taufe im Jordan verlässt das Ich des Zarathustra den irdischen Leib des Jesus, so dass jetzt die Christus-Wesenheit von diesem Besitz ergreift. So ist denn auch das wahre Ich, der Christus, bei der Kreuzigung unverletzt geblieben.

Zum »Mysterium von Golgota« gehört nach Steiner sodann, dass sich Christi Blut, das vom Körper herabtrieft, mit der Erde verbindet und diese somit fortan vom Christus-Geist durchtränkt ist. Obwohl diese Vorstellung derjenigen widerspricht, wonach lediglich Christi Scheinleib am Kreuze leiden musste, hat Steiner sie mit Nachdruck vertreten, stützt sie doch auch seine Auffassung vom Abendmahl, dessen Mysterium darin besteht, dass Wein und Brot ihre besondere Kraft aus dieser von Christus durchtränkten Erde ziehen. Entsprechend hat Steiner Joh 13,18 (»der mein Brot isst, tritt mich mit Füßen«) in diesem Sinne interpretiert. Obwohl hier in Anlehnung an Ps 41,10 vom Verrat des Freundes die Rede ist – es handelt sich um Jesu Abschiedsreden –, wird daraus ein mystisches Geschehen: Der Mensch geht (mit Füßen) über die vom Geist Christi verwandelte Erde und isst das Brot, das als Korn auf dieser Erde gewachsen ist. Dass der jugendliche Christus auch im Ausland war und dabei u.a. den Mithraskult kennen lernte, dabei von dessen Anhängern zum Priester ausgerufen wurde, erschließt sich ebenfalls dem hellsehenden Auge. Was hier wie eine apokryphe Meistererzählung aus der frühen Gnosis anmutet, wird jedoch zum entscheidenden Kriterium für die Frage, inwieweit anthroposophische Lehre einerseits und katholische wie protestantische andererseits übereinstimmen.

So bekennt u.a. das anthroposophische Credo auch nicht mehr Gott als den Schöpfer des Himmels und der Erde, wie es in den ökumenischen Symbolen lautet. Er ist ein Gott unter vielen (Gen 1,1): »Im Anbeginn schufen die Götter die Himmel und die Erde«, übersetzt Steiner, Christus selbst ist wie der Mensch dem Karma, also der altindischen Vorstellung von der Wiederverkörperung, unterworfen. Nach Steiner hat Jesus seine Jünger in intimen Gesprächen dahingehend unterrichtet. So sind denn auch die von den Evangelisten verfassten Bücher Einweihungsritualien, kraft derer sich der Mensch letztlich selbst erlösen kann, wozu die verschiedenen Leibeshüllen eines jeden Menschen (physischer Leib, Äther-, Astralleib, Ich) die wiederholten, stets mit Leistung verbundenen Wiederverkörperungen beitragen. Einer Erlösung von Sünde und Tod durch Jesus Christus bedarf es nicht mehr. Weder ist diese als Christus Jesus bezeichnete Gestalt wahrer Gott noch wahrer Mensch zugleich (Chalkedon 451).

Das Verhältnis der großen Kirchen zur Anthroposophie und Christengemeinschaft ist von einer gewissen gegenseitigen Toleranz bestimmt, was die jeweilige Mitgliedschaft angeht. Allerdings erkennen beide Kirchen die Taufe der CG nicht an, wobei die Erklärungen der EKD (1949, erneuert 1969) von der kath. Kirche übernommen wurden und als Entscheidungsgrundlage dienen. Aufgrund des Einspruchs der EKD ist die Christengemeinschaft auch nicht Mitglied im ÖRK. [GB]

Antikes Christentum → Alte Kirche

Antisemitismus Unter Semiten werden seit dem 18. Jh. Völker Afrikas und Vorderasiens verstanden, die eine Sprachgemeinschaft ähnlich den Indogermanen bilden. Der Begriff ist abgeleitet von Sem, dem ältesten Sohn Noahs (Gen 5,32; 6,10; 7,13; 9,18; 9,23; 10,1). Sem erscheint auch in Jesu Stammbaum (Lk 3,36). Zu den semitischen Sprachen gehört neben vielen anderen das Hebräische bzw. Aramäische (Jesu Sprache). Insofern ist der um

1879 erstmals geprägte Begriff A. irreführend, wenn lediglich Antijudaismus, also Feindschaft gegenüber Juden gemeint ist. Darüber hinaus wird der Begriff, naturalistisch verkürzt, einseitig zur Kennzeichnung einer Rasse verwendet.

A. als Antijudaismus verstanden begegnet uns bereits in der Antike, in der Geschichte des Christentums vom frühen Mittelalter bis zur → Aufklärung und in der Neuzeit, er ist jeweils besonders geprägt. Schon vor der Zerstörung Jerusalems 70 n.Chr. durch Titus und der endgültigen Vertreibung aller Juden (135 n.Chr. unter Hadrian) aus der Stadt – sie hieß fortan *Colonia Aelia Capitolina* – hatte es größere Gemeinden in der Diaspora, vor allem in Ägypten und Babylonien, gegeben. Der → Exodus des ganzen Volkes unter Moses ist Bestandteil des jüdischen Glaubens (→ Judentum) und Bekennens. Seine Motive werden indes je nach Sicht der Beteiligten konträr angegeben. War es nach atl. Sicht der geschichtsmächtige Gott JHWH, der das Volk befreite und ins gelobte Land führte, so nahmen die Ägypter – ohne das Faktum an sich zu leugnen – für sich in Anspruch, ein von Seuchen befallenes Volk vertrieben zu haben (Josephus *Contra Apionem*; Tacitus *Historien*). Nach dem atl. Buch Ester betrieb der zweitmächtigste Mann im Perserreich des Königs Ahasveros 472 v.Chr. eine groß angelegte Judenausrottung. Auch aus Ägypten sind in vorchristlicher Zeit Pogrome überliefert. Die von den Römern seit Caesar 47 v.Chr. – aufgrund militärischen Beistands bei der Eroberung Alexandrias – den Juden gewährten Sonderrechte (Befreiung von Kriegsdienst und Steuern, Duldung ihrer Speisegesetze) wurden von beiden Seiten immer wieder strapaziert. Aus diesbezüglichen Äußerungen Ciceros, Quintilians, Juvenals, Senecas und Tacitus' lässt sich eine latent verbreitete wie auch offenkundig werdende Kritik am Judentum ableiten, die z.T. politische Formen annahm und bis zur Ausweisung der Juden unter Tiberius 19 n.Chr. führte. Nicht von ungefähr protegierte der persönliche Vertraute des Kaisers, der antijüdisch eingestellte Sejan, den in Judäa residierenden Präfekten Pontius Pilatus, der sich während seiner langen Dienstzeit bis zu seiner Verbannung 36 n.Chr. als skrupelloser Machthaber erwies. Bekannt ist auch (u.a. Apg 18,2) das Edikt des Kaisers Claudius (49/50 n.Chr.), das nach innerjüdischen Streitigkeiten erlassen wurde. Viele Juden Roms flüchteten damals in die Provinzen.

Die von röm. Schriftstellern artikulierten Argumente bezogen sich auf den jüd. → Monotheismus, den Gesetzesgehorsam (→ Sabbat) und Speisevorschriften (Verbot von Schweinefleisch). Eine strikte Trennung von religiöser und kulturell-soziologischer Argumentation ist kaum möglich, da das Erscheinungsbild der jüdischen Gemeinden tatsächlich beides einschloss. Die jüdischen Lebensformen waren religiös bestimmt. In der Gegenkritik spielte u.a. das Moment eine Rolle, die griechische Philosophie stehe in direkter Tradition zu Moses.

Da das Christentum sich sowohl gegenüber seiner jüdischen Herkunft als auch dem »heidnischen« Umfeld behaupten musste, ist die Auseinandersetzung mit dem geistigen Erbe besonders schwierig. Kontinuität und Trennung stehen in dialektischer Spannung zueinander. Aussagen wie »Das Heil kommt von den Juden« (Joh 4,23) und »Sein Blut komme über uns und unsere Kinder« (Mt 27,25) kennzeichnen die z.T. tragische Auseinandersetzung in der frühen Kirche, die auch in ihrem weiteren Verlauf aufs Ganze gesehen zu keiner Synthese führte. Zur Zeit der → Kirchenväter entsteht eine regelrechte *Adversus Iudaeos-Literatur*. Im Gegenteil, eine politisch favorisierte Ideologie sprach, nachdem das Christentum im 4. Jh. Staatsreligion geworden war, den Juden zunehmend auch noch jene Rechte ab, die anderen Bürgern und Gruppen im Reich gewährt wurden. Dabei spielte der Klerus eine dominierende Rolle. Pogrome traten oft an die Stelle geistiger Auseinandersetzung.

Die Kreuzzüge vom 11. bis 13. Jh. sollten schließlich in die Geschichte als Kapitulation vor der Vernunft eingehen. Bezeichnenderweise richteten sie sich nicht nur gegen Muslime im Heiligen Land, sondern auch gegen dort lebende Juden, ja sogar gegen die orthodoxen Christen des Ostens. Und nicht nur die angeblich selbst auferlegte Blindheit, wie die symbolhaften Frauengestalten Synagoge und Kirche z.B. am Straßburger Münster verdeutlichen, kennzeichnete die Unterschiede. Das IV. Laterankonzil von 1215 forderte von den Juden – lange vor dem Nationalsozialismus – das Tragen eines gelben bzw. roten Hutes und eines gelben Ringes am Mantel, ganz abgesehen von dem verordneten Wohnen in sog. Gettos. Aus Handwerksberufen verdrängt, wurden die Juden im Europa des Mittelalters zu Trödlern und Geldwechslern. Bei Naturkatastrophen und Seuchen stempelte man sie zu Sündenböcken. Weit verbreitet und im Bewusstsein der Menschen bis in die Gegenwart verwurzelt sind Klischeevorstellungen vom heuchlerischen Juden, dem Pharisäer schlechthin. Sodann gerät der Verrat des Judas Iskariot zur Kennzeichnung eines ganzen Volkes. Judaskuss und Judaslohn brandmarken fortan – nicht nur bei Passionsspielen – besonders schändliche Verhaltensweisen.

Luthers z.T. harte Kritik entwickelte sich unter der anfänglichen Prämisse, die Juden würden zum Glauben ihrer Väter zurückkehren, so wie ihn die Christen bewahrt hätten. Erst nachdem er erfahren musste, dass seine Prognosen nicht zutrafen, verhärtete sich seine Einstellung (*Von den Juden und ihren Lügen*, 1543). Seine Ausführungen, wie man praktisch gegen die Unbelehrbaren vorgehen solle (Beschlagnahme von Büchern, Verbot des Geldhandels, Zerstörung der Wohnungen, der Synagogen, Ausweisung), lassen an Deutlichkeit nicht zu wünschen übrig – mit dem Unterschied immerhin, dass die damalige Obrigkeit sich nicht an der Umsetzung seiner Vorschläge beteiligte.

Als Gegenbewegung lässt sich im 17. Jh. der sog. Philosemitismus begreifen, der u.a. naturrechtlich argumentierte. In diesem Zusammenhang wurde auch die Idee geboren und Ludwig XIV. vorgetragen, den Juden das verheißene Land zurückzugeben. In England gestattete Oliver Cromwell den Juden die Wiedereinwanderung. Diese neue Einstellung kommt auch dadurch zum Ausdruck, dass es zu dieser Zeit unter Christen Mode wurde, bei der Namengebung auf atl. Vorbilder zurückzugreifen.

In der europäischen Aufklärung verstärkte sich das emanzipatorische Denken, wenngleich gesetzliche Regelungen vorerst nur partiellen Charakter hatten. Erst mit der Französischen Revolution (1789) sollte sich das Bild ändern, als nahezu abrupt den Juden in Frankreich, West- und Norddeutschland bürgerliche Freiheiten und Rechte zuerkannt wurden. Dennoch gab es bis Ende des 19. Jh. weitgehend keinen Zugang zu staatlichen Ämtern. Manche Juden wählten die Anpassung an die Verhältnisse dadurch, dass sie sich taufen ließen (Entréebillet nach H. Heine). Aber auch wo dieser kirchenrechtliche Akt nicht vollzogen wurde, kam es häufig zur Assimilation. Das jüdische Finanzwesen wurde zu einem wichtigen Wirtschaftsfaktor. Aus unentbehrlichen »Hoffaktoren« im 18. und beginnenden 19. Jh. wurden z.T. geadelte Bankiers, und deren renommierte Bankhäuser hatten bis 1933 erheblichen Einfluss.

Der nach der Reichsgründung (1871) einsetzende A. (u.a. H. v. Treitschke: »Die Juden sind unser Unglück!«) resultierte u.a. aus der zunehmenden Industrialisierung, der viele bürgerliche Gewerbe- und Handwerksbetriebe zum Opfer fielen. In dem Konkurrenzkampf schnitten emanzipierte Juden oft besser ab, so dass man ihnen sowohl den Erfolg neidete als sie auch für die Strukturveränderungen selbst verantwortlich machte. Die politische und wirtschaftliche Misere in Deutschland nach dem Ersten Weltkrieg förderte den A. noch mehr, der dann im sog. → Holocaust (= ganz verbrannt) des Nationalsozialismus eskalierte.

Zum gegenwärtigen A. gehört allerdings auch das Phänomen, dass er Hand in Hand geht mit der Entchristlichung der Gesellschaft schlechthin. Die Bemühungen auf politischer und kirchlicher Ebene sind bislang tastende Versuche auf dem Wege zur Normalität. Dazu gehören ebenso Schuldbekenntnisse wie dogmatische Entscheidungen. So verzichtet die kath. Kirche z.B. seit 1959 in der Karfreitagsliturgie auf das Gebet für die »treulosen Juden«. Vielfältige jüdisch-christliche Dialoge fördern sowohl die Verständigungsbereitschaft als auch die praktische Zusammenarbeit, z.B. in der Bekämpfung des Rechtsradikalismus. [GB]

Apokalypse [griech. »Enthüllung. Offenbarung«] Das erste Wort der Offenbarung des Johannes (griech. *apokálypsis*) hat der Gattung der A. den Namen gegeben. Dazu gehören in der Bibel neben Apk das Buch Dan; außerhalb der Bibel z.B. 1Hen, 2Hen, 3Hen, 4Esr, 2Bar, Jud, ApkAbr, die gnostischen A. des Paulus, Petrus, Jakobus (→ Gnosis), u.v.a. (→ Apokryphen). Das hinter ihnen stehende Weltbild bezeichnet man als *Apokalyptik*. Für die Gattung A. gelten üblicherweise die folgenden Elemente als typisch: 1. Die Schrift ist pseudonym, verfasst unter dem Decknamen eines vor langer Zeit verstorbenen Weisen, Sehers, Schreibers, Priesters, Propheten (z.B. Henoch: Gen 5,24; Daniel: Dan 1,6, die Szene spielt im 6. Jh. v.Chr., tatsächlich stammt die Schrift aus dem 2. Jh. v.Chr.); 2. sie enthüllt die jenseitige Wahrheit, die ihr durch Visionen, Träume, Auditionen, Himmelsreisen und dergleichen zuteil geworden ist; oft fungieren Engel als Mittler; 3. sie enthüllt den Verlauf der Weltgeschichte, die oft in Zeitalter unterteilt wird; durch eine präzise Beschreibung der Gegenwart soll die Glaubwürdigkeit der (angeblich von Daniel usw. verfassten) Prophetie für die Zukunft erhöht werden; 4. besonders wichtig ist die Endzeit, für die man typischerweise einen dramatischen Endkampf zwischen Gut und Böse erwartet, kosmische Katastrophen (Erdbeben, Fluten), schwere soziale Unordnung (blutrünstige Herrscher, auseinander brechende Familien), danach den Weltuntergang, die Auferstehung der Toten und die Erneuerung der Welt; 5. die Funktion solcher Literatur ist der Trost der Leser in einer schweren Krise, z.B. nach der Entweihung des Jerusalemer Tempels durch Antiochus IV. Epiphanes 167 v.Chr. (Dan), nach seiner Zerstörung durch die Römer 70 n.Chr. (4Esr, 2Bar): Gott ist seinem Volk treu, am Ende wird er das Böse überwinden (vgl. Dan 12,1: »Es wird eine Zeit so großer Trübsal sein, wie sie nie gewesen ist, seitdem es Menschen gibt, bis zu jener Zeit. Aber zu jener Zeit wird dein Volk errettet werden, alle, die im Buch geschrieben stehen«).

Eine präzise Bestimmung dessen, was mit A. bzw. einer *apokalyptischen* Erwartung gemeint sein soll – im Unterschied etwa zu einer *eschatologischen* Erwartung, die z.T. zu ihrem Gegenbild erklärt wurde (→ Eschatologie) –, ist indes ausgesprochen schwierig und gegenwärtig nicht in Sicht.

Die Hauptprobleme sind: Es gibt zum einen Apokalypsen, in denen die vermeintlich typischen Elemente kaum eine Rolle spielen. Die wohl älteste A., das Henochbuch (1Hen 72–82; die älteste in → Qumran gefundene Handschrift stammt vermutlich aus dem frühen 2. Jh. v.Chr., ist also älter als Dan), beschäftigt sich nicht mit dem Lauf der Weltgeschichte, sondern mit dem *weisheitlichen* Problem der Ordnung des Kosmos, namentlich mit dem wahren, von Gott bestimmten Kalender. Nötig wird die Offenbarung, weil sich die Frage durch Rekurs auf die biblischen Schriften nicht zureichend beantworten lässt; es bedarf eines Sonderwissens.

Es gibt zum anderen Schriften, denen einige der vermeintlich typischen Erwartungen der apokalyptischen Weltsicht vertraut sind, ohne dass sie der Gattung A. zuzurechnen wären, z.B. viele Schriften aus Qumran und die Bücher des NT (außer Apk). Welche Rolle die A. hier spielt, ist in der Forschung strittig. Es hängt ab von der Definition dessen, was A. sei. In der Kirchengeschichte haben apokalyptische Erwartungen zu allen Zeiten eine Rolle gespielt, insbesondere in Zeiten einer (echten oder empfundenen) Krise (Montanismus, Joachim v. Fiore, Th. Müntzer, Täuferreich von Münster, u.v.a.). [WR]

Apokryphen [»Geheimschriften«] Der Begriff A. ist mehrdeutig und wurde im Verlauf der Geschichte auch mehrdeutig verwendet. In der Auseinandersetzung mit Häretikern bezeichnete man in der Alten Kirche als A. jene esoterischen Geheimschriften, die von diesen als wesentliche Grundlage ihrer Überzeugung aufgefasst wurden. So bekam der Begriff A. den Beigeschmack von »Ketzerschriften«. Nachdem der biblische Kanon festgelegt war, konnten unter A. zunehmend all jene Schriften verstanden werden, die zwar hohes Ansehen in den Gemeinden besaßen, aber nicht in den Kanon aufgenommen worden waren.

In der protestantischen Kirche wurde der Begriff dann weiter eingeengt auf jene Schriften, die nicht im hebräischen Kanon des → Alten Testaments enthalten sind, sich aber in dessen griechischer und lateinischer Übersetzung (*Septuaginta* und *Vetus Latina* bzw. *Vulgata*) finden. So rechnet man heute nach protestantischem Verständnis zu den alttestamentlichen A. das Buch Judit, die Weisheit Salomos, Tobit (Tobias), Jesus Sirach, Baruch, das 1. und 2. Makkabäerbuch, die Zusätze zu Ester und Daniel (Geschichte von Susanna und Daniel, Vom Bel zu Babel, Das Gebet Asarjas und Der Gesang der drei Männer im Feuerofen) sowie das Gebet Manasses. Bei diesen Texten handelt es sich sowohl um Darstellungen des Geschichtsablaufs der Spätzeit Israels (z.B. Makkabäerbücher) als auch um Legenden (z.B. Tobit, Susanna), Psalmen und Weisheitsliteratur (z.B. Jesus Sirach). All diese Schriften haben aber nach katholischem Verständnis kanonischen Rang und sind damit unverzichtbarer Bestandteil der Bibel. Im katholischen Sprachgebrauch werden dagegen diejenigen Schriften als A. bezeichnet, die außerhalb ihres Kanons stehen (im protestantischen Kontext etwas unscharf und z.T. unzutreffend Pseudepigraphen [eigentlich »fälschlicherweise einem Autor zugeschriebene Schriften«] genannt). Diese Textgruppe ist nicht genau abgrenzbar. Es handelt sich dabei um zeitgenössisch hochgeschätzte Texte wie z.B. den Aristeasbrief, das 3. und 4. Makkabäerbuch, das slawische und äthiopische Henochbuch, die Baruch-Apokalypse, die Psalmen Salomos, die Testamente der XII Patriarchen, die Himmelfahrt des Mose, aber auch um zahlreiche erst durch die Handschriftenfunde aus Qumran bekannt gewordene Texte.

Die Mehrzahl der (nach protestantischem Verständnis) A. und Pseudepigraphen genannten Texte wurde von vornherein in Griechisch, der damaligen Weltsprache, abgefasst; dies ist ein wesentlicher Grund dafür,

warum sie nicht bei der Kanonisierung der hebräischen Bibel mitberück-
sichtigt wurden, obwohl sie um die Zeitenwende im Judentum hoch im Kurs
standen.

Dass sie auch in christlichen Kreisen intensiv gelesen wurden, belegen
die zahlreichen Zitate und Anspielungen auf diese Schriften im NT. Über ihre
Bedeutung wurde viel gestritten. In der katholischen Kirche anerkannt und
entsprechend ihrer Inhalte in die Bibel integriert, druckte Luther sie zwar in
seiner Bibelausgabe als eigene Textgruppe zwischen Altem und Neuem
Testament ab, bezeichnete sie aber als »Bücher, so der Heiligen Schrift nicht
gleichgehalten und doch nützlich und gut zu lesen sind«. Zunehmend wird
jedoch ihr Wert als die notwendige Brücke zwischen Altem und Neuem
Testament erkannt. Die Texte geben interessante Einblicke in die religiösen
Vorstellungen im Judentum zwischen etwa 200 v.Chr. und 100 n.Chr. und
sind damit nicht nur nützlich zu lesen, sondern unverzichtbare Quelle für das
Verständnis des Neuen Testaments und seiner Umwelt.

Unter den ntl. A. versteht man jene Schriften, die der frommen Volks-
literatur der frühen Kirche zuzuschreiben sind und die nicht Eingang in den
neutestamentlichen Kanon gefunden haben. Hierzu zählen vor allem weitere Evangelienüberlieferungen wie das stark gnostisch beeinflusste Thomasevangelium (besteht nahezu ausschließlich aus Worten Jesu ohne Erzählungen) oder die sog. Kindheitsevangelien, die legendenhaft und oft phantasie-
reich der Frage nachgehen, wie sich Jesus in seiner Kindheit verhalten habe.
Weiterhin zählen zu den ntl. A. mehrere Apostelgeschichten, einige Briefe,
Apokalypsen u.a.m. Sie zeigen, welche Strömungen es in den ersten Jahrhunderten der Christenheit gab, gegen die sich die gerade erst verfestigen-
de Kirche abgrenzen musste. [WZ]

Apologetik   [griech. *apologia* »Verteidigung«] bedeutet die Lehre von
der Verteidigung der christlichen Religion. Gemeint ist damit das Bemühen,
die Plausibilität des christlichen Denkens in der argumentativen Auseinandersetzung mit seinen Kritikern nachzuweisen. Von Anfang an – schon bei
Paulus findet sich dieses Verfahren – ist A. ein Grundzug christlicher Theologie. Die frühchristliche Theologie ist von der Verteidigung gegen jüdische
und im Kontext der antiken Philosophie vorgetragene Vorwürfe so stark bestimmt, dass ihre maßgeblichen Vertreter wie Justin oder Tertullian als *Apologeten* bezeichnet werden. Unter den Bedingungen der Neuzeit räumen
Schleiermacher auf evangelischer und die Theologen der älteren Tübinger
Schule auf katholischer Seite zu Beginn des 19. Jh. der A. eine wichtige
Grundlegungsfunktion als religionsphilosophische Prinzipienlehre ein.

In der Theologie des 20. Jh. tritt der Begriff A. selbst in den Hintergrund,
die damit gemeinte Sache behält allerdings ihre unverminderte Bedeutung im
Rahmen der theologischen Disziplinen der → Fundamentaltheologie und der

→ Religionsphilosophie. Ziel ist es, die Inhalte des Christentums vor dem neuzeitlichen Bewusstsein zu verantworten. Dabei werden zwei verschiedene Wege beschritten: Auf der einen Seite steht der vor allem von Karl Barth und seinen Schülern vertretene Versuch, den richterlichen Anspruch der neuzeitlichen Vernunft über das Christentum als deren unangemessene Selbstüberhebung zurückzuweisen. Dem steht auf der anderen Seite das Bemühen von Paul Tillich, Wolfhart Pannenberg u.a. gegenüber, zwischen christlicher Religion und neuzeitlicher Vernunft Grundübereinstimmungen aufzuweisen, die es möglich machen, dem Christentum auch nach den Maßstäben neuzeitlicher Kritik Plausibilität zu verleihen. Unter den gegenwärtigen Bedingungen postmoderner Großwetterlage zeichnet sich ab, dass für die A. neue Rahmenbedingungen entstehen, da der kritische Maßstab neuzeitlicher Vernunft von innen ausgehöhlt wird. [JL]

Apostel/Apostelamt [griechisch *apostello* »ausschicken, senden«] Dem Evangelisten Lukas zufolge hat Jesus aus seiner Anhängerschaft selbst zwölf Personen ausgewählt (Lk 6,13), die er als A. bezeichnete und denen er den Auftrag gab, seine Botschaft weiter zu tragen, denen er aber auch die Vollmacht zum Heilen erteilte. Die Zahl zwölf erklärt sich als eine Reminiszenz an die Stämme Israels, so dass mit dieser Auswahl schon deutlich werden konnte, inwieweit Jesus sich mit der Entsendung seiner A. in die jüdische Tradition einreihte und einen universellen Anspruch stellte. Dass in der lukanischen Darstellung dieser Gruppe bereits die Vorstellung von einem frühen Leitungsgremiums im Hintergrund mitschwingt, mag die Verhandlung um die Nachfolge für den ausscheidenden Judas verdeutlichen. Um das Gremium zu komplettieren wurde aus einer Gruppe von Kandidaten per Losentscheid Matthias in das »Vorsteheramt« gewählt (Apg 1,15–26). Offensichtlich war es wichtig, das Leitungsgremium in seiner Funktionsgröße zu erhalten; gleichfalls muss es mehrere Kandidaten gegeben haben, die die Voraussetzungen für diese Position mitbrachten.

Die Kriterien werden dabei klar benannt:»Männer, die mit uns gegangen sind die ganze Zeit hindurch, in der der Herr Jesus bei uns ein und ausging« (Apg 1,21f.). Die Namen dieser A. werden in den Evangelien mit geringen Abweichungen aufgelistet: Lukas (Lk 8,14ff.) nennt Simon (Petrus), Andreas, Jakobus (Sohn des Zebedäus), Johannes, Philippus, Bartholomäus, Matthäus, Thomas, Jakobus (Sohn des Alphäus), Simon, Judas (Sohn des Jakobus) und Judas (Iskariot). Demgegenüber fehlt in dem älteren Markusevangelium wie auch im Matthäusevangelium nur Judas (Sohn des Jakobus), an dessen Stelle Thaddäus genannt wird. Entscheidend an dieser Auflistung ist die durchaus wertende Reihenfolge: An der Spitze steht Simon Petrus, der als erster berufen wurde und später auch als Sprecher auftrat, am Ende Judas, der Verräter.

Parallel zu dieser Fixierung auf einen Kreis »der Zwölf«, der aus einer größeren Zahl der Jünger und Jüngerinnen erwählt worden war, wandelt sich die Bedeutung des A. nach Ostern. Während vordem der andauernde persönliche Umgang mit Jesus als Voraussetzung galt, um als A. benannt zu werden, erhält die Bezeichnung nach Ostern zunehmend die Bedeutung einer Vollmacht und damit auch die eines Amtes, das über den Kreis der Jünger hinausgeht. Am deutlichsten wird diese Entwicklung am Beispiel des Paulus. Wie der Herrenbruder Jakobus u.a., so wird auch Paulus als Apostel bezeichnet und nimmt diesen Titel für sich selbst in Anspruch, obwohl er dem irdischen Jesus nie begegnet war. Als Kriterium setzt sich nun die Erscheinung des auferstandenen Christus durch und die Fähigkeit, die Botschaft von der Auferstehung authentisch weitergeben zu können. Paulus stellt dabei eine Ausnahme dar, wobei er selbst sich zwar auf die Erscheinung des Auferstandenen in dem so genannten Damaskus-Erlebnis beruft, gleichzeitig jedoch als den »Geringsten« unter den A. bezeichnet, weil er eben nicht zu den Jüngern Jesu, wohl aber zu den Verfolgern der Gemeinde Gottes gehört hatte (1Kor 15,8f.).

Dass die A. als Erstzeugen der Auferstehungsbotschaft eine grundlegende und herausragende Bedeutung für die Kirche haben, wird nicht bezweifelt. Strittiger ist in der Gegenwart jedoch die Frage, wer als berechtigter Nachfolger dieser Position gesehen werden darf. Während orthodoxe und katholische Kirche an einer apostolischen Sukzession (Weitergabe durch Handauflegen) festhalten, legen die Protestanten Wert auf die Feststellung, dass die apostolische Tradition nicht in die Hand eines bestimmten kirchlichen Amtes gelegt bzw. als dessen Privileg definiert werden darf. Maßgeblich ist bei dieser Frage auch die Beschränkung auf Männer. Die Kritik daran ist nicht neu, denn warum etwa Maria Magdalena nicht in den Kreis der Zwölf aufgenommen worden war, obwohl sie als Erste dem Auferstandenen begegnet war, wurde bereits im 2. Jh. diskutiert. Das apokryphe Ev Maria (Kap 8 und 9) beschreibt in diesem Sinne eine Konkurrenz zwischen Petrus und Maria um die Führung unter den A., die schon damals mit dem Argument der Erwählung durch Jesus beantwortet wurde, ein Argument, das allerdings für Paulus nicht herangezogen wurde. [MV]

Apostolische Väter Sammelbezeichnung für christliche Schriften aus der unmittelbar nachapostolischen Zeit zwischen 95 und 150 n.Chr., die zum Teil in der Alten Kirche zum Kanon gerechnet wurden. Der Begriff selbst, der durchaus irreführend sein mag, da die a.V. als Schüler oder Hörer der Apostel ihren Wert als Träger der Tradition haben, insofern eher »Söhne« denn »Väter« heißen müssten, leitet sich von dem Titel der 1672 durch J.-B. Cotelier (*Patres aevi apostolici*) veröffentlichten Quellen ab. Cotelier rechnete Klemens, Ignatius, Polykarp und Kodratos zu diesen a.V., seit dem 19.

Jh. werden überdies der Barnabasbrief, der Hirt des Hermas, der Diognet-
brief, die Didache, die Papiasfragmente zur Tradition der a.v. hinzugerechnet. → Alte Kirche [MV]

Archäologie   [griech. *archaios* »uranfänglich«] Von den vielfältigen
archäologischen Teildisziplinen sind für die theologische Forschung vor
allem die Biblische (B.A.) und die Christliche Archäologie (C.A.) von Be-
lang.

Die Bezeichnung B.A. ist insofern nicht glücklich, als man darunter eine
Beschränkung auf die für die Bibel relevanten archäologischen Fakten verstehen könnte. Dieses Fach ist jedoch archäologischen Disziplinen in anderen Ländern (z.B. der ägyptischen oder der vorderorientalischen Archäologie) methodisch völlig gleichgestellt; aus diesem Grunde wird neuerdings
vermehrt die Bezeichnung »Palästina-Archäologie« bevorzugt. Die B.A.
deckt im Wesentlichen den Zeitraum vom Neolithikum (ca. 8500–4000
v.Chr.) bis in die babylonisch-persische Zeit (587–332 v.Chr.) hinein ab,
berücksichtigt aber traditionell auch noch die archäologische Forschung in
Palästina bis in die neutestamentliche und kirchengeschichtliche Zeit hinein. Räumlich beschäftigt sie sich vornehmlich mit dem Gebiet der heutigen
Staaten Israel, Jordanien und Palästina sowie mit der Sinaihalbinsel, muss
aber – da diese Gebiete immer Transitregionen und ein Schmelztiegel verschiedener Kulturen waren – auch die ägyptische, syrische, kleinasiatische,
mesopotamische, griechische und römisch-byzantinische Kultur mit berücksichtigen. Die zeitliche Begrenzung der B.A. ist insbesondere durch die
verwendete Grabungsmethodik vorgegeben. Das Neolithikum stellt eine
Periode des Übergangs von der Lebensweise der an keine Ortsstätten ge-
bundenen Jäger und Sammler zu einer sesshaften Siedlungsform dar. Da die
Wahl des Siedlungsplatzes vornehmlich von günstigen Ressourcen (z.B.
Wasser, landwirtschaftlich nutzbare Flächen), einem strategisch gut zu
sichernden Ort und möglichst guten Verbindungen für Handel etc. geprägt
war, siedelte man seit dieser Zeit häufig über Jahrtausende an denselben Ortslagen. Stürzten die meist aus Lehmziegeln erbauten Häuser ein, wurde der
Neubau auf deren Siedlungsschutt errichtet. Dadurch entstanden im Verlauf
längerer Siedlungsperioden oft mächtige Siedlungshügel (arab. *Tell*). Bei
einer Ausgrabungstätigkeit muss daher die Stratigraphie, also die Schichtung
der einzelnen Siedlungsperioden beachtet werden. In hellenistischer Zeit
wurden die alten, flächenmäßig sehr beengten Siedlungen oftmals aufgegeben und in unmittelbarer Nähe davon neue, aus Stein gebaute Städte mit
einem großen Flächenbedarf gebaut.

Ziel der B.A. ist es, die materielle Kultur in der südlichen Levante möglichst vollständig zu erfassen. Dadurch soll ein eigenständiges Bild der Geschichte und Kultur dieser Region erstellt werden. Dieses kann dann dem –

mit exegetischen Methoden (→ Bibelwissenschaft) untersuchten und so ebenfalls wissenschaftlich bearbeiteten – Text des Alten Testaments als der wichtigsten Textüberlieferung der Region (und den – allerdings recht spärlichen – außerbiblischen Schriftüberlieferungen) an die Seite gestellt werden. So ergeben sich zahlreiche Berührungen, aber auch neue Verstehensmöglichkeiten sowohl für die archäologisch erfassten Relikte als auch für die biblischen Texte. B.A. kann, so verstanden, die Bibel (und erst recht zentrale Glaubensaussagen der Bibel) nicht beweisen, aber illustrieren und damit einen Verstehenshorizont aufweisen, in welcher Welt die Bibel entstanden ist, und zeigen, welche Zielrichtung u. U. biblische Texte hatten. So gesehen ist sie eine Hilfsdisziplin der → Exegese, die sich an der realen Welt des Altertums orientiert und diese im Rahmen ihrer methodischen Möglichkeiten darstellen kann.

Die B.A. gliedert sich in mehrere Forschungsbereiche. Einen gewichtigen Schwerpunkt bilden die Durchführung von Grabungen sowie deren umfassende Publikation. Von besonderer Relevanz ist dabei die Keramik, die sowohl billig herzustellen als auch leicht zerbrechlich war. Da die Keramik im Laufe der Zeit Wandlungen in Form, Ausführung, Verzierung und Qualität durchlief, stellt sie das wichtigste »Leitfossil« für die Chronologie der einzelnen Schichten vor dem Aufkommen von Münzen in der Perserzeit dar. Neben den Ausgrabungen werden Oberflächenuntersuchungen unternommen, mit deren Hilfe insbesondere die Siedlungsgeschichte von Regionen erfasst werden kann. Die Befunde der Grabungen und der Oberflächenuntersuchungen werden zudem unter kultur-, kult-, religions-, sozial- und siedlungsgeschichtlichen sowie unter realienkundlichen Aspekten ausgewertet. So entsteht ein vielfältiges Bild der antiken Lebenswelt, aber auch der Entwicklungen über einen längeren Zeitraum. Daneben spielt die landeskundliche Erforschung Palästinas eine zunehmend größere Rolle. Besondere, im Rahmen der B.A. behandelte Fragestellungen beschäftigen sich mit der Historischen Topographie (Identifizierung antiker Ortslagen), der Epigraphik (Inschriftenkunde), der → Ikonographie (Auswertung und Interpretation von Bildquellen) und der Numismatik (Münzkunde).

Methodisch völlig anders geartet ist die C.A. Räumlich umfasst sie in etwa das ehemalige Römische Reich (inkl. einiger Randgebiete wie z.B. Irland, Armenien, Nubien oder Äthiopien), hat aber unter der materiellen Kultur dieser Regionen ein vorrangiges Interesse an denjenigen Relikten, die in irgendeiner Beziehung zum Christentum stehen; die C.A. setzt somit andere archäologische Disziplinen voraus und untersucht deren Funde und Befunde unter speziell christlichen Gesichtspunkten. Zeitlich beginnt die C.A. mit den ersten Anfängen christlicher Kunst im 2. Jh. n.Chr. und endet etwa um 800. Für die Beschäftigung mit der C.A. sind gute Kenntnisse der gesamten westeuropäischen Frühgeschichte, der byzantinischen und der mit-

telalterlichen Kunstgeschichte und Archäologie unverzichtbare Voraussetzung; hinzukommen Kenntnisse aus dem Bereich der Numismatik, Epigraphik, Architekturgeschichte, Profan- und Kirchengeschichte. Mithilfe der
C.A. lassen sich schriftliche Überlieferungen der frühen christlichen Zeit,
aber auch die damalige Volksfrömmigkeit (→ Spiritualität), das Pilgerwesen
(→ Pilgertum), die Märtyrerverehrung (→ Martyrium), die sozialgeschichtliche Situation u.a.m. illustrieren. Schwerpunkte der Forschung bilden vor
allem die Entwicklungsgeschichte des Kirchenbaus, das Bestattungswesen
(Katakomben; → Bestattung), die Anfänge der Märtyrerverehrung, die Bild-
kunst (frühchristliche Malerei, Sarkophaggestaltungen, Mosaikkunst,
Buchmalerei) und die christliche Kleinkunst. [WZ]

Arianismus   Im Zuge der im 4. Jh. reichskirchlich notwendig gewordenen Vereinheitlichung des Dogmas entstand in Alexandria eine Auseinandersetzung über die Frage, wie sich der monotheistische Anspruch des einen
und einzigen Gottes mit der göttlichen Natur Jesu Christi in Einklang bringen ließe bzw. wie das Verhältnis zwischen Gott Vater und Sohn zu bestimmen sei. In diesem Disput vertrat der Presbyter Arius aus Alexandria
(260–336) Positionen, durch die er im weiteren Verlauf der Streitigkeiten um
das trinitarische Dogma wohl zum berühmtesten »Ketzer« der Kirchengeschichte wurde, obwohl der als Häresie gebrandmarkte A. sowohl inhaltlich
als auch zeitlich weit über das hinausgeht, was Arius selbst in seinen neuplatonisch beeinflussten Schriften geäußert hat. Zu diesen gehören neben Briefen an Euseb von Nikomedien (um 318), an Alexander von Alexandrien
(320), an Konstantin (327) vor allem die fragmentarische Schrift *Thalia*, in
der Arius Gott als »unerzeugt«, »ungeworden«, »unveränderlich« und »un-
wandelbar« hervorhebt, während sein Sohn »durch den Willen Gottes« und
»aus dem Nichts«, also mit einem definierbaren Anfang geschaffen sei (»es
gab eine Zeit, in der er nicht existierte«). Arius erkennt demnach zwar die
drei Hypostasen Gottes an, leugnet jedoch, dass der Sohn »wesenseins«
(*homooúsios*) mit dem Vater sein kann. Im Gegenzug zum Vater sei der Sohn
von Natur aus wandelbar und wie die Menschen mit einer Willensfreiheit
ausgestattet. Aufgrund dieser subordinatorischen Thesen wurde Arius auf
der Alexandrinischen Synode 319 mit dem Bann belegt und auf dem von Kaiser Konstantin einberufenen Konzil zu Nicäa nach Nikodemien verbannt.
Das Konzil von Nicäa verurteilte unter der Federführung von Athanasius
nicht nur den Ansatz der »Wesensverschiedenheit« als A., sondern lehnte
zugleich eine vermittelnde Position (Semiarianismus) ab, derzufolge Gott
Vater und Sohn zwar nicht »wesenseins« aber doch »wesensgleich« sein
könne, und schrieb das Dogma in der Formulierung des nicänischen Bekenntnisses fest (»wahrhaftiger Gott von wahrhaftigem Gott geboren nicht
geschaffen, eines Wesens mit dem Vater«). Noch nach dem Konzil war die

Auseinandersetzung jedoch nicht beendet, die durch Arius formulierten Thesen fanden weiterhin Anklang und entwickelten sich nach seinem Tod weiter. Auf dem Konzil von Konstantinopel (381) setzte sich die Interpretation der Wesensgleichheit durch und mündete in dem Dogma der → Trinität. → Bekenntnis. [MV]

Armut   Im Sinne materieller Not war die A. während der gesamten Entwicklung der Menschheit eine grundlegende Lebenserfahrung. Das Leben vorhistorischer Gesellschaften (Jäger und Sammler) ist von der ständigen Sorge um ausreichende Nahrung und damit Lebensbewahrung bestimmt. Mit dem Aufkommen städtischer Oberschichten im 13. Jh. v.Chr. in Syrien/Palästina verfügte die Unterschicht häufig nicht mehr über ausreichende Ressourcen zur Sicherung des Lebensunterhaltes. Vom Anspruch – aber kaum von der historischen Realität – her wollte Israel wieder egalitäre Strukturen verwirklichen. Hierzu gehörte z.B. die Bestimmung, dass in Not geratenen Volksgenossen ein Darlehen ohne Zinsforderung zur Verfügung gestellt werden soll, um den Armen nicht noch tiefer in die Not zu drängen (Ex 22,24 u.ä.). Eine in dieselbe Richtung gehende Forderung war die Einführung des Sabbatjahres (Lev 25,8ff.): Wer aufgrund von Armut seinen angestammten Grundbesitz verpfänden musste, sollte nach 50 Jahren diesen wiedererlangen. Die prophetische Sozialkritik v.a. des 8. Jh. v.Chr. (→ Prophetie) stellt die Armen in den Mittelpunkt ihrer Verkündigung (Am 2,6ff.; 4,1ff. u.ä.): An die Stelle von Ausbeutung soll Solidarität der Volksgemeinschaft untereinander treten. In nachexilischer Zeit scheint A. für fromme Kreise ein Ideal geworden zu sein (Ps 9f.; 37 u.ö.). Da Psalmentexte von Angehörigen der Oberschicht verfasst wurden, dürfte es sich dabei um eine relative A. (ohne lebensbedrohliche Not) gehandelt haben. Wer sich derart als arm empfindet und nicht dem materiellen Streben der übrigen Oberschicht anhängt, weiß sich in seiner Lebensführung ganz auf → Gott und allein auf seine Hilfe angewiesen.

Jesus richtete seine Botschaft ganz bewusst auch an die Armen (Lk 16,19ff.; 6,20; vgl. die Spiritualisierung in Mt 5,31). Er selbst lebte mit seinen Jüngern einen Lebensstil freiwilligen Statusverzichtes und damit relativer Armut (vgl. Mt 8,20). Die Urgemeinde in Jerusalem, nicht aber die übrigen frühchristlichen Gemeinden, pflegte Gütergemeinschaft, um den vorhandenen Besitz zur Linderung der Not der ganzen Gemeinschaft und damit zur Beseitigung der A. innerhalb der Gemeinde einzusetzen (Apg 4,34).

Im Verlauf der Kirchengeschichte gab es immer wieder Gruppierungen, die sich freiwillig in den Status der A. begaben. Seit Athanasius (*Vita Antonii* 2) gilt der Besitzverzicht als grundlegend für das Mönchtum, wobei ein gewisses Maß an gemeinschaftlichem Besitz der Mönchsgemeinschaft (→ Kloster) zur Sicherung des Lebensunterhalts trotzdem vorausgesetzt wird.

Die Ausbildung größerer Besitzungen der Klöster, die oft durch Schenkungen entstanden sind, führte zu einem Widerspruch zwischen innerer A. der Mönche und äußerem Reichtum der Gemeinschaft. Einzelne Gruppierungen verstärkten daraufhin die Forderung nach stärkerer Beachtung des A.-Ideals (Bettelorden).

A. als materielle Not widerspricht der Vorstellung einer göttlichen Heilsordnung, die an *allen* Menschen ausgerichtet ist. Die Beseitigung von Zuständen, die Menschen in lebensbedrohliche Gefährdung bringen, ist daher eine Grundlage christlicher Ethik, ohne dabei eine völlige Gleichheit des materiellen Besitzes (wie idealiter im Kommunismus) anzustreben. In Europa wurden diese ethischen Grundzüge vor allem im Kontext der sozialen Frage des 19. Jh. entwickelt, in Lateinamerika und anderen Ländern der Dritten Welt im 20. Jh. im Bereich der → Befreiungstheologie. [WZ]

Aschera   Altorientalische Muttergottheit, Gattin des El (Elohim), deren in der Regel aus Holz gefertigtes Abbild als Fruchtbarkeitssymbol in Kanaan Verbreitung fand. 1Kön 18,19 erwähnt 400 Propheten der Aschera, die als Bedrohung des JHWH-Kultes empfunden und entsprechend verfolgt wurden (Ex 34,13). → Gottheiten.

Askese   [griech. *áskesis* »Übung«] Als A. wird die selbst auferlegte Enthaltsamkeit bzw. der Verzicht auf materielle Dinge oder die Beschränkung der damit zusammenhängenden Möglichkeiten bezeichnet, die in der Regel religiös motiviert ist und auf eine Vervollkommnung des geistlichen Lebens zielt. Dabei gilt die geschlechtliche Entsagung (→ Ehelosigkeit) und der Verzicht auf Nahrung (→ Fasten) als Kern der geistlichen Übungen, durch die eine Reinigung der Seele bewirkt werden soll.

Aus dem AT ist vornehmlich das Fasten überliefert und zwar in der unterschiedlichen Bedeutung sowohl als kollektive Einstimmung zu bestimmten Festtagen (Lev 16,29) wie auch im Sinne eines individuellen Bußritus (2Sam 12,16). Im NT wird die A. dagegen als religiöses Lebensideal problematisiert. Jesus, der bei Mt als »Fresser und Weinsäufer« (11,19) tituliert wird, zeigt einerseits deutliche Distanz zur A. im Sinne einer Pflichtübung, andererseits respektiert er Johannes den Täufer als Asketen und unterwirft sich selbst der reinigenden Wirkung einer vierzigtätigen A. (Quarantäne), um sich gegen Versuchungen zu wappnen (Lk 4,1–13, vgl. hierzu auch Ex 34,28).

Obwohl die biblischen Schriften eine eher ambivalente Haltung zur A. bezeugen, konnte sich in der frühen Kirche u.a. durch den Einfluss des Neuplatonismus und der jüdischen → Gnosis ein rigoroses Asketentum nicht nur als Rahmen für bestimmte Bußrituale, sondern darüber hinaus als spirituelles Lebensideal etablieren. Im Mittelalter wird auf der Grundlage der »Regula« des Benedikt von Nursia das asketische weitgehend mit dem monasti-schen Leben gleichgesetzt (→ Mönchtum). Die Skepsis gegenüber der A. als einer substanzlosen Übung, die schon in die Zeit der Propheten zurückreicht (Jes 58.3ff.), wird von den Reformatoren aufgegriffen und im Zusammen-hang mit dem Mönchtum kritisiert. Dabei geht es Luther allerdings weniger um die einzelnen Formen der A. als vielmehr um den Anspruch einer be-sonderen Heiligkeit. Hauptgegenstand der Kritik ist dabei die Leibfeind-lichkeit des Dualismus, der in dem leiblichen Leben eine zu überwindende Größe sieht, die der Entfaltung der ursprünglich göttlichen Seele im Wege steht.

P. Tillich unterscheidet für die Zeit nach der Reformation zwischen ei-ner der katholischen Tradition verpflichteten »ontologischen« A., die der Vervollkommnung des geistlichen Lebens in Distanz zur materiellen Welt dient, und einer »moralischen« A., die besonders für die protestantische Tra-dition kennzeichnend ist. Im Sinne einer Selbst-Disziplin verfolgt die mo-ralische A. das Ziel, den leibfeindlichen Dualismus von materieller und geist-licher Welt aufzuheben, um den Versuchungen einer Entfremdung zu wi-derstehen, ohne gleichzeitig das menschlich Vitale in der Schöpfung zu ver-teufeln. Hauptanliegen ist eine ethische Begründung der asketischen Selbstbeschränkung, die im Rahmen der »Bewahrung der Schöpfung« und der »Grenzen des Wachstums« aus dem Geist der Weltflucht in die Weltver-antwortung gerückt wird. Ausdruck findet dieses Anliegen vor allem in der Aktion »7 Wochen ohne«, durch die asketische Gedanken auch in protes-tantischen Kreisen in der letzten Zeit an Beachtung gewonnen haben. [MV]

Astralmystik Der Prophet Maleachi kündigt an (Mal 3,20), dass Heilung bringend die »Sonne der Gerechtigkeit« aufgehen werde. Dieses Bild, in dem die Erfahrung von Licht und Wärme mitschwingt, haben die Christen aller Konfessionen aufgegriffen. Sie besingen damit das Kommen Christi. Seit das natürliche Licht jederzeit künstlich ersetzbar wurde, ist kaum noch bewusst, wie sehr die astrale Symbolik zur Bildsprache des christlichen Glaubens ge-hört – in der Bibel und auch sonst in der christlichen Tradition. Augustinus sieht in Sonne, Mond und Sternen Sinnbilder der Geheimnisse des Glaubens (so sehr er es ablehnt, sie als Mächte zu verehren, die unser Leben bestim-men; → Astrologie). Eine besondere Rolle spielt die Sonne: ihr täglicher Aufgang am Morgen im Osten, nach dem die meisten alten Kirchen ausge-richtet sind (oft mit einem leichten »Knick« in Berücksichtigung des Son-nenaufgangs am Festtag des Heiligen, nach dem die Kirche benannt ist), ihr mildes und schließlich erlöschendes Licht am Abend, aber auch ihre jahres-zeitliche Stellung im Tierkreis.

Am 25. Dezember, dem ursprünglichen Datum der Wintersonnenwen-de im Julianischen Kalender, feiern Christen die Geburt Jesu Christi als der wahren Sonne. Mit der Sommersonnenwende ist das Fest der Geburt seines Vorläufers, Johannes des Täufers, verbunden, der »abnehmen« muss (Joh 3,20). Grunddatum für das Osterfest ist die Frühlings-Tagundnachtgleiche, weil am Vorabend des jüdischen Pessachfestes, an dem Christus als »unser Osterlamm geschlachtet« (1 Kor 5,7) wurde, die Sonne gemäß Ex 12 im »ersten Monat« stand und damit in dem Tierkreiszeichen, das nach dem Widder benannt ist, dem alttestamentlichen Opfertier. Um für das jüdische Pessach-/Passafest und das christliche Osterfest jährlich das Datum zu bestimmen, findet zusätzlich der (Voll-)Mond Berücksichtigung. Indirekt sind auch die Planeten einbezogen: Ostern, das Fest der Auferstehung Jesu, wird am Sonntag nach dem ersten Frühlingsvollmond gefeiert. Am Samstag, dem Tag des Saturn, lag Jesus im Grab. Saturn symbolisiert als der letzte der sichtbaren Planeten das »Ende« alles geschaffenen Lebens, zugleich aber auch die Grenzüberschreitung zum Jenseitigen. An einem Freitag wurde Christus gekreuzigt, das heißt an einem (nach biblischer Zählung) sechsten Tag der Woche, an dem gemäß der biblischen Schöpfungsgeschichte der Mensch erschaffen wurde und mit ihm das Paradies. Es ist der Tag der Venus. Dieser Planet symbolisiert jene Harmonie des Lebens, die in dieser Welt erreichen zu wollen durch die Kreuzigung Christi als Illusion überführt wurde. Doch wird mit dem Gekreuzigten der Blick zugleich auf das Paradies als Verheißung gerichtet (vgl. Lk 23,43). Die Kirchenväter sahen im Kreuz Christi die durch Christus bewirkte Wiederherstellung des ganzen Kosmos so, wie das im Plan Gottes von Anfang an vorgesehen war. Schon der griechische Philosoph Platon hatte darauf hingewiesen, dass der Himmelsäquator, mit dem sich bildhaft der die Ewigkeit widerspiegelnde Fixsternhimmel um die Erde dreht, und der Tierkreis als die Bahn der »Wandelsterne« (Planeten) sich im Zeichen Widder (und nochmals zur Herbst-Tagundnachtgleiche) kreuzen und die Gestalt eines X bilden, d.i. des griechischen Buchstabens Chi. Für Platon war dieses X die Weltseele; die Kirchenväter erkannten darin den Anfangsbuchstaben des Wortes Christus. Gleichzeitig sahen sie in der zwischen Himmel und Erde aufgerichteten und seine Arme weit ausbreitenden Gestalt Christi am Kreuz das Bild des wieder aufgerichteten, aus seiner Verkrümmung erlösten Menschen. Schon für den alttestamentlichen Tempel und seine Ausstattung galt, dass er ein »Abbild des Alls« (Flavius Josephus) und zugleich das Urbild des Menschen war.

Diese Entsprechung von Universum als Makrokosmos und Mensch als Mikrokosmos ist die Voraussetzung jeder Astralmystik. Sie kommt z.B. darin zum Ausdruck, dass wir beim Menschen von einem »sonnigen« Gemüt sprechen und von »Launen« (»Laune« kommt vom lateinischen Wort *luna*, Mond). Den kosmischen Gegebenheiten entsprechend gibt es den Tierkreis mit den Planeten als eine psychische Wirklichkeit auch im Menschen. Die Planeten tragen Namen von Gottheiten der griechisch-römischen Mythologie und symbolisieren damit eine Ausdifferenzierung menschlicher Fähigkeiten. Nach antikem und mittelalterlichem Verständnis vollzieht sich menschliche Selbsterkenntnis in der Hinwendung zu den Sinneswahrnehmungen (*conversio ad phantasmata*), so dass die Betrachtung der »himmlischen Buchstaben« (Origenes) zum Weg der Selbstfindung wird. Freilich muss zur Beachtung der »Musik des Weltalls« (Hesse) auch das Hören auf ethische Weisungen kommen, denn alle kosmischen Symbole – die Planeten wie die Tierkreiszeichen – sind ambivalent. Sie können sowohl als Tugenden wie auch als Laster wirksam werden. Der Weg von Lastern zu Tugenden ist damit als ein Prozess der Wandlung, der Läuterung, der Integrierung menschlicher Fähigkeiten verstanden.

Weisungen für den geistlichen Weg, wie sie uns etwa im ersten Thessalonicherbrief (1 Thess 5,14–22) oder in der Mönchsregel Benedikts von Nursia (7. Kapitel) in einer Zwölferreihe begegnen, sind hier wie auch sonst in der Tradition des Öfteren in Parallele zu den Tierkreiszeichen formuliert. Sie zielen damit auf ganz konkrete Wandlungsprozesse. Eine eindrucksvolle Darstellung der Entsprechung von Planeten und Tugenden findet sich in Dantes *Göttlicher Komödie*: Im Paradies gelangt der Dichter stufenweise zu den Planetensphären, in denen er jeweils Seelen solcher Vollendeten begegnet, deren tugendhafte Heiligkeit in astrologischer Deutung gerade dem Planeten entspricht, dem sie nun zugeordnet sind. Sie besitzen kein Verlangen, zu einer höheren Sphäre aufzusteigen, denn jede und jeder hat seine Seligkeit in dem Kreis, der dem Willen Gottes für sie/ihn entspricht. Hier gibt es gewiss noch vieles wieder zu entdecken, denn eine ausdrückliche Thematisierung der – in der Antike offenbar allgemein bewussten – kosmischen Entsprechungen fehlt in den kirchlichen Texten. Das ist verständlich, befand sich die Kirche in ihrer Frühzeit doch noch allzu sehr in der Auseinandersetzung mit mythischem Aberglauben. [GV]

Astrologie [griech. Sternkunde] Seriöse A. ist nicht mit jener unsinnig verallgemeinernden Vulgär-A. (→ Esoterik) zu verwechseln, die umfassende Informationen verspricht über alles, was die Sterne in Sachen Geld, Liebe, Glück und Gesundheit verheißen. Doch wollen viele Menschen auch von Astrologen sehr individuell im Blick auf ihr persönliches Horoskop wissen, was auf sie zukommt oder wann die Sterne für dieses oder jenes Vorhaben günstig stehen. Darauf sind sie dann möglicherweise so fixiert, dass diese Prognose ihr Tun und Lassen bestimmt. Astrale Phänomene können so zu bestimmenden Elementen eines ängstlichen Bemühens werden, sich in den Unwägbarkeiten des Lebens durch Beachtung dieser kosmischen Mächte abzusichern. Der Apostel Paulus sieht in solcher Abhängigkeit von den »Elementarmächten« (Gal 4,8ff.; Kol 2,8) den Geist sklavenhafter Unfreiheit am Werk. Christlicher Glaube vertraut darauf, dass wir im Spiel aller Mächte und

Gewalten dieser Welt in der Liebe des einen wahren Gottes geborgen sind, der in seiner schöpferischen Allmacht über allen Mächten steht (Röm 8,38f.). Astrologiehörigkeit und darauf abzielende Voraussagen (*Astrologia iudiciaria*) verstoßen also gegen das erste Gebot (Ex 20,3; Dtn 4,19) und gelten darum unter Christen mit Recht als Aberglaube. Astrologiehörigkeit, nicht jedoch die A. als solche ist Aberglaube (Weish 13,1ff.). Immerhin kennt das Matthäusevangelium (2,1–11) Menschen, die aufgrund ihrer Sterndeutekunst zur Anbetung Christi geführt werden.

A. in christlicher Verantwortung muss davon ausgehen, dass alles, was dem Horoskop abzulesen ist, seinen Grund letztlich in der Vorsehung Gottes hat. In der jüdischen und christlichen Literatur der Antike (z.B. Äthiopischer Henoch), auch in bildlichen Darstellungen, wird das beispielsweise dadurch zum Ausdruck gebracht, dass astrale Phänomene als Engel gedeutet werden, d.h. als Boten Gottes. Origenes sieht in ihnen »himmlische Buchstaben«, denen die Sterne »im Himmel unseres Herzens« entsprechen. Damit öffnen sich auch für Christen Möglichkeiten eines verantwortlichen Umgangs mit einer richtig verstandenen A. Die Grundlagen für die Individual-A., wie sie bis heute praktiziert wird, wurden im 4. bis 2. Jahrhundert vor Christus in Griechenland gelegt. Unter ihnen ist besonders hervorzuheben:

1. A. beschränkt sich auf die Deutung der Positionen von Sonne, Mond und den übrigen »Wandelsternen« (Planeten) in der Überzeugung, dass ihre Konstellation exemplarisch ist für die qualitative Prägung des jeweiligen kosmischen Augenblicks. Ein Horoskop ist eine Skizze eines solchen Augenblicks, bezogen auf eine bestimmte Zeit und einen bestimmten Ort.

2. Die Planetenkonstellation wird nicht als Instrumental-Ursache verstanden, sondern als etwas, das »wie oben (am Himmel) so unten (im Menschen)« gilt. Der Unterschied mag an einem Beispiel deutlich werden: Ein Musikinstrument ist Instrumental-Ursache der darauf erklingenden Melodie. Das Instrument ist aber nicht Ursache dafür, dass die Melodie eines bestimmten Komponisten mir »sympathischer« ist als die eines anderen. Ursache dafür ist vielmehr eine seelische Entsprechung. Im Hören auf die Melodie kommt etwas ihr Entsprechendes in mir selbst zum Klingen. Der antike und mittelalterliche Mensch verstand sich selbst als einen Mikrokosmos, in dem – bildlich gesprochen – die Melodie, die im Makrokosmos des gesamten Universums erklingt, ihren Widerhall findet. Astrologen gehen von der Überzeugung aus, diese Melodie aus den Planetenkonstellationen ablesen zu können.

3. Die Planeten des Sonnensystems sind in ihrer symbolischen Eigenart dadurch gekennzeichnet, dass sie die Namen mythischer Götter tragen. Diese sind ihrerseits Objektivierungen psychischer Wirklichkeit, eine Ausdifferenzierung menschlicher Fähigkeiten. Ob diese als Laster oder als Tugenden wirksam werden, darüber gibt das Horoskop keine Auskunft. Merkur –

Symbol für die Fähigkeit der Kombination und Kommunikation – ist der »Gott« sowohl der Diebe wie der Kaufleute. Damit ist in diesem System der Weg vom Laster zur Tugend als ein Prozess der Wandlung, der Läuterung, der Integrierung menschlicher Fähigkeiten verstanden. Jeder Mensch besitzt alle durch die Planeten symbolisierten Fähigkeiten. Doch sind sie in jedem unterschiedlich ausgeprägt.

4. Zur näheren Bestimmung der Positionen der Planeten wird nicht der *siderische* Tierkreis herangezogen, d.h. nicht der Reigen der am Himmel sichtbaren Sternbilder entlang der Sonnenbahn (Ekliptik). Den astrologischen Bestimmungen liegt der *tropische* Tierkreis zugrunde, der durch die vier jahreszeitlichen Wendepunkte (die Frühlings- und Herbst-Tagundnachtgleichen und die Winter- und Sommersonnenwenden) vorgegeben ist. Die zwölf Tierkreiszeichen entsprechen hier jeweils einem Abschnitt von je 30° im jährlichen Verlauf der Sonne, beginnend beim Frühlingspunkt mit 0° Widder. Sie sind also – regional durchaus unterschiedlich erfahrbar – Charakterisierungen der Wandlungen des Lebens in Analogie zur unterschiedlichen Wirkung der Sonne in den entsprechenden Jahreszeiten. In diesen Tierkreis werden auch die Positionen der übrigen Planeten eingezeichnet. So wird deutlich, wie sie sich zueinander verhalten. Der Tageslauf der Sonne findet seinen Niederschlag darin, dass der Tierkreis Grad für Grad täglich alle zwölf »Häuser« durchschreitet, die für die verschiedenen Lebensbereiche (z.B. religiöses Streben, Beruf, Krankheit, Partnerschaft) stehen.

5. Die A. geht davon aus, dass jeder Mensch in der Struktur seiner Persönlichkeit von den kosmischen Gegebenheiten zur Zeit und am Ort seiner Geburt bleibend qualitativ geprägt ist, zugleich aber im Laufe seines Lebensweges mit immer neuen Konstellationen konfrontiert wird, so dass sich Fähigkeiten, Grenzen und Spannungen abzeichnen, mit denen dieser Mensch in seinem Leben fertig werden muss, aber auch Probleme, die sich in einem bestimmten Abschnitt seines Lebens stellen. Hier will astrologische Beratung ansetzen. A. versteht sich heute als eine psychologisch orientierte Lebenshilfe, nicht als eine Methode der Wahrsagerei. Dennoch bedarf es auf Seiten der Astrologen einer großen Wachsamkeit, dass sie Menschen, die sich ihnen anvertrauen, nicht durch die Deutung ihres Horoskops manipulieren und fixieren.

6. Seriöse A. hat immer betont, dass der Planetenkonstellation Anlagen und Neigungen abzulesen sind, nicht aber Zwangsläufigkeiten: *Astra inclinant, non necessitant.* Ein Spielraum menschlicher Freiheit bleibt hier gewahrt. Immer besteht jedoch die Möglichkeit, dass Menschen in der Kraft der Liebe in unberechenbarer Weise über sich selbst hinauswachsen und »über den Sternen« stehen. Thomas von Aquin (Summa totius theologiae I,115) betont, dass Menschen umso weniger astrologisch berechenbar sind, je weniger sie einfach bloß ihren natürlichen Leidenschaften folgen. In der Antike

gehörte die A. zu den »Freien Künsten«, deren Ziel es war, im Menschen gemäß seinen Anlagen die kosmische Harmonie zu verwirklichen. Dagegen betont der christliche Glaube, dass die A. kein Heilsweg ist. Mit der heutigen Astronomie ist über A. kein Gespräch möglich. Für sie ist der Mensch wie ein Stäubchen im faszinierenden kosmischen Prozess. Für die Glaubenserfahrung, in der Hand Gottes zu sein, ist darin kaum Platz. A. ist heute vielleicht deshalb so sehr gefragt, weil sie der Sehnsucht vieler Menschen nach einer gesamtkosmischen Verortung entspricht. Gläubige Menschen vermögen im Horoskop wohl auch die Spuren göttlichen Wirkens in den Wandlungen der Geschichte zu erkennen. [GV]

Asyl [von griech. *asylia* »Unverletzlichkeit«] Im Alten Testament hat der Totschläger, der nicht vorsätzlich (!) gehandelt hat, Anspruch auf Asyl (Ex 21,13). Er kann an ein Heiligtum fliehen und dort die Hörner des Altars umfassen (1Kö 1,50f.; 2,28f.); damit war er nach einer allgemein akzeptierten Übereinkunft vorläufig der Blutrache seitens der Familie des Getöteten entzogen. Die lokale Rechtsinstitution muss dann prüfen, ob tatsächlich unbeabsichtigter Totschlag oder aber Mord vorliegt. In letzterem Falle muss der Asylsuchende mit dem Tod bestraft werden (Ex 21,14).

Mit der Aufgabe der vielen Lokalheiligtümer 622 v.Chr. im Rahmen der Josianischen Reform (2Kön 22f.) war auch die Institution des A. bedroht, da das einzige nun noch existierende Heiligtum in → Jerusalem von dem Tatort oft zu weit entfernt war. An die Stelle der Heiligtümer traten nun anfangs drei (Dtn 19,1–13), später dann sechs Asylstädte (Jos 20,7f.). Lag wirklich nur Totschlag und nicht Mord vor, musste der Asylsuchende in der Asylstadt bleiben, bis der jeweils regierende Hohepriester verstorben war.

In Jes 16,3f. wird aber auch ein Fall überliefert, wonach Moabiter in Jerusalem um politisches A. nachfragten. Die Aufnahme Fremder in die judäische oder israelitische Gesellschaft scheint relativ unkompliziert gewesen zu sein, solange genügend Agrarland für die Versorgung der Bevölkerung zur Verfügung stand. Wirtschaftliche Probleme gab es erst im 8. und 7. Jh., als ein Großteil der Bevölkerung des nun von den Assyrern z.T. eroberten, z.T. in eine wirtschaftliche Notsituation getriebenen Nordreichs Israel in das Südreich Juda floh; die Propheten Jesaja (3,14f.; 5,8ff.; 10,1f.) und Micha (2,1–4) kritisieren zwar die durch den Flüchtlingsstrom schwieriger gewordenen wirtschaftlichen Verhältnisse, verurteilen aber lediglich die Beamten und Ältesten, die die notwendig gewordenen Reformen in den Besitzverhältnissen zum Nachteil der Unterschicht gestalten.

Auch im klassischen Griechenland boten die Heiligtümer Verfolgten ein A.; im Römischen Reich war das A. dagegen in der republikanischen Zeit unbekannt. Erst im 4. Jh. n.Chr. lassen sich Anfänge eines Kirchenasyls beobachten. Es gehörte nun zu den Pflichten eines Bischofs, sich bei den jeweils zuständigen Instanzen für Straftäter und überschuldete Personen, die den Schutz der Kirche aufgesucht hatten, zu verwenden. Von staatlicher Seite her wurden die Kirchengebäude meist als Asylstätten respektiert, hatten aber keinen gesicherten rechtlichen Schutz. Die offizielle Anerkennung des Kirchenasyls durch das Römische Reich erfolgte erst im frühen 5. Jh.: In Kirchengebäuden und in einem Umkreis von 50 Meter um diese herum waren Flüchtlinge nun vor staatlicher Verfolgung sicher (Const. Sirmond. 13). Das Kirchenasyl hob jedoch eine verhängte Strafe und eine finanzielle Schuld nicht auf; es bot lediglich dem zuständigen Bischof die Gelegenheit, sich für den Verfolgten einzusetzen. Nach mittelalterlichen Bestimmungen war die Kirche zur Auslieferung an die weltliche Gerichtsbarkeit verpflichtet, wenn der zuständige Richter eine Verschonung vor Leibes- und Lebensstrafen zusicherte.

Um einem Ausnützen des Asylrechts vorzubeugen, wurden in der kirchlichen Gesetzgebung Straßenräuber, Raubritter und Piraten von dem Asylanspruch ausgeschlossen. Da einerseits die Asylgewährung für die betroffenen Ortskirchen eine zunehmende finanzielle Belastung darstellte und gleichzeitig kirchliche Instanzen vom grundsätzlichen Verbot der Todesstrafe abrückten, willigte im 15. Jh. die Kirche ein, alle Schwerverbrecher vom Kirchenasyl auszuschließen. Im 18. und frühen 19. Jh. wurde dann überall in Europa das Recht auf Kirchenasyl durch staatliche Erlasse formal aufgehoben. Das heutige katholische Kirchenrecht enthält zwar noch den Anspruch auf Kirchenasyl (can. 1179 CIC), schränkt es aber insofern ein, als ein Verbrecher an den Staat ausgeliefert werden muss; ein Rechtsschutz, der von den staatlichen Behörden beachtet werden muss, lässt sich aus dem Kirchenrecht ohnehin nicht ableiten.

In jüngster Vergangenheit spielt die Frage des Kirchenasyls – nun nahezu ausschließlich für von Abschiebung in ihre Heimatländer bedrohte Ausländer, deren Antrag auf das in Deutschland verfassungsrechtlich geschützte politische A. (vgl. Art. 16 Abs. 2 GG) von den zuständigen Behörden abgelehnt wurde – wieder eine große Rolle. Für viele Christen stellt es in der heutigen Zeit eine vertretbare Möglichkeit dar, so Schutz für den Mitmenschen gegenüber staatlicher Abschiebung in Länder, in denen das Leben des Mitmenschen bedroht ist, zu sichern. Es wird eine Aufgabe der Zukunft sein, für das heute rechtlich nicht geschützte Kirchenasyl neue rechtliche Formen zu schaffen. [WZ]

Atheismus (griech.-lat.»Gottesleugnung«) ist im Wesentlichen ein Phänomen der Moderne. Während in der Antike und im Mittelalter der Begriff *atheoi* eine falsche bzw. häretische Gottesverehrung bezeichnet, radikalisiert sich das Problem seit dem 18. Jh. Die Kritik der Aufklärungsphilosophie, dass sich mit Gründen der Vernunft das Dasein Gottes nicht beweisen lasse,

wird im A. zur grundsätzlichen Bestreitung der Existenz Gottes weitergeführt. Drei Formen des A. lassen sich unterscheiden:

Der *philosophische* oder *theoretische* A. knüpft an die Vernunftkritik der
Aufklärung an. Ludwig Feuerbach erklärt in seinem Hauptwerk *Das Wesen
des Christentums* (1841) den Gottesgedanken zu einer Projektion des
menschlichen Bewusstseins. Am radikalsten fasst Nietzsche diesen Gedanken mit der Rede vom Tod Gottes und der Aufforderung, die menschliche
Selbstbestimmung mit letzter Konsequenz ohne den Gottesgedanken zu vollziehen. Im 20. Jahrhundert führt S. Freud mit Hilfe der Psychoanalyse diese Kritik weiter, indem er die Religion als ein kulturelles Konstrukt entlarvt,
mit dem der Mensch die offensichtliche Hilflosigkeit und Schuldverstrickt-
heit seines Daseins durch die infantile Illusion einer göttlichen Vaterfigur und
einer von ihm begründeten Ordnung der Welt zu überwinden versucht.

Anknüpfend an Feuerbach nimmt auch der *politische* A. seinen Ausgang
im 19. Jh. Marx kritisiert den Glauben an einen Gott als den illusionären Versuch, die gesellschaftliche und ökonomische Entfremdung des Menschen zu
kompensieren. Aus Marx' anthropologischer Argumentation wird mit dem
Entstehen marxistisch-leninistischer Staaten eine religionskritische Ideologie. Im 20. Jh. entfaltet der A. in diesem Kontext seine praktisch weitrei-
chendsten Folgen. A. wird zum Leitmotiv einer Religionspolitik, die durch
Kontrolle, Unterdrückung und Verfolgung die Religionsausübung zu verhindern sucht.

Auch der *existentielle* oder *lebensweltliche* A. hat seine Ursprünge im
19. Jh. Über das theoretische Begründungsproblem und die politische
Dimension hinaus liegt ihm die Erfahrung der Abwesenheit Gottes in der
Welt zugrunde. Zwei Aspekte sind dabei zu unterscheiden. Zum einen geht
es um die → Theodizee. Angesichts des unzähligen Leidens in der Welt stellt
sich die Frage, wie Gott dieses Leiden überhaupt zulassen kann oder ob nicht
vielmehr das Leiden selbst schon der Beleg dafür ist, dass es Gott nicht geben kann. In diesem Sinne konnte der Dichter G. Büchner vom Leiden als
dem Fels des A. sprechen. Zum anderen zeigt es sich, dass die moderne, überwiegend technisch organisierte Lebenswelt in der Alltagsbewältigung ohne
Gott auskommt und damit zu einem Ort der Gottesferne wird.

Die christliche Theologie hat sich mit allen drei Arten des A. auseinander
zu setzen. Die Bandbreite theologischer Antworten reicht von der polemi-
schen Abgrenzung bis hin zur Übernahme zentraler Einsichten des A. in der
»Gott ist tot«-Theologie der 60er Jahre des 20. Jh., die im Anschluss an
Hegels und Nietzsches Deutung des Kreuzestodes Christi die Aufhebung des
Christentums in einen diesseitigen Humanismus propagiert. Obgleich der
theoretische A. wichtige Kritikpunkte benennt, die vor einer naiven Entfaltung des Gottesgedankens bewahren, kann er für seine Leugnung der Existenz Gottes ebenso wenig zwingende Vernunftgründe vorbringen wie im um-

gekehrten Falle seine Gegner zum Beweis des Daseins Gottes. Gottes Existenz lässt sich mit der Vernunft weder beweisen noch widerlegen. Der politische A. hat durch den Zusammenbruch der sozialistischen Staaten in Osteuropa erheblich an Bedeutung verloren, so dass die entscheidende Herausforderung der gegenwärtigen Diskussion darin liegen dürfte, in Auseinandersetzung mit dem *lebensweltlichen* A. die Möglichkeit der Gotteserfahrung in die Lebenserfahrung der Menschen zu integrieren. [JL]

Auferstehung   Der Glaube an die Auferstehung der Toten ist das zentrale Hoffnungsbild des Christentums. Er beinhaltet die Gewissheit, dass in Christus die Macht des Todes überwunden wurde und der Schöpfergott den Gläubigen Anteil am ewigen Leben schenkt (→ Tod). Dem AT ist die Vorstellung der A. von den Toten als Beginn unvergänglichen neuen Lebens noch weitgehend fremd. Prophetische Visionen wie Jes 26,19 oder Ez 37,1–14 wurden zwar von den Rabbinen auf die Totenauferstehung gedeutet, stellen aber ursprünglich dem bildhaft im Tode befindlichen Israel einen Neubeginn in Aussicht. Im 2. Jh. v. Chr. begegnet hingegen bei Daniel und im 2. Makkabäerbuch eine umfassende Hoffnung auf die A. der Gerechten, die wesentlich in der Bewältigung der Verfolgungserfahrungen der Makkabäerzeit wurzelt. Im antiken Judentum vermochte sich der A.gedanke dann vor allem in der Apokalyptik durchzusetzen (→ Apokalypse). Während bei den Pharisäern und Essenern die Hoffnung auf ewiges Leben einen zentralen Glaubensinhalt ausmachte, hatten die Sadduzäer keinerlei Zukunftserwartung. Wo an A. geglaubt wird, dominiert der Gedanke einer endzeitlichen Wiederherstellung des Menschen in seiner vollen irdischen Leiblichkeit.

Jesus hat mit weiten Teilen des Judentums seiner Zeit die Hoffnung auf eine A. von den Toten geteilt (Mk 12,18–27). Die christliche Kirche verdankt ihre Entstehung der Ostererfahrung (→ Ostern). Die A. Jesu Christi wird als Beginn des endzeitlichen Handelns Gottes verstanden und gewinnt vorbildhafte Bedeutung für das künftige Geschick der Christen. Entscheidende Grundlage des Osterglaubens sind die Berichte von Erscheinungen des auferstandenen Christus (1 Kor 15,5–8), während die Frage nach dem Alter und dem geschichtlichen Wert der Erzählungen vom leeren Grab umstritten bleibt. Die A. Jesu Christi lässt sich nicht wissenschaftlich beweisen, sondern stellt ein unvergleichliches Glaubensereignis dar. Zur A. der Christen äußert sich innerhalb des NT niemand in solcher Breite und Tiefe, wie Paulus dies tut. In 1 Kor 15 setzt der Apostel sich mit Christen in Korinth auseinander, die unter Einfluss griechischen Denkens offenkundig allein an Unsterblichkeit der Seele glauben und eine leibliche A. in Abrede stellen. Demgegenüber entwickelt Paulus sein Verständnis von der A. als Neuschöpfung in Leiblichkeit. Vorbildhaft vorweggenommen ist dies in der Auferweckung Jesu Christi, der als endzeitlicher Adam die Macht des Todes durchbrochen hat.

In 2Kor 5,1–10 wird der Gedanke, dass A. ungleich mehr als nur ein leibloses Fortleben der → Seele beinhaltet, vertieft.

Während Paulus sich allein zur A. der Toten in Christus äußert, rechnet die Offenbarung des Joh nach der A. der Gläubigen und dem anschließenden tausendjährigen Friedensreich auch mit einer allgemeinen A. zum → Gericht (Apk 20). Die apokryphe Petrusoffenbarung, die in einzelnen Kirchengebieten des frühen Christentums zum Kanon zählte und stark auf die Volksfrömmigkeit eingewirkt hat, malt das Geschick der zum Gericht auferstandenen Ungläubigen bunt aus. Neben solchen zukunftsbezogenen Aussagen mit Einbettung der A. in die apokalyptischen Endzeitereignisse begegnet im NT auch die Vorstellung eines unmittelbaren individuellen Weiterlebens nach dem Tode (Phil 1,23; Joh 5,24f.).

Die Theologiegeschichte ist von Spannungen und Gegensätzen zwischen dem biblischen Bekenntnis zur leiblichen A. und der in reinster Form bei Plato greifbaren Vorstellung von der Unsterblichkeit der Seele gekennzeichnet. Christengegner wie Kelsos (2. Jh.) oder Porphyrius (4. Jh.) polemisierten vom Standpunkt der platonischen Philosophie aus gegen den christlichen A.glauben. Innerhalb des Christentums selber gewannen in der → Gnosis griechische Vorstellungen vom leiblosen Fortleben der zu Lebzeiten des Menschen vom Körper geknechteten Seele zentrale Bedeutung, was von der Großkirche zurückgewiesen wurde, da im Horizont des biblischen Schöpfungs- und A.glaubens Leiblichkeit ein konstitutives Wesensmerkmal von Menschsein darstellt. In der mittelalterlichen Scholastik wird unter dem Einfluss von Platos Seelenlehre der Tod als Trennung der unsterblichen Seele vom Leib betrachtet und A. folglich als Wiedervereinigung der Seele mit ihrem Leib verstanden. Im Katholizismus rückt damit der Gedanke einer unmittelbar nach dem Tod einsetzenden Seligkeit der Seele verstärkt in den Mittelpunkt, wodurch die leibliche A. am Ende der Tage an Bedeutung verliert.

Die evangelische Dogmatik rechnet unter Rückbezug auf den biblischen Befund eher mit einem ganzheitlichen Tod und völliger endzeitlicher Neuschöpfung des Menschen und sieht das Bekenntnis zur A. der Toten in einem deutlichen Gegensatz zur Vorstellung von der Unsterblichkeit der Seele. In der individuellen Frömmigkeit wird indes der Glaube an A. und ewiges Leben mit unterschiedlichsten Sinngehalten und Sehnsüchten gefüllt, wobei vielfach auch Jenseitsvorstellungen anderer Religionen einfließen. Bei all seiner Vielfalt ist christlicher Auferstehungsglaube dadurch gekennzeichnet, dass er im Ostergeschehen gründet und im Vertrauen auf das schöpferische Handeln Gottes ein zukünftiges Leben in leiblicher Gestalt erhofft.

[BK]

Aufklärung Der Begriff leitet sich von dem in der Wetterbeobachtung reflexiv gebrauchten Verb *sich aufklären* her. Bereits Ende des 17. Jh. (Kaspar Stieler, 1691) wird er im übertragenen Sinne (A. des Verstandes) verwendet. Andere Verben teilen sich in den Bedeutungsgehalt: erhellen, erleuchten, bessern. A. bezeichnet sowohl einen Prozess als auch in der Folge eine Epoche (erstmals 1741), das 18. Jh. schlechthin. Dieses ist nach Immanuel Kant das »Zeitalter der Kritik«. Die A. erfasst ganz Europa (engl. *enlightenment*, frz. *philosophie des lumières*), wenn auch in unterschiedlicher Intensität. Es ist eine geistige Revolution, die alle Lebensgebiete umfasst, eine Befreiung vor allem von der omnipotenten Vormundschaft der Kirche.

Vor dem Licht der Vernunft verblassen Wunderglauben, unverständliche Dogmen (Erbsünde, Verbalinspiration der Bibel u.a.), abergläubisches → Brauchtum. Der Einfluss der Kirchen auf Politik und Staatsverwaltung wird bestritten, was z.T. aufgeklärten Herrschern entgegenkam (Friedrich d. Gr. in Preußen, Katharina d. Gr. in Russland, Joseph II. in Österreich). Toleranz avanciert zu einer politischen Maxime. Damit verbindet sich eine A. des Volkes in bislang nicht gekanntem Ausmaß. Lesen, Schreiben und Rechnen werden durch Schulpflicht gefördert, an neugegründeten Universitäten wird die Wahrheit in den neuen Naturwissenschaften erforscht. Aber auch die herkömmlichen Disziplinen Philosophie, Philologie, Medizin, Jura emanzipieren sich von der Theologie.

Diese selbst verlagert einen Großteil ihrer bisherigen Thematik auf die sich neu etablierende Religionswissenschaft. Hinzu kommt, dass das Latein seine dominierende Stellung verliert, womit aber auch ein einigendes Band zwischen den Gelehrten Europas zerschnitten wird. Die Kritik an Kirche und Theologie führt entsprechend zu neuen Glaubenshaltungen, die als Deismus und Pantheismus bezeichnet werden. → Atheismus ist die radikalste Form und wurde nur von wenigen praktiziert: Voltaires Kritik des *Écrasez l'Infâme* war eher die Ausnahme. Besonders zukunftsträchtig war die politische A. in den USA, die sich weitgehend unbelastet von der europäischen Vergangenheit entfalten konnte. Dort spielte auch die soziale Komponente der A. eine wichtige Rolle. Nicht zuletzt verband sie sich mit dem dort vorherrschenden → Calvinismus.

In den deutschen Staaten wirkte die A. weit weniger radikal. Sie verlief sehr oft in staatlich gelenkten Bahnen und vollzog sich im Wesentlichen nicht gegen Theologie und Kirche, sondern innerhalb derselben – wenn auch nicht immer reibungslos, wie der heftige Streit um die von Lessing teilweise veröffentlichten Schriften des Hermann S. Reimarus belegt. Der Kritik der Vernunft, auch historisch-kritisch bezeichnet, hatten sich die theologischen Disziplinen zu stellen. Bahnbrechende Erkenntnisse (u.a. J. S. Semler) etwa dahingehend, dass das Wort Gottes in der Bibel enthalten, mit dieser aber nicht identisch, dass das Erscheinungsbild des neutestamentlichen Christentums historisch bedingt sei, wurden künftig Gemeingut an den meisten Fakultäten. Der offenkundige Hiatus von Offenbarungs- und Vernunftreligion wurde oft dadurch abgeschwächt, dass man beide komplementär aufeinander bezog. Entsprechend formuliert Lessing in seiner *Erziehung des Menschenge-schlechts* (1780), dass die Offenbarung diesem nichts gebe, »worauf die menschliche Vernunft, sich selbst überlassen, nicht auch kommen würde«. Sie »gab und gibt ihm die wichtigsten dieser Dinge nur früher«.

Dass die historisch-kritischen Erkenntnisse in der pastoralen Praxis oft gar nicht oder nur mit Verspätung realisiert wurden, prolongierte die A. und verlieh ihr den Nimbus einer *semper practicanda*. Die Angst vor sog. Freigeisterei bestimmte noch lange Zeit den kirchlichen Alltag.

Immanent war der A. im Ganzen ein nahezu unerschütterlicher Fortschrittsglaube. Man hatte das finstere Mittelalter hinter sich gelassen, der Weg in die Zukunft erschien ausgeleuchtet: *per aspera ad astra*. Insofern bedurfte es auch keiner Rückversicherung bei vorangegangenen Epochen. Dieser Geschichtsoptimismus indes erfuhr eine Zäsur durch das Erdbeben von Lissabon (1755) wie durch verheerende Sturmfluten an der Nordsee. Die vielfach rezipierte Naturtheologie Spinozas (*deus sive natura*) offenbarte somit ihre Grenzen. Erstmals wurde die 1969 von M. Horkheimer und Th. W. Adorno so bezeichnete *Dialektik der Aufklärung* greifbar, wonach die A. auch in Barbarei ausschlagen kann. Außerdem blieben bei aller A. die Unbegabten, Schwachen und Kranken ausgegrenzt. Eine frühzeitige Kritik (K. F. v. Moser, 1792) hob darauf ab, dass die A. daran zu messen sei, inwieweit sie den Menschen in Not und Verzweiflung Trost und Hilfe leisten könne. Schließlich boten sich die Schrecken der Französischen Revolution geradezu als Argument gegen den Aufklärungsoptimismus an.

Trotz der Neuschaffung groß angelegter Enzyklopädien blieb die A. letztlich eine elitäre Angelegenheit nur weniger. Diese fanden sich in sog. Lese- und Vortragsgesellschaften, in Freundschaftsbünden und auch Logen (Freimaurer) zusammen. Dabei unterhielten sie einen ausgedehnten Schriftwechsel. Viele neu gegründete Zeitschriften sorgten für die Verbreitung ihrer Ideen, die Buchmesse in Leipzig erlebte einen ungeheuren Aufschwung. Bei all dem spielte die jeweilige Konfessionalität der Beteiligten kaum mehr eine Rolle.

Nach der Erfahrung von zwei Weltkriegen, der Vernichtungslager und vor allem nach den Terroranschlägen auf das World Trade Center in New York findet die Rede von der »Postmoderne« oder einem Zeitalter »nach der Aufklärung« verstärkt Zuspruch. [GB]

Baal → Gottheiten

Bann Der Begriff Bann entstammt dem Bereich des Rechts. Durch den B. wird der Verursacher einer Tat der Verfügungsgewalt der Menschen entzogen und der göttlichen Strafe unterstellt.

Im Alten Orient und im AT wurde anfangs allein der Abfall von Gott unter den B. gestellt (Ex 22,19); dieser hatte nicht nur die Todesstrafe des Schuldigen, sondern auch die Vernichtung seines ganzen Besitzes zur Folge. Im Deuteronomium (spätes 7. Jh. v.Chr.) ist diese Bestrafung nur noch beim Abfall einer ganzen Stadt vom Gott Israels vorgeschrieben (Dtn 13,13–19). In nachexilischer Zeit hatte der B. nicht mehr die Vernichtung menschlichen Lebens zur Folge (Lev 27,28f.; Esr 10,8). Für die Rabbinen umfasste der Begriff schließlich nur noch den Ausschluss aus der Synagoge.

In der gesamten alten Welt (besonders verbreitet z.b. in Germanien, im Nahen Osten neben Israel auch in Moab) war es zudem üblich, in besonderen Fällen die Kriegsbeute (Menschen und Gegenstände) einer Gottheit zu weihen und sie damit zu bannen, d.h. vollständig zu vernichten (Dtn 20,16ff.; Mi 4,13; Jos 6ff. u.ö.). Allerdings ist eine solche Praxis in keinem einzigen historisch gesicherten Fall für Israel belegt; Dtn 20,10–15 belegt ausdrücklich für die realen Kriege eine andere Praxis. Die fiktiven und späten Erzählungen, die die Vernichtung ganzer Ortschaften und Völker durch den B. berichten, wollen für das Israel der Landnahmezeit eine ideale Lebensmöglichkeit schaffen, in der es keine Gefahr durch den Abfall an eine fremde Gottheit gibt. Durch die Vernichtung der Völker, die andere Götter anbeten, sollte behauptet werden, dass Israel die Chance hatte, die alleinige → JHWH-Verehrung zu praktizieren.

In der Kirchengeschichte bezeichnet die Bannung eines Menschen seit dem frühen Mittelalter dessen Ausschluss aus der Kirchengemeinschaft (Exkommunikation), die ein Bischof kraft seines Amtes verfügen kann. Mit dem B. ist der Betroffene nicht nur zeitweilig aus der (Sakraments-)Gemeinschaft der Kirche, sondern auch von der Anwartschaft auf das Heil ausgeschlossen und verliert seine kirchlichen Rechte. Der B. soll erzieherisch wirken und den so Bestraften zur Korrektur seiner Einsichten bzw. zur Reue über seine Taten anleiten; dann sind die Aussöhnung mit der Kirche und die Rücknahme des B. möglich. Seit dem II. Vatikanischen Konzil ist der B. in der katholischen Kirche auf wenige Ausnahmen beschränkt. Vor allem in der evangelischen Kirche trat an die Stelle des B. unter Berufung auf das NT (Mt 16,19; 1Kor 5; 2Tim 2,24) die Kirchenzucht (→ Kirchenrecht), die Sünder zur Umkehr und zur Reue bewegen soll. Insbesondere in calvinistisch geprägten Gemeinden wurden Verstöße gegen Glauben und Moral mit harten kirchlichen Strafen belegt. Die Kirchenzucht wird in der Gegenwart jedoch allenfalls noch in abgeschwächter Form praktiziert. Bei besonders krassen Fällen ist es für die Kirchenleitungen möglich, gegen Inhaber von Kirchenämtern Lehrzuchtverfahren einzuleiten, die eine Suspendierung vom Amt zur Folge haben können. [WZ]

Barmherzigkeit   Der Begriff leitet sich vom lat. *misericordia* ab und beschreibt die aus dem Herzen erwachsende Hinwendung zum Mitgeschöpf, vor allem zu jenem, das leidet, unterprivilegiert ist oder in anderer Weise Not erfährt. In der Volksfrömmigkeit ist die Vorstellung von B. deutlich geprägt durch die Erzählung vom barmherzigen Samariter (Lk 10,30), die zu den populärsten Gleichniserzählungen des NT gehört. Dort wird die B. unter der Fragestellung behandelt, wer der Nächste ist, und dabei weitgehend gleichbedeutend mit der Liebe zum Nächsten bzw. sogar zum Feind (→ Nächstenliebe) gedeutet. Insofern verwundert es kaum, wenn die B. meistens als Ausdruck gelebter Nächstenliebe verstanden und unmittelbar mit dem NT bzw. mit der Bergpredigt in Verbindung gebracht wird.

Um den Bedeutungshorizont der B. im biblischen Kontext zu erfassen, ist es allerdings unabdingbar, die atl. Grundlagen näher zu betrachten. Im AT ist B. in allererster Linie eine Haltung, durch die die Hinwendung Gottes zu den Menschen zum Ausdruck kommt. Trotz Schuld und Sünde hält er seinen Bund mit den Menschen aufrecht, erweist darin Treue und praktiziert Vergebung und Versöhnung; darin besteht die B. Gottes, auf die es jedoch keinen Anspruch gibt, denn es gilt die Formel: »wessen ich mich erbarme, dessen erbarme ich mich« (Ex 33,19). Dass dabei die B. nicht nur den Menschen, sondern auch anderen Kreaturen gilt, kann bspw. aus Spr 12,10 entnommen werden. Erst über die Mittlerfunktion Jesu Christi wird die B. dann auch zum Maßstab für das soziale Miteinander der Menschen, so dass prinzipiell zwischen der B. Gottes und der B. der Menschen unterschieden werden kann. Für Jesus gilt die B. als Ausweis seiner Messianität. Indem er sich den Armen, Kranken, Witwen und Waisen zuwendet, zeigt er sich als Sohn Gottes, durch den auch die B. gewissermaßen »Fleisch geworden« ist und auf die Erde kommt. In dieser Vollmacht heilt er Kranke (Mk 10,47f.) und gibt dabei das Prinzip zu verstehen, dass derjenige, der die B. Gottes erfährt, sie auch an den Mitmenschen weitergeben kann (Mt 5,7; Lk 6,36). Losgelöst von der B. Gottes verliert auch die B. des Menschen zu seinen Mitgeschöpfen die Grundlage, sie ist folglich unmittelbar an den Glauben gebunden.

Vom Mitleid unterscheidet sich B. durch die Betonung der Aktivität. Während Mitleid sich schon in einer passiven Solidarität erweisen kann, fordert die B. zum unmittelbaren Tun auf: Sie ist immer Ausdruck der erfahrenen Liebe, die zur Gestaltung drängt, die die Not des Nächsten in den Mittelpunkt stellt und die erfahrene B. weitergeben muss.

In der Abhängigkeit von der erfahrenden B. Gottes wird auch deutlich, warum die B. des Menschen eine göttliche Qualität ist, von der der Mensch ergriffen wird. Sie ist weder Ergebnis des moralischen Nachdenkens noch rational verfügbar, sondern stets eine Erfahrung, die den Menschen aus der Gnade Gottes zuteil wird. Aus diesem Grunde wäre es auch verfehlt, die B. etwa als Kompensation von Unrecht oder als ausgleichendes Element unzureichender irdischer Gerechtigkeit zu interpretieren, sie ist demgegenüber vielmehr schöpferische Kraft, durch die der Mensch in den Heilsplan Gottes einbezogen wird.

Bei Paulus wird die B. Gottes als Grund für die Ausweitung des Bundes, den Gott mit dem erwählten Volk beschlossen hat, auf die Heiden und somit auf die ganze Welt benannt (Röm 9,22f.). Argumentativ tritt dabei der Aspekt in den Vordergrund, dass, gerade weil die B. Gottes den Menschen trotz schuldhafter Verstrickung gilt, auch die Ungleichheit der Menschen und deren Sündhaftigkeit bei der B. an Bedeutung verliert.

In der mittelalterlichen Tugendlehre wurde die B. systematisiert und ging als Unterscheidung der geistigen Werke (Gebet, Sühne, Trost, Rat, Verzeihung, Belehrung, Zurechtweisung) von den leiblichen (Hungrige speisen, Durstigen zu trinken geben, Fremde beherbergen, Nackte kleiden, Kranke pflegen und Gefangene besuchen) in die katholische Moraltheologie ein, wobei sich die leiblichen Werke auf die in Mt 25,35ff. genannten Verhaltensweisen beziehen. [MV]

Befreiungstheologie Vertreter der B. verstehen ihren Ansatz als eine neue und andere Art des theologischen Handelns, die nicht auf eine einzelne Disziplin zu begrenzen ist und insofern das ganze Gebäude der Theologie von den biblischen Wissenschaften über die Systematische bis zur Praktischen Theologie umfasst, die also auch als eine Anfrage an das traditionelle Denken und Handeln der Kirchen verstanden werden kann. Entstanden ist die B. als kontextuelle Theologie aus der Alltagssituation der lateinamerikanischen Basisgemeinden in den 60er Jahren des letzten Jh., sie ist daher eng mit der sozialpolitischen Situation christlicher Gemeinden in der sog. Dritten Welt verbunden.

Biblisch bezieht sich die B. auf Jesu Aufmerksamkeit für die Armen und Unterdrückten, allerdings versteht sie sich dabei nicht nur als eine Theologie *für* die Opfer und Unterdrückten, sondern auch als eine Theologie *der* Opfer, bei der das Evangelium als ein Prozess der Befreiung gedeutet wird. In diesem Zusammenhang ist besonders das Anliegen hervorzuheben, die Sprachfähigkeit der Menschen in den Basisgemeinden zu fördern und die Alltagssprache ebenso wie die Erfahrungen der Betroffenen als gleichberechtigt an die Seite oder sogar an die Stelle einer theologischen Fachsprache zu stellen. Diese Kreativität in den Bibelarbeiten der Basisgemeinden hat großen Einfluss ausgeübt, einzelne Texte aber auch Methoden der Bibelarbeit sind auf diesem Wege in die kirchliche Praxis in Europa eingeflossen.

Methodisch weist sich die B. durch den Anspruch einer dreiteiligen Vermittlung der christlichen Botschaft aus:»Sehen, Urteilen, Handeln.«Mit diesem Dreischritt, der in dieser Formulierung auf die Sozialenzyklika Johannes XXIII. (*Mater et Magistra*, 1961) und die darin enthaltene praktische Deutung der katholischen Soziallehre verweist, soll eine Verbindung zwischen der sozialwissenschaftlichen Analyse, der hermeneutischen Vermittlung und der praktischen Schlussfolgerung gezogen werden.

Während die Anfänge auf die Befreiungspädagogik des Brasilianers Paulo Freire (1921–1997) zurückgehen, der aufgrund seines Engagements für die Armen von der brasilianischen Regierung als subversiv eingestuft und 1964 ausgewiesen wurde, ist der Begriff der B. vor allem durch den peruanischen Priester Gustavo Gutiérrez (*Theologie der Befreiung*, 1968) geprägt worden. Als einer der wichtigsten Vertreter gilt darüber hinaus Leonardo Boff (1919–1989). In seiner Hauptschrift *Jesus Cristo Libertador* (1972) hat er versucht, eine spezielle Christologie für die Situation in Lateinamerika zu formulieren, und dabei die Grundzüge einer B. in fünf Schwerpunkten dargestellt: Demnach soll die Sicht auf den Menschen vor der Sicht auf die Kirche stehen, der Aspekt des Utopischen wichtiger sein als jener des Faktischen, die kritische Reflexion stärker betont werden als die dogmatische Debatte, die Gewichtung des Sozialen vor dem Individuellen stehen und schließlich die richtige Praxis höher rangieren als die richtige Lehre. Speziell in diesem letzten Punkt, der als eine Anfrage an die Hierarchie und das Lehramt der Kirche verstanden werden kann, hat die B. von Seiten der katholischen Kirche entsprechende Kritik erfahren.

Die Instruktion der Kongregation für die Glaubenslehre »Über einige Aspekte der ›Theologie der Befreiung‹« (*Libertatis nuntius*), die unter Joseph Kardinal Ratzinger 1984 vorgelegt wurde, spricht sich zwar für eine Parteinahme für die Armen aus, sieht in der Sehnsucht nach Befreiung auch eines der wichtigsten Zeichen der Zeit, warnt jedoch ebenso vor den »schweren Abweichungen, die in manchen B. enthalten sind«, und vor einer »Neuinterpretation des Evangeliums«. Die Kritik bezieht sich konkret auf die »Versuchung, das Evangelium vom Heil auf ein irdisches Evangelium zu reduzieren«, auf die »unkritischen Anleihen bei der marxistischen Ideologie« und generell auf die Tendenz, die menschliche Freiheit auf einen rein ökonomischen und politischen Sinn zu verengen. In einer 1986 veröffentlichten Instruktion der Glaubenskongregation »Über die christliche Freiheit und die Befreiung« (*Libertatis conscientia*), die sich als Folgedokument zu erkennen gibt, wird das Thema allerdings mit größerer Tragweite behandelt. So heißt es jetzt:»Das Thema der Freiheit und Befreiung hat eine offenkundige ökumenische Bedeutung. Es gehört in der Tat zum traditionellen Erbe der Kirchen und der kirchlichen Gemeinschaften.« Auch wenn in dieser Instruktion nicht mehr direkt von der B. die Rede ist, werden doch die Errungenschaften der »modernen Befreiungsbewegung« gerade hinsichtlich der Gleichstellung von Mann und Frau, des Kampfes gegen den Rassismus, der Verwirklichung der Menschenrechte wie auch der sozialpolitischen Ziele, die »Gleichheit und Brüderlichkeit aller Menschen« zu fördern, lobend hervorgehoben.

Diese Wende, die schon in der zweiten Instruktion zu erkennen ist, beschreibt nicht nur eine tendenzielle Veränderung in der Einschätzung der B. durch die katholische Kirche, sondern auch einen Wandel der B. selbst. Ursprünglich von sozialökonomischen Problemen der Basisgemeinden ausgehend, hat sich die B. immer deutlicher den umfassenden kulturellen Aspekten menschlicher Unfreiheit zugewandt und dabei ihr Selbstverständnis verändert. So bezieht sie sich nicht mehr allein auf die Armen und Ausgebeuteten, sondern fragt zum Beispiel auch nach Elementen der Befreiung im Kontext der rassischen Diskriminierung (Apartheid in Afrika), der ethnischen Ausgrenzung (Asien) oder der geschlechtsspezifischen Benachteiligung (Feministische B.). Einerseits wirkt sich hier die Kritik einer marxistischen Verengung der B. aus, die viele Vertreter der B. dazu veranlasste, sich von einer Einengung der Theologie auf Politik zu distanzieren. Zum anderen ist diese Tendenz zur Ausdifferenzierung auch als eine Folge der Ausbreitung der B. über ihr ursprüngliches soziales Umfeld hinaus zu interpretieren. Die B., die angetreten war, den Kontext der Lebenssituation im Sinne der Alltagserfahrungen des Menschen als Korrektiv für eine an Dogmen und der Hierarchie der Kirche orientierte Theologie anzumelden, führt geradezu zwangsläufig zu einer Ausweitung der Deutungen, wenn sie ihren Weg um die Welt antritt. Insofern ist heute im Grunde genommen gar nicht mehr von der B. zu sprechen, sondern allenfalls noch im Plural von *den* B. [MV]

Begräbnis → Bestattung, → Trauer.

Beichte Das mündliche Bekennen zu eigenen Verfehlungen und sündhaftem Handeln gegenüber einem Priester (Beichtvater) mit der Folge, dass dieser die Lossprechung (Absolution) erteilt, wird als B. bezeichnet. Obwohl das Bekennen von Schuld und auch die dazugehörigen Reinigungsrituale in vielen Religionen vorhanden sind, gilt die B. – durchaus zu Unrecht – in weiten Teilen der Bevölkerung als eine typische Glaubensäußerung der katholischen Kirche. Ein Grund für diese Einschätzung mag darin liegen, dass die röm.-kath. Kirche der B. die Bedeutung eines Sakraments zukommen lässt, wobei der Gläubige zur B. aller schweren Sünden verpflichtet ist. Mindestens einmal im Jahr sollte sie vollzogen werden, um das Bußsakrament zu empfangen, das als Voraussetzung für die Kommunion gilt. Der Vorgang der B. wird dabei als ein rechtlicher Akt verstanden, der die Begnadigung des Sünders zum Inhalt hat. Insofern unterscheidet er sich inhaltlich von einem seelsorgerlichen Gespräch (→ Seelsorge). Diese Mittelstellung zwischen rechtsverbindlicher Lossprechung und Heil spendendem Zuspruch wird durch die beiden Voraussetzungen für die B. dokumentiert, denn zur Erteilung der Absolution sind nur diejenigen berechtigt, die sowohl die priesterliche Weihe (*potestas ordinis*) haben als auch die Hirtengewalt (*potestas iurisdictionis*) vertreten. Von einem seelsorgerlichen Gespräch unterscheidet sich die B. schon rein äußerlich durch den speziellen Ort des Beichtstuhls, der eine geheime Ohrenbeichte ermöglicht. Ursprünglich handelte es sich dabei um bewegliche Stühle, die im Altarbereich ihren Platz fanden. Diese Beichtstühle wurden mit der Zeit weitergehend funktionalisiert und entwickelten sich seit dem 17. Jh. zu der heute bekannten Form einer dreigeteilten Kammer, die den Sichtkontakt zwischen den an der B. beteiligten Personen einschränkt und dadurch eine möglichst anonyme Kontaktnahme ermöglicht.

Biblisch betrachtet nimmt die B. ihren Ausgangspunkt in der Zusage des Auferstandenen an seine Jünger: »Wenn ihr jemandem die Sünden vergebt, sind sie ihm vergeben« (Joh 20,23, vgl. dazu auch Mt 16,18; 18,18). Darüber hinaus wird vor allem in der Paulinischen Theologie (→ Paulus) die Vollmacht zur Sündenvergebung an den Auftrag der Versöhnung gebunden: »Gott versöhnte in Christus die Welt mit sich selbst, indem er ihnen ihre Übertretungen nicht anrechnete und in uns das Wort der Versöhnung legte« (2Kor 5,19).

Die Stellung der B. im Protestantismus ist nicht so eindeutig festzulegen. Martin Luther wendet sich zwar gegen den Zwang zur B., wollte weder die Abhängigkeit von einer speziellen Bußleistung anerkennen noch die B. als ein Sakrament verstehen, betrachtet aber dennoch die B. als eine Heilstat Gottes, durch die die Seele des Menschen Heilung erfahren kann. Auch in der *Confessio Augustana* wird diese Kompromisshaltung durchgehalten: »Von der Beichte wird also gelehrt, dass man in der Kirchen privatam absolutionem erhalten und nicht fallen lassen soll, wiewohl in der Beichte nicht nötig ist alle Missetat und Sünden zu erzählen, dieweil doch solches nicht möglich ist.« (CA 11) Trotzdem setzte sich in der nachreformatorischen Zeit zunächst eine skeptische Haltung durch, infolge derer die B. einerseits als liturgisches Element aufgegriffen und dem Abendmahlsgottesdienst zugeordnet wurde, wo sie als allgemeine B. im Sprechen des Sündenbekenntnisses durch die Gemeinde vollzogen wurde; andererseits drängte die B. stärker in die Deutung als seelsorgerliches Gespräch, wo sie durch die Pastoralpsychologie eine zusätzliche Erweiterung fand. Die Praxis des Beichtstuhls wurde hier weitgehend aufgegeben und zugunsten von Gruppenbeichten in sog. Beichtkammern oder aber in die Sakristei verlegt.

Als nicht unerheblich für diese Entwicklung wird die Entdeckung des Gewissens benannt, das in der Aufklärung als ein subjektives Bewusstsein vom ethischen Wert des eigenen Verhaltens bestimmt und an die Vernunft gebunden wird. Die B. als eine rechtswirksame Lossprechung von Sünden wird dabei durch einen Reflexionsprozess ersetzt, der beratende Funktion hat.

Für die gegenwärtige Diskussion ist vor allem das Phänomen interessant zu beobachten, dass die B. seit den 60er Jahren zwar eine Krise erlebte, die u.a. auf einen Bedeutungsverlust des Begriffs der → Sünde zurückzuführen ist. Zeitgleich lässt sich jedoch eine Regeneration der B. beobachten, die sich zum Beispiel an der großen Nachfrage zu Beichtgesprächen auf den Ev. Kirchentagen zeigt. Der polare Unterschied zwischen der als Ritual vollzogenen B. und dem auf Beratung zielenden Gespräch der Seelsorge scheint dabei auf eine Vermittlung bzw. gegenseitige Ergänzung zu drängen. Dem entspricht auch der Ansatz, dass das seelsorgerliche und dabei auch therapeutisch wirkende Gespräch nicht nur als Voraussetzung, sondern auch als notwendige Begleitung zur B. betrachtet wird. [MV]

Beichtgeheimnis　　Das B. beschreibt die absolute Verschwiegenheitspflicht, die den komplexen Vorgang der → Beichte umfasst und dabei sowohl die Person als auch den Inhalt der geäußerten Verfehlungen wie die allgemeinen Rahmenbedingungen beinhaltet. Es ist ein Wesensmerkmal der B., dass diese Verschwiegenheit ohne Einschränkung gewahrt wird, auch dann, wenn es bei dem Gebeichteten um Rechtsbrüche geht und die Informationen, die der Geistliche durch die Abnahme der Beichte erhält, für etwaige Ermittlungen der Strafbehörden des Staates von Bedeutung sein könnten. Rechtlich ist dieser Konflikt dadurch gelöst, dass der Staat diese besondere Situation der Beichte beachtet und in §139 Abs.2 StGB den Geistlichen von der in §138 geforderten allgemeinen Anzeigepflicht schwerer Rechtsbrüche entbindet, soweit der Tatbestand des seelsorgerlichen Gesprächs erfüllt ist. Rechtlich unterschieden wird dabei nicht zwischen der Beichte im Sinne des Sakraments und der Beichte im Rahmen eines seelsorgerlichen Gesprächs. Dieses Zeugnisverweigerungsrecht für den Fall der Wahrung des B. unterscheidet sich grundsätzlich von dem allgemeinen Amtsgeheimnis. Demzufolge unterliegen Beamte des Staates und der Kirche zwar prinzipiell einer dienstlich angeordneten Verschwiegenheit, von der sie jedoch für Gerichtsverfahren von ihrer Dienststelle entbunden werden können. [MV]

Bekehrung　　Mit B. bezeichnet man in der Regel das Phänomen einer umfassenden Neuorientierung des religiösen Menschen. Damit einher geht meistens der Abschied von der alten Lebensweise und dem vertrauten sozialen Umfeld, der Eintritt in eine (rel.) Bewegung oder Organisation, die den Konvertiten trägt und ihn in seiner Entscheidung bestärkt, und eine Reinterpretation des vergangenen Lebens. Die Konvertiten selbst empfinden ihre B. oft als plötzliches Resultat einer akuten Krise oder eines einzelnen, sie verändernden Ereignisses. Von außen betrachtet ist sie ein längerer Prozess, der mit dem als B. empfundenen Ereignis nicht vom einen auf den anderen Moment abgeschlossen ist.

B. in diesem Sinne ist der polytheistischen griech.-röm. Antike fremd. Die Götter haben sehr unterschiedliche Kompetenzen. Man verehrt viele von ihnen, und die Kunst besteht gerade darin, in einer bestimmten Lebenssituation die jeweils zuständigen Götter angemessen einzubeziehen. Wer sich nach einer wunderbaren Begegnung einem bestimmten Gott in besonderer Weise verpflichtet fühlt, muss den anderen Göttern nicht absagen.

Anders in Judentum und Christentum. Der Gott Israels fordert, keine anderen Götter neben sich zu haben (Ex 20,3; Dtn 5,7). Nichtjuden kommen zu ihm ausschließlich durch »Umkehr«, durch eine umfassende Neuorientierung, d.i. durch B. (vgl. Jes 2,2–4; Ruth; Jona). Der Schritt in die jüd. wie die christgläubige Gemeinschaft ist für die »Heiden« eine B. »zu Gott von den Abgöttern, zu dienen dem lebendigen und wahren Gott« (1Thess 1,9; griech. *epistréphein*; vgl. *epistrophé*, Apg 15,3).

Prototyp des Bekehrten im NT ist der Apostel → Paulus, in dessen Biographie sich alle typischen Momente einer B. finden: Nach der von ihm als Offenbarung des Sohnes Gottes interpretierten Erfahrung bei Damaskus lässt er sein Leben als gesetzesstrenger Pharisäer hinter sich, reinterpretiert es als ein Stück »Dreck«, hält sich von nun an zu den Christgläubigen und führt ein neues Leben (Gal 1,13–20; Phil 3,4–11). Gleichwohl ist in der ntl. Forschung strittig, ob man die Lebenswende des Paulus eine B. nennen soll und nicht besser eine »Berufung« (zum Apostel der Heiden). Die Entscheidung hängt an der Frage, ob für eine B. der Wechsel der Religion konstitutiv ist oder nicht. Eine B. in diesem Sinne ist die Lebenswende des Paulus nicht, denn er wird durch sie nicht vom Juden zum Christen, sondern von einem pharisäischen zu einem christgläubigen Juden.

Für die Ausbreitung des Christentums ist die B. allezeit ein wichtiges Medium gewesen. In der → Alten Kirche legten B. einzelner Frauen und Männer das Fundament, das durch Kindertaufen und Diffusionsprozesse innerhalb der Familien, Häuser und anderer (Primär-) Gruppen weiter wuchs. In der Spätantike und im Mittelalter kamen B. ganzer Völker hinzu (B. der germ. Völker im 4.–6. Jh., später der Friesen, Slawen, Normannen), darunter auch Zwangsbekehrung (B. der Sachsen; später Rückeroberung, *reconquista*, des Maurenreiches, Kolonisierung Amerikas). Letztere haben der Würde der B. und dem Anliegen der christl. → Mission schweren Schaden zugefügt.

Die Motive zur B. sind so unterschiedlich wie die Kontexte. Neben den im strengen Sinne rel.-theol. Motiven (Erkenntnis der überlegenen Wahrheit des neuen Glaubens, der Identität des einen Gottes usw.) spielen oft auch soziale und wirtschaftliche (Heirat über Konfessionsgrenzen hinweg; Umzug, sozialer Aufstieg) sowie politische Gründe eine Rolle. [WR]

Bekenntnis   Der Begriff des Bekennens ist obsolet geworden, wenn damit die Rechtfertigung einer terroristischen Tat (Bekennerschreiben) verbunden ist. Er wirkt nach wie vor angemessen, wenn er als Terminus zur Kennzeichnung einer bestimmten rel. Einstellung und Haltung dient. Bekennen setzt Kenntnis voraus, die dann zur Vergewisserung der eigenen Position ausgesprochen wird. Mag dies zunächst noch individuell und existentiell geschehen, so gilt als Ziel doch die Gemeinschaft. Das in der Gemeindeversammlung, im Gottesdienst gemeinsam gesprochene Bekenntnis ist zugleich Antwort auf Herausforderungen wie Abgrenzung gegenüber anderen Vorstellungen. Es ist aber auch und nicht zuletzt Lobpreis Gottes.

Das Christentum wusste sich bei der Formulierung von Bekenntnissen in der jüdischen Tradition, die ebenso eine Entwicklung von einfachen Formeln zu umfangreicheren Aussagen kennt. Aus dem Grundsatz »JHWH ist unser Gott« wurden das heilsgeschichtliche *Credo* (Dtn 26,5–9) und das *Schma* (Dtn 6,4–9: Höre Israel …), das bis heute Juden in aller Welt verbindet.

Die im christlichen Gottesdienst gesprochenen Glaubensbekenntnisse gehen auf die Zeit von 200–381 nach Christus zurück und firmieren unter verschiedenen Bezeichnungen: Glaubensregel (*regula fidei*), → Symbol, Credo, Homologia, Confessio, Professio. Vom B. und von → Bekenntnisschriften ist die Rede in den reformatorischen Kirchen. Ebenso unterschiedlich ist die Gewichtung der altkirchlichen B. So hat das sog. *Apostolikum* – der Legende nach sollen die zwölf Apostel die zwölf Sätze verfasst haben – nur Eingang in die reformatorischen Kirchen gefunden.

Das sog. *Athanasianum*, das irrtümlich noch im luth. *Konkordienbuch* (1580) als ökumenisch, also für alle Kirchen verbindlich, geführt wurde, konnte kaum als B. gelten, da es zu lang und somit nicht rezitierbar war. Es war nach 430 entstanden, enthielt 40 Lehrsätze und war binitrarisch aufgebaut, d.h. es fehlten Aussagen zum 3. Artikel (Heiliger Geist). In der Einleitung wie am Schluss wurde apodiktisch das Heil denen zugesagt, die den rechten Glauben hätten, so wie er anschließend formuliert wurde, die Seligkeit denen aber »ewiglich« abgesprochen, die diesen nicht »ganz und rein« übernehmen würden. Es hat im Gegensatz zu der im Luthertum geäußerten Meinung tatsächlich in keiner Kirche – abgesehen von der späteren anglikanischen – jemals eine Bedeutung gehabt, selbst nicht in der reformatorischen.

So ist es allein das 381 erneuerte und ergänzte sog. nizänische Bekenntnis von 325 n.Chr., dem ökumenischer Rang zukommt. Es ist in der orthodoxen wie röm.-kath.Kirche heimisch geworden, während es in den reformatorischen Kirchen erst an zweiter Stelle nach dem Apostolikum rangiert. Woraus u.a. folgt, dass ökumenische Gespräche hinsichtlich der gemeinsamen Tradition eben dieses B. am meisten substantiell abgesichert sind. Die Bedeutung des Apostolikums liegt in der Knappheit und Klarheit seiner Aussagen, seiner Dreigliedrigkeit (Vater, Sohn, Heiliger Geist), wobei die Sprache, bedingt durch die bloße Aneinanderreihung von Sätzen, durch die Aufzählung von Glaubensfakten allerdings ernüchternd wirkt. Es war von Anfang an, obwohl griech. Ursprungs, in der lat. Übersetzung verbreitet. Umfangreicher ist das in hymnologischer Sprache 325 auf dem Konzil von Nicäa verfasste und von mehr als 300 Bischöfen verabschiedete B. Es verwarf die weit verbreiteten Ansichten des alexandrinischen Priesters Arius, wonach Jesus Christus eine Stufe unter Gottvater stand. Jetzt wurde formuliert, dass der Sohn mit dem Vater wesenseins (*homooúsios*) war. Auf dem Konzil von Konstantinopel, 56 Jahre später, stand eine andere Frage im Vordergrund: in welcher Beziehung nämlich der Heilige Geist zu Vater und Sohn stand. Man fand die Antwort, dass ihm ebenso wie dem Vater und dem Sohn Verehrung gebührte. Man nannte ihn »Herr und Lebensspender«, der aus Gottvater hervorgegangen sei. Bereits durch die Propheten habe er gesprochen. Dieses in der Ostkirche ebenso wie in der abendländischen Kirche übernommene B. wurde u.a. Bestandteil der Messen seit dem 11. Jh., allerdings mit dem Unterschied, dass längst die griech. Originalsprache aufgegeben und durch die lat. ersetzt worden war – dies mit bemerkenswerten Akzentverschiebungen. So wurde aus dem ursprünglichen »wir glauben, wir bekennen, wir erwarten« der Singular: ich glaube (*credo*), ich bekenne (*confiteor*), ich erwarte (*expecto*). Und was das trinitarische Verhältnis anging, so gab es einen folgenschweren Zusatz: Der Heilige Geist war nicht mehr allein aus dem Vater hervorgegangen, sondern auch aus dem Sohn (*filioque*). Die endgültige Trennung der Ostkirche von der des Westens (1054) resultierte u.a. aus dieser dogmatischen Entscheidung.

Den großkirchlichen B. war die dreigliedrige Struktur vorgegeben. Sie stammte aus der Taufpraxis, wo man ein entsprechendes Symbol verwendete. Bereits im NT wird die häufig begegnende Kurzformel »Jesus ist der Herr« bzw. »Jesus ist der Christus« entfaltet. Die verschiedenen Briefköpfe bzw. Grußworte sind entsprechend aufgebaut, während die Trias von Vater, Sohn und Heiliger Geist ebenso selbstverständlich begegnet.

Insgesamt lässt sich für die Alte Kirche jedoch feststellen, dass es primär weniger um ausgefeilte Formulierungen ging als vielmehr um den Akt des Bekennens, der je nach Situation, biographischem Hintergrund und sprachlichem Vermögen stets anders ausfallen konnte. Tatsächlich zitieren nicht einmal zwei Autoren ein und dasselbe Symbol im gleichen Wortlaut. Glaubensaussagen erfolgten in liturgischer Freiheit und Vielfalt. Verfestigte Formen gehören erst dem Mittelalter an.

Wenn heutzutage die altkirchlichen Aussagen dem modernen Empfinden oft zuwiderlaufen, sollte bedacht werden, dass damals ein bestimmtes theologisches Interesse hinsichtlich der Christologie bzw. der Trinität vorherrschte. Dagegen werden in der Gegenwart eher ethische Fragen an das

Glaubensbekenntnis herangetragen, so wie es in der Reformationszeit die nach Versöhnung und Erlösung waren. Auch damals schon versuchten die Bekenntnisschriften der luth. Kirche, die alten kurzen B. zu erklären und zu kommentieren. Damit gewinnt zugleich ein Argument an Bedeutung, das allen sog. Bekenntnisbewegungen, die zur reinen Lehre aufrufen, die historische Bedingtheit von B. entgegenhält. [GB]

Bekenntnisschriften   Gehört das Bekennen schlechthin zur christlichen Existenz (Röm 10,10: »So man mit dem Mund bekennt, wird man selig«), so sind die B. kennzeichnend für das Zeitalter der → Reformation. Auf ev.-luth. Seite erscheinen sie zusammengefasst als *Corpus doctrinae* im Konkordienbuch von 1580: Luthers *Kleiner* und *Großer Katechismus* (1529), die *Augsburger Konfession* (1530), die *Apologie* derselben (1530), Luthers *Schmalkaldische Artikel* (1537), Melanchthons Traktat *Über die Gewalt und Obrigket des Papstes* (1537) sowie die *Konkordienformel* (1577). Sie sind jeweils umfangreicher als die voranstehenden und inhaltlich vorausgesetzten altkirchlichen → Bekenntnisse (*Apostolikum, Nicänum-Constantinopolitanum, Athanasianum*). Die von den Reformatoren angenommene Ökumenizität des Athanasianum beruhte allerdings auf einem historischen Irrtum.

In ihrer Kürze vermochten die alten Symbole offenbar nicht mehr den Dissens in Lehre und Leben der Kirche auszugleichen. So tritt an die Stelle affirmativen Bekennens in Formeln die argumentative Rede – mit der Folge, dass sich auch die altgläubigen Katholiken genötigt sehen, ausführliche Widerlegungen zu verfassen: zunächst die »Confutatio« als Reaktion auf die → *Confessio Augustana* und nicht zuletzt die Beschlüsse des Trienter Konzils. In der ev.-luth. Kirche kommt den B. des 16. Jh. eine besondere Bedeutung zu, wie u.a. aus der Verpflichtung der zu ordinierenden Pastoren hervorgeht. Mochte dies früher durchaus konfessionellem Denken entsprechen, so stellt sich heute das Problem der ökumenischen Wahrhaftigkeit, dieses umso mehr, wenn ohne Klauseln eine pauschale Zustimmung verlangt wird. Immerhin sind Inhalte und Sprache dieser Dokumente unserer Zeit fremd geworden. Besonders die gegenseitigen Verurteilungen legen es nahe, dass diese Aussagen einer interpretativen Fortentwicklung bedürfen.

Die reformierte Kirche ist in dieser Hinsicht von jeher flexibler gewesen. Sie anerkannte und anerkennt lediglich eine relative Abgeschlossenheit ihrer B., die sich damit jederzeit ergänzen und verändern lassen. Es gibt keinen Kanon der B., dafür eine große Anzahl von Verlautbarungen mit Bekenntnischarakter. Zu den wichtigsten aus dem 16. und 17. Jh. gehören Zwinglis *Züricher Disputationen* (1523), Calvins *Institutio religionis christianae* (1536), sein *Genfer Katechismus* (1541/45), der *Heidelberger Katechismus* (1563), die *Confessio Helvetica* (1536 und 1566), der *Consensus Tigurinus*

(1549), die *Confessio Scotica* (1560) des John Knox und nicht zuletzt die *Canones* der Dordrechter Synode (1619). Für alle gilt:»Wir, hier, jetzt bekennen dies« (K. Barth). Kennzeichnend für die reformierte Kirche ist ferner, dass nicht nur der Lehre, sondern auch der Kirchenordnung und Kirchenzucht (→ Kirchenrecht) Bekenntnischarakter zukommt.

In der kath. Kirche nehmen Dokumente mit Bekenntnischarakter, wozu u.a. Katechismen, das Kanonische Recht, die *Professio fidei Tridentinum* (1564), der *Antimodernisteneid* (1910), Synoden- und Konzilsbeschlüsse sowie neuere Glaubensverpflichtungen (1967/1989) gehören, nicht denselben Rang ein wie in den Kirchen der Reformation, werden sie doch durch das päpstliche Lehramt normiert. Für das reformatorische Verständnis gilt, dass alles Bekennen in der Hl. Schrift begründet sein muss und ebenso auf diese zurückweist.»Allein Gottes Wort« wird als die »einige Richtschnur und Regel aller Lehr« (Konkordienformel, Einleitung) verstanden. Dies gilt unabhängig davon, welche Bücher im Einzelnen als kanonisch anzusehen sind. Vielmehr geht es um zentrale Sinngehalte, als deren Summe das Evangelium erscheint. Dabei wird angenommen, dass die Hl. Schrift sich selbst auslegt. [GB]

Benedictus → Messe

Bergpredigt Bei der B. (Mt 5ff.) handelt es sich um eine der großen Redekompositionen des Mt. In der vorliegenden Gestalt stellt sie ein Werk des ersten Evangelisten dar. Grundlage ist eine nahe dem See Genezareth gehaltene Feldrede Jesu (Lk 6,20–49), die von Mt erweitert und ausgestaltet wurde. Der Aufbau der B. ist durch eine ringförmige Komposition geprägt, die sich um das → Vaterunser als unumschränktes Zentrum lagert.

Eingeleitet wird die B. durch die → Seligpreisungen. Ursprünglich wurden darin Menschen, die unter materieller Not litten und zu keiner Leistung fähig waren, selig gesprochen und mit der Aussicht auf eine endzeitliche Umkehr ihres Geschicks getröstet. Mt versteht Armut und Hunger im übertragenen Sinne und sieht in den Seligpreisungen Anweisungen für christliches Handeln. Zu den bekanntesten Worten der B. zählen die Antithesen, in denen Jesus seine Ethik im Gegenüber zum atl. → Gesetz entwickelt. Bei den Antithesen vom Töten, vom Ehebruch (→ Ehe) und von der Feindesliebe liegt eine Radikalisierung der Tora vor. In den Antithesen von der Ehescheidung, vom Schwören und von der Wiedervergeltung werden von der Tora bereitgehaltene Optionen außer Kraft gesetzt, ohne dass Jesus damit den Boden des Judentums verlassen hätte. Innerhalb der Antithesen hat das Liebesgebot zentrale Bedeutung (→ Liebe). Das Zürnen wird auf eine Stufe mit dem Töten gestellt, statt Vergeltung das Erleiden von Unrecht gefordert und die

→ Nächstenliebe auf die Feindesliebe hin ausgeweitet. Die Goldene Regel (Mt 7,12) erhebt das Liebesgebot zur Richtschnur allen menschlichen Handelns. Für Mt stellt die Befolgung der Weisungen Jesu das Tun der besseren Gerechtigkeit dar. Er sieht die Antithesen nicht als Gegensatz zum atl. Gesetz, sondern als dessen Erfüllung an. Das im Zentrum der B. stehende Vaterunser berührt sich in vielfältiger Weise mit zeitgenössischen jüdischen Gebeten und bietet eine Art »Blütenlese aus dem Gesangbuch der Synagoge« (P. Lapide). Es besticht durch seine prägnante Kürze und wird zum zeitlosen Gebet der Christenheit, indem es die Grundbedürfnisse des Menschen artikuliert und in offener Form allgemeine Sehnsüchte ausspricht. Wenn die judenchristliche Gemeinde des Mt sich von der Frömmigkeitspraxis der Pharisäer abgrenzt, indem sie diese als Heuchler bezeichnet, handelt es sich um innerjüdische Polemik, die allerdings in der Folgezeit eine antijudaistische Wirkung entfaltete.

In der bewegenden Auslegungsgeschichte der B. geht es vor allem um die Erfüllbarkeit ihrer Weisungen. Dabei zeigt sich, dass es ganz unterschiedliche Möglichkeiten des Umgangs mit der Ethik Jesu gibt. Ein wörtliches Verständnis der B. zieht sich wie ein roter Faden durch die Kirchengeschichte und hat nichts an Aktualität eingebüßt. Christliche Gruppierungen wie Waldenser, Quäker oder Amish People leben eine radikale Ethik, die unter Berufung auf die B. den Kriegsdienst wie jede andere Form der Gewaltanwendung ablehnt und dem Gebot der Feindesliebe uneingeschränkte Gültigkeit beimisst. Dabei neigt man um der Reinheit des Evangeliums willen zum Rückzug aus der Welt. Es gibt aber auch Versuche, die B. unmittelbar auf die Gesellschaft zu beziehen und ihre Forderungen zum politischen Programm zu erheben. Beispiele dafür bieten Leo Tolstoi, Mahatma Gandhi oder der populäre TV-Journalist Franz Alt.

Die im Mittelalter uneingeschränkt vorherrschende B.auslegung war die Zweistufenethik. Sie unterschied zwischen Geboten, die heilsnotwendig und verpflichtend sind, und Ratschlägen, die den Menschen lediglich ungehinderter das Heil erlangen lassen. Die Forderungen der B. werden zu den Ratschlägen gezählt und richten sich demnach nur an jene Gläubigen, die für sich den besonderen Stand der Vollkommenheit gewählt haben. Demgegenüber hat Martin Luther in Form seiner sog. → Zwei-Reiche-Lehre, einem erst im 20. Jh. geprägten Begriff, das wohl bedeutsamste Auslegungsmodell der B. entwickelt. In doppelter Frontstellung wendet sich die Zwei-Reiche-Lehre einerseits gegen das mittelalterliche Verständnis der Bergpredigtforderungen als Ratschläge, worin Luther eine Verwässerung des Anspruchs der Ethik Jesu sah, andererseits gegen den Versuch des radikalen Flügels der Reformation, die B. zur verbindlichen Grundlage auch des politischen Zusammenlebens zu erheben, was ihm entschieden zu weit ging. Die B. spricht für Luther alle Christen in gleicher Weise verbindlich an, gilt aber in strenger Unterscheidung einer Ethik des Amtes und einer Ethik der Person nur in einem fest umrissenen Teilbereich christlichen Handelns auch tatsächlich als normative Richtschnur, während sie für das weltliche Leben keine unmittelbare Gültigkeit hat. Geht es um die eigenen Interessen als Privatperson, hat der Christ Gewaltverzicht und Feindesliebe zu üben. Als Amtsperson hingegen, beispielsweise als Politiker, Soldat oder Polizist, steht er ganz in fremden Diensten und ist zum Schutz des Nächsten nicht an die Weisungen der B. gebunden, sondern im Gegenteil zur Gewaltanwendung bis hin zum Töten angehalten.

Von den weiteren Auslegungsmodellen, die auf eine Abschwächung der radikalen Forderungen der Bergpredigt hinauslaufen, hat sich Max Webers Beurteilung der B. als Gesinnungsethik als besonders einflussreich erwiesen. Er verstand darunter eine von lauterer Gesinnung getragene und nicht nach den Folgen ihres Tuns fragende Ethik absoluter Gewaltlosigkeit und Wahrhaftigkeit, die für politisches Handeln gänzlich ungeeignet sei. Solcher Gesinnungsethik stellte Weber eine Verantwortungsethik gegenüber, die nicht darum umhinkomme, sich zur Durchsetzung guter Ziele auch bedenklicher Mittel zu bedienen und notfalls negative Nebenwirkungen mit in Kauf zu nehmen.

Bedenkenswert sind neuere Versuche, das reformatorische Modell mit einer wörtlichen Auslegung der B. zu verbinden. Dabei wird die Zwei-Reiche-Lehre mit ihrer Unterscheidung einer Ethik des Amtes und der Person grundsätzlich anerkannt, ihr aber als kritisches Korrektiv eine wörtliche Befolgung der B. zur Seite gestellt. Minderheiten oder Randgruppen mit der Bereitschaft, ihr Leben konsequent nach der B. zu gestalten, sensibilisieren die an der Zwei-Reiche-Lehre orientierte Gesellschaft für das Gute und halten ihr einen kritischen Spiegel vor. Die wörtlich verstandene B. wird zur Kontrastethik, die jenseits aller von Sachzwängen diktierten Verantwortungsethik Visionen des Friedens entwirft und Handlungsprogramme für eine bessere Welt einklagt. [BK]

Berufung ist im religiösen Sinn der Sammelbegriff für eine Gruppe von Phänomenen, in denen sich Menschen von einer Macht, die ihre eigenen Möglichkeiten übersteigt, angesprochen und ergriffen, d.h. berufen, wissen. Paradigmatisch kommt das für die christlich-jüdische Kultur in den Berufungserzählungen des AT zum Ausdruck. Wie z.B. bei der B. Moses' (Ex 3), Jeremias (Jer 1) oder Ezechiels (Ez 1) deutlich wird, erwächst dem Menschen aus der personalen Gottesbegegnung eine besondere Beauftragung. Das NT knüpft mit seinen Erzählungen von der B. der Jünger und Apostel an diese Tradition an, wobei hier die Beauftragung ganz konkret in der Nachfolge Christi besteht.

Die biblischen Erzählungen machen deutlich, dass der, der nach christlichem Verständnis beruft, Christus ist. In einem inneren Kommunikationsgeschehen ergreift er durch seinen Geist und sein Wort Menschen, die dadurch eine befreiende Sicht auf sich und ihre Welt gewinnen und sich davon in Dienst genommen wissen. Ort der B. ist also die Lebensgeschichte von Menschen, die die Ansprechpartner Gottes sind. Die protestantische Theologie des 17. und 18. Jh. hat daher die B. an den Anfang des Weges zum Heil gestellt. Auf die B. folgen Erleuchtung, → Bekehrung, → Rechtfertigung und Heiligung. Trotz des offensichtlichen Schematismus liegt das Wahrheitsmoment dieser Lehre in der biografischen Verankerung. B. muss daher nicht nur als momentanes Erlebnis bestimmt werden, sondern sie kann sich auch über einen längeren Zeitraum als religiöser Prozess entwickeln, der eine Person prägt. Theologisch stehen gegenwärtig zwei Aspekte im Vordergrund der Diskussion. Zum einen geht es um den Zusammenhang von → Erwählung und B. Wenn Gott das Heil aller Menschen will, dann stellt sich die Frage, warum die B. nicht allen Menschen widerfährt. Das Problem wird zu lösen versucht, indem man entweder mit dem Gedanken einer göttlichen Vorherbestimmung operiert, der dann aber implizieren müsste, dass Gott Menschen auch *nicht* zum Heil vorherbestimmen kann, oder aber durch den Hinweis auf die Willensfreiheit. Demnach ist der Mensch an dem Berufungsgeschehen wenigstens insoweit beteiligt, dass er sich ihm auch entziehen kann. Zum anderen ist ein neues Verständnis dafür zu gewinnen, dass sich die B. nicht allein auf die Einsetzung in ein kirchliches Amt beziehen kann. Im Sinne des von Luther aufgestellten Zusammenhangs von Beruf und B. kommt es darauf an, den Blick für die Formen zu schärfen, mit denen sich die B. im Kontext einer weitgehend profanen Alltagskultur lebensweltlich und lebensgeschichtlich einholen lässt. [JL]

Bestattung   Seit der mittleren Altsteinzeit lässt sich nachweisen, dass Tote bestattet werden. Je nach Kultur gibt es Luft-, Wasser-, Feuer- oder Erdbestattungen. Sie sind jeweils besonders motiviert. So favorisierten umherziehende Nomadenvölker, eben weil sie sich nicht mehr um Gräber kümmern konnten, den Feuerritus. Zumeist waren es jedoch religiöse Vorstellungen, die zu den verschiedensten Praktiken führten. Wo das Leben nach dem Tode als ein totaler Neuanfang gesehen wird, liegt die Verbrennung des Leichnams nahe; wo man dagegen an eine Fortsetzung des irdischen Lebens möglichst unter Beibehaltung gewohnter Strukturen denkt, erscheint die Erdbestattung, die Einbalsamierung bzw. Mumifizierung angemessen. Dem entsprechen dann auch die Stätten, an denen die Verstorbenen beigesetzt werden, besonders eindrucksvoll in Ägypten demonstriert. Oft sollen Vehikel (Totenschiffe, -wagen, Tiere) und Beigaben (Waffen, Lebensmittel, Schmuck) den Toten den Übergang in die neue Welt erleichtern.

Im Christentum galt für lange Zeit in Anlehnung an die Grablegung Jesu und in Hoffnung auf die → Auferstehung die Erdbestattung des unversehrten Leichnams. Aber auch Teilbestattungen – z.b. Schädel und Knochen getrennt und zeitlich versetzt – sind bekannt. In manchen Kulturen sicherten sich die Überlebenden vor der angenommenen Wiederkehr der Verstorbenen dadurch ab, dass sie diese fesselten oder mit Steinen beschwerten. Oft erfolgte die B. in einer bestimmten Himmelsrichtung, die verstorbenen Christen schauen nach Osten.

Das europäische Bestattungswesen ist gekennzeichnet durch das griech.-röm. Erbe sowie durch das Christentum. Letzteres wirkte insofern innovativ, als es die heidnischen Familienfeiern durch einen → Gottesdienst der → Gemeinde ablöste. Diesem kam damit eine seelsorgerische Funktion zu. Seit dem 4. Jh. (Apostolische Konstitutionen und Hieronymus) entwickelte sich eine Begräbnisliturgie, die sowohl den Verstorbenen als auch den Trauernden galt. Gesellschaftliche Veränderungen fanden indes auch hier ihren Niederschlag. So ist z.b. aus der früheren Ortsabfolge Sterbehaus – Kirche – Friedhof in der Regel ein Zweischritt geworden: Friedhofskapelle – Grab.

Bei der Urnenbestattung bleibt oft nur die Feier in der Kapelle. Erlebten frühere Generationen den Tod anschaulich in der Familie, so ist dieser heute weitgehend tabuisiert, wird als große Störung erlebt und verdrängt. Gestorben wird zumeist in Krankenhäusern und Altersheimen, dem Bestatter werden die meisten Formalitäten überlassen. Dem entspricht die Unsicherheit bei Traueranzeigen und Grabgestaltungen. Sog. »anonyme B.« können sowohl Bescheidenheit als auch ein Erinnerungsverbot dokumentieren. Indes wird die kirchliche Feier von vielen immer noch als Hilfe empfunden, dies besonders im Vergleich zu B., an denen kein kirchlicher Vertreter mitwirkt.

Einen Rechtsanspruch auf B. hat jeder, auf eine kirchliche nur das verstorbene Mitglied der Religionsgemeinschaft. Die kirchliche B. aus der Kirche Ausgetretener ist kirchenrechtlich nur dann möglich, wenn der Verstorbene diesen Wunsch ausdrücklich geäußert bzw. den Wiedereintritt geplant hatte. Mit Rücksicht auf die Trauernden ist aus seelsorgerlichen Gründen die B. Ausgetretener jedoch auch in anderen Fällen als Ausnahme möglich. Aber auch der Anspruch auf ein kirchliches Begräbnis kann Angehörigen der Kirche in speziellen Fällen verweigert werden, so hat vor allem die kath. Kirche lange Zeit eine B. für durch Suizid (→ Tod) Umgekommene abgelehnt. Bei ungetauft verstorbenen Kindern erfolgt die kirchliche B. heute zumeist ohne Bedenken. In jüngerer Zeit wurden zunehmend auch frühgeborene verstorbene Kinder liturgisch beigesetzt. Die Benutzung der sog. Friedhofskapelle ist in der Regel gegen Entgelt auch denjenigen möglich, die keiner Kirche angehören. Meistens unterbleiben dann jedoch das Anzünden von Kerzen und das Läuten der sog. Totenglocke.

Die B. ist in Europa zwingend vorgeschrieben, sie erfolgt als Erd- oder Feuerbestattung, wobei der Sarg auf einem kirchlichen oder kommunalen Friedhof beigesetzt werden muss, während die Urne aus der Feuerbestattung auch außerhalb dieser ausgewiesenen Friedhöfe einen letzten Ort finden kann. Das ist nicht nur bei den in der letzten Zeit populärer gewordenen Urnenhainen (Friedwald) der Fall, sondern auch bei der Seebestattung, die als eine spezielle Form der Feuerbestattung gilt, bei der die Urne im Meer beigesetzt wird. Abweichend von dieser Regelung wird inzwischen auf Großstadtfriedhöfen den Muslimen entsprechend ihrer Religion eine B. in Tüchern gestattet, die Toten werden dann nach Mekka ausgerichtet begraben.

Auch bei der eigenen B. gilt der letzte Wille des bzw. der Verstorbenen, sofern er nicht den gängigen Vorstellungen von Pietät, öffentlicher Ordnung und gesellschaftlicher Konvention (BGB) widerspricht. Wobei den nächsten Familienangehörigen die Fürsorge obliegt, die Erben – soweit nicht identisch – aber die Kosten einer angemessenen Beisetzung tragen (§§ 1968, 1610 BGB). Letztere stellen oft und nicht erst in der Gegenwart ein soziales Problem dar. Es existiert zwar nicht mehr die sog. »Drei Klassen-Beerdigung« früherer Zeiten, an der je nach Vermögen des Verstorbenen bzw. der Verwandten entweder der Totengräber, der Kantor bzw. Küster oder der Pfarrer mitwirkte, nach wie vor gibt es jedoch die sog. Sozialbeerdigung bzw. eine »würdige B. zu einfachen Kosten«. Sofern kein Nachlass und auch keine ehemals zum Unterhalt, jetzt zur B. verpflichteten Personen vorhanden sind, kommt die Kommune für die Kosten auf. Die Mitwirkung des Pfarrers und Organisten ist bei der B. eines Kirchenmitglieds gewährleistet.

Bei der kirchlichen Trauerfeier, insbesondere der reformatorisch geprägten, kommt der Ansprache, früher Leichenrede genannt, eine besondere Bedeutung zu. Gemäß dem Grundsatz, dass über Tote nur Gutes zu verkünden sei, geriet und gerät sie oft zur »Lügenrede«. Theologisch verantwortbar ist eine Erwähnung persönlicher Daten, die in die christliche Verkündigung einmündet, dahingehend, dass nicht der Tod die Erlösung ist, wie man es oft hört, sondern dass Jesus Christus durch seine Auferstehung uns alle vom Tod erlöst hat.

In einer Gesellschaft wie z.B. in Deutschland, die zunehmend von mehreren Kulturen geprägt wird, ist dann auch dem Bestattungswesen entsprechend Rechnung zu tragen. Auf größeren kommunalen Friedhöfen haben Muslime inzwischen ein eigenes Areal, während die jüdischen Friedhöfe von jeher gesondert und auf Dauer angelegt wurden. [GB]

Betlehem   [hebr. »Haus des Brotes«] Die acht Kilometer südlich des Stadtzentrums von Jerusalem gelegene Ortschaft wurde wahrscheinlich in der frühen Eisenzeit bzw. Richterzeit (1250–1000 v.Chr.) gegründet. Die Lage auf dem fruchtbaren judäischen Bergland nahe der judäischen Wüste war für Landwirtschaft und Kleinviehzucht gleichermaßen geeignet. Im Richterbuch wird B., das zum Stamme Juda gehörte (vgl. Jos 15,59), gelegentlich genannt (vgl. 17,7ff.; 19,1f.18). Aus B. stammten David (1Sam 16,1–13; 17,12), aber auch seine Mitkämpfer Joab, Asahel (vgl. 2Sam 2,32) und Elhanan (2Sam 21,19; 23,24). Letzterer erschlug nach 2Sam 21,19 den Philisterrecken Goliat; die spätere Überlieferung übertrug diese Heldentat dann auf David (1Sam 17). Während der Königszeit verlor B. zunehmend an Bedeutung, wohl, weil das benachbarte Jerusalem immer mehr als Verwaltungs-, Kult- und Handelszentrum aufgebaut wurde.

B. war aber weiterhin als Ursprungsort der davidischen Dynastie (→ Messias) hoch angesehen. Entsprechend konnte in dem prophetischen Wort Mi 5,1 (vgl. Mt 2,6)»Und du, B. Efrata, die du klein bist unter den Städten in Juda, aus dir soll mir der kommen, der in Israel Herr sein wird« die Herkunft eines neuen Königs aus B. angekündigt werden. Dieser neue Herrscher sollte wieder an davidische Traditionen anknüpfen. In der Zeit Josias (639–609 v.Chr.) – und nicht zur Regierungszeit Rehabeams (926–910), wie 2Chr 11,5f. fälschlicherweise angibt – wurde B. zu einer Festungsstadt ausgebaut, die den südlichen Zugang nach Jerusalem kontrollieren sollte. 587 v.Chr. wurde B. von den Babyloniern wahrscheinlich vernichtet, aber in nachexilischer Zeit wiederbesiedelt (Esr 2,21; Neh 7,26).

Schon die Evangelisten suchten den Geburtsort Jesu in B. (Mt 2; Lk 2) und machten Jesus damit zum legitimen Nachfolger Davids und zum Messias (Jh. 7,42). Ansonsten spielt B. im NT keine Rolle. Bei dem christlichen Philosophen Justin von Nablus wird um 150 n.Chr. erstmals eine Höhle als Geburtsstätte Jesu erwähnt: »Als dann das Kind in B. geboren worden war, nahm Josef, da er in dem Dorf nirgends Unterkunft finden konnte, in einer Höhle in der Nähe des Dorfes Quartier.« Einen Schriftbeweis für die Höhle findet Justin in der Septuaginta-Version von Jes 33,16: »Wer recht handelt …, wird in einer hohen Höhle aus hartem Stein wohnen.« Die Erwähnung von Ochs und Esel, die das Jesuskind anbeten, findet sich erst im 7./8. Jh. im sog. Pseudo-Evangelium des Matthäus, das nun Jes 1,3 »ein Ochse kennt seinen Besitzer und ein Esel die Krippe seines Herrn« auf die Geburtsgeschichte Jesu bezieht. Möglicherweise im Rahmen einer Christenverfolgung unter Kaiser Decius wurde 250/251 n.Chr. die inzwischen stark verehrte Geburtshöhle auf staatliche Veranlassung hin in eine Adoniskultstätte umgewandelt. Auf ihrer Pilgerreise nach Palästina besuchte Helena, die Mutter des Kaisers Konstantin, 324 n.Chr. auch B. Auf ihren Wunsch hin wurde ab 326 n.Chr. eine von Konstantin finanzierte Basilika errichtet. In einem neben der Kirche erbauten Kloster lebte von 386–420 der Kirchenvater Hieronymus und übersetzte die Bibel ins Lateinische. Nachdem die Geburtskirche 527 bei einem Aufstand der Samaritaner in Schutt und Asche gelegt wurde, ließ Kaiser Justinian sie zwischen 500 und 550 wieder aufbauen. Bei dem Persereinfall im Jahre 614 und bei der arabischen Besetzung Palästinas im Jahre 638 blieb die Kirche unversehrt. [WZ]

Bibel Das griech. *biblos* bezeichnete ursprünglich die Papyrusstaude und wurde dann zunächst für das Papyrusblatt als Schriftträger, später für eine ganze Buchrolle aus aneinandergeklebten Papyrusblättern verwendet. Auch biblische Einzelschriften bzw. -bücher konnten entsprechend als *biblos* bezeichnet werden. Der Name rührt wohl von der phönizischen Hafenstadt Byblos her, von der aus seit dem 6. Jh. v.chr. Papyrusblätter nach Griechenland exportiert wurden. Ab dem 2. Jh. v.Chr. wurde das AT ganz allgemein als »die Bücher« bezeichnet (Dan 9,2; 1Makk 12,9; Flavius Josephus, Antiquitatum Judaicarum I,15; VIII,159). Seit Johannes Chrysostomos wird der Begriff *ta biblia* für → Altes Testament und → Neues Testament gemeinsam verwendet (*Patrologiae cursus completus* 62,361), die gewissermaßen eine Bibliothek von zahlreichen Einzelbüchern in einem Buch darstellen.

Erste Ansätze einer Kanonisierung (→ Kanon) des AT fanden in der Zeit des babylonischen Exils statt; im 1. Jh. n.Chr. war auch die Kanonisierung der jüngsten Gruppe des AT, der »Schriften«, abgeschlossen. Die Endphase dieses Prozesses spiegelt das NT, wenn es einerseits vom »Gesetz [= Tora] und den Propheten«, andererseits aber auch vom »Gesetz, den Propheten und den Schriften« spricht. Der ntl. Kanon ist seit dem 4. Jh. weitgehend fest umrissen, nachdem es vorher immer wieder zu Auseinandersetzungen bezüglich der Kanonizität einzelner Schriften (insbesondere Hebr, Jak, Jud, 2Petr, 3Joh, Offb) gekommen war.

Die B. wurde vor allem in Klöstern immer wieder von Hand abgeschrieben und damit vervielfältigt. Wegen der hohen Kosten konnten sich Privatleute, die ohnehin oft nicht lesen und schreiben konnten, lange Zeit keine B. leisten. Die sog. Armenbibeln, die sich ausgewählte Kreise der Oberschicht anfertigen ließen, sind mit Bildern versehen, die den leseunkundigen Besitzern der Bücher die biblische Botschaft vermitteln sollten. Erst mit der Erfindung des Buchdruckes mit beweglichen Lettern durch Johannes Gutenberg (um 1400–1468) wurde die Buch- und damit auch die Bibelherstellung billiger. Trotzdem blieb der Bibelbesitz noch lange Zeit ein Privileg für wenige gelehrte Kreise. Die Bibelgesellschaften, von denen die Cansteinsche Bibelanstalt als erste 1710 gegründet wurde, verbreiteten durch billige Drucke die B. in Deutschland, unterstützten aber auch die Übersetzung von B. und Bibelteilen in der gesamten Welt. Heute ist die B. oder zumindest Teile davon in über 2000 Sprachen übersetzt. Sie ist damit das am weitesten verbreitete Buch der Weltliteratur.

Die B. versteht sich – im Gegensatz etwa zum Koran – nicht als ein vom Himmel gefallenes und damit von vornherein mit göttlicher Autorität versehenes Werk. Sie geht auf eine Vielzahl von Autoren/Autorinnen zurück, die unterschiedliche Prägungen hatten, zu unterschiedlichen Zeiten und in sehr vielfältigen sozialen, religiösen und geographischen Kontexten schrieben bzw. die biblischen Texte im Verlauf der Jahrhunderte redaktionell bearbeiteten. Die B. mit ihren vielfältigen Meinungen ist somit ein Spiegel der unterschiedlichen Zeiten und Prägungen der Verfasser. Weder AT noch NT stellen daher in sich einheitliche und in ihrer Lehre widerspruchsfreie Bücher dar. Man bezeichnet die B. in neuerer Zeit auch gerne als »Dialogliteratur«, d.h. als eine Literaturgattung, in der sich die Vertreter unterschiedlicher religiöser Auffassungen nachweisen lassen.

Der oft langwierige und vielfältige Redaktionsprozess spiegelt den religiösen Dialog unterschiedlicher Gruppen, die sich (vergleichbar dem späteren Dialog der Rabbinen; → Judentum) um das rechte Verständnis religiöser Aussagen mühen. Die Dialogstruktur zeigt jedoch auch auf, dass biblische Texte und ihre Interpretationen nie endgültig abgeschlossen sein können, sondern in immer neuen Situationen neu interpretiert und neu diskutiert werden müssen, um zu einem adäquaten, d.h. der jeweiligen Zeit und den jeweiligen Umständen angemessenen Verständnis zu gelangen. Eine schriftgemäße Interpretation der B. kann deshalb nicht ohne weiteres einen biblischen Vers unkritisch in die heutige Zeit übertragen. Vielmehr sollte jeweils nach der ursprünglichen Bedeutung des Textes in seiner Entstehungszeit sowie nach der Interpretation des Textes im Verlauf seiner Wirkungsgeschichte gefragt werden (→ Bibelwissenschaft). Dies führt dazu, dass trotz (oder gerade wegen) der intensiven Erforschung der biblischen Bücher eine einzige und allseits verbindliche Auslegung der B. nicht möglich ist.

Die Erkenntnis, dass auch das Vorverständnis der auslegenden Person erheblich die erzielte Interpretation beeinflusst, die Auslegung der B. also nicht objektiv sein kann, sondern immer auch von der Person des/der Exegeten/Exegetin und den jeweiligen religiösen Erfahrungen und Prägungen abhängt, führte in den vergangenen Jahrzehnten zu ganz unterschiedlichen Zugängen und Auslegungsweisen der B. (z.B. fundamentalistische Tradition, historisch-kritische Interpretation, feministische Exegese, materialistische Interpretation, befreiungstheologischer Ansatz, Auslegung im Kontext des christlich-jüdischen Dialogs). In der wissenschaftlichen, d.h. historisch-kritischen Interpretation der B. wurde in den vergangenen Jahrzehnten interkonfessionell schon eine große Übereinstimmung erreicht, so dass die trennenden Auslegungstraditionen zu weiten Teilen überwunden sind. Aufgabe der Zukunft wird es sein, den der B. innewohnenden Dialogcharakter nun auch zwischen den verschiedenen Zugangsweisen wieder zu entdecken und anzuregen. [WZ]

Bibelgesellschaften → Bibel

Bibelwissenschaft   B. beschäftigt sich mit der wissenschaftlichen Auslegung der kanonischen und außerkanonischen Schriften (→ Kanon) des AT
und des NT als historische Texte. Das gehört zum Programm sowohl einer
antiken Literaturgeschichte als auch zu dem einer biblischen Religionsgeschichte. B. unterscheidet sich damit von anderen Zugängen zur Bibel, die
stärker auf den *heutigen* Leser/die Leserin bezogen sind.

Grundlegend unterscheidet man die *diachrone* und die *synchrone* Aus-
legungsmethodik. Die diachrone Fragestellung versucht, den Entstehungs-
prozess der biblischen Texte und deren Aussageabsicht in den Phasen dieser
Entstehung zu erhellen. Der dazu verwendete Methodenkomplex wird
historisch-kritisch genannt und wurde seit der Aufklärung für die Behandlung historischer Texte (nicht nur biblischer Texte) entwickelt. Es handelt
sich um philologische, historische und religionswissenschaftliche Methoden
und Ansätze. In der historisch-kritischen Forschung wird kein methodischer
Unterschied zwischen einem außerbiblischen und einem biblischen Text gemacht.

Folgende methodische Schritte werden unterschieden: Die Textkritik
versucht aus den uns vorliegenden Handschriften, bei denen es sich um
spätere Abschriften der ursprünglichen Texte handelt, den oder die ältesten
Textformen zu rekonstruieren. Die Formgeschichte beschäftigt sich mit der
formalen Gestaltung der Texte und ihrer Gattung (z.B. Erzählung, Brief),
schließt von da aus zurück auf den »Sitz im Leben« (d.i. die soziale Funktion des Textes) und versucht so, die Entstehungsgeschichte der Texte in der
mündlichen Phase ihrer Überlieferung zu beschreiben. In der alttestamentlichen Forschung, die für manche Texte von einer längeren mündlichen Ent-
stehungsphase (z.B. Teile der Erzelternüberlieferungen) ausgeht, spielt die
Rekonstruktion der mündlichen Überlieferung (Überlieferungsgeschichte)
eine noch größere Rolle als im NT, dessen Traditionen in kürzerer Zeit verschriftlicht worden sind. Die Literarkritik sucht innerhalb der vorliegenden
biblischen Bücher nach schriftlichen Vorlagen, um so die verschiedenen
Schichten der Entstehung biblischer Texte aufzuzeigen. In der ntl. Wissenschaft ist z.B. aus dem Mt- und Lk- Evangelium die literarische Quelle »Q«
rekonstruiert worden, in der vor allem Worte Jesu gesammelt worden sind.
Die Redaktionskritik zeichnet die interpretierende Tätigkeit der Herausgeber
und Tradenten der schriftlichen Vorlagen nach. Sie nimmt somit die Ergebnisse der Literarkritik und der Formgeschichte auf und arbeitet die theologischen Absichten der redaktionellen Erweiterungen und Ergänzungen biblischer Texte sowie die Komposition des Materials heraus. In der neueren
Forschung werden auch die biblischen Bücher als Ganzes und ihre Aussa-
geabsichten im Rahmen der Redaktionsgeschichte intensiver behandelt.
Diachrone B. rekonstruiert also die Entstehungsgeschichte biblischer Texte. Die Traditionsgeschichte versucht die Geschichte einzelner Vorstel-

lungskomplexe (z.B. → Zion, Weinberg) nachzuzeichnen, die → Religionsgeschichte erhellt die Beziehung zu den Vorstellungen der Religionen der
Umwelt.

Die synchrone Fragestellung versteht die biblischen Texte, sei es als Ein-
zelbuch (z.b. das Johannesevangelium), als zusammengehörige Folge von
Büchern (z.b. die chronistischen Bücher), als Bestandteil des Kanons oder
als Bestandteil der Weltliteratur, jeweils als autonome Werke, zu deren Interpretation in Analogie zu einem Kunstwerk nicht auf textexterne Daten
zurückgegriffen werden darf. Aufgehellt werden soll die Kommunikation
zwischen Leser/Leserin und Text sowie zwischen Text und Text, also dem
auszulegenden Bibeltext und anderen Texten, wie etwa jenen aus anderen
biblischen Büchern, Texten aus der nichtbiblischen antiken Literatur oder
auch aus der nicht antiken nichtbiblischen Literatur. Dabei werden sowohl
die Lese-Interessen der Leser als auch die Textsignale berücksichtigt. Ziel der
Auslegung ist die Beschreibung der erzählten Welt sowie die Erhellung der
Kommunikation zwischen Leser und Text. Synchrone B. verwendet
literaturwissenschaftliche Methoden.

Die religiöse Dignität der Bibel als »Gottes Wort« ist dabei in verschiedener Hinsicht von Bedeutung: Die ausführliche Beschäftigung mit AT und
NT erklärt sich durch deren fundamentale Bedeutung für den christlichen
Glauben. Die Bedeutung biblischer Texte als Fundament der Kirche, also für
die Systematische Theologie oder als Gegenstand von Predigt und Katechese – und damit als Botschaft für die jeweilige Gegenwart – erfordert den
Respekt vor dem Text als eines fremden, eigenständigen und nicht zu ver-
einnahmenden Gegenübers. In aller Vorsicht lässt sich sagen, dass »die
Bibel« sich selbst als »Wort Gottes« versteht. B. hat zwar nicht die Aufgabe,
die Bibel als Gottes Wort zur Geltung zu bringen, sondern ihre Entstehung
und Eigenaussage zu beschreiben, ist aber die Bedingung dafür, die Bibel
als Gottes Wort angemessen und in einer säkularen Gesellschaft wissenschaftlich überprüfbar zur Sprache zu bringen. [GG/WZ]

Bibliodrama   Als B. gilt ein Verfahren, bei dem biblische Texte in einem
improvisierten Spiel inszeniert werden, um durch die eigene praktische Ausrichtung auf den Text persönliche Erfahrungen machen zu können und ihn
auf diese Weise existentiell zu interpretieren. Das Ziel besteht darin, das in
den biblischen Texten enthaltene Wort Gottes durch ein ganzheitliches
Erfassen im Zusammenspiel von leiblichen, seelischen und geistigen Impulsen zu entschlüsseln. Der Begriff des B. lehnt sich dabei an jenen des
Psychodramas in der therapeutischen Arbeit an, darüber hinaus können für
die Entwicklung verschiedene Traditionszüge benannt werden: Die Bibelauslegung im Sinne einer Interaktion von Menschen, die Theaterpädagogik
mit ihrer Betonung der Körperarbeit, die themenzentrierte Interaktion (TZI)

und die Erfahrungen der Meditation. Je nach Gewichtung der einzelnen Aspekte können die Ansätze des B. in ihrer Ausrichtung unterschiedlich sein und dabei in ihrer Intention von einer speziellen Form der Bibelauslegung (Exegese) über die pädagogische Motivation des biblischen Spiels bis hin zur erlebbaren Spiritualität oder der seelsorgerlichen Arbeit reichen. Von dieser Intention hängt auch die Gestaltung des B. ab, das entweder als Impuls genutzt wird oder sich auch als ein Prozess über mehrere Tage erstrecken kann. [MV]

Biblische Theologie → Bibelwissenschaft

Bilderverbot Das alte Israel kannte, wie die archäologischen Forschungen der letzten Jahrzehnte, aber auch eine Vielzahl von Bibelstellen belegen, durchaus Bilder. Das B. stellt somit offensichtlich nicht einen Ausgangspunkt des Gottesverständnisses im AT dar, sondern geht auf eine Jahrhunderte lange theologische Reflexion zurück.

Ursprünglich war es unüblich, JHWH analog zu anderen Göttern bildlich darzustellen. Hintergrund hierfür dürfte sein, dass JHWH anfangs im nomadischen Kontext beheimatet war, während die bisher bekannten Götterbilder der Umwelt alle von sesshafter Bevölkerung herrühren. Die Bildlosigkeit wurde dann auch beim Bau des salomonischen Tempels beibehalten, wo im Allerheiligsten zwar ein überdimensionierter Kerubenthron (1Kön 6,23–28), nicht aber ein JHWH-Bild aufgestellt wurde. Trotzdem konnte JHWH anfangs ohne Schwierigkeiten mit dem Jungstier als seinem Symboltier (vgl. Ex 32; 2Kön 12,28ff.), mit aufgerichteten Steinen (Masseben) als Repräsentanz einer Gottheit (vgl. Gen 28,10–22) oder mit Tieren, die seine Wirkmächtigkeit wiedergeben sollen (vgl. 1Kön 7,36; 2Kön 18,4), in Verbindung gebracht werden.

Im 8. Jh. v.Chr. erkannte man zunehmend, dass die verwendeten Bilder die Wirkmächtigkeit JHWHs auf die mit diesen Bildern verbundenen symbolischen Inhalte beschränken; die Bilder können JHWHs Größe und Unvergleichbarkeit mit anderen Göttern nicht adäquat wiedergeben. Dies führte zu einem zunehmenden Verzicht auf all jene Bilder, die mit JHWH verbunden waren (Hos 8,4ff.; 13,2; 2Kön 16,17; 18,4), und schließlich auch zu einer Ablehnung der Masseben (Ex 34,14; Lev 26,1; Dtn 7,5). Daneben wurde auch die Verehrung anderer Götter durch Bilder verboten (Ex 20,23; 34,17; Lev 19,4; 26,1) und somit die Einführung des → Monotheismus in Israel vorbereitet. Dies führte schließlich in spätvorexilischer Zeit zur Ausgestaltung des B. im Sinne eines Verbotes der Herstellung von Kultbildern (Ex 20,4 par. Dtn 5,8: »Du sollst dir kein geschnitztes (Kult-)Bild machen von dem, was im Himmel droben oder unten auf der Erde oder im Wasser unter der Erde ist«; vgl. Dtn 4,16ff.; Dtn 27,15). Das B. ist also kein Kunstverbot schlechthin, sondern bezieht sich nur auf die Darstellung von Götterbildern bzw. eines Bildes JHWHs aus der Erkenntnis heraus, dass Bilder die Einheit, Einzigartigkeit und Unverfügbarkeit Gottes nicht adäquat wiedergeben können. S.a. → Ikonographie. [WZ]

Bischof, Bischöfin   [von griech. *episkopos* »Aufseher«] Der Begriff des B. lässt sich auf die Urgemeinde (→ Urchristentum) zurückführen, auch wenn dessen terminologische Ableitung nicht eindeutig ist. Als »Aufseher« können die speziellen priesterlichen Dienste im Tempel in Jerusalem ebenso als Vorläufer betrachtet werden wie jene *episkopoi*, die für die Verwaltung heidnischer Tempel im griechischen Kult zuständig waren. Eindeutig ist jedoch, dass das Amt des B. im Sinne eines monarchischen Episkopats im NT nicht belegt ist und erst im Laufe des 2. Jh. geprägt wurde. Zwar erwähnt Paulus im Brief an die Philipper *episkopoi*, und auch die Apg berichtet von ihnen in der → Gemeinde in Ephesus (Apg 20,28); allerdings handelt es sich bei diesen Erwähnungen um Pluralformen, die schon deshalb besser mit »Vorstehern« oder »Ältesten« der Gemeinde übersetzt werden. Als besondere Qualifikationen für die Presbyter und B., die im ntl. Sprachgebrauch weitgehend austauschbar erscheinen, werden folgende Eigenschaften beschrieben: »ein Freund des Guten, besonnen, gerecht, gottesfürchtig, enthaltsam«, auf jeden Fall »nicht anmaßend, jähzornig, schändlichen Gewinn suchend, kein Trinker und kein Raufbold« (Tit 1,7f.) Dem Bericht in Apg 6 folgend wurden diese B. von der Gemeinde gewählt und standen nicht im unmittelbaren Zusammenhang mit den → Aposteln. Die Tradition der apostolischen Sukzession im Amt des B. stammt somit aus späterer Zeit und gründet im 1. Klemensbrief (44,2), in dem das kirchliche Amt als unantastbare Ordnung Gottes entfaltet wird.

Als der erste B. im Sinne einer die Gemeinde mit Lehr-, Weihe- und Rechtsgewalt leitenden Einzelperson (monarchisches Episkopat) gilt Ignatius von Antiochia (67/70–107); durch ihn wurde der Prozess einer auf den B. als Mittelpunkt bezogenen Hierarchie fortgeführt. Auch die Wahl des B. durch die Gemeinde wurde nun zugunsten einer Berufung ersetzt, bis das zweite ökum. Konzil von Nicäa (787) schließlich die Wahl eines neuen B. konsequent als Privileg des B.kollegiums festlegte.

Die Reformatoren relativierten die Bedeutung des B. als *pastor pastorum*; prinzipiell wird das Amt des B. in den Schmalkaldischen Artikeln aus Gründen der »Einigkeit« zwar anerkannt, soweit es sich auf Lehre, Weihe und Predigt beschränkt, nicht jedoch als Regiment »weltlicher Herren und Fürsten« (Pars III Art. X). Dennoch setzte sich das B.amt in den evangelischen Kirchen erst seit 1918 durch, zunächst in den lutherischen Landeskirchen (Mecklenburg, Kirchenprovinz Sachsen, Braunschweig, Hannover, Schleswig-Holstein) durch, und zwar in der besonderen Konnotation des Landesb.,

1933 folgten die anderen, während die reformierten Landeskirchen (Rheinland, Westfalen, Hessen-Nassau) nach wie vor kein Amt eines B. vorsehen. So ist auch in der Grundordnung der EKD das B.amt nach wie vor nicht verankert.

Zunehmende Bedeutung erhält das Amt des B. im ökumenischen Kontext. Seit 1864 hat die anglikanische Kirche B. in einheimischen Hierarchien ohne Anspruch der Sukzession geweiht. Unter den Päpsten Pius XI. und Pius XII. folgte die römisch-katholische Kirche mit der Weihe von B. zunächst in Afrika, China und Indien. Im Jahr 1989 erhielt das ökumenische Gespräch über das Amt des B. neue Brisanz, als in der Anglikanischen Kirche der USA unter dem Einfluss der → Feministischen Theologie die erste Bischöfin geweiht wurde, 1992 folgte die nordelbische Synode in Hamburg mit der Wahl von Maria Jepsen zur ersten evangelisch-lutherischen Bischöfin, vier Jahre später die methodistische Kirche Neuenglands. Inzwischen gibt es allein innerhalb der Gliedkirchen der EKD drei Bischöfinnen. Die orthodoxe Kirche hält indes ebenso wie die römisch-kath. Kirche (»Mulieris Dignitatem« 1988 und »Christifidelis Laici« 1988) unvermindert am Prinzip der apostolischen Sukzession fest und schließt somit die Weihe von Frauen zu Priesterinnen und B. aus. [MV]

Böse Es gehört zu den ernüchternden Erkenntnissen der Moderne, dass das B. durch die kulturelle Entwicklung der Menschheit, durch Aufklärung und wissenschaftlichen Fortschritt keinesfalls abgenommen hat (→ Postmoderne). Im Gegenteil sogar haben die Weltkriege, Auschwitz, die Atombombe, der Welthunger und die ökologische Krise verdeutlicht, inwieweit der Mensch trotz allen besseren Wissens untrennbar mit dem B. verbunden bleibt. Das B. gilt in diesem Zusammenhang als Relationsbegriff, der aus der Gegenüberstellung von Gutem und B. entsteht und all das bezeichnet, was das Leben bedroht, was Ängste auslöst und die Ordnung sowohl des sozialen Miteinanders wie auch der individuellen Lebensführung zerstört. Obwohl es sich bei dieser Bestimmung im Unterschied zur → Sünde nicht um einen theologischen Begriff handelt, kann es doch als eine der Grundfragen der Theologie gelten, wie die ungebrochene Macht des B. in die Welt gekommen ist, wenn doch die Schöpfung als gut und der Schöpfer als allmächtig gelten (→ Allmacht). Dieser Frageansatz wird umso bedeutender, als in dem Begriff des B. bereits eine Größe vorausgesetzt wird, die über die elementare Gegenüberstellung der Adjektive von gut und böse hinausgeht und auf eine Daseinsmacht zielt, der eine metaphysische Bedeutung zukommt.

Schon in der atl. Urgeschichte (Gen 3) findet sich eine mythologische Erklärung, die das B. als Störung im Verhältnis zwischen Mensch und Gott definiert und gleichzeitig die Ursache für diese Störung außerhalb des Menschen festmacht. Die Schlange als Verführerin des Menschen korreliert dabei mit der Vorstellung des Teufels bzw. des Satans. Allerdings bildet sich diese Gestalt des Satans erst im Zuge des Babylonischen Exils (586–538 v.Chr.) heraus, nachdem das Gottesbild stärker transzendiert und das Himmlische dem Irdischen kontrastierend gegenübergestellt wird. Um Gott → JHWH von den Werken des B. zu distanzieren, tritt hier der Widersacher in Erscheinung, der zunächst im Umfeld des göttlichen Hofstaates (Sach 3,1f.) festgemacht wird und keine eigene Machtvollkommenheit besitzt (→ Engel). Im Buch Hiob wird exemplarisch ausgebreitet, wie der Satan als eine Art »Spielfigur im Drama zwischen Gott und Mensch« (Haag) interpretiert wird, aber zugleich dem Machtbereich Gottes zugeordnet bleibt (Hiob 2,10: »Das Gute nehmen wir von Gott, und das Böse sollten wir nicht annehmen.«)

Erst im NT entwickelt sich diese Vorstellung vom Satan zu einer Gestalt, die mit dem B. identifiziert, personifiziert und nun nicht mehr nur als störendes Element, sondern als Gegenspieler, ja als widergöttliche Kraft und als Antichrist dem Göttlichen sogar gegenübergestellt wird. Aber während für Jesus der Teufel noch als Versucher jedem Menschen gegenübertritt, da »Gott allein wirklich gut« ist (Mt 19,17), und Paulus in existentieller Betroffenheit von sich sagt: »Denn nicht das Gute, das ich will, tue ich, sondern das Böse, das ich nicht will, das führe ich aus« (Röm 7,19), verstärkt sich die dualistische Gegenüberstellung unter dem Einfluss der Apokalyptik immer stärker: In dem gleichen Maße, wie Satan bzw. das B. als Kraft einer anderen Machtsphäre dem Göttlichen gegenübersteht, erscheinen schließlich auch die Menschen prinzipiell unterschieden in die »Kinder Gottes« und »Kinder des Teufels« (1Joh 3,10). Aus dieser Gegenüberstellung nähren sich die gnostischen Strömungen (vor allem im Manichäismus), für die eine prinzipielle Unterscheidung zweier nebeneinander bestehender Machtsphären des Lichts und der Dunkelheit konstitutiv werden. Für die junge Kirche wird diese gnostische Interpretation des B. zu einer starken Herausforderung (→ Gnosis).

Die Theologie des Mittelalters widmet sich mit großer Intensität der Frage, wie das B. in die Welt gekommen ist, wenn doch Gott als gut und allmächtig gilt. Die Grundlage dafür bietet Augustinus (354–430) mit seiner Gleichsetzung der Schöpfung und des Guten. Für ihn kann die Natur, ja alles Sein insgesamt nicht böse sein, insofern definiert er das B. als »Nichtsein«, als fehlende Substanz und somit als Abwesenheit des Göttlichen. Auch Anselm von Canterbury betrachtet das B. ihm folgend nicht als Seiendes, sondern hebt demgegenüber hervor, inwieweit lediglich die Intention des Menschen und keineswegs die Tat selbst als böse gelten könne. Für Thomas von Aquin gilt all das, was von der Ordnung Gottes abweicht, als eigentlich böse, wobei wiederum die Absicht der Menschen entscheidend ist. Als Regulativ gegen das B. stellt er die Sittlichkeit in den Vordergrund. Obwohl in der Theologie der Scholastik der Teufel nur eine nebensächliche Bedeutung hat, vollzieht sich in der Volksfrömmigkeit und im Aberglauben der Zeit eine Belebung des personifizierten Teufelsglaubens, der schließlich zu Inquisition und Hexenverfolgung führt.

Einen letzten Versuch der Systematisierung des B. unternimmt G. W. Leibniz (1646–1716), indem er das B. der Gesamtharmonie der Welt unterordnet, die Schöpfung als die »bestmögliche« aller Welten deklariert und das B. als Notwendigkeit aus dem Prinzip der Stetigkeit ableitet (Théodicée, 1710). Für die Neuzeit wird die Diskussion um das B. vorwiegend durch die Sozialwissenschaften und die Psychologie geprägt, während die traditionellen religiösen Bilder von → Sünde, Teufel und Schlange weitgehend an Plausibilität verloren haben. [MV]

Brauchtum   Historisch gesehen sind christliche Bräuche immer wieder dem Wechsel unterworfen gewesen, haben sich weiterentwickelt, verändert und sind ausgeschieden. Die moderne, durch technologische und gesellschaftliche Trends geförderte Uniformierung des Lebens ist jedoch in ihren Auswirkungen gravierender als alle Veränderungen zuvor. Sie erfasst nicht nur fragwürdiges, sondern auch genuines Brauchtum.

Christliche Bräuche sind Zeichen. Sie interpretieren, enthüllen, erinnern und haben damit eine orientierende, helfende, ja selbst heilende Funktion. Sie verkünden den Glauben mit den Mitteln der Volksfrömmigkeit. Über das B. erfährt der Mensch Zugänge zur oft abstrakt und damit unverständlich bleibenden Theologie, wenn etwa zu → Pfingsten eine den Hl. → Geist andeutende Taube vom Kirchengewölbe herabschwebt oder während des Himmelfahrtsgottesdienstes eine geschnitzte Christusfigur emporgezogen wird.

Aus dergleichen Materialisierungen ergeben sich indes nicht nur ästhetische Probleme, sondern es wird auch deutlich, dass Anschauung einseitig gelenkt werden kann, womit die je individuelle Freiheit eingeschränkt ist. Deswegen ist es für die christliche Verkündigung unabdingbar, stets den Verweischarakter christlicher Bräuche zu betonen. Was einschließt, dass solche, die sich dafür nicht mehr eignen, guten Gewissens übergangen werden können. Umso mehr ist dies angezeigt, wenn sog. heidnische, d.h. nicht genuin christliche Vorstellungen, die eigentliche Botschaft verdunkeln. Während z.B. das Osterei kaum auf das christliche Fest verweist, haben hingegen Osterfeuer, Osterkerze und Osterlamm einen hohen Symbolwert (→ Ostern). [GB]

Buddhismus   »Buddha« heißt Erwachter. Erwachen [Pali/Sanskrit *Bodhi* (f.), Wortwurzel *budh*] führt aus Träumen, aus Illusionen zur Erkenntnis der Wirklichkeit. Man erwacht von sich aus wie der historische Buddha oder man lässt sich wecken wie jene, die dem Buddha folgen. Das Suffix »ismus« deutet auf eine bestimmte Lehre hin.

Den Buddhaweg geht man. Die Lehre wird befolgt, Theorie und Praxis bilden als Einheit die Buddhareligion. Deren Gemeinschaft gliedert sich zweifach, nach Mitgliedern und nach Lehrmeinungen. Die Mitglieder sind entweder Hauslose oder Haushalter. Hauslose Männer und Frauen leben als Einsiedler oder in Klostergemeinschaften, sie gingen in die Hauslosigkeit, um für sich Erlösung von der Seelenwanderung zu erlangen. Haushalter unterstützen sie dabei, hoffend, in einem späteren Leben selber hauslos und von anderen unterstützt zu werden. Die »religiösen Bettler« [Pali männl. *Bhíkkhu*, weibl. *Bhíkkhúni*] dienen den Haushaltern als Vorbild und Lehrer, sind aber keine Priester, d.h., sie sind nicht da um der Laien willen, die im B. »Dabeisitzende«, also Zuhörer, genannt werden.

In ihren Lehren unterscheiden sich »Kleines Fahrzeug« (*Hinayána*) und »Großes Fahrzeug« (*Mahayána*). »Klein« heißt das Erstere, weil auf ihm nur jene Freiheit erringen, die ihre Fesseln selber gelöst haben. »Groß« heißt das andere Fahrzeug, weil auf ihm auch Schwache erlöst werden, denen ein Stärkerer dazu verhilft. Der Stärkere ist ein *Bodhisáttwa* (ein »Erwachens-Wesen«), der die eigene Erlösung so lange hinausschiebt, bis er allen Unerlösten zur Freiheit verholfen haben wird.

Hinayána findet sich auf Sri Lanka und in Südostasien. Dort ist man nicht glücklich, seine Gemeinde als »kleines« Fahrzeug bezeichnet zu hören, und zieht den Namen »Lehre der Ältesten« (*Theraváda*) vor. Sie ist noch relativ nahe an dem, was in Indien zu Zeiten des historischen Buddha gelehrt und geübt wurde. *Mahayána* findet sich in Ostasien. Das Große Fahrzeug zerfällt in verschiedene Schulen, von denen die »Versenkungsschule« (Sanskrit *Dhyána*, chines. *Chan*, japan. *Sen*, engl. »Zen«) und die »Schule des Reinen Landes« eines der himmlischen Buddhas (Sanskrit *Amitábha*, chines. *Amito Fo*, japan. *Amída*) am weitesten bekannt wurden.

Ein drittes Fahrzeug erhält seinen Namen von einem Symbol für Buddhalehre und unzerstörbare Absolutheit, dem *Wadschra* (»Diamant«). Es handelt sich um ein bronzenes Ritualgerät, welches für das männliche Prinzip steht neben dem weiblichen, einer Glocke. Genutzt werden beide für tantrische Riten. Im Tantra strebt man die Auflösung der Polarität von männlich und weiblich an. Wegen des hohen Ranges von Tantra in diesem Fahrzeug nennt man es auch *Tantrayána*. Ein dritter Name ist »Lamaismus«, denn vom persönlichen Lehrer (*Lama*), in dessen spirituelle Abstammungslinie der Schüler eintritt, erhält er eine zu ihm passende Form des Buddha als Meditationsobjekt, mit dem er, gestärkt durch Kraftübertragung vom Lama, verschmelzen soll.

Wadschrayána findet sich im Himalaya und neuerdings auch wieder in der Mongolei. Die Staatsoberhäupter von Tibet lebten zölibatär, ihre Erbfolge wurde durch Seelenwanderung gesichert. Man rechnet mit der → Reinkarnation auch anderer hoher geistlicher Würdenträger, von Äbten, Äbtis-

sinnen u.a. Der Dalai Lama gilt als 14. Wiedergeburt des Bodhisattwa Awa-
lokitéschwara, des himmlischen Schutzherrn Tibets.

Über den Stifter vermutete man, er habe von 563–483 v.Chr. gelebt. Sein
Name steht fest: Siddháttha (sanskr. *Siddártha*) der Eigenname, Gótama
(sanskr. *Gautama*) der Familienname, *Schakya* hieß der Stamm, weshalb
man ihn »Schakyamúni« nennt (*Muni*, der »Weise«). Auch den Schauplatz
seines Lebens kennt man, das alte Mágadha im Vorland der Himalayaberge.
Der »historische« Buddha ist für Buddhisten kein Thema. Sie nehmen
seine Vita als Lehrstück. Er fand den »Mittleren Weg« zwischen zwei Extremen, dem hedonistischen Wohlleben des Kronprinzen einerseits und den
fast tödlichen Kasteiungen des Asketen andererseits. Sein Erwachen unter
dem Bodhi-Baum im heutigen Bodh Gaya machte den Sucher zum Buddha,
seine erste Predigt im Gazellenpark bei Benares machte den Erwachten zum
lehrenden Buddha. Viele waren zur damaligen Zeit unzufrieden mit der
religiösen Situation im Lande. Der traditionelle Opferkult hatte sich dahin
entwickelt, dass nicht nur die Menschen, sondern auch die Götter vom
Monopol der Opferer abhingen. Fort von Abhängigkeit, hin zu Selbständigkeit, fort von äußeren Handlungen, hin zu innerer Reifung – das lehrten
neben dem Buddha auch andere Lehrer.

Man bekehrt sich zum B. Die Gemeinschaft steht allen offen, jeder Klasse und Rasse. Gótama Buddha hat die indischen Kasten nicht akzeptiert. In
seiner Mönchsgemeinschaft richtet sich Ansehen und Respekt nach der Dauer der Hauslosigkeit eines jeden. Was heißt »sich bekehren«? Gótama lehrt,
man solle nicht einfach vertrauen, keiner Überlieferung, auch nicht einer heiligen Schrift, keinen Argumenten und logischen Schlüssen, nicht der herrschenden Meinung oder persönlichen Eindrücken, nicht der Autorität eines
Meisters, auch der eines Buddha nicht. Man solle vielmehr sorgfältig prüfen, und erst, wenn man *selber* erkannt hat, was zu Leiden und Unheil führt,
soll man dieses aufgeben. Zufluchtnahme zum Lehrer, zu seiner Lehre und
Gemeinschaft befreie nicht davon, Gelingen oder Scheitern *selber* zu verantworten.

»Unsichtbare Wirklichkeit« bedeutet, was man mit sehenden Augen
nicht sieht. Es ist nicht das Auge, das versagt, sondern die Wahrnehmung, die
sich der Augen bedient. Man sieht, was man zu sehen erwarten gelernt hat,
und nicht, was wirklich da ist. Die Welt scheint solid und dauerhaft. In Wirklichkeit wandelt sie sich ohne Unterlass, nichts bleibt so, wie es ist. Der
Mensch scheint einen überdauernden Kern zu besitzen, »Ich«, »Wesen« oder
»Person«. In Wirklichkeit findet sich steter Wandel in Physis, Psyche und Intellekt. Man sucht dauerhaftes Glück im Leben und wechselt doch nur hin
und her zwischen Lachen und Weinen. Irdisches hat keinen Bestand. Deshalb
heißt die Welt der endlosen Seelenwanderung durch Himmel und Höllen,
durch tierische und menschliche Existenzen »Wandelwelt« (*Samsára*). Sie

gilt als Unheil, aus dem man erlöst werden will. Das Gegenteil, das Heil, liegt jenseits der Welt und des Wandels. Es ist das Wandellose, Todlose, genannt *Nirvána* (Pali *Nibbána*). Nirvana ist kein Wesen, kein Gott. Es greift nicht ein in weltliches Geschehen. Nirvana ist überirdisches Sein bzw. Bewusstsein. Das Wort suggeriert das Bild einer Öllampe, deren Brennstoff verbraucht ist, so dass der Docht verlischt. Wenn in einem Menschen Gier und Hass, der Brennstoff der Seelenwanderung, vollkommen erlischt, dann ist Nirvana.

Wandel ist Merkmal alles Irdischen, Merkmal des Überirdischen ist die Unwandelbarkeit. So lehrt der Buddha. Ein »zweiter Schakyamúni« heißt Nagárdschuna. Er lehrte im 2. Jh. n.Chr. an der berühmten Universität von Nálanda. Nagárdschuna ging über Gótama Buddha hinaus. Nach ihm ist das Irdische von Dualität kennzeichnet, Merkmal des Überirdischen dagegen ist Einheit, d.h. Aufhebung der Gegensätze.

Gótama Buddha nannte alles, was keine Dauer hat, »leer« (von ewigem Sein). Für Nagárdschuna bedeutet »Leerheit« wirkliche Wirklichkeit. Sie ist ohne Grenze (Gótama zieht eine Grenze zwischen Wandelwelt und Nirvana). Wandelwelt und Nirvana sind nach Nagárdschuna beide gleich leer. Er argumentiert so: Unser Denken gaukelt uns Dauerhaftigkeit vor. Licht z.B. nennen wir das Gegenteil der Finsternis, was nach absolutem Sein klingt, welches aus sich selbst existiert. Es ist aber nur relatives Sein, da wir Licht nicht ohne Finsternis und Finsternis nicht ohne Licht zu denken vermögen. Voneinander hängen auch Wandelwelt und Nirvana ab, das eine ist ohne das andere nicht denkbar. Beide sind mithin leer. Wenn sie sich nicht unterscheiden, sind sie dasselbe. Wenn sie dasselbe sind, kann man die Wandelwelt nicht verlassen und Nirvana nicht erlangen. Was also ist Nirvana? Nach Gótama ist es das Verlöschen von Gier und Hass. Nach Nagárdschuna ist Nirvana das Verlöschen der Unterscheidung von Sein und Nicht-Sein, die Erkenntnis, dass es einen Unterschied nicht gibt.

Götter, Geister, Dämonen rechnet Gótama Buddha zur Wandelwelt. Dort wirken sie, vermögen aber niemanden aus ihr zu erlösen. Im Mahayána öffnet sich dann der Himmel. Man unterscheidet drei Buddhaleiber. Die historischen Buddhas sind irdische Wesen. Wenn sie sterben, gehen sie ein ins Nirvana, unerreichbar für Sterbliche. Anders die feinstofflichen Buddhas. Sie sind unsterblich, sichtbar der geistigen Wahrnehmung, gnädig und hilfreich. Der zum gegenwärtigen Weltalter gehörige überirdische Buddha heißt Amitábha (»Von unermesslichem Glanz«). Der dritte Buddhaleib wird als unpersönlich und allumfassend beschrieben. Gemeint ist die Leerheit, an der alles teilhat, die Buddhanatur, die jeder in sich trägt.

Bevor Gótama zum Buddha wurde, durchlebte er, wie berichtet wird, viele Leben als Bodhisáttwa, fortschreitend auf dem Weg zum Erwachen. Im Mahayána wird der Bodhisattwa zum Heiland. Man kennt viele, die als himmlische Wesen dem zweiten Buddhaleib angehören. Gefährte des Buddha Amitábha ist der Bodhisáttwa »Gnädig herabblickender Herr« (*Awalokitöschwara*).

Die Verpflichtung heißt »nicht haften«, sondern loslassen. Gótama Buddha legt die Basis mit der Forderung, die Vorstellung vom »Ich« loszulassen. Die Sprache gaukelt vor, unser »Ich« sei stabil und eindeutig. In Wirklichkeit handelt es sich um bloße Konvention, das menschliche Ensemble aus Knochen, Nerven, Sehnen, Gefühlen, Gedanken, Plänen, Träumen, Freuden, Schmerzen usw. »Ich« zu benennen.

Als dieses sich unablässig wandelnde Ensemble erlebt der Buddhist sein »Ich« in der »Achtsamkeitsübung« (*Satipatthána*), die der Buddha als direkten Weg zum Erwachen empfiehlt. Man achtet auf seinen Körper, wie der Atem kommt und geht, wie Körperpositionen wechseln, wie man isst und trinkt, schweigt und spricht etc. Man achtet auf ein Gefühl, auf einen Gedanken, wie sie entstehen, bestehen und wieder vergehen, um dem nächsten Gefühl und Gedanken Platz zu machen. Dabei entdeckt man: »da ist Angst« oder »da ist Kauen und Schmecken«, doch etwas Beständiges, einen Ängstlichen, einen Kauenden oder Schmeckenden sucht man vergebens.

Übung reinigt den Geist, der jede Handlung lenkt. Eine Situation entsteht. Auf sie antwortet ein Gefühl. Hat man gelernt, auf seine Gefühle zu achten, dann nimmt man Notiz, z.B. »da ist Abneigung, sie entsteht und vergeht wieder«. Der Abneigungsgeist ist somit gemeistert und führt als solcher weder zu gehässigen Gedanken noch zu gehässigen Worten oder Taten. Umgekehrt kann man Feindlichen gegenüber einen Liebegeist erwecken und auch ausdrücken. Das wird geübt, indem man sich zuerst jemanden vorstellt, den man gern hat. Wenn es gelingt, stellt man sich jemand anders vor, dem man neutral gegenübersteht. Wenn auch das gelingt, wendet man sich jemanden zu, den man hasst.

Die Verpflichtung der Meditationsschule (japan. *sen*) heißt »die Vernunft loslassen!« Warum soll man den Intellekt transzendieren? Weil Denken das untaugliche Mittel wäre, um das Undenkbare zu erfassen. Für den Alltag genügt die Vernunft als Erkenntnismittel, um das Eigentliche (die »Leerheit«, die »Buddhanatur«) zu erkennen, bedarf es jedoch eines weiteren Bewusstseins. Um über das Alltagsbewusstsein hinaus zu gelangen, bedient man sich u.a. wider-vernünftiger Meditationsaufgaben. Z.B. »Wenn du einen Stock hast, werde ich dir einen geben, wenn du keinen hast, werde ich dir einen fortnehmen«. Oder: »Wie klingt das Klatschen einer Hand?« Der Verstand müht sich vergebens zu begreifen. Die Mauer der Vernunft wird meist plötzlich durchbrochen. Es ist, als würde ein Vorhang vor der Nicht-Dualität fortgezogen: Es gibt gar kein Hier und Dort! Nicht selten wird diese Erkenntnis von einem Ausbruch der Freude begleitet. Solche Erleuchtung (chin. *Wu*, japan. *Sátori*) gilt als Vorstufe des *Bodhi*, des endgültig erlösenden Erwachens.

In der »Schule des reinen Landes« soll man die Vorstellung loslassen, sich selbst erlösen zu müssen. Was früher, zu Zeiten Gótama Buddhas, noch vielen möglich war, gelingt heutzutage nicht mehr. Anstatt auf eigene Kraft verlässt man sich auf die Kraft eines Stärkeren. Das ist Amitábha Buddha. Als Bodhisáttwa hat er einst gelobt, den Schwachen zur Erlösung zu verhelfen. Zu diesem Zweck hat er sein Reines Land errichtet. Es ist ein kostbares Glücksland, in das die Glaubenden hineingeboren werden sollen, um dort zur endgültigen Erlösung heranzureifen

Auf Amitábha darf sich jeder verlassen, auch Pflichtvergessene, Lüsterne, Süchtige, Gewalttäter, Ungerechte, Folterer und Massenmörder. Sie werden erlöst, wenn sie an das Gelöbnis des überirdischen Heilands glauben, wenn sie sich blind verlassen, obschon Vorsichtige sie davor warnen. Da sie aber immer noch Buddhisten sind, fordert Amitábha »einspitzigen Geist« auch von ihnen. Der entsteht mittels einer Formel (jap. *Námu Amída Bútsu*). Wer diese Worte mindestens zehnmal mit aufrichtigem Herzen und hingebungsvollem Vertrauen spricht, wird im Reinen Land wiedergeboren. [HJG]

Bund [hebr. *b^rit*; griech. *diatheke*; lat. *testamentum*] Im profanen Bereich meint der Begriff im AT eine Vertragsvereinbarung im weitesten Sinne mit gegenseitigen Vertragsverpflichtungen (vgl. 1Kön 5,26). Die deuteronomisch/deuteronomistische Schule (7./6. Jh. v.Chr.) verwendete den Terminus, um damit das Verhältnis zwischen JHWH, dem Nationalgott Israels, und seinem Volk zu umschreiben. Beide verpflichten sich zur Einhaltung der Bundespflichten: JHWH beschützt sein Volk in Notzeiten vor außenpolitischen Feinden sowie innenpolitischen Unruhen und Nöten, das Volk dagegen verehrt allein JHWH als seinen Gott (z.B. Dtn 4,23; 7,1 u.ö.). Die Wahl der Metapher B. für die Beziehung zwischen Gott und seinem Volk half, die Erfahrung der Zerstörung Judas und Jerusalems 587 v.Chr. zu verarbeiten: Nicht JHWH hatte sich in den kriegerischen Auseinandersetzungen gegen die Babylonier als schwacher Gott erwiesen, sondern das Volk hatte die JHWH-Verehrung nicht strikt genug beachtet, so dass dem Bruch der Bundesverpflichtungen seitens des Volkes die Aufgabe der Verpflichtungen von JHWH her zwangsläufig folgte (vgl. zum Untergang des Nordreichs Israel 2Kön 17,7ff.). In nachexilischer Zeit wurde mit dem B. die (Wieder-)Zusage des verlorenen Landbesitzes (Gen 15,8) verbunden und ein neuer B. zwischen JHWH und seinem Volk (Jer 31,31–34) angekündigt. Die Beschneidung wurde nun zu einem Merkmal der Bundestreue der Israeliten (Gen 17,9–14).

In 2Kor 3,5f. 12ff. nimmt Paulus Jer 31,31–34 deutend auf und versteht den neuen B. als ein Gottesverhältnis, das von einer geistlichen (im Gegensatz zu einer gesetzlichen) Beziehung zwischen Gott und Mensch bestimmt ist. Alter und neuer B. beziehen sich hier noch nicht auf AT und NT, sondern auf die bisherigen Bundschlüsse und den neuen, endgültigen Bundschluss in Christus. Erst in späterer Zeit wurde dann unter dem Einfluss des Lateinischen die hebräische Bibel als Alter B./AT, die christlichen Schriften dagegen als neuer B./NT verstanden. [WZ]

Buße Religionsgeschichtlich, anthropologisch wie psychologisch ist die B. von großer Bedeutung. Sie ist bereits in frühen schriftlosen Kulturen nachweisbar, in Hochkulturen spielt sie eine besondere Rolle.

In der Alten Kirche wurde die B. früh institutionell praktiziert, wobei sich der Ruf zur Umkehr an das Judentum richtet, an Heiden sowie an Mitchristen. Der Bezug zur Botschaft Jesu selbst ist vage, da der Bußruf ähnlich der Gerichtsandrohung nicht in deren Mittelpunkt steht. Vielmehr spiegelt die dafür zumeist in Anspruch genommene Aussage in Mk 1,15 (»Die Zeit ist erfüllt und das Reich Gottes herbeigekommen. Tut B. und glaubt an das Evangelium.«) die Missionstätigkeit der Urchristen wider. Die Praxis der Alten Kirche war im Ganzen gesehen rigoros, was so viel bedeutet, dass der nach kirchlichem Verständnis schuldig Gewordene nach seiner Taufe nur ein einziges Mal B. leisten konnte. Mit seinen Verfehlungen hatte der Mensch sowohl Gott als auch die Kirche beleidigt. Die Auflagen bei schweren Vergehen, wozu Mord, Ehebruch, Abfall vom christlichen Glauben und später noch Diebstahl zählten, waren entsprechend hart. Sie bestanden oft in einem lebenslangen Berufsverbot, einer dauernden geschlechtlichen Enthaltsamkeit, im längeren Ausschluss von der Kirchengemeinschaft, im Tragen eines Bußgewandes. Schon das Bekennen der Schuld zuvor war öffentlich gewesen. Nach dem 6.Jh. nahm jedoch die Praxis besonders unter dem Einfluss der keltischen Mission menschlichere Züge an. Danach war die B. wiederholbar, die Bußleistungen erschienen angemessener. Auch mussten sie nicht mehr unbedingt vor der Absolution erbracht werden.

Nachdem in der Hochscholastik (Thomas v. Aquin) die B. als Sakrament mit theologischen Distinktionen beschrieben worden war, wurde sie auf dem Konzil von Trient kirchenrechtlich fixiert – dies vor allem in Abgrenzung zur protestantischen Lehre. Luthers Einspruch richtete sich gegen die veräußerlichte Praxis der B., d.h. gegen die Vorstellung, dass man sich die Lossprechung von Sünden für Geld erkaufen könne. Nachdem die Priester schon im frühen Mittelalter über sog. Tariflisten verfügt hatten, in denen die Wiedergutmachungsleistungen je nach Schwere der Schuld aufgeführt waren, blühte im beginnenden 16.Jh. der Ablasshandel. Die erste der 95 Thesen Luthers, die auf ein lebenslanges Tun der B. abhob, kennzeichnet bereits im frühen Stadium die Reformation als Bußbewegung. Insofern bedurfte es letztlich keines Sakraments mehr – so noch in der Confessio Augustana und Apologie –, das zudem noch die Zuordnung von Form und Materie vermissen ließ. Letztere, eindeutig bei der Taufe (Wasser) und beim Abendmahl (Brot und Wein), konnte man hier nur im übertragenen Sinne als Handlungen des Büßenden voraussetzen, nämlich Reue, Bekenntnis und Wiedergutmachung. Seit dem 16.Jh. konzentrierte sich außerdem das Bußsakrament auf seinen Mittelteil, das Sündenbekenntnis (*confessio*), weswegen fortan mehr von Beichte die Rede ist. Zumindest werden beide Begriffe synonym gebraucht. Gegenwärtig hat die Institution der B. an Bedeutung verloren. In der ev. Kirche fehlt das Sakramentale, in der kath. ist es häufig zu einem vordergründigen Ritual geworden. Trotzdem ist die damit verhandelte Sache virulent wie ehedem. Die Frage ist nur, ob durch kontrovers- und konvergenztheologische Kommissionen und Erörterungen zur Renaissance des Sakraments oder zumindest dessen, was damit gemeint ist, beigetragen werden kann. Allem Anschein nach ist nämlich die in der Beichte verhandelte menschliche Problematik längst in die Psychotherapie ausgewandert, wofür die allseits anerkannte und angenommene Telefonseelsorge nur ein markantes Beispiel ist.

Auch im Religionsunterricht gehört die Sensibilisierung des Gewissens seit langem zu den Aufgaben der Erziehung. Auch üben hier Schulpsychologen und Erziehungsberater im Sinne des allgemeinen Priestertums seelsorgerliche Funktionen aus. Für die großen Kirchen stellt sich damit die Frage nach einer zumindest teilweise anders gearteten Ausbildung ihrer Priester und Pastorinnen wie Pastoren, wenn vornehmlich und weiterhin sie es sind, die im Namen Gottes von Schuld freisprechen.

Die Fixierung der B. auf bestimmte Bußzeiten und Bußtage war sicher ursprünglich kirchlich (Fasten). Seit dem 16.Jh. gewann jedoch der staatliche Einfluss überhand, was mit Notsituationen (z.B. Dreißigjähriger Krieg), aber auch mit der Stellung der Landesfürsten als oberste Bischöfe zu tun hatte. Insofern ist die gegenwärtige Diskussion um die theologische bzw. kirchliche Bedeutung des sog. Buß- und Bettages durchaus begründet. [GB]

Calvinismus   Als Calvinisten wurden die Anhänger Calvins (1509–1564) von ihren römisch-katholischen Gegnern, aber auch von den Lutheranern bezeichnet, während sie für sich selbst den Ehrentitel »reformiert« beanspruchten. Unter C. wurden fortan jene kirchen-, geistesgeschichtlichen und gesellschaftspolitischen Konkretionen verstanden, die sich einerseits auf besondere Hauptgedanken der Theologie Calvins, andererseits aber auch auf andere Reformatoren, Vorläufer wie Nachfolger desselben (Zwingli, Beza, Bullinger, Bucer, Knox u.a.) zurückführen ließen. Schließlich gab es in den Ländern, in denen diese »zweite Reformation« nach jener Luthers Fuß fasste, eigene Konstellationen, die den C. jeweils besonders prägten. Zu den unverkennbaren Zeichen der Einheit gehörte jedoch das vierfache Amt: Pfarrer, Lehrer, Älteste, Diakone.

Die so presbyterial strukturierte Kirche, in der anders als in der späteren lutherischen die Hierarchie keine Rolle spielte, dafür umso mehr der Laie, förderte insofern ein demokratisches Element, als es in Westeuropa, vor allem aber in Nordamerika eine entsprechende politische Entwicklung unterstützen sollte. Die Akademie in Genf (1559), an der nicht nur Pfarrer, sondern auch Beamte ausgebildet wurden, wurde zum Vorbild für weitere Gründungen in Frankreich (Sedan, Montpellier, Montauban, Saumur), Deutschland (Herborn), Ungarn (Debrecen, Sarospatale, Kolozsva), in den Niederlanden (Leiden) bis hin zum Princeton Theological Seminary in den USA.

Zu den Eigenheiten aller calvinistischen Kirchengemeinden gehörte von Anfang an eine jeweils ausgeprägte Kirchenzucht (→ Kirchenrecht), die moralische Integrität ihrer Mitglieder. Auch ist allen gemeinsam eine bestimmte Bekenntnishaltung, die dadurch charakterisiert ist, dass bei aller Verbindlichkeit des Apostolischen Glaubens (→ Bekenntnis) den eigenen Bekenntnisschriften, d.h. dem je vor Ort und zu bestimmter Zeit definierten Glauben ein großes Gewicht zukommt: *Confessio Gallicana* (1559), *Scotica* (1560), *Belgica* (1561), *Helvetica posterior* (1561), *Christianae fidei* (1562/63 in Ungarn), *Heidelberger Katechismus* (in der Kurpfalz 1563) u.a.

Mag dieses differenzierte Bekennen zunächst verwirrend sein, so gereichte es doch dem C. historisch gesehen im Ganzen zum Vorteil, weil das Selbstbewusstsein der reformierten Gemeinden auf diese Weise gestärkt wurde. In der ihnen eigenen Freiheit, indes gebunden an das in der Bibel überlieferte Wort Gottes, waren sie flexibel genug, sich auch unter veränderten gesellschaftlichen und politischen Bedingungen zu behaupten. Dies geschah in der Dialektik von Anpassung und Widerstand, und zwar einem militärischen Widerstand, wie er in Frankreich (Hugenotten), Holland (Geusen), Ungarn, Schottland (J. Knox), England (O. Cromwell), aber auch in der amerikanischen Unabhängigkeitsbewegung deutlich wurde. Nicht von ungefähr gingen im deutschen Kirchenkampf (1933–1945) wesentliche Impulse vom C. (u.a. K. Barth) aus. Die Erklärung von Barmen (1934) ist schließlich deren eindrucksvollste Dokumentation.

Inwieweit man bei alledem auf Calvin selbst zurückgreifen konnte, bleibt umstritten. Sicher ist seine Position, wenn er beamteten Staatsdienern das Recht zubilligte, sich gegen Machtmissbrauch zu wenden, nicht mit den Maßstäben unseres heutigen Demokratieverständnisses zu beurteilen. Für Calvin waren, der in diesem Falle durchaus mittelalterliche Auffassungen vertrat, Regenten und Untertanen durch einen Vertrag aneinander gebunden, den beide Seiten einzuhalten hatten. J.-J. Rousseau hat später daraus seine Vorstellung vom *contrat social* entwickelt.

Schließlich lässt sich sagen, dass dem im C. besonders artikulierten Gedanken der Erwählung bzw. Prädestination eine integrierende, ja geradezu eine Schlüsselfunktion zukam, insofern als sich alle anderen Kennzeichen daraus mehr oder weniger ableiten lassen. Die Vorstellung von der Prädestination ist allerdings in der Geschichte ihrer Rezeption häufig missverstanden worden. Diente sie ursprünglich dazu, im Gegensatz zum herkömmlichen katholischen Verständnis die menschliche Konditionierung des Heils auszuschließen, so stellten sich später die Übel, die man hatte vermeiden wollen, gleichsam auf dem Umwege wieder ein. Dann nämlich, wenn das Selbstbewusstsein, zu den Erwählten und zum Heil Prädestinierten zu gehören, nicht mehr mit der Wirklichkeit übereinstimmte.

Besonders galt dies für die Kriterien, nach denen Menschen beurteilt wurden, denen Gott angeblich seine Zuwendung entzogen hatte. Indes zeitigte der Gedanke – und dies scheint überwiegend der Fall gewesen zu sein – ein hohes Arbeitsethos, ein soziales Verantwortungsgefühl, das sich, wie Max Weber überspitzt interpretierte, sogar in einem Phänomen wie dem Kapitalismus niederschlug. Auf diese Weise, so die Vorstellung, hatte man doch sinnvoll demonstriert, zu den Auserwählten zu gehören. In diesem Zusammenhang ist auch zu beachten, dass Genf – anders als Wittenberg – eine durch Industrie und Handel, also durch Kapital geprägte Wirtschaftsordnung aufwies.

Politisches Kalkül, aufklärerisches Denken und nicht zuletzt ein persönlicher Glaube veranlassten den preußischen König Friedrich Wilhelm III. 1815/16 das Neben- und Gegeneinander von luth. und ref. Christen in einigen Landesteilen durch eine Union aufzuheben. Andere Länder wie Nassau (1817), Rheinpfalz (1818), Baden (1821), Kurhessen-Waldeck (1821), Großherzogtum Hessen (1822), Dessau (1827) folgten fast gleichzeitig dem Vorbild. Weiter bestehende unterschiedliche Lehrmeinungen zwischen Lutheranern und Calvinisten, betreffend die Person Christi, die Prädestination und das Abendmahl, konnten in der Leuenberger Konkordie (1973) ausgeglichen werden. Reformierte Gemeinden gibt es in ganz Deutschland, in größerem Ausmaß in Ostfriesland, Lippe, am Niederrhein, in Hessen-Kassel, Nassau, Anhalt und Brandenburg.

Der Reformierte Weltbund, 1875 in London als *Presbyterian World Alliance of Reformed Churches* gegründet, seit 1921 *Reformed World Alliance* genannt, umfasst heute mehr als 200 Kirchen in 105 Ländern. Ihm gehören ca. 80 Millionen Christen reformierten Glaubens an. Der Weltbund ist seit Jahrzehnten aktiv in der ökumenischen Bewegung, führt bilaterale Gespräche und Verhandlungen mit anderen Kirchen und beteiligt sich auch in Theorie und Praxis an der Ausgestaltung der Menschenrechte (vgl. u.a. das Dokument *Theologische Basis für die Menschenrechte*, 1976). [GB]

Caritas → Diakonie

Chalkedon → Dogma

Charisma/Charismen [griech.»Gnadengaben«] Im Gegensatz zur umgangssprachlichen Bedeutung, die mit C. eine besondere, undefinierte Ausstrahlung bzw. Aura eines Menschen bezeichnet, bezieht sich der Begriff C. im christlichen Kontext auf die Gaben des → Geistes, die den Menschen in unterschiedlicher Weise gegeben sind, um der Verkündigung (→ Homiletik) und dem Aufbau der → Kirche zu dienen. Obwohl bereits im AT Heilsgestalten mit charismatischen Eigenschaften beschrieben werden (etwa die Richter, messianische Könige und Propheten), wird das C. als Phänomen und Problemzusammenhang doch erst im NT reflektiert. In der Auseinandersetzung mit der Gemeinde in Korinth, in der geistgewirktes Handeln wie Zungenrede (Glossolalie), Krankenheilungen und ekstatische Handlungen (→ Ekstase) zu inneren Konflikten führten, entwickelt Paulus eine Lehre der C., in der er den von einzelnen Vertretern der Gemeinde beanspruchten Geistgaben (*Pneumatika*) die C. als Gnadengaben gegenüberstellt (1Kor 12,4: »Es sind mancherlei Gaben [Charismen], aber es ist ein Geist [Pneuma]«). In einem umfassenden Bild vergleicht Paulus anschließend das Verhältnis der differenten C. zur Einheit der Gemeinde mit dem Leib Christi zu seinen Gliedern, die ohne hierarchische Abstufung ineinanderwirken, um somit erst das Ganze zu ergeben.

Diese Lehre von den C. ist einerseits Replik auf enthusiastische Strömungen, orientiert sich andererseits an der Auffassung vom Priestertum aller Gläubigen, der zufolge allen Glaubenden unterschiedliche C. als Berufung zugeordnet sind. Als verschiedene C. nennt Paulus unter anderem die prophetische Rede, das Amt, die Lehre, die Ermahnung, Gemeindeleitung, Barmherzigkeit (Röm 12,6ff.), das Reden in Weisheit, in Erkenntnis oder nach dem Geist (1Kor 12,8), zu heilen, Wunder zu wirken, prophetisch zu reden, in Zungen zu reden, die Rede auszulegen (1Kor 12,10). Durch diese umfassende Systematik wird hervorgehoben, inwieweit gerade nicht nur die ekstatischen Mittel, sondern auch die eher unscheinbaren Alltagsdienste zu den C. gehören. Gleichwohl ist die Liebe für Paulus die höchste Gabe, die einzig als Kriterium für die Wirksamkeit des Geistes gelten kann (1Kor 13,1ff.). [MV]

Charismatische Bewegung   Die C.B. ist aus der Pfingstbewegung erwachsen, die sich ihrerseits Anfang des 20. Jh. in den USA vornehmlich im Umfeld der farbigen Bevölkerung entwickelt hat. Dieses neuere enthusiastische Geistchristentum stellte sich dabei von Anfang an als eine »Kirche von unten« dar, in der gegen eine Hegemonie der Amtsträger die Beteiligung aller Gemeindeglieder gefördert werden sollte. Die Wiederbelebung jener ekstatischen Mittel, die von der C.B. auf das NT zurückgeführt werden – wie beispielsweise das Zungenreden, das Singen und im Geist das Beten für Kranke, das liturgische → Tanzen, das Heilungswunder –, haben dabei konstitutive Bedeutung als Äußerungsformen des gelebten Glaubens, bei dem der Körper-Geist-Dualismus überwunden werden soll, um den Glauben als Ausdruck des ganzen Menschen lebendig werden zu lassen. Während sich die Pfingstbewegung zumeist in eigenen Kirchenstrukturen festigte, ist die C.B. Teil der Amtskirchen geblieben, um dort durch Aktivierung spontaner Glaubensbezeugungen der Gemeindeglieder gegen die Tendenz der Intellektualisierung von Gottesdienst und Glaube zu wirken.

Besondere Ausbreitung erfuhr die Pfingstbewegung wie auch die C.B. in den armen Kirchen der sog. Dritten Welt, neuerdings auch in den Ländern Osteuropas. In Deutschland erklärt sich die Ausbreitung vor allem als eine Art Protest gegenüber einer zunehmenden christozentrischen Perspektive in der Tradition der → Dialektischen Theologie. Obwohl sich die C.B. zunächst in evangelischen Kreisen (»Geistliche Gemeindeerneuerung«) entwickelte, hat sie sich inzwischen auch innerhalb der römisch-katholischen Kirche (»Katholisches Werk für Glaubenserneuerung und Evangelisierung«) etabliert. Tatsächlich kann die C.B. als eine Problemanzeige bewertet werden, die nicht auf die Sprachlosigkeit gegenwärtiger Theologie hinweist, sondern auch die Sehnsucht nach mehr → Spiritualität in den traditionellen Amtskirchen zum Ausdruck bringt. [MV]

Chor   [griech. *choros* »Reigen/Tanz(platz)«] Als Ch. wird heute einerseits eine Gesangsgruppe bezeichnet, die sowohl im geistlichen (Kirchenchor, Oratorienchor) als auch im weltlichen Kontext (Volkschor, Männerchor) beheimatet sein kann und darin dem Gesangsverein entspricht, andererseits aber auch das Musikstück selbst, das von dem singenden Ensemble, das als Frauen-, Knaben-, Männer- oder gemischter Chor zusammengesetzt sein kann, vorgetragen wird. Eine zusätzliche Bedeutung erhält der Ch. in der

Kirchenarchitektur; dort kennzeichnet er jenen Teil des Altarraums, der seit dem 6./7. Jh. den singenden Priestern vorbehalten und durch Schranken abgegrenzt war. Später, nachdem die gottesdienstliche → Musik (Kirchenmusik) durch Laien getragen und aus dem Altarraum verbannt wurde, blieb der Begriff Ch. als Kennzeichnung des Altarraums bestehen. In protestantischen Bereichen ist es auch üblich, die Empore als Standort der Kirchenmusik (Orgel und Singgemeinschaft) als Ch. zu bezeichnen.

Der Begriff Ch. selbst nimmt seinen Ursprung in der griechischen Lyrik des 7.–5. Jh. v.Chr. (vor allem des Dithyrambos) und wird zum tragenden Element der griech. Tragödie, die vornehmlich kultischen Charakter hat. Die Vermischung von Gesang, → Tanz und Kult, die dem Ch. seine ursprüngliche Bedeutung als »Reigen« gibt, findet sich auch schon früh in der Umwelt des AT. So ist der »Tanz um das goldene Kalb« (Ex 32,18) als ein vom Volk als »Reigen« gestalteter Ch. zu verstehen, der Parallelen in den Siegesfeiern des Volkes Israel findet (vgl. den Chorreigen der Frauen in 1Sam18,7). Schon früh ist die Praxis des Chorsingens als Wechselgesang ausgeprägt, wobei sich aus dem Ch. der Leviten durch allmählich stärker werdende Beteiligung der Gemeinde das Gegenüber von Priestergesang und Ch. ergeben hat. Aus der babylonisch-assyrischen Liturgie sind Hymnen in einem solchen Wechselgesang überliefert, und auch die Psalmen basieren zum Teil auf dem Mittel der Akklamation und des Refrains durch den Ch. der Gemeinde (Ps 42f.,46,136). Wechselgesänge verschiedener Chöre sind des Weiteren von der Grundlegung des 2. Tempels (Esr 3,10f.) und den Feierlichkeiten zur Erweiterung der Stadtmauer in Jerusalem (Neh 12,31) bekannt.

In der frühchristlichen Kirche erhält der Teil der gottesdienstlichen Liturgie, der von der Gemeinde getragen wird, stärkeres Gewicht, und der Begriff Ch. wird, im Bild des himmlischen Ch. bzw. des Ch. der Engel, als Synonym für die Kirche im Sinne der Gemeinschaft aller Gläubigen benutzt. Erst im Mittelalter festigt sich der Brauch, die gottesdienstliche Musik an einen speziellen Ch. der Priester zu binden und die Gemeinde vom Gesang auszuschließen. Der Begriff Ch. rückt damit von der Bedeutung als »Kirche« ab und wird weitgehend identisch mit dem »Klerus«. Für die Reformatoren geht es vornehmlich um eine Rückbindung des Gesangs an die Gemeinde, wobei die Einrichtung von Schulchören und Kantoreien dazu führt, die Beteiligung der Laien am gottesdienstlichen Musizieren zu stärken, diese jedoch auch als Amtsträger im Gottesdienst zu verstehen und das schon in der Kleidung (Chormäntel) zum Ausdruck zu bringen. Die Bezeichnung der Kantorei wird in der Gegenwart als Alternative zu dem seit der Aufklärung säkularisierten Ch. benutzt, um wieder eine engere Bindung an Gottesdienst und Liturgie zu signalisieren. [MV]

Choral [lat. *cantus choralis* »Chorlied«] Der Ch. ist ursprünglich ein Sammelbegriff für einstimmig von einem → Chor gesungene, lateinische liturgische Gesänge der abendländischen Kirche. Allerdings taucht der Begriff erst im 14. Jh. auf und setzt sich dann im folgenden Jh. als Abgrenzung zur mehrstimmigen Figuralmusik durch. Er ist somit mehr ein Gattungsbegriff als Bezeichnung einer Stilart. Im Kernbestand gehen diese liturgischen Gesänge der römisch-fränkischen Liturgie einer – nicht unumstrittenen Hypothese zufolge – auf Papst Gregor den Großen zurück (†604), der sie gesammelt haben soll (Gregorianischer, Ambrosianischer Gesang). Eine Änderung im Sprachgebrauch brachte die Reformation. Im Zuge der Ersetzung lateinischer Gesänge durch deutschsprachige Lieder unter dem Aspekt einer stärkeren Beteiligung der Gemeinde am liturgischen Geschehen bürgerte sich seit dem 16. Jh. der Ch. als Ausdruck für das deutsche evangelische → Kirchenlied ein, obwohl Luther wie auch Calvin sorgsam zwischen Ch. und Kirchenlied zu unterscheiden wussten.

In dem protestantisch erweiterten Sinn wird der Ch. auch bei J. S. Bach benutzt, der z.b. in seinen Kirchenkantaten deutsche Kirchenlieder im vierstimmigen, einfach harmonisierten Satz (Kantionalsatz) als Ch. an das Ende setzte oder sogar alle Einzelsätze einer Kantate aus dem thematischen Material eines Kirchenliedes ableitete (Choralkantate). Eine besondere Bedeutung erhält der Ch. im 17. Jh. schließlich durch den Brauch, die gottesdienstlich zugeordneten Lieder als Grundlage für Werke zu benutzen, die von der Orgel oder auch von Instrumentalensembles als Choralbearbeitung (Choralvariation, Choralphantasie, Choralfuge, figurierter Ch.) gespielt wurden und dadurch trotz rein instrumentaler Darbietung einen inneren Zusammenhang zum liturgischen Wort herstellten.

Vor diesem Hintergrund ist es dann auch verständlich, wenn etwa L. van Beethoven einen Streichquartettsatz (op. 132) als Choralbearbeitung verstand, wenn W. A. Mozart in der *Zauberflöte* auf einen Ch. zurückgriff oder G. Mahler den 2. Satz seiner 4. Sinfonie als »choralmäßig« überschrieb und der Ch. – nunmehr weniger als Bezeichnung einer Gattung denn einer Stilart benutzt – sogar Eingang in die autonome Musik fand, um das Erhabene oder Archaische zu charakterisieren. Folgerichtig erschien dann auch der Versuch der liturgischen Erneuerungsbewegung, die in den 20er Jahren des 20. Jh. einsetzte, wieder eine stärkere Differenzierung zwischen dem Ch. und dem evangelischen Kirchenlied herbeizuführen. Als Folge dieser Erneuerungsbewegung ist einerseits das Anliegen einer »deutschen Gregorianik« (durch die Michaelsbruderschaft seit 1931) zu interpretieren, andererseits aber auch die Wiederentdeckung des gregorianischen Ch., der in Adaptationen der Unterhaltungsmusik in den 90er Jahren sogar den Sprung in die Hitparaden schaffte. [MV]

Christengemeinschaft → Anthroposophie

Christenverfolgung Solange sie sich als Juden verstanden und für ihre Umwelt als Juden zu erkennen waren, genossen die christgläubigen Gemeinden die juristischen Privilegien, die den Juden im Römischen Reich in der Regel zustanden. Lösten sie sich von den seit alters bestehenden Synagogengemeinschaften, verloren sie den Schutz durch das Recht und wurden zu illegalen Vereinigungen (Tertullian, Apologie 38,1: *illicita factio*). Als solche hatten sie grundsätzlich jederzeit mit Schwierigkeiten zu rechnen. Erschwerend kam hinzu, dass die Christen sich auf einen von einem röm. Präfekten hingerichteten Verbrecher beriefen (→ Kreuz) und dass sie den (für das öffentliche Wohl zuständigen) röm. Göttern nicht huldigten. Der Staat griff zunächst allerdings nicht von sich aus ein. Er behandelte die Fälle, die an ihn heran getragen wurden, mehr nicht. Noch waren die christlichen Gemeinden klein und Rom nicht ernstlich beunruhigt.

Wie man sich das Verfahren in früher Zeit vorzustellen hat, lässt sich am besten am Brief des Plinius an Kaiser Trajan und dessen Antwort studieren (Plinius d.J., Briefe, 10,96f., aus dem Jahr 112/113 im nördlichen Kleinasien): Christen werden aus uns unbekannten Gründen beim Statthalter angezeigt, er fordert sie auf zu leugnen und dies durch ein Opfer für die röm. Götter zu bekräftigen. Wer leugnet, wird freigelassen; wer hartnäckig bei seinem Bekenntnis bleibt, wird mit dem Tod bestraft bzw., wenn er röm. Bürger ist, zur weiteren Verhandlung nach Rom überführt. Der Kaiser bestätigt dieses Verfahren und fügt hinzu: Man soll den Beklagten im Falle des Leugnens auch dann freilassen, wenn sein christl. Bekenntnis für die Vergangenheit zweifelsfrei feststeht; anonyme Klageschriften sind abzuweisen; nachspionieren soll man den Christen nicht.

Dennoch kam es immer wieder zu Hinrichtungen (→ Martyrium), ihre Anzahl dürfte allerdings geringer gewesen sein, als es manche Sätze des NT (z.B. Apk 17,6) und der Kirchenväter vermuten lassen. Ausnahmen: Einzelne pogromartige Verfolgungen (177 in Lyon und Vienne; Euseb, Kirchengeschichte 5,1); die Verfolgung durch Nero in Rom im Jahr 64 mit sehr vielen Opfern – sie war indes keine C. im eigentlichen Sinne, die Anklage lautete auf Brandstiftung; Tacitus, Annalen 15,44.

Mitte des dritten Jh. schritt der Staat erstmals von sich aus ein. Kaiser Decius (249–251) ordnete zur Stärkung der Einheit des Imperiums ein allg. Opfer für die Götter an, das von der staatlichen Bürokratie streng überwacht wurde (wenn auch mit Hintertüren für die vielen Christen, die am Leben bleiben wollten). »Effektiver« ging Kaiser Valerian vor (253–260), der gezielt den Klerus und die christl. Elite ins Visier nahm. Die Versammlungen wurden verboten und das Opfer angeordnet, bei Zuwiderhandlung drohten je nach sozialem Status Tod, Verbannung oder Konfiskation des Vermögens.

Den blutigen Schlusspunkt setzten 303/304 die Tetrarchen Diokletian, Maximian, Galerius und Konstantius, die über die Maßnahmen ihrer Vorgänger hinaus auch die Zerstörung der Kirchengebäude und die Vernichtung der heiligen Bücher anordneten. Galerius setzte dieser letzten und blutigsten röm. C. 311 mit seinem Toleranzedikt ein Ende. Zu den C. der Neuzeit siehe → Martyrium. [WR]

Christologie   C. ist die Lehre von Jesus Christus und seiner Heilsbedeutung. Unter dem Eindruck des Osterglaubens setzt im frühen Christentum die systematische Reflexion über die Person Jesu im Horizont der biblischen Gottesvorstellung ein. In Bekenntnisformeln, Hymnen und Lehraussagen entwickelt sich eine C., die durch die Übernahme von Hoheitstiteln und Würdeprädikaten aus unterschiedlichen religiösen Kontexten die Bedeutung Jesu zu erfassen sucht. Die C. ist dabei eng mit der Erlösungslehre verbunden. Als besonders bedeutsam erweisen sich die Akklamation Jesu als Kyrios, die Vorstellung von der Präexistenz des Gottessohnes und die Neuinterpretation atl. Messiasvorstellungen im Lichte des Kreuzestodes. Ihren Höhepunkt und vorläufigen Abschluss erreichte die christologische Bekenntnisbildung in der → Alten Kirche mit den Glaubenserklärungen von Nicäa und Chalkedon. Dabei geriet die C. in den Sog kaiserlicher Religionspolitik, die über ein staatlich verordnetes Bekenntnis die Einheit des Reiches zu sichern suchte.

Das NT beinhaltet eine Vielzahl christologischer Konzeptionen. Für Hoheitstitel wie Christus, Gottessohn, Davidssohn oder Menschensohn ist umstritten, inwieweit sie den Anspruch des geschichtlichen → Jesus widerspiegeln oder Entfaltungen des Osterglaubens bieten. Die Evangelien setzen eigene christologische Schwerpunkte. Mk stellt die mit der Taufe einsetzende und in der Kreuzigung gipfelnde Offenbarung Jesu als Gottessohn in den Mittelpunkt seiner C. Die Evangelien des Mt und Lk veranschaulichen die Bedeutung Jesu Christi mit der sonst im NT nicht belegten Glaubensaussage von der Jungfrauengeburt. Von Mt wird Jesus dabei bevorzugt als Davidssohn bezeichnet, in dem die atl. Hoffnung auf einen Messias aus dem Stamme Davids ihre Erfüllung findet. Lk hingegen hebt betont die Bedeutung Jesu als Endzeitprophet hervor. Joh stellt Jesus als inkarnierten → Logos und göttlichen Offenbarer in den Mittelpunkt seines theologischen Denkens. Christushymnen wie Phil 2,6–11, Kol 1,15–20 oder Hebr 1,3f. sind in Analogie zu dem Joh-Ev durch eine Drei-Stufen-C. gekennzeichnet, die den Weg Jesu von der Präexistenz über die Menschwerdung bis zur Erhöhung schildert. Im Rahmen dieser Konzeption begegnet Jesus Christus als Kyrios, der vor seiner Menschwerdung als Schöpfungsmittler an der Erschaffung der Welt beteiligt war und nach seinem Tod zum kosmischen Weltherrscher (→ kosmischer Christus) eingesetzt wurde, dem alle Mächte unterworfen sind. Dogmatisch bedeutsam ist zudem die Bezeichnung Jesu

Christi als Abglanz und Ebenbild Gottes. Paulus greift die Drei-Stufen-C. auf, rückt dabei allerdings den Kreuzestod gezielt in das Zentrum seiner Theologie. Eigene christologische Akzente setzt der Verfasser des Hebräerbriefes mit seiner Konzeption von Christus als himmlischem Hohenpriester, der den atl. Opferkult überbietet und zur Vollendung bringt.

Nur in Ansätzen reflektiert das NT darüber, wie die enge Zusammengehörigkeit von Vater, Sohn und Heiligem Geist zu denken ist. Diese Frage wurde im 4. Jh. im Zuge des Arianischen Streites (→ Arianismus) entschieden. Arius hatte eine Gleichheit Christi mit Gott zurückgewiesen und den Sohn Gottes als oberstes Geschöpf bezeichnet, das nicht von Ewigkeit an da war und dem daher die Gottheit nicht wesensmäßig zu Eigen sei. Jesus Christus drohte damit auf die Bedeutung eines sittlichen Vorbilds reduziert zu werden. Demgegenüber wurde 325 auf dem Konzil von Nicäa ein Bekenntnis verabschiedet, das Christus als wahren Gott proklamiert und die Wesenseinheit von Vater und Sohn zum verbindlichen Glaubensgegenstand erhebt. Damit war geklärt, dass Jesus Christus die zweite Person der einen ungeteilten Gottheit war, ohne mit Gottvater identisch zu sein. Auf der Grundlage des Nizänums entbrannte im 5. Jh. ein Streit zwischen Monophysiten, welche die göttliche Natur Jesu Christi absolut setzten, und Dyophysiten, die neben dieser göttlichen Seite auch noch eine menschliche Seite in Christus annahmen.

Das Konzil von Chalkedon verabschiedete 451 ein Bekenntnis, das einen Mittelweg zwischen beiden Positionen beschritt, indem es einerseits eine christologische Zwei-Naturen-Lehre vertritt, andererseits mit der Bekräftigung des Glaubens an Maria als Gottesgebärerin und der Betonung der Einheit der Person Jesu Christi die entscheidenden Anliegen des Monophysitismus aufnimmt. Der christologische Streit hat die Kirche allerdings noch längere Zeit in Atem gehalten. Die altkirchlichen Dogmen mit ihrer Betonung der wahren Gottheit Jesu Christi stellten bis in die Neuzeit die unumschränkte Grundlage der christologischen Bekenntnisbildung dar, wurden aber mit der Aufklärung und der radikalen Rückfrage nach dem geschichtlichen Jesus zunehmend in Frage gestellt. Die Theologie des 20. Jh. ist durch eine umfassende Neubesinnung auf die Bedeutung Jesu Christi gekennzeichnet und hat eine Vielzahl christologischer Neuentwürfe hervorgebracht. [BK]

Confessio Augustana Die C.A. als die wichtigste und in allen lutherischen Kirchen anerkannte Bekenntnisschrift war zunächst als kursächsischer Rechenschaftsbericht (Apologie) für den Augsburger Reichstag (1530) konzipiert, auf dem laut kaiserlicher Ausschreibung »eines jeden Gutdünken, Opinion und Meinung« gehört werden sollte, um das, was »zu beiden Teilen nicht recht ausgelegt und gehandelt [ist], abzutun«. Die Erwartung, in der

Vorrede des sächsischen Kanzlers Brück diplomatisch meisterhaft dokumentiert, dass die altgläubigen katholischen Reichsstände ebenso Stellung
nehmen würden, erfüllte sich jedoch nicht. Aus ihrer Sicht waren die Evangelischen Abtrünnige und deswegen keine ebenbürtige Partei.

Ursprünglich von Melanchthon unter Verwendung der vorangegangenen
Schwabacher (1529) und Torgauer Artikel (1530) verfasst und vertreten, da
Luther wegen der über ihn verhängten Reichsacht auf kursächsischem Gebiet (Veste Coburg) verbleiben musste, wurde die Apologie binnen weniger
Wochen unter dem Druck der Gegenseite und in Solidarität mit anderen
gleichgesinnten Fürsten und Städten, insbesondere dem hessischen Landgrafen, zu einer Confessio. In Deutsch vor dem einschlafenden Kaiser ver-
lesen, in dt. und lat. Fassung eingereicht, ohne dass es sich jeweils um eine
Übersetzung handelte, galt sie den Unterzeichnern indes weniger als aus-
grenzendes Bekenntnis, sondern vielmehr als Beitrag »zu einer gemeinsamen wahren Religion«. Unterschrieben war das Dokument von den Herzögen von Kursachsen (Vater und Sohn), dem Landgrafen von Hessen, dem
Markgrafen von Ansbach-Brandenburg, den Herzögen von Lüneburg, dem
Fürsten von Anhalt sowie den Städten Nürnberg und Reutlingen, zu denen
später noch Windsheim, Heilbronn, Kempten und Weißenburg hinzukamen.
Die in Augsburg dem Kaiser übergebenen Originale wurden später durch
dessen Sohn Philipp vernichtet. Die gültigen Textausgaben (dt. u. lat.) beruhen somit auf Abschriften sowohl von ev. als auch kath. Seite.

Bezeichnend ist, dass einige strittige Themen wie z.B. Papsttum, Fegefeuer, Schriftprinzip ausgeklammert blieben. Die 28 Artikel der C.A. betonen zunächst die Übereinstimmung mit der kirchlichen Tradition (1–21), sodann die Missbräuche. Neben dem Verweis auf die eine wahre Kirche wird
die Notwendigkeit und Legitimität der in den evangelischen Ländern und
Städten schon erfolgten Reformen festgestellt.

Dass aus der ursprünglich theologischen Urkunde eine solche von politischer und reichsrechtlicher Bedeutung wurde, ist bereits in ihrer Genese
angelegt. Politiker haben ihr Entstehen inauguriert, Politiker haben sie un-
terzeichnet, sind für sie eingestanden: zuerst im Schmalkaldischen Bund,
dann im Augsburger Religionsfrieden und schließlich, die Reformierten mit
umfassend, im Westfälischen Frieden (1648). Die theologische und ökumenische Bedeutung der C.A. wiederzuentdecken, ist unter veränderten
politischen Gegebenheiten Aufgabe der Gegenwart. Dabei geht es kirchen-
diplomatisch weniger um die einseitige vorbehaltlose Übernahme eines immerhin in seinen Themen und seiner Sprache altertümlichen Dokuments als
vielmehr um die Neuformulierung des damals gemeinsam Vorausgesetzten
und gegenwärtig als notwendig Empfundenen. Nicht von ungefähr hat daher der Artikel von der Rechtfertigung des Menschen, der in den Kirchen
der Reformation als *articulus stantis et cadentis ecclesiae* bezeichnet wur-

de und in der C.A. (Art. 4) eine zentrale Bedeutung einnimmt, zu einer neuerlichen Konvergenzerklärung (1999) geführt, die insbesondere die
gegenseitigen Verurteilungen (*damnamus – anathema sit*) aufhebt. [GB]

Credo → Bekenntnis, → Messe

Dämon   In der vorderorientalischen Welt verstand man unter einem D. ein positiv oder (vorwiegend) negativ verstandenes Wesen, das zwischen der Götterwelt und den Menschen angesiedelt war. Häufig wurden Krankheit, Unglücksfälle, Tod oder andere, der menschlichen Verfügbarkeit entzogene Mächte mit D. in Verbindung gebracht. Da der Tag die Zeit der heilvollen Wirkmächtigkeit Gottes (bzw. der Götter) ist, werden Schaden bringende D. häufig mit der Nacht verbunden. Das AT kennt D. als Wüstentiere und damit Bewohner einer lebensfeindlichen Welt (Jes 13,21; 34,12; Jer 50,39), urtümliche Tiere wie das Nilpferd (Behemot) und das Krokodil (Hi 38–41), aber auch Manifestationen des Unheimlichen wie Lilit (Jes 34,14) oder Aschmodai (Tob 3,8). In der Spätzeit des AT werden zunehmend Gestalten, die im Umfeld Gottes angesiedelt sind, zu D. So wird der Satan in Hi 1,6–2,10 zwar als zugehörig zum himmlischen Thronrat JHWHs und als untergeordnetes göttliches Wesen, aber doch als Gegenspieler Gottes verstanden. Er wird damit zu einem D., der die göttliche Weltordnung in Frage stellen will. In der Apokalyptik kommt die Vorstellung auf, dass sich himmlische Gestalten gegen Gott auflehnen und so zu gefallenen Engeln bzw. zu D. werden (in der apokryphen Schrift des »slavischen Henoch« 7 u.ö.). Im NT werden D. als Wesen verstanden, die auf den Menschen einen schädigenden Einfluss haben und sein Leben bestimmen können. In den Exorzismen (→ Exorzismus) wird die Macht Jesu über die D. und damit das anbrechende Aufrichten der Gottesherrschaft durch Jesus deutlich. [WZ]

Dekalog   → Gebote

Diakonie   [griech. »Dienst«] Der Begriff D. stammt aus dem Neuen Testament und bezeichnet dort den Dienst am Mitmenschen, der sich im Versöhnungsdienst Christi (2Kor 5,18) sowie im jüdisch-christlichen Doppelgebot der Gottes- und Nächstenliebe (Lev 19,18; Dtn 6,5; Lk 10,27 par) gründet. In der Bibel bilden Gerechtigkeit und Barmherzigkeit Gottes eine untrennbare Einheit (Ex 21ff.). Gott ist der, »der Recht schafft denen, die Gewalt leiden, der die Hungrigen speist« (Ps 146,7). Er ist daran erkennbar, dass er den Witwen, Waisen, Entrechteten und Fremdlingen zum Recht verhilft und sich der Geringen und Armen erbarmt (Ps 82). In der alttestamentlichen Sozialgesetzgebung bildete sich dieser Grundsatz ebenso ab, wie er von der Sozialkritik der Propheten eingefordert wurde.

In der Jesus-Überlieferung wird der Anbruch des Reiches Gottes in der Welt im Zeichen des Dienens gesehen: »Wer ist größer?«, fragt Jesus, »der zu Tisch sitzt oder der dient? Ist's nicht der, der zu Tisch sitzt? Ich aber bin unter euch wie ein Diener (griech. Diakon)« (Lk 22,27). Daraus wird entsprechend abgeleitet: »dass ihr euch untereinander liebt, wie ich euch geliebt habe« (Joh 13,34). Die Bereitschaft und Fähigkeit zur Nächstenliebe hängen dabei nicht vom sozialen Status ab, wie das Gleichnis vom barmherzigen Samariter zeigt (Lk 10, 25–37).

Sinnbild für D. im Urchristentum ist die Tischgemeinschaft und der Tischdienst des Abendmahls (Apg 2,42,46). Daraus und durch Weiterführung jüdischer Traditionen entstand die Pflege der armen und bedürftigen Mitmenschen, die zu Zeiten der Alten Kirche ein Kennzeichen der christlichen Gemeinden wurde. Aus biblischen Traditionen (Jes 58,7; Mt 25,31–46) entwickelte sich ein Kanon diakonischer Aufgaben, der insbesondere im Mittelalter für Gemeinden und klösterliche Gemeinschaften handlungsleitend war, die sog. sieben Werke der leiblichen Barmherzigkeit: Hungrige speisen, Durstige tränken, Fremde beherbergen, Nackte kleiden, Kranke besuchen bzw. heilen, Gefangene besuchen und Tote begraben. Die Reformationszeit war eine Phase der Erneuerung diakonisch-sozialer Verantwortung von Staat und Kirche, die ihren Ausdruck in zahlreichen Armen- bzw. Kirchenordnungen fand.

Wichtige Vorstufen heutiger D. liegen in den Impulsen des Pietismus und der Aufklärung sowie in den Initiativen des 19. Jh. Die christliche »Liebestätigkeit« erhielt durch Johann Hinrich Wicherns (1808-1881) Konzept einer »inneren Mission« zur Erneuerung der Kirche (als Pendant zur Heidenmission) neuen Aufschwung. Amalie Sieveking (1794–1859), Friederike (1800–1842) und Theodor Fliedner (1800–1864), Wilhelm Löhe (1808 bis 1872), Friedrich von Bodelschwingh (1831–1910) und viele mehr erreichten eine Professionalisierung der diakonisch-sozialen Arbeit, etwa in der Kinder- und Jugendhilfe, Krankenpflege, Behindertenhilfe oder Gefangenenfürsorge, lange bevor der Staat hier stärker Verantwortung übernahm. Die Arbeit der Inneren Mission wurde über ein Jahrhundert hinweg vor allem von Diakonissen und Diakonen geleistet.

1848 wurden die Einzelinitiativen im »Central-Ausschuss für die innere Mission der deutschen evangelischen Kirche« zusammengefasst. Vergleichbares geschah auf Seiten der katholischen Kirche, indem 1897 der »Caritas-Verband für das katholische Deutschland« gegründet wurde. Die konfessionellen Träger sozialer Arbeit bildeten im Kaiserreich und in der Weimarer Republik wichtige Säulen beim Aufbau des deutschen Sozialstaats. Selbst die z.T. gänzlich abweichenden staatlich-gesellschaftlichen Vorstellungen im Dritten Reich und in der DDR konnten Anspruch und Praxis von D. bzw. Caritas nur bedingt unterbinden. Neben dem Central-Ausschuss initiierte Eugen Gerstenmaier (1906–1986) 1945 das »Hilfswerk der Evangelischen Kirchen in Deutschland«. Namhafte Unterstützung kam weltweit aus den Freikirchen, woraufhin auch die deutschen Freikirchen in das Hilfswerk eingebunden wurden. Durch Spenden u.a. aus den USA, Schweden und der Schweiz konnte akute Nothilfe (Nahrung, Kleidung, Wohnung, Suchdienst, Gefangenenbetreuung) und kirchlicher Wiederaufbau geleistet werden. Als Dank und Weitergabe der erhaltenen Hilfe entstand 1959 die »Aktion ›Brot für die Welt‹«, die inzwischen eine feste Größe in der kirchlichen Entwicklungsarbeit ist.

1957 begann die Fusion von Central-Ausschuss (1848) und Hilfswerk (1945), aus der 1975/76 das »Diakonische Werk der Evangelischen Kirche in Deutschland« hervorgegangen ist. Es ist neben dem Deutschen Caritas-Verband (1897), der Zentralwohlfahrtsstelle der Juden in Deutschland (1917), dem Bundesverband der Arbeiterwohlfahrt (1919), dem Deutschen Roten Kreuz (1921) und dem Deutschen Paritätischen Wohlfahrtsverband (1924) einer der sechs bundesdeutschen »Spitzenverbände der Freien Wohlfahrtspflege«. Zugleich ist das Diakonische Werk Teil der Kirche, es besteht aus der Evangelischen Kirche in Deutschland, den 24 Diakonischen Werken ihrer Gliedkirchen, den acht Freikirchen, dem Verband freikirchlicher Diakoniewerke sowie ca. 90 Fachverbänden. Gegenwärtig arbeiten rund 400 000 Menschen hauptamtlich und ebenso viele ehrenamtlich in ca. 22000 rechtlich selbständigen Einrichtungen und etwa 4000 Selbsthilfegruppen der D. (Stand: 2000) sowie in 18 000 evangelischen Kirchengemeinden. Ähnliche Größenordnungen gelten für die Caritas. D. meint heute sowohl die praktische Hilfe einzelner Christen als auch die diakonisch-soziale Arbeit in und von Kirchengemeinden, kirchlichen Gemeinschaften, Selbsthilfegruppen, Beratungsstellen, Einrichtungen, Verbänden und Diakonischen Werken der Landes- und Freikirchen und umfasst das gesamte Aufgabenspektrum menschlicher, gesellschaftlicher und weltweiter Problemlagen und Krisensituationen. [VH]

Dialektische Theologie   Zu den wichtigsten theologischen Impulsen im 20. Jh. gehört die D.Th., die sich in den 20er Jahren als Gegenbewegung zur liberalen Theologie des 19. Jh. herausgebildet hat. Theologen wie K. Barth, E. Thurneysen, F. Gogarten, E. Brunner und R. Bultmann wendeten sich damit gegen Tendenzen im Kulturprotestantismus, in denen der christliche Glaube weitgehend mit kulturellen Errungenschaften gleichgesetzt worden war. Speziell die anthropozentrische Theologie Schleiermachers, die den Glauben als Ausdruck des frommen Selbstbewusstseins zu erfassen suchte, erweckte ihre Skepsis. Darüber hinaus führte der Zusammenbruch aller gesellschaftlichen Systeme infolge des Ersten Weltkrieges zu diesem Bruch, der auch als ein Scheitern der Theologie an der Kriegsideologie gedeutet wurde. Die D.Th. äußerte sich dementsprechend zunächst als Kritik, sie stellt kein geschlossenes System dar, sondern ist als Zusammenfluss unterschiedlicher Aspekte zu interpretieren, die als Gemeinsames das Aufbegehren gegen die Subjektivität und die historische Ausrichtung der liberalen Theologie aufweist. Selbst die Bezeichnung als D.Th. hat sich erst im Laufe der Zeit etabliert und kann durch Ausdrücke wie »Theologie der Krise« oder »Theologie des Wortes Gottes«, die von den Vertretern selbst benutzt wurden, ersetzt werden.

Zu den Merkwürdigkeiten der D.Th. gehört, dass sich ihre Eckdaten relativ exakt bestimmen lassen, obwohl sie sich nie als eine Schule verstanden hat. Ausgangspunkt bildet die 1922 veröffentlichte 2. Auflage des Kommentars zum Römerbrief von K. Barth, der als die zentrale Schrift der D.Th. gilt. Mit diesem Kommentar formuliert er seine Bedenken gegen die historisch-kritische Exegese, die seiner Meinung nach allzu sehr einer historischen Deutung verhaftet bleibt. Stattdessen sucht Barth nach einer Möglichkeit, gewissermaßen durch das Historische hindurchzublicken, um das ewig Bedeutsame des biblischen Wortes zu entdecken. Als methodische Alternative zu den Möglichkeiten, die Rede über Gott dogmatisch oder historisch-exegetisch zu gestalten, bietet er als dritten Weg die dialektische Rede. Als dialektisch wird dieser methodische Zugang bezeichnet, weil damit die Voraussetzungen der historischen Exegese wie auch der dogmatischen Betrachtung keinesfalls außer Kraft gesetzt werden, sondern im Sinne einer Synthese auf eine neue Stufe gehoben werden sollen. Als dialektisch weist sich die Theologie aber auch dadurch aus, dass sich für Barth grundsätzlich keine positiven Aussagen über Gott machen lassen, die nicht durch entsprechende negative ergänzt werden. Wer von der Offenbarung Gottes sprechen will, muss zugleich über seine Verborgenheit reden; wer über die Gnade spricht, muss auch das Gericht erwähnen etc. In diesem Sinne ist Reden über Gott eigentlich nur noch im Widerspruch möglich bzw. in dem Paradox, als Mensch über Gott Aussagen machen zu wollen, obwohl dieser doch in seiner totalen Andersartigkeit für den Menschen stets unfassbar bleibt. Schon der Name Jesus Christus ist für ihn Ausdruck dieser Dialektik, durch die die getrennten Ebenen von Gottes Welt und unserer Welt markiert werden.

Damit konstituiert Barth die D.Th. auch als ein Urteil über die unreflektierte theologische Sprache, in der die Rede über Gott mit der Wahrheit Gottes selbst verwechselt wird. Im Zuge seiner Kritik legt Barth aber nicht nur ein neues Sprachbewusstsein des Glaubens nahe, sondern fordert zugleich, den Glauben als direkten Gegensatz zur Religion zu definieren, da in der Religion die unüberbrückbare Grenze zwischen Gott und dem Menschen verschleiert würde. Um eine Vermenschlichung Gottes wie auch eine Vergöttlichung des Menschen zu verhindern, müsste das »ganz Andere« (*totaliter aliter*) Gottes deutlich in den Vordergrund gerückt werden und jede theologische Aussage bestimmen.

Der Kommentar zum *Römerbrief* von Barth fand ein erstaunliches Echo und brachte Theologen zusammen, die sich aus unterschiedlichen Perspektiven zu einer Krise der Kultur bekannten. Als Publikationsorgan der D.Th. wurde 1922 die Zeitschrift *Zwischen den Zeiten*, ursprünglich der Titel eines

Manifestes von F. Gogarten, gegründet, die bis 1933 erschien. In dieser Reihe erschienen die wichtigsten Arbeiten der D.Th., so u.a. von R. Bultmann *Religion und Kultur* (1920), von F. Gogarten *Wider die romantische Theologie* (1922), von E. Thurneysen *Schrift und Offenbarung* (1924) und von E. Brunner *Die Offenbarung als Grund und Gegenstand der Theologie* (1925). Seit der Mitte der 20er Jahre begann die anfängliche Aufbruchstimmung zu bröckeln und machte einer weitergehenden Differenzierung der Ansätze Platz. Vor allem die unterschiedlichen Deutungen des Dialektischen in der Theologie führte die Vertreter auf Wege, die kaum mehr Gemeinsamkeiten aufwiesen.

Die Auflösung der D.Th. wurde mit der offiziellen Einstellung der Zeitschrift *Zwischen den Zeiten* im Jahre 1933 besiegelt. Das Ende der D.Th. lässt sich indes nicht allein auf die inneren Auseinandersetzungen zurückführen, denn der Zeitpunkt 1933 markiert auch die veränderte Situation der Kirche in der Zeit des Nationalsozialismus mit den beginnenden Auseinandersetzungen des Kirchenkampfes. Die Phase der D.Th. hat sich dadurch tatsächlich als eine Theologie »zwischen den Zeiten« erwiesen. Rückblickend bleibt fraglich, ob die D.Th. tatsächlich die in sich begrenzten Möglichkeiten der historischen und der dogmatischen Rede über Gott im Sinne einer dialektischen Synthese zu einer weiterführenden Annäherung bringen konnte oder ob sie sich nicht vielmehr darauf beschränkt, das ganz Andere einer Wahrheit zu postulieren, die jenseits der tradierten Auslegungsmöglichkeiten in unerreichbarer Ferne zurückbleibt. [MV]

Diaspora   [griech. »Zerstreuung«] Im Speziellen wird unter D. die Verstreuung der Juden über die antike Welt verstanden. Darüber hinaus wird der Begriff aber auch in einem weitläufigen Sinn als Ausdruck für die Minderheitensituation religiöser Gruppierungen benutzt.

Grundlegend für das Verständnis der D. im Judentum sind die Deportation der Oberschicht Israels nach Assyrien (733) durch Tiglath-Pileser III. (2Kön 15,29; 17,6), das babylonische Exil, in das die Bevölkerung nach der Zerstörung Jerusalems 587/586 durch Nebukadnezar (2Kön 24,14; 25,11) geführt wurde, wie auch die Zerstreuungspolitik durch Alexander d.Gr. im 1. Jh., die dafür sorgte, dass mehr als eine Million Juden in Ägypten ansiedelten.

Die D. ist indes nicht nur als ein Ergebnis der Siedlungspolitik von Besatzungsmächten oder von wirtschaftlichen Beziehungen zu betrachten, durch die Juden beispielsweise in Ägypten, Kleinasien oder Rom ansässig wurden. Wesentliche Grundlage für das Phänomen der D. ist die jüdische Identität, die sich auch in der Fremde bewähren konnte. Ausschlaggebend dafür war zum einen das Festhalten am Gesetz, die Einhaltung spezieller Speisevorschriften, die Beschneidung und das Bewusstsein der Erwählung durch den Bund mit JHWH, zum anderen aber auch die Sprache, die bleibende Verbindung zu Jerusalem als Zentrum, Wallfahrten und die unverbrüchliche Hoffnung auf eine Rückkehr am Ende der Zeiten (Ps 147,2; Jes 11,11f.). Das Leben in der Fremde wird nur als vorübergehende Abwesenheit gedeutet, die zwar ein Leben lang dauern kann, aber die Vision der Rückkehr dabei nicht aus den Augen verliert. Unter diesen Voraussetzungen konnte gerade in der Fremde, getrennt von dem Heiligtum des Tempels und dem Opferkult, nicht nur die Identität gewahrt, sondern auch eine Entwicklung eingeleitet werden, die u.a. zur Entstehung der Synagoge, des Babylonischen Talmuds wie auch der griechischen Übersetzung der hebräischen Bibel führte (*Septuaginta*).

Für die Ausbreitung des Christentums war die D. eine wichtige Voraussetzung. So dienten die Synagogen des Judentums Paulus, der selbst der D. entstammt, als erste Anlauf- und Predigtstelle und somit als Ausgangspunkt für seine missionarische Tätigkeit (Apg 6,9ff.). Die Deutung der D. wird im NT allerdings einem Wandel unterzogen. Die Zerstreuung ist nun nicht mehr bloß eine Abwesenheit von Jerusalem bzw. dem Tempel, sondern eine prinzipielle Fremdheit in der Welt. So schreiben die Verfasser des Jakobusbriefes und des Petrusbriefes an die Gemeinden, »die in der Zerstreuung sind« (Jak 1,1; 1Petr 1,1), aber dabei wird dieses Leben in der Fremde nun als eine grundsätzliche Lebenssituation des Christen gedeutet, der Gast und Fremdling auf Erden ist (Hebr 11,13). Der Begriff der D. geht eine direkte Beziehung mit der Vorstellung des → Pilgers ein (1Petr 2,11), der nach einem besseren Vaterland im Himmel sucht (Hebr 11, 13ff.). Die Hoffnung auf die Rückkehr nach Jerusalem wird durch die Vision vom himmlischen Jerusalem ersetzt (»Denn wir haben hier keine bleibende Statt, sondern suchen die zukünftige«). Die Situation der D. wird somit zu einer existentiellen Grundlegung des Christen.

Im Unterschied zu der historischen Vertreibung der Juden in der antiken Welt und der Vorstellung von der existentiellen Fremdheit des Christen hat der Begriff der D. in der Gegenwart eine neue, nicht unproblematische Bedeutung erhalten, wenn er im allgemeineren Sinn auf die Minderheitensituation religiöser Gruppierungen angewendet wird. So wird von D. auch im konfessionellen Bereich gesprochen, um etwa die Situation der Protestanten in katholischen Gebieten wie umgekehrt zu charakterisieren. In diesem Sinne widmen sich die beiden großen evangelischen D.-Werke »Gustav-Adolf-Werk« und »Martin-Luther-Bund« wie auf katholischer Seite der »Bonifatiusverein« der Unterstützung der jeweiligen Minderheit. Problematisch erscheint dieses konfessionelle Verständnis der D. zum einen unter dem Aspekt der Ökumene, der das Verbindende gegenüber dem Fremden in den Vordergrund stellt, zum anderen auch aufgrund der Tatsache, dass in der säkularen Welt der Status der Christen insgesamt sich dem Normalzustand der Minderheit nähert. Hier wäre also zu differenzieren, ob von konfessioneller, religiöser oder von säkularer, ideologischer D. die Rede ist. [MV]

Diözese [griech. *dioikesis*»Haushaltung, Verwaltung«] Die D. ist ein anderer Ausdruck für das Bistum, gilt als das zentrale Element in der territorialen Gliederung der römisch-katholischen Kirche und umschreibt den Amtsbereich eines → Bischofs. Auf Seiten der evangelischen Kirchen entspricht das Dekanat bzw. der Kirchenkreis der Einrichtung einer D., in der orthodoxen Kirche die der Eparchie. In der Hierarchie der Kirche stellt die D. das unterste Segment der Kirchenleitung dar, das sich nach unten in die einzelnen Pfarrbezirke untergliedert. Das Gliederungsprinzip der Kirche nach D. wird auf die apostolische Zeit zurückgeführt, kirchenrechtlich gilt es als Teil des göttlichen Rechts.

Die Leitung einer D. nimmt der Diözesanbischof wahr, der zugleich direktes Oberhaupt aller Katholiken innerhalb der D. ist; die Einsetzung des Bischofs wie auch die Einrichtung, Aufhebung und Veränderung der D. liegt allein beim Papst. Der Bischof ist zugleich Vorsitzender der Diözesankurie (→ Kurie), die für die Verwaltung zuständig ist. Seit dem II. Vatikanischen Konzil gliedert sich die Diözesankurie in die Einrichtungen des durch den Generalvikar geleiteten Bischöflichen Ordinariats, der durch den Offizial vertretenen Gerichtsbehörde (Diözesangericht) und einer dem Kanzler unterstehenden Bürobehörde. Als Vertreter des Bischofs kann ein Titularbischof als Bischöflicher Vikar berufen werden.

Die vom Bischof einberufene und geleitete Diözesansynode begleitet die Beratungen der Diözesanangelegenheiten und besteht aus den berufenen oder gewählten Mitgliedern des Klerus und anderen Vertretern der Kirche. Die Diözesansynode hat lediglich beratende Funktion, die Gerichtsbarkeit liegt ausschließlich beim Bischof. Im letzten Jahrzehnt wird vermehrt eine stärkere Beteiligung der »Laien« in den Fragen der D. diskutiert, und es werden Foren entwickelt, die jedoch keinen gesetzgebenden Status haben. [MV]

Dogma / Dogmen [griech.»Meinung, Beschluss, Lehrsatz«] Wer heute vom D. spricht oder sogar das Adjektiv»dogmatisch« benutzt, bringt damit meistens ein gewisses Quantum an Skepsis, wenn nicht sogar Kritik zum Ausdruck. Das D. gilt – zumindest umgangssprachlich – als Inbegriff der verordneten Richtlinie, die den individuellen Aspekten des Glaubens nicht genügend Raum lässt. Diese Haltung hat verschiedene Gründe. Zum einen entspricht sie der Position der Aufklärung, die mit dem Vorwurf des Dogmatismus eine Haltung kritisierte, in der Glaubenssätze aufgrund von Autoritätserklärungen kritiklos übernommen werden, ohne dass ihre Grundlagen genügend geprüft sind. Diese Form des Dogmatismus ist allerdings von der

→ Dogmatik grundsätzlich zu unterscheiden. Zum anderen liefert die → Dogmengeschichte selbst den Anlass, sich von einer allzu sehr im D. erstarrten Theologie zu distanzieren (→ Befreiungstheologie). Dies gilt insbesondere für ein Verständnis, in dem das D. mit dem Wortlaut eines Lehrsatzes der kirchlichen Autorität identifiziert wird. Demgegenüber bezeichnet das D. eigentlich den Versuch, sich der in der Offenbarung verborgenen Wahrheit anzunähern und ihren Inhalt mit möglichst größter Präzision zu beschreiben. Da dieser Versuch stets zeitlich bedingt und daher relativ ist, bleibt das D. zwar unverrückbar, jedoch erscheint es problematisch, wenn der Inhalt im Sinne eines buchstäblichen Glaubens auf die Formulierung festgelegt und abschließend erfasst werden soll. Grundsätzlich gilt, dass das D. als eine Offenbarungswahrheit verstanden wird, die sich aus dem Spannungsverhältnis zwischen der Schrift und der Tradition ergibt. In seiner weitesten Definition kann es als kirchliche Grundgestalt christlicher Lehre beschrieben werden.

Historisch ist das D. im Zusammenhang mit den seit dem 4. Jh. geführten Verhandlungen entstanden, die eine einheitliche Glaubensgrundlage für die → Alte Kirche erwirken sollten, um dadurch abweichende Strömungen als → Häresie beschreiben und ausgrenzen zu können. Das D. gründet folglich in den Bemühungen um eine Bekenntnisformel, die verbindlichen Charakter und dabei sowohl eine einheitsstiftende wie eine ausgrenzende Funktion hat, durch die Kirche als Gemeinschaft konstituiert wird. Dabei geht es allerdings nicht bloß um die verbindliche Einheit der Kirche im Sinne der Reichskirche, sondern zugleich auch um die Herausforderung, die Wahrheit der christlichen Verkündigung in einer möglichst großen Bestimmtheit auszudrücken.

Der Begriff des D. selbst hat dabei eine doppelte Tradition, die sich auf die Anwendung der christlichen Glaubenslehre auswirkt: Er kann sowohl einen rechtlichen Beschluss als auch eine philosophische Lehre meinen, beide Traditionen fließen in der Diskussion um die Grundaussagen des christlichen Glaubens zusammen und werden dort unterschiedlich gewichtet. Während sich das Verständnis in der protestantischen Kirche eher der philosophischen Lehre zuwendet und dabei zum Teil in die Disziplin der → Systematischen Theologie einfließt, wird das Verständnis vom D. in der katholischen Kirche tendenziell eher durch den Charakter des rechtlichen Beschlusses bestimmt (→ Fundamentaltheologie). So gilt dort nach Vorgabe durch das I. Vatikanum all das als D., »was im geschriebenen oder überlieferten Wort Gottes enthalten ist und von der Kirche in feierlichem Entscheid oder durch gewöhnliche und allgemeine Lehrverkündigung als von Gott geoffenbart zu glauben vorgelegt wird«. Das D. im Sinne einer Lehrverkündigung erhält durch diese Definition ein besonderes Gewicht, wodurch schließlich auch die Lehraussage selbst in ihrem Zusammenhang zum D. ein Thema wird. Das D. der Unfehlbarkeit des → Papstes erscheint vor diesem Hintergrund als eine Konsequenz, durch die die Bedeutung des D. im Sinne einer Lehraussage fundamentiert wird.

Das evangelische Verständnis vom D. weist die Lehrautorität, durch die D. begründet bzw. neue festgelegt werden könnten, zunächst strikt zurück. Vor allem Martin Luther kritisiert den Anspruch der Kirche, selbst als Autorität aufzutreten und der alleine gültigen Offenbarung durch die Schrift (*sola scriptura*) die kirchliche Überlieferung gleichberechtigt an die Seite zu stellen: »Gottes Wort soll Artikel des Glaubens stellen und sonst niemand, auch kein Engel.« (WA 50,206,27) Als unverrückbare Grundlage gelten den Reformatoren deshalb allein die Glaubenssätze der altkirchlichen Bekenntnisse, die in den vier ökumenischen Konzilien festgelegt worden sind. Allerdings können und müssen diese Glaubensdokumente als ein Wechselspiel von Wort Gottes und Menschenzeugnis durch die Theologie entfaltet und neu beschrieben werden. In dieser Konzentration auf das D. der altkirchlichen Bekenntnisse und die Ablehnung der Lehraussagen als einer auf das D. zugeordneten Autorität zeichnet sich eine gewisse Nähe zur orthodoxen Kirche ab, die allein den Resultaten der zwischen 325 und 787 datierten sieben ökumenischen Konzilien den Status des D. zubilligt. Der Begriff des D. ist dabei in der Deutung durch evangelische Theologen allerdings eher changierend. Das erweist sich vor allem im Vergleich entsprechender Dogmatiken. [MV]

Dogmatik Eine theologische Disziplin, die die Lehre von den → Dogmen zum Inhalt hat, sich dabei mit der Deutung der aus der Bibel überlieferten Glaubensaussagen und deren Weiterführung in den Lehraussagen der kirchlichen Tradition beschäftigt. Anliegen der D. ist es, den Anspruch der Wahrheit des christlichen Glaubens argumentativ auszuführen. Indem sich die D. einerseits auf die geschehene Verkündigung im AT und NT bezieht (Schriftgemäßheit), dabei die Auslegungsgeschichte (→ Dogmengeschichte und → Kirchengeschichte) einbezieht (Bekenntisgemäßheit), um daraus Schlussfolgerungen für die gegenwärtige Auslegung und für die Umsetzung in den gelebten Glauben zu ziehen (Gegenwartsgemäßheit), ist sie eine Art Vermittlungsinstanz zwischen der historisch-exegetischen und der → Praktischen Theologie. Mit der → Ethik war die D. bis ins 17. Jh. verbunden, erst infolge der Aufklärung sonderte diese sich als selbständige Disziplin ab.

Die erste D. wird Origenes (185–253/54) zugeschrieben, der mit seiner Abhandlung *De principiis* (Die Grundlagen) aus der Konfrontation mit der hellenistischen Philosophie ein System der christlichen Weltanschauung erarbeitete. Für die Systematik der D. war vor allem Petrus Lombardus († um 1160) grundlegend, der mit den *Sententiarum libri IV* (Vier Bücher der

Grundsätze) eine Gliederung der D. in sieben Punkte (*loci*) entwickelte, die bis heute von Bedeutung ist: 1. von Gott (*Gotteslehre*), 2. von der Welt (*Schöpfungslehre*), 3. vom Menschen (*Anthropologie*), 4. von Christus und der Sünde (*Christologie*), 5. von der Erlösung (*Soteriologie*), 6. von der Kirche (*Ekklesiologie*) und 7. von den letzten Dingen (*Eschatologie*). An die Stelle dieser Ordnung tritt in der Neuzeit eine trinitarische Systematik, die sich an den Bekenntnissen ausrichtet.

In der kath. Kirche wird neben der Darstellung einzelner Dogmen, wie sie sich aus den biblischen Schriften und den altkirchlichen Dokumenten ergeben, auch die Lehrmeinung in der Tradition der Kirche und die zeitbezogene Vergewisserung als Gegenstand der D. herausgestellt. Die D. korrespondiert hier mit der → Fundamentaltheologie.

Im späten 16. und 17. Jh. entstanden innerhalb der ev. Kirche zahlreiche D., die das Ziel hatten, unter dem Aspekt der konfessionellen Trennung die Glaubensgrundlagen präzise zu formulieren. Die Rückbesinnung auf das Dogma der Alten Kirche und die Bekenntnisformeln kommt dabei nicht von ungefähr, sollte damit doch ein Unterschied zur Scholastik des MA deutlich werden. Die Fortführung mündet im 18. Jh. schließlich in das Anliegen, die grundlegenden Aussagen des Glaubens nicht nur als Darstellung einzelner Glaubenssätze zusammenzufassen, sondern diese auch in ihrer Entwicklung systematisch zu erfassen (→ Systematische Theologie). Von der kath. D. unterscheidet sich der ev. Ansatz vor allem durch die strikte Beziehung auf das Wort Gottes, durch die seit der Reformation allein die Bibel als Glaubensautorität definiert wird (*sola scriptura*). Die Tradition der Lehraussagen wird demgegenüber allenfalls reflektierend hinzugezogen. Unter diesem Aspekt lässt sich in der ev. Tradition neben der klassischen D., wie sie sich im 17. Jh. herausgebildet hat, die Entwicklung eines anderen Typus beobachten, der die subjektive Seite des Glaubens und eine jeweils zeitbezogene Auslegung in den Vordergrund stellt (Glaubenslehre). Mit der Entwicklung der historisch-kritischen Exegese erhält die D. neue Impulse wie z.B. die Herausforderung, historische Erkenntnisse über die biblischen Aussagen und die altkirchlichen Dogmen mit der Notwendigkeit zur zeitbedingten Neuformulierung abzustimmen.

Ein Problem der gegenwärtigen Diskussion liegt in der konfessionellen Bindung jeder D., die darauf zurückgeht, dass die Dogmen eine gemeinschaftsstiftende und somit automatisch auch ausgrenzende Funktion haben.

Versuche, eine christliche D. im ökumenischen Sinn zu formulieren, wie jene von E. Schlink, der davon ausgeht, dass alle dogmatischen Versuche in ihrer Verschiedenheit doch um den einen und gemeinsamen Mittelpunkt kreisen, der in Jesus Christus gegeben ist, werden dabei neuerdings durch die Herausforderung des interreligiösen Dialogs erweitert. H.-M. Barth hat vor diesem Problemhintergrund den Versuch unternommen, eine ev. Dogmatik im Kontext der Weltreligionen zu schreiben (im Dialog mit dem Judentum, dem Islam, dem Hinduismus und dem Buddhismus). Wenn D. prinzipiell als Gestalt der intellektuellen Nachfolge Christi verstanden wird, bietet sich für Barth heute in der Begegnung mit anderen Religionen nicht nur eine Chance, sondern auch eine Herausforderung: die Chance, durch die Begegnung mit dem Anderen den eigenen Glauben besser verstehen zu lernen; und die Herausforderung, auf Fragen der Integration in der multikulturellen Gesellschaft Antworten zu finden. Die Aufgabe der gemeinsamen Weltverantwortung aller Religionen fordert für ihn ein theologisches Nachdenken heraus, das direkt in eine dialogische D. mündet. [MV]

Dogmengeschichte   Als D. gilt die theologische Disziplin, die sich mit der Erklärung der Dogmen (→ Dogma) und ihrer Geschichte beschäftigt. In dieser Aufgabenstellung nimmt sie eine Mittlerfunktion zwischen der → Dogmatik und der → Kirchengeschichte ein. Als theologische Wissenschaft unterscheidet sie sich von der → Religionswissenschaft dadurch, dass sie die Entwicklung der in den Dogmen beschriebenen Zeugnisse der biblischen Offenbarung vom Glauben her zu erfassen trachtet und diese nicht nur in ihrer historischen Dimension neutral beschreibt.

Als Disziplin ist die D. relativ jung. Erst im Zuge der Aufklärung und auf der Grundlage des im 18. Jh. wachsenden Interesses an der Geschichte etablierte sie sich zunächst im Protestantismus. Ausschlaggebend waren hier die nachreformatorischen Auseinandersetzungen zwischen den Konfessionen und das Bewusstsein für die historische Bedingtheit der Dogmen. Vor allem ist es die Spannung zwischen den als Wahrheit verstandenen Lehraussagen der Tradition einerseits und der Erkenntnis andererseits, dass historisch gewachsene Werte von ihrem jeweiligen Umfeld geprägt sind und deshalb keinen Anspruch auf absolute Gültigkeit haben können, die das Heranwachsen der D. begleitet.

Als erste Arbeiten erschienen die *Ausführliche Geschichte der Dogmen* von S. G. Lange (1796), das *Handbuch der christlichen Dogmen* von W. Münster (1797) und das *Handbuch der ältesten, christlichen Dogmen* von F. Münter (1801–1804). Einen entscheidenden Einfluss auf die Entwicklung der D. hat A. Harnacks *Lehrbuch der Dogmen* in drei Bänden (1886–1890), in der das Entstehen der Dogmen als Einflussnahme der hellenistischen Philosophie auf die biblische Offenbarung beschrieben wird. Erst im 19. Jh. setzt eine katholische Tradition der D. ein, die seit dem II. Vatikanum auch lehramtlich akzeptiert ist und sich von der Betrachtung der Dogmenentwicklung bis zu einer Hermeneutik der Dogmen entwickelt hat. Von katholischer Seite aus wird nach wie vor als problematisch gesehen, dass das Verhältnis zwischen dem normativen Charakter der Tradition und der historischen Kritik nicht geklärt ist.

In der Gegenwart wird die D. überwiegend als kirchliche Normengeschichte verstanden, die den altkirchlichen Dogmen infolge ihrer ökumenischen Bedeutung einen besonderen Rang zuspricht, während die ihnen nachfolgenden Glaubensnormen, die durch konfessionelle Unterschiede geprägt sind, davon getrennt gesehen werden. Diese Hervorhebung der altkirchlichen Tradition soll auch dazu dienen, den ursprünglichen spirituellen Charakter des Dogmas wieder zurückzugewinnen. [MV]

Doketismus → Häresie

Ebenbild Gottes Die Ebenbildlichkeit ist zunächst im Alten Orient eine Bezeichnung für eine besondere verwandtschaftliche Beziehung (z.B. Eltern – Kind). Im theologischen Bereich wird sie in der Umwelt des AT für eine besonders enge Beziehung zwischen einer Gottheit und einem herausragenden Menschen, in der Regel einem König, verwendet. Als E.G. ist der so bezeichnete Mensch gewissermaßen Gottes irdischer Stellvertreter, der die göttliche Weltordnung auf Erden durchsetzen soll. Besonders in Ägypten war diese Vorstellung stark ausgeprägt. Der jeweils regierende Pharao war das Abbild des Gottes des Königshauses und diesem wesensmäßig so stark ähnlich, dass der Pharao schon zu Lebzeiten als Gott bzw. gottähnliches Wesen verehrt wurde. In Gen 1,27 (priesterschriftlicher Schöpfungsbericht) wird die Vorstellung vom E.G. gewissermaßen demokratisiert und auf jeden Menschen bezogen. Da es ab dem Exil (587 v.Chr.) keinen König mehr in Juda/Israel gab, wurden dessen Aufgaben (u.a. Erhaltung und Bewahrung der Schöpfung) auf jeden einzelnen Menschen übertragen. War vorher der König Stellvertreter Gottes und ihm gegenüber für sein Verhalten verantwortlich (vgl. die Bezeichnung des irdischen Königs als leiblicher Sohn Gottes in Ps 2,7), wird diese Aufgabe nun auf jeden Menschen (beiderlei Geschlechts, Gen 1,27b) übertragen. Jeder Mensch wird zum Repräsentant Gottes auf Erden – eine in der Bibel sonst kaum erreichte Spitzenaussage über die Aufgabe eines jeden einzelnen Menschen für die Bewahrung der Schöpfung und der göttlichen Weltordnung. [WZ]

Ehe [ahd: *ewe* »Gesetz«] Für den Begriff der E. findet sich im AT keine direkte Entsprechung. Das Zusammenleben von Frau und Mann wird im Kontext der → Familie und des → Bundes betrachtet. Grundlegend ist dabei die schon in Genesis angelegte Deutung der E. als leibliche Gemeinschaft, die von Ergänzung, Achtung und Partnerschaft ausgeht, wobei diese Gemeinschaft einerseits als ein von Gott gestifteter Bund eine religiöse Komponente erhält, durch die die E. in den Zusammenhang der Schöpfungsordnung gestellt und zum Spiegel des Bundes zwischen Gott und Israel wird (Mal 2,14ff.); andererseits gilt die E. als ein öffentliches Rechtsverhältnis, mit dem die Verbindlichkeit im Sexualverhalten und der Fürsorgepflicht geregelt wird (»Du sollst nicht ehebrechen« Ex 20,14). Dieser Hochschätzung der E. als einem Bund, der im Sinne der göttlichen Stiftung unlösbar ist, entsprechen zwar die drastischen Strafen für den Bruch der E. (Lev 20,10; Dtn 22,23) wie auch die Privilegien für Neuverheiratete, die beispielsweise vom Kriegsdienst freigestellt werden (Dtn 24,5), gleichwohl werden die Möglichkeiten zur Auflösung der E. detailliert beschrieben (Dtn 24,1–4). Diesem Widerspruch zwischen der schöpfungstheologischen Bestimmung und der Alltagswirklichkeit widmet sich speziell die prophetische Kritik (Hos 1ff.; Mal 2,14ff.). Dort wird die Missachtung von Liebe und Treue in der E. parallel zum Bruch des Bundes mit Gott interpretiert und dementsprechend die nach Dtn 21,15ff. zulässige Polygamie wie auch die Scheidungspraxis verurteilt.

Im NT wird der Gedanke der E. als Schöpfungsordnung und Stiftung Gottes aus dem AT hervorgehoben und im Sinne des Liebesgebotes radikalisiert. So wird in der → Bergpredigt der Ehebruch schon auf die begehrlichen Blicke ausgeweitet (Mt 5,27ff.), die Polygamie konsequent abgelehnt und die Ehescheidung grundsätzlich abgelehnt (Mk 10,9: »was nun Gott zusammengefasst hat, soll der Mensch nicht scheiden«). Der Umgang Jesu mit Ehebrechern entbehrt dagegen jeglicher Verurteilung und ist von Gnade bestimmt. Neu erscheint an dieser Position die Hervorhebung partnerschaftlicher Beziehung in der E. und die Kritik an den patriarchalen Strukturen der Ehepraxis wie besonders der atl. Regularien zur Ehescheidung.

Paulus teilt die Auffassung der durch Jesus in der Bergpredigt interpretierten E. als äußerer Bund wie als inneres Band der Liebe (Gal 3,28: »da ist nicht Mann und Weib, denn ihr alle seid einer in Christus Jesus«), entwickelt daneben aber auch eine Position der Ehelosigkeit, derzufolge ein Verzicht auf die E. wohl »begründet« ist, nicht aber »gefordert« werden kann (1Kor 7,1–8). Die E. ist demnach Teil des Alten Bundes und hat somit für das Reich Gottes keine Gültigkeit (Mk 12,25: »denn wenn sie von den Toten auferstehen, heiraten sie nicht und werden nicht verheiratet, sondern sind wie die Engel im Himmel«).

In der Alten Kirche wird die Ehelosigkeit »um Christi willen« in stärkerem Maße aufgewertet (Augustinus, *De doctrina Christiana* 1,27: »Wenn man aber Gott mehr lieben muss als jeden Menschen, so muss jeder auch Gott mehr als sich selbst lieben«), teilweise mit dem Ideal der Jungfräulichkeit verknüpft, gleichzeitig jedoch der religiöse Wert des Ehebundes unterstrichen (Clemens Alexandrinus, *Stromateis* 3,68,1: »Wer sind aber die zwei oder drei, die im Namen Christi versammelt sind, und in deren Mitte der Herr ist? Meint er mit diesen dreien nicht Mann, Weib und Kind, weil der Mann mit dem Weibe durch Gott verbunden ist?«).

Erst im 9. Jh. wird die E. als → Sakrament verstanden, zunächst in der Ostkirche, die in der Synode von Konstantinopel (920) allerdings auch die Möglichkeit von bis zu drei aufeinanderfolgenden Eheschließungen festlegt. In der Westkirche wird die E. erstmals auf dem II. Laterankonzil (1139) neben Eucharistie, Taufe und Priesterweihe genannt und seit dem Konzil von Verona (1184) zu den sieben Sakramenten gerechnet.

Martin Luthers Verständnis der E. ist allgemein von der Kritik an der Werkgerechtigkeit wie im Besonderen vom klösterlichen Leben und dem Priesterzölibat geprägt. Zwar wertet er das Familienleben insgesamt als »wahren Gottesdienst« (»Wenn ein Mann hinginge und wusche die Windel oder tät sonst an Kindern ein verächtlich Werk … Gott lacht mit allen Engeln und Kreaturen nicht, dass er die Windel wäscht, sondern dass er es im Glauben tut« WA 10,296,27–30), allerdings bleibt die E. wie die Hochzeit für ihn ein »weltlich Geschäft«, bei dem es Geistlichen nicht gebührt, »etwas darin zu ordnen oder zu regieren« (WA 30, 74.1–5).

In der gegenwärtigen Diskussion um die E. spielt einerseits die Kritik an den patriarchalen Strukturen des biblischen Eheverständnisses eine Rolle wie andererseits die statistisch nachvollziehbare Tendenz zur »Privatisierung« des Zusammenlebens von Mann und Frau. Alternative, auf Dauer angelegte Lebensformen, durch die die E. als Rechtsinstitution an Bedeutung verliert, werden zunehmend von den Kirchen unter dem Aspekt debattiert, dass unabhängig von der gesellschaftlichen Leitbildfunktion der E. auch andere Lebensformen, die »dem Kriterium der Lebensdienlichkeit« entsprechen, akzeptiert und gefördert werden (*Didaskalia* 49,55). Dabei steht im Vordergrund das Interesse, die E. von ihrer traditionellen Zwecksetzung (Fortpflanzung, Regulierung des Sexualtriebs, finanzielle Absicherung) zu lösen, um eine verbindliche aber zweckfreie Lebensgemeinschaft der Liebenden zu verwirklichen. [MV]

Ehefreiheit   Obwohl sich Jesus in seinen Äußerungen über die → Ehe deutlich zum Bündnis von Mann und Frau als Stiftung Gottes bekennt (Mt 19), blieb er bezeichnenderweise selbst ehelos. Auf die Frage seiner Jünger, ob es nicht besser sei, gar nicht erst zu heiraten, wenn doch eine Scheidung des von Gott zusammengeführten Ganzen durch den Menschen nicht möglich sei, antwortet er abwägend: »Nicht alle fassen dieses Wort, sondern nur die, denen es gegeben ist« (Mt 19,10). In diesem Sinne betrachtet Jesus die E. unter den gleichen Vorzeichen wie die Abkehr von der Familie um der Nachfolge willen (Lk 14,26), leitet daraus aber offensichtlich keine verbindliche Forderung für die Jünger ab.

Die Möglichkeit eines ehelosen Lebens, in der sich die freiwillige Entscheidung für ein geistlich orientiertes Leben bekundet und das somit als eine besondere Gabe gelten kann, galt schon zur Zeit des Neuen Testaments vielen als Alternative. Zumindest von Maria aus Magdala wie auch vom Apostel Paulus ist bekannt, dass sie diesen Weg wählten, um sich konsequent einem spirituellen Leben zu widmen. Diese Form der selbst gewählten E. ist somit von der im → Zölibat verordneten Enthaltsamkeit zu unterscheiden, bei dem eine Übernahme des Priesteramtes verpflichtend an die E. gebunden wird. Abzugrenzen ist die von Jesus angesprochene Form der E. außerdem von allen Formen der Leib- und Sexualfeindlichkeit, die sich im besonderen Maße in gnostischen (→ Gnosis) Kreisen etablierte. Auch wenn Paulus nicht müde wird, die Ehe als besondere Gabe Gottes herauszustellen, ist seine Argumentation für die E. doch nicht frei von sexualfeindlichen Tendenzen (1Kor 7,1–9). So stellt er die von ihm gewählte Form der E. als allgemein wünschenswert heraus, empfiehlt die Ehe jedoch »um der Vermeidung von Unzuchtsünden willen« und resümiert: »Es ist besser zu heiraten, als sich in Begierde zu verzehren« (1Kor 7,9). Sein Plädoyer für die E. hat indes noch einen weiteren Aspekt, durch den die Ehe als die gottgewollte Lebensform zumindest relativiert wird.

Auch das Leben in frei gewählter E. erscheint als eine Möglichkeit des gelingenden Lebens, das nicht als unvollständig gilt. Frauen und Männer werden dabei von dem Zwang entbunden, allein in der Familie bzw. in der Sorge um die Nachkommenschaft ihre Daseinsberechtigung zu sehen, und erhalten die Chance zu einem Leben, das von Fremdbestimmungen weitgehend entlastet wird. Diese Möglichkeit nutzen vor allem Frauen, denen sich einst in der Form des klösterlichen Lebens die einzige Alternative zum Familienleben bot, die sich heute aber durch eine freie Wahl der E. anderen Formen der Lebensgestaltung zuwenden können. [MV]

Ekklesiologie → Kirche

Ekstase [griech. *ekstasis* »das Außer-sich-Geraten«] Bei der E. handelt es sich um einen euphorischen Zustand höchster Ergriffenheit, bei dem außerordentliche Erfahrungen gemacht werden, die mit halluzinativen Wahrnehmungen einhergehen können. Wie auch im Rausch oder im Enthusiasmus verändert sich in der E. das Verhältnis des Menschen zu sich selbst und zu seiner Außenwelt. Im Gegensatz zum Rausch wird mit der E. aber vornehmlich der psychische Ausnahmezustand bezeichnet, der religiös motiviert ist. Im Außersichsein der E. verschwimmen die Grenzen zwischen Immanenz und Transzendenz, und der Ekstatiker fühlt sich von einer göttlichen Macht überwältigt, als ob ihm der Boden unter den Füßen entzogen würde (Levitation). Dabei verlieren Raum und Zeit ihre Verbindlichkeit (Entrückung). In diesem Sinne ist die E. auch als eine Reise der Seele zu charakterisieren, die neue religiöse Erfahrungsbereiche erschließt.

In der christlichen Tradition ist die E. eng verbunden mit der → Mystik und mit speziellen Ritualen und Techniken, durch die E. erzeugt oder gefördert werden kann (→ Askese, → Tanz, Atemregulierung, Schmerzstimulierung, ritualisierte Körperbelastung). Obwohl erst die Theologie der Wüstenväter einen Aufschwung ekstatischer Techniken bewirkte, ist doch auch dem NT die E. nicht fremd: Schon Paulus weiß von einer solchen Entrückung zu berichten (2Kor 12) und ebenso Petrus (Apg 10,9ff.).

Nicht eindeutig ist dagegen die Zuordnung der Zungenrede (→ Charisma) zur E., allerdings kann aus der Mahnung, die Paulus an die Gemeinde in Korinth richtet (1Kor 14) auch eine Warnung vor Auswüchsen und einer Überbewertung ekstatischer Techniken herausgelesen werden. In diesem Sinne hatten die Kirchen auch stets eine ambivalente, eher skeptische Haltung zur E., da die visionäre Entrückung als direkter, nur subjektiv nach-vollziehbarer Weg der Gotteserfahrung sich weitgehend der Kontrolle durch die Kirche entzieht.

Besonders bekannt geworden sind die ekstatischen Erfahrungen von Hildegard von Bingen, in deren Visionen Schmerzerfahrungen und Furcht derart eingebunden sind, dass sie sich zugleich von einer allzu euphorischen Vorstellung der E. distanziert und jegliche Anleitung im Sinne einer Schulung zur E. strikt ablehnt (*liber scivias*); von Meister Eckhart, der das geistliche Erlebnis in den Vordergrund stellt und die somatischen Symptome als Nebenerscheinungen klassifiziert; und von Teresa von Ávila, deren auditive und visionäre Erlebnisse auch die Gefahren der E. für die Persönlichkeitsentwicklung verdeutlichen: »Zuletzt geriet ich in so gefährliche Gelegenheiten, und meine Seele war in eine Menge von Eitelkeiten so sehr verstrickt, dass ich mich scheute, fernerhin mit Gott so vertraulich zu verkehren.« (»Die Wohnungen der inneren Burg«). Für die meisten Mystiker hat die E. einerseits Offenbarungsqualität, andererseits aber auch einen verführerischen Charakter. Als Maßstab gilt deshalb die vita activa, der »Dienst für Gott« und somit die Früchte, die das ekstatische Erlebnis nach sich zieht. [MV]

El → Gottheiten

Eltern → Familie

Engel [hebr. *mal'ak*, griech. *angelos* »Bote«] Weihnachts- und Schokoladenengel, ja selbst barocke Darstellungen von E. in Kirchen, pausbäckig und beflügelt, erschweren den Zugang zur genuin biblischen Vorstellung – ganz abgesehen von den religionsgeschichtlichen Parallelen im Islam, der in dieser Hinsicht vom Judentum und Christentum abhängig ist.

E. sind im AT und NT Boten Gottes, über sie tritt er an die Menschen heran – dies zumeist in existenzbedrohenden wie erhellenden Situationen. E. haben ihre spezifische Konsistenz, d.h. sie sind nicht greifbar, sie werden nicht sesshaft, und nachdem sie ihre Aufgabe erfüllt haben, verschwinden sie wieder. Sie werden nach antik-orientalischen Vorstellungen oft als Hofstaat Gottes etikettiert. Die »Menge der himmlischen Heerscharen« (Lk 2,13) ist geradezu sprichwörtlich, ebenso wie das Lob, das aus ihrem Mund ertönt. In dieses hierarchische Bild passt die Vorstellung von den sog. Erzengeln, als deren wichtigste im Judentum Gabriel, Michael, Raphael und Uriel gelten. Sie stehen Gott am nächsten vor seinem Thron. Was sie tun, ist besonders wichtig, und Boten bleiben sie allemal. Gabriel kündigt dem Priester Zacharias (Lk 1,11ff.) die Geburt seines Sohnes an, der als Johannes d. Täufer später in die Evangelien- und Heilsgeschichte eingehen sollte. Gabriel bereitet auch Maria auf die Geburt ihres ersten Sohnes Jesus (Lk 1,28ff.) vor.

Das Gleiche widerfährt Josef (Mt 1,20). Unfassbare Ereignisse wie die Geburt des Christus (Lk 2,10f.) oder die → Auferstehung Jesu von den Toten (Mk 16,5ff. u. par) werden durch E. angesagt und gedeutet.

E. dienen Gott, wie u.a. an der Versuchungsgeschichte Jesu (Mt 4,1ff.) deutlich wird, als sie nach den erfolglosen Bemühungen Satans »zu ihm traten und ihm dienten«. Darüber hinaus beschützen und bewahren sie den Menschen. Ein Verständnis, das sich in abgewandelter Form bis in unsere Gegenwart erhalten hat, wie die Rede vom Schutzengel oder vom »guten E.« erhellt.

Weniger populär, weil auch theologisch schwierig, sind die Vorstellungen vom gefallenen Engel, der zum → Teufel degenerierte. In seiner Kennzeichnung als Luzifer (Lichtträger) schimmert noch seine Abstammung durch, gehörte er doch einst zum Kreis der Lichtgestalten und hatte selbst Anteil am Licht. Wer vom Rache- und Würgeengel, vom E. des Zorns und Verderbens spricht, setzt sich dem Verdacht aus, menschliches Fehlverhalten und entsprechende Aggressionen religiös zu verbrämen und zu rechtfertigen.

In den Bekenntnisschriften der ev. Kirche (Schmalkald. Art.) wird die Engelsanbetung verworfen und in der darauf folgenden Aufklärung die Existenz von Engeln überhaupt geleugnet. Von Bedeutung sind deshalb die Versuche einer theologischen Renaissance der jüdisch-christlichen Engelsvorstellungen u.a. durch K. Barth (KD III,3) und C. Westermann. [GB]

Entmythologisierung Der Begriff E. wurde von Rudolf Bultmann geprägt und in den theologischen Diskurs eingeführt. Ausgangspunkt ist die Beobachtung, dass das Heilsgeschehen in der biblischen Botschaft nicht offen zutage liegt, sondern in die Form antiker mythologischer Vorstellungen wie Jungfrauengeburt, → Wunder oder → Himmelfahrt gekleidet ist. Das Programm der E. sucht das Weltbild der Antike als heute nicht mehr annehmbares Glaubenshindernis zu überwinden und den dahinter liegenden Kern der Texte in seiner Relevanz für die Existenz des modernen Menschen freizulegen. Es geht um die Möglichkeit, den christlichen Glauben unter den Bedingungen des von den Naturwissenschaften geprägten neuzeitlichen Daseinsverständnisses nachzuvollziehen. Um der Redlichkeit des Glaubens willen soll dem Menschen für seine Religion keine Bejahung eines Weltbildes abverlangt werden, das er in seinem sonstigen Leben verneint. Die Mythen sind zeitbedingte, aus dem antiken Weltbild erwachsene Entfaltungen einer zeitlos gültigen Glaubensbotschaft.

Das Ziel der E. ist nicht die Eliminierung des → Mythos, sondern seine Übertragung in eine existenzbezogene Begrifflichkeit. Die biblischen Überlieferungen thematisieren demnach die gleichen existentiellen Grundfragen, die auch den modernen Menschen bewegen. Die Mythen an sich stellen dagegen keinen Glaubensgegenstand dar und dürfen nicht in den Rang von

Heilstatsachen erhoben werden. Der Versuch, ihre Wirklichkeit zu erweisen, wird als Ausdruck des Verlangens gebrandmarkt, nach Beweisen für die Gegenwart Gottes zu suchen und den Glauben zum Zwecke falscher Sicherheiten auf Fakten zu gründen. Es gilt, hinter die mythologischen Vorstellungen zum Anspruch der von ihnen getragenen Glaubensbotschaft vorzudringen. Deren Kern ist das Ärgernis vom Kreuz. Es hält dem Menschen, der sein Leben aus eigenem Willen und aus eigener Kraft glaubt gestalten zu können, seine Erlösungsbedürftigkeit vor Augen und stellt ihn in seiner alten Existenz radikal in Frage. Glaube bedeutet Preisgabe der menschlichen Selbstherrlichkeit im Angesicht des Kreuzes, indem der Mensch dem Ruf zur Entscheidung folgt, sein altes sündiges Wesen ablegt und die Möglichkeit einer neuen Existenz ergreift.

Das Programm der E. löste erbitterte theologische Kontroversen aus und trug seinen Befürwortern den Vorwurf eines willkürlichen Umgangs mit der biblischen Botschaft ein. Dabei wurde allerdings das Anliegen der E. verkannt, die zentralen Inhalte des christlichen Glaubens unter den Herausforderungen des geschichtlichen Denkens der Neuzeit zur Sprache zu bringen. Problematischer an der E. ist die Abwertung des Mythos als einer nicht mehr zeitgemäßen Ausdrucksform des Glaubens. Demgegenüber kam es mit Recht zu einer Rehabilitierung mythischen Denkens. Die Sprache des Mythos stellt ein unentbehrliches Mittel des Redens von Gott dar und macht das Heilige in der Gemeinschaft erfahrbar. Eine von mythischen Bildern und Vorstellungen gereinigte Theologie beraubt den Glauben der Phantasie und lässt ihn in der Kraftlosigkeit eines abgeklärten Intellektualismus erstarren. [BK]

Epiphanie   Im Kirchenjahr werden zwar sechs Sonntage nach E. gezählt, die Bedeutung dieses Festes am 6. Januar bleibt jedoch weitgehend unklar. Dies liegt an seinem bislang ungeklärten Ursprung. Auf jeden Fall ist es älter als das uns geläufige Weihnachtsfest, das erst im 4. Jh. n.Chr. in Rom eingeführt und am 25. Dezember gefeiert wurde. Als frühestes Zeugnis gilt ein Hinweis von Clemens Alexandrinus (Stromateis I, 146,1f.) auf eine Feier von Gnostikern, bei der der Taufe Jesu gedacht wurde. Daraus, so wird vermutet, habe sich schließlich ein Fest der Kirche entwickelt, das sich an das Ende des 4. Jh. datieren und in Ägypten lokalisieren lasse. Als Inhalt erscheinen sowohl die Geburt als auch die Taufe Jesu. Außer der Feier der Geburt und Taufe können auch die Anbetung der Magier und das Weinwunder von Kana zum Inhalt des Festes gehören.

Bezeichnend ist, dass sich Hieronymus in einer Weihnachtspredigt 410 in Jerusalem polemisch gegen eine Geburtsfeier am 6. Januar wendet. Die Einführung des → Weihnachtsfestes durch Konstantin d.Gr. am 25. Dezember führte schließlich zu einer Vereinheitlichung der Festbräuche im Sinne einer strikten Trennung der Inhalte. 419 n.Chr. gedenkt man in Rom am 6. Januar der Taufe Jesu, der Huldigung der Magier und des Weinwunders von Kana. Hin und wieder kommt es im Vergleich beider Feste auch zu Bewertungen. Nach Maximus, Bischof von Turin (350–420), wird erst im Fest E. die Fülle von Weihnachten offenbar. Die armenische Kirche begeht noch heute die Geburt Jesu am 6. Januar. Der Name *epiphaneia* dürfte religionsgeschichtlich vermittelt sein: Erscheinungen einer Gottheit schlechthin. Aber auch das NT kennt den Begriff. Nach Tit 2,11 ist die heilsame Gnade »erschienen«, 2 Tim 1,10 spricht von der »Erscheinung unseres Heilandes Jesus Christus«. Eingebürgert hat sich seit Luther der »Tag der heiligen drei Könige«, der als solcher im → Brauchtum überlebt. Die Initialen C, M und B (für die im MA den Magiern zugedachten Namen Caspar, Melchior und Balthasar) werden am 6. Januar über Hauseingänge gemalt und zeigen an, dass die Wohnung vor Schaden bewahrt bleiben möge: Christus Mansionem Benedicat. [GB]

Erfahrung Ein Mensch, der E. besitzt, gilt allgemein als kundig, routiniert und vertrauenswürdig, E. ist die Voraussetzung für Professionalität. Jemandem, dem es an E. mangelt, würde demgegenüber wohl niemand mit gutem Gewissen eine verantwortungsvolle Aufgabe übertragen. In diesem Sinne geht E. weitgehend mit → Weisheit konform, ist zumindest in einer gewissen Weise an ein entsprechendes Alter gebunden und lässt es als gerechtfertigt erscheinen, vom »Schatz« an E. zu sprechen.

Etwas komplizierter wird es, wenn der Begriff E. nicht in seiner umgangssprachlichen Bedeutung benutzt wird, sondern in seiner Beziehung zur Erkenntnis exakt bestimmt werden soll. In diesem Falle kann E. als Kenntnisnahme von der Wirklichkeit beschrieben werden, die sich nicht im Begrifflichen erschöpft, sondern auf persönliche Widerfahrnisse zurückgeht, dennoch den Anspruch auf allgemeine Gültigkeit erheben kann. Vom Gefühl unterscheidet sich die E. folglich dadurch, dass sie eben nicht auf die Subjektivität des Einzelnen beschränkt ist, gleichwohl den persönlichen Erfahrungsschatz als wesentlich voraussetzt.

Als Problem wurde die E. in ihrem Verhältnis zur Vernunft und zur Erkenntnis in der Philosophie seit dem 17. Jh. beschrieben und ausgiebig behandelt. Entscheidend war dabei der Ansatz von Descartes (1596–1650), der die Bedeutung der E. entscheidend durch die Behauptung relativierte, jede Form der wahren Erkenntnis ginge auf den Verstand zurück und eben nicht auf die E. Eine letztgültige Erkenntnis strebt seiner Meinung nach nicht nur über die empirische Wahrnehmung hinaus, sondern wird durch sie möglicherweise sogar behindert, denn Sinneseindrücke können täuschen. Dem widersprach J. Locke (1632–1704) vehement und empfahl, vor jeder Diskussion über E. zunächst einmal den Begriff der Erkenntnis selbst zu ergründen. Seiner Meinung nach basiert Erkenntnis immer auf E., es gäbe nichts im Verstand, was zuvor nicht als Empfindung erfahren werde, insofern gebühre der E. der Vorrang im Prozess der Erkenntnis. In dieser Konfrontation der rationalistischen und empirischen Ansätze brachte Kant mit seiner *Kritik der reinen Vernunft* (1781) eine grundsätzliche Neuorientierung. Er kritisierte beide Ansätze, würdigte sie zugleich und kam zu dem Ergebnis: »Alle unsere Erkenntnis beginnt mit der Erfahrung, aber nicht alle unsere Erkenntnis stammt aus der Erfahrung«. Für ihn ist die E. somit eine »geistige Leistung«, denn erst durch E. erhalten Begriffe ihre Realität.

In den biblischen Schriften ist die E. nicht in die Spannung von rationaler und empirischer Erkenntnis eingebunden. Im AT gilt Erkenntnis vor allem als Erkenntnis Gottes und ist dabei unmittelbar an die E. gebunden. Diese E. der Gegenwart Gottes erweist sich grundsätzlich in einer doppelten Ausrichtung, zum einen auf die sinnlich wahrnehmbare Schöpfung, die zum ehrfurchtsvollen Staunen Anlass bietet; zum anderen auf die Geschichte Israels, die als Heilshandeln Gottes an seinem Volk empfunden wird (→ Exodus). Alltägliche Begebenheiten können dabei im Sinne einer E. Gottes gedeutet werden. Im Gegenzug wird die falsche Erkenntnis durch mangelnde E. entlarvt. Falsche Propheten widerlegen sich selbst, indem die Prophezeiungen nicht erfahrbar werden, weil sie nicht eintreffen und deshalb auch nicht zutreffen. Insgesamt gilt jedoch für die Erkenntnis wie für die E. eine unüberwindbare Grenze, da kein Weiser je die Pläne Gottes ergründen kann (Jes 19,12).

Auch im NT ist geistliche Erkenntnis prinzipiell an der E. ausgerichtet, so gilt die Faustregel Jesu: »An ihren Früchten werdet ihr sie erkennen« (Mt 7,16), was zunächst besagt, dass jede Erkenntnis durch die E. gestützt sein muss. Im Anschluss daran formuliert Paulus die Kritik an einem rein kognitiven Erkenntnisideal mit deutlichen Worten: »Die Erkenntnis bläht auf, die Liebe aber baut auf« (1Kor 8,1). Sein Hohelied auf die Liebe in 1Kor 13 lässt sich dann auch als ein Plädoyer für die E. lesen, die gegenüber der immer als Stückwerk bedingten Erkenntnis als das höhere Gut gelten kann.

In der Theologie der Neuzeit hat die E. vor allem durch F. Schleiermacher eine Renaissance erlebt, der sie zur Methode erhoben hat. Indem er die Religion als »Gefühl schlechthinniger Abhängigkeit« definiert, setzt er die Gotteserfahrung aller Theologie voran, ebnet damit aber zugleich den Weg eines möglichen Missverständnisses. Es wäre vollkommen verfehlt, das »Gefühl« Schleiermachers psychologisch zu deuten und damit die Theologie insgesamt in den Bereich rein subjektiver Einbildung zu verlagern. Demgegenüber geht es ihm um die Kategorie der E. als Ergriffenseins vom Unbedingten. An Schleiermacher schließt auch P. Tillich an, für ihn ist E. »das Medium, durch das die Quellen zu uns sprechen, durch das wir sie aufnehmen können« (Syst. Theologie, I). Er versteht E. also im Sinne einer Partizipation des erkennenden Subjektes an der geistigen Wirklichkeit, so dass allein durch E. die existenzielle Tiefe des Glaubens zum Tragen kommen kann. Dabei ist es wichtig, das Medium der E. nicht als Quelle zu verstehen, aus der die Inhalte der Theologie kommen. Um derartigen Missverständnissen vorzubeugen, ist für ihn deshalb wichtig, wie der Begriff der E. theologisch gedeutet wird; in einer groben Unterscheidung differenziert er zwischen einer ontologischen E., die im Sinne des Positivismus allein das faktisch Gegebene als Gegenstand der Betrachtung akzeptiert und deshalb ein transzendentes Gottesbild nicht zu erfassen in der Lage ist; einer wissenschaftlichen E., die sich im Sinne des Empirismus mit erkennbaren und prüfbaren Strukturen beschäftigt und auf das Problem stößt, dass der Gegenstand des Glaubens weder aus der Distanz zu betrachten noch nachzuprüfen ist; und schließlich einer mystischen E., die sich als Partizipation versteht, dabei zwar keine neuen Offenbarungen bietet, aber neue Zugänge durch den existenziellen Vollzug ermöglicht. Der Inhalt der Theologie bleibt dabei Jesus Christus, ein historisches Ereignis, das nicht erfahrbar ist. [MV]

Erkenntnis   bezeichnet das grundlegende Bemühen des menschlichen Geistes, die ihn umgebende Wirklichkeit und sich selbst zu begreifen. Seit alters her beschäftigt sich vornehmlich die Philosophie mit Fragen der E., im Zuge der neuzeitlichen Ausdifferenzierungen der Wissenschaften kommt es daher zur speziellen Disziplin der Erkenntnistheorie, die sich mit den Bedingungen, Möglichkeiten und Zielen der E. beschäftigt. Meilensteine abendländischer Erkenntnistheorie sind Platons Ideenlehre und Kants Kritiken der reinen und praktischen Vernunft sowie der ästhetischen Urteilskraft. Platon ging davon aus, dass von E. erst dann zu sprechen ist, wenn über die sinnliche Wahrnehmung hinaus der ideelle Gehalt eines Gegenstandes erfasst wird.

Diese für Antike, Mittelalter und Renaissance prägende Grundannahme erfuhr durch Kant eine erhebliche Modifikation. Zwar lehnt er den empiristischen Erkenntnisbegriff der englischen Aufklärer ab, der ähnlich wie schon Platons Gegner die E. an die Sinneserfahrung bindet, gleichwohl bestreitet er allerdings, dass Menschen zu der E. gelangen können, wie ein Ding an sich ist. Menschen können lediglich erkennen, was sich innerhalb der Anschauungsformen Raum und Zeit befindet und mit den Kategorien des menschlichen Verstandes erfasst werden kann. Mit Blick auf das Erfassen religiöser Inhalte wie beispielsweise den Gottesbegriff kann Kant zufolge daher nicht von E. im engeren Sinn gesprochen werden. Eine wesentliche Verschärfung erhält diese Auffassung durch den von Kant selbst bestrittenen Empirismus, der durch den rasanten Aufstieg der Naturwissenschaften im 19. Jh. zu einer streng positivistischen Erkenntnistheorie führt.

Ein theologischer Gebrauch des Erkenntnisbegriffs kann sich mit dieser Reduktion von E. auf Messbarkeit und sinnliche Verifizierbarkeit nicht zufrieden geben. Die Existenz Gottes erschöpft sich schon aufgrund der Unermesslichkeit ihres Gegenstandes nicht im menschlichen Erkenntnisvermögen. Zugrunde liegt die Annahme, dass Gott nicht erkannt werden kann, wenn er sich nicht selbst zu erkennen gibt. E. ist damit im theologischen Sinn unauflöslich an das Geschehen der göttlichen Selbsterschließung (→ Offenbarung) gebunden. Diese in der christlichen Theologie im Grunde von Anfang an akzeptierte Grundvoraussetzung erfährt allerdings verschiedene Ausprägungen: Strittig ist dabei erstens, wie sich das menschliche Erkenntnisvermögen zum Akt der göttlichen Selbsterschließung verhält. Unter den Stichworten Vernunft und Glaube lässt sich dabei einerseits ein Modell denken, das die Bedeutung der Vernunft der göttlichen Offenbarung ganz unterordnet und den Glauben als von Gott selbst gewirkte Antwort versteht. Gottes-E. ist demnach ein übernatürlicher Akt, der sich von anderen Erkenntnistätigkeiten des menschlichen Bewusstseins radikal abhebt. Gegen diese Auffassung, die im 20. Jh. am prominentesten von K. Barth vertreten wurde, lässt sich ein Vermittlungsmodell stellen, das weit stärker die Einbettung des religiösen Erkenntnisaktes in das natürliche Vermögen des Menschen beschreibt. Religiöse E. geht damit zwar nicht auf in Vernunft-E., sie richtet sich aber nicht gegen diese, sondern vollzieht sich durch sie.

Aus diesem Versuch, Vernunft und Glaube in Einklang zu bringen, ergibt sich dann zweitens die Fragestellung, wie die religiöse E. anthropologisch zu verorten ist. Bahnbrechend wirkte hier Friedrich Schleiermachers Bemühen, die religiöse E. von Vernunft und Moral zu emanzipieren und ihr mit dem Gefühl im Sinne einer unmittelbaren Anschauung einen eigenen anthropologischen Ort zuzuweisen. Damit ist die Einsicht gewahrt, dass religiöse E. an Erlebnisse von unmittelbarer Evidenz gebunden ist, die für die gesamte Person prägende Kraft besitzen. Dieser subjektive Ansatz schließt allerdings keineswegs aus, dass die Gegenstände religiöser E. intersubjektiv mitgeteilt und zur Diskussion gestellt werden können. In der gegenwärtigen Diskussion, die stark vom postmodernen Klima einer relativierenden Auflösung des Erkenntnisbegriffs geprägt ist, liegt die Herausforderung der Theologie gerade darin, sich um eine plausible und anschlussfähige Vermittlung ihres religiösen Erkenntnisbegriffs zu bemühen. [JL]

Erlebnis   → Erfahrung

Erlösung   E. im Sinne der Beendigung eines als leidvoll empfundenen Zustands oder der Befreiung von den Übeln des Lebens ist ein allgegenwärtiges Wesensmerkmal religiöser Traditionen. In der Mehrzahl der Erlösungsreligionen wird die Errettung von dem → Bösen an die Gestalt eines Erlösers oder Erlösungsmittlers gebunden. Daneben kennen einzelne Religionen oder religiöse Systeme einen Prozess der Selbsterlösung. Die Lehre von der E. wird auch als Soteriologie bezeichnet.

Im AT verdichten sich in der Vorstellung der E. kollektive und individuelle Rettungserfahrungen. Die herausragende Erlösungstat Gottes war die Befreiung Israels aus ägyptischer Knechtschaft. Bei Deuterojesaja (Jes 41 bis 54) begegnet uns eine umfassende Konzeption von Gott als dem Erlöser seines Volkes aus babylonischer Gefangenschaft. In der jüdischen Apokalyptik rankt sich um den Begriff der E. eine vielgestaltige Zukunftserwartung, mit der die Hoffnung auf die Wiederherstellung Israels, Auferstehung der Toten und Errettung der Welt verbunden ist. Das NT macht die E. des Menschen an Kreuz und Auferstehung Jesu Christi fest. Das für E. gebrauchte Wortfeld bezeichnet im Griechischen ursprünglich den Loskauf von Gefangenen oder Sklaven, der nun zum Sinnbild für die entscheidende Heilstat Gottes in Jesus Christus wird. Gott hat durch die Hingabe seines Sohnes den Menschen von der Macht der Sünde erlöst (Röm 3,24) und lässt ihm seine gnädige Zuwendung zuteil werden, die dieser im Glauben an Jesus Christus als Vergebung der Sünden erfährt. E. erweist sich damit als ein bereits gegenwärtig wirksames Geschehen, das am erhofften endzeitlichen Tag der E. (Eph 4,30) zur Heilsvollendung führen wird.

In der christlichen Dogmengeschichte begegnen wir ganz unterschiedlichen Konzeptionen der Erlösungslehre. Umstritten ist dabei vor allem, inwieweit der Mensch an seiner E. mitwirken kann und ob es eine Vorherbestimmung zum Heil gibt. Christologisch kann die Erlösungslehre eher in der → Inkarnation oder eher im → Kreuz verankert sein. Die → Gnosis ist von der Sehnsucht nach E. als Befreiung der → Seele aus der schlechten Welt gekennzeichnet und sucht das dafür nötige Wissen zu vermitteln. Für Athanasius von Alexandrien besteht das Erlösungswerk in der Inkarnation des mit dem Vater wesensgleichen → Logos. In einem wunderbaren Tausch ist der Sohn Gottes Mensch geworden und hat die Sterblichkeit auf sich genommen, damit der Mensch vergöttlicht und mit Unsterblichkeit überkleidet werde. Augustin entwickelt unter dem Eindruck menschlicher Sündenerfahrung ein Erlösungskonzept, in dem die Notwendigkeit der → Gnade hervorgehoben wird. In den nachfolgenden Jahrhunderten wurde die Lehre von der E. aus der Gewalt des Teufels vorherrschend, der durch die Sünde ein Recht auf die Menschheit besitze. Anselm von Canterbury verstand dagegen die E. als Versöhnung des gestörten Verhältnisses von Mensch und Gott, die durch den Tod Jesu Christi stellvertretend bewirkt wird. Bei Martin Luther wird die E. des Menschen aus der Macht der Sünde unter Rückgriff auf Paulus von der Kreuzestheologie her gedacht und als Rechtfertigung allein aus dem Glauben bestimmt. Weil Gott im Kreuzestod Jesu Christi alle menschliche Selbstrechtfertigung verworfen hat, kann es ein aktives Mitwirken des Menschen an seiner E. nicht geben. Sie ist allein Geschenk Gottes, das im Glauben ergriffen werden will. Bei Calvin wird dies mit dem Gedanken der doppelten Prädestination verbunden, demzufolge aufgrund der Gnadenwahl Gottes von

Ewigkeit her bestimmte Menschen zum Heil, andere Menschen zur Verdammnis bestimmt sind. Die Theologie des 19. und 20. Jh. ist durch unterschiedliche Neuinterpretationen der Erlösungslehre gekennzeichnet, wobei vor allem die Prädestinationsvorstellung und der Stellvertretungsgedanke kontrovers diskutiert werden. [BK]

Erntedank Das E.-Fest wird am ersten Sonntag im Oktober gefeiert. Im gesamten Altertum sind entsprechende Feiern am Ende des Landwirtschaftsjahres belegt, in denen den Göttern für die Gabe der Nahrung gedankt werden soll. Es hat seine biblischen Wurzeln im Laubhütten- oder Herbstfest, das in Israel nach dem Einbringen der Wein- und Obsternte im Herbst gefeiert wurde (Ex 23,16; 34,22; Dtn 16,13ff.). Im christlichen Kontext blieb E. das einzige auf das Naturjahr bezogene Fest, während das alttestamentliche Passa (zu Beginn der Getreideernte) und das Wochenfest (am Ende der Getreideernte), die beide bereits im AT historisiert und auf die Erlösungstaten Gottes bezogen worden waren, mit dem Christusgeschehen (Ostern und Pfingsten) verbunden wurden. Angesichts einer zunehmenden Entfremdung großer Teile der Bevölkerung von der Landwirtschaft wurde der Sinn von E. in der jüngeren Vergangenheit immer wieder in Frage gestellt. Die zeitliche Nähe zum Franziskustag (4.10.) ermöglicht insbesondere im katholischen Kontext, die gesamte Schöpfung mit E. zu verbinden. Im Anschluss an Dtn 16,13ff. kann E. als ein fröhliches Fest gefeiert werden, an dem alle Schichten und Ethnien beteiligt sein sollen. [WZ]

Erotik [Von griech. *eros* »Liebe«] E. bezeichnet eine Beziehungsqualität zwischen Mann und Frau (oder zwischen gleichgeschlechtlichen Partnern/Partnerinnen), in der eine leidenschaftliche Anziehung (sexuelle Komponente) als übermächtig und der/die andere als faszinierend erlebt wird. Anders als in ausschließlich sexuellen Beziehungen ist die erotische Anziehung auf ein bestimmtes Gegenüber gerichtet, anders als in der (quasi- oder) ehelichen Verbindung ist die erotische Beziehung nicht auf Dauer und Verbindlichkeit hin angelegt. Erotische Qualität kann auch die Beziehung zu Gegenständen (Bücher, Wein, Computer) oder Tätigkeiten (Wissenschaft, Handwerk) haben, insofern das Engagement dafür über ein bestimmtes Maß hinausgeht und die Gegenstände als faszinierend erlebt werden.

E. und Sexualität spielten im Vorderen Orient im Kontext des AT zunächst unter der besonderen Berücksichtigung der Fruchtbarkeit und damit des Fortbestands der Familie (und auch der Herde und des Ackerbodens) eine große Rolle. Für die Fruchtbarkeit waren in der Umwelt des AT meist nackte oder sich entschleiernd dargestellte Göttinnen, aber auch der Wettergott (Baal bzw. Haddad) zuständig. Die altorientalische Gesellschaft war familien- und sippenorientiert. Daher war die E. auf den Bereich der → Familie bzw. (Mehr-)Ehe beschränkt. In der → Ehe, die in der Regel (Ausnahme: Nomaden) als Einehe praktiziert wurde, werden »Mann und Frau ein Leib« (Gen 2,24) und erfahren die gegenseitige E. Sexualität außerhalb der Familie war ein Tabu und konnte sogar mit der Todesstrafe belegt werden (Ex 20,17; Lev 20,10; Dtn 22,22). Die stärker multikulturell und arbeitsteilig ausgerichtete Gesellschaft der nachexilischen Zeit führte zu einem vermehrten Verlust der Familienbande (insbesondere in den meist westlich ausgerichteten Städten) und damit verbunden zu einer stärkeren Individualisierung. Für den Bereich der E. hatte dies in Israel zur Folge, dass das gegenseitige Verlangen als Lusterfahrung nun stärker thematisiert wurde (vgl. v.a. das in nachexilischer Zeit entstandene Hohelied, das die erotische Beziehung der Geschlechter thematisiert). Man kann annehmen, dass dies v.a. für Kreise der Oberschicht in größeren Orten, jedoch kaum für die Landbevölkerung galt, die noch stärker in überkommenen Gesellschaftsordnungen lebte. Um einem allzu freien Umgang mit E. vorzubeugen, wie er in der hellenistischen Welt belegt ist, werden im AT und NT Verbote aufgestellt (Lev 18,22f.; 20,11–17) In der griechisch-römischen Welt wurde Eros als Gottheit und E. damit als religiös verstanden. Im NT wird E. nicht als eigenständig wahrgenommen und bedacht. Thematisiert wird der Bereich Sexualität. Einerseits finden wir hierzu die Akzeptanz von Frauen, deren Verhalten (verbotene) erotische Konnotationen (Lk 7, 46–50) hat oder die wegen ihres Lebensstils im Bereich Sexualität (Joh 4,3–42; 8,1–11) gesellschaftlich ausgegrenzt wurden. Andererseits wird eine restriktive Sexualethik (besonders gegenüber Männern) vertreten: außerehelicher Geschlechtsverkehr (verschärfend Mt 5,28) und Prostitution (1Kor 6,12–18) werden untersagt, ehelicher Geschlechtsverkehr wird eher zugestanden als erwünscht (1Kor 7,2–7). Bereits im NT findet sich das Ideal eines asexuellen Lebens (1Kor 7,34).

Im Verlauf der Kirchengeschichte wurde E. zunehmend negativ bewertet; Sexualität sollte auf die gesellschaftliche Ordnung der Ehe und auf ihre Zeugungsfunktion beschränkt werden. E. wurde dabei gleichgesetzt mit der »Verführungskraft« der Frauen und der »Begehrlichkeit« der Männer. Damit wurde das »Störpotential« von E. zu Ungunsten ihrer Würde als Faktor der Geschöpflichkeit und Konstitutiv des Menschseins nahezu ausschließlich hervorgehoben.

In der heutigen Beurteilung ermöglicht E. es, zu anderen Menschen oder zu Gegenständen und Tätigkeiten in eine intensive, die Wirklichkeit erschließende, ausfüllende und beglückende Beziehung zu treten. Insofern ist E. als Schöpfungsgabe zu würdigen und zu loben. Eben diese Stärke der erotischen Erfahrung birgt auch Gefahren: Sie kann auch »unfrei« machen und Handlungen motivieren, die unverantwortlich sind. [GG/WZ]

Erwählung Der Begriff wird häufig als Äquivalent für den theologischen Begriff der Prädestination benutzt, obwohl diese Übertragung ungenau ist. Während die E. die positive Hervorhebung eines Volkes oder eines Menschen durch Gott beschreibt, vertritt die Prädestination eine Anschauung, der zufolge das Schicksal des Menschen bzw. der Welt von Gott vorherbestimmt ist. Die daraus sich ergebenden Folgen – seien sie positiver oder negativer Art – müssten dabei als Schicksal hingenommen werden. Von dieser Art der Vorherbestimmung ist die E. zu unterscheiden, obwohl beide Begriffe miteinander inhaltlich verbunden sind.

Im AT findet sich vornehmlich ein Erwählungsglaube, der an der Geschichte festgemacht wird und das Volk betrifft, nicht jedoch das Schicksal des einzelnen Menschen. Diese E. wird durch den Bundesschluss besiegelt (Gen 15) und wirkt sich unmittelbar auf das Schicksal des Volkes aus (Verheißung des gelobten Landes, Auszug aus Ägypten). Zugleich ist die E. im Sinne eines Vertrages an die Zweiseitigkeit gebunden, sie verlangt von den Erwählten die Erfüllung bestimmter Bedingungen wie die konsequente Abgrenzung von den Nichterwählten, die Treue zu dem einen und einzigen Gott und die Einhaltung der Gesetzesvorschriften (Gen 17, Dtn 6, 20–25). Als Verheißung hat die E. die Bedeutung eines → Segens, ist dabei aber auch unmittelbar mit der »Verwerfung für den Fall verbunden«, dass die Bedingungen der E. nicht mehr eingehalten werden. So droht Gott JHWH mit Strafen für die Sünden (Lev 26,14ff.) und setzt damit die E. zugleich unter den Segen wie auch unter den Fluch (Dtn 28,15). Leiden, Qual und Verfolgung werden folglich als Konsequenz der E. gedeutet, die aufgrund der Verfehlungen des Volkes verworfen worden ist: »Euch allein habe ich erwählt vor allen Geschlechtern der Erde; darum suche ich an euch heim all eure Schuld« (Am 3,2). In der Prophetie drängt das Argument in den Vordergrund, dass Gott die E. des Volkes wegen der Verfehlungen der Einzelnen revidiert. Auf diesem Wege wird die Perspektive der E. von der Gesamtheit des Volkes auf das Individuum geleitet.

Die E. des Volkes Israel, die für den alten Bund bestimmend war, mündet im NT in die Zusage des Heilshandelns in Jesus Christus. Das Handeln Gottes in Jesus Christus gilt als Erfüllung der E., ist geschichtliches Wirken im Sinne eines neuen Bundes. So tritt nun an die Stelle des auserwählten Volkes Jesus selbst (»Dies ist mein auserwählter Sohn, auf ihn höret!« Lk 9,35). Nur über den Glauben können auch die Anhänger Jesu als Erwählte gelten, allerdings wird hier zwischen der Berufung und der E. in dem Sinne unterschieden, dass die Berufung als Angebot gilt, während die E. an die Stelle des besiegelten Bundes tritt (»Denn viele sind berufen, wenige aber auserwählt« Mt 22,14). In der Theologie des Paulus wird dieser Erwählungsglaube systematisch weiterentwickelt. Der Glaube ist dabei zwar unmittelbar mit der E. verbunden, ja bildet gewissermaßen die Vorbedingung, aber dennoch geschieht die E. in vollkommener Souveränität Gottes; der Mensch hat durch sein Handeln keinen unmittelbaren Einfluss darauf. Paulus legt Wert auf die Feststellung, dass die E. als Ergebnis der Gnade und nicht infolge von Taten zustande kommt (Röm 11,5). Das hat Konsequenzen, denn wenn die E. ein Ergebnis der Gnade ist, spielt der sündhafte oder gesetzestreue Lebensstil keine große Rolle mehr; ja dieser Erwählungsglaube hat sogar Auswirkungen auf den Umgang mit den Sündern, denn wenn Gott die Menschen allein aus Gnade erwählt, unter welchen Umständen auch immer, wer wollte sie dann noch verdammen? (Röm 8,33f.)

Aber nicht nur in diesem Punkt unterscheidet sich die paulinische Interpretation der E. von der atl. Tradition. Die Frage, die sich daraus geradezu zwangsläufig ergibt, ist jene nach den Kriterien für die E., denn wenn Gott nach freiem Entschluss verfährt, den er bei sich selbst zuvor gefasst hat, bleibt die E. für die Menschen unverfügbar und auch unergründbar. Paulus löst die Frage durch eine Anlehnung an die Prädestination, so geht er davon aus, dass Gott die E. »vor Grundlegung der Welt« (Eph 1,4; Röm 8,29) getroffen hat. Sie liegt deshalb außerhalb der Zeit, gilt ewig und unterscheidet sich darin von der Berufung, die als E. in der Geschichte angesehen wird. Dieser überzeitliche Heilsplan Gottes verwirklicht sich nicht nur in der E. einzelner Menschen, sondern auch im Leidensweg Jesu, an dessen Opfertod die E. letztlich gebunden bleibt und die der E. den Charakter der Verheißung vermittelt.

Die paulinische Interpretation der E. hat entscheidende Bedeutung für die Entwicklung der Lehre von der → Rechtfertigung allein aus Gnade. Problematisch bleiben demgegenüber die Aspekte der Prädestination, denn ewige E. des Einzelnen wird geradezu zwangsläufig durch den Gedanken an die ewige Verwerfung des Anderen ergänzt. Konkrete Ausführungen über diese Seite der Prädestination verfallen jedoch schnell ins Spekulative, da sie biblisch nicht untermauert werden können. M. Luther hat sich deshalb für eine »doppelte Prädestination« ausgesprochen, der zufolge der Verheißung des erwählenden und gnädigen Gottes (*deus revelatus*) die dunkle Seite eines verwerfenden und strafenden Gottes (*deus absconditus*) gegenübersteht. Jene dunkle Seite allerdings versteht Luther nicht als einen Charakterzug des zornigen Gottes, sondern als Verborgenheit jenes Gottes, dessen Grundeigenschaft als »glühender Backofen voller Liebe« (WA 36,425) beschrieben werden kann. [MV]

Erziehung   Unter ziehen, ahd. *ziohan*, wurde im deutschen Sprachraum über Jahrhunderte das leibliche Hegen und Pflegen, das Nähren und Großmachen von Kindern, aber auch das von Pflanzen und Tieren verstanden, bis dann erstmalig bei Wolfram von Eschenbach Anfang des 13. Jh. der geistigseelische Bereich in den Vordergrund rückt. Ziehen, dann in der verstärkten

Form erziehen gebraucht, was sowohl die Intention wie auch den Erfolg betont, entsprach somit dem Bedeutungsfeld, das in der Antike und im christlichen Mittelalter durch die Begriffe *paideia* resp. *Pädagogie* und *eruditio* gekennzeichnet war.

Genuin ist die Verwurzelung in der griech. Philosophie, deren Erbe das Christentum in dieser Hinsicht übernahm, wenngleich auch die Sache im NT nicht thematisiert wird, von sporadischen Belegen (Tit 2,11; Eph 6,4 und Hebr 12,5) einmal abgesehen: Stellen, an denen Luther das Verb *paideuein* bzw. dessen Partizip mit züchtigen, dessen Substantiv *paideia* mit Zucht resp. Züchtigung übersetzt. Erst bei den Kirchenvätern stellt sich die grundlegende Frage, was die Akademie mit dem Tempel zu tun habe (Klemens v. Alexandrien), erhält Jesus den Hoheitstitel »Pädagog«. Dennoch bleibt die Schule, in die die Christen gehen, die alte, auch wenn hin und wieder über die Inhalte gestritten wurde.

War seit J. F. Herbart (1776–1841) bis in die jüngste Vergangenheit Unterricht mit E. noch derart verbunden gewesen, dass Sittlichkeit als Endziel fungierte, so ist dies unter dem Druck eines allgemeinen Werteverlustes in der Gesellschaft heute kaum mehr möglich. Auch in der Schule ist Leistung zum Fetisch geworden, demgegenüber traditionelle Ziele verblassen. Insofern geht etwa in Krisensituationen – z.B. Gewalt in der Schule – die Klage über deren Versäumnisse in die falsche Richtung. So gesehen haben dann allerdings die früher sog. gesinnungsbildenden Fächer nach wie vor ein besonderes Gewicht. Besonders der Religionsunterricht kann sich hierbei als ein unverzichtbarer Bestandteil im Erziehungskanon erweisen, als Forum, in dem sich viele Probleme erörtern lassen. Dem kommt entgegen, dass sowohl die ev. als auch die kath. → Religionspädagogik längst die konfessionelle Enge früherer Zeiten überwunden haben. Wie sich Glaube und E., die christliche Botschaft und gesellschaftliches Leistungsdenken zueinander verhalten, ist oft nicht nur eine Frage von existentieller Bedeutung, die den Schüler bewegt, sondern gleichermaßen den Lehrer. Wie Letzterer in den Mühen des pädagogischen Alltags, oft sogar im Scheitern dennoch oder gerade deswegen seine Rechtfertigung erfahren kann, ist eine Botschaft, die ihm außer in der Theologie sonst nirgends zuteil wird. Schlug sich früher pädagogische Weisheit in sog. Erziehungslehren nieder, so wird heute in der Erziehungswissenschaft das Ensemble aller Determinanten und Faktoren diskutiert. [GB]

Eschatologie [griech. *lógos* »Lehre«, *éschata* »die letzten Dinge«]. Der Begriff E. hat sich im 19. Jh. als Bezeichnung für den letzten Teil der christl. Dogmatik durchgesetzt, in dem die Ereignisse am Ende des Lebens des Individuums (individuelle E.) bzw. der Menschheit (universale E.) bzw. der Welt (kosmische E.) abgehandelt werden. Die → Religionswissenschaft hat den Begriff übernommen; hier bezeichnet er in einem weiteren Sinne die Vorstellungen vom Ende (des Lebens, der Welt, der Zeit usw.).

Bestandteil der E. und in diesem Sinne »eschatologische« Themen sind im NT und der christl. Lehre insbesondere die Wiederkunft Christi (1Thess 1,9f.; 4,13–17) zum Gericht (1Thess 1,9f.; 2Kor 5,10), die Auferstehung der Toten (1Thess 4,13–17; 1Kor 15), die Erwartung des Reiches Gottes (Gal 5,21; Lk 11,2) und des ewigen Lebens (Gal 6,8; Röm 6,22; vgl. das apostolische Glaubensbekenntnis, → Bekenntnis). Zugleich sieht das NT verschiedene eschatologische Erwartungen des Alten Testaments als erfüllt an: der Heilskönig aus dem Stamm Davids (Jes 9,1–6; 11,1–5) ist da (Röm 1,3f.; Mk 8,29f.; 14,61f.); der Menschensohn (Dan 7,13f.) ist gekommen (Lk 7,34) bzw. seine Identität bekannt (Mk 14,62); der neue Bund (Jer 31,31–34) ist geschlossen (1Kor 11,23ff.); die Auferstehung der Toten (Dan 12,1ff.) hat begonnen (1Kor 15,20–28); die neue Schöpfung (vgl. Jes 65,17–25) ist realisiert (Gal 6,15; 2Kor 5,17). Aus der Kombination dieser Aussagen ergibt sich das für das NT typische Ineinander von bereits erfüllten (präsentische E.) und noch ausstehenden Erwartungen (futurische E.). Die Christgläubigen leben zwischen dem »Schon« und dem »Noch nicht«, z.B. Röm 6,5: »Denn wenn wir mit ihm (Christus) verbunden und ihm gleich geworden sind in seinem Tod (durch die Taufe), so werden wir ihm auch in der Auferstehung gleich sein.«

Eine bemerkenswerte Karriere hat der Begriff im 20. Jh. gemacht: Anfang des Jh. stellte die sog. »konsequente E.« (Albert Schweitzer u.a.) die These auf, Jesu Verkündigung sei im Ganzen »konsequent« von seiner Erwartung des Umsturzes durch das nahe Reich Gottes zu interpretieren. Diese Erwartung habe sich nicht erfüllt. Daher sei die E. Jesu nichts, was christliche Theologie heute noch vertreten könne. Es gelte vielmehr: »Wahrheit im höchsten Sinne« ist, was im Geiste Jesu ist«– für Schweitzer ist das die universale Liebesethik, die ihn zur Gründung des Krankenhauses in Lambarene führte.

Gegen diese Außerkraftsetzung der E. protestiert nach dem Ersten Weltkrieg die »radikale E.« der sog. → dialektischen Theologie (Karl Barth, Rudolf Bultmann u.a.). Ausgehend von der Tatsache, dass das NT insgesamt mit dem Anbruch der Endzeit rechnet und insofern als eschatologisch bezeichnet werden kann, formuliert Barth den berühmten Satz: »Christentum, das nicht ganz und gar und restlos E. ist, hat mit Christus ganz und gar und restlos nichts zu tun.« Damit ist der Begriff auf folgenreiche Weise transformiert. E. bezeichnet nicht länger die Erwartungen vom Ende (die jetzt vielfach »apokalyptisch« heißen, → Apokalypse), sondern wird zum Kennzeichen des christl. Glaubens insgesamt. E. markiert das Letztgültige, die Krise des Menschen angesichts des Kommens Gottes, des »ganz Anderen«, die Wahrnehmung der Gegenwart (des »Jetzt«) im Lichte des Wortes (die »eschatologische Existenz«, R. Bultmann) u.ä.m. Mit dieser Neubestimmung, die nach dem Zweiten Weltkrieg Schule machte, ist der Begriff der E. stark strapaziert worden. [WR]

Esoterik   [griech. *esoterikós* »innerlich, verborgen«] Der dem Griechischen entlehnte Begriff der E. geht auf den Kabbalisten Eliphas Lévi (1810–1875) zurück und bezeichnet Strömungen, die von der Überlegung ausgehen, dass es neben der sichtbaren Welt der Dinge eine andere Wirklichkeit gibt, die den Sinneswahrnehmungen unzugänglich ist, aber durch besondere Methoden erfasst werden kann. Ziel dieser in esoterischen Geheimlehren überlieferten Methoden ist es, das Wissen um die Analogie von Geist und Materie, von Mikrokosmos und Makrokosmos oder auch von Himmel und Erde für die eigene Persönlichkeitsentwicklung nutzbar zu machen und somit das Göttliche in das Selbstbewusstsein zu integrieren. Bei der E. handelt es sich zunächst also weder um eine eigene Religion noch um eine Glaubensgemeinschaft, sondern vielmehr um eine Betrachtungsweise, die zu allen Zeiten und in allen Kulturen ihre spezifischen Formen entwickelt hat. Ausgangspunkt aller okkulten (»geheimen«) Methoden zur Erfassung solcher übersinnlichen Phänomene bildet die Annahme, dass die sichtbare und unsichtbare Welt durch »Lebensenergie« oder »energetische Schwingungen« (*Chi* im → Buddhismus, *Prana* im → Hinduismus, *Yesod* in der Kabbalistik, *Barraka* im Suffitum, *Bioenergie* in den Psychokulten) miteinander verbunden sind und die Erfassung dieser Energie zur Überwindung der Grenze und damit zur Erlösung des Menschen verhelfen kann.

   Die Grundprinzipien der E. wurzeln in der Lehre des altägyptischen Weisheitsgottes *Thot* (auch *Hermes-Trismegistos*, deshalb auch die Redewendung des »hermetisch« Abgeschlossenen): das Prinzip der dynamischen Analogie zwischen dem Makrokosmos und dem Mikrokosmos (Astrologie), das Prinzip der polaren Spannungsbeziehung, aus dem sich Neues entwickelt (Initiationspraktiken), das Prinzip der Grenzüberschreitung vom Diesseits zum Jenseits (Seelenreise) und das Prinzip der rhythmisch-periodischen Wiederkehr allen kosmischen Geschehens. Weiterentwickelt bzw. rudimentär abgewandelt wurden diese esoterischen Prinzipien vor allem innerhalb der → Theosophie, der → Anthroposophie und in der Bewegung der Rosenkreuzer. In geistiger Verwandtschaft steht die E. darüber hinaus mit der → Gnosis und der → Mystik.

   Schon in den biblischen Schriften wird die Auseinandersetzung mit esoterischen Erfahrungen vorausgesetzt. So richtet sich das AT eindeutig gegen jede Form der Wahrsagerei, der Totenbeschwörung und andere Versuche der Vermittlung zwischen Irdischem und Überirdischem (Lev 20; Deut 18,1–14), weil in dieser Form der »Abgötterei« ein Abfall von der exklusiven Heilsbedeutung des Gesetzes gesehen wird. Im NT wird diese Haltung stärker differenziert: Paulus weiß selbst von einer Entrückung »bis an den dritten Himmel« (2Kor 12,2) zu berichten, rühmt diese Paradieseserfahrung, die mit unaussprechlichen, geheimen Worten verbunden wird, warnt jedoch zugleich vor falscher Überheblichkeit, die mit derartig besonderen Offenbarungserlebnissen einhergehen kann. In Kol 1,16 wird Gott als Schöpfer auch der »unsichtbaren Welt« hervorgehoben, seine Macht bezieht sich somit auf alles, was im Himmel und auf Erden ist. Aus dieser Quelle speist sich auch die gleichlautende Formulierung in dem Nizänischen Glaubensbekenntnis (→ Bekenntnis).

Seit den 70er Jahren des 20. Jh. ist eine Neubelebung der E. im Kontext der aus den USA stammenden New-Age-Bewegung zu beobachten, die zu einer Bedeutungsveränderung geführt hat. Das Bedürfnis nach individuellen religiösen Erfahrungen (→ Spiritualität) als Folge einer allzu rationalistischen Theologie (→ Entmythologisierung), die Kritik an einem oberflächlich materialistischen Weltbild wie auch der säkularisierten Gesellschaft, die Herausforderungen neuer Psychokulte und nicht zuletzt das Scheitern des aufklärerischen Vernunftpostulats (→ Postmoderne) fließen in einer Kritik an der traditionellen Kirchlichkeit zusammen. Als Alternative werden esoterische Traditionen reaktiviert, die vorgeben, durch Selbsterkenntnis und persönliche Vervollkommnung zur Erlösung zu gelangen. In der jüngsten Zeit findet sich vermehrt die Bezeichnung der »neuen Innerlichkeit« für esoterische Strömungen, die sich innerhalb der christlichen Tradition bewegen und sich dabei weniger als okkulte Geheimlehren, denn vielmehr als Kompensation einer rationalistischen Theologie begreifen, die allzu sehr auf Transzendenzbeziehungen und unmittelbare Geisterfahrungen verzichtet. Davon ist die Bewegung des New Age abzugrenzen, in der Elemente der E. mit speziellen Therapieformen, Erfahrungen aus der ökologischen und feministischen Bewegung zu einer überreligiös und interkulturell verstandenen Weltanschauung verknüpft werden. [MV]

Essener Nach der Darstellung des jüdischen Historikers Flavius Josephus (37/38–110) gab es um die Zeitenwende in Palästina drei meinungsbildende religiöse Organisationen mit festen Aufnahmeverfahren für ihre Mitglieder: die → Pharisäer, die → Sadduzäer und die E. (Ant XIII,5,9; XV,10,4ff.; BellJud XI,8,2ff.). Die E. hatten nach Auskunft des Josephus gut 4000 Anhänger. Nach der Entdeckung der Qumranschriften wurden die E. mit diesen Zeugnissen und mit der Siedlung → Qumran am Toten Meer in Verbindung gebracht. Wahrscheinlich lebten sie jedoch vornehmlich in Jerusalem und anderen Orten, und nur einige wenige (max. 100 Personen!) in der Siedlung Qumran. Die E. praktizierten einen strengen Gesetzesgehorsam mit genauer Beachtung der Reinheitsgebote und anderer biblischer Anweisungen.

Die E. entstanden im 2. Jh. v.Chr., als eine breite Hellenisierung die Oberschicht des Landes, zu der vor allem auch die Priesterschaft gehörte, ergriff. Im Verlauf dieser Entwicklung erlangte erstmals 172 v.Chr. ein einfacher Priester und kein Zadokide das Hohepriesteramt. 169 v.Chr. kam es zu einer Krise. Der Tempelschatz des Jerusalemer Tempels wurde zugunsten des Seleukidenherrschers Antiochus IV. Epiphanes geplündert und 168 v.Chr. die Darbringung von Opfern, die Beschneidung und die Einhaltung des → Sabbats verboten. 167 v.Chr. wurde schließlich der JHWH-Kult in Jerusalem durch die Verehrung des Zeus Olympios ersetzt. Gegen diese religiösen Neuerungen erhob sich ein Aufstand konservativ ausgerichteter Kreise, der von den sog. Makkabäern geleitet wurde und dem sich weite Kreise der Bevölkerung anschlossen. 164 v.Chr. führte der Makkabäeraufstand zu ersten Erfolgen und zur Neuweihung des Jerusalemer Tempels als JHWH-Heiligtum. Als 152 v.Chr. der Makkabäer Jonatan, der ebenfalls kein Zadokide war, das Hohepriesteramt für sich beanspruchte, zog sich der bisherige Hohepriester, der als Zadokide die Makkabäer in ihrem Kampf gegen die Hellenisierung unterstützt hatte, zurück und gründete als »Lehrer der Gerechtigkeit« (der eigentliche Name ist nicht bekannt) die E. Diese verstanden sich als einzige Bewahrer des traditionellen Glaubens im Gegensatz zu den abtrünnigen Hellenisten und den nun illegitim an die religiöse und politische Macht gelangten Makkabäern. Um 100 v.Chr. gründeten einige der E. die Siedlung Qumran am Toten Meer, um dort Texte zu schreiben und zu kopieren. Dabei handelt es sich einerseits um biblische Texte, die verkauft werden konnten, da in dieser Zeit erstmals Privatbibliotheken in Palästina entstanden, und zum anderen um Texte, die die religiöse Praxis der Gemeinschaft beschreiben. Bevor Qumran 68 n.Chr. von den Römern zerstört wurde, versteckten die Bewohner des Ortes die Schriftrollen in den Höhlen der Umgebung. 1947–1956 wurden diese Texte wieder entdeckt und in der Folgezeit publiziert. Sie sind einerseits für die Textkritik des AT von großer Bedeutung (älteste bislang bekannte Handschriften des AT) und ermöglichen andererseits eine Rekonstruktion des Lebens und der religiösen Vorstellung einer wichtigen religiösen Partei aus der Zeit der Zeitenwende. Es finden sich zahlreiche Parallelen und Ähnlichkeiten zwischen neutestamentlichen Texten und den Schriften von Qumran. Diese beweisen jedoch nicht, Johannes der Täufer oder Jesus hätten in einer engen Beziehung zu den E. gestanden und seien von diesen religiös geprägt worden, sondern zeigen auf, dass die Jesusbewegung bzw. das Urchristentum (zu Beginn) als jüdische Erneuerungsbewegung verstanden werden muss, die mit anderen jüdischen Gruppierungen, z.B. auch den E., eine ganze Reihe von Grundüberzeugungen teilte. [WZ]

Ethik [griech. *éthos* »Sitte, Gewohnheit«] Ausgehend von dem Anspruch Platons, das gute Handeln der Menschen bestimmen und im Sinne von → Tugenden (Weisheit, Tapferkeit, Besonnenheit, Gerechtigkeit) auch unterweisen zu können, und der darauf aufbauenden systematischen Abhandlung des tugendhaften Handelns durch Aristoteles – der mit seiner »Nikomachischen E.« als Begründer einer eigenständigen praktisch-philosophischen Disziplin der E. gilt –, wird die E. allgemein als Wissenschaft verstanden, die die Normen der Lebensführung reflektiert und damit den Menschen helfen soll, Kriterien zur Gestaltung und Bewertung eines sittlich einwandfreien Lebens zu liefern. In diesem Sinne ist die E. Teil der → Philosophie mit dem Ziel, Leitbegriffe wie jene des Guten und des → Bösen, der Verantwortung und der Freiheit des Individuums, Lebensziele und Vorstellung von Glückseligkeit (→ Glück) u.a. als Anleitung für ein gelingendes Leben zu bestimmen. Alle E. geht dabei von dem Grundansatz aus, dass der Mensch im Unterschied zum Tier sein eigenes Handeln reflektieren kann und dadurch eine Spannung zwischen *Sein* und *Sollen* herstellt. Der Versuch, diesen Konflikt durch eine Wertediskussion zu regulieren, setzt nicht nur zur Orientierung taugliche Werte bzw. Tugenden voraus, sondern auch die Freiheit des Individuums, zwischen diesen Möglichkeiten wählen zu können.

So unbestritten diese Grundlage der E. ist, so schwierig wird es, die daraus abzuleitenden konkreten Rechtsnormen und Verhaltenscodizes zu begründen. Als prinzipiell kann in diesem Zusammenhang die Debatte um das sog. Naturrecht betrachtet werden, in der sich rechtspositivistische und naturrechtliche Positionen gegenüberstehen. Entgegen der positivistischen Auffassung, die alle ethischen Aussagen und die daraus entstehenden Normen als Produkt der menschlichen Gemeinschaft und insofern als »gemacht« (positiv) betrachtet, geht die Naturrechtslehre davon aus, dass es eine ethische Grundlage gibt, die alle geschaffenen Gesetze übersteigt und nur metaphysisch begründet werden kann. Diese bis auf die stoische Philosophie (Naturrecht als Recht der Götter) zurückreichende Lehre des Naturrechts ist ambivalent zu beurteilen, da einerseits die Gefahr besteht, auch zweifelhafte Normen (z.B. Sklaverei) als »natürlich« zu legitimieren, andererseits der Verzicht auf jegliche metaphysisch übergeordnete Gerechtigkeit als Grundlage der positiven Gesetzgebung zu einer ethischen Beliebigkeit führen kann. Insofern ersetzt die Berufung auf ein natürliches Recht die ethische Debatte nicht, sondern stellt lediglich ein Korrektiv gegen Willkürlichkeit dar. Naturrechtliches Denken spiegelt sich wider in der Debatte um die Menschenrechte und die Menschenwürde, die die Grundlage unseres gegenwärtigen Rechtsdenkens darstellen und ihrerseits sowohl christlich als auch vernunftphilosophisch begründet werden können.

In der christlichen Tradition hat sich der Begriff der E. im evangelischen Bereich als Bezeichnung für eine Teildisziplin der Theologie etabliert, während im katholischen Kontext die E. im engeren Sinne als philosophische Sittenlehre verstanden und von einer christlich ausgewiesenen → Moraltheologie unterschieden wird. Im Gegenzug zur philosophischen E. gehen aber alle christlichen Ansätze von der Überzeugung aus, dass die Maßstäbe für ein sittlich verantwortbares Leben nicht allein aus der Vernunft abzuleiten sind, sondern als glaubende Aufnahme aus der göttlichen Offenbarung resultieren. Methodisch steht dabei das Prinzip im Vordergrund, Probleme im Zusammenhang der aktuellen Lebensgestaltung aufzugreifen, um sie im Diskurs mit philosophischen Ansätzen und fachwissenschaftlichen Erkenntnissen zu differenzieren und auf biblische Grundaussagen zu beziehen. Dabei kann zwischen Metaethik (Untersuchung der sprachlichen Voraussetzungen ethischer Aussagen), Fundamentalethik (Suche nach grundlegenden Gewissheiten für moralisches Handeln) und Normenethik (Überprüfung der Normen in Hinsicht auf konkrete Handlungsfelder) unterschieden werden, wie auch zwischen Individualethik (Diskussion der Normen individuellen Handelns) und Sozialethik (Normen der zwischenmenschlichen Handlungsweisen im institutionellen Kontext). Ziel der christlichen E. ist es folglich nicht, allgemeingültige Wahrheiten im Sinne normativer Gesetze zu erstellen, sondern Differenzierungsmöglichkeiten herauszuarbeiten, die der Pluralität der Lebensbezüge Rechnung tragen.

Als »Grundgewissheiten« dienen der christlichen E. die aus der atl. Schöpfungsgeschichte ableitbaren Grundsätze (Schöpfung als Werk Gottes, Gottebenbildlichkeit des Menschen, verantwortliche Partnerschaft der Menschen im Gestaltungsauftrag, Freiheit der Erkenntnis von Gut und Böse), die im 1. Teil des Dekalogs (→ Gebote) beschriebene Anerkennung des kultisch fixierten Bundes mit Gott (Ex 20,2–11) sowie die im 2. Teil des Dekalogs umrissene Grundlegung der Würde und der Rechte des Menschen (Ex 20,12–17). Der Gefahr, diese ethischen Werte im Sinne von Gesetzen zu verstehen und sie in institutionalisierte Verhaltensmuster umzudeuten, begegnet Jesus mit seiner Kritik an der Gesetzlichkeit. Ethische Grundgewissheiten sollen demnach zwar in konkrete Verhaltensmuster eingehen, dürfen mit diesen jedoch nicht gleichgesetzt werden. Insofern ist die ntl. Deutung des Gesetzes zugleich radikaler (Mt 5,21–28), indem neben den äußeren Normen die Motivschicht des Handelnden zum Maßstab erhoben wird (→ Bergpredigt).

Diese Fixierung auf die Gesinnung findet ihre Zuspitzung in dem Doppelgebot der Liebe (Mk 12,28–31; Lk 10,25–28: »Du sollst den Herrn, deinen Gott, lieben aus deinem ganzen Herzen und mit deiner ganzen Seele und mit deiner ganzen Kraft und mit deinem ganzen Denken und deinen Nächsten wie dich selbst.«). In der paulinischen Theologie wird dieser individualethische Ansatz der Gesinnung aufgegriffen und in dem Anspruch zur Nachfolge Christi formuliert (1Kor 11,1; Eph 5,1). Dabei stellt Paulus das

Kriterium der Gottessohnschaft jenem der Gottebenbildlichkeit gegenüber, stellt also eine Beziehung zwischen der Seinskategorie und dem Gestaltungsauftrag her, die zum Maßstab ethischer Entscheidungen wird, wobei der Aspekt der Freiheit des Willens und die Allgemeingültigkeit für alle Menschen zum tragenden Kriterium wird. Sowohl bei Paulus (Röm 1f.) als auch in den Evangelien klingt naturrechtliches Denken an, z.B. in der sog. goldenen Regel (»Alles nun, was ihr wollt, dass es euch die Menschen tun, das sollt auch ihr ihnen tun«, Mt 7,12).

Die besondere Leistung der christlichen E. liegt in der schöpfungstheologischen Umdeutung der aus der griech. Philosophie entlehnten Vorstellung eines Weltgesetzes im Sinne einer natürlichen Rationalität, durch die der Mensch Anteil an dem ewig gültigen Gesetz der Natur hat (Augustinus und Thomas v. Aquin). Gerade dieser rationalisierte Naturrechtsbegriff wird für die E. der Aufklärung, die es sich zur Aufgabe macht, Verhaltensmaßstäbe innerhalb der Grenzen der Vernunft zu begründen, bedeutsam. Der Versuch Kants, ethische Werte allein aus der Vernunft und dem freien Willen der handelnden Person zu bestimmen, sie somit von heteronomen Bestimmungen unabhängig zu machen, führt zur Formulierung des kategorischen Imperativs in der *Kritik der praktischen Vernunft*: »Handle so, dass die Maxime deines Willens jederzeit zugleich als Prinzip einer allgemeinen Gesetzgebung gelten könne.« Dieser Ansatz darf nicht mit der *goldenen Regel* gleichgesetzt werden, da Kant das höchste Prinzip der E. nicht normativ setzt (»Du sollst«), es stattdessen in seinem Anspruch der Übereinstimmung mit der Willensfreiheit des Individuums und der Kraft der Vernunft und somit als Erkenntnisvorgang beschreibt.

In der gegenwärtigen Diskussion stehen der christlichen E. (konkrete Handlungsanweisungen als Ergebnis eines Dialogs mit biblischen Grundaussagen) vor allem die Werteethik (Annahme von allgemein verbindlichen Werten, die nicht von religiösen Offenbarungen abhängig sind, sondern unter Maßgabe der Vernunft zu einer sich selbst regulierenden Lebensgestaltung führen), der Eudämonismus (die Glücksfindung des Einzelnen und der Gemeinschaft als Ziel und Maßgabe der E.) und der Utilitarismus (E. auf der Basis von Nützlichkeitserwägungen und empirischer Argumente unter Ausschluss normativer Grundüberzeugungen) gegenüber. Vor allem der Utilitarismus hat im Zusammenhang mit der ethischen Debatte um die neuen Biotechnologien an Aufmerksamkeit gewonnen, da deren Vertreter sich in der Bestimmung ethischer Grundbegriffe (Personalität des Menschen, Bestimmung des Lebens, Definition der Würde u.a.) gegen christlich-metaphysische Argumente für eine »weltanschauungsneutrale« Grundlegung der Gesetzgebung aussprechen. [MV]

Ethnische Religionen   → Abstammungsreligion

Eucharistie   [griech.»Danksagung«]. In der Ökumene heute der geläufige Begriff für das in allen Kirchen gefeierte Herrenmahl, das in der Orthodoxie als Göttliche Liturgie, in der katholischen Kirche als Heilige → Messe (→ Kommunion) und in den evangelischen Kirchen als → Abendmahl bezeichnet wird. Historisch leitet sich der Text der Danksagung, in das die Einsetzungsworte Jesus eingebettet sind, vom jüdischen Tischgebet ab.

Evangelien   [griech. *euaggélion*,»gute Botschaft, Botenlohn, Siegesbotschaft«]. Seit dem 2. Jh. beginnt man, die ersten vier Bücher des → Neuen Testaments Ev. zu nennen (älteste mögliche Belege: Didache 8,2; 11,3; 15,3f.; 2Clem 8,5 [→ Apostolische Väter]; der älteste sichere Beleg findet sich bei Justin [1 Apologie 66,3], dort werden die»Erinnerungen« der Apostel Ev. genannt) und ihnen in den Handschriften die Überschrift»(das eine) Ev. nach Mt, Mk, Lk, Joh« gegeben. Der ungewöhnliche Titel weist darauf hin, dass der außerchristlich seltene Begriff»Evangelium« ursprünglich keine literarische Bezeichnung ist, sondern die Heilsbotschaft selbst meint. Im NT hat er stets diesen Sinn (auch Mk 1,1; für den Plural gibt es keinen Beleg). Schon → Paulus gebraucht ihn sehr häufig absolut, z.B. Röm 1,16:»Denn ich schäme mich des Ev. nicht; denn es ist eine Kraft Gottes, die selig macht alle, die daran glauben, die Juden zuerst und ebenso die Griechen«. Die Herkunft seiner christl. Bedeutung ist unsicher: In der *Septuaginta* (→ Altes Testament) kommt er nicht vor (nur ein Beleg für den Plural *euaggélia* im Sinne von»Botenlohn« 2Sam 4,10), allerdings spielt das zugehörige Verb (*euaggelízomai*, hebr. *basar*) bei (Deutero- und Trito-) Jesaja eine wichtige Rolle: Jes 40,9; 52,7 (zitiert Röm 10,15); 60,6; 61,1 (zitiert Lk 4,18). Technisch wird der Begriff verwandt im griech.-röm. Herrscherkult: Ev. sind die mit der Person des Kaisers verbundenen»frohen Botschaften«, z.B. Geburt, Thronbesteigung oder Beginn eines neuen Zeitalters.

  Eine präzise Bestimmung der Gattung»Evangelium« ist schwierig. Die kanonischen Ev. lassen sich trotz ihrer unterschiedlichen Gestalt (Mk beginnt mit der Berufung Jesu, Joh mit dem Logos-Prolog, Mt und Lk mit der Kindheitsgeschichte, Lk fügt die Apg als zweites Buch an) zwar einem gemeinsamen Typ zuordnen, für den die Erzählung der Geschichte Jesu von den Anfängen bis zu Tod und Auferstehung typisch ist; er steht der antiken Gattung der Biographie nah. Indes gibt es eine ganze Reihe außerkanonischer sog. Ev., die mit diesem Typ wenig gemein haben: Das Thomasev. (aus Nag Hammadi, → Gnosis) ist eine Spruchsammlung, das Protev. des Jakobus berichtet nur von der Kindheit Jesu, das Petrusev. (offenbar) nur von seinem Ende (→ Apokryphen), das Philippusev. hat wenig, das Ev. der Wahrheit (aus Nag Hammadi) gar nichts mit der Jesusüberlieferung zu tun. Eine vom kanonischen Typ her bestimmte Gattung»Evangelium« hat es im ältesten Christentum demnach nicht gegeben.

Zu den kanonischen Ev.: Es steht außer Frage, dass es zwischen den ersten drei Ev. einen literarischen Zusammenhang gibt (daher auch: »synoptische Ev.« = die Ev., die man zusammen sehen kann). Unter den unzähligen Modellen, die man zur Klärung der *synoptischen Frage* entworfen hat, ist die sog. »Zwei-Quellen-Theorie« das beste und international verbreitete. Es besagt: Mk ist das älteste Ev.; Mt und Lk haben Mk als Quelle benutzt, dazu eine zweite, später verloren gegangene Spruchsammlung (genannt »Q«, die »Logienquelle«, engl. mittlerweile oft »Sayings Gospel«; Beispiel für einen Q-Text ist Mt 6,24 = Lk 16,13, nicht bei Mk) sowie »Sondergut« unsicherer Herkunft (z.B. Lk 15; Mt 6,1–6.16ff.). Die Quellen des Mk sind aus methodischen Gründen schwer auszumachen; die prominentesten Kandidaten sind eine alte → Passionsgeschichte (vgl. Joh, s.u.), eine Sammlung von Wundertaten (Mk 4,35–6,52) und Gleichnissen (Mk 4). Mk dürfte um das Jahr 70 entstanden sein (Mk 13 weiß vom jüd. Krieg 66–73), Mt und Lk einige Zeit später (ca. 80–90). Was den Ort betrifft, so besteht Einigkeit darüber, dass Mt vermutlich in Syrien entstanden ist (Antiochia?); bei Mk (Syrien? Rom?) und Lk (Kleinasien? Makedonien? Rom?) ist der Ort ganz unsicher.

Aus dem synoptischen Rahmen fällt das Joh, entstanden ca. 90–100 (11,48 setzt die Zerstörung Jerusalems im Jahr 70 voraus, 9,22; 12,42; 16,2 die förmliche Trennung von der lokalen Synagogengemeinschaft) in Syrien oder Kleinasien (Ephesus). Nur in der Passionsgeschichte (Joh 11,47–12,19; 13; 18ff.) und bei einigen Wundergeschichten (6,1–21) ist seine Jesusüberlieferung aus den Synoptikern bekannt. Alles Übrige ist neu und von ganz anderem Charakter. Das Verhältnis zu den Synoptikern ist strittig. Benutzt Joh die Synoptiker oder einen von ihnen als Quelle? Oder hat es überall eigene Quellen und weiß allenfalls um die Grundstruktur des Mk?

Die Überlieferung der Taten und Worte Jesu in den Ev. ist von eminenter Bedeutung für das Christentum. Ohne sie wüssten wir über Jesus fast nichts. Einig sind sie sich darin, dass ein rechtes Verständnis seiner Person nur möglich ist, wenn man die machtvollen Taten und die Lehre nicht isoliert betrachtet, sondern im Kontext von Tod am Kreuz und Auferstehung (wichtig: Mk 8,27–33 par.). Allerdings gibt es auch Meinungsverschiedenheiten zwischen den Ev., nicht zuletzt in Bezug auf die für das älteste Christentum fundamentale Frage der Stellung zum → Gesetz des Mose (→ Urchristentum): Während Markus (ein gebürtiger Heide?) und Johannes (ein gebürtiger Jude) ein liberales Modell propagieren (Mk 7,17–20; Joh 1,17; 8,17; 13,34 u.ä.), tritt Matthäus (ein gebürtiger Jude) für einen Gesetzesgehorsam ein, der den der Pharisäer und Schriftgelehrten (d.h. des sich formierenden rabbinischen Judentums) bei weitem übertrifft (5,17–20; 23,1ff. u.ö.). Lukas wählt einen Mittelweg: Die geborenen Heiden sollen sich nach Apg 15,20 lediglich an die vier Bestimmungen des sog. »Aposteldekretes«

halten, zu meiden sind Götzen (heidnische Götter), Unzucht (illegitime Sexualität), Ersticktes (der Verzehr unkoscheren Fleisches) und Blut. [WR]

Evolution → Schöpfung

Ewigkeit Von E. wird in unterschiedlicher Bedeutung gesprochen: Sie kann – vornehmlich in philosophischer Reflexion der Zeit – als Unendlichkeit begriffen werden, bezeichnet also den Zustand ohne Anfang und Ende bzw. die immer während Dauer. In diesem Sinne haben beispielsweise Vertreter der antiken Philosophie die Götter, das Sein oder die Ideen als ewig herausgestellt. Allerdings ist es nahezu unmöglich, in diesem Falle über die E. konkrete Aussagen zu machen, die über mythologische Schilderungen hinausgehen, da der reflektierende Mensch selbst in der Zeitlichkeit verhaftet ist. In einem ganz anderen Sinn wird die E. als Zeitlosigkeit verstanden, also als ein Zustand, der jedem zeitbezogenen Maßstab enthoben ist und somit durch Kriterien wie Anfang, Ende und Dauer gar nicht mehr erfasst werden kann.

Die biblischen Schriften gehen grundsätzlich von einem Verständnis aus, das die Welt als Schöpfung Gottes begreift und somit Anfang und Ende kennt. Lediglich Gott selbst ist über diese Zeiten erhaben, er gilt als ewiger Gott (Gen 21,33), der die Enden der Welt geschaffen hat (Jes 40,28), der in E. bleibt, während Gras und Blume verdorren (Jes 40,8), und bereits da war, bevor Erde und Welt geschaffen wurden (Ps 90,2). Dabei ist dem AT der Begriff der E. in seiner philosophisch-kosmologischen Bedeutung fremd, der hebräische Ausdruck *olam*, der mit E. übersetzt wird, umschreibt die Würde und Größe Gottes (Ps 102,28) bzw. seine Herrschaft über alles Irdische (Jes 44,6). In diesem Sinne kennen auch die Attribute Gottes keine Grenzen, seine Gerechtigkeit, seine Gnade und Güte währen ewiglich derart, dass sie alle Zeit umfassen, aber nicht über die Zeit im Sinne von Unendlichkeit hinausgehen. Wenn im christlichen Kontext vom ewigen Leben (→ Auferstehung) gesprochen wird, ist also auch kein unendlicher Zeitraum gemeint, sondern die Teilhabe der Menschen an Gottes unbegrenzten Gnadengaben (Joh 5,24: »Wer mein Wort hört und dem glaubt, der mich gesandt hat, der hat ewiges Leben«). Insofern stellt E. auch keinen Verweis an die Zukunft dar, sondern ist zugleich schon jetzt (Joh 4,23: »Aber es kommt die Zeit und ist schon jetzt«).

Der Begriff »ewiges Leben« zielt über die empirische Wirklichkeit hinaus und bezieht sich auf ein Leben in der Tiefe des Bewusstseins, im Glauben an Gott den Zwängen der Zeit enthoben zu sein. Die Deutung der E. nicht im Sinne von Unendlichkeit, sondern als Überzeitlichkeit bzw. als Herausgehobensein aus der Ordnung der Zeit birgt in sich das Problem einer dualistischen Gegenüberstellung von endlicher Wirklichkeit in der Welt und

unendlicher Sphäre des Himmlischen. In der Auseinandersetzung mit gnostischen Strömungen (→ Gnosis), die anstelle der in Anfang und Ende
bestimmbaren Schöpfung von einer ewigen Wiederkehr gleichförmiger
Abläufe ausgehen und das Gegenüber von Endlichkeit der Welt und der E.
Gottes in einen Dualismus überführen, bekräftigt die frühchristliche Theologie die Annahme einer Schöpfung aus dem Nichts (*creatio ex nihilo*). Damit wird zugleich der philosophische Grundsatz, dass aus nichts auch nichts
gemacht werden könne (*ex nihili nihil fecit*), im schöpfungstheologischen
Sinn korrigiert.

Schon Platon hat im *Timaios* (27c–29d) gemäß der These, dass die endliche und begrenzte Welt nicht aus sich selbst hervorgehen könne, ein Modell
entwickelt, demzufolge aus einer ewigen Urmaterie die endliche Welt als un-
vollkommenes Abbild stets aufs Neue gebildet wird, und dadurch E. und
Endlichkeit in eine Beziehung gesetzt. Dieses Modell spiegelt sich in der
Äonentheorie wieder, die in der Gnosis Verbreitung gefunden hat. Unter den
Äonen (griech. aion »Zeit, Ewigkeit«) wurden in sich begrenzte Weltzeiten
verstanden, die einander ablösen und in ihrem Wechsel als ewig gedacht wurden. Diese Wiederkehr von Ewigkeiten (im Plural) widerspricht der biblischen Offenbarung vom Anfang und Ende der Schöpfung, scheint aber doch
in manchen Formulierungen, vor allem in der Redewendung »von E. zu E.«
mit anzuklingen (Ps 90,2; 103,17; Apk 1,18; 4,9). Demgegenüber gilt festzuhalten, dass im Gegensatz zur platonisch hellenistischen Philosophie im
NT zwar verschiedene Weltzeiten (auch E.) Erwähnung finden, dabei jedoch
eine deutliche Zweiteilung vorherrscht, der zufolge »diese und jene Welt«
voneinander unterschieden werden (Mt 12,32), wobei die irdische Welt der
Bedrängnis einem ewigen Leben gegenübergestellt wird (Mk 10,30). E. gilt
in diesem Zusammenhang nicht als Kategorie der Dauer sondern der Qualität, sie ist nicht identisch mit einem Leben über den Tod hinaus, sondern
»ewig ist dasjenige Sein, in dessen Dauer Anfang, Folge und Ende nicht dreierlei, sondern Eines sind, in welchem sie nicht auseinanderliegen«. (Karl
Barth). [MV]

Exegese   → Bibelwissenschaft

Exerzitien   [lat. *exercitia* »Übungen«] Bei den E. handelt es sich um eine
in der römisch-kathol. Kirche etablierte Form der praktischen Frömmigkeit
(→ Spiritualität), die das Ziel hat, die Entwicklung einer eigenen geistlichen
Persönlichkeit zu fördern. Das System der E. geht auf Ignatius (eigtl. Iñigo)
von Loyola zurück, der, unter dem Einfluss der Schriften von Montserrat
García de Cisneros, in den Jahren 1522–1540 die *Exercitia Spiritualia* verfasst hat, die 1548 in Rom veröffentlicht wurden und bis heute als Regelwerk
für die E. gelten. Sie werden deshalb auch als »ignatianische E.« bezeich-

net. Ignatius von Loyola war zunächst Offizier, später wandte er sich der Mystik zu und entwickelte als Einsiedler mit den Erfahrungen des Seelsorgers die E. als ein geschlossenes System. Im Jahre 1540 gründete er den Männerorden der Jesuiten (*Societas Jesu*), dem die E. als Grundlage dienen.

Im Untertitel der *Exercitia Spiritualia* ist die Zielsetzung des Werkes zusammengefasst, es geht um »geistliche Übungen zu dem Zweck, dass man sich selbst überwinden lerne und sein Leben ordne, ohne sich durch eine ungeordnete Neigung bestimmen zu lassen«. Unter geistlichen Übungen versteht Ignatius »jede Art, das Gewissen zu erforschen, sich zu besinnen, zu betrachten, mündlich und im Geiste zu beten und andere geistige Tätigkeiten«. Das System der E. basiert also auf dem Prinzip der →Kontemplation, nicht reflektierend und grübelnd, sondern offen schauend durch eine persönliche Hinwendung zu Gott und durch die existentielle Auslegung biblischer Schriften die eigene Entscheidungsfindung zu fördern. Der imaginativen Bibellektüre wird deshalb ein Regelwerk an die Seite gestellt, das die systematische »Unterscheidung der Geister« (»Regeln, um einigermaßen die verschiedenen Bewegungen zu erklären und zu erspüren, die in der Seele sich verursachen; die guten, um sie aufzunehmen, die schlechten, um sie zu verwerfen«) und das »Fühlen mit der Kirche« (»um das wahre Fühlen zu erlangen, das wir in der diensttuenden Kirche haben sollten«) zum Inhalt hat.

In der Struktur sind die E. auf vier Wochen angelegt: Dabei widmet sich der Exerzitant in der ersten Woche dem Thema der Sünde (biblisch und persönlich), die zweite gilt dem Leben (Jesu und der eigenen Biographie), die dritte dem Weg zum Tod (Passionsgeschichte und das eigene Leid), die vierte der Herrlichkeit (Auferstehung und persönliche Veränderung). Während dieser Zeit werden tägliche Meditationen über biblische Texte und Kontemplationen im Sinne einer Selbstreflexion auf der Grundlage der Evangelien neben drei verschiedene Formen des Gebets gestellt. Nicht unerheblich ist dabei der Rahmen der Übungen, es wird die jeweilige körperliche Haltung ebenso wie die Atmung reflektiert, Stille und Abgeschiedenheit sind als Vorgaben unverzichtbar. Um den Prozess der subjektiven Interpretation biblischer Motive, die der Entwicklung der religiösen Biographie des Exerzitanten dient, kritisch zu überprüfen, sollten die E. von einem erfahrenen Exerzitienmeister bzw. Exerzitienbegleiter angeleitet werden und in einer Umgebung stattfinden, die eine Lösung vom Alltag beinhaltet und den regelmäßigen Besuch der → Messe bzw. der Stundengebete ermöglicht. Meistens werden die E. deshalb in Klöstern angeboten.

Insbesondere für theologische Laien werden diese Übungen auch in verkürzter Form angeboten. Im Zuge der ökumenischen Verständigung werden E. zunehmend auch in protestantischen Kreisen als Möglichkeit zur Entwicklung einer persönlichen Frömmigkeit genutzt. Besonderes Interesse gilt dabei der existentiellen Schriftauslegung – der psychologischen Deutung des

Textes als Symbol und der Beziehung zwischen E. und → Bibliodrama –, was die Möglichkeit zum exerzitienorientierten Bibliodrama eröffnet. [MV]

Exil 587 v.Chr. wurde Jerusalem von den Babyloniern zerstört, die Stadt dem Erdboden gleichgemacht und ein weiterer Teil der Oberschicht ins babylonische E. geführt, nachdem bereits 597 v.Chr. eine erste größere Gruppe (u.a. der Prophet Ezechiel) deportiert worden war (2Kön 24f.). Das E. war für Israel eine große Glaubenskrise: Zentrale Glaubensgrundsätze fanden schlagartig ihr Ende und stellten das religiöse Selbstbewusstsein des Volkes in Frage. Zum einen gab es nun kein eigenes Land mehr, wie es den Erzeltern zugeschworen worden war (vgl. z.B. Gen 12,14–17). Das gesamte von Gott geschenkte Land war nun in der Hand von Fremdherrschern. Weiterhin gab es keinen König mehr, der nach vorexilischer Sichtweise als irdischer Stellvertreter Gottes angesehen wurde (Ps 2,7: »Du bist mein Sohn, heute habe ich dich gezeugt«). Der Tempel, der als Wohnort Gottes verstanden wurde, war nur noch ein Trümmerhaufen. Weite Kreise der judäischen Bevölkerung hielten zudem dank einer jahrhundertelangen Verschonung Jerusalem für uneinnehmbar, als eine Gottesstadt, die von Gott selbst verteidigt wird (z.B. Jer 6,14f.). Schließlich bedeutete die militärische Niederlage gegen die Babylonier auch eine Anfrage an die Wirkmächtigkeit des Nationalgottes JHWH, der offensichtlich schwächer war als der babylonische Gott Marduk.

Das babylonische Exil dauerte bis 538 v.Chr. 539 hatten die persischen Truppen Babylon erobert und damit die Herrschaft über das babylonische Reich angetreten. Damit ergab sich für die Exilanten eine Rückkehrmöglichkeit, die aber nur teilweise und oft mit reichlicher Verzögerung wahrgenommen wurde.

Die theologische Krise von 587 v.Chr. führte im Laufe der Zeit zu einer Neugestaltung der Theologie. JHWH, der ursprünglich als Kriegsgott verstanden worden war, wurde nun zunehmend als ein Friedensgott gesehen, der so eine neue Heilsordnung aufrichtet (vgl. Jes 2,1–5). Der Landbesitz der vorexilischen Zeit wurde glorifiziert; David und Salomo wurden als ideale Königsgestalten der Vergangenheit verklärt. Jerusalem war nunmehr der Ort, wo JHWH »seinen Namen wohnen lässt« (Dtn 12,5 u.ö.) bzw. wo sich die »Herrlichkeit Gottes«, die irdische Erscheinungsform JHWHs, finden lässt (z.B. Ez 43). JHWHs Thronsitz ist nun aber allein im Himmel (Ps 33,13 o.ä.). Damit ist seine Wirkmächtigkeit aber nicht auf Israel beschränkt, sondern gilt weltweit (»vom Aufgang der Sonne bis zu ihrem Niedergang«). Schließlich kamen theologische Vorstellungen auf, dass in Zukunft keine Feinde nach Jerusalem kommen und die Stadt belagern, sondern dass die Völker in einer Wallfahrt zur Gottesstadt kommen und sich dort Weisung einholen (z.B. Jes 2,3f.). Da man den Untergang Jerusalems und Judas im Sinne der deuteronomistischen Theologie als Strafe Gottes für kultisches Fehlverhalten in vorexilischer Zeit verstand, wurden nun auch Sühnerituale ausgeprägt (Lev 4f.; 16), die die begangene Schuld sühnen und wieder einen Gotteskontakt bewirken sollten. Zudem wurde stärker auf die innere Reinheit des Volkes geachtet. Mischehenverbote (Neh 13,23ff.) sollten die ethnische Abgrenzung des Volkes sichern, die Beschneidung (Gen 17) sollte die eigene Identität gegenüber den Nachbarvölkern stärken.

Die Exilszeit und der damit verbundene Verlust von festgefügten Ordnungen führten auch dazu, dass die traditionellen Überlieferungen schriftlich festgehalten wurden. So entstand in der Exilszeit das deuteronomistische Geschichtswerk (Bücher Deuteronomium – 2. Könige). Auch die Texte der vorexilischen Propheten wurden nun überarbeitet und als eigenständige Prophetenbücher schriftlich fixiert. Gegen Ende des E. entstand der priesterschriftliche Geschichtsentwurf, der für die Zeit nach dem E. neue theologische und rechtliche Grundlagen für das Volk Israel legen wollte. Damit war die relativ kurze Exilszeit eine – im Vergleich zu den vorangehenden Jahrhunderten – literarisch höchst produktive Epoche, in der grundlegende Texte der Bibel verfasst oder zumindest entworfen wurden. [WZ]

Exkommunikation   → Bann

Exodus   Der Auszug aus Ägypten (E.) wurde im Verlauf der Literatur- und Theologiegeschichte des AT zum grundlegenden heilsgeschichtlichen Ereignis der Geschichte Israels: → JHWH wird als der Gott gepriesen, der Israel aus Ägypten herausgeführt hat (Ex 13,3; Dtn 5,15 u.ö.). Unter historischen Gesichtspunkten betrachtet stellt der E. jedoch kein derart zentrales und für das ganze Volk relevantes Ereignis dar, sondern wurde erst durch die vielfältigen Überarbeitungen des AT (insbesondere durch die priesterschriftliche Quellenschrift; → Bibelwissenschaft) und durch die Weiterentwicklung des JHWH-Glaubens dazu gemacht. Über einen historischen Aufenthalt ganz Israels in Ägypten wissen wir schlechterdings nichts. Belegt sind in ägyptischen Texten Aufenthalte von kleineren levantinischen Clans und Nomadenstämmen in Ägypten während wirtschaftlicher Notzeiten, da die Versorgung mit lebensnotwendigen Dingen in Ägypten durch die beständige Wasserzufuhr des Nils auch in Trockenzeiten gesichert war. Diese Gruppen verdingten sich im Deltagebiet und arbeiteten bei der Errichtung der Palastbauten der Pharaonen mit. Hatten sich die ökonomischen Rahmenbedingungen gebessert, kehrten diese Menschen wieder zum nomadischen Leben jenseits des Kulturlandes zurück.

In dem konkreten Fall, der im AT als Grundbekenntnis Israels festgehalten wurde, geschah diese Rückkehr offenbar gegen den Willen der Ägypter, die die Nomaden dann bis an die Bitterseen (Schilfmeer) im Bereich des heutigen Suezkanals verfolgten. In diesem Gebiet wurden die ägyptischen Soldaten jedoch an der Verfolgung gehindert, was die Flüchtlinge als göttliche Rettung verstanden. Die älteste schriftliche Überlieferung dieses Geschehens ist im sog. Mirjam-Lied festgehalten:»Singet JHWH, denn er ist hoch erhaben, Ross und Reiter warf er ins Meer« (Ex 15,21). In der Geschichtsdarstellung des Jahwisten (vielleicht im 10. Jh. v.Chr.) wurde dies weiter ausgestaltet und mit einem von JHWH ausgesandten Ostwind verbunden, der die Wasser zurücktrieb und den See trockenlegte, dann aber die Wasser zurückkehren ließ, so dass die Ägypter die Verfolgung nicht mehr fortsetzen konnten (Gen 14,5ff. u.ö.). Hinter dieser Darstellung dürften historisch zutreffende Erinnerungen, die von der kleinen Exodusgruppe tradiert wurden, stehen. Die Priesterschrift baute die Erzählung dann noch stärker zu einer Wundergeschichte mit senkrecht stehenden Wassermassen aus (Gen 14).

Das literarische Grundgerüst der gesamten E.-Erzählung stammt von priesterschriftlichen Autoren, die jedoch auf ältere Überlieferungen zurückgreifen konnten. Sie wollten in der Zeit der beginnenden Rückkehrmöglichkeit aus dem babylonischen → Exil nach 538 v.Chr. ihren Zeitgenossen die frühen Israeliten als Idealbilder vor Augen malen, die sich aufmachten und als Exilanten in das Gelobte Land (→ Heiliges Land) gelangten. Damit sollten die frühen Israeliten Ansporn für einen Aufbruch der Exilierten von Babylonien nach Palästina sein, der als »neuer E.« verstanden wurde. Das Heilsgeschehen, das ursprünglich auf eine kleine Nomadengruppe begrenzt war, war schon vorher ausgedehnt worden auf das ganze Volk Israel: Die Einzeltat wurde verallgemeinert und zum nationalen Ereignis ausgestaltet.

Die E.-Erzählung will eine Gründungsurkunde des Volkes Israels sein; der darauf folgende Bundesschluss am Berg Sinai verankert nach der priesterschriftlichen Darstellung das Verhältnis zwischen JHWH und seinem Volk. Damit wird die Erzählung vom E. gedeutete Geschichte und eine Grundlage des israelitischen Glaubens. Historisch muss man davon ausgehen, dass Israel im Wesentlichen aus Bevölkerungsgruppen gebildet wurde, die schon vor 1200 v.Chr. in der Region lebten, aber aufgrund der schwierigen wirtschaftlichen Verhältnisse neue Lebensformen suchten und schließlich unter David um 1000 v.Chr. zu einem geeinten Reich verbunden wurden. Die Nachfahren der kleinen Nomadengruppe, die mit den Ereignissen am Schilfmeer verbunden werden kann, gingen in diesem Staatsgebilde auf und brachten ihre E.-Erfahrung mit ein. Die E.-Erzählung spielte in der neueren Kirchengeschichte vor allem in der Befreiungstheologie eine große Rolle. Die in Unterdrückung lebenden Bauern Lateinamerikas identifizieren sich mit den unterdrückten Israeliten in der ägyptischen Sklaverei und verstehen die politische und ökonomische Befreiung aus althergebrachten Strukturen als ihre von Gott veranlasste Befreiungstat. [WZ]

Exorzismus   [griech. *exorkizo* »beschwören«] E. bezeichnet die Beschwörung und Austreibung als bösartig verstandener Mächte, die vom Menschen Besitz ergreifen, dessen Verhalten und Reaktionen in einer Weise bestimmen, die nicht geltenden Normen entspricht. Der so leidende Mensch gilt
als besessen bzw. ver-rückt. Das Phänomen ist religionsgeschichtlich passim
greifbar.

Auch das AT und NT kennen und beschreiben exorzistische Handlungen insbesondere bei Krankenheilungen. Von Jesus wird mehrfach berichtet (Mk 1,25; 7,25; 9,25; Mt 12,28), dass er böse Geister beschwört, austreibt
und dass er ebenso seine Jünger lehrt, dergleichen zu tun (Mt 10,8; Mk 16,17;
Lk 10,17). Auch wird Paulus diese Gabe zugesprochen (Apg 16,18). Entsprechend dem antiken Weltbild wurden Krankheiten auf dämonische Mächte zurückgeführt. So wie der Tod als Feind des Lebens verstanden wurde,
galten Krankheiten als seine Vorboten. Bezeichnenderweise waren jedoch
Jesu Heilungen mit dem Hinweis auf die anbrechende Gottesherrschaft verbunden.

Von folgenschwerer Bedeutung war indes die Einbindung des E. in die
Taufhandlung. Auf die lange Vorbereitungszeit der Katechese – bis zu drei
Jahren – folgte der E.: *Maledicte exi foras* (Verdammter, fahr hinaus!), der im
Mittelalter auch variiert und erweitert werden konnte. In das *Rituale Romanum* von 1614 fand der E. ausdrücklich Eingang. Auffälligerweise hat Luther
im Gegensatz zu anderen Reformatoren (Bucer, Zwingli, Calvin) nicht mit
dieser Tradition gebrochen, wie sein Taufbüchlein von 1523 bzw. 1526 ausweist. Seit der → Aufklärung jedoch (Thomasius, Herder) verzichtete man
immer mehr auf dessen Anwendung. Einer von Optimismus geprägten Anthropologie mussten Vorstellungen von einer angeborenen Erbsünde, vom
Bösen im Menschen, selbst im Kinde, als Relikte eines finsteren Mittelalters
erscheinen. Immerhin dauerte es noch zwei Jahrhunderte, bis auch offiziell
auf E. verzichtet wurde. In der seit 1969 geltenden Taufordnung der kath.
Kirche in Deutschland sind E. getilgt. Ihre Anwendung bei Kranken bedarf
ausdrücklich der bischöflichen Zustimmung. An deren Stelle sind mit ihren
wissenschaftlichen Erkenntnissen Neurologie und Psychiatrie getreten, die
mit Diagnosen und Therapien E. alter Observanz zurückgedrängt bzw. diese selbst als psychopathologisch entlarvt haben.

Nichtsdestoweniger werden in fundamentalistisch geprägten Gemeinden, insbesondere außerhalb Europas, nach wie vor E. praktiziert, wie diese
überhaupt im Rahmen eines außerkirchlich expandierenden Okkultismus
Einstand feiern. Hier erwachsen für Kirche und Theologie besondere Aufgaben, im wahrsten Sinne des Wortes die Geister zu scheiden. [GB]

Familie   Umgangssprachlich haben wir uns daran gewöhnt, unter der F. die in der → Ehe zusammengeschlossene, mindestens zwei Generationen übergreifende Lebensgemeinschaft zu verstehen. F. ist somit quasi identisch mit der aus Vater – Mutter – Kind gebildeten Kleinfamilie bzw. Kernfamilie, wobei allenfalls die Beziehung zu den Großeltern und den Enkeln noch Beachtung findet, aber schon die sekundären Verwandtschaften (Onkel, Tante, Nichte, Neffe) für das alltägliche Leben nur noch in Ausnahmefällen praktische Bedeutung haben. Demgegenüber bezeichnet allerdings der aus dem römischen Recht stammende Begriff F. gerade nicht nur die unmittelbare leibliche Verwandtschaft, sondern die darüber hinausgehende in einem Haushalt zusammengefasste Gemeinschaft. Diese Hausgenossenschaft, zu der neben den Mitgliedern der Großfamilie auch die Angestellten bzw. die Sklaven zu rechnen waren, bildete nicht nur eine soziale, sondern auch eine geistliche Gemeinschaft (Jos 24,15), die um die zentrale Figur des Hausherrn geordnet war. In diesem Sinne spricht auch das AT von der F. nur im Sinne der »Sippe« (Esr 1,5), des »Geschlechts« (Gen 12,3 u.ö.) oder des »Hauses« (Jer 3,18; Gen 21,2), wobei die Gemeinschaft, das Gebäude und das dazugehörende Land in einer kultischen und rechtlichen Einheit verbunden waren. In der ntl. Erwähnung der F. ist dagegen zunächst eine auffallende Distanz zu beobachten. Jesus selbst fordert dazu auf, um der Nachfolge willen die F. zu verlassen (Mt 10,37: »Wer Vater oder Mutter mehr liebt als mich, ist meiner nicht wert«). So wird nicht nur die soziale Gemeinschaft durch die geistliche Gemeinde erweitert, sondern die leibliche F. durch eine geistliche F. ersetzt (Lk 8, 21: »Meine Mutter und meine Brüder sind diese, die Gottes Wort hören und tun«). Demgemäß kann etwa die Gemeinde als Hausgenossenschaft Gottes apostrophiert werden: »So seid ihr nun nicht mehr Gäste und Fremdlinge, sondern Mitbürger der Heiligen und Gottes Hausgenossen« (Eph 2,19; vgl. auch Hebr. 3,6) und Paulus die Gemeindeglieder sogar als »Kinder« anreden (Gal 4,19).

Für die gegenwärtige theologische Debatte um die F. ist entscheidend, dass unser Verständnis der F., wie es sich seit der Aufklärung entwickelt und in Art. 6 des GG niedergeschlagen hat, von dem biblischen Umfeld gravierend abweicht. Das soziale Gefüge der Großfamilie ist schon dadurch relativiert worden, dass eine Reihe von Verpflichtungen, die einst als Grundfeste der Großfamilie galten, mittlerweile auf den Staat übertragen worden sind. So ist die gesetzliche Unterhaltspflicht auf die Verwandten in gerader Abfolge beschränkt, und außerdem sorgen die Sozialversicherung, die allgemeine Krankenversicherung, aber auch die Schulpflicht und die staatliche Sorge um die Berufsausbildung nicht nur für eine Entlastung von den familiären Pflichten, sondern damit zwangsläufig auch für einen Bedeutungsverlust der F. als Lebensform. Zunehmend gerät selbst diese reduzierte Form der Kleinfamilie in die Diskussion, denn zu der Ausgrenzung wichtiger sozialer Funktionen gesellt sich eine zeitliche Einschränkung. Da Männer und Frauen durchschnittlich später heiraten, werden F. ganz ohne Kinder oder auch nur mit einem Kind häufiger, während andererseits die Single-Haushalte, in denen jeweils ein Elternteil mit Kindern zusammenlebt, inzwischen zur Normalität gehören.

Obwohl die F. als Lebensform nach wie vor ohne eine wirkliche Konkurrenz besteht und in ihrer Grundkonstitution auch nicht angezweifelt wird, hat sich ihr Wirkungsradius doch allmählich immer stärker verengt. So wird für die Zukunft damit zu rechnen sein, dass die F. zunehmend als eine vorübergehende Phase der Lebensplanung betrachtet wird, die durch andere Lebensabschnitte ergänzt werden muss. Alternative Lebensformen wie beispielsweise die Wohngemeinschaft, in der Menschen unterschiedlicher Generationen, Verheiratete wie Unverheiratete, miteinander eine Gemeinschaft für eine bestimmte Lebensphase eingehen, mögen die F. als Institution wohl nicht ersetzen, bieten dabei jedoch die Chance, auch generationsübergreifende Gemeinschaften zu erfassen, die über das übliche Verständnis der Kleinfamilie hinausgehen. So tritt zunehmend an die Seite der klassischen Triade der Beziehung von Vater – Mutter – Kleinkind auch die besondere Situation von erwachsenen »Kindern«, die mit Eltern im Seniorenalter eine Lebensgemeinschaft bilden.

In dem Sinne, in dem die F. zugleich als Urzelle der Kirche, als »Gemeinde im Kleinen« betrachtet wird, sehen sich die Kirchen mit den Strukturveränderungen der Lebensformen und dem relativen Bedeutungsverlust der F. einem besonderen Problem ausgesetzt: In dem Maße, in dem die F. nicht nur die primäre religiöse Sozialisation getragen, sondern auch die Glaubenspraxis in den Alltag eingebunden hat, bedarf es neuer Konzeptionen, um hier entstehende Defizite aufzufangen und den Glaubensalltag wieder über den Rahmen der Kleinfamilie hinauszuheben. [MV]

Fanatismus   → Fundamentalismus

Fasten   F. ist im Altertum und in der Gegenwart in vielen Religionen als Form der körperlichen Kontrolle (Intensivierung der Empfindungen) und der besonderen religiösen Hinwendung (körperliche und seelische Reinigung, Besänftigung von Gottheiten), aber auch der Selbstminderung (Reue, → Buße) und des Protestes (z.B. gegen politische Regime) verbreitet. F. kann individuell und in Gemeinschaft praktiziert werden, es kann vollständigen oder teilweisen Nahrungsverzicht (z.B. Verzicht auf Fleisch oder Alkohol) umfassen, zeitlich beschränkt (z.B. Fastentage im Christentum oder Beschränkung während des Ramadan im Islam) oder unbeschränkt sein. Gefastet wird aus religiösen, politischen oder gesundheitlichen Gründen, wobei die Grenzziehungen zwischen den einzelnen Bereichen nicht immer eindeutig sind.

In der Spätzeit des AT und im Judentum wird am Großen Versöhnungstag (Lev 16), zur Erinnerung an die Stadteroberungen und Tempelzerstörungen 587 v.Chr. und 70 n.Chr. (2Kön 25,1–4; Jer 39,1f.; u.a.), an die Ermordung des Statthalters Gedalja (Jer 41,1f.; 2Kön 25,25) und am Vortag des Purimfestes (Est 4,16) gefastet. Daneben fand im Krankheits- und Todesfalle ein individuelles F. statt (vgl. Ps 35,13). Das F. als Verzicht auf Nahrungsaufnahme war begleitet vom Tragen eines einfachen Trauergewandes, dem Bewerfen mit oder Wälzen in Staub, dem Zerreißen der Kleider und dem Verzicht auf besondere Kleidung wie Turban, Schmuck oder Sandalen. Der Fastende begab sich mit diesen Riten in den Bereich der Todessymbolik und wollte durch diese Vorwegnahme des Todes diesen von sich abwehren. Daneben gab es lebenslange Enthaltsamkeit von Alkohol (Nasiräer: Ri 13; Num 6; vgl. Apg 21,24; Priester: Lev 10,9ff.; Ez 44,21) als besondere Verpflichtung Gott gegenüber. Im 1. Jh. n.Chr. war das F. an zwei Wochentagen eine übliche Praxis gesetzestreuer Juden (vgl. Lk 18,12). Jesus selbst fastete 40 Tage in der Wüste (Mt 4,1), um sich so innerlich zu reinigen und eine besondere Gottesnähe zu erreichen. Andererseits haben sich die Jünger Jesu dem üblichen F. gesetzestreuer Juden widersetzt, um so zu verdeutlichen, dass das Reich Gottes unter ihnen schon angebrochen sei und damit die Selbstreinigung ein Ende gefunden habe (Mk 2,18ff.). Die nachösterliche Gemeinde hat das F. wieder als religiösen Brauch übernommen (Mt 6,16ff.). In der frühen Kirche waren Mittwoch und Freitag und nicht wie im Judentum Montag und Donnerstag die Fastentage (Did 8,1). Vor der Taufe wurde eine mehrtägige Fastpraxis üblich (Did 7,4; Apg 9,9.19), und seit dem 3. Jh. ist der Brauch belegt, die Eucharistie nüchtern zu empfangen.

In der römisch-katholischen Fastpraxis gibt es Tage mit Abstinenz (Verbot von Fleischgenuss und Fleischbrühe) und ohne Abstinenz (einmalige Sättigung am Tag, dazu ein Imbiss morgens und abends), also eine Unterscheidung zwischen qualitativem und quantitativem F. Einfache Fasttage sind alle Freitage des Jahres, Fasttage mit Abstinenz sind u.a. der Aschermittwoch oder der Karfreitag. Darüberhinaus dient F. dazu, den Geist leichter zur Betrachtung des Erhabenen emporzuheben; sodann soll es »zur Genugtuung für die Sünden verhelfen« (S. Th. II/2 q. 147).

Die evangelischen Kirchen bekämpften nicht die katholische Fastpraxis, wohl aber den Verdienstcharakter des F. Bis ins 20. Jh. hinein war es in einigen Regionen üblich, nüchtern zum Abendmahl zu gehen und am Karfreitag auf Fleisch zu verzichten. In den letzten Jahren wurde versucht, insbesondere während der Passionszeit das F. als Form des freiwilligen Verzichts auf Dinge, von denen man leicht abhängig zu werden droht, neu zu gestalten. [WZ]

Fegefeuer [wortgetreue Übersetzung des kirchenlateinischen *purgatorius ignis*] Die Wurzeln der kirchlichen Lehre vom F. sind religionsgeschichtlich gesehen ebenso vielfältig wie psychologisch verständlich. Letzteres wird am atl. locus classicus (2Makk. 12,42–45) deutlich, wonach es gut und nützlich ist, für Verstorbene zu beten – ein Phänomen, das Glauben, Fürsorge und Schuldgefühle beinhaltet. Was im gemeinsamen Leben versäumt oder nur unzureichend verwirklicht wurde, kann im Vertrauen auf postmortale Hilfe nachgeholt werden. Dabei ist vorausgesetzt, dass die Menschen im Jenseits Verurteilung oder Freispruch erwarten, ewige Verdammnis oder ewiges Leben. Zugleich bedeutet diese Vorstellung eine Weiterentwicklung gegenüber der altjüd. von der Unterwelt (*scheol*), die undifferenziert eintönig das Schicksal aller Verstorbenen war.

Unter dem Einfluss des antiken griech.-röm. Erbes setzte sich das dualistische System von → Himmel und → Hölle durch, wie man u.a. dem sprachlichen Befund des NT entnehmen kann. *Geenna*, *Hades*, *Abyssos* und *Tartaros* sind synonyme Ausdrücke für ein und denselben Sachverhalt. Dabei werden ebenso die topographischen Besonderheiten übernommen wie überboten. Die beiden Welten (Himmel und Hölle) sind zum einen als ein Nebeneinander gedacht, oft getrennt durch einen Fluss, zum andern – und jetzt dominierend – als ein Übereinander. Entsprechend heißt es, Ps 68,19 aufnehmend, in Eph 4,9: »Dass er aber aufgefahren ist, was heißt das anderes, als dass er auch herabgefahren ist in die Tiefen der Erde.« Somit bestimmen letztlich drei Dimensionen das Bild: Welt – Unterwelt – Himmel. Das im Begriff involvierte Feuer ist neben anderen Bildern – z.B. eisige Kälte – in vielen Religionen anzutreffen. Es fungiert als Vernichtung, als Strafe, aber auch als prüfendes und reinigendes Element. Letztere Vorstellung führte zur kirchl. Lehre vom F., wobei uns allerdings das Substantiv sowohl im Lateinischen als auch Deutschen erst im Mittelalter begegnet. Zuvor wird das Feuer in seiner Vielfalt beschworen. Flüsse, Berge, Täler, ganze Landschaften stehen in Flammen. Menschen sind vom Feuer umzingelt, Ungeheuer fungieren als Flammenwerfer. Nicht von ungefähr dachte man sich den Eingang zur Hölle am Krater des Vesuv oder Ätna.

Neben der indoeuropäischen Tradition, die rezipiert wurde, fand man sich auch durch biblische Belege bestätigt. Neben Mt 5,22 (»der ist des höllischen Feuers schuldig«) galt besonders 1Kor 3,11ff. als deutlicher Hinweis: »von welcher Art eines jeden Werk ist, wird das Feuer erweisen …, er selbst aber wird gerettet werden, doch so wie durchs Feuer hindurch«. Dabei blieb zumeist unberücksichtigt, dass es sich hierbei um ein Bild, um einen Vergleich handelte. Die kirchl. Lehre folgte auch nicht der Vorstellung des Origenes (ca. 185/186–254), wonach alle Verstorbenen der Reinigung bedurften, sondern unterschied drei Klassen. Indes war die Zahl der Läuterungsbedürftigen am höchsten. Sie bildeten neben Glücklichen und Verdammten einen dritten Stand. Die Qualen, die sie durchleiden mussten und die Malerei und Dichtung fantasiereich darzustellen wussten, spielten dem Klerus gleichsam in die Hände. Am Ende stand ein ausgeklügeltes Ablasswesen. Mit Geld konnten Angehörige das Leid der Verstorbenen verkürzen. Das Ganze ähnelte einem Versicherungsgeschäft, in dem die Leistungen fiktiv, die Prämien jedoch real waren. Über alle Kommerzialisierung erhaben war die *Göttliche Komödie* Dantes (Anfang des 14. Jh.).

Nicht von ungefähr entzündete sich am Ablasshandel die Kritik der Reformatoren. Richtete sich Luthers Einspruch zunächst nur gegen diesen und noch nicht gegen das Institut des F., so verwies Zwingli bereits sehr früh (*Adversus Hiernonymum Emserum antibolon*, 1524) darauf, dass Jesus Christus ein für allemal den sündigen Menschen erlöst habe. Insofern sei die nachträglich eingeführte Lehre vom F. nicht nur unnötig, sondern auch ein Zeichen von Unglauben. Nach 1530 (*Ein Widerruf vom Fegefeuer*) ist aber auch Luthers Einstellung deutlich, wie nicht zuletzt die Schmalkaldischen Artikel von 1537 bekunden: »Drumb ist Fegfeur ... fur ein lauter Teufelsgespenst zu achten.« Wurde hier biblisch-theologisch argumentiert, so hatte schon im 1. vorchristlichen Jh. der Schriftsteller Lukrez in seinem Hauptwerk *De natura rerum*, Camus (*Der Fall*) und Sartre (*Geschlossene Gesellschaft*) vorwegnehmend, psychologische Gründe genannt: Angst vor dem Jenseits fördere nicht die wahre Religion. Schilderungen der Hölle seien nur allegorisch zu verstehen. Die wahre Hölle liege bereits im Diesseits. Das Konzil von Trient (*Decretum de purgatorio*, 1563) bekräftigte noch einmal die kath. Lehre vom F. Unter dem Spott der Humanisten und im Zeitalter der → Aufklärung verlor diese jedoch zunehmend an Plausibilität.

In der Theologie der Gegenwart spielt das F. keine Rolle mehr. Geblieben ist das Unbehagen des Menschen, das sich bis zur Gewissensnot steigern kann, sein Leben unvollendet beschließen zu müssen und gegenüber anderen schuldig geworden zu sein. [GB]

Feiertag → Fest

Feministische Theologie   Bei der F.T. handelt es sich um einen Sammelbegriff von theologischen Ansätzen, die sich als Neukonzeption von Theologie verstehen und das Grundanliegen der Förderung frauengerechter Lebensformen in einer geschlechtsgerechten Gesellschaft verfolgen. Da die F.T. als eine Bewegung zu verstehen ist, die überdies international verankert ist und sich im jeweiligen kulturellen Umfeld unterschiedlich entwickelt, kann von ihr eigentlich nur im Plural gesprochen werden. In erster Linie ist sie als eine Theologie von Frauen für Frauen konzipiert, fordert darüber hinaus aber auch die Theologie insgesamt heraus, um neue Perspektiven für ein kirchliches Leben zu entwickeln, das auf die Erfahrungsräume von Frauen bezogen ist und zur Beseitigung von diskriminierenden Strukturen beiträgt. J.C. Janowski definiert die F.T. als »Programm der Entpatriarchalisierung der jüdisch-christlichen Überlieferung, der Kirche und der gesamten Theologie«. Dabei nennt H. Meyer-Wilmes als verbindende Kriterien der verschiedenen Richtungen 1. den Charakter der Bewegung, 2. den Versuch, Frauenforschung zu etablieren, 3. den Grundbezug auf den Feminismus, 4. die Verbindung von Praxis mit einem Theoriebegriff, demzufolge F.T. auch Wissens- und Erkenntniskritik ist, und 5. die Analogie von F.T. und feministischem Theoriediskurs.

Entstanden ist die F.T. als Laienbewegung außerhalb der Universitäten und unabhängig von Amtskirchen. Grundlegend waren dafür die Frauenarbeit des ÖRK seit der 1. Vollversammlung 1948 in Amsterdam, die neuere Emanzipationsbewegung, außerdem die im Anschluss an das II. Vatikanische Konzil sich herausbildende Laienbewegung unter Frauen und schließlich die Befreiungstheologie Lateinamerikas. Wie im Falle der Befreiungstheologie handelt es sich auch bei der F.T. um kontextuelle Theologie, die die christliche Botschaft unter Berücksichtigung der unterschiedlichen sozialen, politischen und kulturellen Rahmenbedingungen aktualisiert und dabei mit einer besonderen Sensibilität für Sprache und die darin verborgenen Herrschaftsformen für Freiheit und Gerechtigkeit eintritt.

Als Ausgangspunkt der F.T. kann die 1890 von der amerikanischen Theologin E. C. Stanton veröffentlichte »Woman's Bible« genannt werden, die in kritischer Weise die frauenfeindlichen Passagen der Bibel deutlich macht und kommentiert. Im Sinne einer breiten Bewegung etablierte sich die F.T. jedoch erst seit den 1970er Jahren. In dieser ersten Phase stand das Ideal der Gleichberechtigung der Geschlechter im Vordergrund, wobei die Befreiung der Frauen als eine Umsetzung des biblischen Gerechtigkeitsgebotes interpretiert wurde (E. Moltmann-Wendel). Damit verbunden war die Kritik an patriarchalen Strukturen der Kirche und der schon in der Sprache deutlich werdenden Unterdrückung von Frauen und frauenspezifischen Aspekten in der Theologie. Herrschaftsdenken in der Theologie konnte bereits in der dichotomischen Gegenüberstellung der Begriffe »Leib« und »Geist« ausgemacht werden, die sich von Augustinus bis Karl Barth erstreckt und dabei die Frau stets als Inbegriff des Fleischlichen, den Mann jedoch als Inbegriff des Geistigen verortet. In der Suche nach einem alternativen ganzheitlichen Ansatz, in dem Sinnlichkeit nicht mehr als Gegensatz zur Rationalität begriffen werden muss, wurde ein in die Leiblichkeit eingebetteter Verstand gefordert.

Den stärksten Ausdruck einer solchen frauenfeindlichen Leib-Geist-Dichotomie sieht L. Schottroff in der traditionellen Sündenlehre der Kirche. Indem Eva dort als Verführerin, Adam jedoch als der Verführte dargestellt wird, entsteht der Urmythos von der weiblichen Urschuld. Demgegenüber

geht es der F.T. darum, Frauengestalten aus der Bibel und der Kirchengeschichte neu zu beleuchten, sie in den Vordergrund zu rücken und somit zu
einer anderen Exegese zu kommen. In einer weiterführenden Konsequenz
werden dann den Vätergeschichten des AT Müttergeschichten gegenüber
gestellt und die androzentrische Deutung der Metaphern von Gott als Vater,
Sohn und Heiliger Geist durch den Verweis auf die weibliche Ausrichtung
des → Heiligen Geistes korrigiert (C.J.M. Halkes).

Die Bibelauslegung bildet einen Schwerpunkt der F.T., sie basiert auf der
historisch-kritischen Methode, stellt jedoch den Anspruch, die spezielle
Situation der Frauen in den biblischen Geschichten deutlicher hervorzuheben, patriarchalische Strukturen aufzuzeigen und eine Sensibilität für den
spezifisch weiblichen Erfahrungshorizont zu öffnen. Nicht unerheblich ist
dabei das Anliegen, zu der feministischen Exegese auch Gestaltungsformen
einer frauengerechten Spiritualität zu entwickeln, in der sich die Harmonie
von Körper und Seele wie auch ein ausgewogenes Verhältnis zur Natur ausdrückt.

In weitergehenden Ansätzen werden die Schwerpunkte der F.T. differenziert: Mit Betonung der grundlegenden Verschiedenheit der Geschlechter wird die Eigenständigkeit eines spezifisch weiblichen Ansatzes angestrebt (C. Mulack). Unter dem Einfluss der F.T. Lateinamerikas kommt es
zu einer differenzierten Interpretation der Unterdrückungsmechanismen, die
sich nicht ausschließlich auf die Differenz der Geschlechter zurückführen
lassen, sondern in nicht minderem Maße durch soziale, ökonomische und
kulturelle Faktoren ausgelöst werden (E. Schüssler-Fiorenza). An die Stelle
der Herrschaft der Männer über die Frauen tritt dabei die Herrschaft der Herrschenden, wodurch sich die F.T. zur Gender-Debatte erweitert. Der Begriff
Gender zielt auf die soziale Bedeutung des Geschlechts, die sich von einer
biologischen Bestimmung (Sexualität) abhebt; dabei wird es zur Aufgabe der
F.T., über die Rolle von Kirche und Theologie hinsichtlich der Konstituierung der sozialen Geschlechterrollen nachzudenken.

Demgegenüber geht eine postmoderne Kritik noch einmal über diese
Gender-Debatte hinaus, indem nicht mehr allein die sozial, sondern eben
auch die biologisch ausgerichteten Frauenbilder in Kirche und Gesellschaft
als kulturell hervorgebracht und somit als konstruiert gelten (Judith Butler).
Indem also auch die biologische Bestimmung der Frauenrolle als geformte
Lebenspraxis definiert wird, gerät die Zweigeschlechtlichkeit selbst in die
Kritik und wird durch das Ideal einer Gesellschaft »jenseits der Zweigeschlechtlichkeit« (cross gender) ersetzt. In einer radikalen Variante der
postmodernen Kritik geht die F.T. in eine feministische Philosophie über, die
sich als »Jenseits von Gottvater, Sohn & Co« versteht (M. Daly) und die Entstehung postchristlicher Religionen beeinflusst (J. Voss, Das Schwarzmond-
tabu, 1988).

Seit den späten 1980er Jahren zeigt die F.T. Ergebnisse, die sich auch im institutionellen Bereich niederschlagen. So wurden u.a. in Kassel, Münster und Neuendettelsau Professuren für F.T. eingerichtet. Die EKD gründete 1994 in Gelnhausen ein »Frauenstudien- und -bildungszentrum«, das sich mit sozialen, politischen, kirchenpolitischen und institutionellen Fragen beschäftigt und dabei »die biblische Tradition, feministische Bibelauslegung und Spiritualität in der Gemeinschaft mit anderen als Be-Geisterung, Hoffnung und Kraft« erfahrbar machen will. Bezeichnend für die Entwicklung der F.T. von einer Basisbewegung der Frauenbefreiung hin zur Gender-Debatte mag die Tatsache sein, dass das 1989 von der EKD institutionalisierte »Frauenreferat« inzwischen in ein »Referat für Chancengleichheit« umbenannt worden ist. Im Mittelpunkt dieser Einrichtung steht konsequenterweise die »gezielte Förderung von Chancengleichheit beider Geschlechter«. [MV]

Fest   Feste richtig zu feiern sei eine Kunst, heißt es im Volksmund – womit gemeint ist, dass sie offenbar stets der Gefahr ausgesetzt sind, in Trivialität und Banalität abzugleiten. Danach sind Festivitäten, Feten, Gedenktage und Partys keine Synonyma, die mit dem korrespondieren, was ein F. ausmacht. Noch am ehesten austauschbar sind die Begriffe F. und Feier. Weihnachtsfest und Weihnachtsfeier sind nahezu identisch, und die Adjektive festlich und feierlich lassen sich in ihrem Bedeutungsgehalt kaum voneinander unterscheiden. Konstitutives Element der altorientalischen, griechischen und römischen F. war deren jeweilige Verankerung im Gottesdienst. Die Menschen stellten sich nie allein selbst dar, sondern wussten sich umfangen von göttlicher Fülle, die zu ertragen allerdings nicht ständig möglich war. Diese Ausnahmen vom Alltag boten die F., an denen die Götter gleichsam teilnahmen. Ob nun die Anlässe im privaten Bereich (Geburt, Hochzeit, → Tod), im Ablauf der Natur (u.a. Sonnenwende), im politischen Geschehen (Revolution, Sieg, Staatsgründung etc.) oder gar in der Religion selbst (Erscheinung, Geburt Gottes) lagen, stets gehörten Dank und Bitte der Menschen unabdingbar dazu. Dies gilt ebenso und besonders für die christlichen F., die sich z.T. an jüdische bzw. römische Vorgaben (z.B. *Passa* → Ostern, *sol invictus* → Weihnachten) anlehnen.

Waren die ersten drei Jahrhunderte n.Chr. von kirchlicher Abstinenz gegenüber F. gekennzeichnet – dies überließ man den Heiden (Gregor von Nazianz) –, so änderte sich die Situation in den folgenden Jahrhunderten derart, dass das Überangebot an Feiertagen (bereits Anfang des 13. Jh. jährlich ca. 85 arbeitsfreie und 95 gerichtsfreie Tage) schon vor der Reformation zu innerkirchlicher Kritik wie zu Beschwerden (Gravamina) seitens der Stände auf dem Nürnberger Reichstag 1522 führte. M. Luther selbst klagte (*Sermon von den guten Werken*, 1520): »Wir sind mit vielen Feiertagen geplagt zu Verderbung der Seelen.« Der unmittelbare religiöse Sinn der meisten F.

war damals bereits verlorengegangen – eine Entwicklung, die weiter fortschritt und auch vor den großen Kirchenfesten nicht Halt machte.

Indem F. die Monotonie des Alltags unterbrechen und den Menschen zur
Einkehr einladen, haben sie insofern eine sinnstiftende Funktion, als sie zur
Erinnerung aufrufen. Der Mensch vergewissert sich, dass seine Arbeit, sein
Leben in einen übergeordneten Kontext einbezogen ist und somit einen Sinn
hat. Und er wird gestärkt in die festlose Zeit entlassen. Dies ist umso eher
möglich, als dieser Sinn in der Gemeinschaft erfahren wird, die Freude ist
kollektiv. Zugleich gewinnen aber auch neue Aspekte an Bedeutung, wird die
Zukunft im F. neu entworfen. Das Leben danach verläuft anders, auch wenn
die alten Bahnen scheinbar beibehalten werden. Nicht von ungefähr spielen
F. in der Verkündigung Jesu (Hochzeit von Kana, königliches Festmahl etc.)
eine große Rolle. [GB]

Firmung → Konfirmation

Fluch → Segen

Freude Zum Leben des Menschen gehört die F., »sich freuen wie ein
Kind« ist zum Sprichwort geworden, das Erwachsene oft zitieren, um die
Echtheit und das Überwältigende eines Glücksgefühls zu unterstreichen, das
man offenbar als Kind am eindrucksvollsten erlebt. F. verlangt nach Ausdruck, und so »hüpft und tanzt man vor F.«, macht »vor F. einen Luftsprung«.
Man »lebt herrlich und in F.«, wenn man es sich leisten kann – oder auch
nicht. F. kann zur gesellschaftlichen Norm avancieren. Den Schlager »Freut
euch des Lebens« sang man schon zur Zeit Goethes. Doch ist damit der
Sprachgebrauch nicht erschöpft. Die Erfahrung ambivalenten Erlebens hat
von Anfang an Freud und Leid zusammengebracht. Problematisch ist, wie
man trotz des Leides im Leid noch F. haben kann.

Nach altjüdischer Auffassung ist die F. ein Geschenk. Bilderreich heißt
es z.B. in Ps 30,12: »Du hast mir meine Klage verwandelt in einen Reigen,
du hast mir den Sack der Trauer ausgezogen und mich mit F. gegürtet.« Das
Christentum steht ganz in dieser Tradition, wenn es Gott als deren Geber und
Gegenstand zugleich bekennt. »Siehe, ich verkündige euch große F.«, lässt
der Evangelist Lk (2,10) den → Engel zu den Hirten von Betlehem sprechen.
Es ist eine F., die allen Menschen gilt. Sie brauchen nur ihre Augen, Ohren
und Herzen zu öffnen. Und weil ein Geschehen vorausgesetzt wird, kann der
Imperativ folgen: »Freuet euch in dem Herrn allewege, und abermals sage
ich euch: Freuet euch!« (Phil 4,4). Der Mensch braucht sich nicht zu überwinden, soll nicht etwas tun, was er gar nicht will, was ihm zuwider ist. Vielmehr ist es eine Aufforderung, doch zu ergreifen, was nahe liegt. Wer könnte sich der F. verschließen?

Die F., die der leidgeprüfte Mensch als Geschenk erfahren kann, hat dann offensichtlich eine andere Qualität. In den biblischen Texten ist deswegen auch nicht mehr von der F. allein die Rede als einer menschlichen Ausdrucksform unter vielen, sondern sie wird deutlich von der vordergründigen F. unterschieden – vordergründig insofern, als sie für selbstverständlich gehalten oder sogar als eigenes Verdienst empfunden wird. Auf den reichen Menschen z.B., der laut Lk 16,19 »alle Tage herrlich und in F.« verbrachte, wartet ein qualvolles Schicksal. Er hatte seine F. nicht mit andern Menschen geteilt, diese nicht an seinem Wohlstand teilnehmen lassen, hatte nicht begriffen, dass die Güter dieser Erde allen zugute kommen (Apg 14,17). Das AT und NT erinnern den Menschen immer wieder daran, dankbar zu sein (Dtn 28,47 u.a.), und verheißen denjenigen, die Gottes Wort hören und seine Gebote befolgen (Jer 15,16; Mt 13,20 u.a.), eine F., die Bestand hat, die nicht mehr dem Irrtum und Zweifel unterworfen, die nicht mehr von Stimmungen abhängig ist – heute hochjauchzend, morgen zu Tode betrübt. »Vor dir ist F. die Fülle«, bekennt der Ps 16 (V.11). Und als Zusicherung lassen sich die Worte im Johannesevangelium lesen: »Damit meine F. in euch bleibe und eure F. vollkommen werde« (15.11), und: »Euer Herz soll sich freuen, und eure F. soll niemand von euch nehmen«(16,22). F. hat mit Glauben zu tun.

Nach christlicher Auffassung ist F. übertragbar, sie ist ansteckend. Wer Grund hat zur F., teilt sie gern andern mit, lässt sie teilhaben. Das ist dann der Sinn der → Feste, die gefeiert werden. Das »Freut euch mit den Fröhlichen« (Röm 12,15) gilt sowohl den Gästen als auch den Gastgebern. Nicht von ungefähr hat Paulus in dem Reich Gottes, von dem Jesus gesprochen hatte, neben der → Gerechtigkeit, dem → Frieden und der → Liebe die F. entdeckt (Röm 14,17; Gal 5,22). Eine »unaussprechliche und herrliche F.«, wie man auch formulierte (1Petr 1,8), um sich abzusetzen von jedem Missverständnis. Wer beschenkt worden ist, wird seine F. weitergeben, wird dem andern helfen, seine Trauer abzulegen. Wir sind einander »Gehilfen« der F. (2Kor 1,24). [GB]

Frieden   Der Begriff ist von magischer Anziehungskraft, ganz gleich, in welcher Sprache das damit Gemeinte zum Ausdruck kommt. Dieses begegnet in allen Religionen und ist auf einer unteren Stufe materiell gefüllt: Gesundheit, Nachkommen, Besitz, Eintracht, Ruhe vor Feinden u.a. In den Hochreligionen überwiegt der ideelle Aspekt: der F. des Herzens, der Seele, der F. mit Gott. Die jüd. Religion unterscheidet sich dabei kaum von ihrem orientalischen Umfeld. Das hebr. schalom und das arab. salam bezeichnen die gemeinsame semitische Wurzel.

Die griechisch-römische Antike personifizierte *eirene* und *pax* als Göttinnen. War Erstere geschwisterlich verbunden mit den Göttinnen der guten

Gesetzlichkeit (*eunomia*) und des Rechts (*dike*) – sie alle waren Töchter des Zeus –, so befand sich der Altar des F. (*ara pacis*) bezeichnenderweise auf dem Marsfeld in Rom. Jetzt gehören *Mars, Victoria* und *Pax* zusammen. Dem F. gehen Kampf und Sieg voraus. Die *Pax Romana* ist eine solche der Sieger und konkurriert mit dem Frieden Gottes, den das AT und NT verkünden. Gleichwohl ist F. in der theologischen Reflexion weniger ein Thema als eine grundsätzliche, das Denken bestimmende Kategorie.

In dem Friedensbund, den JHWH mit seinem Volk schließt, sind alles irdische Glück und aller F. der Seele inbegriffen. Oft bedingen sich dabei F. und Gerechtigkeit gegenseitig (Ps 85,11; Jes 32,17). Das Reich Gottes ist nach Paulus (Röm 14,17) geradezu durch Gerechtigkeit und F. gekennzeichnet. Gegenüber einer ideologisch gefärbten Verkündigung erhebt sich jedoch Widerspruch, wenn falsche Propheten leichtfertig vom F. reden (Jer 6,14), wo augenscheinlich das Gegenteil der Fall ist. Friedensgruß und Friedenssegen (4 Mose 6,24ff.; Lk 24,36; Röm 1,7; 15,33; Phil 4,7; Offb 1,4) sind mehr als konventionelle Höflichkeitsformeln, sie sind tatsächlicher Zuspruch, reale Zueignung, wie Joh 14,27 unterstreicht. Was im AT als Verheißung (z.B. Micha 5,4: »Er wird der Friede sein«) erscheint, findet im NT seine Erfüllung. Der »Friedefürst« (Jes 9,5) ist kein anderer als Jesus Christus. »Er ist unser Friede« (Eph 2,14), und das von ihm verkündete Evangelium ist ein solches des F. (Eph 6,15).

Dabei ist von jeher die Erfahrung lebendig, dass der »Friede mit Gott« (Röm 5,1) sich anders darstellen kann als der »Friede auf Erden« (Lk 2,14), so dass bestenfalls ein Zusammenhang, nicht aber eine Identität von innerlichem und äußerlichem F. besteht. Das Verhältnis von politischem F. und einem solchen mit Gott konnte man bereits in der Alten Kirche sowohl unter dem Gesichtspunkt der Konkurrenz als auch der Sukzession bestimmen (Eusebius v. Caesarea, Augustin).

Dabei wurde sogar der Krieg gerechtfertigt, wenn denn der F. nicht anders zu erreichen war, als »gerechter Krieg« erfuhr er eine ethische Aufwertung. Dabei spielte auch die Vorstellung eine Rolle, dass ein dauerhafter F. sittlichen Verfall und Gottlosigkeit nach sich ziehen könnte. Nur wenige Gruppen wie z.B. die Mennoniten und Quäker lehnten konsequent den Krieg ab und sollten deswegen in die Geschichte als »Friedenskirchen« eingehen.

Mit der → Aufklärung verband sich die Hoffnung, dass allein schon die Vernunft den F. gebiete, wobei es allerdings verschiedene Positionen gab, je nachdem, ob nun der Krieg oder der F. als primär angesehen wurde. Die politisch und humanitär motivierten Friedensbewegungen des 19. und 20. Jh. (u.a. Sozialistische Internationale) sowie der Völkerbund und die UNO konnten indes Kriege nicht verhindern.

In vielfachen kirchlichen Stellungnahmen, z.B. katholischerseits *Mater et magistra* (1961), *Pacem in terris* (1963), *Gaudium et spes* (1965), *Popu-*

lorum progressio (1967), wurde an alle Verantwortlichen appelliert – unter dem Vorbehalt, dass der F. Gottes »höher ist als menschliche Vernunft« (Phil 4,7).

Im Zeitalter atomarer Bedrohung verschärfte sich die Diskussion. Der Krieg ließ sich nicht länger als Ultima Ratio rechtfertigen, von den Attributen »heilig« und »gerecht« ganz zu schweigen. Das sich nun etablierende Droh- und Abwehrsystem förderte allerdings keinen F. im traditionellen Sinne, sondern führte zu einer organisierten Friedlosigkeit. In sog. Friedensmärschen zu Ostern bekundeten zahlreiche Menschen ihre Sehnsucht nach F. An der Friedensbewegung und -forschung partizipieren die Kirchen in erheblichem Ausmaß. [GB]

Friedensbewegung   → Frieden

Frömmigkeit   → Spiritualität

Fundamentalismus   Als Selbstprädikation einiger Kirchen begegnet uns der F. im ausgehenden 19. und beginnenden 20. Jh. in den USA, und zwar als religiös motivierte Reaktion auf zunächst theologische und anthropologische Herausforderungen. So werden unaufgebbare Grundwahrheiten der Bibel wie die Jungfrauengeburt Jesu, sein Sühnetod, seine leibliche Auferstehung und Himmelfahrt, seine Wiederkehr (zur Errichtung eines 1000-jährigen Reiches) gegenüber der historisch-kritischen Wissenschaft verteidigt, ebenso wie der Schöpfungsbericht gegenüber dem Darwin'schen Evolutionismus. Bedeutsam an diesem Phänomen ist, dass es nicht bei einer Rückbesinnung auf die Quellen und Fundamente des Glaubens im Sinne eines Rückzuges aus der Gesellschaft bleibt, sondern dass in einem weiteren Schritt Mission betrieben wird. Die amerikanischen Verhältnisse sind dafür geradezu beispielhaft. Über eigene Fernseh- und Rundfunkanstalten wie Verlage werden große Teile der Gesellschaft einschließlich der politischen Parteien erreicht und auch dienstbar gemacht. Bestimmte Titel und Programme wie Crusaders, Moral Majority, Coalition for Traditional Values, Conservative Union, Pro Family Movement, Christian Voice etc. lassen Rückschlüsse auf geistesgeschichtliche Hintergründe wie auch Ziele zu. Bekämpft werden liberale Moralvorstellungen, Alkoholismus, Abtreibung, Homosexualität, Pornographie, aber auch Feminismus und Sozialismus. Nicht selten kommt es zu Lynchjustiz, Brand- und Bombenanschlägen, Attentaten. Folgerichtig findet die Todesstrafe in diesen Kreisen lautstarke Befürwortung.

Europäische Varianten des Phänomens F. sind sowohl im Katholizismus als auch Protestantismus zu finden. Lange Zeit hinderten antimodernistische Tendenzen die kath. Kirche am Dialog mit der fortschreitenden Kultur. Wo wie im Syllabus Pius' IX. (1864) Liberalismus, Marxismus, Demokratie, Individual- und → Menschenrechte, insgesamt 80 Irrtümer aus Religion, Wissenschaft, Politik, Wirtschaft und Kultur, angeprangert wurden, wo Priestern und Hochschullehrern der sog. Antimodernisteneid (Pius X., seit 1910) bis nach dem Zweiten Weltkrieg abverlangt wurde, blieb der Kirche nur der Rückzug in die eigene Welt der *societas perfecta*. Insofern zeugt die nach 1945 verstärkt einsetzende Wissenschaftlichkeit in allen theol. Disziplinen nicht nur von einem ungeheuren Nachholbedarf, sondern zugleich auch von einer der Wissenschaftsgeschichte innewohnenden Dialektik. Als besonderer antithetischer Höhepunkt kann danach das II. Vatikanum gelten. Seitdem ist die Entwicklung eher wieder rückläufig.

In den reformatorischen Kirchen begegnet uns die Kritik an der historisch-kritischen Forschung seit deren Anfängen in der zweiten Hälfte des 19. Jh. Sie dauert bis in die Gegenwart an und spiegelt nicht nur die Erwartungen der Gemeinden wider, sondern dementsprechend ebenso häufig die Einstellung des Klerus. Wie kaum in anderen Berufen wird hier die Spannung zwischen Theorie und Praxis, Wissenschaft und kirchl. Verkündigung als Problem empfunden, mit der Folge, dass fundamentalistische Anschauungen zwar die Kerngemeinde stabilisieren, der Intelligenz aber den Weg aus der Kirche weisen.

Was vor 100 Jahren noch als zwischenzeitlich verunglimpfter Kulturprotestantismus im Sinne eines Bildungsangebotes und einer gleichzeitigen Auseinandersetzung mit der zeitgenössischen Kultur begonnen hatte, ist auf rudimentäre Erscheinungen zurückgedrängt. Mit sog. Bekenntnisbewegungen, die zur Rückbesinnung auf die Fundamente des Glaubens aufrufen, ist stets die Gefahr des geistigen Gettos verbunden.

Dgl. Phänomene sind indes nicht auf das Christentum beschränkt. Sie lassen sich ebenso deutlich im Judentum, Hinduismus und vor allem Islam nachweisen. Gerade Letzterer ist durch weltweite Terroranschläge in den Verruf geraten, geradezu eine fundamentalistisch orientierte Religion zu sein. Dazu mag von Anfang an die enge Verzahnung von Theologie und Recht, Religion und Politik beigetragen haben.

Wenn auch der Begriff F. heutzutage inhaltlich weitgehend negativ besetzt ist, sollte doch bedacht werden, dass nicht bereits der Verweis auf Fundamente ähnlich wie der im → Humanismus propagierte Ruf nach den Quellen (*ad fontes*) eine Bewegung diskreditiert. Es sind zunächst notwendige Korrekturen, die darauf aufmerksam machen, dass man vor Nebensächlichkeiten das Eigentliche aus den Augen verlieren kann. So gibt es denn auch in der dogmatischen Theologie immer wieder den Versuch, sog. Fundamentalartikel festzulegen, wozu u.a. Glaube und Vernunft, Glaube und Verstehen, Glaube und Erfahrung, Glaube und Verkündigung gehören. Der sowohl in der kath. als auch ev. Kirche beheimatete und unangefochtene Begriff der

Fundamentaltheologie zeigt schließlich, wie wichtig eine interpretative Auseinandersetzung mit den Grundlagen des Glaubens ist. [GB]

Fundamentaltheologie Der Begriff der F. ist möglicherweise irreführend und letztlich nur aus seiner historischen Entwicklung heraus vollständig zu erfassen. Mit → Fundamentalismus hat er auf jeden Fall nicht nur nichts zu tun, sondern kann sogar als dessen direkter Gegenpart verstanden werden. So geht es in der F. darum, die Grundlagen des christlichen Glaubens zu reflektieren und dabei das System der Theologie wissenschaftstheoretisch und im Dialog mit der Philosophie auf die eigenen Fundamente hin zu überprüfen. Gegenstand der F. sind dabei ebenso das Verhältnis zwischen Vernunft und Offenbarung bzw. zwischen Theologie und Philosophie wie wissenschaftstheoretische Fragen oder Prinzipien der theologischen Erkenntnis. Mit diesem Ansatz wird schon deutlich, dass die F. ein spezielles Verhältnis zur → Vernunft voraussetzt, demzufolge die Wahrheit der christlichen Offenbarung eben nicht nur im Glauben zu erfassen ist, sondern auch mit den Mitteln der Vernunft reflektierbar sein muss.

Als Vorläufer der F. gilt die Apologetik, in deren Mittelpunkt die rationale Erkennbarkeit, ja sogar die Beweisbarkeit Gottes (→ Gottesbeweise) stand, wie allgemein das Ansinnen, die Vernunftgemäßheit des Glaubens nachzuweisen. Im Zuge der Aufklärung und vor allem herausgefordert durch Kants Kritik des Erkenntnisvermögens, die eine Beweisbarkeit und sogar eine Erkennbarkeit des nicht wahrnehmbaren Gottes ausschließt, wurde der Ansatz der Apologetik grundsätzlich hinterfragt.

Als Konsequenz bildete sich seit dem späten 18. Jh. unter dem Eindruck der Rationalismusdebatte und in Hinblick auf das Aufkeimen eines neuen Wissenschaftsverständnisses die F. heraus, in der nicht mehr die apologetische Rechtfertigung der Glaubensgrundlagen im Vordergrund steht, sondern die methodische Reflexion der Theologie im Verhältnis zur Philosophie und die Kriterien für die Selbstoffenbarung Gottes. Wegweisend für die Entwicklung der F. war der Einfluss Friedrich Schleiermachers mit seiner Neubestimmung der Religion im Sinne eines Selbstbewusstseins, durch die eine neue Zuordnung von Glaubensdenken und philosophischem Denken möglich wurde.

Verbreitet ist die Überzeugung, dass es sich bei der F. um eine rein kath. Disziplin handelt, der auf ev. Seite die → Systematische Theologie gegenübergestellt wird. Zwar trifft es zu, dass aufgrund der konfessionell bedingten Unterschiede in der Deutung der → Dogmatik im Protestantismus gewisse Vorbehalte vor allem gegenüber dem apologetischen Charakter geltend gemacht werden, dennoch hat sich seit dem 20. Jh. auch in der ev. Theologie (G. Ebeling) eine Form der F. herausgebildet. W. Pannenberg greift dabei den Anspruch der F., den Glauben hinsichtlich seiner Grundlagen zu betrachten, als Möglichkeit auf, den ökumenischen Charakter der F. herauszuarbeiten und die konfessionellen Grenzen zu überschreiten. Daneben sind im 20. Jh. besonders hervorzuheben: E. Bisers Ansatz einer hermeneutischen F., die praktische F. von J. B. Metz, die politische Ansprüche der → Befreiungstheologie verarbeitet, und die unter dem Einfluss des Pluralismus der Religionen entstandene kontextuelle F. von H. Waldenfels. [MV]

Gebet Religionsgeschichtlich gesehen finden wir das G. in allen niederen und höheren Kulturen, wobei sich kaum eine Entwicklung vom Primitiven zum Erhabenen feststellen lässt. Eher handelt es sich um jeweils geschlossene Kreise, in denen sich beides nebeneinander findet: Zauber und Beschwörung.

Für das Juden- und Christentum ist das G. gleichsam der Ausdruck gläubiger Existenz, wobei es strukturelle Differenzierungen gibt. Es wird in Gemeinschaft wie auch einzeln gebetet. Es kann sich um Formeln, aber auch um spontane Äußerungen handeln, entsprechend ist das G. lang oder kurz. Es kann an Zeiten und Orte gebunden sein, bestimmte Haltungen und Gesten verlangen. Am wichtigsten sind jedoch die Inhalte.

Bereits im AT werden Bitt-, Dank-, Lob- und Klagegebete unterschieden. Sie sind Ausdruck unmittelbarer Lebenserfahrung und haben Gott JHWH als dialogisches Gegenüber: So wie Gott spricht und hört, verhält sich auch der Mensch. Das NT kennzeichnet Jesus u.a. als Betenden entsprechend der jüd. Tradition. Er sucht die Einsamkeit, um Zwiesprache mit Gott zu halten, gibt seinen Jüngern Erläuterungen (Mt 6,8: »Euer Vater weiß, was ihr bedürft, ehe ihr ihn bittet«) und lehrt sie das → Vaterunser (Mt 6,9–13).

Im Gottesdienst der Kirche hat das G. in den verschiedensten Ausformungen seinen legitimen Platz. Das Beten ohne Unterlass, mit dem Lk (18,1) einen Ausspruch Jesu überliefert und den Paulus (Röm 12,12; Eph 6,18; 1Thess 5,17; Kol 4,2) aufnimmt, ist nicht quantitativ zu verstehen, wie das Beten mit dem Rosenkranz nahe legt. Vielmehr ist mit diesen Worten auf die Existenz des Menschen vor Gott abgehoben. Indem er ihn hört und anspricht, breitet er sein Leben vor ihm aus. Luther hat deswegen (*Evangelium von den zehn Aussätzigen*, 1521) das G. mit dem Glauben schlechthin identifizieren können. Darüber hinaus hat er – neuzeitliche psychologische Erkenntnisse vorwegnehmend – gemeint, dass der betende Mensch sich seiner selbst vergewissere, sich selbst mehr unterrichte als Gott (*Wochenpredigten* über Mt 5–7, 1530/2). Ebenso erkannte er an, dass die Angst »recht beten … lehrt« (*Predigten* über das 1. Buch Mose Kap.32, 1527).

Wenn auch schon in der Antike vereinzelt von philosophischer Seite Kritik am G. geübt wurde, so setzt diese in größerem Umfang erst in der Aufklärung ein. Nach Kant (*Die Religion innerhalb der Grenzen der bloßen Vernunft*, 1793) handelt es sich beim G. um eine »Anwandlung von Wahnsinn«, eben weil sich der Betende mit einem »imaginären Wesen« unterhält, als sei es gegenwärtig. Ähnlich konstatiert Feuerbach (*Das Wesen des Christentums*, 1841) eine Selbsttäuschung des Menschen und somit eine »Anbetung des eigenen Herzens«. Beten ist letztlich ein psychopathologisches Phänomen, eine »Schande« (F. Nietzsche, *Also sprach Zarathustra*, 1883–1885).

Problematisch, auch für gläubige Christen, ist die oft erfahrbare Diskrepanz von Bitten und Erhören, die angesichts verheißungsvoller Worte Jesu

(Mt 7,7f; Lk 11,9), wonach der Bittende auch empfängt, umso schmerzlicher empfunden wird. Der Gegensatz ist jedoch nur scheinbar; denn Gebetserhörung will *sub specie dei* verstanden sein. Sie kann sich ganz anders äußern, als der Mensch es sich vorstellt, und setzt Ergebung in Gottes Willen voraus, wie an der Bitte des Vaterunsers »Dein Wille geschehe« deutlich wird. Unbelastet von einer Erwartungshaltung kann das G. zum Gespräch mit Gott werden, wobei Dank, Lob, Bitte und Klage sich abwechseln.

Eine besondere Bedeutung kommt deshalb der Gebetserziehung zu. Sie setzt früh im Kleinkindalter ein und fällt in die Verantwortung der Familie. Im Gegensatz zu einer veralteten Theorie und Praxis des Kindergebets mit vorgeformten pseudofrommen Texten (»Ich bin klein, mein Herz ist rein …« oder »Lieber Gott, mach mich fromm …«) stellt die moderne → Religionspädagogik entwicklungspsychologische, theologische und pädagogische Gesichtspunkte zugleich in den Vordergrund. Danach bietet sich als Einstieg zunächst das freie Erzählen an. [GB]

Gebote   Jegliches Zusammenleben größerer Sozialverbände bedarf Regelungen und Ordnungen, die ein bestimmtes Verhalten unter Strafe stellen. So verwundert es nicht, dass sich in Mesopotamien schon aus dem späten 3. Jt. v.Chr. Gesetzesüberlieferungen erhalten haben. Eine besondere Bedeutung erhielt der *Codex Hammurabi*, der von Hammurabi, dem König von Babylon (1793–1750), verfasst wurde und als Vorbild für weitere Gesetzessammlungen diente.

Das älteste Gesetzbuch des AT ist das sog. Bundesbuch (Ex 20,22–23,19), dessen Grundbestand wohl im 8. Jh. v.Chr. schriftlich festgelegt wurde, das aber z.T. wesentlich ältere Traditionen aufnimmt. Der Hauptteil mit rein profanen Gesetzen (Sklavengesetze, Mord, Totschlag, Körperverletzung, Diebstahl etc., Vergewaltigung, sittliches Leben und gemeinschaftsdienliches Verhalten) wird von religiösen Forderungen gerahmt (Altargesetz, Ex 20,22–26; Erstlingsabgaben, Ex 22,28ff.; → Sabbat und → Feste, Ex 23,10–19). Ein zweites Gesetz, dessen Grundbestand aus dem späten 7. Jh. v.Chr. stammt, findet sich im Gesetzesteil des Deuteronomiums (Dtn 12–25). Ziel dieses Gesetzeswerkes ist es, einerseits den JHWH-Glauben (→ JHWH) als alleinigen Glauben in Israel auch rechtlich durchzusetzen (→ Monotheismus) und sich damit religiös von den mesopotamischen Völkern, die damals die Vorherrschaft im Vorderen Orient innehatten, zu emanzipieren. Andererseits geht das Gesetz auf die veränderten sozialen und ökonomischen Umstände in Juda ein und aktualisiert damit gewissermaßen das Bundesbuch.

Anders als das Bundesbuch, das in erster Linie eine verbindliche Anordnung für die Behandlung von Rechtsfällen war, stellt das Deuteronomium erstmals eine Reflexion über die grundlegenden theologischen Aussagen Israels dar und bildet so den geschichtlichen Ausgangspunkt dogmatischer

Überlegungen. Die Gesetze sollen Anleitung zur Lebensgestaltung und nicht nur Hilfe in Rechtsfällen sein; vgl. Dtn 6,1f.: »Das sind die Gesetzesanweisungen ..., die JHWH, euer Gott, euch zu lehren gebot, dass ihr danach handelt ..., damit du JHWH, deinen Gott, fürchtest alle Tage deines Lebens ..., damit deine Lebenstage lang währen.« Die schon kurz danach, in exilisch-nachexilischer Zeit entstandene Priesterschrift mit ihrem ausführlichen Gesetzesteil, der dem literarischen Entwurf nach in vorstaatlicher Zeit am Berg Sinai verkündigt wurde (Ex 20; Num 10), sieht das Recht wiederum unter einer neuen historischen, sozialen und religiösen Situation. Die G. orientieren sich nun am wieder zu errichtenden Tempel und an der Neugestaltung des Volkes Gottes; zudem müssen sie der Tatsache Rechnung tragen, dass die auf engem Raum zusammenlebende Volksgemeinschaft nun aufgelöst ist (Diasporagemeinden), und betonen zunehmend die Abgrenzung von anderen Völkern und Glaubensgemeinschaften (z.B. Ausbau der Reinheitsgebote, Beschneidung). Die zahlreichen G. führten zu einer Hochschätzung des Rechts (bzw. der Tora). Da das richtige und damit gottgemäße Verhalten in zahlreichen Paragraphen festgehalten wurde und nicht mehr – wie etwa z.Zt. der Propheten des 8. Jh. – zwischenmenschlichem Empfinden und gesundem Menschenverstand entsprach, wurde die genaue Gesetzesbeobachtung zu einem wesentlichen Mittelpunkt des Glaubens. Gleichzeitig entstand allmählich eine ausgeprägte und bei den Rabbinen dann auch schriftlich fixierte Diskussion, wie genau die G. in Einzelfällen konkret umgesetzt werden müssen.

Eine besondere Stellung erhielt der Dekalog, der im AT zweimal – in leicht unterschiedlicher Fassung – überliefert ist (Ex 20,1–17; Dtn 5,6–21). Aufbauend auf Vorstufen (Hos 4,2; Jer 7,9 u.a.) entstand der Dekalog in nachexilischer Zeit und hat den Anspruch, die sich allmählich in immer mehr Einzelgebote ausgestaltende und daher für Laien kaum mehr überschaubare priesterschriftliche Gesetzgebung auf wesentliche Grundlagen zusammenzufassen und somit als Richtschnur für die Lebensgestaltung zu gelten. Er betont die Beziehung zu JHWH als dem alleinigen Gott Israels und stellt grundlegende Normen für den Umgang mit den Mitmenschen auf. Zur Diskussion um die Bedeutung der G. vgl. auch → Gesetz. [WZ]

Geist (Heiliger Geist)   Als theologischer Terminus hat der Begriff bereits im NT zumeist das Attribut heilig, um diesen von anderen Phänomenen gleichen Namens unterscheiden zu können. Im AT begegnet der Hl.G. an zwei Stellen (Ps 51,13; Jes 63, 10f.). Im Griechischen ist *pneuma* (264-mal) die reguläre Übersetzung des femininen hebr. *ruach* (378-mal). Gemeint ist der Wind, der Atem, der Odem Gottes. Pneuma ist schlechthin der Geist Gottes, des Herrn, Christi, der Wahrheit, wie es alternierend auch heißt. Während davon abgehoben *nous* den menschlichen Intellekt bzw. eine solche Gesinnung meint. Auch im Lat. sind zwei unterscheidende Termini zu finden: *spiritus* (*spiritus sanctus*) und *animus*. So meinen auch im Englischen *spirit* und *mind* nicht dasselbe. Die deutsche Sprache kennt diese eindeutigen Unterscheidungen zunächst nicht. Erst aus dem Sachverhalt, im Kontext wird deutlich, was gemeint ist. Insofern ist das Attribut »heilig« für den religiös-theologischen Bezug unverzichtbar. Die Bezeichnung Geistlicher für den Berufsstand des Pfarrers ist allerdings insofern unevangelisch, als nach ntl. Verständnis der Geist Gottes alle Gläubigen erfassen kann (Röm 8,14).

Der Hl.G., um den der Mensch nur bitten, über den er aber nicht verfügen kann, weht, *wo* er will (Joh 3,8), und die → *Confessio Augustana* (Art. 5) hat hinzugefügt: auch *wann* er will. Nach übereinstimmendem Zeugnis des AT und NT schafft er Leben, Frieden, Freiheit und Einheit unter den Menschen. Im Brief an die Galater (5,22) bezeichnet Paulus Liebe, Freude, Friede, Geduld, Freundlichkeit, Güte, Treue, Sanftmut und Keuschheit als Früchte des Geistes. Dabei kommt es frühzeitig zu einer theologischen Distinktion, die im Verlauf der Kirchengeschichte Folgen haben sollte: Der Hl.G. ist eine Seinsweise Gottes, identisch mit Gott-Vater, identisch mit Jesus Christus. Entsprechend heißt es im NT: »Gott ist Geist« (Joh. 49,24) bzw. »Der Herr ist Geist« (2Kor 3,17). Dieses Verständnis war und ist, wie die Dogmengeschichte zeigt, nicht unumstritten. Hatte das Konzil von Nicäa (325) das Verhältnis von Gott-Vater und Sohn fixiert, so das von Konstantinopel (381) die Gleichheit aller Seinsweisen Gottes: »Wir glauben an den Heiligen Geist, der Herr ist und lebendig macht, der aus dem Vater und dem Sohn hervorgeht, der mit dem Vater und dem Sohn angebetet und verherrlicht wird …« Die spätere orthodoxe Kirche (seit 1054) vermochte dieser Theologie nicht zu folgen und blieb bis heute bei ihrer linearen Interpretation, wonach der Geist aus dem Vater (*ex patre*) durch den Sohn (*per filium*) hervorgeht (*procedit*).

Nicht von ungefähr werden daher bereits in ntl. Aussagen Geist und Kirche miteinander verbunden. So übernimmt nach Joh 14ff. der Hl.G. nach der Auferstehung Jesu künftig die Rolle des Parakleten, des Trösters und Beistandes. Paulus beschwört die Einheit der Gemeinde, die aus »einem Geist« (1Kor 12,13) lebt. Insofern lag es nahe, neben dem einen Gott, dem einen Sohn auch einen Geist zu bekennen, wie das denn auch in einigen Formeln, z.B. der von Jerusalem, geschah. Die Akzentuierung der einen Kirche im Bekenntnis von Konstantinopel schließt bereits stillschweigend den einen Geist ein, mit dem sich die Kirche schlechthin identifiziert. Schon Lukas hatte in seiner Apg (2,1–42) den Hl.G. als *causa* und *movens* der Kirchengeschichte dargestellt, wobei grundsätzlich davon auszugehen ist, dass das Phänomen auch ohne Worte und Begrifflichkeit existiert. Nach Apg 19,1ff. erklären gläubige Christen, sie hätten noch nicht einmal gehört, dass es einen Hl.G. gäbe. Dass Jesu Leben ein solches aus dem Geist Gottes war, ist für die ntl. Theologen eindeutig, wie u.a. aus den Berichten über die Taufe Jesu durch

Johannes am Jordan ersichtlich wird. Insofern ist dann aber auch das Johannes dem Täufer in den Mund gelegte Wort (Mk 1,8; Joh 1.33), wonach Jesus mit dem Hl.G. taufen werde, kein Argument gegen die später einsetzende kirchliche Taufpraxis. Vielmehr bezeichnet »Taufen« in diesem Zusammenhang ganz allgemein den Ruf zur Nachfolge und das Überführtwerden vom Geist der Wahrheit.

Bei der Säkularisierung der Vorstellungen vom Hl.G. z.b. in der Theologie und Philosophie der Aufklärung (Kant, Herder, Hegel u.a.), die diesen als »Weltgeist« auswiesen, lag deren Wahrheitsmoment in der Annahme, dass dieser eben nicht ein Privileg der Kirchen war, gebunden an Institution, Ort und Zeit. In dieselbe Richtung gehen moderne Konzeptionen, wonach eine »externe Pneumatologie« den Geist Gottes eben auch in Philosophie, Psychologie, Dichtung, Naturwissenschaft aufspürt, von dessen Manifestation in den nicht-christlichen Religionen ganz abgesehen.

Als unaufgebbares Kriterium erscheint für den Christen die Bitte um den Hl.G. Sie ist notwendig, weil man diesen nie auf Dauer besitzen kann. Und auch seine Wirkungen sind oft nur *sub specie dei* verständlich, was soviel bedeutet, dass er eben häufig das Gegenteil von dem bewirkt, was Menschen wünschen und erwarten. [GB]

Geld Das Verhältnis der Kirche zu G. und Besitz ist ambivalent. Dies spiegelt sich bereits in verschiedenen Aussagen des NT wider. Die Rede vom Kamel, das eher durch ein Nadelöhr passe, als dass ein Reicher in den Himmel komme (Mt 19,24), ist geradezu sprichwörtlich geworden, ebenso dass man nicht zwei Herren dienen könne, Gott und dem Mammon (Mt 6,24). Als Jesus seine Jünger aussandte, geschah das nach Mt 10,8ff. mit Worten, die zur Armut verpflichteten: »Ihr sollt nicht Gold noch Silber, noch Kupfer in euren Gürteln haben« – Worte, die zum Programm für spätere Armutsbewegungen (z.B. Humiliaten, Waldenser, Franziskaner) wurden, als die Kirche schon reich geworden war. So erinnert die Skulptur des Franz von Assisi vor dem Lateran noch heute die Kirche daran, dass sich ihr Reichtum nicht in G. und Besitz erschöpft.

Andererseits zeugt das Bild von den Treuhändern (Mt 25,14–30; Lk 19,19–27), die mit dem anvertrauten G. arbeiten und dies nicht vergraben, von einer realistischeren Auffassung und weist damit in die Zukunft. Der luk. Bericht (Apg 2,45), wonach die Jerusalemer Christen »Güter und Habe« verkauften und an alle verteilten, offenbart allerdings zunächst noch ökonomische Kurzsichtigkeiten, musste doch später die verarmte Gemeinde durch Geldspenden von auswärts unterstützt werden. Nach Röm 15,26f. und 2Kor, Kap 8 und 9 dürfte es sich um eine erste Kirchensteuer gehandelt haben, Spenden und Abgaben in den einzelnen Gemeinden führten zu regelrechten Hinterlegungen (*deposita*) bei den Bischöfen, wie man u.a. dem Brief des

Statthalters der Provinz Bithynien, Plinius d. J., an Kaiser Trajan (112 n.Chr.) entnehmen kann. Danach gehörte es zu den Christenpflichten, nichts Hinterlegtes abzuleugnen, wenn es eingefordert wurde. In Zeiten der Verfolgung konnte das G. auch auf mehrere Personen an verschiedenen Orten aufgeteilt werden, um es vor dem staatlichen Zugriff zu sichern. Verwendet wurde es für die vielfältigen Aufgaben der Diakonie (Fürsorge für Alte, Kranke, Witwen und Waisen, Begräbnisse, Freikauf von Gefangenen inkl. Bestechungsgelder und vieles andere mehr). Die Ausgaben waren zweckgebunden. Von den Gemeinden in Rom, Karthago und Alexandrien weiß man, dass sie zu bestimmten Zeiten vermögend waren und dass ihre Bischöfe mit G. umzugehen wussten. Wie diese Entwicklung theologisch zu verantworten war, erörtert u.a. Klemens v. Alexandrien um das Jahr 200 in einer Predigt über die Geschichte vom reichen Jüngling: *Quis dives salvetur* – Welcher Reiche kann gerettet werden? Nicht G. und Besitz an sich, so lautete die Lösung, waren verboten, vielmehr entschied sich das Verhältnis zu Gott daran, wie man mit dem Reichtum umging.

Auch wenn Spenden und Kollekten zunächst freiwillig waren, ist doch von einem gewissen gesellschaftlichen Zwang auszugehen, dem man sich nicht ohne Verlust des Ansehens entziehen konnte. Zusehends übernahm die Kirche in der Gesellschaft soziale Leistungen, die der Staat nicht mehr erfüllen konnte. Selbst entschiedene Gegner des Christentums wie Kaiser Julian (361–363) verwiesen auf das Vorbild der Christen. Der Bischof von Mailand, Ambrosius (339–397), konnte mit Stolz vermerken, dass die Kirche nicht auf materielle Hilfe von Seiten des Staates angewiesen war – was nach seiner Meinung ihren Untergang bedeuten würde.

Durch Schenkungen, Erbschaften und nicht zuletzt kaiserliche Privilegien wurde die Kirche zur Großgrundbesitzerin in Europa. Wobei durchaus in manchen Fällen Betrug, Erbschleicherei u. dgl. beteiligt waren, wie u.a. die Konstantinische Schenkung belegt, mit der zumindest als rechtsverbindliche Übereignung dargestellt werden sollte, was sich tatsächlich auf dem Wege der Aneignung vollzogen hatte – nämlich die Übernahme des kaiserlichen Lateranpalastes, der Stadt Rom sowie aller Provinzen, Festungen und Städte Italiens.

Dass der Kirche ihr Besitz auch wieder streitig gemacht werden konnte, belegen u.a. drei größere Säkularisierungsbewegungen. Die erste datiert aus dem 8. Jh., als Karl Martell für seine Heeresreform Land für die Reiterei brauchte, um sich der arabischen Aggression zu erwehren. Die zweite großangelegte Säkularisation verbindet sich mit der Reformation, als viele Bistümer, Klöster in den Besitz ev. Landesherren übergingen, die dieses Kirchengut nicht nur für die ev. Geistlichkeit und für den Aufbau eigenständiger Landeskirchen verwendeten, sondern auch daraus Kosten für politische Bündnisse (z.B. Schmalkalden) und sogar Kriege beglichen. Dem protestantischen Beispiel folgend enteigneten aber auch kath. Fürsten kath. Kirchengut.

Die letzte Säkularisation geschah im Gefolge der Napoleonischen Kriege und der damit verbundenen Auflösung des Hl. Röm. Reiches dt. Nation. Mit dem Reichsdeputationshauptschluss von 1803 wurde bereits vor dem Wiener Kongress die politische Landkarte Mitteleuropas entscheidend verändert. Während die Bistümer und Reichsstifte direkt durch das Gesetz den Eigentümer wechselten, geschah das betr. der sog. landsässigen Klöster und Stifte, die sich bislang im Besitz der kath. und der C.A.-verwandten Kirchen befanden, durch die freie »Disposition« der Landesherren. Dies »unter dem bestimmten Vorbehalte der festen und bleibenden Ausstattung der Domkirchen ... und der Pensionen für die aufgehobene Geistlichkeit nach den ... teils wirklich bemerkten teils noch unverzüglich zu treffenden näheren Bestimmungen« (§ 35).

Hier liegt die Wurzel für die sog. Staatsleistungen, die bis heute von den einzelnen Ländern an die Kirchen als Wiedergutmachung gezahlt werden. Sie waren besonders umstritten nach dem Ersten Weltkrieg, wurden dann aber als abzulösende Bestimmung in der Weimarer Reichsverfassung (WR) festgeschrieben (Art 138 Abs. 1). Ein entsprechendes Reichsgesetz, das die Rechtslage geändert hätte, wurde jedoch nie erlassen, so dass sich an der Situation bislang kaum etwas geändert hat, zumal auch der GG (Art.140) die Gültigkeit der sog. Kirchenartikel der (WRV) bestätigte. Insbesondere wurden nach 1919 daraus auch die Kosten für den Unterhalt der aus Ministerien und Provinzialregierungen ausgegliederten Kirchenverwaltungen – jetzt Landeskirchenämter o.ä. – bestritten. Versuche einzelner Länder wie Braunschweig und Thüringen, sich den Unterhaltszahlungen zu entziehen, wurden durch reichsgerichtliche Entscheidungen (1926) aufgehalten. Vor dem Zweiten Weltkrieg gelang es den Nationalsozialisten allein in Österreich (1939) die staatlichen Leistungen aufzuheben. In der DDR wurde sehr früh jede Hilfe seitens des Staates eingestellt, wenngleich auch der Besitz der Kirche an Grund und Boden erhalten blieb. In der Bundesrepublik erregten 1974 die Thesen der FDP Aufsehen, die eine strikte Trennung von Staat und Kirche forderten. Nach erheblichem Widerspruch nicht nur von den Kirchen wurden sie ad acta gelegt. 1965 verfügten die Stadtstaaten Hamburg und Bremen per Landesgesetz die Ablösung der staatlichen Leistungen. Ansonsten ist es bei der »Grundrente« für die Kirchen geblieben, wenngleich auch der Begriff nicht völlig adäquat ist, setzt dieser doch irgendwann einmal das Ableben des Empfängers voraus (→ Kirchensteuer). [GB]

Gemeinde   Als G. wird im politischen Kontext eine dem Staat untergeordnete Gebietskörperschaft bezeichnet, die aus einem klar umrissenen Gebiet, den dort lebenden Menschen und ihren politischen Organen besteht. Die sich vornehmlich aus dem protestantischen Sprachgebrauch herleitende Bedeutung der christlichen G. steht in Verbindung zu dieser säkularen Interpretation, wobei die Grenzen nicht selten verschwimmen. Gerade diese Parallele zur politischen G. kann allerdings auch zu einer Fehleinschätzung des theologischen Gemeindebegriffs führen, der in seinem Grundzug eben keine soziale Gruppierung umschreibt und auch nicht die Gemeinschaft als solche meint, sondern die in der Teilnahme am Herrenmahl erwirkte Gemeinschaft mit Jesus Christus. So wie der theologische Begriff der G. am politischen partizipiert, so erscheint andererseits die christliche Vorstellung von Gemeinschaft (*communio*) im säkularen Bereich, wenn dort von der Kommune die Rede ist, die sprachlich, aber nicht inhaltlich mit der → Kommunion zu tun hat.

Das grundlegende Problem aller Rede über G. im theologischen Sinn gründet darin, dass der neutestamentliche Ausdruck *ecclesia* (Volksversammlung) für die Christusgemeinschaft in seiner Abgrenzung zu dem, was entweder als → Kirche oder als G. aufgenommen wird, unklar ist. Schon im NT finden sich unterschiedliche Deutungsmöglichkeiten: Während in Mt 16,18 und 1Kor 12,28 u.a. ecclesia im Sinne der ganzen Kirche benutzt wird, bezeichnet der gleiche Begriff in Mt 18,17 die Ortsgemeinde, in Röm 16,5 sogar die Hausgemeinde als die kleinste Form. Gemeinsam ist allen diesen Erwähnungen die Ausrichtung auf Jesus Christus, der die Männer und Frauen (Apg 1,14) zur Gemeinschaft im Geiste Gottes beruft. Aus diesem Kernbestand entwickelte sich als Urgemeinde die von Jakobus, dem Bruder Jesu, geleitete G. in Jerusalem als judenchristliche Gruppierung. Wie wenig G. dabei zunächst als eigenständige Organisationsform verstanden wurde, sondern als eine auf die Teilhabe am Herrenmahl konzentrierte Personengemeinschaft, mag die Tatsache zeigen, dass sich die Glieder der Urgemeinde nicht von der jüdischen Kultgemeinde trennten, sondern erst um das Jahr 80 n.Chr. ausgeschlossen wurden. Als erste heidenchristliche G. gilt Antiochia in Syrien. Hier findet sich erstmals die Bezeichnung»Christen« (Apg 11,26) für die G. und mit der Benennung von Lehrern und Propheten (Apg 13,1) die Unterscheidung zwischen verschiedenen Ämtern.

Für Paulus steht vor allem die Frage im Vordergrund, wie das Verhältnis der durch ihn gegründeten G. in Kleinasien, Mazedonien und Griechenland zu der Urgemeinde in Jerusalem zu bestimmen ist. Ungeachtet eines geistlichen Führungsanspruches (Röm 15,27) stellt Paulus heraus, dass alle G. Kirche im vollen Sinne sind. Zur G. wird die Versammlung der Christen für ihn durch die Teilhabe am Herrenmahl (1Kor 11,8; 14). Insofern trifft das Bild vom Leib Christi, das Paulus zur Beschreibung der G. wählt, gleich im doppelten Sinne: Der Leib weist auf die sinnstiftende Teilhabe am Herrenmahl hin, während die Vielzahl der Glieder die Gleichberechtigung aller Teile begründet. Deutlich wird in diesem Zusammenhang, wie wenig die ntl.

ecclesia mit der Kirche gleichgesetzt werden kann, die sich als heilige Institution erst im 3. Jh. entwickelt.

Eine weiter reichende theologische Bedeutung erhält die Diskussion um die G. erst mit der Reformation, vor allem durch Luther, der in seiner Bibelübersetzung den griech. Begriff der *ecclesia* mit G. übersetzt, wohl um das mehrdeutige Wort Kirche, das sowohl auf das Gebäude wie auch auf die Institution und die Gemeinschaft bezogen werden kann, klarer zu differenzieren. Aus dieser Position, die eine Betonung der Gemeindeglieder der amtlichen Hierarchie gegenüberstellt, etabliert sich im Protestantismus der Begriff der G., der mitunter sogar gleichrangig neben jenen der Kirche treten kann. Aber auch im Bereich der kath. Kirche gewinnt die Betonung der G. im 20. Jh. zunehmend an Bedeutung. In der traditionellen Differenzierung von Kirche und Pfarrei tritt nun überall dort, wo es weniger um die Beschreibung der regionalen Bezirke und der rechtlichen Abgrenzung als vielmehr um das soziale und spirituelle Miteinander der Menschen geht, die Rede von der G. in den Vordergrund, wobei die Bezeichnung Pfarrgemeinde bereits eine Symbiose darstellt. Im II. Vatikanum wird schließlich die G. als »Vergegenwärtigung und Selbstdarstellung der Gesamtkirche« hervorgehoben. Hier macht sich der Einfluss des Laientums z.B. in der Befreiungstheologie Lateinamerikas bemerkbar, der auch in Europa den Drang zu größerer Gemeindebeteiligung erzeugt.

Im Zuge der Ausdifferenzierung der postmodernen Gesellschaft (→ Postmoderne), die mit einem Bedeutungsschwund der → Volkskirche einhergeht, wird auch eine neue Ausdifferenzierung der G. notwendig. Seit den 80er Jahren erhält die G. Bedeutung im Sinne eines missionarischen Dienstes, es entstehen Bewegungen der charismatischen Gemeindeerneuerung (→ Charisma), Basisgemeinden, Personalgemeinden, Kategorialgemeinden und Freiwilligkeitsgemeinden, die sich auf einzelne Zielgruppen stützen. Auch die Gestaltung des kirchlichen Lebens durch Bibelarbeiten, Bibelwochen, Kirchentage u.a. weist auf den Bedeutungswandel hin, den die G. als ein Aspekt von Kirche in Anspruch nimmt. [MV]

Gerechtigkeit   G. ist heute ein weitgehend abstrakter, mit Rechtsvorstellungen verbundener Begriff. Der Alte Orient und mit ihm die biblischen Texte verstanden unter G. eine von Gott bzw. den Göttern gestiftete Lebens- und Heilsordnung, nach der man sich idealiter auszurichten hat. Recht (mit seinen Rechtsbüchern, → Gebote) fordert dagegen ein rechtskonformes Handeln, bei dessen Zuwiderhandlung eine Strafe erfolgen kann.

Ein Leben in Gottes G. zu führen, war im gesamten Orient oberste Maxime für fromme Menschen. In Ägypten repräsentierte die Göttin Maat die G. Im Totengericht, vor das man nach ägyptischer Vorstellung nach seinem Tode tritt, wird das Herz des Toten, das als Träger des Willens verstanden wird, auf eine Tellerwaage gelegt und mit der Göttin Maat aufgewogen. Hat sich der Tote nicht maatgemäß verhalten, kann er nicht in das Jenseits eintreten. Das AT hat – ebenso wie Ägypten – G. als eine Umsetzung göttlicher Vorgaben im irdischen Leben verstanden. Der jeweilige König hat diese Vorgabe als Statthalter Gottes auf Erden umzusetzen (Jes 9,6). Der einzelne Mensch hat sich an diesen Vorgaben zu orientieren, um ein gottgefälliges Leben zu führen (Hos 10,12). Die Kriterien für dieses Leben waren dabei anfangs noch nicht schriftlich fixiert; vielmehr orientierte man sich an einem allgemeinen Konsens richtigen Handelns. Der hebr. Begriff für G. (*sædæq*) wurde dabei im Sinne von »Gemeinschaftstreue« verstanden: Nur der konnte gerecht sein, der sich im Verhältnis zu seinen Mitmenschen in einer Weise verhielt, die göttlichen Vorgaben entsprach und das Wohl des Mitmenschen neben dem eigenen Wohlergehen im Blick hatte (vgl. als neutestamentliche Weiterführung Mt 5,43). Dies war der Maßstab der vorexilischen Propheten bei ihrer Gerichtsankündigung an das Volk. In nachexilischer Zeit wurde die Einhaltung des Gesetzes (der Tora), das nun zunehmend als kanonische Größe verstanden wurde, zum Maßstab der G. eines Menschen. Der dem Psalter als Leseanweisung vorangestellte Ps 1 (bes. 2,6) macht dies eindrücklich klar: Nur wer sich an der Tora orientiert in seiner Lebensgestaltung, wird von Gott behütet und kann sinnvoll leben. G. wurde damit zunehmend zu einer überprüfbaren Größe, denn die Gesetze lagen nun in schriftlicher Form vor.

Bei Paulus ist die G. Gottes ein Zentralbegriff seiner Theologie, sie wird offenbar im Sühnetod Jesu am Kreuz (Röm 3,25f.). In der Kreuzigung ist Gott sich selbst gerecht, insofern er die begangenen Sünden der Menschheit nicht ungestraft lässt. Andererseits ermöglicht er aber auch eine neue Lebensmöglichkeit jenseits des sündhaften Handelns für all jene, die an Jesus glauben. Paulus steht damit einerseits auf dem Boden des AT, wenn er davon ausgeht, dass ein der G. widersprechendes Handeln von Gott bestraft werden muss. Andererseits ist das richterliche Handeln Gottes mit dem Tod Jesu am Kreuz durchbrochen und wird zu einem heilstiftenden Handeln. Alle, die in der neuen Heilsordnung Gottes stehen, sind nun befähigt, ein Leben in G. zu führen und dementsprechend zu handeln. [WZ]

Gericht Neben dem rein weltlichen G., in dem zwischenmenschliche Streitigkeiten als rechtliche Einzelfälle behandelt werden (→ Gebote), wird innerhalb der Theologie die Frage nach dem göttlichen G. als Strafe für das Verhalten eines Menschen während seines gesamten Lebens diskutiert. Der Mensch ist Gott gegenüber, der ihm eine Verantwortung für die Welt übergeben hat (Gen 1,28), verantwortlich und wird in einem Jüngsten G. am Ende seines Lebens oder am Ende der Welt für seine Taten bestraft bzw. gerettet. Religionsgeschichtlich war die altägyptische Vorstellung vom Totengericht

einflussreich, wonach nach dem Tode eines Menschen dessen Herz als Träger des menschlichen Willens mit der Göttin Maat aufgewogen wird, der
göttlichen Verkörperung der Weltordnung und des richtigen Handelns. Bleibt
die Waage im Gleichgewicht, hat sich der Verstorbene zu seinen Lebzeiten
entsprechend der göttlichen Weisungen verhalten und kann folglich ins
Totenreich einkehren. Neigt sich jedoch die Waage, wird der Verstorbene von
einem krokodilförmigen Chaosungeheuer verschlungen und hat somit keinen Bestand in der Ewigkeit.

Schon im jahwistischen Sintflutbericht (Gen 6ff.) spielt die Vorstellung
vom G. Gottes, der menschliches Fehlverhalten bestraft, eine zentrale Rolle. Weil »die Bosheit der Menschen auf Erden groß war und alles Gedan-
kengebilde ihres Herzens nur auf das Böse gerichtet war« (Gen 6,5), reute
es Gott, die Menschen erschaffen zu haben. Um einen Neuanfang zu ermöglichen, schickte er (unter Aufnahme eines im Vorderen Orient verbreiteten Mythosmotivs) die Sintflut, so dass alle Menschen mit Ausnahme von
Noah und seiner Familie, der in Gottes Augen Gnade gefunden hatte (Gen
6,8), vernichtet wurden. Gottes G. ist nach diesem frühen theologischen Entwurf nicht völlig vernichtend; wohl aber greift Gott strafend in die Geschicke
der Welt ein, um so menschliches Fehlverhalten zu korrigieren. Noah gelingt es, nach der Sintflut den Zorn Gottes durch ein Opfer (→ Kultformen)
zu besänftigen, so dass dieser eine derart umfassende Vernichtung für alle
weitere Zukunft ausschließt (Gen 8,20ff.).

Auch die Propheten des 8. Jh. (→ Prophetie) verkündigen Gottes inner-
weltliches Gerichtshandeln (Am 6,8–14), dem aber kontrastierend seine Liebe zu seiner Schöpfung und zu seinem Volk Israel gegenübersteht (z.B. Hos
11,8–11; Am 8,3.6). Gottes G. ist nicht vernichtend, sondern läuternd;
zumindest ein gerechter Rest wird bestehen bleiben, der einen Neuanfang
ermöglicht (vgl. z.B. Jes 10,20f.). Das G. ist für die Propheten in vorexilischer Zeit eine nahe bevorstehende Strafe, die sich z.B. im Verlust der
Eigenstaatlichkeit zeigt. In spätnachexilischer Zeit wurde das G. Gottes unter
Einfluss der ägyptischen Totengerichtsvorstellung von der innerweltlichen
Bestrafung der Menschen durch Gott in eine jenseitige und endzeitliche
Sphäre verlagert. Gleichzeitig wurde das endzeitliche G. als Anbruch des
neuen Äons angesehen (1Hen 50–56; 99f.). Ausgehend von Jes 66,24 entstand die Vorstellung, dass die Toten durch Gott mit Feuer und Würmern bestraft werden und somit – im Gegensatz zu den Frommen – keinen Bestand
im Jenseits haben (Jes 33,14 u.ö.); diese Vorstellung wurde schließlich weiterentwickelt zum Höllenfeuer, in dem das göttliche G. vollzogen wird (Mt
13,42.50 u.ö.).

Auch Johannes der Täufer (Lk 3,7ff.) und Jesus (Lk 6,37) verkündigten
das nahe G. Gottes, in dem nur derjenige bestehen könne, der sich gottgemäß
verhalte. So konnte das bevorstehende G. auch Anlass und Inhalt christlicher

Missionsverkündigung werden (Apg 10,42; 27,31; Röm 1,18; 1Thess 1,9f.). Im Verlauf der Kirchengeschichte wurde der Gerichtsgedanke bis in die Gegenwart hinein von einzelnen christlichen Gruppierungen immer wieder in den Mittelpunkt ihrer Verkündigung gestellt. Unbedingt festzuhalten ist dabei, dass die Bibel immer das gerechte Richten Gottes betont (vgl. z.B. Ps 7,12): Dem G. Gottes ist sein Heilshandeln an den Menschen an die Seite zu stellen. Nur weil Gott Heil für die Menschheit will, hat er die Menschen in der Bibel ein läuterndes G. erleben lassen. [WZ]

Geschichte   → Heilsgeschichte

Gesetz   Oberbegriff für Regelungssysteme, die entweder im sozialen Bereich zum Aufbau einer stabilen Lebensordnung oder im kosmologischen Sinne zur Beschreibung der Ordnung der Welt (Naturgesetze) eingesetzt werden. Die Besonderheit eines religiösen Gesetzesverständnisses liegt darin, dass beide Dimensionen auf einen transzendenten Grund zurückgeführt werden und daraus ihre verbindliche Autorität beziehen. Besonders eindrücklich lässt sich dieser Prozess im AT aufzeigen. Vorschriften, Rechtssätze und Gebote, die dazu dienen, das Zusammenleben der Menschen zu regeln, erhalten zunehmend eine theologische Begründung. Gott schließt mit dem Volk Israel einen Bund, aus dem sich die Befolgung des G. ergibt. Grundlegender Text sind dafür der Dekalog (Ex 20, Dtn 5). Zu den sozialen Regelungen kommt eine Reihe kultischer Vorschriften hinzu. Aus dieser Theologisierung des G. ergibt sich für das antike Judentum, dass das G. selbst als Weg zum Heil verstanden wird.

Das frühe Christentum weicht in diesem Punkt von der jüdischen Mutterreligion ab. Sowohl an der Verkündigung Jesu als auch an den Briefen des Paulus lässt sich ein Verständnis der Heilsbotschaft erkennen, dass die Annahme des Menschen vor Gott nicht allein an die Erfüllung des G. gebunden ist. Fraglich ist dann aber, welche Funktion dem G. in theologischer Perspektive zukommt. Schon im NT selbst – und dann auch in der Geschichte des Christentums – werden verschiedene Lösungsversuche unterbreitet. Als ein Minimalkonsens der antiken und mittelalterlichen Kirche kristallisiert sich im Anschluss an Augustinus das Anliegen heraus, die ethische Geltungskraft des G. für die Lebensführung zu erhalten, deren Erfüllung aber an die Gnade Gottes zu binden.

Die Reformatoren radikalisieren dieses Spannungsverhältnis, indem sie G. und → Evangelium als zwei Wirkweisen darstellen, in denen Gott seinen Willen kundtut. Demnach unterscheiden sie einen politischen Gebrauch des G., mit dem Gott Ordnungen schafft, die das Zusammenleben der Menschen regeln. Davon strikt zu unterscheiden ist der theologische Gebrauch. Das G. als Heilsweg kann vom Menschen nie erfüllt werden, so überführt ihn das

G. seiner eigenen Unfähigkeit und macht deutlich, dass der Mensch nicht aufgrund eigener Gesetzeserfüllung, sondern sich allein durch das Vertrauen auf die Heilsbotschaft von Gott angenommen wissen kann. Strittig ist unter den Reformatoren, ob es darüber hinaus einen dritten Gebrauch des G. gibt, der für die von Gott Angenommenen Regelungen vorgibt, die die Umsetzung einer evangeliumsgemäßen Lebensführung fördern.

Im Gefolge der Aufklärung emanzipiert sich in der Neuzeit der politische Gesetzesbegriff von theologischen Begründungen. Gesetzes- bzw. Rechtsbegründungen werden nun auf eine allgemeine Vernunftbasis gestellt und entweder als Naturrecht mit kultur- und zeitübergreifendem Geltungsanspruch ausgestattet oder im Sinne einer positiven Rechtsauffassung als »Setzungen« verstanden, die sich aus dem Übereinkommen menschlicher Gesellschaften und Kulturen ergeben. Um die Neubestimmung des theologischen Gesetzesbegriffs ist im 20. Jh. eine heftige Diskussion entbrannt. Zunächst sprengte K. Barth mit seiner Umkehrung der Formel in Evangelium und G. die lutherische Abfolge und betonte, dass der Heilswille Gottes den Lebensordnungen zugrunde liege. In Auseinandersetzung mit dieser These unternahm die lutherische Theologie erhebliche Anstrengungen, einen vertieften Begriff des G. zu entwickeln. Demnach begegnet dem Menschen im Kontext seiner Lebenswirklichkeit über das ethische Gebot hinaus eine Fragwürdigkeit und ein Anspruchscharakter, der nach einer Sinnstiftung verlangt, die der Mensch nicht aus sich selbst heraus setzen kann. In der gegenwärtigen Diskussion hat das wiederum die Frage aufgeworfen, ob diese Ausweitung auf die Grundverfassung menschlicher Lebenswirklichkeit über das hinausgeht, was eine theologische Neuformulierung des Gesetzesbegriffs leisten kann. [JL]

Gewalt   G. bezeichnet im weitesten Sinn jede Form der Ausübung von Zwang gegen andere oder sich selbst. In dieser Definition ist die G. ethisch noch nicht zu klassifizieren, da sie sowohl negative wie positive Motive und Auswirkungen haben kann. So wird beispielsweise die staatliche G. als legitime Form anerkannt, solange sie rechtlich geregelt ist (Gewaltenteilung) und die Persönlichkeitsrechte des Einzelnen nicht verletzt (Grundrechte). Eine radikale Forderung der Gewaltlosigkeit wäre in dieser Hinsicht mit dem demokratischen Grundverständnis nicht vereinbar, gilt doch gerade die staatliche G. als Garant für die Vermittlung von persönlichen Rechten und den Ansprüchen des Gemeinwohls. Noch schwerer einzuordnen sind Formen der strukturellen G., die sich im Bereich des Geistigen abspielen (Denkverbote, Zensur) oder sogar aus dem interkulturellen Zusammenleben erwachsen (kulturelle G.). Auch der Usus, die G. in einem engeren Verständnis einzig als Form des physischen Angriffs auf die Persönlichkeitsrechte zu verstehen und damit strukturelle Zwangsmaßnahmen auszugrenzen, entbindet nicht von der Schwierigkeit der ambivalenten ethischen Deutung. Auch die strukturelle G. des Staates geht bündig in Maßnahmen der direkten G. über, wie etwa im Falle von Sanktionen (Gefängnis). Strittig ist überdies die Frage, inwieweit bereits die Androhung von G. selbst als G. zu klassifizieren ist. So bleibt der Umgang mit G. eine ethische Herausforderung, die jeweils nur aus der Situation heraus zu klären ist.

Schon der biblische Befund zur G. ist nicht eindeutig. Im AT findet sich einerseits eine relativ unbekümmerte Akzeptanz der G., die bis zu den Vorstellungen reicht, dass Gott nicht nur seinem Volk im Krieg zur Seite steht, sondern dass der Krieg selbst Ausdruck des göttlichen Willens darstellt (1Sam 17,47; Ps 46,10); andererseits wendet sich die prophetische Kritik kategorisch gegen alle Formen der G. (Am 4,1) und dezidiert gegen G. in der Form des Krieges (Jes 2,4), so dass hier von der Grundlegung einer Ethik der Gewaltlosigkeit gesprochen werden kann. Diese im AT enthaltene Gewaltkritik der Propheten wird im NT zugespitzt. Jesus bekennt sich in der Bergpredigt (Mt 5) zu einer konsequenten Form der Gewaltlosigkeit, indem er die Sanftmütigen, die Barmherzigen und Friedfertigen selig spricht, also nur denjenigen, die sich jeder Form der G. enthalten und dem Bösen konsequent widerstehen, das Himmelreich verheißt. Daraus erwächst eine Friedensethik, die im Gebot der Feindesliebe zusammengefasst wird: »Liebet eure Feinde; und tut Gutes denen, die euch hassen« (Lk 6,27).

Auch Paulus übernimmt diesen Gedanken einer konsequenten Gewaltlosigkeit, die er jedoch für die Wiederkunft Christi voraussagt; erst dann, mit dem Beginn des Himmelreiches, wird »jede G. und jede Macht und Kraft« (1Kor 15,24) zunichte gemacht sein. Den Menschen in der Nachfolge Christi empfiehlt er aber schon jetzt die Tugenden der Friedfertigkeit und legt ihnen den Verzicht auf alle Formen der G. ans Herz (Röm 12,9–19). Strukturelle G., vor allem jene des Staates, ist davon allerdings nicht betroffen, denn die Obrigkeit gilt ihm als von Gott eingesetzt, so dass Widerstand gegen die Staatsgewalt dem Widerstand gegen den Willen Gottes gleich käme (Röm 13,1–7).

Wenn die Kirchen heute weitgehend ein Ideal der Gewaltlosigkeit verfolgen, dann ist das als eine bewusste Abwendung von dem Einsatz destruktiver physischer Kräfte zu verstehen, nicht jedoch als Leugnung der Notwendigkeit struktureller G. Selbst Maßnahmen wie Sitzblockaden, Demonstrationen, Boykott etc., die sich spätestens seit Gandhis Widerstandsbewegung oder der Kampagne Martin Luther Kings als wirkungsvolle politische Instrumente erwiesen haben, stellen zwar Möglichkeiten des friedlichen Widerstandes dar, gewaltfrei im strengen Sinne sind sie jedoch nicht. Schon deshalb geht es einer christlichen Ethik primär um den verantwortungsbewussten Umgang mit der G., um die Transparenz der Strukturzusammenhänge, die zu G. führen, und um die Gestaltung präventiver Maßnahmen. Dabei ist inzwischen, über die Fragen der großen Konflikte hinausgehend, auch eine Sensibilität für die G. im Alltag gewachsen, die sich als G. in der Familie vornehmlich gegen Frauen und Kinder richtet oder als G. gegen Benachteiligte und Minderheiten äußert. Dass die Wirkung der Medien zu einer drastischen Erhöhung der Gewaltbereitschaft führt, ist mittlerweile unbestritten. [MV]

Gewissen   Der vielfältige Gebrauch des Begriffs im Schriftdeutsch wie auch umgangssprachlich (Gewissensangst, -bisse, -frage, -freiheit, -prüfung etc.) verweist bereits auf die unterschiedlichsten Deutungen, denen der Begriff ausgesetzt ist. Entstanden aus dem ahdt. Adjektivabstraktum *giwizzani* (11. Jh.) lässt er noch weitgehend seinen philosophisch-theologischen Ursprung erkennen, wenn z.b. von Erklärungen nach »bestem Wissen und G.« oder von der verfassungsrechtlichen Freiheit des G. die Rede ist. Mit G. wurde das lat. *conscientia* übersetzt, dem wiederum das griech. *syneidesis* zugrunde lag. Beide Begriffe betonen jeweils das soziative Moment des Mitwissens, das auch noch in dem bis ins 16. Jh. geläufigen niederdt. Wort *samwitticheit* zum Ausdruck kommt, während die Vorsilbe Ge eher den intensiven, fordernden Charakter des Wissens unterstreicht. Das G. ist besonders durch Luther in der Theologie und europäischen Geistesgeschichte heimisch geworden. Das Wort geht dem modernen Menschen leicht von den Lippen – bis hin zu parodistischen Redensarten: »Er leistete sich den Luxus eines G.« Allerdings ist das Verständnis dessen, was mit G. gemeint ist, durchaus unterschiedlich.

Wenn man von antiken Vorstufen eines diesbezüglichen Gewissensverständnisses etwa bei Cicero, Seneca und Philo v. Alexandrien absieht, markieren historisch gesehen vor allem drei Epochen eine besondere Auseinandersetzung mit dem Phänomen. In der Scholastik wird der Begriff der *conscientia* mit dem der *synteresis* verbunden, der allem Anschein nach auf eine fehlerhafte Übertragung von *syneidesis* zurückging. *Synteresis* wurde nun als Funke der Göttlichkeit beschrieben, der dem Menschen trotz Sündenfall geblieben war. In der *conscientia* kamen dann nur noch die einzelnen Akte, Handlungen des Menschen zum Ausdruck, G. wurde moralisch verstanden.

Luther hat nicht nur den Begriff der *synteresis* aufgegeben, sondern auch zugleich die damit verbundene theologische Engführung überwunden. Geschichte sollte allerdings ein anderer Umstand machen, der sich mit seinem Verhör und Auftritt vor dem Reichstag in Worms 1521 verbindet. Danach erklärte Luther, dass er nicht widerrufen könne, weil sein G. »in Gottes Wort gefangen« sei. Spätere Generationen haben darin eine erste Deklaration des Menschenrechts auf ein freies G. erblickt, so wie später Schillers Marquis von Posa (*Don Carlos*) im übertragenen Sinne Diktatoren aller Zeiten die unterdrückte Gedankenfreiheit vorhalten sollte. Dennoch kann sich diese Ableitung nicht auf Luther berufen. Vielmehr liegen die Ursprünge in der Naturrechtsphilosophie der Aufklärung und im dt. Idealismus.

Nach J. G. Fichte ist das G. die »Stimme des Heiligsten« (*Versuch einer Kritik aller Offenbarung* § 6). Dieser Tradition sind auch die Artikel zur Gewissensfreiheit in den verschiedensten europäischen Verfassungen, beginnend mit dem Preuß. Allg. Landrecht (1794), verpflichtet. Bereits im Augsburger Religionsfrieden von 1555 und im Westfälischen Frieden von 1648 (*conscientia libera*) spielt die Gewissensfreiheit eine Rolle. In den amerikanischen Verfassungen scheint die Gewissensfreiheit, abgesehen von der einmaligen ausdrücklichen Erwähnung in der Erklärung der Grundrechte von Virginia Art. 16 (1776) und davon abhängigen Parallelen in einigen anderen Bundesstaaten, nicht die Bedeutung gehabt zu haben wie in Europa. Hier ist es indes weniger ein kollektives Recht im Sinne eines christlichen oder ev. G. (Schleiermacher und Hegel) als vielmehr eine nicht verallgemeinerungsfähige Schutzbestimmung für Individuen und Minderheiten in Krisen und Notsituationen.

Theologisch bedeutsam ist die Auffassung Luthers, der, abgesehen von der unzutreffend interpretierten Gewissensfreiheit nach modernem Verständnis, allerdings keine Breitenwirkung zuteil wurde. Luthers Auffassung korrespondiert am ehesten mit der von Paulus (Röm 2,14f) geäußerten, auch wenn es sich dabei um keine ausgeprägte Lehre bzw. Theologie des G. handelte. Die provokatorische These des Paulus, dass die sog. Heiden gegenüber den Juden lediglich formal benachteiligt seien, insofern als Letzteren das Sittengesetz in kodifizierter Form vorliege, jene es aber in ihrem Herzen wiederfänden, besagt zunächst, dass auch der nichtjüdische Mensch religiös ansprechbar sei, sonst gäbe es gar keine Mission. Zum andern wird in der knappen Aussage der vorläufige Charakter des G. deutlich. Der popularphilosophische Gedanke des »Gerichtshofes« (Philo von Alexandrien) wird aufgenommen und zugleich christlich gefüllt. Dies kommt besonders dadurch zum Ausdruck, dass das G. alles andere als eine letzte Instanz ist. Vielmehr ist es aufgrund der Gedanken, die sich gegenseitig verklagen und entschuldigen (Röm 2,15), das Spiegelbild zerstrittener Parteien, die alleine keine Lösung finden. Kant hat diesen Gedanken in direkter Anlehnung an Paulus dahingehend präzisiert, dass es eine ungereimte Vorstellung von einem Gerichtshofe wäre, würde man den Angeklagten mit dem Richter identifizieren. Letzterer würde immer gewinnen, der Ankläger jederzeit verlieren. Allerdings kann es sich bei dem Richter, der theologisch gesprochen »alle Gewalt (im Himmel und auf Erden) haben muss«, nur um eine »idealistische Person« handeln (*Die Metaphysik der Sitten*, 1797). Nach Paulus geht der Urteilsspruch von Gott aus, der »die geheimen Gedanken der Menschen durch Jesus Christus richten wird« (Röm 2,16). Daran hat Luther angeknüpft, wenn er vom lärmenden, irrenden, schwankenden, unsicheren, blöden und verzweifelten G. spricht, das der Hilfe von außen bedarf. In antithetischen Formulierungen kann er daher sagen, dass derjenige, der ein reines, ruhiges G. sein Eigen nennt, sich noch im Reich der Sünde befindet, de facto also ein falsches G. hat. Dass derjenige, der seine Schuld bekennt, sein armes G. beklagt, sich bereits auf dem Wege zu einem reinen G. befindet, dass er getröstet und befreit wird. Christus ist der »Erlöser der G.« (Kirchenpostille, 1522). Die so verstandene Befreiung des G., die Luther auch »Freiheit des G.« (*De votis monasticis*, 1521) nennen konnte, hat mit dem modernen, notfalls einzufordernden Grundrecht der Gewissensfreiheit nur den Namen gemein, nicht aber die Sache. [GB]

Glaube Das Tätigkeitswort »glauben« kann sowohl umgangssprachlich im Sinne einer Abgrenzung von »wissen, vermuten und ahnen« wie auch in einem speziellen religiösen Sinn als »festhalten an Gott« benutzt werden. Das Nomen »der G.« gilt im Unterschied dazu als spezifisch religiöser Begriff, der zum Inbegriff des Religiösen geworden ist. Dabei gilt zu beachten, dass der G. in den Religionen zwar als verbindende Größe gilt, jedoch Unterschiedliches beinhalten kann. Während Judentum (gemäß der Thora gelebter G.), Christentum und Islam (vertrauensvolle Annahme des G. mit seinen Konsequenzen) den G. in verschieden akzentuierter Verhältnisbestimmung von empfangenem G. und daraus folgender Handlungsweise definieren, liegt der Schwerpunkt im Hinduismus und Buddhismus in der konsequenten Ausrichtung auf das Absolute und in der Befreiung von allen Abhängigkeiten (Meditation).

In der christlichen Tradition ist der G. eng mit der Kategorie des Wissens verbunden. Das gilt vor allem für die Zeit nach Empirismus und → Aufklärung, aber schon Tertullian (ca. 150–225) hat den G. vom Wissen gelöst und in provozierender Umkehrung gesagt: »Ich glaube, weil es sinnlos ist« (*credibile est, quia ineptum est*). Hintergrund dieser Einstellung ist die Differenzierung zwischen dem *credere deum* (an den G., dass Gott ist), dem *credere deo* (Gott G. schenken) und dem *credere in deum* (auf Gott hin glauben), die für die Theologie des Mittelalters maßgeblich ist. Dabei gilt folglich eine Abgrenzung zwischen »wissen« und »glauben«, die allerdings das Deutungsmonopol der Kirche nicht in Frage stellt, sondern dem G. eindeutig die Priorität einräumt.

Deutlich wird der spezifische Glaubensbegriff des Christentums schon im Vergleich der unterschiedlichen Begriffsfelder für den G. im AT und NT. Der im AT vorherrschende hebr. Begriff *emuna* bedeutet soviel wie Zuversicht, Treue, Beharren und beschreibt das Verhältnis des Menschen zu Gott, das in einem verlässlichen Bund festgeschrieben ist. Der G. ist primär auf das auserwählte Volk bezogen und nicht hauptsächlich individuell zu deuten.

Demgegenüber beschreibt der griech. Begriff der *pistis* im NT das Fürwahr-halten, die Zuversicht und die bedingungslose Hinwendung zu Jesus als dem Sohn Gottes als eine persönliche Erfahrung. In diesem Sinne erhält der G. einen bekenntnishaften Charakter (Röm 10,9: »mit dem Herzen glauben, dass Jesus von den Toten auferweckt ist«), der als Kriterium für die Ge-meindezugehörigkeit verstanden werden kann (Joh 4,53) und »die Gläubi-gen« (Apg 2,44) unter bestimmten Kriterien zusammenfasst (→ Bekennt-nis). Für Paulus steht der G. im Gegensatz zum Gesetz (Gal 3,24; Röm 3,20. 9,30), wobei die Rechtfertigung aus dem »G. an Jesus Christus« (Gal 2,16) abgeleitet wird. Unter diesen Voraussetzungen ist der G. als individuelle Er-fahrung in der Lage zu helfen und zu heilen (Mk 5,34; Apg 3,16).

Inwieweit die Beschreibung des G. im NT im Spannungsfeld zum »Wis-sen« steht, verdeutlicht die Definition in Hebr 11,1: »Es ist aber der G. eine Zuversicht auf das, was man hofft, und eine Überzeugung von dem, was man nicht sieht« (Hebr 11,1). Tatsächlich lässt sich der G. nicht aus dieser Kon-notation des Nicht-Sehens bzw. des Nicht-Wissens entlassen, er ist stets ge-bunden an Anfechtung und Skepsis, lässt fragen, suchen und hoffen, kon-kurriert dabei aber auch nicht mit dem Anspruch der (wissenschaftlichen) Erkenntnis. In dieser Ausrichtung hat Friedrich Schleiermacher die Religi-on als »Gefühl einer absoluten Abhängigkeit« charakterisiert und damit auch den G. der Welt der Gefühle zugeordnet. Darauf aufbauend grenzt Paul Til-lich die existentielle Dimension des G. von allen technisch-wissenschaft-lichen Erkenntnissen ab, beansprucht für ihn im Unterschied zur rationalen → Vernunft jedoch eine spezifische Form der religiösen Erkenntnis, die sich als »Ergriffensein von dem, was uns unbedingt angeht«, äußert.

In der jüngsten Diskussion des Glaubensbegriffs dominiert der Ansatz, demzufolge der G. eben nicht etwas darstellt, was »ist« bzw. was man »hat«, sondern der »empfangen« wird, der den Menschen ergreift und somit keine Leistung darstellt. Barth erklärt in diesem Sinne den G. als »Platz Gottes im Menschen«, wobei – mit dem Hinweis auf den ungläubigen Thomas – nur je-ner Empfangender sein kann, der noch nicht hat.

Bei solchen Interpretationsansätzen wird die Differenzierung der we-sentlichen Merkmale des G. vorausgesetzt: Der G. als existentielle, persön-liche Erfahrung, als Ergriffensein (*fides qua creditur*) wird von dem Inhalt des G., dem geglaubten G. der Theologie (*fides quae creditur*) unterschie-den. Zwar bleiben beide Größen, die die Verhältnisbestimmung von »glau-ben« und »wissen« widerspiegeln, immer aufeinander bezogen, um weder in beliebige Schwärmerei noch in unpersönlichen Formalismus abzugleiten, je-doch entscheidet die Wahl des Schwerpunktes über den theologischen Stand-ort. Beide Seiten lassen sich biblisch bestimmen, der existentielle G. (*fides qua*) in Joh 3,8: »Der Wind weht, woher er will, und du hörst seine Stimme, aber du weißt nicht, woher er kommt und wohin er fährt«, wie auch der inhaltliche G. (*fides quae*) in Mk 9,24: »Ich glaube, hilf meinem Unglauben.« Für die jeweilige Zuordnung in dieses Spannungsfeld gilt jedoch immer, dass der G. ein Beziehungsgeschehen ist, in dem er neben Liebe und Hoffnung (1Kor 13) nur den einen Parameter darstellt, und – Paulus folgend – noch nicht einmal den höchsten. [MV]

Glaubenslehre → Dogma

Gleichnis Das bereits im Ahd. (8.Jh.) mit *gilihnissa* übersetzte griech. *parabole* findet sich als rhetorische Kunstform sowohl in religiöser als auch dichterischer (profaner) Sprache (Goethe:»Gleichnisse dürft Ihr mir nicht verwehren, ich wüsste mich sonst nicht zu erklären«, WA I 5,186). Unter den Begriff G. werden gleich mehrere ausgebildete Formen bildhaften Redens subsumiert. Als deren Vorstufen gelten die Metapher, also ein Vergleich ohne »wie« – z.b. »Ihr seid das Licht der Welt« (Mt 5,14) – und die eben diese Konjunktion verwendende kurze Gegenüberstellung zweier Sachverhalte.

Die von den Evangelisten – vornehmlich den Synoptikern – in großer Anzahl (ca. 40) überlieferten G. gehören unabdingbar zur Verkündigung Jesu, so dass man von dessen ureigenster Stimme sprechen konnte. In der vorliegenden schriftlich fixierten Form haben die G. allerdings zwei Entwicklungsstadien durchlaufen. Aus der aramäischen Muttersprache Jesu wurden sie ins Griechische übersetzt, womit sich bereits ein anderer Kulturhorizont verband. Sodann war für die Autoren deren »Sitz im Leben«, die konkrete historische Situation, nicht mehr nachvollziehbar. Waren sie ursprünglich von Jesus, der über keine amtliche Legitimation verfügte, der nur durch sein Wort überzeugen konnte, an seine Gegner oder zumindest an anderes von ihm erwartende Zuhörer gerichtet, so dienen sie in der frühen Kirche als beglaubigende Texte für Jesus den *Christus*. Wie sich textkritisch aus später zugefügten Einschüben – Jünger werden zu Adressaten (z.B. Mt 18,12.23) –, Deutungen (Mk 4,10ff.) und allgemeinen Schlussbemerkungen (z.B. Mt 20,16; Luk 18,14) folgern lässt, fungieren sie jetzt als Belehrung, Ermahnung und Erbauung der eigenen christlichen Gemeinde. Aus Jesus dem Verkünder ist Christus der Verkündigte geworden. Das seit frühester Zeit geltende Prinzip der allegorischen Deutung (griech. *allegoreuein* = etwas anderes sagen) hat bis in die Gegenwart die Unterschiede und Aussagen der G. Jesu verstellt, wie selbst die Auslegung der Beispielserzählung vom Barmherzigen Samariter (Luk 10,29–37) noch durch Luther deutlich macht: Der Samariter ist Christus, die Herberge ist die Kirche, die zwei Denare sind das AT und NT usw. Indem Zug um Zug gedeutet wird, gerät die ursprüngliche Intention der Erzählung ganz aus dem Blick. Gleichwohl war diese Art von Deutung nicht völlig willkürlich, gab es doch bereits in der atl. Tradition beispielsweise feststehende Metaphern für Gott: Vater, König, Hirte, Richter.

Die vom eigentlichen G., in dem Selbstverständlichkeiten, für jedermann einsichtige Sachverhalte geschildert werden – z.B. die Suche nach dem verlorenen Schaf (Luk 15,4ff.), das Mischen des Sauerteigs ins Mehl (Mt 13,33) – unterschiedene *Parabel* thematisiert dagegen jeweils einen Sonderfall. In einer frei erfundenen Geschichte wird von einem Geschehen berichtet, das der Wirklichkeit und Erfahrung nicht entspricht. So »ungerecht«, wie der Weinbergsbesitzer (Mt 20,1–15) handelt, indem er allen unabhängig von der Arbeitszeit denselben Lohn zahlt, konnte in Wirklichkeit gar kein Unternehmer sein – es sei denn, dass hier allein von Gott geredet wurde. Wobei sich in der christlichen Predigt die Hoffnung verbindet, dass ein solches Verhalten Nachahmung finden könnte. Das gleiche gilt für den Vater in der Parabel vom verlorenen Sohn (Luk 15,11–32). Der Einspruch gegen eine solche Verkündigung hat bis heute Tradition. Im spätmittelalterlichen Epos vom *Ackermann aus Böhmen* (um 1400) verstößt der Vater seinen ungeratenen Sohn. Auch moderne Variationen bzw. Realisationen (D. Sölle) basieren auf der angeblichen Engführung bzw. Unglaubhaftigkeit des Erzählten. So lässt z.B. F. Kafka in seiner Parabel *Heimkehr* den zurückkehrenden Sohn gerade eben nicht heimkehren, vielmehr meditiert er über mögliche Reaktionen in der Familie und bleibt draußen vor der Tür.

Die Gleichnisse Jesu spiegeln darüber hinaus wie kaum eine andere Quelle die Lebensverhältnisse im Israel der damaligen Zeit wider. Indem vom Hausbau, von Bräuchen, von Dornen und Unkraut, vom Fischfang und Brotbacken etc. die Rede ist, werden die so genannten Bildhälften zum Bilderbuch Gottes (H. Thielicke). [GB]

Gloria   → Messe

Glück   Der Begriff umfasst zwei Dimensionen: Zum einen das *Glück-Haben* als Erweis des Schicksals (griech. *eutychia*, engl. *luck*), zum anderen die Glückserfahrung im Sinne von *glücklich sein* (griech. *eudaimonia*, engl. *happiness*). Von diesen beiden Bedeutungsfeldern ist vornehmlich der zweite Aspekt, das G. als Chiffre für die Empfindung eines gelingenden Lebens, Thema der Theologie. Die Herausforderung, das G. nicht nur als rein subjektive Empfindungskategorie zu interpretieren, sondern auch als objektiv fassbare Größe zum Gegenstand vernünftiger Überlegungen zu machen und damit als Idealzustand eines harmonischen, sinnvollen und befriedigenden Lebens der Menschen definieren zu können, wurde in Philosophie und Theologie unterschiedlich gelöst.

Das Interesse der Philosophen zielte dabei, ausgehend von Epikur, der die Philosophie selbst als eine zum G. hinstrebende Tätigkeit definierte, vor allem darauf, Maßstäbe für das G. in der Spannung zwischen dem, was für den Einzelnen gut und was für die Gemeinschaft erstrebenswert erscheint, zu entwickeln. Während die Philosophen der griechischen Antike dabei die Einordnung des individuellen G. in eine metaphysische Weltordnung (kosmische Harmonie) zur Grundlage einer Begriffsbestimmung nutzten, neigt die Philosophie seit der Aufklärung zu einer Unterordnung des G. unter die »objektiven Bedingungen der Einstimmung des Menschen mit dem Gesetz der Sittlichkeit« (Kant, *Kritik der Urteilskraft*).

Während also die Philosophie das G. in Abhängigkeit zur Moral als Verhältnis des zwischenmenschlichen Zusammenlebens im Diesseitigen erörtert, erscheint das Streben nach G. im biblischen Kontext als eschatologische Vorstellung (→ Eschatologie), die gelingendes Leben in der Beziehung zu Gott definiert und auf das Jenseitige bezieht. Ausgangspunkt für eine biblische Betrachtung des G. bildet der → Mythos vom → Paradies (Gen 3) als Urbild der Harmonie, aber auch die konkrete Verheißung des »gelobten Landes« (Dtn 26,9; Spr 16,20; Ps 16 u.a.), in der Glückseligkeit als sorgenfreies, friedliches Miteinander des Volkes beschrieben wird. Dem Verständnis des G. im AT liegt die Überzeugung zugrunde, der zufolge das gelingende Leben als Erweis eines ungebrochenen Verhältnisses zu Gott und somit als Ausdruck besonderer Gesetzestreue zu gelten hat. Dieser Ansatz gerät in der Weisheitsliteratur und besonders im Buch Hiob in die Kritik. Weder die → Weisheit (Pred) noch das gottgefällige Leben (Hiob) kann im Sinne des Zusammenhangs von Tun und Ergehen als Garantie für G. genommen werden, ein »Recht auf G.«, wie es von Hiob eingefordert wird, ist somit nicht aufrechtzuerhalten, auch wenn ein solcher Anspruch in der amerikanischen Unabhängigkeitserklärung von 1776 wieder auftaucht (»life, liberty and the pursuit of happiness«). Dort erscheint das G. aber nicht mehr im Sinne einer Objektivierung des gelingenden Lebens, sondern vornehmlich als Garantie des Erwerbs, des Profits und der Sicherung des Eigentums.

Im NT werden auf der Grundlage der Erfahrung, dass ein frommer, makelloser Lebensstil nicht zwangsläufig zur Erfahrung von G. führt, die Bedingungen für irdisches G. auf die eschatologischen Imaginationen bezogen. Der Begriff des G. (*eudaimonia*) wird dabei ausgeklammert und durch Beschreibungen des Heils (*soteria*) und der Seligkeit (*makaria*) ersetzt. In diesem Sinne tritt in den Seligpreisungen (Mt 5,3–12) die zukünftige Dimension eines umfassenden himmlischen Heils an die Stelle irdischer Glückserfahrung. Dabei bilden gerade die Erfahrungen der Armen, Hungernden, Weinenden und Leidenden die Kriterien für ein gelingendes (glückliches) Leben, indem der fragmentarische Charakter wie auch die Vergänglichkeit aller Glückserfahrung als vorausweisendes Zeichen für ein umfassendes himmlisches G. interpretiert werden (»Dialektik des Vorscheins« bei E. Bloch).

In der gegenwärtigen theologischen Debatte werden als Kategorien des nur durch Erfahrungen zu beschreibenden G. genannt: a) die Empfindung persönlicher Identität (Formen der gebrochenen Identität wie Leid, Schmerz und Enttäuschung stellen demgegenüber fehlendes G. dar), b) das Gefühl von → Liebe, die über das begrenzte Dasein hinausstrebt (Zugehörigkeit bzw. Geborgenheit sowohl in intimer als auch in sozialer Hinsicht), c) das Aufleuchten der → Ewigkeit (→ Kairos) und d) die Erfahrung von Überfluss als Ausdruck eines sorglosen Lebens. Darüber hinaus wird darüber diskutiert, inwieweit das vermeintliche Recht auf G. in der Zuspitzung zu einer Pflicht, glücklich sein zu müssen, führen kann. Gerade angesichts der Ansprüche einer »Spaßgesellschaft« wirbt G. Martin für das Recht, auch unglücklich sein zu dürfen, um einem oberflächlich und somit unchristlich verstandenen Glücksbegriff (Eudämonismus) zu begegnen. [MV]

Gnade   [ahd. *ginada*] G. ist die Übersetzung des lat. *gratia*, dieses wiederum die des griech. *charis*. Merkwürdigerweise gibt es im Hebräischen, der Sprache des AT, kein Äquivalent.

Charis (Gnade) wird zum theol. Schlüsselbegriff im ntl. Schrifttum, insbesondere bei Paulus. Bezeichnend ist, dass dieser den antiken Briefgruß umformt. Aus chara (Freude) wird charis, wie noch heute der Gruß des Pfarrers an die Gemeinde vor der Predigt lautet: »G. sei mit euch!« Dabei spielt die sprachliche Verwandtschaft durchaus eine Rolle. Die G. besteht in der Verkündigung der Frohen Botschaft. G. ist etwas, was den Menschen erfreut. Darüber hinaus wird aber auch der orientalische Friedensgruß (Friede sei mit dir/euch) überboten.

Hinsichtlich der Bedeutung von G. führt inhaltlich eine direkte Linie vom AT zum NT. JHWH, Gott der Herr, ist »barmherzig« und »geduldig« und »von großer G. und Treue« (Ex 34,6), wie denn Israel auch immer wieder auf Gott zurückverwiesen wird: »Beim Herrn ist die G., alle Erlösung bei ihm« (Ps 130,7). Diese Zuwendung Gottes erfährt sowohl der Einzelne als auch das ganze Volk. G. wirkt dabei in die Geschichte hinein. Sie offenbart sich in der Rettung aus Ägypten, in der Landnahme, der Vergebung von Schuld, im Reichtum des Lebens. Wo der atl. Mensch den → Zorn Gottes fürchten musste (Jes 54,8; 66,10), wird ihm letztlich G. zuteil.

Im ganzen NT wird die G. verkündigt, die manchmal verselbständigt erscheint, wenn der von der Sünde befreite Mensch, wie es heißt, im Stande der G. lebt (Apg 13,43; Röm 5,20 u.ä.). Diese ist jedoch stets an Jesus Christus gebunden, an seine Predigt, sein Handeln, seinen Tod, seine Auferstehung. Die G. im NT ist christozentrisch, ihre Verkündigung ist Evangelium. Dieser Befund ist allerdings nicht an den Terminus gebunden. In den von den Evangelisten überlieferten Worten Jesu kommt der Begriff nicht vor, ist aber der Sache nach in seiner Verkündigung, seinem Handeln präsent – dies auch, wenn Mk und Mt ganz auf ihn verzichten und sowohl Lk als auch Joh ihn nur spärlich gebrauchen, dann aber in aller Deutlichkeit. Was Jesus sagt, sind »Worte der G.« (Lk 4,22). Von seiner Fülle, formuliert Joh (1,16), haben wir alle genommen »Gnade um Gnade«. Zum Schlüsselbegriff wird G. in der Theologie des Paulus, in der G. und → Glaube aufeinander bezogen werden, wonach das → Gesetz als Heilsweg ausfällt. Aus Christi G. wird der Mensch gerecht, formuliert Paulus (Röm 3,24), und zwar »ohne Verdienst«, wie Luther das griech. Adverb *dorean* (geschenkweise) übersetzt.

Zum sprachgeschichtlichen Befund sowohl in der antiken Profanliteratur als auch im AT und NT gehört, dass nicht nur Gott G. übt, sondern auch weltliche Herrscher, Könige, hohe Herren. Entsprechend führten sie seit dem Mittelalter (13. Jh.) in ihrem Titel den Zusatz »von Gottes Gnaden«. Damit verband sich indes oft weniger ein Gefühl der Verantwortung als der alleinige Anspruch, von Gott erwählt zu sein. Den in der Ständegesellschaft Ranghöchsten mit »Euer Gnaden« anzureden, war noch bis ins beginnende 20. Jh. verbindlich. Das Vorrecht der Begnadigung, das nicht dem Richter, wohl aber dem Staatsoberhaupt zukommt, ist dieser alten Vorstellung verpflichtet, wonach alle Obrigkeit von Gott eingesetzt ist (Röm 13).

Verhältnisbestimmungen von G. und → Natur, G. und Freiheit, G. und → Gesetz, G. und → Glaube, G. und → Rechtfertigung begegnen als Themen in der Dogmengeschichte der Alten Kirche (Pelagianischer Streit), in der scholastischen Philosophie des Mittelalters wie in den Auseinandersetzungen der Reformationszeit. Im Zeitalter der Ökumene werden die ehemals kontroverstheologisch behandelten Probleme in einem besonnenen Dialog innerhalb der großen Kirchen erörtert. [GB]

Gnosis [griech. »Erkenntnis«] Unter dem Begriff G., der in seiner eigentlichen Bedeutung »Erkenntnis« oder »Wissen« meint, versteht man eine religiöse Erlösungsbewegung der Spätantike, die durch eine konsequent weltverneinende Daseinsdeutung gekennzeichnet ist und mittels Erkenntnis religiöser Geheimnisse Rettung verheißt. Die Anfänge gnostischen Weltverständnisses liegen im Dunkel. Ob es eine vorchristliche G. gegeben hat oder umgekehrt die G. von vornherein eine Spielart christlichen Denkens darstellt, ist umstritten. Die Rekonstruktion der G. musste sich lange Zeit auf Darstellungen aus der Feder ihrer Gegner stützen. Kirchenväter wie Irenäus, Hippolyt oder Epiphanius bieten umfangreiche Exzerpte aus gnostischen Schriften, neigen aber bei der Darstellung der G. zu Polemik und Verzerrung. Deshalb kommt den 1945 in Ägypten entdeckten Texten von Nag Hammadi als Originalzeugnissen gnostischen Denkens besondere Bedeutung zu. Es handelt sich um mehr als 50 Schriften unterschiedlichster Art, in denen sich die Vielfalt und der Reichtum der antiken G. eindrucksvoll widerspiegeln.

G. ist keine einheitliche Religion mit festen Grenzen, sondern eine Art Sammelbegriff für bestimmte Formen von Religiosität, die bei aller Verschiedenheit doch eine Reihe gemeinsamer Merkmale besitzen. Die Mehrzahl der gnostischen Systeme ist durch einen strengen kosmischen Dualis-

mus gekennzeichnet. Gott hat als transzendente, überweltliche Gestalt keinerlei Anteil am → Kosmos. Die Sophia brachte ohne Mitwirken Gottes oder
gegen seinen erklärten Willen den Weltschöpfer (Demiurg) hervor. Die Welt
selber wird von bösartigen Planetenherrschern (Archonten) regiert und ist
damit nicht die bergende Heimat des Menschen, sondern eine ihm feindliche
Macht. Zu den Grundlinien gnostischen Denkens zählt weiterhin die Vorstellung, dass der Mensch einen nach Erlösung strebenden göttlichen Funken
in sich trägt. Dabei setzt die G. einen aus der griechischen Anthropologie bekannten Leib-Seele-Dualismus voraus, der das wahre Ich im materiellen →
Körper eingesperrt und in der feindlichen Welt gefangen sieht. Erlösung besteht nach der gnostischen Weltanschauung darin, dass sich nach dem Tod
der göttliche Lichtteil im Menschen vom Körper trennt und die Himmelrei-
se antritt. Durch die rettende G., die den Menschen zur Einsicht in seine wahre Natur und seinen himmlischen Ursprung bringt, vermag die → Seele durch
die Planetensphären in die heimatlichen Himmelsgefilde zurückzukehren,
wobei in vielen gnostischen Texten Magie und Dämonenglaube eine zentrale Rolle spielen.

Obwohl die G. eine Selbsterlösung durch Erkenntnis und Weltflucht pro-
pagiert, begegnen wir in vielen Systemen auch Erlösergestalten. Diese ver-
mitteln im Auftrag des höchsten Gottes die Heilsbotschaft von der rettenden
Erkenntnis, weisen dem Menschen den Weg der Befreiung aus dem Kosmos
und sind teilweise auch bei der Bewältigung des Seelenaufstiegs behilflich.
Einen einheitlichen Erlösermythos kennt die G. allerdings nicht. Sofern die
Christologie in gnostische Systeme integriert wird, kommt es zu einer
Mythologisierung der Christusgestalt auf Kosten der menschlichen Züge
Jesu (→ kosmischer Christus). Nicht selten ist eine Aufspaltung des christlichen Erlösers in zwei getrennte Wesen zu finden, nämlich in den irdisch-
vergänglichen Jesus und den himmlisch-ewigen Christus. Als irdische Erscheinung ist Jesus von Nazareth mit der Offenbarung gnostischer Lehren betraut, als Christus ist er höheres Lichtwesen, das seit Anbeginn in der göttlichen Welt beim Vater weilt und niemals wirklich Mensch werden kann.
Eine Begleiterscheinung der G. ist deshalb der Doketismus, der die gesamte irdische Existenz Christi als eine Scheinexistenz betrachtet. Meist geht
man dann davon aus, dass nur der Scheinleib, nicht aber Christus selber ge-
litten habe und gekreuzigt worden sei. Der Gnostiker Kerinth vertrat hingegen die Auffassung, Christus habe sich bei der Taufe in Gestalt einer Taube
mit dem Menschen Jesus verbunden und diesen vor dessen Kreuzigung bereits wieder verlassen.

Nicht unproblematisch stellt sich auch die Ethik der G. dar. Da der Kosmos für den Gnostiker von Grund auf böse ist (→ Böses) und die Erlösung
in der Rückkehr des göttlichen Lichtfunkens im Menschen zu seinem himmlischen Ursprungsort besteht, gerät eine individuelle Verantwortung für die

Welt kaum ins Blickfeld. Es wird ein Rückzug in die Innerlichkeit gefordert, der wegen der negativen Betrachtung aller Geschöpflichkeit strenge asketische Züge trägt (→ Askese). Wenn den Gnostikern von den Kirchenvätern auch ein aus Weltverachtung resultierender ethischer Libertinismus mit Ausschweifungen nachgesagt wird, dürfte es sich um eine nicht den Tatsachen entsprechende Polemik handeln.

Die Theologie der Gnostiker stellte die Erlösungslehre und das Schöpfungsverständnis der Bibel massiv in Frage. Von der Großkirche wurden die Gnostiker ab dem 2. Jh. als Häretiker verurteilt und ausgeschieden. Dafür gab es gute theologische Gründe, wobei die G. allerdings nicht nur wegen ihrer Inhalte, sondern auch wegen ihres subversiven, sich der institutionellen Kontrolle entziehenden Charakters argwöhnisch beäugt wurde. Im Mittelalter lebte gnostisches Gedankengut vor allem im Manichäismus weiter und wirkte von dort bis in das Geistesleben der Neuzeit hinein. Seit dem 19. Jh. erlebt der Begriff der G. als Bezeichnung einer höheren Erkenntnisweise in theosophischen Strömungen eine Renaissance und spielt gegenwärtig im Umfeld von → Esoterik und New-Age-Bewegungen eine bedeutsame Rolle. [BK]

Gott Von G. zu reden, ist schon der wörtlichen Übersetzung nach die Aufgabe jeglicher Theologie. Das Wissen um die Vielfältigkeit der Theologiegeschichte der letzten zwei- oder sogar dreitausend Jahre macht aber auch deutlich, dass die Rede von G. außerordentlich vielgestaltig ist. Ohnehin entzieht sich G. als ein Wesen, das über dem Erfassen der Menschen steht (vgl. Jes 55,8f.), der vollständigen Beschreibung mit Hilfe empirischer oder logischer Ansätze.

Das Christentum hat mit dem Judentum den Glauben an den einen G. (→ Monotheismus) gemeinsam, dessen Name im Alten Testament → JHWH lautet. G. wird als Schöpfer der Welt und der Menschheit, aber auch als Bewahrer der Schöpfung und Beschützer der Geschicke der Menschen verehrt (→ Schöpfung). In der Geschichte mit dem Volk Israel, aber auch im Verlauf der Kirchengeschichte hat sich G. immer wieder offenbart (→ Offenbarung). Bezeichnend ist dabei, dass die Bibel als grundlegendes Zeugnis dieser Offenbarung G. nicht im Sinne einer Dogmatik mit Lehrsätzen über G. abgefasst ist, sondern Geschichten des Erlebens G. überliefert. G. wird als derjenige erfahren, der die Menschen begleitet, sie stützt und aufbaut, der → Hoffnung vermittelt und tröstet, der aber auch Ungerechtigkeit straft (→ Gerechtigkeit). G. wird als derjenige erfahren, der die Welt in einer guten Ordnung erschaffen hat und ihren weiteren Lauf im Sinne seiner Heilsordnung erhalten will. Eine ausdrückliche Lehre von G. im Sinne einer Dogmatik hat das AT allenfalls ansatzweise entwickelt.

Wie das AT betont auch das NT die Nähe G. zu den Menschen. Das → Reich G. als Einbruch der endgültigen göttlichen Heilsordnung in eine von

Chaos geprägte reale Welt steht nach ntl. Verkündigung nahe bevor. Der Kreuzestod Jesu und dessen Auferstehung von den Toten am Ostermorgen (→ Jesus) wird von der Urgemeinde als die grundlegende Heilstat G. für die Menschen verkündigt (→ Heil), die eine neue Gottesbeziehung der Menschen ermöglicht (vgl. z.B. Röm 4,23ff.). Der Glaube an Jesus führte zwangsläufig zur Frage nach dem Weiterbestehen des Monotheismus: Neben G. wird auch Jesus als *kyrios* (»Herr«) verehrt (z.B. Phil 2,11). Da aber G. in ihm gehandelt hat, ist G. der eigentlich Handelnde, so dass der → Monotheismus weiter Bestand haben konnte.

Eine erste reflektierte Lehre von G. findet man bei Paulus. Daneben hat vor allem das Joh.-Evangelium eine eigene Sicht G. in gewisser Anlehnung an die zeitgenössische Philosophie entwickelt. Jesus Christus ist dabei das Wort G., das von Anbeginn der Welt in und bei G. war (Joh 1,1–4). Weil G. für die Menschen nicht fassbar ist, hat Jesus Christus den Menschen die Botschaft G. vermittelt (Joh 1,18); wer Jesus begegnet, begegnet in ihm G. (Joh 14,6.9). Sein Kreuzestod steht für die Liebe G. zu seiner Schöpfung (Joh 3,16). Die dogmatische Diskussion behandelt im Bereich der Gotteslehre vor allem vier zentrale Fragestellungen: Welche Gründe gibt es für die Existenz G., wie ist sein Wesen und sind seine Eigenschaften, wie ist die Frage der → Trinität G. zu verstehen, und wie wirkt G. in Vergangenheit und Gegenwart? Die Existenz G. ist nicht durch → Gottesbeweise erwiesen. Sie lässt sich nur als Glaubensgewissheit (→ Glaube) verstehen, wobei der Glaube sich neben der eigenen Erfahrung auch auf die in der Bibel überlieferte Offenbarung G. stützen kann.

Das Wesen und die Eigenschaften G. adäquat beschreiben zu können entzieht sich dem Vermögen der Menschen. Das Wesen G. kann man nur gleichnishaft darstellen (→ Gleichnis), wobei auch Bilder für G. wie »Vater«, »König« u.a. unzureichend sind. Die Diskussion in der Feministischen Theologie, ob man G. nicht besser als »Mutter« denn als »Vater« umschreiben solle, nimmt ein einseitig positiv bestimmtes Mutterbild (fürsorgend, liebend etc.) und demgegenüber ein weitgehend negativ besetztes Vaterbild (streng, strafend etc.) auf, die beide zur Beschreibung G. ungenügend und deshalb zu hinterfragen sind.

Hinsichtlich der Eigenschaften G. genügt es nicht, ihm Güte, Gerechtigkeit, Liebe u.a. zuzuschreiben. Vielmehr ist G. Güte, er ist Gerechtigkeit, er ist Liebe etc. Er versammelt in seinem Wesen nicht eine Vielzahl positiver Eigenschaften, sondern diese Eigenschaften stellen das Wesen G. umfassend und in einer von Menschen nicht zu denkenden Einheit dar. Die Wirkung Gottes erweist sich einerseits in der Vergangenheit (Schöpfung, Glaubenserfahrung früherer Juden und Christen) und in der Gegenwart (Bewahrung der Schöpfung, subjektives Erleben von Heilstaten). Das Wissen um G. und seine Wirkmächtigkeit ermöglicht es aber auch, hoffnungsvoll in die Zukunft zu blicken und auf sein heilvolles Handeln an den Menschen zu vertrauen. Gleichzeitig wird im Leiden jeglicher Art u.U. auch die Gottesferne (→ Theodizee) erlebt, die aber den Glauben an eine Erlösung nicht im Grundsatz unmöglich macht. [WZ]

Göttin   → Gottesbilder, → Feministische Theologie

Gottesbeweise   Die G. bilden den durchaus umstrittenen Versuch, mittels eines rational nachvollziehbaren Beweises der Existenz Gottes, also durch die menschliche → Vernunft, die Wahrheit des christlichen Glaubens zu beweisen. Problematisch erscheint dabei der Charakter des Beweises, der Gültigkeit auch für jene haben müsste, die die Voraussetzungen des Glaubens nicht teilen.

Das grundsätzliche Anliegen der G. ist es, den Glauben vor der Vernunft zu rechtfertigen, das Geglaubte mit den Mitteln der Vernunft darzustellen und auf diese Art Rechenschaft abzulegen. Die Kritik an G. verkennt diese Herausforderung zur Harmonisierung von philosophischem Denken und religiösem Glauben, wenn sie das Anliegen von vornherein abweist oder es nur als eine Spielart der Scholastik ausgibt. Überdies erscheinen konfessionelle Bedenken abwegig, da G. auch von der reformatorischen Dogmatik aufgegriffen und tradiert worden sind (Melanchthon, Calvin, auch K. Barth). Die konfessionelle Differenz liegt deshalb weniger in der Argumentation der G. als vielmehr in der Tatsache, dass die prinzipielle Beweisbarkeit Gottes in der kath. Kirche zum → Dogma erhoben worden ist. Seit dem I. Vatikanum galt es als Glaubenstatsache, dass »Gott, der Ursprung und das Ziel aller Dinge, mit Hilfe des natürlichen Lichtes der menschlichen Vernunft aus den geschaffenen Dingen mit Sicherheit erkannt werden kann«. Diese Formel, die im Antimodernisteneid (seit 1910) in der Formulierung noch einmal deutlicher von der bloßen Erkennbarkeit zur Beweisbarkeit präzisiert worden ist, stellt jedoch lediglich das *Dass* der Beweisbarkeit als Dogma dar, liefert aber nicht automatisch das *Wie* des Beweises. Zur Diskussion steht in der kath. Kirche folglich allein die Methodik, nicht aber die Prinzipienfrage.

Das Phänomen, die Existenz Gottes überhaupt beweisen zu wollen, ist gewissermaßen eine Folge der Exklusivität des strengen Monotheismus. Unter dem hellenistischen Einfluss und der überwiegend neuplatonisch geprägten theologischen Debatte der frühen Kirche musste der Wahrheitsanspruch der Christen auch den philosophischen Anfragen standhalten. So hatte bereits Paulus mit seiner Rede auf dem Areopag den Anspruch einer Deutung des Wahrheitsanspruches der christlichen Offenbarung für die griechische Philosophie gestellt (Apg 17,23) und in Röm 1,19 darauf hingewiesen, dass die Offenbarung Gottes auch den Heiden zugänglich ist, somit nicht zwangsläufig den Glauben voraussetzt.

Die Beweise selbst haben sich im Laufe der Zeit modifiziert, können aber auf fünf Argumentationsstränge bezogen werden: Der *kosmologische* G. ist ein Beweis der Kausalität, er schließt von der Welt auf ihren Urheber, geht – mit Aristoteles – davon aus, dass die bewegte Welt einen ursächlichen Beweger voraussetzt, und findet Fortsetzungen in den Thesen von der Notwendigkeit eines absoluten Guten für das relativ Gute bzw. von dem Rückschluss vom nur Möglichen auf das absolut Notwendige.

Der *teleologische* G. schließt von der Zweckmäßigkeit der Welt auf eine höchste Intelligenz und geht dabei von der strukturellen Ordnung aus, die in der Natur und im Kosmos herrscht. Allein die Tatsache, dass die Welt Ordnung und eben nicht Chaos ist, setzt demnach eine ordnungsbildende Größe voraus.

Auf den Argumenten dieses teleologischen G. baut der *historiko-theologische* G. auf, der die Ordnung der Geschichte im Sinne einer nicht bloßen Zufälligkeit als Beleg für einen Willen in der Geschichte sieht, der nach sittlichen Gesetzen waltet.

Diesen Beweisen, die aus der Betrachtung und Reflexion der Welt in ihren Zusammenhängen entstanden sind, stehen jene gegenüber, die den Beweis aus der theoretischen Vernunft ableiten. Sie werden als *ontologische* G. bezeichnet und gehen auf die Grundannahme zurück, dass die Gottesidee selbst die Notwendigkeit Gottes beinhaltet und somit auch auf die Existenz Gottes schließen lässt. Demzufolge kann die Gottesidee im Menschen nicht ohne äußere Ursache entstanden sein. Am bedeutendsten für die Geschichte der G. ist die Argumentation des Anselm von Canterbury geworden. Er bestimmt Gott als das, »über das hinaus nichts Größeres gedacht werden kann«, und schließt vom Inhalt der Gottesidee auf dessen Existenz im Sinne eines unmittelbaren Zusammenhangs von Idee und Erscheinung. Die Möglichkeit, Gott nur als Idee eines vollkommenen Wesens zu postulieren, schließt dieser Beweis aus, weil zur Vollkommenheit die Existenz wesentlich hinzugehört.

Eine weitere Gruppe der Beweisführung wird unter dem Sammelbegriff des *moralischen* G. zusammengefasst. In diesem Ansatz wird die Beweisführung nicht aus der theoretischen, sondern aus der praktischen Vernunft abgeleitet und versucht, Rückschlüsse von dem Vorhandensein eines Sittengesetzes, durch welches das Zusammenleben der Menschen bestimmt wird, auf einen Urheber zu ziehen.

Eine grundlegende Wende in der Diskussion über die G. brachte Kant, der in seiner *Kritik der reinen Vernunft* (1781) prinzipiell die Beweiskraft der G. anzweifelt, weil es nicht möglich ist, über Übersinnliches objektive Gewissheit zu erlangen. Die Mittel der reinen Vernunft beziehen sich auf Erkennbares, das wiederum sinnlich wahrnehmbar sein muss, ansonsten bleibt es im Rahmen reiner Spekulation. »Der Begriff eines höchsten Wesens ist eine in mancher Absicht sehr nützliche Idee; sie ist aber ebendarum, weil sie bloß Idee ist, ganz unfähig, um vermittels ihrer allein unsere Erkenntnis in Ansehung dessen, was existiert, zu erweitern.«

Nach Kant ist die Diskussion um G. abgeklungen. Weitgehende Übereinstimmung herrscht darüber, dass der Glaube an Gott zwar als eine Vernunftnotwendigkeit und als ein sittliches Postulat angesehen werden kann, dabei jedoch stets ein Objekt des Glaubens bleibt. Gelöst sind damit aber noch nicht die Probleme, die einst mit den G. verbunden waren: So die Frage nach dem Verhältnis zwischen dem absoluten und dem notwendigen Sein, die Unterscheidung zwischen kontingenten und notwendigen Wesen, und die Frage, inwieweit es legitim ist, dieses gedachte Absolute mit dem personalen Gottesbegriff zu identifizieren. [MV]

Gottesbilder Der Begriff scheint auf den ersten Blick widersprüchlich: Wie soll theologisch verantwortbar von G. gesprochen werden, wenn doch in den Geboten ausdrücklich formuliert ist:»Du sollst dir kein G. machen« (Ex 20,3). Um diesen Widerspruch aufzulösen, muss hervorgehoben werden, dass es sich bei den G. im Verbot des AT ausdrücklich um Kultplastiken handelt, durch die die jeweilige Gottheit repräsentiert werden sollte (→ Bilderverbot). Das Bilderverbot ist folglich als Abgrenzung von heidnischen Götzendiensten zu verstehen.

Ganz anders verhält es sich demgegenüber mit»Bildern im Kopf«, die sich als Metapher oder als poetisch gestaltete Vorstellung äußern. Grundlage dafür ist das Dilemma, dass jeder Glaube an eine natürliche Grenze der Darstellbarkeit gelangt, solange dafür die diskursive Sprache etwa der Systematischen Theologie oder der Philosophie gewählt wird. Über Gott selbst lässt sich nicht sagen, wer er wirklich ist (ontologisch), lediglich die persönlichen Erfahrungen bzw. die Auswirkungen des Glaubens auf das eigene Leben sind mitteilbar. Deshalb bleibt den Menschen nichts anderes übrig, als Geschichten über den Glauben zu erzählen, in Gleichnissen theologische Inhalte zu verdeutlichen oder in poetischen Sprachbildern wenigstens ansatzweise den erfahrenen Glauben anzudeuten (→ Narrative Theologie). In dieser Bedeutung stellen G. verdichtete Theologie dar, die sich einer anderen Sprache bedient und dabei in erster Linie von persönlichen Erfahrungen ausgeht.

Unterschiedliche G. bestimmen auch die Bücher der Bibel und sind schon dort dem Wandel der Lebenssituationen unterworfen. Im AT herrschen G. vor, die der staatlichen Ordnung entlehnt sind. So wird Gott beispielsweise als König oder als Richter beschrieben. Das Bild vom regierenden Herrscher stellt zunächst die Heiligkeit im Sinne von Unnahbarkeit in den Vordergrund, lässt aber zugleich die Attribute der Fürsorge und ausgleichenden Gerechtigkeit zur Geltung kommen, die für das Zusammenleben der Menschen von grundlegender Bedeutung sind; darüber hinaus setzt es aber auch ein polytheistisches Grundverständnis voraus, denn Jahwe wird darin mit dem Anspruch der Weltgeltung als »großer König über alle Götter« (Ps 95,3) vorgestellt, ja er sitzt sogar zu Gericht über die Vielzahl der Götter (Ps 82). Dass dieser König, vor dem sich selbst die anderen Götter beugen, mit elementaren Kräften verbunden wird (Ps 97,7), spricht eine Komponente an, die über anthropomorphe Bilder noch hinausgeht.

Das Verständnis vom Schöpfergott und das Bild vom Weltenrichter fließen in dem Vergleich mit dem Feuer zusammen, das durchaus ambivalente Bedeutung haben kann. Auf der einen Seite ist es die positive Kraft des Feuers, das wärmt und leuchtet, aber keine zerstörende Wirkung hat (Ex 3,2); auf der anderen Seite ist es die Gefahr, die von dem verzehrenden Feuer ausgeht (Dtn 4,24), die in diesem G. die bedrohliche Seite des Weltenrichters andeutet. Auffallend ist bei diesem G. die Nähe zu den Vorsokratikern, denn schon Heraklit (6. Jh. v.Chr.) hatte das Feuer als Urquelle aller Elemente bezeichnet, es dabei sogar als schöpferische Weltvernunft (→ Logos) qualifiziert.

Die G. in der Bibel sind in der Regel in ihrer Perspektive auf einen singulären Aspekt der Beziehung zwischen Gott und den Menschen verkürzt. Zugleich verweisen sie aber gerade durch ihre Einseitigkeit auf ein Parallelbild, das die andere Seite symbolisiert. So steht beispielsweise dem fürsorglich regierenden König der streng urteilende Richter gegenüber, die vernichtende Kraft des Feuers wird ergänzt durch den brennenden Dornbusch, in dem Gott als Kraft erscheint, die nicht zerstört. Am deutlichsten wird diese Tendenz der Ergänzung in der Gegenüberstellung von Herr (Kyrios) und Vater. Auch hier sind die beiden Seiten der Gottesbeziehung symbolisch repräsentiert: der machtvolle Herrscher, der als unnahbarer König in Erscheinung tritt, und der liebevolle Vater, der sich fürsorglich als Helfer dem Menschen zuwendet.

Für den Systematiker Paul Tillich ist an diesen G. entscheidend, dass sie nicht als Widerspruch verstanden, sondern in Korrelation gedacht werden müssen: »Der Herr, der nicht Vater ist, ist dämonisch, der Vater, der nicht Herr ist, ist sentimental« (Syst. Theologie, I). Äußerungen, die das G. des Herrn als Ausdruck von Unterwürfigkeit oder als Rest einer patriarchalen Denkstruktur kritisieren, sind deshalb nur zum Teil berechtigt, sie übersehen den korrelativen Charakter und die Tatsache, dass eben auch das populäre Bild Gottes als verkörperte Liebe nur dann Sinn ergibt, wenn es durch das unpopuläre Bild vom zornigen Richtergott ergänzt wird. [MV]

Gottesdienst Angesichts der Tatsache, dass schon in der Apg ein grundlegender Unterschied zwischen dem Kult als Form des menschlichen Handelns und Dienens einerseits und der Feier der christlichen Gemeinde andererseits gezogen wird (»Der Herr des Himmels und der Erde wohnt nicht in Tempeln, die mit Händen gemacht sind. Auch lässt er sich nicht von Menschenhänden dienen, wie einer, der etwas nötig hätte.« Apg 17,24f.), könnte die Bezeichnung G. mit der Betonung der Endsilbe »Dienst« durchaus in die Irre führen. Tatsächlich wird in der christlichen Tradition eine im Namen Jesu einberufene, liturgisch (→ Liturgie) gestaltete Versammlung der → Gemeinde, in der Lobpreis Gottes, Anbetung und Verkündigung als Abglanz der himmlischen Ordnung gestaltet werden, als G. verstanden, wobei es gerade nicht auf das aktive Tun ankommt, sondern auf den Empfang der Gnade Gottes, die in der Verkündigung und dem Empfang des Herrenmahls bezeugt wird.

Wesentlich ist deshalb für die Bestimmung des christlichen G. von Anfang an die Neubestimmung dessen, was unter Kult bzw. unter kultischem Geschehen (→ Kultformen) zu verstehen ist. Während im AT die kultischen Handlungen vornehmlich dazu dienen, das Verhältnis des in Schuld verstrickten Menschen zu Gott durch Aktionen der Sühne zu klären (→ Opfer) und damit Handlungsanweisungen für ein gottgefälliges Leben zu liefern, interpretiert das NT den Kult unter dem Vorzeichen des Sühnetodes Christi, durch den die Menschen von ihren Sünden erlöst und somit vom Opferdienst befreit sind. Schon im Kult des Volkes Israel steht der Tempelkult (bis zum Jahr 70 n.Chr.) mit seinem prachtvollen Lobpreis und dem Opferkult dem Anliegen der Gemeindeversammlung in der Synagoge gegenüber, in der die Schriftauslegung, das Gebet und der den Priestern vorbehaltene Segen im Vordergrund stehen.

In dieser Spannung zwischen repräsentativem Kult und zur Unterweisung versammelter Gemeinde stand auch Jesus, der sowohl am Tempelkult teilnahm (Lk 2,41 u.a.) als auch die Versammlung in der Synagoge aufsuchte (Mk 1,21f. u.a.). Obwohl selbst über die Urgemeinde zu hören ist, dass die Jünger Jesu in Jerusalem täglich den Tempel aufsuchten, um am Opfergeschehen teilzunehmen (Apg 21,26), bildete sich schon früh eine spezifische Feier der christlichen Gemeindeversammlung heraus, die zwar nach dem Vorbild des Synagogengottesdienstes gestaltet war, darüber hinaus aber die → Taufe und das Herrenmahl (→ Abendmahl) in den Mittelpunkt stellten, und dadurch den Opfergedanken der Tempeltradition in einen anderen Kontext brachten. Eine eindeutige Beschreibung des G. findet sich im NT darüber hinaus nicht. Erst im 4. Jh., nach der konstantinischen Wende, setzen Überlegungen zu einer formalen Ordnung des G. ein.

In der katholischen Kirche wird weitergehend zwischen einem G. mit Eucharistie (→ Messe), Stundengebeten und Andachten unterschieden; in der Orthodoxie tritt die Bezeichnung »Liturgie« an die Stelle des G., wobei der Ablauf des G. als Abbild einer himmlischen Liturgie und somit als Ausdruck des heilenden Handelns Gottes verstanden wird. Martin Luther und die

Reformatoren kritisierten zwar die vorgefundene Praxis der Messe als ein »leyplich und eußerlich ding …, davon niemand geystlich noch heylich wird« (WA 10,I,646), strebten dabei prinzipiell jedoch keinen neuen Entwurf für den Ablauf des G. an. In den Ausführungen »Deutsche Messe« (1526) legt Luther den Grundstock lediglich für eine neue Interpretation des gottesdienstlichen Geschehens, in dem die Aufgaben der klar verständlichen Unterweisung (deutsche Sprache) und der Beteiligung der Gemeinde (→ Kirchenlied) eine vornehme Stellung erhalten (»das nichts darin geschehe, denn das unser lieber Herr selbs mit uns rede durch sein heiliges Wort und wir wiederumb mit ihm reden durch Gebet und Lobgesang«, WA 49,588).

Die durch Kirchentage und andere Basisbewegungen forcierte Beteiligung der sog. Laien am gottesdienstlichen Geschehen führte seit den 60er Jahren des 20. Jh. zu Reformversuchen, die sich mit einer deutlichen Zielgruppenorientierung beschäftigen (Familiengottesdienst, Jugendgottesdienst mit Popularmusik, politisches Nachtgebet) und dabei auch die Gruppe der Zweifelnden und Zögernden berücksichtigen (Thomasmesse). Parallel dazu wurde eine grundsätzliche Kritik – vornehmlich in prot. Bereichen – an der Reduktion des G. auf kognitive Elemente lautbar. So kritisierte der Weltkirchenrat (Genf 1969) den Predigtgottesdienst als eine Fehlentwicklung, der die Eucharistie ins Abseits stellt, obwohl doch Wort und Sakrament untrennbar aufeinander bezogen seien. In diesem Zusammenhang kam es zu einer Neuentdeckung der Bedeutung von Ritualen und Symbolen für die Lebensgestaltung, die sich in speziellen liturgischen und sakramentalen Formen niederschlug (Salbungsgottesdienst, Beichtgottesdienst, Meditationsgottesdienst, Agape-Feiern, Kantatengottesdienst, liturgische Nächte).

Auch wenn diese Reformbestrebungen kaum zu dem erhofften Ergebnis einer statistisch sich auswirkenden Belebung des G. führten, haben sie doch die Pluralisierung der gottesdienstlichen Angebote gefördert, die für die theologische und soziale Ausdifferenzierung der Gemeinden bezeichnend ist. Die Krise des G., von der seit den 60er Jahren sowohl in ev. wie auch in kath. Bereichen gesprochen wird, mag nach diesen Erfahrungen weniger auf säkularisierende Tendenzen zurückgeführt werden als vielmehr auf die Tatsache, dass der G. eben nicht mehr unbestrittener Mittelpunkt des Gemeindelebens ist. An die Seite des G. sind vielfältige Angebote für die Gemeinde getreten, die sich unterschiedlichen Lebenssituationen und Erwartungen widmen und in diesem Ausdifferenzierungsprozess von den Kirchen in die Gemeindezentren übergesiedelt sind. [MV]

Gottheiten   Da das AT nicht von vornherein monotheistisch ausgerichtet war (→ Monotheismus), sondern dies erst im Laufe seiner geschichtlichen Entwicklung wurde, bilden die altorientalischen G. den selbstverständlichen Hintergrund alttestamentlicher Texte. Im Gegensatz zum bildlos angebeteten

Gott JHWH wurden die übrigen G. durch Bilder repräsentiert. In der Regel waren diese Gottesbilder bis in die hellenistische Zeit hinein relativ klein (max. ca. 15 cm). Die G. wurden entweder anthropomorph oder aber durch ein sie repräsentierendes Tier (z.b. Baal als Stier) bzw. durch ein mit ihnen verbundenes Symbol (z.b. Sonne für den ägyptischen Gott Re und für den mesopotamischen Sonnengott Schamasch) wiedergegeben. Im semitischen Pantheon sind die einzelnen G. mit bestimmten Aufgabenbereichen (Fruchtbarkeit, Regen, Pest, Krieg) verbunden, auf die sie aber nicht beschränkt werden dürfen.

Wichtige Aufschlüsse über diese Eigenschaften der G. geben uns neben den biblischen Texten vor allem die mythologischen Texte aus der syrischen Hafenstadt Ugarit (15.–12. Jh. v.chr.), einige weitere Umwelttexte und die ikonographische Darstellung der G. auf Amuletten, Siegeln, Stelen und Reliefs. Der Wert der ugaritischen Texte darf jedoch für die religionsgeschichtliche Auswertung der Verhältnisse in Israel nicht überbewertet werden, denn die Texte haben einen großen zeitlichen, räumlichen und kulturellen Abstand zu Palästina. Allerdings zeigen die Texte einen Hintergrund auf, der für das Verständnis der G. im 1. Jh. v.Chr. durchaus von Bedeutung ist. So ist El im ugaritischen Mythos der Göttervater, der der gesamten Götterversammlung vorsteht, Baal bzw. Hadad sind als Fruchtbarkeitsgötter mit dem Regen und der Fruchtbarkeit verbunden; Baal konnte jedoch auch als Kriegsgott verstanden werden. Da der Regen in der Levante auf die Wintermonate beschränkt ist, wird im ugaritischen Mythos Baal angesichts der Sommerhitze im Jahreskreislauf immer wieder zu einem schwachen, ja sterbenden Gott. Unter den weiblichen G. sind vor allem die Fruchtbarkeits- und Liebesgöttinnen Aschera, Astarte und Anat zu nennen, wobei die in der Regel mit Waffen dargestellte Göttin Anat durchaus auch kriegerische Elemente widerspiegelt. Die zahlreichen Fruchtbarkeitsgottheiten belegen, welche große Rolle Fruchtbarkeit von Mensch, Tier und Acker im Altertum besaß: In der kargen Landschaft Palästinas war nur so ein gesichertes Leben möglich.

Mit der zunehmenden Hellenisierung Palästinas seit dem 5. Jh. v.Chr. spielten dort auch hellenistische G. eine große Rolle. Häufig wurden nun orientalische G., deren Aufgabenbereiche sich einigermaßen mit griechischen oder römischen G. deckten, mit diesen gleichgesetzt (z.B. El bzw. JHWH mit Zeus, die Liebesgöttinnen mit Aphrodite bzw. Venus). [WZ]

Grab   → Bestattung

Häresie [griech. *hairesis* »Wahl«] Als H. wird die Abweichung von offiziellen Glaubensinhalten bezeichnet, die sich einerseits im Leugnen einzelner Dogmen bzw. Teile des Bekenntnisses (Credo) erweist, andererseits aber auch in der Funktionalisierung des Glaubens für andere Zwecke (Ideologisierung) begründet liegen kann. Die H. kann den Abfall des einzelnen Menschen vom Kanon der Glaubenslehre meinen, sie kann aber auch auf den Fall einer Abspaltung ganzer Gruppen, ja sogar einer durch Kirchenspaltung herbeigeführten Trennung der Kirche (Schisma) angewendet werden. Über den Tatbestand der H. urteilt ein kirchliches Gericht; in der Zeit von der Begründung der Staatskirche (Kaiser Konstantin) bis ins 17. Jh. war jedoch ein Zusammenwirken von kirchlicher und staatlicher Obrigkeit üblich, um Häretiker zu verfolgen. So wurden besonders schwere Vorwürfe mit der Todesstrafe geahndet, zu deren Vollstreckung die Kirche die Delinquenten an die weltliche Obrigkeit übergeben musste.

Zu verheerenden Verfolgungen kam es im Zuge der → Inquisition, die eigene Rechtsformen der Überführung von Häretikern (Folter) einführte und Abtrünnige massenhaft zum Tod auf dem Scheiterhaufen verurteilte. In der Gegenwart wird die H. nicht mehr geahndet. Dafür sind nicht nur die Trennung von Staat und Kirche verantwortlich, sondern auch die ökumenischen und interreligiösen Dialoge, durch die sich das grundsätzliche Verständnis von religiöser Wahrheit relativiert hat.

Im Unterschied zu der eher volkstümlichen Bezeichnung → Ketzer ist der Begriff der H. biblisch ausgewiesen. Im NT wird er benutzt, um besondere Strömungen im Judentum und von daher auch im frühen Christentum zu kennzeichnen. Aus Apg 24,5–14 erfahren wir, dass Paulus selbst vom Hohepriester Ananias als Häretiker angeklagt und die christliche Urgemeinde von jüdischer Seite der H. beschuldigt wurde. In 1Kor 11,18f. erwähnt Paulus sowohl Spaltungen (griech. *schismata*) als auch Parteiungen (griech. *haireseis*) in der Gemeinde. Eine drastische Form der H. schildert schließlich 2Petr 2,1 in einem Fall, in dem die Messianität Jesu selbst angezweifelt wird. Diese »Irrlehrer« werden gar als »unvernünftige Tiere« (2,12) abgetan und mit dem Spruch »Ein Hund kehrt wieder um zu dem, was er ausgespien hat, und ein Schwein, das sich gebadet hat, geht wieder in den Mistpfuhl« (2,22) an den Pranger gestellt. Im Titusbrief (3,10f.) wird für Häretiker, die trotz zweimaliger Warnung keine Einsicht zeigen, der Ausschluss aus der Gemeinde propagiert mit der Begründung, diese hätten sich durch ihre Haltung selbst verurteilt.

Eine spezielle Form der H. innerhalb der Gemeinde wird in Kol 2,8ff. beschrieben. Die Warnung vor Irrlehrern, die mit dem Verweis auf »Philosophie« und »Naturmächte« nicht allein Christus in den Mittelpunkt der Lehre stellen, kann als Hinweis auf gnostischen Einfluss (→ Gnosis) interpretiert werden.

Die unter dem Sammelausdruck der Gnosis zusammengefassten Strömungen bezeichnen unterschiedliche Phänomene der H., die aus einem Prozess des Synkretismus hervorgegangen sind, bei dem vor allem die Mischung von hellenistischen, persischen und altbabylonischen Mysterienkulten eine Rolle spielt. Wesentliches Kennzeichen aller Formen der Gnosis sind ein strenger Dualismus, bei dem das Gottesbild vollkommen transzendiert und der Welt des Materiellen, die mit dem Bösen identifiziert wird, gegenübergestellt wird. Der Gott der Erlösung entspricht dabei nicht dem Schöpfergott, die materielle Welt wird als Produkt eines *Demiurgen* verstanden, dessen Mittlergestalt z.B. der Teufel sein kann. Nur die *Pneumatiker*, die Erleuchteten, die den göttlichen Funken in sich tragen, haben Einsicht in die Geheimnisse des Glaubens und sind von daher erlöst. Im gnostischen Gedankengut tritt an die Stelle der Wirklichkeit des irdischen Jesus, der durch seinen realen Tod am Kreuz die Erlösung für die Menschen bringt, ein kosmologischer Erlösungsmythos, in dem der Christus im Sinne eines himmlischen Aeons gedeutet wird. Das in der Gnosis verankerte Gottesbild überschreitet die Grenze zwischen Religion und Philosophie und ist erheblich durch die Metaphysik Plotins (205–270) bzw. durch deren Rezeption im Neuplatonismus geprägt worden.

Als eine spezielle Form der gnostischen H., die aus dem Neuplatonismus hervorgegangen ist, gilt der Manichäismus, der sich im 4. Jh. verbreitete und als Sekte bis in das 13. Jh. Bestand hatte. Ihr Begründer ist der Perser Mani, der sich selbst als »Manichäus, der Apostel Jesu Christi« titulierte und vermutlich im Jahre 273 gekreuzigt worden ist. Als Neumanichäer werden u.a. die von dem Pater Bogomil gegründete Sekte der »Gottesfreunde« (Bogomilen) und die aus diesem Einfluss heraus entstandenen Katharer (→ Ketzer) bezeichnet. In diesen Strömungen des Mittelalters werden längst verurteilte Ansichten der Gnosis wieder belebt und unter strengsten Maßnahmen von der Kirche verfolgt.

Nicht direkt zur gnostischen H. zu rechnen, aber gleichwohl durch sie beeinflusst ist die marcionitische Reformkirche, die im 2. Jh. unter dem Anspruch einer Reinigung des evangelischen Glaubens von jüdischen Einflüssen entstand und einen auf das Lukas-Evangelium und zehn Paulusbriefe reduzierten Bibelkanon vorlegte. Ihr Gründer, der aus Sinope stammende Marcion (85–160), wurde 144 aus der Gemeinde ausgeschlossen, nachdem er die paulinische Gegenüberstellung von Gesetz und Evangelium in der Weise ausgelegt hatte, dass er den Gott des AT als Vertreter des Gesetzes einem Erlösergott des NT gegenüberstellte, deshalb die Verbindung beider Teile der Bibel leugnete und schließlich die Menschwerdung Gottes in Jesus Christus leugnete, der seiner Meinung nach lediglich in Menschengestalt erschienen sei, somit zwar als wahrer Gott, aber nicht als wahrer Mensch zu interpretieren sei. Diese Haltung, die als Doketismus (griech. *dokein* »scheinen«) bekannt ist und eine in vielen Spielarten verbreitete Form der H. bezeichnet, erklärt sich aus der Behauptung, dass Gott prinzipiell nicht leidensfähig sei, deshalb auch nicht am Kreuz gestorben sein könne. Der gnostische Dualismus, dem die leibliche Existenz bereits als Teil der dem Bösen verhafteten materiellen Welt gilt, unterscheidet in dieser Hinsicht zwangsläufig zwischen einem irdischen Jesus und einem göttlichen Christus, die nur »scheinbar« identisch seien.

Neuere Formen des Doketismus finden sich in unterschiedlichen Abwandlungen, angefangen von der Hypothese, dass ein anderer an der Stelle von Jesus am Kreuz gestorben sei, bis zu der Behauptung, Jesus sei vor dem Urteil entkommen und nach Indien geflohen.

Unabhängig von Glaubenskämpfen gegen gnostische Gedanken kam es im Zuge der → Alten Kirche zu heftigen Auseinandersetzungen über das Verhältnis zwischen den Naturen Gottes als Vater und als Sohn. Arius von Alexandria (um 260–336) verwies dabei auf die strenge Gültigkeit des Monotheismus und propagierte deshalb eine Unterordnung des Sohnes unter den Vater. Als Geschöpf Gottes könne Christus zwar im Wesen *gleich* sein, allerdings dürfe man deshalb nicht von einer Wesens*einheit* sprechen. Im Laufe dieser Auseinandersetzungen wurde Arius als Häretiker mit dem Bann belegt und die Anhänger dieser Position als Arianer (→ Arianismus) gebrandmarkt.

Eine Besonderheit stellt diese Auseinandersetzung um die Rechtgläubigkeit aber insofern dar, als sie zu einer wegweisenden theologischen Debatte und schließlich zur Formulierung des altkirchlichen Dogmas der → Trinität führte. [MV]

Heil [mhd. *heil* »gesund«] Bezeichnung des Gegenteils von siech, elend, zerbrochen und dgl. Das Verb »heilen« umfasst unterschiedliche Tätigkeiten, die bei kranken Lebewesen und beschädigten Sachen den heilen Zustand wieder herbeiführen sollen. Der heile Zustand in religiösen Zusammenhängen heißt »heilig«. »Heil« und »Unheil« sind aufeinander bezogene Vorstellungen. Das eine lässt sich ohne das andere nicht denken. Wird z.B. die Zerstreuung eines Volkes als Unheil aufgefasst, folgt daraus als H. die Wiederversammlung aller in ihrem eigenen Land. Spirituelle Blindheit wird durch Erleuchtung geheilt, Schuld durch Begnadigung, Illusion durch das Erwachen zur Wirklichkeit usw. H. und Unheil bilden zusammen mit einem dritten Glied, dem »Heilsweg«, ein Schema. Dieses Schema ist allgemein, d.h., es gilt für jede historische Religion.

Als allgemeine sind die drei Positionen leer, gefüllt werden sie von jeder Religion anders. Das Schema ermöglicht mithin einen Vergleich. Da die Vorstellung von H. und Unheil ins Zentrum jeder religiösen Lehre gehört, vergleicht man das, was jede Religion wesentlich bestimmt. Hier finden sich

die charakteristischen Unterschiede, wohingegen Vergleiche von Heils-
wegen manch ähnlichen Zug zutage fördern. [HJG]

Heiland → Messias

Heiliger Geist → Geist

Heiliges Das Phänomen ist vielschichtig, die Bezeichnung insofern nicht
eindeutig, als uns in anderen Sprachen andere Wörter mit anderen Inhalten
begegnen. Insofern läge das Verbindende in der Funktion des H. Ein Indiz
dafür könnte immerhin die umgangssprachliche Redewendung sein, wonach
ihm bzw. ihr »nichts mehr heilig« sei. Das H. wäre danach eine Appella-
tionsinstanz, eine unantastbare, unverrückbare und wegweisende Norm.
Auch lässt das Wort »Sanktionierung« noch den Ernst erahnen, mit dem bestimmte Verhaltensweisen, Sachverhalte gebilligt werden.

Wurde das Phänomen früher von der Theologie und Religionswissenschaft – oft in Konkurrenz – erörtert, so befassen sich inzwischen auch viele andere Wissenschaften mit der Thematik: Philosophie, Psychologie, Soziologie, Geschichte, Anthropologie, Linguistik etc. Als Zauberwort übt das
H. nach wie vor eine große Faszination aus. Dabei handelt es sich bereits in
dieser Abstraktion um einen Sammelbegriff, gewonnen aus vielen Indizien,
die als heilig gelten: Gegenstände, Zeiten, Orte, Tiere, Menschen.

Wenn allerdings in der Theologie des AT Berge, Steine, Tempel, Priester
und Propheten als heilig bezeichnet werden, dann handelt es sich schon um
eine abgeleitete Heiligkeit. Der Gott Israels ist der unbedingt Heilige, dessen Namen die Gläubigen in Ehrfurcht nicht auszusprechen wagen. »Heilig,
heilig, heilig ist der Herr Zebaoth, alle Lande sind seiner Ehre voll« (Jes 6,3).
Er und kein anderer hat seine Schöpfung geheiligt. Das NT folgt dieser Linie
und spricht Jesus neben anderen Titeln auch den eines »Heiligen Gottes«
(Mk 1924) zu. Insofern als der Glaube an ihn die Menschen verwandelt, werden auch diese zu Heiligen (Röm 1,7; 1 Kor 1,2 u.ö.). Die Kirche ist dann, wie
das Apostolische Glaubensbekenntnis formuliert, eine »Gemeinschaft der
Heiligen«. In der alten und mittelalterlichen Kirche wurde der Begriff elitär
auf bestimmte Amtsträger und Charismatiker übertragen. Die sog. Heili-
genfeste (Allerheiligen u.a.) sowie Heilige als Schutzpatrone übten eine
große Anziehungskraft auf die Menschen aus, die allerdings mit der → Reformation und → Aufklärung deutlich abnahm. In der kath. Kirche wird noch
heute heilig gesprochen, gebührt dem Papst der Titel »Seine Heiligkeit«.

Obwohl zumeist nach heutigem Empfinden der Begriff des H. mit Religion assoziiert wird, ist dies historisch und phänomenologisch keineswegs
erwiesen. Indes werden die vielfältigen sog. profanen Bezeugungen des Wortes häufig als Derivate des ursprünglich Religiösen angesehen. Wie so oft

verbindet sich damit die Frage nach der jeweiligen Gleichwertigkeit, ob z.B. inhaltliche Füllungen, wonach etwa Macht und Moral eingeschlossen sind, übernommen werden. Zutiefst verankert in der europäischen Geistesgeschichte ist der röm. Gegensatz von *profan* und *sacer*. Profan ist der Vorraum zum Tempel, also das, was abgegrenzt vor diesem liegt. Mit dem Begriff des H. wird oft der des Heils assoziiert, heil im Sinne des Vollständigen, Ganzheitlichen.

Erschwerend für die Beurteilung des Phänomens des H. ist der Umstand, dass in den verschiedensten Sprachen und Kulturen jeweils andere Kriterien gelten. Das H. als ein für alle Zeiten und alle Menschen gültiges Abstraktum ist kaum auszumachen. Auch lässt sich ähnlich dem Entstehen und Verblassen von → Symbolen feststellen, dass sich Vorstellungen über das H. wandeln. Profanes kann heilig, H. profan werden.

Insofern ist dann auch die konstatierbare Wiederkehr des H. in der modernen Industrie- und Technologiegesellschaft oft nicht eine Wiederbelebung archaischer Urbilder, sondern bezeichnet die Dimension einer neuen Herausforderung. Wo in einer Gesellschaft, in der man sich zu Tode amüsieren kann, die vielen Erlebnisse und Eindrücke sich gegenseitig lähmen und um ihre Wirkung bringen, entspringt die Sehnsucht nach einem ganz Anderen. Dass dieses die Züge des Diabolischen (Gewalt, Verbrechen) annehmen kann, von dem sich Menschen faszinieren lassen, ist Grund genug für die Theologie, das unter Ausschaltung moralischer Kategorien abstrakt verstandene H. zu dechiffrieren. [GB]

Heiliges Land   Ursprünglich bezeichneten Pilger mit diesem Begriff die Gegend, in der die Bibel hauptsächlich spielt. Es ist äußerst schwierig, einen sinnvollen Namen für das Land der Bibel zu finden, denn jede Bezeichnung kann zu Missverständnissen führen. Der von den Ägyptern verwendete Name Kanaan umfasste im 2. Jt. v.Chr. auch den Libanon; in späten Texten des Alten Testaments sind Kanaanäer aber nicht mehr ethnisch definierte Bewohner des Landes, sondern schlicht Händler und Kaufleute (Jes 23,8; Hi 40,30 u.ö.). Die Bezeichnung Israel ist gleichfalls höchst unpräzise. Sie findet sich erstmals auf einer Stele des Pharaos Merenptah (1213–1204 v.Chr.). Zu dieser Zeit war damit wahrscheinlich eine Region in der Mitte oder im Norden des Westjordanlandes gemeint, in der sich nomadisierende Gruppen aufhielten.

Ab der Zeit Davids (um 1000 v.Chr.) verstand man unter Israel das Nordreich (Gebiet nördlich von Jerusalem bis zum Libanon), im Gegensatz zum Südreich Juda. Nur während der Regierungszeit von David und Salomo (maximal 80 Jahre) gab es ein geeintes Reich Israel und Juda, das sich von Dan bis Beerscheba erstreckte (so die Gebietsbezeichnung in 1Sam 3,20 u.ö.). 926 v.Chr. zerfiel das Reich wieder nach dem Tod Salomos, und die

Bezeichnung Israel beschränkte sich weiterhin auf das Gebiet des Nordreichs (nun ohne den Stamm Benjamin). Als 722 v.Chr. Israel von den Assyrern erobert und die staatliche Existenz des Nordreichs gewaltsam beendet wurde, flohen viele Israeliten in das Südreich Juda. Da sie auch ihre religiösen Traditionen mitbrachten, konnte nun auch das Südreich Juda als Israel bezeichnet werden (z.B. Jer 17,13). Der Name Israel wurde jetzt für ein Staatsgebiet verwandt, das vormals nie zu Israel gehörte! 587 verschwanden mit der Eroberung Judas durch die Babylonier beide Bezeichnungen. Die nachfolgende persische Provinz (wohl ab 445 v.Chr.) Jehud (statt Jehuda in vorexilischer Zeit, gräzisiert Judäa) konnte unter der Herrschaft der Makkabäer und dann noch einmal unter Herodes d.Gr. in etwa das Territorium Israels und Judas z.Zt. Davids und Salomos umfassen. Als die Römer 135 n.Chr. den Namen der Provinz in »Syria-Palästina« umbenannten, um alle religiösen Erinnerungen zu beschneiden, ging auch dieser Name verloren. Er hielt sich seitdem nur in der Bezeichnung Judentum bzw. Jude als Zugehörigkeit zu einem Volk.

Der Name Syria-Palästina nahm Traditionen für die Bezeichnung der Region auf, die schon auf die vorexilische Zeit zurückgehen. Ursprünglich wurde damit das Philistergebiet, d.h. die südliche Küstenregion des Landes bezeichnet (vgl. dieselben Konsonanten bei Philister und Palästina!). Die römische Bezeichnung hielt sich durch die Jahrhunderte hindurch als Name für das Gebiet südlich des Libanonmassivs zu beiden Seiten des Jordans. Von 1920 bis 1948 erhielten die Briten nach dem Sieg über das Osmanische Reich das Mandatsgebiet Palästina. Als 1948 der jüdische Staat wiedergegründet wurde, griff man auf die alte Bezeichnung Israel zurück, im wissenschaftlichen Bereich verwendete man jedoch weiterhin den Namen Palästina als Bezeichnung der gesamten Region.

Durch die politischen Entwicklungen ist dieser Name aber problematisch geworden. Der Staat Israel versteht unter diesem Namen heute die Westbank, die Palästinenser, d.h. die Nachkommen der bis zur Gründung des Staates Israel im Lande ansässigen Bevölkerung, bezeichnen damit einerseits das vor 1948 besessene Gebiet, neuerdings aber auch die autonomen Gebiete in der Westbank und im Gazastreifen. Etwas kompliziert und an rein geographischen Rahmenbedingungen ausgerichtet ist die Bezeichnung West- und Ostjordanland. Vor allem im englischsprachigen Raum wird der Pilgerbegriff HL. (Holy Land) verwendet, wobei man sich auch dabei klar machen sollte, dass das Land nie »heilig« (→ Heiliges) war. In Israel wird für das ganze Gebiet, also inklusive der besetzten Gebiete, die Bezeichnung »Eretz Israel« (»Land Israel«) im Gegensatz zum Staatsgebiet Israels verwendet; dieser Name wurde aber außerhalb Israels nicht übernommen.

Die vor allem in Deutschland in kirchlichen Kreisen verbreitete Diskussion, ob man von »Israel« oder von »Palästina« reden dürfe oder müsse, ist sich in der Regel nie der Geschichte der einzelnen Begriffe bewusst und instrumentalisiert theologische bzw. geographische Termini im Kontext einer religiös-politischen Diskussion, welches Gebiet den Juden heute zustehe. Dabei wird auch viel zu wenig bedacht, dass die biblischen Landesverheißungen (Gen 13,14–18; 15,18; 17,8) ganz unterschiedliche Territorien vor Augen hatten und jeweils an das real existierende Land zur jeweiligen Abfassungszeit der Texte (→ Bibelwissenschaft) gebunden waren. Bis zum Zionismus unter Theodor Herzl (1860–1904) gab es auch im Judentum keine besondere Hinwendung, das Land, in dem die biblischen Geschichten spielen, wieder als Heimat möglichst aller Juden zu bewohnen. [WZ]

Heilung Die H. steht in der Bibel im Zusammenhang mit dem Heil und ist, vornehmlich dort, wo sie als Wunder in Erscheinung tritt, von der rel. Vorstellung des Heils nicht zu trennen. Während das Substantiv Heil im gegenwärtigen Sprachgebrauch nur noch selten erscheint, z. B. in der Redewendung »sein H. in der Flucht suchen«, sind Zusammensetzungen nach wie vor geläufig: Unheil, Heilkunde, Heilquelle, Heilwasser, Heilanstalt, ebenso wie die Wörter heillos, heilsam und heilfroh.

In der religiösen Sprache ist Heil die deutsche Übersetzung des griechischen *soteria* (Rettung, Hilfe). Dieses stiften die Götter – z.B. der antike Heilgott Asklepios –, aber auch weltliche Herrscher. Berühmt, weil terminologisch und auch zeitlich mit der biblischen Botschaft verknüpft, ist die Kalenderinschrift von Priene, die Kaiser Augustus als Heilsbringer preist: »Die Vorsehung, die über allem Leben waltet, hat diesen Mann zum Heil der Menschen mit solchen Gaben erfüllt, dass sie ihn uns und den kommenden Geschlechtern als Heiland gesandt hat.« Noch während der Herrschaft des Nationalsozialismus dokumentierte sich in der Grußformel »Heil Hitler« die Erwartung einer besseren Zukunft durch einen Führer.

Die Bezeichnung Gottes als Retter oder Heiland (= ahd. Part. Präs. von heilen) ist im AT mit einem Absolutheitsanspruch versehen: »Ich, ich bin der Herr, und außer mir ist kein Heiland« (Jes 43,11). Wo menschliche Hilfe vergeblich ist, greift Gottes rettende Hand ein (Ps 60,13; 108,13). Zur Heilsgeschichte gehören die Erwählung des Volkes Israel, dessen Errettung aus ägyptischer Knechtschaft und aus babylonischer Gefangenschaft. Dass das »Heil von den Juden kommt« (Joh 4,22), ist ein Verständnis, das AT und NT miteinander verbindet. Die Ausschließlichkeit des Anspruchs erfährt ihre Zuspitzung in der Person Jesu Christi: »In keinem andern ist das Heil« (Apg 4,12). Dass die Alte Kirche sich als alleinige Sachwalterin des Heils verstand (Cyprian: »Außerhalb der Kirche kein Heil«), führte schon früh zu unterschiedlichen Auffassungen und Streitigkeiten über Mittel und Wege der Heilsvermittlung wie dessen Aneignung. Galt schon die Weihnachtsbotschaft der Engel »Euch ist heute der Heiland geboren« (Luk 2,11) dem ganzen Volke, so wurde in der christlichen Mission Christus als der »Welt Heiland« (Joh 4,42), als der »Heiland aller Menschen« (1 Tim 4,10) verkündet.

Diese kollektive Heilsbotschaft als Erfüllung und Vollendung menschlichen Lebens musste dabei in subjektiv-personale Bezüge umgesetzt werden, so wie es im Liedgut der Kirche festgehalten ist (EG 1: »Macht hoch die Tür, die Tor macht weit«): Der »Heiland aller Welt zugleich, der Heil und Leben mit sich bringt«, erschließt sich im Gebet und Bekenntnis als »Mein Heiland Jesu Christ, meins Herzens Tür dir offen ist«.

Dass der griech. Begriff *sozein* (retten) auch leiblich-seelische Gesundheit bezeichnen kann, belegen sprichwörtliche antike Redewendungen wie »Berichte mir über deine soteria« und nicht zuletzt Krankenheilungen Jesu (Mt 9,21; Luk 8,36), die mit diesem Wort umschrieben sind. Kranke zu heilen gehört ausdrücklich zum Auftrag, den die 70 → Jünger Jesu bei der Aussendung erhalten (Luk 10,9). Dazu gehörte untrennbar damit verbunden die Verkündigung des Reiches Gottes (ibid.), womit die H. als Selbstzweck entfällt. Die von Krankheit und Gebrechen befreiten Menschen sind gleichsam verwandelt und werden zu Zeugen göttlichen Zuspruchs. Dieser kann sich selbst bei evidenter Schwäche und Ohnmacht (1 Kor 12,9) als eine Kraft erweisen, Gott als Herrn über Leben und Tod anzuerkennen.

Sowohl in der ev. als auch kath. Kirche (Diakonie und Caritas) pflegen besondere Kranken- und Heilanstalten die Tradition der sozialen Wiedereingliederung der Patienten, eines Lebens mit Krankheit, aber eben auch in Würde. »Das Gebet des Glaubens« (Jak 5,15) ist dafür konstitutiv. Dass eine Krankheit zur »Ehre Gottes« gereichen kann (Joh 11,4), dass weder eigene Schuld noch die der Eltern dafür haftbar zu machen sind (Heilung eines Blindgeborenen, Joh 9), dass vielmehr die »Werke Gottes« an dem so Erkrankten »offenbar« werden, ist bei aller Paradoxie eine zutiefst christliche Glaubensaussage. [GB]

Hermeneutik   [griech. *hermeneúein* »aussagen« »auslegen« »erklären«] H. beschäftigt sich damit, vergangene Lebensäußerungen vornehmlich in Texten, aber auch in anderen kulturellen Phänomenen zu verstehen, d.h. Sinn abzugewinnen. Spätestens mit Abschluss des biblischen Kanons war es für das Christentum von besonderem Interesse, Mittel und Wege auszubilden, die das Verständnis der grundlegenden und maßgeblichen Texte ermöglichten. So finden sich bei nahezu allen Kirchenvätern Überlegungen dazu, wie die Bibel auszulegen sei. Insbesondere Origenes und Augustinus lieferten mit ihrer Theorie vom mehrfachen Schriftsinn die Grundlage für die allegorische Schriftauslegung.

Demgegenüber legten die Reformatoren den Schwerpunkt auf den Literalsinn und stellten als hermeneutischen Grundsatz die Regel auf, dass die

Bibel sich selbst auslege. Mit dem aufkommenden historischen Bewusstsein in der Aufklärung erwuchs durch die Einsicht in die Distanz zwischen Text und Auslegung der H. eine neue Herausforderung. Es ist von daher kein Zufall, dass zum Gründungsvater neuzeitlicher H. der Theologe Friedrich Schleiermacher wurde. Er definierte H. als eine Kunst, die nach einem ganz bestimmten psychologischen und grammatischen Regelwerk auszuüben ist und somit zu methodisch kontrollierbaren Ergebnissen in der Textauslegung gelangen konnte. An ihn knüpften gleichermaßen die philosophische und theologische H. an.

Auf philosophischer Seite weitete W. Dilthey in der zweiten Hälfte des 19. Jh. die H. zu einer Theorie des geschichtlichen Einfühlens und Nacherlebens aus und versuchte damit im Gegensatz zu den Naturwissenschaften eine Grundlegung der Geisteswissenschaften auszubilden. Über ihn ging im 20. Jh. M. Heidegger hinaus, der die Fragestellung der H. auf die Existenzanalyse und damit auf das Sich-selbst-Verstehen des Menschen in der Welt ausdehnte. H.-G. Gadamer stellte schließlich als die Hauptelemente der H. heraus, dass erstens alles Verstehen von Vorurteilen geleitet ist, die selbst zur Wirkungsgeschichte dessen gehören, was verstanden werden soll; dass zweitens Verstehen daran gebunden ist, dass sich die Horizonte des Auslegers und des Textes miteinander verschmelzen; und dass drittens Verstehen Sinn für die Gegenwart und Zukunft des Auslegers erschließt. Gerade dagegen richtet sich allerdings in der bis in die Gegenwart hineinreichenden Diskussion die Kritik an der H.

Gegen die »Wut des Verstehens« wird die Kategorie der Unbegreiflichkeit der Wirklichkeit und der Unabgeschlossenheit aller menschlicher Versuche, Sinn zu erschließen, geltend gemacht. Zudem wird auf der Ebene der Texttheorien die Allmacht des Auslegungssubjektes durch die Rezeptionsästhetik und den Dekonstruktivismus (J. Derrida) destruiert, während schließlich kulturwissenschaftlich die kulturelle Prägung des Vorverständnisses die Alleinzuständigkeit des einzelnen Auslegers aufhebt (C. Geertz, J. Assmann). Doch handelt es sich bei jenen Kritiken nicht um eine grundsätzliche Aufhebung der H., sondern um Versuche, das menschliche Grundanliegen auf je eigene Art fortzuschreiben, das darauf zielt, sich selbst und den Prozess der Geschichte zu verstehen.

Die theologische H. konzentrierte sich nach Schleiermacher auf die Frage der Bibelauslegung und auf das Verstehen der eigenen → Tradition. Schleiermachers Kunstregeln wurden mit wesentlichen Anleihen bei den Geschichtswissenschaften im 19. Jh. zur historisch-kritischen Methode ausgebaut, die darauf zielte, zu verstehen, was die Texte in ihrer Zeit aussagen wollten. Obgleich die Bibelauslegung damit wissenschaftlich größte Erfolge erzielte, blieb notwendigerweise die religiöse Dimension der Texte unterbelichtet. Dagegen richtete sich vor allem K. Barth und versuchte, den reformatorischen Gedanken der Selbstauslegung der Schrift zu erneuern, freilich um den Preis, dass nun die historische Dimension der Texte verloren zu gehen drohte. Zwischen beiden Ansätzen vermittelte R. Bultmann. Im Anschluss an Heidegger sieht er das Wesentliche der biblischen Texte darin, dass sie zum Ausdruck bringen, wie Menschen sich selbst und ihr Dasein vor Gott verstehen. Davon zu unterscheiden ist die jeweilige, oftmals mythische und für den modernen Menschen nicht mehr nachvollziehbare Ausdrucksform, die mittels historischer Kritik herausdestilliert werden kann. Alles Verstehen ist eingebunden in einen Zirkel, in dem das existentielle Vorverständnis das Verstehen selbst reguliert und zugleich im Prozess des Verstehens transformiert wird.

Die gegenwärtige Diskussion um die theologische H. ist aus inneren Gründen stark von der skizzierten Entwicklung in der Philosophie mit bestimmt. Trotz bisweilen heftiger Kritik ist dabei Bultmanns Fragestellung bis auf den Tag unüberboten. Die Frage ist, wie aus den biblischen Texten ein Verständnis erhoben werden kann, das dem Menschen eine religiöse Deutung und Interpretation seiner eigenen Lebenswirklichkeit möglich macht. Aufgabe einer theologischen H., die dem wissenschaftlichen Anspruch ihrer eigenen Tradition genügen will, wird es dabei sein müssen, diesen Verstehensprozess vor dem Abgleiten in ein unverfügbares und intersubjektiv nicht mehr vermittelbares religiöses Ereignis zu bewahren.

Es zeichnet sich ab, dass die Monopolstellung der historischen Kritik zugunsten eines Methodenpluralismus weicht. Zudem richtet sich zunehmend das Interesse auf ein Gesamtverständnis der christlichen Kulturgeschichte, da in ihr die entscheidenden Voraussetzungen zu suchen sind, die das Verstehen der christlichen Botschaft im Kontext der jeweiligen Kulturen maßgeblich prägen. [JL]

Hexenprozesse   → Inquisition

Himmel   Das biblische Weltbild geht von einer Dreiteilung aus: Dem H. mit den Wolken und den Sternen, der Erde und der Unterwelt (→ Hölle). Die Grenze zwischen H. und irdischem Bereich bildete ein von Gott geschaffenes, metallen gedachtes Firmament (Gen 1,7f.), an dem die Sterne aufgehängt waren. Andere stellten sich den H. wie ein geöffnetes Beduinenzelt vor (Jes 40,22). In vorexilischer Zeit war der H. der transzendente Wohnort Gottes.

Gewissermaßen wie eine senkrechte Achse war dieser himmlische Wohnort Gottes mit dem Jerusalemer → Tempel als irdischem Wohnort verbunden. Nach Jes 6 stellt sich diese Achse als der Körper Gottes dar, der im irdischen Heiligtum in Jerusalem thront, der aber bis in den H. hinaufreicht. Erst mit der Zerstörung des Jerusalemer Tempels 587 v.Chr. wurde der H.

zum alleinigen Wohnort Gottes (z.B. 1Kön 8,38f.; Ps 103,19; 123,1). Damit kam die Vorstellung auf, dass Gott (wohlwollend) vom H. herab auf die Erde blickt (Ps 33,13). Der H. als Wohnort Gottes war auch der Ort der frucht-barkeitsbringenden (Regen-)Wasser (Gen 8,2; Dtn 11,11 u.ö.); diese Wasser befinden sich außer im H. auch unter der Erde und treten an Quellen hervor (vgl. Gen 2,6). Damit waren sowohl die himmlischen als auch die unterirdischen Süßwasserozeane als Göttersitze positiv besetzt.

In nachexilischer und dann in ntl. Zeit wurde die Vorstellung vom H. immer stärker transzendent verstanden. Der H. wurde zum alleinigen Wohnort Gottes und seines Thronstaates (→ Engel, Engelsheer). Damit wurde er zu einem Ideal, das der irdischen Welt kontrastierend gegenübersteht. Die irdi-sche Welt steht unter der Herrschaft Satans und ist damit sündig (Röm 5,12–21 u.ö.), die himmlische Welt untersteht der Herrschaft Gottes und ist damit ein heiliger Raum. Vom kommenden Endgericht werden gleicher-maßen H. und Erde betroffen sein (Jer 4,23–28 u.ö.), danach aber wird es einen neuen H. und eine neue Erde geben, die mit den bisherigen nicht mehr vergleichbar sind.

Der H. wird nun gleichbedeutend mit dem → Paradies als einem idea-len Lebensort (Jes 65,16–25). Dieser neue H. wird am neuen Jerusalem (Offb 21,1–10) deutlich werden. Dort werden nicht mehr Menschen auf der Erde und Gott im H. wohnen, sondern die Wohnung Gottes wird mitten unter den Menschen sein (Offb 21,3), und damit wird das Heil für die Menschheit auf-gerichtet werden.

Die eschatologische (→ Eschatologie) Ausrichtung der Himmelsvor-stellung wurde bestimmend für die Hoffnung vieler Gruppierungen auf das Erreichen eines neuen »himmlischen« Daseins. Während mystische Texte die Teilnahme an der himmlischen Liturgie und damit die unmittelbare my-stisch zu erfahrende Gottesbegegnung als Ideal der Frömmigkeit (→ Spiri-tualität) stilisierten, wollten die schwarzen Sklaven in Spirituals mit der Hoffnung auf den H. das unmenschliche Leben der Gegenwart verdrängen. Populäre Vorstellungen vom H. (z.B.»im siebenten H. sein«, »H. der Bay-ern«, »in den H. kommen«) knüpfen an diese Vorbilder an, haben aber heu-te an konkreter Ausgestaltung verloren und allenfalls noch metaphorische Bedeutung. [GG/WZ]

Himmelfahrt Das → Fest der H. Christi – 40 Tage nach → Ostern – ist nicht erst seit der Debatte um die → Entmythologisierung (unmittelbar nach dem Zweiten Weltkrieg) in Verruf geraten. Bereits im 18. Jh. war es durch kirchliche Praxis und aufklärerische Kritik so sinnentleert, dass z.B. Frie-drich d. Gr. es per Dekret (1773) in Preußen abschaffen konnte, was indes sei-nen Nachfolger Friedrich Wilhelm II. (1789) nicht hinderte, es wieder ein-zusetzen.

Das kirchlich begangene Fest, erst im ausgehenden 4. Jh. belegt, geht zurück auf die im NT singuläre lukanische Erzählung in Apg 1,3ff. Das Fest diente als Korrektiv gegenüber ausufernden Berichten von Erscheinungen Jesu Christi. Wurde diesen durch die genannten 40 Tage eine zeitliche Grenze gesetzt, so galt es andererseits, die Christen an ihre diesseitigen Aufgaben zu erinnern, was symbolträchtig durch das die H. deutende Gespräch zwischen den Jüngern und Jesus zum Ausdruck kommt. Die sehnsüchtig erwartete Wiederkunft Christi war bislang ausgeblieben, und so war es verständlich, dass seine Anhänger fragten, wann endlich sie erfolgen würde. Man war verunsichert und gelähmt für das, was das Leben einem täglich abverlangte. Die Antwort Jesu bei Lukas ist eindeutig: Es gilt sich einzustellen auf eine Zeit von ungewisser Länge. Diese Botschaft wird überdies noch kommentiert von zwei Engeln:»Was schaut ihr zum Himmel?«! – d.h., richtet euren Blick auf die Gassen, auch und besonders auf diejenigen, wo das Elend zu Hause ist. Bei den Bildern der Entrückung konnte sich Lukas einerseits auf atl. Vorbilder (Mose, Elia, Jesaja) stützen, andererseits waren aber auch weite Kreise der röm. Bevölkerung – für die er schrieb – in dieser Richtung ansprechbar. Anders jedoch als bei der himmlischen Aufnahme von Herakles, Empedokles, des Stadtgründers Romulus, der Kaiser Augustus und Claudius, deren Wirksamkeit damit beendet war, übt Christus weiterhin Macht aus. Sie wird sogar intensiver und umfangreicher, womit die Legende von der H. auf aktuelle Konkretionen verweist.

Vom kirchl. Brauchtum zum Fest der H. hat sich außer den (Flur-)Prozessionen so gut wie nichts erhalten. Stattdessen zeugt die verbreitete Gewohnheit, den Tag der H. Christi als Vatertag zu begehen, von dem Versuch einer säkularisierten Umdeutung. [GB]

Hinduismus Der Name H. ist eine europäische Schöpfung, kombiniert den Flussnamen »Indus« mit dem Suffix »-ismus« als Bezeichnung bestimmter Lehrmeinung. Die »Hindu« selbst nennen ihre Religion »Ewiges Gesetz« (*Sanátana Dharma*).

Hindu sehen die verschiedensten Wege zur Erlösung aus der Seelenwanderung als gleichwertig an. Man verehrt mehrere Götter nebeneinander oder wählt einen von ihnen als göttlichen Herrn (*Íschwara*). Waíschnawa heißen Verehrer des Gottes Wischnu (»Durchdringer«). Er erhält alle Existenz, wird als gütiger, fröhlicher Gott geliebt, der die Menschen beschützt und sie erfreut. Ihm zur Seite verehrt man Lakschmi, die Göttin der Schönheit und des Glücks. Es wird überliefert, wie Wischnu, um Welt und Menschheit vor drohender Beschädigung zu bewahren, immer wieder gegen böse Feinde in »Herabkünften« (*Àwatara*) stritt, in denen er auch als Mensch erschien.

In zwei menschlichen Verkörperungen wird der Gott vor allem verehrt: als Krischna und als Rama. Dem neugeborenen Krischna, so wird berichtet, trachtete ein Usurpator nach dem Leben, als gerade vor der Königsstadt viele Hirten zusammengekommen waren. Ein Hirtenpaar rettete das göttliche Kind, indem es mit ihm entfloh, als der böse König alle Knaben gleichen Alters morden ließ. Viel besungen wird die Liebe des erwachsenen Krischna zu seiner Geliebten Radha und zu den anderen Frauen und Töchtern der Hirten, welche für die Verehrer des Gottes stehen.

Von Rama lehrt die Überlieferung, er habe, obwohl Kronprinz, viele Jahre mit seiner Frau Sita in der Wildnis verbracht. Als Dämonen Sita entführt hatten, erhielt Rama bei der Suche nach ihr Hilfe von Hanuman, dem Affengott und dessen Heer. Er gewann die Entscheidungsschlacht, verlor aber Sita für immer. Mahatma Gandhi verehrte Rama als »Hilfe der Hilflosen, als Kraft der Schwachen«.

Scháiwa heißen Verehrer des Gottes Schiwa (»der Gnädige«). Der heilige Berg Kailasch gilt als sein Wohnort, der weiße Stier Nandi als sein Gefährte. Schiwa kennt man in zweifacher Gestalt. Zum einen ist er das Vorbild der Asketen, nackt, den Körper mit Asche bedeckt, auf Leichenplätzen meditierend. Er gilt als Begründer des Yoga. Bildnisse des tanzenden Schiwa zeigen den »Furchtbaren« (*Bhairawa*), wie er die aufgebrauchte Welt in den Untergang zwingt. Zum anderen ist Schiwa als Zeugungsgott bekannt, den man in Form des Phallus (*Lingam*) verehrt und der mit Durga, seiner göttlichen Gefährtin, zur androgynen Gestalt verschmilzt. Scháiwa und Waíschnawa unterscheiden sich durch Zeichen, die man sich bei der Morgenandacht auf die Stirn malt. Das Zeichen Schiwas sind drei waagerechte Striche, das des Wischnu ist ein großes U, einer nach oben offenen Schale gleich. Ansonsten sind die Unterschiede fließend. In jedem Tempel des einen Gottes findet sich auch mindestens ein Bild des anderen.

Schakta heißen die Anhänger der Schakti, das ist die »Kraft« oder »Energie« des Gottes Schiwa, die, von ihm abgelöst, in Gestalt der »Großen Göttin« (*Máhadevi*) verehrt wird. In ihrem gütigen Aspekt ist sie Párwati (»Bergtochter« des Himalaya), in ihrem grausigen Aspekt sowohl Durga als auch Kali. Durga (die »Schwerzugängliche«) kämpft wie rasend gegen dämonische Götterfeinde, Kali (die »Schwarze«) – nach ihr ist Kalkutta benannt – empfängt vor allem blutige Opfer. Der auch in Europa als Heiliger bekannte Ramakrischna (1836–1886), von Haus aus Waíschnawa, weihte sein Leben dem Dienst der »Großen Mutter« Kali.

Adwaita (Nichtzweiheit) heißt die Lehre von Brahman und Maya. Allein wirklich sei Brahman, die Welt dagegen nur Maya, Schein, Trug, Illusion. Schankara († 820) war der große Lehrer von Adwaita auf dem Höhepunkt der Hindu-Gegenreformation, die den → Buddhismus aus Indien verdrängte. Das unpersönliche Brahman erscheint in der Welt als persönlicher Ischwara, dessen Verehrung den Menschen sehr weit, bis zur Heiligkeit bringen kann. Doch während kein Mensch Ischwara wird, kann man Brahman werden, weil Brahman in allem west, auch im Menschen. »Ich bin Brahman!«, das für sich erkannt zu haben bedeutet Erlösung.

Der Kontakt mit Briten und christlichen Missionaren brachte eine Hindu-Renaissance hervor. Man fühlte nationalistisch und übernahm zugleich, was an Christentum und westlicher Zivilisation vorbildlich schien. Eine neue Hindu-Gemeinschaft (der Brahma Samadsch) verband sich mit der unitarischen Mission, eine andere (der Arya Samadsch) sah im Christentum einen späten Spross der Hindureligion. Man trat ein für Reformen der indischen Gesellschaft und des Erziehungswesens. Die Ramakrischna-Mission kämpfte gegen Hunger und Krankheiten, gründete Hospitäler, Mädchen- und Abendschulen.

Die Mitgliedschaft in der Hindugesellschaft wird durch Geburt erlangt. Die Hindugesellschaft selbst ist in vier große Kasten (lat. *castus* »rein«) gegliedert, in Indien sagt man *Warna* (»Farbe«), welche sich ihrerseits in viele kleinere »Unterkasten« aufspalten, genannt *Oschan* (»Geburt«). Zum einen liegt dieser Gliederung eine Arbeitsteilung zugrunde, zum anderen die Vorstellung von rein und unrein. Die Priester (*Brahmanen*) opfern für sich und alle anderen, die Krieger (*Kschátriya*) regieren und beschützen die Gesellschaft, die Händler (*Waíschya*) ernähren sie, und die Diener (*Schúdra*) verrichten niedere Arbeiten. Jünglinge der drei oberen Kasten lernen die religiöse Überlieferung, was der vierten verwehrt bleibt. Damit ist die Vorstellung von der Unreinheit der Unberührbaren verbunden, zu denen auch, neben allen anderen Kastenlosen, die Fleisch verzehrenden und sich mit Alkohol berauschenden Europäer zählen.

Die unsichtbare Wirklichkeit: Menschen erleben sich in der Gegenwart. Es geht ihnen gut oder schlecht, der Inder, Hindu wie Buddhist, weiß warum. Für ihn dreht sich unablässig das Rad der Seelenwanderung, unsichtbar zwar, doch mit unübersehbaren Spuren in der Gegenwart. Jeder bekommt, was er verdient. Was ihm jetzt geschieht, ist Wirkung einer Ursache, einer eigenen Entscheidung, die er in einem früheren Dasein getroffen hat. Der Zufall wird nicht anerkannt, auch kein Sündenbock. Die persönliche ethische Verantwortung gilt absolut.

Zugleich zwingt das Gesetz der Tat (*Kárman*) den Menschen, sich zu erlösen. Wer sich in diesem Leben wie ein Schwein aufführt, muss damit rechnen, im nächsten als echtes Schwein das Licht der Welt zu erblicken. Wer in diesem Leben wie ein Heiliger handelt, kann dafür ein ganzes langes Heiligenleben erben. Was immer ein Mensch tut oder nicht tut, es lässt ihn Maus oder Elefant, Gott oder Teufel werden.

Die Verpflichtung heißt der *Dharma*, »das Gesetz« (die Wortwurzel *dhar* bedeutet »tragen«). Der Dharma trägt die Menschen sicher durchs Leben. Was zählt, ist das rechte Tun (*Kárman*), nicht ein rechter Glaube. Gottgläubige, Atheisten, Skeptiker, Agnostiker, sie alle sind Hindu, solange sie ihren

Dharma leben. Vor dem Vollzug ist er die zukommende Pflicht, im Vollzug ist er gelebte Frömmigkeit und danach gutes Karman, das die Seelenwanderung positiv beeinflussen soll. Jeder Hindu hat seinen eigenen Dharma zu erfüllen, der bestimmt wird von Kaste, Unterkaste und individuellem Streben. Man lehnt sich nicht auf gegen seine Geburt (Kaste), sondern erfüllt deren Dharma, weil dieser dem derzeitigen Entwicklungsstand der Seele entspricht und sie der Befreiung näher bringt.

Der Dharma regelt z.b., was und mit wem man essen und verkehren, wen man heiraten darf und wen man zu meiden hat. Übertretungen, gewollt oder ungewollt, werden durch Reinigungsriten getilgt, durch Baden, Abwaschen mit Urin von heiligen Kühen, durch Fasten, Wallfahrten usw. Als schlimmste Strafe gilt die Ausstoßung aus der Kaste, in die man geboren wurde. Auf der einen Seite begrenzt der Dharma die Möglichkeiten des Einzelnen, auf der anderen lässt er Raum für das Streben nach öffentlichem Ansehen und privatem Glück. Wer es wünscht und vermag, soll Wissen oder Besitz oder Macht erwerben. Genuss (*Kama*) vermitteln dem Menschen seine Sinne, im Erotischen werden sie kombiniert. Wie man sexuelle Freuden erlangt, lehren Bücher wie das *Kamasutra* oder plastische Darstellungen an Tempelwänden. Weltliches Glück ist ein von der Religion erlaubtes Lebensziel, Weltentsagung führt zur Erlösung. Das ideale Hinduleben vereint beides durch eine Gliederung der Lebenszeit.

Den ersten Teil ihres Lebens nach der Kindheit verbringen Hindu der drei oberen Kasten als Schüler. Der Vater sucht dem Sohn einen Guru, der höher gestellt wird als die Eltern. Ohne Guru, so heißt es, erlangt man keine religiöse Erkenntnis. Der Lehrer kennt die Geheimnisse des Überzeitlichen, er lehrt transzendentes Wissen, das den Schülern eine zweite, die geistige Geburt vermittelt. Durch ihren Lehrer begegnen den Schülern Gott, mithin wird der Guru vergöttert. Auf der anderen Seite übernimmt er nicht nur für sein eigenes Karman Verantwortung, sondern auch für das seiner Schüler. Den zweiten Teil seines Lebens verbringt der Hindu als Haushalter. Er hat eine Familie gegründet, genießt sinnliches Glück, macht Karriere in seinem Beruf, wird reich oder berühmt oder mächtig. Sein Dharma entlässt ihn in dieser Zeit nicht aus der religiösen Pflicht: man betet, opfert, unternimmt Wallfahrten, ernährt religiöse Bettler. Im dritten Teil eines idealen Hindulebens beginnt man loszulassen, was man bisher erworben und geschätzt hat. Schrittweise zieht man sich vom irdischen Leben zurück. Immer kürzer denkt man an weltliches Glück, immer länger an das ewige Glück der Befreiung. Allein oder von der Ehefrau begleitet, sucht der Hindu Distanz zur geschäftigen Welt. Er zieht sich zurück, lebt einfach und übt Versenkung (*Samádhi*). Der vierte und letzte Teil beginnt, wenn die Wahrheit erkannt wurde. Jetzt ist der Mensch frei. Er wird zum *Sannyásin* (»Entsagender«), der auch die letzten Bindungen an Familie und Kaste abstreift. Als heimatloser

Bettler, der nur noch Almosenschale, Wassertopf und Antilopenfell besitzt, zieht er von Wallfahrtsort zu Wallfahrtsort.

Wen es danach drängt, der kann die Stufe des Haushalters überspringen. Es gibt Mönchsorden der Waischnawa und der Schaiwa. Manche stehen nur Brahmanen offen, andere allen drei oberen Kasten, einige nehmen auch Schudra auf und sogar Kastenlose. Man lebt als Eremit oder in Gemeinschaft. Die heiligen Männer Indiens kleiden sich in rötliche, gelbe oder weiße Gewänder, einige sind bis auf einen Lendenschurz nackt, andere sind es ganz. Auf der Stirn tragen sie das Zeichen ihrer Gemeinschaft. Sie widmen ihre Zeit bestimmten Riten und der Meditation, die manche in Körperstellungen durchführen, welche mit den Jahren einen Arm oder andere Körperteile verdorren lassen. Der Geist siegt über den Leib und seine Bedürfnisse.

Mit dem Geist den Körper zu lenken, ist Ziel der Praxis des *Yoga*. Das Wort bedeutet »Anjochung«, Steuerung. Damit der Geist frei werde, zügelt man den Leib. Wie ein Wagen dem Willen seines Fahrers folgt, so soll der Leib dem Geist folgen. Der Verzicht auf Gewalt, Falschheit, Diebstahl usw. sowie Reinheit in Wollen und Taten gelten als Voraussetzung für gutes Gelingen. Man lernt, in bestimmten Körperhaltungen und mittels Atemtechnik seine Muskeln, Sehnen und Nerven zu entspannen, was in Europa das sog. »autogene Training« inspiriert hat. Entspannung erlaubt das »Abschalten«, ein Zurückziehen der Sinne, woraus Konzentration auf eine Sache entsteht, die, tiefer gehend, zur Versenkung führt und schließlich im »Überbewusstsein« (*Sarnadhi*) enden soll – in erlebter Gewissheit (nicht bloß in erlerntem Wissen): »Ich bin Brahman.«

Eine andere sich des Körpers zugunsten des Geistes bedienende Übung stellt *Tantra* (»Gewebe«, d.h. System) dar. Hierbei kommen zum Teil geheime Praktiken zur Anwendung, weil allgemein verbindliche Meidungen wie Fleisch- und Fischspeisen oder das Alkoholverbot bewusst durchbrochen werden mit dem Ziel, spirituelle Kraft zu stärken. Unter anderem wird sexuelle Erregung geweckt, um sie dann durch Konzentration auf ein *Mantra* zu stoppen, das als göttlicher Lautkörper verstanden wird, mit dem verschmilzt, wer es ununterbrochen hersagt.

Im Gegensatz zu Selbstzucht und Vergeistigung steht ein überbordendes Gefühl *Bhakti*; die leidenschaftliche Liebe zu Gott wird derart mächtig, dass sie die Liebe zu allen anderen Dingen aus dem Leben der Gläubigen verdrängt. Dieser Erlösungsweg steht allen offen, den Ungelehrten und Ungeübten, den Schudra, Kastenlosen, allen, die keinen Guru haben. Viele Frauen sind *Bhakta*. Die Seele wird »weiblich«, um die Liebe Gottes empfangen zu können. Sie, die als Erscheinungsform Gottes angesehen wird, besitzt selber nichts, das sie Gott geben könnte.

Bhaktitexte sind nicht in der Priestersprache Sanskrit verfasst, sondern in einer der indischen Alltagssprachen. Man identifiziert sich mit Radha, der

Geliebten des Gottes Krischna, wenn sie ihn herbeisehnt, wenn sie ihn empfängt und liebkost, wenn sie, von ihm getrennt, von Sehnsucht verzehrt wird.
Mit verzückten Gesichtern und strahlenden Augen besingen die Liebenden
stundenlang ihr Gefühl, das sie unwiderstehlich zu ihrem Ischwara hin-
zwingt. [HJG]

Historisch-kritische Auslegung   → Bibelwissenschaft

Hoffnung   Ein wesentlicher Grundzug des Menschseins ist es, auf die Zukunft ausgerichtet zu sein. Die Zukunft selbst ist prinzipiell offen, d.h. sie
ist trotz begründeter Prognosen und Annahmen im Grunde nicht einsehbar.
Daraus folgt, dass der Zukunft gegenüber grundsätzlich zwei Haltungen ein-
genommen werden können: eine als Zukunftshoffnung zu beschreibende
positive Grundstimmung und eine als Zukunftsangst zu charakterisierende
Sorge.

Für die H. im christlichen Sinne ist es entscheidend, dass sie sich als tra-
gende positiv gestimmte Haltung gegenüber einer Zukunft erweist, deren
Eintritt allerdings erst jenseits der Geschichte erhofft wird. H. ist damit gleichermaßen Gegenstand der theologischen Anthropologie und der Eschatologie. Im NT wird H. als Anker der Seele bezeichnet (Hebr. 6,18f.) und mit
Glaube und Liebe zur Trias christlicher Grundeinstellungen (1 Kor 13,13) zusammengefasst. Die mittelalterliche Theologie baute dieses Dreierschema
zur Lehre von den drei theologischen Tugenden aus, die im Gegensatz zu den
auf der menschlichen Natur aufbauenden Kardinaltugenden der antiken Philosophie auf die göttliche Gnadeneingießung zurückzuführen sind. Grund
der H. ist nach ntl. Auffassung die Zuverlässigkeit des göttlichen Handelns,
der mit der Auferweckung Christi die Überwindung des Todes als wirklich-
keitsbestimmender Macht vollzog.

Daran anknüpfend orientiert sich das Ziel christlicher H. auf eine aus-
stehende Vollendung, die die Fragmentarität des menschlichen Lebens und
seiner Welterfahrung überwindet. Damit geht es also bei dem christlichen
Verständnis der H. immer schon um mehr als die bloße innerweltliche Realisierung menschlicher Wünsche und Ziele. H. schafft eine innere, in
Anbetracht der Wirklichkeit geradezu paradoxe Gewissheit, die zugleich
aber die Freiheit des Christen in seinem Weltverhältnis begründet. In diesem Sinne wirkt H. als entscheidende Antriebskraft des Handelns und
ermutigt zu einem Tun, das sich um eine innergeschichtliche Umsetzung dessen bemüht, was Gegenstand christlicher H. ist und damit per se außerhalb
der geschichtlichen Vollendung liegt. Damit ist das grundsätzliche Problem
christlicher Ethik aufgeworfen, das um einen Ausgleich zwischen menschlichem Handeln in der Geschichte und Gottes eschatologischem Erlösungshandeln ringt.

Unter dem Motto der »Theologie der H.« ist vor allem der politische und soziale Gestaltungsauftrag christlicher H. in den 60er Jahren des 20.Jh. stark in den Vordergrund gerückt und wirkt von da aus nachhaltig in emanzipatorischen Richtungen der Theologie fort (→ Befreiungstheologie, → Feministische Theologie). Darin zeichnet sich ab, dass es zur Aufgabe einer gegenwärtigen Theologie der H. gehört, die Kraft der H. im Kontext individueller Lebensgeschichten zu bestimmen. [JL]

Hölle   [von indogermanisch *kel* »verbergen«] H. bezeichnet einen Raum in der Erde, ursprünglich das Grab, dann das Totenreich. Das populäre Verständnis von H. verbindet die Vorstellung einer Totenwelt mit der eines Ortes der Strafe und der Qual. Die Vorstellung einer Totenwelt ist weit verbreitet. In Ägypten ist sie besonders ausgeprägt; betreten werden kann sie nur von den Gerechten (→ Gerechtigkeit). Im griechischen Kulturraum stellte man sich eine Schattenwelt, den Hades, an den Enden der Erde vor, in der sich die Verstorbenen aufhielten (vgl. Hom, Od 11). Ihr Leben dort ist frei von Strafen und Schmerz, jedoch auch ohne Kraft und Genuss. Strafen erleiden drei große Frevler im Tartarus (Hes, Theogonie 720–735), einem Ort unter der Erde. Die Scheol des AT entspricht weitgehend dem griechischen Hades. Die Vorstellung eines Ortes der Strafe, an dem die Verstorbenen Qualen erleiden, findet sich im persischen Kulturraum; sie steht im Zusammenhang der dualistischen Struktur der zoroastrischen Religion. Die Menschen, die in den Machtbereich der bösen Gegenmacht Gottes geraten, erleiden → Böses.

Die Idee eines Strafortes verbreitet sich später weiter. Dass »böse Menschen« nach dem Tod bestraft werden, dient dem Festhalten an der Überzeugung, dass Gott das Böse vergilt angesichts der Beobachtung des dauerhaften → Glücks der Frevler, der Ungläubigen und der Bösen. Das kann aus der Perspektive der Mächtigen geschehen, z.B. in Platons Staat (625d ff.), wo wir erstmals eine ausführliche Darstellung der Höllenstrafen finden. Diese Darstellung dient der Disziplinierung der Menschen. Es kann auch aus der Perspektive einer unterlegenen Gruppe geschehen. So finden wir es z.B. in der jüdischen apokalyptischen Literatur, die damit daran festhält, dass Gott sein Volk auch dann nicht verlassen wird, wenn in der Gegenwart seine Hilfe nicht erfahrbar ist. In der apokalyptischen Literatur finden sich drei verschiedene Vorstellungen, die an alttestamentliche Ideen anknüpfen und sie umgestalten. Aus dem Tal Hinnom bei → Jerusalem, das in einer Verbindung mit der Totenwelt stand, wird die Gehenna ein Ort der Strafe (z.B. Äthiopischer Henoch 90,26; 26,4); auch die Scheol wird zum Ort der Strafe (z.B. Äthiopischer Henoch 63,10). Die alte Vorstellung von der Urflut (Abyssos), die die Welt umgibt, wird zum »Untersuchungsgefängnis« für böse Geister umgestaltet (z.B. Jub 5,6).

Im NT finden sich verschiedene H.vorstellungen. Die Gehenna mit ihrem Feuer droht z.B. dem, der seinen Nächsten »Narr« nennt (Mt 5,22; vgl. auch Mt 5,29; 18,9 u.ö.). Der reiche Mann, der den ehemals armen Lazarus um die Linderung seines Durstes bittet, befindet sich im Feuer des Hades (Lk 16,23; vgl. Mt 11,23). Der Abyssos kann als Strafort für böse Geister genannt werden (Lk 8,31; Off 9,1). Auch die Rede vom Feuer (z.B. Mt 3,12), vom Heulen und Zähneknirschen (Mt 8,12; 13,42.50 u.ö.) und vom nimmer sterbenden Wurm (Mk 9,48) zeigen Strafvorstellungen an.

In der Theologiegeschichte sind vor allem zwei Fragen diskutiert worden. Beide Fragestellungen finden sich zum ersten Mal bei Origenes: Erstens, sind die Höllenstrafen körperlich-realistisch oder psychisch-symbolisch zu verstehen? Zweitens, sind sie zeitlich begrenzt und damit erzieherisch und reinigend oder ewig? Gibt es also Menschen, die das Heil endgültig verloren haben? Im 13. Jh. ist mit der Vorstellung vom Fegefeuer eine Doppelung der Höllenvorstellung entstanden: die H. war der Ort für die ewigen, das Fegefeuer der für die zeitlich begrenzten Strafen. Die literarische Verdichtung der Höllenvorstellungen dieser Zeit ist besonders eindrücklich in Dantes »Göttlicher Komödie« in den 33 Cantos des Abschnitts »Inferno« zu finden.

Bei der Bewertung der Vorstellung der H., die unserem modernen Denken eher fremd ist, ist zu berücksichtigen, in welcher Funktion sie begegnet. Es macht einen erheblichen Unterschied, ob sie von Mächtigen dazu verwendet wird, ihren Regeln mehr Nachdruck zu verleihen, oder ob sie den Opfern dazu hilft, an ihrem Vertrauen auf Gottes Gerechtigkeit und Rettung und der Überzeugung, dass ihre Leiden nicht ungesühnt bleiben werden, festzuhalten. [GG/WZ]

Holocaust   Der Begriff stammt aus dem Angelsächsischen, wie auch seine Phonetik ausweist, die sprachliche Wurzel ist jedoch griechisch und meint: ganz verbrannt. Das Phänomen wird auch mit dem hebr. Begriff *Shoah* umschrieben. H. bezeichnet nach früheren Verfolgungen in der Antike, im Mittelalter und in der Neuzeit aufgrund eines verbreiteten Antijudaismus die systematische, staatlich zur Zeit des Dritten Reiches gelenkte Vernichtung der jüd. Bevölkerung in Deutschland und der jüd. Rasse in ganz Europa, so wie Hitler dieses Ziel öffentlich in einer Rede vor dem Reichstag im Januar 1939 propagiert hatte.

Die Wurzeln dieses – unpräzise als → Antisemitismus bezeichneten – Antijudaismus liegen nur zum Teil in unbewältigten politischen, gesellschaftlichen und wirtschaftlichen Problemen der Weimarer Republik, sondern reichen viel länger zurück. Hinzu kommt Neid, der sich an den Erfolgen anderer, in diesem Falle der Juden entzündet. Auch autobiografische Reminiszenzen sind hierbei, was Hitler betrifft, zu erwähnen.

1933 lebten in Deutschland ca. 500 000 Juden, die als Makler, Bankiers, Ärzte, Anwälte und Künstler überproportional einflussreich in der Gesellschaft vertreten waren. Sie bildeten indes keinen einheitlichen Bevölkerungsteil, nicht einmal in religiöser Hinsicht. Sie waren konservativ, orthodox, liberal oder auch indifferent. Die Diskriminierung begann bereits im Jahr der sog. Machtergreifung (1933), als auf legalem, allerdings keinen Rechtsnormen mehr unterworfenem Wege Gesetze z.B. zur Wiederherstellung des Berufsbeamtentums, gegen Überfüllung der Schulen und Hochschulen erlassen wurden. Sie bewahrten nur äußerlich den Schein des Rechts. Die sog. Nürnberger Gesetze von 1935 degradierten die Juden bereits offen zu Menschen 2. Klasse, indem sie die»Reichsbürgerschaft« und den»Schutz des deutschen Blutes und der deutschen Ehre« regelten. In den Jahren darauf folgten weitere Restriktionen. In der sog. Reichskristallnacht – einer der Sache nach unangemessenen Bezeichnung für diese *Reichspogromnacht* – wurden am 9. November 1938 nicht nur über 100 Synagogen und Gebetshäuser, sondern auch ca. 7500 Geschäfte zerstört. Dafür vorgesehene Versicherungssummen wurden beschlagnahmt. In Verkehrung der Verhältnisse wurde dazu den Juden ein Bußgeld von 1,12 Milliarden Reichsmark auferlegt. Misshandlungen, Inhaftierungen nahmen zu. Verzweifelt wählten viele Juden den Freitod. Spätestens seit 1938 waren die in Deutschland verbliebenen Juden völlig entrechtet.

Tausende emigrierten in die Nachbarländer, obwohl dort, z.B. in der Schweiz, in Frankreich, in Belgien, sehr bald restriktive Einwanderungsgesetze erlassen wurden. Annähernd 50 000 Flüchtlinge fanden Aufnahme in Palästina, in den USA ca. 130 000, obwohl die Auswanderung in diese Länder mit größten Risiken verbunden war. Im Herbst 1941 wurde sie ganz verboten. Alle Juden in Deutschland mussten seitdem einen gelben Stern auf ihrer Kleidung tragen. Ausgeh- und Einkaufsverbote, die Konfiszierung von Autos, selbst von Radios und Telefonapparaten wurde legalisiert, ebenso wie z.B. das Verbot, Haustiere zu halten. Jüd. Ärzte, die noch praktizieren durften, versorgten als sog. Krankenbehandler ausschließlich Juden. Alle Juden lebten ungeschützt und ohne Recht.

Mit der Eroberung großer Gebiete während des Krieges in Osteuropa begann die Politik der Massenkonzentration von Juden. In Polen, Litauen, Estland, Lettland und Russland entstanden *Gettos* und *Konzentrationslager*. In ihnen lebten und starben Tausende von Juden unter unmenschlichen Bedingungen. Sie waren»Vorhöfe der Hölle« (W. Benz).

Gab es anfangs noch Pläne, Juden massenweise etwa nach Madagaskar bzw. Guyana zu deportieren, so erwies sich dies jedoch bald als undurchführbar. Dafür wurde nun die»Endlösung« in die Tat umgesetzt, d.h. der systematische Völkermord.»Dieses Volk«, so erklärte der Reichsführer der SS Heinrich Himmler 1943, sollte»von der Erde verschwinden.« Die Namen der großen Vernichtungslager von Auschwitz, Majdanek, Belzek, Sobibor, Treblinka und viele andere gelten seitdem als unauslöschliche Chiffren der Unmenschlichkeit. Das Leiden und Sterben der dort ermordeten Menschen, zu denen außer Juden auch Zigeuner, Kommunisten, Sozialisten, Dissidenten u.a. gehörten, übersteigt menschliche Vorstellungskraft. Über sechs Millionen Menschen fielen dem H. zum Opfer.

Nach der Befreiung der Konzentrations- und Vernichtungslager durch die alliierten Siegermächte wurde das volle Ausmaß der Unmenschlichkeit offenbar. Die Frage, wie weit die deutsche Bevölkerung während des Krieges davon gewusst hat, wird kontrovers beantwortet. Sie ist auch differenzierter zu stellen – etwa, ob diejenigen, die Informationen hatten, darüber sprachen, handeln, helfen konnten und wollten. Selbst die Haltung der großen Kirchen erscheint zwiespältig. Trotz vieler Einzeldokumente, die nach dem Krieg den Wahrheitsbeweis lieferten, blieb das Problem lange Zeit verdrängt. Auch war die Verfolgung und Verurteilung von Tätern durch die Justiz eher zögerlich. Aus dem »Selbstschutz« während des Krieges wurde danach die »Lebenslüge einer Generation« (W. Benz). Erst mit dem mehrteiligen amerikanischen H.-Film, den das deutsche Fernsehen Ende der 70er Jahre ausstrahlte, wurde die Diskussion auf breiterer Ebene entfacht.

Für die Theologie stellt sich angesichts dieser Problematik die Frage nach Schuld und Sühne ebenso wie die der Theodizee, der Rechtfertigung Gottes angesichts derartiger Verbrechen. Auch bedarf das Verhältnis von Juden- und Christentum besonderer Aufmerksamkeit. Diesen Zusammenhang vermitteln die Gedenkstätten Yad Vashem bei Jerusalem (1953), in Berlin (2004/2005) sowie in Paris (2005). [GB]

Homiletik [griech. *homilein* »miteinander reden«] Ausdruck für die Theorie der Predigt wie auch allgemein der Verkündigung in kirchlicher Rede. Die H. gilt dabei als Disziplin der → Praktischen Theologie. Als *Homilie* wird die spezielle Form der Predigt bezeichnet, die sich – im Unterschied etwa zur Themenpredigt – als direkte Auslegung unmittelbar an einen Bibeltext anlehnt. Von Predigt wird dann gesprochen, wenn eine dazu berufene Person in öffentlicher Rede das Evangelium für eine versammelte Gemeinde auslegt. Predigt ist deshalb immer personale Kommunikation, sie gilt als aktualisierte Fortsetzung des Heilshandelns Gottes und als Ausdruck seiner lebendigen Gegenwart. Als »Signum der Selbstmitteilung Gottes« (W. Engemann) ist die Predigt auch nicht als Unterweisung bzw. als Lehre zu verstehen, sondern als Selbstoffenbarung Gottes. In diesem Sinne beschäftigt sich die H. mit dem Verhältnis zwischen der predigenden Person, der Auslegung des Bibeltextes und der Gemeinde, die als Leib Christi das Geschehen der Predigt trägt. Die H. als Teil der Praktischen Theologie hat sich somit nicht nur um das »Wie« der Predigt zu kümmern (H. als Hermeneutik und

Rhetorik), sondern darüber hinaus auch um das »Warum« (Theologie der Predigt).

Obwohl die Probleme der Verkündigung alt sind und im Kern auf die biblischen Schriften zurückgehen, tritt der Begriff H. doch erst im 17. Jh. in Erscheinung (W. Leyser, *Cursus homileticus*, 1649). Ausschlaggebend für die Entwicklung der H. als Methode sind zum einen der Humanismus mit seinem Interesse an den Originalsprachen der Bibel, die Bibelübersetzungen selbst und das Schriftprinzip der Reformatoren (*sola scriptura*), zum anderen die sich daran anschließende Methode der historisch-kritischen Exegese (→ Bibelwissenschaft).

Das in der H. systematisierte historische Bewusstsein im Umgang mit den Texten ersetzte die seit Origenes geläufige »geistliche« Auslegung der Bibel und den sich darauf aufbauenden vierfachen Schriftsinn: Literalsinn (wörtlich-historisch), allegorischer Sinn (dogmatisch-theologisch), tropologischer Sinn (moraltheologisch), anagogischer Sinn (hoffnungsstiftend). Für Luther ist es Aufgabe der Predigt, »zum Glauben zu locken und zu reizen, den Glauben zu schaffen und zu kräftigen«. Die H. unterscheidet sich u.a. darin von der Rhetorik des Mittelalters, dass sie den Charakter des Miteinanders, des offenen und ehrlichen Gesprächs innerhalb der Gemeindeglieder in den Vordergrund stellt.

Mit Schleiermacher und dem durch ihn ausgearbeiteten hermeneutischen Verfahren (→ Hermeneutik) wird für die H. das Problem virulent, einerseits die Bibeltexte nur aus ihrem jeweiligen historischen Umfeld verstehen zu können, andererseits aber für die gegenwärtige Auslegung eine neue Aktualität erfassen zu müssen. Wenn der historische Text in die alltägliche Wirklichkeit der Gemeinde eingebunden werden soll, um dort zu existentiellen Grunderfahrungen zu führen, müssen sprachwissenschaftliche Ansätze ebenso an Bedeutung gewinnen wie die Berücksichtigung der konkreten Gemeindesituation, in der die Predigt überhaupt erst zu einem lebendigen Verkündigungsgeschehen wird.

Dass die Sprache derzeit als eines der gravierendsten Probleme der Kirchen empfunden wird, lässt sich schon daran ablesen, inwieweit Redewendungen wie »Sprache Kanaans«, »er spricht wie ein Pfarrer«, »Moralpredigt«, »Kanzelton« eindeutig negativ belegt sind. Insofern wundert es nicht, wenn homiletische Ansätze seit den 60er Jahren des 20.Jh. sich vor allem mit dem Sprachereignis beschäftigen: Predigt als Rede (G. Otto), als Gespräch (M. v. Kriegstein, W. Jetter), als Dialog (W. J. Hollenweger), als Handlung (H. Luther), als transaktionales Ereignis (W. Engemann). Neben diesen Ansätzen haben Deutungen der Predigt Aufmerksamkeit erhalten, bei denen der liturgische Kontext besondere Berücksichtigung findet, so z.B. als tiefenpsychologisches Ereignis (O. Haendler) und als Kunstwerk (E. Garhammer, H. G. Schöttler). Die politischen Predigten (D. Sölle, K. Marti, H.

Gollwitzer) stellen demgegenüber die Person des Predigers wie auch die soziale Situation der Gemeinde in den Vordergrund.

Gerade dieser politische Anspruch hat immer wieder zu Irritationen geführt, wenn etwa amtierende Politiker als Prediger auf die Kanzel steigen. Das allgemeine Priestertum aller Gläubigen bzw. aller Getauften legitimiert in der Tat die Glieder der Gemeinde prinzipiell dazu, das Evangelium auszulegen, bezieht sich dabei aber in erster Linie auf die Mündigkeit des Christen, die sich in der täglichen Bibelauslegung bzw. der häuslichen Andacht manifestiert. Davon zu unterscheiden ist der spezielle Predigtauftrag, der an ein spezielles Amt gebunden ist, das wiederum von der Gemeinde vergeben wird. In diesem Sinne ist Art. XIV der *Confessio Augustana* zu deuten:»Niemand soll in der Kirchen öffentlich lehren oder predigen oder Sakrament reichen ohne ordentlichen Beruf.« Die in der jüngsten Vergangenheit von sich Reden machenden Politikerpredigten (Thüringer Kanzelstreit) können sich insofern nicht auf ein allgemeines Priestertum berufen. Problematisch bleibt indes die Bestimmung des Öffentlichen, da die Grenze zwischen öffentlicher Predigt und Bibelauslegung in der Hausandacht bzw. im Bibelkreis mitunter fließend ist. [MV]

Homosexualität   [griech. *homos* »gleich«, lat. *sexus* »Geschlecht«] Die Diskussion über die theologische Einschätzung der H. ist nicht sehr alt. Erst in Folge der Strafrechtsreform von 1969, in deren Zuge die §§ 175 und 175a aufgehoben und damit die gleichgeschlechtliche Liebe nicht mehr allgemein unter Strafe gestellt war, begann eine Debatte um die Stellungnahme der Kirchen zur H. und zu den Homosexuellen. Diese Auseinandersetzung ist einerseits geprägt durch die Gegenüberstellung von allgemeingültigen moralischen Normen und der seelsorgerlichen Zuwendung zum einzelnen Menschen, andererseits reagiert sie auf ein verändertes soziales Umfeld, in dem die Institution der → Ehe selbst in die Diskussion geraten ist und alternative Lebens- wie Gemeinschaftsformen um Anerkennung oder zumindest um Toleranz werben. Theologisch wird die Beurteilung dadurch erschwert, dass im AT homosexuelle Handlungen zwar eindeutig verurteilt und sogar unter Todesstrafe gestellt werden, dieses jedoch nur in einem Kontext, der über die rein sexuellen Aspekte hinausgeht: Während in der Erzählung von Sodom und Gomorrha (Gen 19), die immer wieder als biblisches Zeugnis zur Einschätzung der H. herangezogen wird, vor allem der Versuch einer Vergewaltigung und die Unantastbarkeit der Gastfreundschaft im Vordergrund stehen, so ist die levitische Gesetzgebung (Lev 18,22; 20,13) unzweifelhaft an religionsgeschichtliche Zusammenhänge gebunden, durch die die H. bzw. die Ächtung der H. nicht von der Abgrenzung von heidnischen Kultpraktiken zu trennen ist. Insofern ist der Rückgriff speziell auf Gen 19 zur theologischen Argumentation zumindest interpretationsbedürftig.

Auffallend mag sein, dass im AT im Prinzip nur von gleichgeschlechtlichen Beziehungen zwischen Männern die Rede ist. In dieser Hinsicht geht
Paulus (Röm 1,26 f.) tatsächlich über die atl. Tradition hinaus, indem er sich
prinzipiell gegen eine »widernatürliche« Sexualität bei Männern wie bei
Frauen wendet, also nicht nur die Zeugungsfähigkeit des Mannes als göttliche Kraft im Blickfeld hat.

Dabei geht Paulus auf die H. nicht in dem Sinne ein, dass er sie nach
Maßgabe des auf kultische Regelungen zurückgehenden Rechts verbietet,
sondern eine eigentliche sexualethische Perspektive eröffnet, indem er die H.
als Laster deutet, das im allgemeinen Zusammenhang mit einer Verwahrlo-
sung der Sitten und der Verantwortungslosigkeit der Menschen steht. So benennt Paulus die H. vor allem im Zusammenhang mit dem Ehebruch und der
– im hellenistischen Bereich verbreiteten – Knabenliebe (Päderastie; 1Kor
6,9), stellt dieses Verhalten als »unvernünftig, treulos, lieblos, unbarmher-
zig« (Röm 1,31) heraus und kritisiert damit in erster Linie eine Form der Sexualität, die nicht an eine verantwortungsbewusste Lebensbeziehung gebunden ist.

In der gegenwärtigen Diskussion geht es vor allem darum, nicht nur die
H., sondern auch die heterosexuellen Beziehungen als Formen des menschlichen Miteinanders zu deuten, das eben nicht in der Arterhaltung aufgeht.
Gesichtspunkte wie Liebe, Treue und Geborgenheit werden dem Kriterium
der Fortpflanzung zumindest gleichrangig an die Seite gestellt, wodurch
auch homosexuelle Beziehungen zwangsläufig in einem anderen Licht gesehen werden müssen. [MV]

Humanismus Unter H. wird im allgemeinen jene geistige Bewegung des
Mittelalters begriffen, die im 14. Jh. in Italien (Francesco Petrarca, 1304 bis
1374) begann, in der sich die verschiedensten Wissenschaften und Künste an
der wieder zu entdeckenden Antike (Renaissance) orientierten. Sie hat sich
im 15. und 16. Jh. in ganz Europa verbreitet, mit z.T. besonderen nationalen
Eigenheiten. Besonders auffällig ist die Konzentration auf das Individuum.
Indem die Humanisten alte Sprachen fördern, in alten Quellen forschen, sich
gegen kirchliche Missbräuche wenden, die scholastische Philosophie kritisieren und sich der Buchdruckerkunst bedienen, werden sie zu Vorläufern der
Reformation. Der Begriff selbst begegnet erst im beginnenden 19. Jh. (F.J.
Niethammer 1808) und bezeichnet ein pädagogisches Ziel. W. v. Humboldt
sah in der gymnasialen Ausbildung zu den *humaniora* das Privileg der gebildeten Oberschicht (humanistisches Gymnasium) und wusste sich damit in
Übereinstimmung mit dem spätrömischen Erbe. Das griech. Verständnis von
paideia und *philanthropia* voraussetzend, unterschied Cicero (*De officiis, De
re publica*) den durch *humanitas* gekennzeichneten Menschen vom Tier und
von der Masse der Ungebildeten. Entsprechend war das Studium der *artes li-*

berales, das fortan im abendländischen Bildungsprogramm einen festen
Platz einnahm, nur dem Freien möglich, dem, der es sich leisten konnte. Humanität galt als deren Ziel. In der frühchristlichen Theologie geriet der antike H. in Spannung zu einem Glauben, der den Menschen in Abhängigkeit
von Gott sah, wonach in Christus »alle Schätze der Weisheit und Erkenntnis verborgen« lagen (Kol 2,3). Auch wenn der Begriff in der patristischen
Literatur weiter verwandt wurde, änderte sich doch weitgehend seine Bedeutung. Anstelle des sich selbst verwirklichenden, sich selbst Gesetze gebenden (autonomen) Menschen trat ein solcher, der sich in christlichen Tugenden wie Caritas und Misericordia übte. Diese Begriffe interpretierten
dann auch das Humanum. Im ausgehenden 18. Jh. hat Herder den Begriff
im Einzelnen expliziert (Briefe zur Beförderung der Humanität, 1793/94)
und in der evangelischen Theologie heimisch gemacht, dabei aber nicht verhindern können, dass darunter – beginnend in der Weimarer Klassik – fortan
ein realitätsfremdes Ideal verstanden wurde, das den politischen Menschen
ausklammerte. Das Entstehen von Realschulen, Technischen Hochschulen
etc. im 19. Jh. zeigt dann auch, wie brüchig diese Konzeption war.

In der nach beiden Weltkriegen jeweils einsetzenden Kulturkritik wurde das Versagen des H. gebrandmarkt. Von der »Tragödie des H.« (H.Weinstock), von »Humanitätsduselei« war die Rede. Besonders in der Literatur
unmittelbar nach Ende des Zweiten Weltkrieges wurde der sog. christliche H.
z.T. einer fundamentalen Kritik unterzogen, wie beispielhaft an den Werken
Wolfgang Borcherts und Reinhold Schneiders deutlich wird. Dessen ungeachtet ließ sich der Begriff weder aus der Wertskala abendländischen Denkens noch aus der politischen und theologisch-philosophischen Diskussion
tilgen. Auf diesem Hintergrund sind entsprechend die Neuansätze zu begreifen, die einen areligiösen H. (Existentialismus) oder einen allgemeinen,
realen, herrschaftsfreien (Kommunismus) propagierten. Auch ist die Erklärung der → Menschenrechte (1948) ohne Rückgriff auf ein zumindest in
theoretischer Hinsicht konsensstiftendes Humanitätsideal kaum denkbar.

In der ev. Theologie war man ebenso um eine Klärung wie auch Rettung
des Begriffes und der Sache bemüht. Sowohl P. Tillich als auch K. Barth bekannten in Einmütigkeit, dass die Religion als solche die Degeneration und
Perversion der Humanität nicht nur nicht habe verhindern können, sondern
dieser sogar Vorschub geleistet habe. Die konkrete Humanität sei geradezu
im Namen der Religion geopfert worden. Der im NT (Tit 3,4) einmalig begegnende Begriff der *philanthropia* – in der Vulgata als *humanitas* wiedergegeben und in der Zürcher Bibel als »Menschenliebe« übersetzt – verweist
bereits auf spätere dogmatische Formulierungen (Chalkedon, 451: wahrer
Gott und wahrer Mensch). Luthers Anthropologie gewinnt ihre Prägnanz aus
der These, dass der Mensch nur durch Leiden und Kreuz zur Erkenntnis seiner selbst komme. Als elender Sünder werde er mit der Wahrheit über sich

selbst konfrontiert und erfahre auf diese Weise, was es heißt, auf Gottes Gnade angewiesen zu sein. Mit Nachdruck und wiederholt hat Barth betont, dass es für die Gegenwart kein klassisches Humanitätsideal neu zu beleben oder gar ein neues zu entdecken gelte. Vielmehr müsse man den »menschenfreundlichen Gott der christlichen Botschaft« verkünden, der »in einer sehr bestimmten geschichtlichen Gestalt« existiere. Es gibt »keine Humanität außerhalb der Humanität Jesu Christi«. Nur so lasse sich der Gefahr begegnen, dass der Mensch zum Herren-, Über-, Unter- und Unmenschen degeneriere.

War in der kath. Theologie die Humanitätsidee lange Zeit kein zentrales Thema – eben wegen ihrer emanzipatorischen, d.h. nicht kirchenintegrierenden Funktion –, so wird zunehmend ein neues, auf dem christlichen Menschenbild basierendes Verständnis und dies besonders seit dem II. Vatikanum (Dekret »Gaudium et spes«) rezipiert. Ein christlich motivierter und gegenüber dem traditionellen Verständnis als »gebrochen« apostrophierter H., der zudem seine politische Dimension wahrnimmt, könnte auch den Kirchen im Konzert der Stimmen Gehör verschaffen. [GB]

Ikonographie I. beschäftigt sich mit der Beschreibung von Bildern, ihren Motiven sowie deren Geschichte. Inhaltlich und sachlich verwandt ist die vor allem von Erich Panofsky geförderte Ikonologie, die sich über die Beschreibungsebene hinaus mit der geistesgeschichtlichen Grundlage für die Ausgestaltung bestimmter Motiv(-komplexe) bemüht. Häufig (so auch hier) wird aber unter dem allgemeineren Begriff I. auch die Ikonologie subsumiert. Im Kontext der → Bibelwissenschaft beschäftigt sich die I. einerseits mit der Kunst des Alten Orients bzw. der Kultur der Mittelmeerwelt und deren Bezügen zu biblischen Inhalten und Motiven, andererseits mit der Umsetzung biblischer Themen in der Kunst.

Die archäologische und die exegetische Forschung haben herausgearbeitet, dass das → Bilderverbot in seiner vollen Ausgestaltung erst in nachexilischer Zeit in Israel bestand. Bilder, auch Darstellungen von verschiedenen Gottheiten (mit Ausnahme von → JHWH), waren in Palästina in vorexilischer Zeit eine Selbstverständlichkeit und auch später noch weit verbreitet. Im Gegensatz zu Mesopotamien und Ägypten, wo sich Kunst in großem Maßstab ausbilden konnte, ist die materielle Hinterlassenschaft aus Palästina allerdings wesentlich geringer. Neben einigen wenigen Bildern und Plastiken haben sich vor allem Siegel und Amulette, seit der Perserzeit auch Münzen, als Bildträger erhalten, die oft Motive en miniature wiedergeben, die aus den Nachbarländern in größerem Maßstab erhalten geblieben sind. Die materielle Kultur Palästinas und die hinter ihr stehenden (vorwiegend religiösen) Vorstellungen zeigen somit große Ähnlichkeiten zur Kultur der Umwelt. Vielfältig haben sich bildliche Vorstellungen in biblischen Texten niedergeschlagen (z.B. Jes 6; Ez 1; Sach 4). Durch einen Vergleich eines Bildmotivs über einen längeren Zeitraum hinweg lässt sich dessen inhaltliche Veränderung (z.B. beim Stiermotiv die Veränderung vom Fruchtbarkeits- zum Kampfsymbol) beobachten. Besondere Beachtung hat die I. in den letzten Jahrzehnten im Rahmen der Religionsgeschichte gefunden, da sie die tatsächlichen Vorstellungen der Bevölkerung widerspiegelt und nicht, wie die biblischen Texte, die religiösen Forderungen einer Elite. Erst die gemeinsame Beachtung von Bildern und Texten erlaubt es, die religiösen Vorstellungen der Menschen in Palästina angemessen und historisch zutreffend zu skizzieren.

Schon früh (z.B. in der Sarkophag- und in der Katakombenkunst, später vor allem in der Buchmalerei und in der künstlerischen Ausgestaltung von religiösen Bauten) wurden alt- und neutestamentliche Themen, später auch Episoden der Kirchengeschichte bildlich umgesetzt. Heilige wurden mit besonderen Attributen verbunden (z.B. Petrus mit dem Schlüssel, die Evangelisten mit Symbolen aus Offb 4,7). Die künstlerische Umsetzung biblischer Themen erschloss neue Möglichkeiten der Interpretation, indem z.B. Christus nun als Weltenherrscher dargestellt wurde. Für die künstlerische

Umsetzung wurden im christlichen Bereich Motive aus der Umwelt aufgegriffen, die oft schon vorher verwendet worden waren und bestimmte Bedeutungsinhalte transportierten. So findet sich z.b. das Motiv der thronenden Maria mit Christus auf dem Schoß auch in ägyptischen Isis-Szenen. Ebenso wie Isis im Osiris-Mythos als treue Göttin verstanden wird, die ihrem verstorbenen Mann nachtrauert, dann von diesem in einer geheimnisvollen Empfängnis geschwängert wird und sich schließlich liebevoll um ihren Sohn kümmert, so wird im christlichen Kontext mit derselben Bildkonstellation die Liebe Marias zu ihrem Sohn, den sie ebenfalls übernatürlich empfangen hat (Jungfrauengeburt), ausgedrückt.

Die bildliche Darstellung biblischer Szenen auf Altären oder in Büchern (vgl. die sog. *biblia pauperum*) war oft eine wichtige Quelle neben der mündlichen Überlieferung, um die weitgehend des Lesens unkundige Bevölkerung mit der Botschaft der Bibel vertraut zu machen. Wie im Alten Orient, so ändern sich auch im Verlauf der Kirchengeschichte aufgrund theologischer oder sonstiger Reflexionen die konkreten Ausgestaltungen der Motivik. Diese sind immer auch vom Zeitgeist und der individuellen Sichtweise des Künstlers abhängig, auch wenn sich die Künstler oft jahrhundertealter Chiffren und Motive bei der konkreten Umsetzung bedienen, um ihre Bilder verständlich zu machen. [WZ]

Inkarnation   Inkarnation bedeutet Fleischwerdung und bezeichnet die Erscheinung göttlicher Wesen in Menschengestalt. In der christlichen Tradition versteht man unter I. die Menschwerdung Gottes in Jesus Christus. Ausgangspunkt der I.lehre sind ntl. Texte wie Phil 2,7 und Joh 1,14, die von der Menschwerdung des präexistenten Gottessohnes sprechen. Die I.theologie ist damit gegenüber einer sog. adoptianistischen → Christologie, der zufolge Jesus zunächst bloßer Mensch war, bevor er bei seiner Taufe von Gott als Sohn angenommen wurde (Mk 1,1; Röm 1,3f.), vom Glauben an die himmlische Präexistenz des Gottessohnes geprägt. Auf der anderen Seite betont die Inkarnationsvorstellung gegenüber einem als Doketismus bezeichneten christologischen Konzept, das aus einem einseitigen Interesse an der Göttlichkeit Jesu Christi von dessen nur scheinbarer Menschwerdung ausging, das tatsächliche Eingehen des Gottessohnes in die menschliche Seinsweise. Besondere Bedeutung kommt dabei im 2. Jh. Ignatius von Antiochien und Irenäus von Lyon zu, von denen die Heilsfolgen der Menschwerdung Gottes in Jesus Christus eindringlich hervorgehoben werden. In der Folgezeit wird die Inkarnationstheologie unter Anknüpfung an philosophische Denkmuster konsequent weiterentwickelt und ausgebaut. Athanasius von Alexandrien rückt im 4. Jh. die von → Kreuz und → Auferstehung her als Erlösung gedeutete I. in das Zentrum seiner Theologie und stellt heraus, dass der Gottessohn Mensch geworden ist, um die von Gott abgefallenen Geschöpfe zur

Gemeinschaft mit Gott zurückzuführen und ihnen das ewige Leben zu gewähren. Gleichzeitig betont er die Wesenseinheit des inkarnierten → Logos mit Gott, wie sie im christologischen → Bekenntnis von Nicäa zum Dogma wird.

Im 5. Jh. entbrennt zwischen Monophysiten und Dyophysiten ein Streit darüber, ob im Zuge der I. Jesu Christi die menschliche Natur von der göttlichen Natur bis zur Unkenntlichkeit aufgesogen wird oder der Fleisch gewordene Gottessohn sowohl über eine göttliche wie auch eine menschliche Natur verfügt. Das Glaubensbekenntnis von Chalkedon schreibt eine Zwei-Naturen-Lehre fest, der zufolge der göttliche Logos in Jesus Christus vollständige menschliche Gestalt angenommen hat, ohne sich mit ihr naturhaft zu vereinen oder zu vermischen. Auch die Theologie des Mittelalters ist zutiefst vom Lobpreis des Geheimnisses der I. geprägt, die als Ausdruck des souveränen Gnadenhandelns Gottes gilt. Vor allem Anselm von Canterbury mit seiner sog. Satisfaktionslehre, in der die I. als Weg Gottes zur Versöhnung der Menschheit verstanden wird, erweist sich als bedeutsam. Während die altkirchliche und die mittelalterliche Christologie im Rahmen der Inkarnationslehre dazu neigte, die göttliche Natur Jesu Christi zu überhöhen, wurde im theologischen Denken der Neuzeit zunehmend dessen menschliche Natur betont und das Dogma von der Menschwerdung des transzendenten Gottes bis hin zur Ablehnung der Inkarnationslehre in den Hintergrund gedrängt. Demgegenüber kam es in der protestantischen Theologie des 20. Jh. vor allem bei Karl Barth zu einer Rückbesinnung auf die Inkarnationsvorstellung, indem die Wirklichkeit der Menschwerdung des Wortes betont und als Inbegriff des Schöpfungshandelns Gottes verstanden wird. [BK]

Inquisition   [lat. »Untersuchung«]. Die I. ist die institutionalisierte Bekämpfung der gegen die Rechtgläubigkeit verstoßenden → Ketzer durch eine kirchliche Gerichtsbarkeit. Während es schon seit der frühen Kirche immer wieder zu einzelnen Verfolgungen sog. Häretiker (→ Häresie) gekommen war, begründete Papst Gregor IX. die päpstliche I. als kirchliche Behörde. Damit wurde die Auseinandersetzung mit Glaubenskonflikten aus der Zuständigkeit der Bischöfe genommen und in eine zentrale und daher besonders wirksame Eigenmacht übertragen. Ausschlaggebend für diese Maßnahme war dabei der Kampf der Kirche gegen die gnostischen Strömungen der Katharer und Waldenser. Mittel der I. waren zunächst die Zensur verdächtiger Bücher und die öffentliche Warnung an die Bevölkerung, sich nicht nur von häretischem Gedankengut fern zu halten, sondern auch entsprechende Ketzer der Kirche anzuzeigen. Das Inquisitionsverfahren entstand deshalb nicht selten auf der Grundlage von Denunziation. Eine Verteidigung war im Verfahren selbst nicht zugelassen, und seit Innozenz IV. (1252) wurde auch das Mittel der Folter zur Überführung als rechtmäßig anerkannt.

Theologisch wurde diese Härte des Verfahrens jenseits aller Maßstäbe von Nächstenliebe und göttlicher Gnade dadurch gerechtfertigt, dass die Häresie selbst als Wirken des Teufels deklariert wurde, so dass die Vertreter der I. auch damit argumentieren konnten, die Seelen der Betroffenen vor ihrem eigenen teuflischen Wirken zu retten.

Für die Bestrafung musste die I. auf eine enge Kooperation mit der staatlichen Gewalt setzen. So waren zwar in minder schweren Fällen noch kirchliche Strafen wie Bußgänge, Wallfahrten und Geldstrafen vorgesehen, aber bei schwereren Befunden musste der Delinquent an die weltliche Macht übergeben werden. Die Könige Ludwig IX. und Friedrich II. hatten für den Tatbestand der Häresie die Todesstrafe auf dem Scheiterhaufen eingeführt, die all jene traf, die von ihrem Standpunkt nicht abrücken wollten, für reuige Ketzer war lebenslange Haft vorgesehen. Das konfizierte Geld floss dabei in der Regel in die Kasse des Staates. Die Ausführung der Todesstrafe auf dem Scheiterhaufen hatte indes eine besondere Bedeutung: Die vollständige Zerstörung des Körpers sollte dafür Sorge tragen, dass der Hingerichtete auch am jüngsten Tage von der → Auferstehung ausgeschlossen blieb. Auch wenn die Interessenübereinstimmung zwischen kirchlicher und weltlicher Macht eine Grundsäule der I. war, wurde diese vornehmlich doch durch die Dominikaner und Franziskaner getragen.

Der Gedanke eines Paktes zwischen den Ketzern und dem Teufel wirkte sich auch auf die seit dem 14. Jh. entfachte »Hexenhysterie« aus. Auch bei der Hexenverfolgung wirkten – wie schon in der I. – weltliche und kirchliche Macht zusammen, um in Massenverfahren vor allem Frauen, die der Magie und des Paktes mit dem Teufel verdächtigt wurden, auf dem Scheiterhaufen hinzurichten. Theoretisches Fundament für diese Hexenprozesse lieferte der sog. »Hexenhammer« (*Malleus maleficarum*, Straßburg 1487), der von den beiden der I. verpflichteten Dominikanern Heinrich Institoris und Jakob Sprenger veröffentlicht worden war. Bis in das 17. Jh. hinein galt der »Hexenhammer« als Rechtsgrundlage für Verfahren. Als einer der führenden Gegner der Hexenprozesse trat der Jesuit Friedrich Spee von Langenfeld (1591–1635) auf, der in einem anonym veröffentlichten Buch (*Cautio criminalis*) die Praxis der Prozesse heftig kritisierte.

In Deutschland und in den Niederlanden verlor die I. durch die Reformation an Bedeutung, in Frankreich wurde sie offiziell 1722, in Spanien 1808, in Portugal erst 1820 aufgelöst. In Deutschland war das letzte Opfer die 70jährige Maria Renate Singer, sie wurde am 21. Juni 1749 in Würzburg als »Hexe« auf dem Scheiterhaufen verbrannt. Auch wenn die I. als Organ der katholischen Kirche heftigste Kritik erfahren hat, es kam auch im Bereich der evangelischen Kirchen zu Verfolgungen von Ketzern, die durchaus als Parallele zur I. gesehen werden können (Kampf gegen die Täufer). Im Unterschied zur I. kam es innerhalb der evangelischen Kirchen jedoch nie zu einer Zentralisierung und damit zu einer Institutionalisierung der Verteidigung des Glaubens, die dem Organ der I. vergleichbar wäre. Als reguläre Behörde der I. galt dabei die »Heilige Kongregation der römischen und katholischen Inquisition«, die 1908 durch die »Kongregation des heiligen Offiziums« ersetzt und 1965 schließlich durch die »Kongregation für die Glaubenslehre« ersetzt wurde, nachdem das II. Vatikanische Konzil (1965) sich mit einer Erklärung zur Religionsfreiheit vor allem gegen die Methoden der I. ausgesprochen hatte. [MV]

Inspiration [lat. *inspiratio* »Einhauchung«] bezeichnet eine Tätigkeit und Wirkweise des → Heiligen Geistes, in der dieser vom menschlichen Bewusstsein Besitz ergreift. Im biblischen Verständnis ist diese Geistbegabung weit angelegt. Gen 2,7 zufolge ist die Geisteinhauchung das lebensschaffende Prinzip, während Röm 8,14ff. das Bewusstsein der Gotteskindschaft auf den Geistempfang zurückführt. Im Anschluss an 2Tim 3,16 wird aber der Begriff I. in zunehmendem Maße zum Terminus technicus für die Eingebung der Heiligen Schrift. Das schlägt sich vor allem in den großen Schriftlehren der alten Kirche bei Origenes und Augustinus nieder. Durch I. werden die Schriften von Gott den Autoren eingegeben, gleichwohl bedarf es aber auch eines Inspirationsgeschehens, um den göttlichen Sinn der Schriften angemessen erfassen zu können. In der kontroverstheologischen Auseinandersetzung um das reformatorische Schriftprinzip entfaltet die protestantische Theologie die Lehre von der *Verbalinspiration*. Danach hat der Hl. Geist den Autoren Wort für Wort der biblischen Texte diktiert. Die aufkommende historische Kritik lehnt dieses Konzept ab, spätestens ab dem 19. Jh. ist die Vorstellung der Verbalinspiration aus der akademischen Theologie verbannt und findet allein noch in fundamentalistischen Kreisen Beachtung. An ihre Stelle treten das Konzept der *Personalinspiration* (die Personen sind vom Hl. Geist inspiriert) oder aber der *Realinspiration* (den Autoren wurden die Sachverhalte eingegeben, nicht aber der Wortlaut). Diese Versuche machen deutlich, dass die Beteiligung des Geistes eine wesentliche Voraussetzung für das Verstehen der biblischen Texte ist, und verweisen damit auf den inneren Zusammenhang von → Hermeneutik und Pneumatologie. Gegenwärtig wird mit Hilfe der Rezeptionsästhetik der alte Gedanke wiederbelebt, demzufolge das Lesen und Hören der biblischen Texte selbst von einem Inspirationsgeschehen begleitet werden muss, wenn es zu einem angemessenen Verstehen der biblischen Texte kommen soll. Darüber hinaus stellt sich die Aufgabe, die ursprüngliche Weite des Inspirationsbegriffs wiederzugewinnen und I. – im Übrigen ganz analog zum profanen Gebrauch des Begriffs – als eine Wirkweise des Hl. Geistes zu begreifen, die über die Schriftlehre hinausgeht und den zentralen Gedanken der Gottespräsenz im menschlichen Bewusstsein neu zu formulieren sucht. [JL]

Interkulturelle Theologie Bei der I.T. handelt es sich um einen relativ jungen Zweig der Theologie, der durch die Globalisierung und das damit verbundene Zusammenrücken der Kulturen zunehmend an Bedeutung gewinnt. Ziel ist es, ein Verständnis für die jeweils unterschiedlichen kulturellen Voraussetzungen und Rahmenbedingungen theologischen Denkens auszubilden. Über das Anliegen einer kontextuellen Theologie hinaus versucht die I.T., Modelle einer die verschiedenen Kulturen umfassenden theologischen Theoriebildung zu gewinnen, die die Reichtümer der verschiedenen kulturellen Erfahrungen zu vereinen sucht. Die I.T. trifft sich darin mit ähnlichen Bemühungen in den Sozial- und Kulturwissenschaften, die nach einem die Kulturen übergreifenden Kanon für Bildungs-, Werte- und soziale Lebensqualität suchen. All diese Bestrebungen beruhen auf der Annahme, dass die Verschiedenheit der Kulturräume nicht zwangsläufig zu einem »clash of civilization« führen muss, sondern im Rückgriff auf einen gemeinsamen Grundkanon an → Werten ein friedliches Nebeneinander im Geiste gegenseitiger kultureller Bereicherung ermöglicht.

Theologisch gesehen gelten die Verhältnisse des Urchristentums als Paradigma eines interkulturellen Arrangements, in dem die verschiedenen kulturellen Voraussetzungen des griechisch-römischen Kulturraums mit der jüdischen Religionskultur in einen zwar vielgestaltigen, aber dennoch fruchtbaren Austausch getreten sind.

Gegenwärtig gibt es erste Vorschläge zu einer I.T., die auf einer narrativen Ebene verschiedene kulturelle Zugänge zur Theologie beschreiben. Darüber hinaus dürfte die zukünftige Aufgabe darin liegen, die enge Verankerung von Kultur und Theologie zu erörtern, um auf dieser Grundlage über die bloße Wahrnehmung von kulturellen Differenzen hinaus eine Reformulierung des jeweils verbindlichen Lehrbestandes der Theologie in interkultureller Weite zu unternehmen. [JL]

Interreligiöser Dialog In den Religionen spricht man Worte, die Übernatürliches bewirken sollen (z.B. bei der Eucharistie). Außerdem spricht man wie im Alltag und diskursiv wie in den Wissenschaften. Gelehrt redet man zumeist über die eigene Religion, man exegesiert und kommentiert, systematisiert und debattiert. Ungelehrt spricht man über persönliche Erfahrungen und wie man seinen Glauben subjektiv wertet.

Über eine fremde Religion wird gewöhnlich erst gesprochen, wenn diese in irgendeiner Weise die Belange der eigenen berührt. Die Existenz fremden Glaubens weckt in konvertierenden Religionen missionarische Aktivität. In einer von missionarischen Aktivitäten bedrängten Religion sucht man die Abwanderung von Mitgliedern zu verhindern. Auf beiden Seiten ist man bestrebt, das, was die anderen glauben, zu widerlegen, nicht, es zu verstehen.

Im I.D. redet jeder über seine Religion, aber danach hört er den anderen zu und vergleicht, was er hört, mit dem eigenen Glauben. Zuhören fördert Verständnis. Verstehen kann indessen auch an Grenzen stoßen, und zwar an Grenzen der Sprache, der Erfahrungen und der Qualität.

Die *Sprachgrenze*: »Meine Sprache denkt mich«, so heißt es. Schwierigkeiten bereitet nicht die bekannte Vokabel, sondern der Hintergrund, vor dem sie gedacht wird. Dasselbe Wort »Erlösung« z.b. füllen Dakota, Hindu oder Zeugen Jehovas jeweils anders.

Die *Erfahrungsgrenze*: Einen Monat lang den ganzen Tag über fasten oder über Fasten theoretisieren, es ist nicht dasselbe. Jede Art von Erfahrung, wenn man sie selbst nie gemacht hat, ist nicht leicht zu begreifen. Was z.b. fängt ein christlicher Theologe mit dem »Klatschen einer Hand« des japanischen Zenmeisters an?

Eine *Qualitätsgrenze* zeigt sich in Bezug auf religiöse Überlieferung. Missionare predigen überall und jedermann. In nicht missionierenden Religionen bleibt die Überlieferung und deren Wesentliches meist geheim, weil man es für überaus kostbar hält. Oft gilt es als derart heilig, dass es nur in rituellen Zusammenhängen ausgesprochen werden darf, also an einem reinen Ort zu einer reinen Zeit und keinesfalls in einem Hörsaal anlässlich einer Dialogveranstaltung. Wovon könnten Priester solcher Religionen dort noch reden?

Welchem Zweck soll I.D. dienen? Es ist nicht anzunehmen, dass der Absolutheitsanspruch, den eine Religion erhebt, durch Teilnahme an Dialogen aufgegeben wird. Praktisches Zusammenwirken von Religionen (gewöhnlich berät man sich darüber nicht in Dialogen) ist wahrscheinlich, sobald ein praktisches Ziel als gemeinsames erkannt wird. Bei einem Dialog kann man fremde Lehren kennen lernen, was sich jedoch umfassender mit Hilfe der → Religionsgeschichte erreichen ließe. Dass Glaubende aus verschiedenen Religionen beten oder meditieren, eint sie, wie und was sie beten oder meditieren, trennt sie. Reden sie miteinander über das, was sie eint, dann brauchen sie niemandes Hilfe. Reden sie über Trennendes, dann empfiehlt es sich, als Dolmetscher zwischen den verschiedenen Traditionen religionsgeschichtliche Fachleute zu bemühen. [HJG]

Islam   Der Name bedeutet »Unterwerfung«. Vom Wortstamm her deutet man »in den Frieden [*salm*] eintreten«. Die sich unterwerfen, heißen Muslime. Sie machen ihren Frieden mit Gott, indem sie sich seinem Willen bedingungslos unterwerfen.

Der Stifter des I. ist Gesandter Gottes, Prophet und Staatsmann:

1. Gesandter Gottes: Um das Jahr 410 n.Chr. verkündete in Mekka Mohammed (arab. *Muhammad*) Ibn Abdallah Botschaften von Gott. Sie waren ihm in der Abgeschiedenheit einer Höhle des Berges Hira bei Mekka

offenbart worden. Es wird überliefert, der Offenbarer habe bis zur Erschöpfung gedrängt, selbst an kalten Tagen sei ihm dabei der Schweiß von der Stirn getropft. Später empfing Mohammed auch andernorts Offenbarung, manchmal während er unter seinen Gefährten saß. Er gilt als der letzte Gesandte (*Rasul*) Gottes. Er ist »das Siegel«. Vor ihm gab es andere, unter ihnen Noa, Mose, Abraham und Jesus (*isa*), der im Koran auch »Sohn der Maria« und »Wort Gottes« (*Kalimat Allah*) genannt wird. Besondere Bedeutung kommt Abraham (*Ibrahim*) zu. Ihn verehrt man als Stammvater der Araber, als Vorbild des Gehorsamen, denn er war bereit, seinen Sohn Ismael auf Gottes Wunsch hin zu opfern. Ibrahim gilt als erster Muslim, weil er kompromisslos wie Mohammed gegen die Vielgötterei stritt. In Mekka war die Kaaba (»Kubus«) in der Sintflut zerstört worden. Abraham hat dieses Zentrum der Wallfahrt wieder aufgebaut.

2. Prophet: Jeder Gesandte Gottes ist auch Prophet (*Nabi*), aber nicht jeder Prophet ist Gesandter. Man rechnet mit 124 000 Propheten, die in der Zeit vor Mohammed Offenbarungen empfingen, 25 sind namentlich im Koran genannt. Im Gegensatz zum Gesandten wird dem Propheten nicht befohlen, die empfangene Botschaft weiterzusagen. Eine Überlieferung berichtet möglicherweise ein Berufungserlebnis Mohammeds. Die sog. Nachtreise unternahm er auf einem himmlischen Reittier, auf dem früher schon andere Propheten geritten sind. Vom Engel Gabriel (*Dschibril*) begleitet, gelangte er von Mekka nach Jerusalem. Von dort aus ging er auf eine Himmelsreise. In einem ersten Himmel erblickte er Höllenstrafen für verschiedene Freveltaten, in sechs weiteren Himmeln begegneten ihm Mose, Abraham und andere Männer Gottes, schließlich zeigte der Engel ihm auch noch das Paradies. Dann stand er vor Gott. Der befahl ihm, täglich 50 Gebete zu halten. Es gelang dem Propheten, von Mose beraten, bei Gott die Zahl der täglichen Gebete auf fünf zu verringern.

3. Staatsmann: In seiner Heimat Mekka hatte man den Gesandten Gottes verspottet, verachtet , angefeindet und verfolgt. Er übersiedelte nach Medina, errichtete dort ein Gemeinwesen, das seiner Botschaft äußeren Schutz bot. Dieses politische Unternehmen verwickelte Mohammed in Ränke, Meuchelmorde und Kriege. Nichtsdestoweniger halten Muslime den Propheten für sündlos. Umstritten ist nur, seit wann er das gewesen sei. Sunniten lehren, seit der ersten Verkündigung, Schiiten lehren, seit seiner Geburt.

Allah ist der Eigenname für Gott. Ihn umkreist man mit weiteren Namen wie »der Allweise«, »der eifersüchtige Wächter«, »der Barmherzige«. Im Ganzen sind es 99. Wer alle kennt, dem sei das Paradies sicher. Der islamische Rosenkranz hat 33 Kügelchen. Drei Runden ergeben die 99 »schönsten Namen Allahs«. Allah ist der Schöpfer. Die Natur bezeugt seine Größe und Weisheit. Am Ende der Zeiten wird er die Auferweckten richten. Er weiß, sieht und hört alles, dem Menschen ist er näher als dessen Halsschlagader, bleibt aber selbst undurchdringlich geheimnisvoll. Allah ist der Einzige, er zeugt nicht und wurde nicht gezeugt. Er hat kein Kind. »Beigesellung« (*Schirk*), d.h. Allah andere göttliche Personen an die Seite zu stellen, gilt als größte Sünde.

Die Engel hat Allah aus Licht erschaffen, sie sind immateriell. Ihr Wesen ist geprägt von Gehorsam gegen Gott. Ihm dienen sie als Boten. Gabriel, der Heilige Geist, überbrachte dem Propheten die Offenbarungen Allahs. Engel dienen auch den Menschen. Sie beschützen sie und werden ihre Fürbitter. Ein jeder wird von zwei »Schreiberengeln« bewacht. Der zur Rechten schreibt jede gute Tat auf, der zur Linken alle Schandtaten. Der Satan heißt *Iblis*, seinen Charakter prägt Ungehorsam gegen Allah. Mithin kann er kein Engel sein, oder er ist, nach anderer Meinung, ein gefallener oder gar ein *Dschinn*. Diese sind unsichtbar wie die Engel, dem Menschen aber nicht überlegen. Allah hat sie aus Feuer erschaffen. Im Menschen schüren sie die niederen Triebe. Sie sind Teufel und werden auch *Schaitan* genannt. Man fürchtet ihre dämonische Macht. Engel gelten als geschlechtslos, Dschinn als männlich oder weiblich. Da man auch von bekehrten, gläubigen Dschinn weiß, haben Juristen die Ehe zwischen Dschinn und Menschen geregelt.

Das ganze Leben der Muslime regelt das Gesetz Gottes (*Scharía*). Seine Hauptquellen sind Koran und Hadith, was eine Modernisierung ausschließt. Das Gesetz verpflichtet den Einzelnen. Man kennt nur drei Gesellungsformen: die Familie (Familien- und Erbrecht), die Sippe (Blutrecht) und das Feldheer (Beuterecht). Zu beachten sind die Rechte Gottes, die Rechte, die der Mensch gegen sich selbst hat, und die Rechte anderer. Ein Recht Gottes ist der Glaube an ihn, ein anderes die Akzeptierung göttlicher Führung im Koran, ein drittes der Gehorsam gegen Gott und schließlich seine Verehrung. Ihr dient das Gebet. Es ist eine Liturgie, die in Gemeinschaft oder allein zelebriert wird. Es gibt keinen Priesterstand, die »Wissenden« sind Schriftgelehrte. Die zu sprechenden Worte, Positionen, die Körper und Hände einzunehmen haben, wurden von Rechtsgelehrten festgelegt. Man betet mit dem Gesicht nach Mekka, betet am Morgen, am Mittag, am Nachmittag, bei Sonnenuntergang und zur Nacht.

Während des neunten Monats des islamischen Kalenders enthalten sich Muslime vom Morgengrauen bis zum Sonnenuntergang des Essens, Trinkens und Rauchens. Im Gedenken an das Opfer Abrahams macht man die Wallfahrt nach Mekka zur Kaaba. An ihrem neunten Tag kommt es am Berg Arafat [Arf = »Kenntnis (von einer Sache)«, hier: Gott kennen] zum Höhepunkt, dem Stehen von Mittag bis Sonnenuntergang. Gott ist dann so nahe wie sonst nie. Das Opferfest schließt sich an, bei dem Tausende von Tieren geschächtet werden. Eine Gemeindesteuer für die Armen gehört ebenfalls zu den Rechten Gottes. Sie ist das einzige göttliche Recht, dessen Übertretung von Menschen geahndet werden darf.

Wer Gesetze Gottes ausführt, muss kultisch rein sein. Hergestellt wird Reinheit durch Waschung oder Vollbad. Wie man dabei vorzugehen hat, ist Zug um Zug vorgeschrieben. Unrein wird man durch biologische Vorgänge oder durch Vergehen. Entbindung und Tod verunreinigen, Urin und Kot ebenfalls. Auf der Toilette soll man sich deshalb möglichst zweimal abwaschen. Blut, Menstruation, Sperma und die Berührung der Genitalien verunreinigen, ebenso Hautkontakt mit Personen des anderen Geschlechts. Als unrein sind zu meiden Aasfresser und Leute, welche die fundamentalen Regeln des Islam nicht einhalten.

Um den Menschen vor Schaden zu schützen, sind Schweinefleisch, Alkohol und Drogen verboten. Die Psyche schützt das Verbot von Nacktheit und Müßiggang. Den Rechten anderer dienen Verbote von Lüge, Diebstahl, Raub, Betrug, Glücksspiel usw. Persönliche Ehre wird vom Verbot der Verleumdung geschützt, Eigentum vom Verbot des Diebstahls. Die Ehe schützt das Verbot des Ehebruchs und der Unzucht. Weitere Regeln weisen der Frau als Wirkungskreis den Haushalt zu. Außer Haus soll sie sich verschleiern. Gesicht und Hände darf sie nur vor nächsten Anverwandten entblößen. Männer und Frauen sollten einander nicht allein treffen. Begegnet einem Mann eine Frau, dann soll er den Blick senken. Der I. verbietet Muslimen, die Lebensweise nichtmuslimischer Völker nachzuahmen.

Staaten, in denen Richter nach der Scharía richten, vollziehen auch die vorgeschriebenen Strafen. Weintrinken und Verleumdung wird mit Auspeitschen bestraft, Diebstahl mit dem Abhauen der Hand und bei Rückfällen der anderen Hand und schließlich auch der Füße, Ehebruch und Unzucht mit dem Tod durch Steinigen. Neben den Einzelnen steht die Gemeinschaft aller. Sie bindet die Pflicht des *Dschihád*, der »Bemühung«, und zwar »auf Gottes Weg«.

Das wird unterschiedlich verstanden. Zum einen als Ausweitung des islamischen Gebietes in das Gebiet des »Krieges« (*al harb*) der Nichtmuslime. Um dieses Zieles willen unternimmt man physische, geistige und finanzielle Anstrengungen. Andere verstehen diese Bemühung auch als Kampf in ihrem Inneren gegen die niederen Triebe. Juristen der Scharía haben »sich bemühen« mit »kämpfen« gleichgesetzt. Für sie ist Dschihád Krieg und zwar ein religiöser, weil er nur zur Verteidigung des I. geführt werden darf. Feinde, die den I. unterdrücken, müssen bekämpft werden. Jeder Muslim hat die Pflicht, für die gute Sache zu kämpfen und zu sterben. Kann ein muslimisches Land Aggressoren nicht widerstehen, dann sind die Nachbarn zum Kampf verpflichtet. Sind auch sie zu schwach, müssen Muslime aus aller Welt zu Hilfe kommen. Krieger töten fremdes Leben, vernichten fremdes Eigentum. Zu rechtfertigen sei dies durch den höheren Wert: Das Gute steht über dem Schlechten, der I. über dem Atheismus, Sittlichkeit über ungezügelter Libertinage.

Manche Nicht-Muslime nehmen Anstoß an den vielen Frauen des Propheten. Jedem Sklaven ist erlaubt, zwei, jedem freien Muslim bis zu vier Frauen zu heiraten. Mohammed berief sich auf Sonderrechte und hatte neun, darunter seine Lieblingsfrau Aischa, Maria, eine koptische Christin, Mutter seines einzigen Sohnes, die schöne Zainab, die ihr Ehemann dem verliebten Propheten freiwillig überließ, aber auch verwandte Witwen, die anders unversorgt geblieben wären. Außerdem standen dem politischen Oberhaupt noch Sklavinnen aus der Kriegsbeute zu.

Die überwiegende Zahl der Muslime nennt sich »Sunniten«. Sie folgen der *Sunna* (dem »Brauch«) des Propheten. Neben ihnen gibt es weitere Fraktionen, die aus unterschiedlichem Anlass entstanden sind.

Ein erster Anlass war der Streit um den Nachfolger (*Kalif*) des Propheten als politisches Oberhaupt. Sein einziger Sohn war früh gestorben. Die *Schiá* (»Partei«) seines Schwiegersohns Ali bestand auf einem Nachfolger aus dem »Hause des Propheten«. Er und weitere Verwandte Mohammeds verloren ihr Leben durch Gewalthandlungen der Gegenpartei. Von der Schiá werden sie als Märtyrer verehrt. Schiiten glauben an den Verborgenen *Imám* (»Führer«), der sie aus seiner Verborgenheit heraus leitet und sich eines Tages offenbaren wird (Sunniten lassen sich von einem Imám im Gebet anführen). In der Schiá neigt man zu Abspaltungen, an die 200 wurden gezählt. Im Iran ist Schiá die Staatsreligion.

Neben dieser gestrengen Befolgung der göttlichen Gesetze entstand ein verinnerlichter Islam. Auch hier hält man Gebets- und Fastenzeiten ein, geht auf die Wallfahrt nach Mekka. Andere Regeln werden durchbrochen, man tanzt und musiziert, trennt die Geschlechter nicht, in Anatolien dient mit Wasser verdünnter Anisschnaps als eine Art Sakrament. Diese Fraktion wird »Sufik« oder »Sufismus« genannt. Im heutigen Ägypten z.B. ist es die Religion von Millionen einfacher Leute. Sufi nähern sich selbstvergessen in hingebungsvoller Liebe Gott. Ihr Weg beginnt mit wenig essen, wenig schlafen, wenig reden und entrückt sie, Stufe um Stufe, hinauf zum Himmel.

Eine weitere Funktion entstand durch die Ausbreitung des I. zu fernen Völkern, z.B. zu den Malaien. Dort fanden Muslime ein Gewohnheitsrecht vor, gebildet aus Prinzipien von → Abstammungsreligionen sowie der Hindu- und der Buddhareligion. Diese autochthone Tradition nennt man *Adat*. Der sog. Adat-Islam ist das Ergebnis der Anpassung von eingeborenem und eingeführtem Recht. Nicht immer ließen sich Unterschiede überbrücken – etwa zwischen dem patriarchalischen Familienrecht der Araber und den matriarchalischen Regeln der Missionierten. Schließlich haben gewandelte Zeiten den Wunsch geweckt, den I. zu modernisieren. Ein Beispiel ist die Bewegung der *Ahmadíja*. Ihr Name kommt von ihrem Gründer, einem Pandschabi, der G.A. Ahmad hieß und von 1839–1908 gelebt hat. Sein Ziel war es, die Religionen zu vereinen. Den heiligen Krieg hielt er für überholt, in der

Welt werde Friede herrschen, wenn alle die Einzigkeit Gottes anerkennen. Den Stifter verehrte man als den *Mahdi*, den endzeitlichen Propheten, als den von Christen erwarteten Messias, als wiedergekehrten Buddha und Krischna. Der Koran lehrt, Jesus sei nur scheinbar am Kreuz gestorben (Sura 4,157). Ahmad lehrte, er sei auf der Suche nach verlorenen Stämmen Israels bis nach Indien gewandert, dort hochbetagt gestorben und in Srinagar bestattet worden. [HJG]

Jericho [»Jarich« (Stadt des Mondgottes)] J. wird gern als die älteste Stadt der Welt bzw. – da es auch in anderen Regionen einige wenige vergleichbar alte Ortslagen gibt – zumindest der Levante bezeichnet. Diese Titulierung hängt jedoch von der Definition des Begriffes Stadt ab. Unbestritten unterscheidet sich J., das um etwa 8300 v.Chr. gegründet wurde, von den sonstigen Siedlungen jener Zeit durch eine große Anzahl an Häusern und damit auch an Bewohnern sowie durch eine hohe Mauer (wahrscheinlich zum Schutz vor Wasser und nicht zum Schutz vor Feinden angelegt) und einen Turm; möglich wurde dies nur durch einen fortgeschrittenen Grad an Arbeitsteilung. Allerdings lässt sich in J. für jene Zeit noch nicht, wie es die neuere Stadtforschung für die Verwendung des Begriffs Stadt eigentlich fordert, eine Differenzierung der Gesellschaft in Ober- und Unterschicht nachweisen. Die Gründung dieser großen Siedlung zu einem Zeitpunkt, als man gerade erst den Übergang von einer Lebensweise als Jäger und Sammler zur Sesshaftigkeit erprobte, hängt mit der außergewöhnlichen Lage J. zusammen. Zum einen bietet die gegenüber dem antiken J. gelegene Quelle gute Voraussetzungen für einen einfachen Ackerbau in dieser Oase. Zum anderen bot das nahe gelegene Tote Meer mit seinen Asphalt- und Salzvorkommen eine ideale Möglichkeit für eine Spezialisierung und damit für Handel.

Um 1300/1200 v.Chr. war J. unbesiedelt. Die Erzählung Jos 6 von der Einnahme J. und dem Einsturz der dortigen Mauer stammt wahrscheinlich erst aus dem 7. Jh. v.Chr. Sie kann als theologische Lehrerzählung deutlich machen, dass Gott dem Volk Israel das Land, exemplarisch dargestellt an der ersten Stadt im Westjordanland nach dem Durchschreiten des Jordans, schenkt: Nicht seiner eigenen Kraft hat Israel die Eroberung J. und des ganzen Landes zu verdanken, sondern allein dem Eingreifen und der Hilfe JHWHs.

In hellenistisch-römischer Zeit verlagerte sich das Stadtzentrum von J. in den Süden der Oase, wo die judäischen Könige Winterpaläste erbauten. Das günstige Klima in den Wintermonaten, in denen es in Jerusalem schneien konnte, in J. aber noch immer angenehm warm war, begünstigte den Aufschwung der Stadt als einem zeitweiligen Wohnort der judäischen Oberschicht. Zur Zeit Jesu verlief am Jordan die Grenze zwischen Judäa und dem ostjordanischen Gebiet des Herodes Antipas, so dass es in J. eine Zollstation gab (vgl. Lk 19,1–10). Wer von Galiläa nach Jerusalem zu den großen Wallfahrtsfesten gehen wollte, kam über J. (vgl. Mk 10,46–52 parr.); der an sich kürzere Weg über Samaria wurde meist gemieden. [WZ]

Jerusalem   Das AT nennt neben dem Namen J. [hebr. »Gründung des (Gottes) Schalim«] noch andere Bezeichnungen der Stadt: *Jebus* (Ri 19,10f.; 1Chr 11,4f.) [hebr. »Trockenplatz«], → *Zion* [hebr. »trockener Platz«], Stadt *Davids* (2Sam 5,7.9 u.ö.), *Salem* (Gen 14,18; Ps 76,3; Hebr 7,1f.) als späte

Kurzbildung von J. sowie *Berg JHWHs/Gottes, Stadt JHWHs/Gottes, heiliger Berg, heilige Stadt* als religiöse Kennzeichnung. Nach der Niederschlagung des Bar-Kochba-Aufstandes 135 n.Chr. nannte Kaiser Hadrian J. in *Aelia Capitolina* um. In der arabischen Tradition heißt J. seit der arabischen Eroberung 638 n.Chr. *el-Quds* [arab.»die Heiligkeit«].

Unter Salomo wurde das früher auf einen strategisch gut geschützten Sporn beschränkte Stadtareal nach Norden um den Palastbereich und den Tempelplatz (→ Tempel) ausgedehnt (vgl. 1Kön 6ff.). Als um 722 v.Chr. das Nordreich von den Assyrern erobert wurde, flohen viele Menschen ins Südreich Juda; dies führte zu einer Vergrößerung des Stadtareals auf die fünffache Größe. 597 v.Chr. wurde J. – erstmals seit der Einnahme durch David – von den Babyloniern erobert und die Oberschicht der Stadt deportiert (2Kön 24,10–16); eine zweite Eroberung und Verwüstung der Stadt erfolgte 587 v.Chr. (2Kön 25). 520 v.Chr. wurde von der anfangs relativ kleinen Rückkehrergemeinde aus dem Exil mit dem Wiederaufbau des Tempels begonnen (Hagg; Sach), der 515 eingeweiht wurde, Nehemia (445 v.Chr.) machte J. zur Hauptstadt der neugegründeten selbständigen persischen Provinz Yehud (Juda).

In der Folgezeit wurde der Kultbetrieb immer stärker ausgebaut. In Abgrenzung gegen pro-hellenistische Tendenzen in der Oberschicht von J. und den Versuch des Seleukidenherrschers Antiochus IV., den Jerusalemer Tempel in ein Zeusheiligtum umzuwandeln, bildete sich ein von den Makkabäern geführter Aufstand (1Makk 1–4). 63 v.Chr. eroberte Pompeius die Stadt, die die Römer 37 v.Chr. dem »verbündeten König« Herodes d.Gr. als Hauptstadt seines Reiches übergaben, der wiederum eine erhebliche Bautätigkeit aufnahm (u.a. Neubau des Tempels). Als Folge des jüdischen Widerstandes gegen Rom wurde J. 70 n.Chr. zuerst von Vespasian, dann von Titus belagert und erobert.

Die Absicht Hadrians, J. zu einer hell.-röm. Stadt umzugestalten und dort an der Stelle des zerstörten JHWH-Tempels einen Jupitertempel zu errichten, führte zum Bar-Kochba-Aufstand (132–135 n.Chr.), in dessen Verlauf J. nochmals von den Römern zerstört wurde. Im 4. Jh. wurde unter Kaiser Konstantin u.a. die Grabeskirche, in der sich die Orte der Kreuzigung und des Grabes Jesu befinden, errichtet. In frühARABischer Zeit ließ der Sultan Abd el-Malik auf dem noch immer unbebauten Tempelplatz den Felsendom errichten (ca. 688–692). Ziel der Kreuzzüge war es, die heilige Stadt J. von der arabischen Oberherrschaft zu befreien.

Die alten Stadtgötter Schalim (Gott des Wohlergehens) und Sedek (Gott der Gerechtigkeit) spielten für die religiöse Tradition J. auch nach der Eroberung der Stadt durch David eine große Rolle (vgl. Jes 1,1–8; 9,6; 54,11–17 u.ö). J. und besonders der Tempel wurden als der Ort verstanden, wo Gott → JHWH anwesend ist und erfahren werden kann (vgl. Jes 6). Im

Tempelbau mit seiner starken Betonung der Längsausrichtung wurde die Unzugänglichkeit und Unverfügbarkeit Gottes architektonisch ausgedrückt. Der Symbolgehalt der aufgestellten Tempelgerätschaften (ehernes Meer, Kesselwagen, Säulen Jachin und Boas) zeigt, dass JHWH als Schöpfergott und Gewährer von Fruchtbarkeit verstanden wurde (vgl. auch Sach 12,1–8; Ps 24; 72). J. hatte zudem als Thronsitz des irdischen Königs, der der Stellvertreter JHWHs auf Erden ist (Ps 2) und dessen Thron von Gott her gefestigt ist (Jes 9,6; Ps 89), eine herausragende Stellung unter den Städten des Landes inne.

Die jahrhundertelange Erfahrung, dass J. von Feinden nicht erobert werden konnte, führte zu der Ansicht, dass der Bestand der Stadt von Gott auf ewig gestützt wird (vgl. zur Kritik an dieser Sicht Jer 6,14). Der Untergang Judas 587 v.Chr. stellte für J. ein schwerwiegendes theologisches Problem dar: Der Ort der Präsenz JHWHs war nun vernichtet, die für uneinnehmbar gehaltene Stadt J. war zerstört, das von Gott eingesetzte Königtum zerschlagen. In nachexilischer Zeit wurde zunächst die Heiligkeit J. (Jes 48,2; 52,1; Neh 11,18) und damit seine Sonderstellung unter allen anderen Städten betont. Der – vorübergehend zerstörte – Tempel wurde nicht mehr als ständiger Wohnort JHWHs verstanden; vielmehr wird nun das Thronen Gottes allein in seinem himmlischen Heiligtum betont (Ps 33,13; 103,19; 123,1), während von J. die Weisung JHWHs für die ganze Welt (Jes 2,3) ausgeht. Die ursprünglich auf das Gebiet Judas bzw. Israels begrenzte Funktion des Tempels von J. erhielt nun eine weltweite Bedeutung. Die vorexilische Erfahrung, wonach die Schuld des Volkes zum Untergang Judas geführt habe, wurde in nachexilischer Zeit in zahlreichen Sühnehandlungen und dem großen Versöhnungstag aufgegriffen (Lev 4f.; 16). Durch Rituale, mit denen begangene Schuld gesühnt wurde, sollte die Heiligkeit des Volkes, aber auch die des Tempels und der Stadt aufrechterhalten werden.

Die Eroberung J. 587 v.Chr. führte in nachexilischer Zeit zu einer Neugestaltung der dortigen Friedenstheologie: J. wird nun als ein Ort verstanden, von dem aus sich Frieden für die ganze Welt entwickeln kann (»Schwerter zu Pflugscharen« Jes 2,4; Mi 4,3). Die Völker werden nicht mehr feindlich gegen J. anstürmen, sondern friedlich im Rahmen einer Wallfahrt dorthin pilgern (Jes 45,14–17; Sach 2,14f.; 12,1–8; 14,1–5). J. wird nun zum Mittelpunkt der Welt und der Tempelberg zu einem festgegründeten Stein, der als Basis der ganzen Welt verstanden wird (Jes 2,2; 28,14–21).

Aufgrund der neuerlichen Zerstörung J. 70 n.Chr. wurden mit dem irdischen J. zunächst keine theologischen Hoffnungen mehr verbunden. Vielmehr trat an dessen Stelle das himmlische J. (Apk 21f.). Die Vorstellung vom Mittelpunkt der Welt, die in jüdischer Tradition mit dem Tempelberg verbunden ist, wurde im Christentum auf den nur rund 500 m entfernten Golgotafelsen übertragen; für die Muslime wiederum liegt der Mittelpunkt der

Welt wieder auf dem ehemaligen Tempelberg im Bereich des heutigen Fel-
sendoms (dort u.a. die Fußspur Mohammeds bei seiner Himmelfahrt von
dem Felsen aus; Sure 17,1f.). [WZ]

Jesus J. wurde noch zur Regierungszeit Herodes des Großen (40–4 v.Chr.)
geboren und stammte aus → Nazareth. Er war in den ländlichen Regionen
Galiläas verwurzelt, das zu seiner Zeit von Herodes Antipas beherrscht wurde, und erhielt dort seine religiöse Prägung. Die hellenistischen Städte Palästinas hat er offenkundig gemieden. Das Umfeld J. war von wachsenden sozialen, politischen und religiösen Spannungen geprägt, die maßgeblich mit
der römischen Herrschaft über Palästina zusammenhängen. Sein Auftreten
als charismatischer Begründer einer religiösen Erneuerungsbewegung lässt
sich nur vor dem Hintergrund des zeitgenössischen → Judentums sachgerecht erfassen.

Über die Kindheit und Jugend J. ist außer legendarischen Traditionen
kaum etwas bekannt. Mit der → Taufe durch Johannes trat J. an das Licht
der Öffentlichkeit. Er hat zunächst die Gerichtsbotschaft des Täufers geteilt
und vorübergehend zu dessen Schülern gehört, aber bald eine eigenständige Verkündigung entwickelt, in der die Heilszusage der im Anbruch begriff-
enen Gottesherrschaft in den Mittelpunkt rückte. Mit dem Beginn der
eigenständigen Wirksamkeit verband sich die symbolträchtige Einsetzung eines Zwölferkreises (→ Jünger), der sinnbildlich für das erneuerte Israel
stand. Der Ruf in die Nachfolge schloss eine Teilhabe am → Charisma J. mit
Beauftragung zu Verkündigung und Heilung ein. Charakteristisch für die Jesusbewegung war ein radikales Ethos. Der Eintritt in die Jüngerschaft setzte die Bereitschaft voraus, alle familiären Bindungen abzubrechen (Mk
10,28ff.) und sich im Vertrauen auf die Fürsorge Gottes auf ein unstetes Wan-
derleben einzulassen. Weithin unterschätzt wird die Bedeutung von Frauen
im Umfeld Jesu (Lk 8,1ff.).

Indem J. die Nähe der Gottesherrschaft in das Zentrum seiner Verkündigung rückte, füllte er vertraute Bilder mit neuem Inhalt. Während seine
Zeitgenossen das königliche Herrschen Gottes erst für das Ende der Tage
erwarteten, war er der Überzeugung, dass die neue Zeit des → Heils schon
begonnen hatte. Sich selbst betrachtete er als Mittler der Gottesherrschaft.
Eine wichtige Rolle spielen dabei Wunderheilungen (→ Wunder), die sich
primär seiner Ausstrahlungskraft verdanken und durch eine unverwechselbare endzeitliche Perspektive gekennzeichnet sind. J. sah den Satan bereits
vernichtet. Wo Krankheit und Leid wichen, wurde der Mensch in seinen
schöpfungsgemäßen Zustand zurückversetzt und der heilvollen Gottesherrschaft zum Durchbruch verholfen (Lk 11,20). Von der Gottesherrschaft selber redete J. immer wieder in → Gleichnissen, die mit ihren Bildern tief in
der Alltagswelt der Adressaten verwurzelt waren. Durch diese Form der

populären Unterweisung gelang es ihm, die einfachen Menschen im bäuer-
lichen Galiläa mit seiner Botschaft zu erreichen und sie mit den Forderungen der Gottesherrschaft zu konfrontieren. Zentrale Themen der Gleichnisse sind die grenzenlose Vergebungsbereitschaft Gottes, seine unermessliche
Güte und das unaufhaltsame Wachstum seiner Herrschaft, aber auch die ein-
dringliche Mahnung, die Zeichen der Zeit zu erkennen. Zahlreiche Gleichnisse J. dienten der Erläuterung und Rechtfertigung seiner umstrittenen
Mahlgemeinschaften (→ Abendmahl) mit Zöllnern und Sündern, in denen
die Botschaft von der Gottesherrschaft sinnbildlichen Ausdruck fand.

Im Zentrum der → Ethik Jesu steht das Liebesgebot, das als Summe des
Gesetzes gilt (Mk 12,28–34), dabei wird die → Nächstenliebe auf die Feindesliebe hin ausgeweitet (Mt 5,43–48). Als Begründung dient die unter-
schiedslose Liebe Gottes zu allen Menschen. Die Forderung von Gewaltverzicht und Feindesliebe brachte J. in unvereinbaren Gegensatz zu den →
Zeloten, die im bewaffneten Kampf gegen die Römer die Gottesherrschaft
gewaltsam herbeiführen wollten. Mit der Verschärfung des Liebesgebotes
ging eine Entschärfung des Ritualgesetzes einher, wie sie in Jesu Haltung
zum Sabbat und zu den Speisegeboten (Mk 7,1–23) zum Ausdruck kommt.
Dies zog Kontroversen mit den ihm durchaus nahestehenden → Pharisäern
nach sich, die in besonderer Weise um die Einhaltung der gesamten Tora
bemüht waren und detaillierte Ausführungsbestimmungen zu den atl.
Gesetzen entwickelt hatten.

Mit seiner Kritik an der Tora bzw. deren zeitgenössischer Auslegung gab
J. allerdings nicht seine jüdische Identität preis. Durch die Entschärfung ritu-
eller Gebote wurde sozial ausgegrenzten Personen innerhalb der jüdischen
Gesellschaft der Weg zur Integration in die endzeitliche Heilsgemeinschaft
geebnet. Seine praktische Umsetzung erfuhr dies in der Zuwendung Jesu gegenüber sozialen Randgruppen Israels, denen er eine Vorrangstellung in der
Gottesherrschaft zusprach (Mt 21,31).

Im Anschluss an sein galiläisches Wirken begab sich J. nach → Jerusalem und fand dort im Jahr 30 den Tod. Jüdische Kreise haben nur in
beschränktem Umfang daran mitgewirkt. Die Passionsüberlieferung ist von
der Tendenz geprägt, die Römer auf Kosten der Juden von der Schuld am Tod
J. zu entlasten. J. Tempelkritik, die im provokativen Akt der Tempelreinigung
sichtbaren Ausdruck gewann und in der Verheißung eines neuen Tempels
gipfelte, wurde von der sadduzäischen Priesteraristokratie als Bedrohung
empfunden und hat diese zur Verhaftung J. bewogen. Die ntl. Darstellung des
Prozesses J. vor dem Synhedrion unterliegt rechtsgeschichtlichen Zweifeln,
zumal das Synhedrion unter römischer Besatzung keine Befugnis zur Ver-
hängung von Todesstrafen hatte. Vermutlich wurde J. vom Synhedrion nur
verhört und dann dem römischen Präfekten Pontius Pilatus überstellt, der in
ihm einen politischen Aufrührer sah und ihn zum Tode verurteilte. Vollstreckt

wurde das Todesurteil in Form der Kreuzigung, die wegen ihrer Grausamkeit besonders abschreckende Wirkung hatte und die typische Strafe Roms für Rebellen darstellte.

Mit der Kreuzigung schien die Sache J. gescheitert zu sein. Die Erscheinungen des Auferstandenen markierten einen überraschenden Neuanfang, der die Weltgeschichte nachhaltig verändern sollte. Die Ostererfahrung (→ Ostern) vermittelte den Anhängern J. die Gewissheit, dass Gott seinen Sohn nicht im Tod gelassen hatte, und mündete unmittelbar in die Gründung der christlichen Kirche. [BK]

JHWH   J. oder vokalisiert »Jahwe« ist der Eigenname des Gottes der Bibel. In der Lutherübersetzung wird das hebräische J. mit »Herr« wiedergegeben. Die etymologische Deutung des Namens ist sehr umstritten. Ex 3,14 deutet ihn als eine von der Wurzel HYY/HWY »sein, erweisen« abgeleitete Form und interpretiert ihn im Sinne von »ich werde mich als der erweisen, als der ich mich erweisen werde« bzw. »ich bin, der ich sein werde«. Vielleicht ist die ursprüngliche Bedeutung des Namens daher im Sinne von »er ist«, »er erweist sich« oder »er ruft ins Dasein« zu verstehen, auch wenn Übersetzungen wie »er weht« oder »er steigt herab« nicht ausgeschlossen werden können. J. wird in der Geschichte Israels von dem Stammesgott einiger Nomadengruppen zum Nationalgott Israels, danach zum einzigen Gott, der in Israel verehrt werden darf, und schließlich zur universalen Gottheit, dem Schöpfer und Erhalter der ganzen Welt. Die ältesten Belege für den J.-Namen finden sich an einem Tempel Amenophis' III. (1390–1353 v.Chr.) im nubischen Soleb und (in einer fehlerhaften Kopie) am nahe gelegenen Tempel Ramses' II. (1279–1213) in Amarah. Beide Nennungen verbinden den Namen mit Kleinviehnomaden, die am Rande des palästinischen Kulturlandes lebten.

Um 1200 v.Chr. dürften Gruppen dieser Nomaden sich im Kulturland niedergelassen haben; damit wurde aus dem Nomadengott J. ein Gott des Kulturlandes. Als David, der offenbar schon früh ein J.-Verehrer war, die Königsherrschaft in Juda und Israel übernahm, wurde J. Nationalgott, d.h. er war diejenige Gottheit, die für die innen- und außenpolitischen Geschicke des Reiches angerufen wurde. J. blieb auch nach der Reichsteilung 926 v.Chr. (1Kön 12) Nationalgott sowohl in Juda als auch in Israel, auch wenn es nun im Nordreich Versuche gab, an seiner Stelle Baal als Nationalgott zu verehren (vgl. 1Kön 18). Zunehmend wurde J. in der Folgezeit auch als für die privaten Belange der Menschen zuständige Gottheit verehrt; die steigende Zahl der Eigennamen mit jahwehaltigen Bestandteilen (meist in der Kurzform -ja bzw. Jo- oder Jeho-) belegt dies eindrücklich (z.B. Zidkija, Jonatan, Jehonatan usw.). Als führender Gott in Israel und Juda übernahm J. Elemente und Aufgabenbereiche anderer Gottheiten; so wurden beispielsweise

Aufgabenbereiche, die ursprünglich mit den Jerusalemer Stadtgottheiten Schalim (Wohlergehen, Frieden) und Zedek (Gerechtigkeit) verbunden waren, nun auf ihn übertragen. Im Rahmen der Josianischen Reform 622 v.Chr. (2Kön 22f.) wurden alle anderen Gottheiten, die es im palästinischen Pantheon gab, verboten; damit sollte allein J. in Juda Verehrung finden. In der Zeit des babylonischen Exils wurde diese Vorstellung dann noch weiter ausgebildet: J. wurde nun zum alleinigen Gott weltweit, der das gesamte Weltgeschehen in seiner Hand hält (z.B. Jes 44,9–20). Damit war aus dem ursprünglichen Nationalgott ein monotheistischer, universaler Gott geworden. In spätnachexilischer Zeit kam die Meinung auf, der Name »Jahwe« dürfe wegen seiner besonderen Heiligkeit nicht mehr ausgesprochen werden. Stattdessen las man an allen Stellen, wo im hebr. Text die vier Buchstaben JHWH standen, hebr. Adonaj »mein Herr«.

Um die versehentliche Aussprache dieses Tetragramms (griech. vier Buchstaben) zu verhindern, wurde in Qumran gelegentlich der J.-Name als Zeichen der besonderen Aufmerksamkeit mit althebräischen Buchstaben geschrieben. Die Septuaginta (griechische Übersetzung des AT für die in der Diaspora lebenden und des Hebräischen nicht mehr mächtigen Juden) verwendete das griech. Kyrios »Herr«. Als die ursprünglich in Konsonantenschrift geschriebenen hebr. Texte im Mittelalter durch Hinzusetzung von Punkten vokalisiert wurden, setzte man die Vokale von Adonaj zu den Konsonanten von JHWH. So konnte es dazu kommen, dass man seitens christlicher Gelehrter Jehova las, also die Konsonanten von J. mit den Vokalen von adonaj kombinierte. Die ursprüngliche Aussprache des Namens als »Jahwe« ergibt sich insbesondere aus einigen Belegstellen bei den Kirchenvätern. Angeregt durch den jüdisch-christlichen Dialog wird der besondere Charakter des Tetragramms auch in christlichen Kreisen zunehmend geachtet und der Name ohne Vokalisierung mit JHWH wiedergegeben. [WZ]

Judenchristen Unter J. versteht man – im Unterschied zu Heidenchristen – solche Personen, die als Juden zum Glauben an → Jesus Christus kamen. Da die Kirche von ihren Wurzeln her eine innerjüdische Erneuerungsbewegung darstellt, war in ihr das Judenchristentum zunächst der Normalfall. Nahezu alle ntl. Schriften sind von J. verfasst worden. Innerhalb des Judenchristentums lassen sich zwei große Strömungen unterscheiden. Die Mehrheit der J. verstand sich nach wie vor als Teil des → Judentums und hielt an den jüdischen Identitätsmerkmalen wie Beschneidung, Sabbat, Speisegeboten und Tempelkult fest. Von vergleichbaren Gruppierungen wie Pharisäern oder Sadduzäern unterschieden sich diese J. durch das Bekenntnis zu Jesus als dem → Messias, ohne damit den Boden des durch einen religiösen Pluralismus gekennzeichneten Judentums verlassen zu haben. Daneben begegnet uns eine maßgeblich von Paulus repräsentierte Richtung des

Judenchristentums, welche die Grenzen des Judentums planmäßig überschritt und für die Zugehörigkeit zur Kirche den Übertritt zum Judentum und die Einhaltung der Tora nicht mehr als verpflichtend ansah.

Die Jerusalemer Urgemeinde ist die Keimzelle der christlichen Kirche und das unumschränkte Zentrum des an der Tora festhaltenden Judenchristentums. Der im syrischen Antiochia in Gang gesetzten und dann vor allem von Paulus getragenen Entwicklung des Christentums zu einer Weltreligion, die sich zunehmend vom Judentum löste, stand sie distanziert oder sogar ablehnend gegenüber. Umgekehrt zeigt sich vor allem in Zeiten politischer Umwälzungsprozesse und Aufstandsbewegungen eine spannungsgeladene Beziehung zur jüdischen Umwelt. Unter Agrippa I. (41–44 n.Chr.) kam es zu gezielten Verfolgungen der Urgemeinde (Apg 12) (→ Urchristentum). Durch den Märtyrertod des Herrenbruders Jakobus 62 n.Chr. wurde diese dann ihrer unumschränkten Führungsgestalt beraubt.

Wie für alle religiösen Gruppierungen des palästinischen Judentums stellte der Jüdische Krieg (66–70) auch für die Jerusalemer J., die vorübergehend nach Pella im Ostjordanland auswanderten, einen entscheidenden Einschnitt und Wendepunkt dar. Im Zuge der nach der Tempelzerstörung im Jahr 70 einsetzenden Neuformierung des Judentums unter pharisäischer Führung kam es zu einer allmählichen Ausgrenzung von J. aus der Synagoge, wie sie sich bei Mt und Joh widerspiegelt. Mit ihrer Weigerung, Bar Kochba als Messias anzuerkennen und seinen Aufstand gegen die Römer (132–135) zu unterstützen, sah sich die Urgemeinde erneut Anfeindungen ihrer jüdischen Umwelt ausgesetzt. Indem der Kaiser Hadrian nach Scheitern des Aufstandes Jerusalem in die römische Kolonie Aelia Capitolina umwandelte und Juden das Betreten der Stadt untersagte, besiegelte er gleichzeitig das Ende des Jerusalemer Judenchristentums. Die Urgemeinde wurde nun zu einer heidenchristlichen Gemeinde.

Reste des Judenchristentums, das über eigene Evangelien verfügte und mehrheitlich den Apostel Paulus als einen Apostaten von der Tora entschieden ablehnte, existierten vor allem in Syrien weiter, wurden aber allmählich zwischen → Kirche und Synagoge zerrieben. Während man auf jüdischer Seite im Laufe des 2. Jh. das Achtzehngebet um eine Verfluchung der Nazarener erweiterte, wurde auf christlicher Seite immer mehr bezweifelt, ob an der Tora festhaltende J. das Heil erlangen könnten. Die sich von ihren Wurzeln lossagende Kirche verfiel zunehmend in eine feindliche Haltung gegenüber dem Judentum und brachte immer weniger Toleranz für J. in ihren Reihen auf. Ab dem ausgehenden 2. Jh. wurden judenchristliche Bewegungen wie Ebionäer, Elkesaiten oder Nazoräer als Häretiker abgestempelt und ins Abseits gedrängt. Indem das Konzil von Nicäa 325 eine Begehung des Osterfestes am Sonntag verbindlich festschrieb und die alte Praxis, den Ostertermin an das bewegliche Passafest zu koppeln, mit beschämenden antijüdischen Äußerungen als Irrlehre verwarf, entledigte sich die Kirche vollends ihres judenchristlichen Erbes.

Ab dem 5. Jh. ist das Judenchristentum als eigenständige Größe kaum noch fassbar. Allerdings kam es im Mittelalter und in der Neuzeit infolge von Zwangsmaßnahmen, aber auch aus freien Stücken immer wieder zu Übertritten von Juden zum Christentum. Gleichzeitig lebten ab der Reformationszeit in einzelnen Strömungen des Christentums alte judenchristliche Vorstellungen wie Heiligkeit des Sabbat, Messianismus und Chiliasmus wieder auf. Auf bedrückende Weise rückte das Phänomen des Judenchristentums in der Zeit des Nationalsozialismus in den Blick, wo Christen jüdischer oder teilweise jüdischer Herkunft auch innerhalb der Kirche stigmatisiert wurden und in gleicher Weise von der Unrechtspolitik des NS-Staates betroffen waren wie Juden. Zu den dunklen Kapiteln der Kirchengeschichte gehört dabei auch die Übernahme des staatlichen Arierparagraphen allerdings nur in den von den »Deutschen Christen« beherrschten evangelischen Landeskirchen. An die Stelle von Judenmission, wie sie ab dem 18. Jh. gezielt betrieben wurde, ist unter dem Eindruck des Holocaust ein verstärktes Bemühen um den jüdisch-christlichen Dialog getreten. Das Judenchristentum lebt in Gestalt messianisch-jüdischer Bewegungen fort, die sich weltweit in unterschiedlichen Dachorganisationen zusammengeschlossen haben. [BK]

Judentum   Der Name J. bezieht sich auf ein bestimmtes Volk in einem bestimmten Land: »Juden« sind Nachkommen Judas, die in Judäa ansässig waren. Die Endung »-tum« bezeichnet Lehre und Lebensweise, wenn sie zusammen eine Einheit bilden.

Für die Gemeinschaft gilt, dass Volk und Religionsgemeinschaft ein und dasselbe sind. Daher haben die wechselvolle Geschichte des Volkes, seine Reaktionen auf feindliche Völker und die Nähe zu abstoßenden oder anziehenden fremden Kulturen auch dessen Religion gewandelt.

Unter den Folgen eines frühen Zusammenstoßes leidet das J. bis heute. Die Römer hatten den Tempel in Jerusalem zerstört und die Juden aus Judäa vertrieben. An die Stelle des religiösen Zentrums sind die Synagogen, an die Stelle der Opfergottesdienste die Verlesung und Auslegung der heiligen Schriften, an die Stelle der Priester die Rabbiner getreten.

Das Volk der Juden wurde unter nichtjüdische Völker zerstreut. Um ihre Eigenart zu bewahren, suchten sie sich vor fremden Einflüssen abzuschirmen. Wehrlos waren sie Vertreibungen, Enteignungen und Morden ausgeliefert. Ihre Leiden lenkten die Frömmigkeit nach innen. Als Frucht grausamer Pogrome entstand jüdische Mystik, in Spanien die Kabbala (»Empfängnis«, »Überlieferung«), in Polen die Bewegung der Chassidim (der »Frommen«). Kabbalisten suchten mit Kontemplation und der Kombination von Buchstaben Geheimnisse zu enträtseln. Was unten geschieht, wirkt auf das »Oben«, gute Taten fördern die Erlösung des geschundenen Volkes, böses Tun stärkt das Böse. Man fastete und kasteite sich. Die Chassidim folgten charismatischen Führern, in ekstatischer Freude schmeckten sie den Himmel. Heute sieht man sie noch in New York und Jerusalem, sie misstrauen der Gelehrtheit, unterscheiden im Talmud nicht zwischen wichtig und weniger wichtig, sondern befolgen alle Vorschriften mit derselben Strenge.

Die Französische Revolution leitete die Angleichung an nichtjüdische Nachbarn ein. Es entstand das reformierte J., das sich als eine Konfession neben der katholischen und der protestantischen verstand. Die Tora nahm man als Quelle der Ethik, den Talmud als nicht unbedingt verpflichtend, mit der Emanzipation sei die Messiaserwartung hinfällig geworden. In den Synagogen sitzen Frauen neben Männern, wie Knaben werden auch Mädchen feierlich in die Gemeinde aufgenommen, die Rabbiner studieren an Universitäten, im Gottesdienst ersetzt die Landessprache das Hebräische, es gibt Instrumental- und Chormusik, den wöchentlichen Gottesdienst feiert man auch am Sonntag. Das reformierte J. gedieh in Europa und den USA, ohne das orthodoxe ganz zu verdrängen. Im Orient und in Afrika lebende Juden haben die alte Ordnung ohnehin nie in Frage gestellt.

In das J. wird man hineingeboren. Äußeres Zeichen der Zugehörigkeit ist die Beschneidung. Sie wird am 8. Tage nach der Geburt eines Sohnes vom Vater vollzogen oder von einem berufsmäßigen Beschneider (*Mohel*), von einem anderen Juden, von einer Jüdin, nie von Nichtjuden. Dennoch ist sie kein Sakrament. Als Jude gilt jedes Kind einer jüdischen Mutter, ob beschnitten oder nicht. Ohne sie ist es schwierig, Jude zu werden, da nichtjüdische Kinder fremde Werte verinnerlicht haben. Männliche Proselyten müssen beschnitten und, wie die weiblichen, im Tauchbad untergetaucht werden. Männer, die nicht beschnitten werden können, werden nicht aufgenommen. Ist jemand bereits beschnitten, dann wiederholt man den Akt symbolisch, indem man mit einer Nadel etwas »Blut des Bundes« hervorbringt.

Gott ist heilig und sein Name ist es auch. Deshalb spricht man ihn nicht aus, sondern liest »der Herr«, wenn JHWH im Text steht. Gott ist Ursprung von allem, was war, ist und sein wird. Von ihm hängt alles ab, er hängt von nichts ab. Er überwacht die Welt, nichts bleibt ihm verborgen. Gott hat keinen Körper, denn Körper sind geschaffen und vergänglich. Auch menschliche Gestalt nimmt Gott nicht an. Er hat keine Form, denn jede Form besteht aus Teilen, Gott aber ist eins und einzig. Die Sinne der Menschen vermögen nicht, ihn zu erkennen. Aber wenn der Mensch auf die Geschichte blickt, vermag er Gottes Wirken wahrzunehmen

Was Gott von den Menschen erwartet, hat er ihnen offenbart. Juden kennen Gottes Willen durch die Tora (die fünf Bücher Mose). Tora und Gott sind untrennbar. Vermittelt wurden die Offenbarungen durch Propheten. Man unterscheidet verschiedene Grade der Prophetie. Der höchste Grad kommt der

Offenbarung der Tora zu. Kein Prophet könne nach Mose eine neue Tora offenbaren. Wer es täte, sei des Todes würdig. »Heiliger Geist« heißt ein tieferer Grad. Auf ihn gehen die Gesammelten Schriften (die *K^etubim*) der Bibel (neben Tora und Propheten) zurück sowie Erkenntnisse auch nichtjüdischer Weiser. Ein noch geringerer Grad des Hl. Geistes wirkt auf der Ebene des Intellekts. Von ihm sind die Gelehrten der mündlichen Lehre, welche die Bibel kommentiert (*Talmud*), der Gesetzessammlung aus der Tora (*Mischna*) und ähnlicher Werke inspiriert.

Gott führt die Menschen auch in ihrem Inneren. Er tut es durch seine »Einwohnung« (*Schechina*). Es heißt, sie »ruhe« auf den Menschen, »wohne« in ihnen – aber nicht auf Sündern. Nach dem Grundsatz der Kabbala, dass »oben« und »unten« aufeinander bezogen seien, dass eine Bewegung »oben« auf eine Bewegung »unten« antworte, begegnet die Präsenz Gottes nur jenen, die sich von ihren Sünden zu reinigen bemühen. Die Einwohnung versteht man als göttliches Licht, das indessen kein Teil von Gott, sondern von ihm geschaffen ist. Gott ist »unser« Gott, der Gott Israels. Gott und Volk gehören zusammen. Er hat Israel auserwählt, damit es alle Völker die Wege Gottes lehre und ihnen ein Licht sei. Für diese Aufgabe hat Gott seinem Volk den Glauben an den Schöpfer verliehen, prophetische Schau, Tora, Barmherzigkeit, Bescheidenheit und tätige Liebe. Doch legt seine Erwähltheit Israel schwere Verantwortung auf, da Gott sein Volk für jede Missetat heimsuchen will.

Wie das Volk, so wurde auch das → Heilige Land auserwählt. Heilig ist das ganze Land, heiliger noch Jerusalem, am heiligsten der Tempelberg. Ruhe finden wird das Volk nur in seinem Land. Was in der Diaspora Stückwerk bleibt, in Jerusalem wird es vollendet gelingen. Seine Erlösung erwartet Israel von Gott als Heimholung ins Heilige Land. In Jerusalem wird dann der Messias, »Sohn Davids«, das Königreich Gottes leiten und alle Welt die Tora lehren.

Die »Engel des Herrn« sind bekannt als himmlische Diener Gottes und als Mittler, die er zu den Menschen sendet. Satan, dem Widersacher, lässt Gott eine bemessene Freiheit zur Rebellion.

Die Verpflichtung umfasst drei Felder: die Überlieferung, das kultische sowie das alltägliche Handeln. (1) Die Pflicht gegenüber der Tradition wird »Tora lernen« genannt. Die Herrlichkeit der Tora ist ihre Weisheit, so heißt es, und die Herrlichkeit des Menschen ist die Tora. »Tora« bedeutet Unterweisung, wie man leben soll. »Tora lernen« beschränkt sich nicht auf die fünf Bücher Mose, es schließt alle biblischen Bücher ein sowie die sog. mündliche Tora, die Kommentare, vor allem den Talmud.

(2) Das unter Fremde zerstreute Volk handelt kultisch als Ortsgemeinde, als Familie und als Einzelne. An den großen Festtagen vergegenwärtigt Israel früheres Handeln Gottes an seinem Volk: Er erwählt es (Fest der Tora-

gebung); er rettet es aus Ägypten (Pessach und Laubhütten) und vor einem Hinterhalt (Purim); er straft es (Gedenken an die Zerstörung des ersten und zweiten Tempels); er entsühnt es (Jom Kippur).

(3) Man kennt 613 Gebote (*Mizwot*). Sie sind unterteilt in 248 gebietende (einer alten Anatomielehre zufolge besteht der Mensch aus 248 Einzelteilen, jeder Teil soll helfen, das Gottesreich herbeizuführen) und 365 verbietende (Selbstdisziplin heiligt jeden der 365 Tage des Jahres). Neben kultischen Geboten gibt es solche, die immer, also auch im Alltag, befolgt werden müssen. Sie betreffen z.b. das Volk (jeder Mann muss heiraten und sich vermehren), den Wohnsitz (man soll im Land Israel leben), die Wohnung (an jeder Tür soll eine *Mesusa* angebracht sein, eine Kapsel mit einem Fensterchen, in dem der Name *Schaddai*, »Allmächtiger«, zu lesen ist), die Küche (Milchliches und Fleischliches darf nicht zusammenkommen), die Nahrung (man darf kein Blut, nur geschächtete und ausgeblutete Tiere essen), das Geschäftsleben (Geldverleih an Juden ist nur ohne Gewinn erlaubt) u.a. [HJG]

Jünger   [Ahd. *jungiro* (mhd. *junger*), griech. *mathetai* (Schüler)]. Neben dem Moment des Lernens und des Altersunterschiedes zum Lehrer schließt der Begriff eine Lebensform ein, in der Freud und Leid gemeinsam geteilt werden. Neben den J. Jesu werden auch solche des Mose (Joh 9,28), Johannes' des Täufers (Mt 11,2–6), des Paulus (Apg 9,25), der Pharisäer schlechthin (Mt 22,15f.) genannt. Auch um die Propheten des AT scharen sich J.

Jesus hat seine J. selbst berufen (Mk 1,16–20), den Evangelien zufolge in einer apodiktischen Weise, am Arbeitsplatz: Simon (Petrus), Andreas, Jakobus, Johannes – mit der Aufforderung: »Folgt mir nach« (Mk 1,16). Wobei anzunehmen ist, dass deren unmittelbare Reaktion (»Sogleich verließen sie ihre Netze«) die theologische Absicht des Evangelisten herausstellt: Es geht um eine bedingungslose Nachfolge. Tatsächlich ging wohl die Lösung aus der Familie – zum Teil waren die Söhne deren Ernährer, Petrus war verheiratet (Mt 8,14) – nicht abrupt vor sich. Die allenthalben genannte Zahl der zwölf J. entspricht der Ganzheit des Volkes Israel (zwölf Stämme), was dadurch unterstrichen wird, dass nach dem Verrat und Ausscheiden des Judas aus dem Kreise nachgewählt wird (Apg 1,15–26). Sehr früh sind alle zwölf J. auch als → Apostel bezeichnet worden. Neben dem engeren Kreis gibt es eine Gruppe von 70 Anhängern (Luk 10,1), die auch J. genannt werden können. Unzweifelhaft gehören Frauen zum Gefolge, auch wenn sie nicht als J. bezeichnet werden. Frauen sind es, die als erste zum Grab gehen und die Botschaft von der Auferstehung hören.

Neben der Schilderung mancher positiver Züge überwiegt letztlich doch das Unvermögen der J., Jesu Botschaft richtig zu verstehen. Insbesondere seine Gefangennahme und sein Tod werden von ihnen als tiefe Zäsur in ihrem

Leben empfunden (Mt 26,56). Ihnen bleibt nur die Möglichkeit, an ihre alten vorchristlichen Beziehungen anzuknüpfen. Selbst Petrus geht wieder fischen (Joh 21,3). Dass sie dann durch Jesus den Auferstandenen berufen werden (Mt 28,16ff.), als Zeugen in alle Welt zu gehen, und diesem Ruf auch Folge leisten, ist das eigentliche → Wunder, das sich an den J. vollzieht. [GB]

Kairos [griech. »günstiger Augenblick«] Ausdruck der subjektiv empfundenen → Zeit, die im Gegensatz zur messbaren Zeit (griech. *chronos*)
steht und dabei den durch das Schicksal bestimmten Augenblick bezeichnet. In der Theologie wird der K. unter Hinweis auf Mk 1,15 (»Die Zeit ist erfüllt und das Reich Gottes ist genaht«) mit der letztgültigen Offenbarung
Gottes in Jesus Christus gleichgesetzt, durch die die Heilsgeschichte zur Erfüllung gelangt (Gal 4,4). In der christlichen Deutung gilt der K. deshalb als
sinngebende Mitte der Geschichte. In der Theologie Paul Tillichs genießt der
K. besondere Beachtung, stellt er doch eines der drei grundlegenden Elemente dar, die in keiner → Systematischen Theologie fehlen dürfen: Das
erste ist Gott als Offenbarungselement, das zweite der *Logos* als das an der
Vernunft orientierte Wort über die Mitteilungen Gottes, das dritte der K. als
»der richtige Zeitmoment, in dem der Theologe zu seiner jeweiligen
Gegenwart sprechen muss«. Ohne den K. gerät jede Theologie für Tillich zu
einer toten Tradition. Bei Kierkegaard wird der K. zu einer Theorie des
Augenblicks entwickelt, der zufolge der richtige Augenblick als Durchbruch
der Ewigkeit gelten kann. [MV]

Kanon Das Wort K. bedeutet »Maßstab« oder »Richtschnur«. Seit dem
4. Jh. bezeichnet man damit die in sich geschlossene Sammlung biblischer
Schriften, die aufgrund bestimmter Auswahlkriterien verbindliche Autorität
für die Kirche gewonnen haben. Die Kanonbildung ist ein komplexer Prozess, der sich über viele Jahrhunderte hinzog.

Den K. des AT hat das Christentum nicht selbst entwickelt, sondern vom
Judentum übernommen. Die aus 39 Büchern bestehende hebräische → Bibel
zerfällt in Gesetz, Propheten und Schriften. In dieser Dreiteilung spiegeln
sich die Etappen der atl. Kanonbildung wider. Das »Gesetz« in Gestalt des
Pentateuch, also der fünf Bücher Moses, gewann als ältester Baustein des atl.
K. im 4. Jh. v.Chr. seine Endgestalt und wurde von allen religiösen Gruppierungen des antiken Judentums als autoritative Schrift betrachtet. An diesen Kern schlossen sich wohl im 3. Jh. die »Propheten« als eigenständige
Größe an, denen nicht nur die großen und kleinen Propheten, sondern auch
Geschichtsbücher (Jos, Ri, 1–2Sam, 1–2Kön) zugerechnet wurden. Der
jüngste Baustein des AT ist schließlich die Gruppe der »Schriften« (Pss, Hi,
Spr, Ruth, Hhld, Pred, Klgl, Est, Dan, Esr, Neh, 1–2Chr), deren Grenzen allerdings in ntl. Zeit noch offen waren. Die endgültige Umfangsbestimmung
der hebräischen Bibel erfolgte gegen Ende des 1. Jh. n.Chr., als sich das
Judentum nach der Tempelzerstörung unter Führung der → Pharisäer neu
formierte. Die weit verbreitete Auffassung, der K. sei auf der sog. Synode
von Jabne festgelegt worden, hält allerdings der Nachprüfung nicht stand.
Das frühe Christentum machte sich das AT in Form der griechischen Septuaginta zu Eigen, die sich nicht auf eine Übersetzung der hebräischen Bibel

beschränkt, sondern auch eine Reihe von Schriften enthält, die nur auf Griechisch überliefert sind.

Auch die Entstehung des ntl. K. (→ Neues Testament) ist das Ergebnis eines schrittweisen Wachstums. Die erste Etappe auf dem Weg zum K. bestand darin, dass man Paulusbriefe austauschte und archivierte (Kol 4,16). Im frühen 2. Jh. war die Sammlung jener 14 Briefe vollständig, die von Paulus selber geschrieben worden waren (Röm, 1–2Kor, Gal, Phil, 1Thess, Phlm) oder für die man Paulus als Verfasser reklamierte (Eph, Kol, 2Thess, 1–2Tim, Tit, Hebr). Gleichzeitig begann man damit, die vier Evangelien samt der Apostelgeschichte in Handschriften zusammenzustellen. Eine weitere Keimzelle des K. ist die Sammlung von sieben katholischen, d.h. an die gesamte Kirche gerichteten Briefen (Jak, 1–2Petr, 1–3Joh, Jud). Als eigenständige Größe kommt schließlich die Johannesoffenbarung als einziges apokalyptisches Buch des NT hinzu. Aus diesen Bausteinen entstand in der zweiten Hälfte des 2. Jh. ein ntl. K., über dessen exakten Umfang allerdings noch lange Zeit Uneinigkeit herrschte. Beschleunigt wurde die Kanonbildung durch den Häretiker Markion, der für seine Gegenkirche einen eigenen, allein aus dem Lukasevangelium und zehn Paulusbriefen bestehenden Bibelkanon geschaffen hatte. Damit wurde der Großkirche auferlegt, den Umfang der biblischen Schriften verbindlich festzulegen. Entscheidender Maßstab für die Aufnahme einer Schrift in den K. war, dass man sie durch einen Apostel oder Apostelschüler abgefasst sah.

Während sich in einzelnen Kirchengebieten heftiger Widerspruch gegen eine Kanonisierung von Hebräerbrief oder Johannesoffenbarung erhob, tauchen umgekehrt in alten K.-Verzeichnissen auch solche Schriften auf, die heute zu den ntl. Apokryphen zählen. Im Osterfestbrief des Athanasius von Alexandria aus dem Jahr 367 begegnet uns dann nach Aufzählung der atl. Schriften erstmals ein aus 27 Schriften bestehender ntl. K., wie er bis heute verbindlich ist. Der Prozess der Kanonbildung war damit weitgehend abgeschlossen. Während von der römisch-katholischen Kirche 1546 auf dem Konzil von Trient der K. in Gestalt der Vulgata, der lateinischen Bibel, dogmatisiert wurde, erkennen die protestantischen Kirchen das AT allein im Umfang der hebräischen Bibel an. Sie rechnen daher die von der Vulgata zusätzlich gebotenen und im Katholizismus als kanonisch geltenden Schriften (Tobit, Judit, Weisheit, Jesus Sirach, Baruch, 1–2Makkabäer) zu den → Apokryphen.

Wenn der K. das Ergebnis eines geschichtlichen Auswahl- und Wachstumsprozesses ist, stellt sich die Frage nach seiner Verbindlichkeit und Autorität. Obwohl sich die Kriterien der Kanonizität, nicht zuletzt was die Apostolizität einzelner ntl. Schriften angeht, als irrig erwiesen haben, kann die getroffene Auswahl als glücklich bezeichnet werden. Dies entbindet allerdings weder von einer intensiven Beschäftigung mit den außerkanonischen

Glaubenszeugnissen noch von der Frage nach einem »Kanon im Kanon«. Martin Luther hat zwar nicht den K. als solchen in Frage gestellt, aber innerhalb der Kanongrenzen Sachkritik geübt. Indem er nur das als apostolisch geltend lässt, was in rechter Weise von Christus kündet, steht er mehreren biblischen Schriften (Hebr, Jak, Jud, Offb) reserviert gegenüber und rechnet sie nicht zu den Hauptbüchern des NT.

In der lutherischen Orthodoxie des 17. Jh. wurde hingegen die Lehre von der Verbalinspiration und göttlichen Eingebung des K. entwickelt (→ Bibelwissenschaft). Demgegenüber unterschied Johann Salomo Semler im 18. Jh. streng zwischen K. und Wort Gottes, indem er im K. eine rein menschlich-geschichtliche Größe sah, die einer unvoreingenommenen Untersuchung offen stehen müsse. Die Kanongrenzen, wie sie in der Alten Kirche festgelegt wurden, besitzen damit keinen absolut verbindlichen Charakter und werden vom unerlässlichen Blick auf die Mitte der Heiligen Schrift her relativiert. Ein nicht zuletzt für den Dialog mit dem → Judentum bedeutsames Sonderproblem ist die Frage nach der bleibenden Bedeutung und dem Verständnis des AT in der christlichen Kirche. [BK]

Katechetik   [griech. *katechein* »mündlich unterrichten«] Seit ihren Anfängen bezeichnet die Kirche die Unterweisung im christlichen Glauben als Katechese. Indem diese reflektiert und unter didaktischen (Auswahl, Reihenfolge des Stoffes, Ziele) wie methodischen Gesichtspunkten gelehrt wird, handelt es sich um K. Für ihre Institutionalisierung boten sich bezeichnenderweise die römischen Hochschulen für Rhetorik an (Alexandria, Antiochia, Cäsarea u.a.). Dabei ging es auch um die Auseinandersetzung (Klemens v. Alexandrien, Origenes) mit der hellenistischen Bildung (*paideia*).

Die Unterweisung selbst vollzog sich in den ersten vier Jahrhunderten an Erwachsenen, waren es doch die Familienväter (*pater familias*), die, von der neuen Religion überzeugt, sich zum christlichen Glauben bekannten – was de iure dann für die ganze Familie galt. Wie aus frühen Kirchenordnungen (z.B. Hippolyt) hervorgeht, spielte dabei die moralische Integrität der Taufbewerber eine große Rolle. Zuhälter, Bildhauer, Schauspieler, Gladiatoren, Astrologen, Zauberer und Priester heidnischer Religionen wurden gar nicht erst zugelassen. Der Unterricht selbst war anstrengend und dauerte je nach Regionalkirche zwei Jahre und mehr. Getauft wurde in der Osternacht. Besonders feierlich und geheimnisvoll ging es bei der Verkündung des Glaubensbekenntnisses (*traditio*) zu, das die Täuflinge mit eigenen Worten wiedergeben (*redditio*) mussten. In diesem Umstand liegt vermutlich auch das merkwürdige Schweigen hinsichtlich eines ausformulierten → Bekenntnisses für die Frühzeit begründet.

Unzweifelhaft handelt es sich bei all dem bereits um eine Verschulung des Taufunterrichts, der nach urchristlichem Zeugnis der Apg (2,41; 8,36ff.;

16,33) weit weniger kompliziert verlief. Die Predigt von Jesus Christus und der anschließend bekundete Glaube genügten. Die Pädagogisierung war sodann umso mehr geboten, als nach der Privilegierung des Christentums im römischen Reich nunmehr Kinder getauft wurden. Augustins Schrift *De catechizandis rudibus* (um 400) zeigt z.T. modern anmutend, welche Probleme sich damit für die Kirche verbanden. Auf jeden Fall musste jetzt der Unterricht auf die Taufe folgen.

Dieser sog. Firmunterricht wurde jedoch im weiteren Verlauf zunehmend vernachlässigt, so dass Luthers Reform auch und besonders an dieser Stelle einsetzte. Ein Grund für diesen Notstand mochte immerhin gewesen sein, dass die Unterweisung kein eigentliches Ziel mehr hatte, so dass es deswegen keiner besonderen Anstrengung mehr bedurfte. Die in den Kirchen der Reformation seitdem als Konfirmandenunterricht deklarierte Unterweisung (Katechismen) förderte den Bildungsstand der ev. Christen im Vergleich zu dem der Katholiken erheblich.

Im staatlich gelenkten und überwachten Schulwesen nahm seit dem 17. und 18. Jh. der Religionsunterricht eine dominierende Stellung ein, wenngleich er bei den Schülern weniger beliebt war. Dazu trug bei, dass daneben Katechismusunterricht in der Schule erteilt wurde, dass die Ortsgeistlichen die Schulaufsicht über die Volksschulen ausübten und dass die pädagogische Ausbildung der Pastoren zu wünschen übrig ließ. Dies sollte sich erst um 1900 ändern, als reformpädagogische Ideen auch die Theorie und Praxis des Religionsunterrichts beeinflussten (R. Kabisch u.a.). Ein sichtbares Zeichen dafür war u.a. der Rückzug des Katechismusunterrichts aus der Schule.

Ohne formal die alten Zustände wieder zu beleben, arbeiteten danach in Krisenzeiten (seit 1920) Kirche und Schule jedoch wieder eng zusammen, wie beispielhaft an der bis 1960 virulenten Konzeption des »Kirchlichen Unterrichts« bzw. der »Evangelischen Unterweisung« (G. Bohne, O. Hammelsbeck, H. Kittel, M. Rang u.a.) deutlich wird. In der DDR wurde der katechetische Unterricht mit Engagement von den ev. Kirchen in Theorie und Praxis – vgl. die Zeitschrift »Die Christenlehre« – betrieben.

In der kath. Kirche hat sich die Bezeichnung K. noch am ehesten erhalten, während sonst der Begriff → Religionspädagogik geläufig ist. Nach wie vor werden jedoch in allen großen Kirchen Glaubenslehren und -kompendien als Katechismen bezeichnet. Diese (z.B. Erwachsenenkatechismen) unterscheiden sich von ihren Vorgängern oft nicht nur durch eine moderne Sprache, sondern auch durch ebensolche Inhalte. [GB]

Katharer → Ketzer

Kerygma [griech.»das durch den Herold Ausgerufene«] Unter K. verstand man im Griechischen ursprünglich die von einem Herold ausgerufene Bekanntmachung oder Proklamation. Das Wort hielt Einzug in die urchristliche Verkündigungssprache und wurde dort zur Bezeichnung der Predigt vom gekreuzigten Christus (1Kor 2,4). Im 20. Jh. avancierte K. bei Rudolf Bultmann zum programmatischen Leitbegriff einer Theologie, die den in der Glaubensbotschaft vom Kreuz ergehenden Anspruch Gottes an den Menschen derart in den Mittelpunkt stellte, dass der geschichtliche Jesus dabei völlig in den Hintergrund trat.

Die Anfänge der Kerygmatheologie liegen im ausgehenden 19. Jh. bei Martin Kähler, der gegen eine vom Historismus geprägte Leben-Jesu-Forschung den kerygmatischen Charakter der Jesusüberlieferung herausstellte. Die Einsicht, dass die Evangelien von ihrer Intention her keine historischen Dokumente sind und in ihnen nicht der geschichtliche Jesus, sondern der in den Farben des Osterglaubens gemalte Christus begegnet, wurde in der Folgezeit vertieft und führte zum Zusammenbruch der liberalen Leben-Jesu-Forschung. In ein neues Stadium trat die Kerygmatheologie bei Bultmann. Er sah den theologisch allein angemessenen Umgang mit den Evangelien darin, das in ihnen bezeugte K. von Kreuz und Auferstehung durch Entmythologisierung freizulegen und in seinem Charakter als existentieller Entscheidungsruf zu entfalten. Der in den Evangelien enthaltene Rückverweis auf die Geschichte Jesu wird hingegen als theologisch bedeutungslos betrachtet. Glaube bedeutet Preisgabe der menschlichen Selbstherrlichkeit im Angesicht des Kreuzes und bedarf als einziger historischer Information über Jesus der Einsicht in das »Dass« seiner irdischen Existenz. Der Versuch, den christlichen Glauben weitergehend im Leben Jesu zu verankern, wird als ein von Unglaube gekennzeichneter Akt der Selbstbehauptung gegenüber Gott gebrandmarkt. Der Mensch suche nach Beweisen für die Gegenwart Gottes und stelle scheinbare Heilstatsachen über Gottes eigenen Anspruch, wie er im K. ergeht. Seit den späten 1950er Jahren wurde unter dem Einfluss von Ernst Käsemann die Reduktion der theologischen Relevanz Jesu auf das bloße »Dass« seiner Existenz zunehmend bestritten und damit eine neue Phase der Leben-Jesu-Forschung eingeläutet. Mit ihrer Zuspitzung des Glaubens auf eine persönliche existenzverändernde Entscheidung zog die Kerygmatheologie zudem die Kritik einer individualistischen Engführung der christlichen Religion auf sich, in der das universale heilsgeschichtliche Handeln Gottes über Gebühr in den Hintergrund trete und für die Hoffnung auf eine heilvolle Zukunft für die Welt als Ganzes kein Raum bleibe. [BK]

Ketzer Ein anderer, volkstümlicher Ausdruck für Häretiker (→ Häresie), der jene Menschen und Gruppierungen kennzeichnet, die von der offiziellen Lehre der Kirche abweichen. Der Begriff selbst entstammt dem Mittelalter und ist aller Wahrscheinlichkeit nach in Anlehnung an die Katharer [griech. *katharoi* »die Reinen«] entstanden, einer gnostischen Glaubensströmung (→ Gnosis), die sich im 12. Jh. in Südfrankreich und Oberitalien ausbreitete und unter der Forderung strenger Askese sowohl den Verzehr von Fleisch ablehnte als auch einem leibfeindlichen Dualismus folgend die Einrichtung der Ehe zurückwies. Die Verwerfung von Teilen des AT, der kirchlichen Sakramente und die konsequente Distanzierung von Altar und Kreuz besiegelten den Bruch mit der Kirche und führten schließlich zu blutiger Verfolgung und zu einem Kreuzzug gegen die Katharer (1209). Auf der Grundlage dieses Kampfes gegen die Katharer erwuchs die → Inquisition als Institution der Rechtgläubigkeit und der Maßnahmen gegen Ketzerei, die das Mittel der Folter, der Gefängnisstrafe und sogar der Todesstrafe auf dem Scheiterhaufen vorsahen.

Obwohl die Ausgrenzung nicht rechtgläubiger Positionen und die Verfolgung von deren Vertretern erst mit dem Erstarken des Christentums als Staatsreligion besonderes Gewicht erhalten konnte, lassen sich doch schon in den Schriften des NT entsprechende Zeugnisse nachweisen. In 2Petr 2,12–22 wird so beispielsweise die »Verdorbenheit der Irrlehrer« in drastischen Worten angeprangert.

Diese Abgrenzung von Irrlehren ist jedoch von jener systematischen Verfolgung der K. zu unterscheiden, wie sie mit dem Religionsedikt (380) unter Kaiser Theodosius (379–395) einsetzte, das allen römischen Bürgern verbindlich vorschrieb, orthodoxe Christen zu sein, und für Abtrünnige entsprechende Zwangsmaßnahmen verhängte.

Dem war die ausgiebige Auseinandersetzung darüber vorausgegangen, was als Ketzerei auszugrenzen sei, und auf welche Weise mit den K. umgegangen werden sollte. In diesem Zusammenhang kam es im 3. Jh. zu einem besonderen Eklat, der als *Ketzertaufstreit* (255–257) in die Geschichte eingegangen ist. Grundlegend war dabei die Frage, ob die → Taufe auch gültig sei, wenn sie von einem K. gespendet worden war. Cyprian von Karthago, der die afrikanische Kirche vertrat, stellte sich gegen die Anerkennung und forderte eine Wiederholung der Taufe für den Fall eines Übertritts, während Rom für die allgemeingültige Anerkennung der Taufe auch für den Fall eintrat, dass diese von einem K. vollzogen wurde. Die Auseinandersetzung gewann dadurch an Brisanz, dass Cyprian die Anerkennung der Taufe nicht nur jenen verweigerte, die durch mangelnde Rechtgläubigkeit als K. galten (Montanisten), sondern auch jenen, die sich durch ein Schisma (Novatianer) von der röm. Kirche getrennt hatten und als Nebenkirche galten. Diese Ausweitung der Ketzerei, die nicht mehr allein als Abfall von der Rechtgläubigkeit, sondern auch als Abfall von der rechtmäßigen Kirche verstanden wurde, führte vorübergehend zur Trennung zwischen der römischen und der afrikanischen Kirche.

In der Gegenwart ist die Bezeichnung als K. weitgehend aus dem theologischen Disput gewichen, auch wenn die Kirchen nach wie vor in ihren
Disziplinarkammern bzw. in der *Kongregation für die Glaubenslehre* über
die Rechtgläubigkeit wachen. Konsequenzen hat häretisches Gedankengut
allerdings in der Regel nur noch für Amtsinhaber, die mit Sanktionen wie das
Lehrzuchtverfahren oder die Amtsenthebung zu rechnen haben. [MV]

Kind → Familie

Kirche (Ekklesiologie) [griech. *ekklesia* »Versammlung, Gemeinschaft«]
Die Lehre von der K. (→ Gemeinde) wird als Ekklesiologie bezeichnet und
ist ein Teil der → Dogmatik bzw. der → Fundamentaltheologie.

Im NT wird die K. vornehmlich in Bildern umschrieben: Paulus charakterisiert sie als »ein Leib mit vielen Gliedern« (1Kor 12), Joh 10 als »Herde mit
dem guten Hirten«, Joh 15 als »Weinstock mit Reben« und 1Petr 2 als ein
»geistliches Haus«, zu dem Jesus den Eckstein bildet. Bezeichnend ist, dass
sich der Ausdruck *ekklesia* im NT überwiegend mit dem Zusatzhinweis »Kirche Gottes« (Apg 20,28; 1Kor 1,2; 1Thess 2,14) findet, wohl nicht nur, um
die Kirche von der profanen Gemeindeversammlung abzugrenzen, sondern
zugleich, um ihre spezifische Wesenheit als Versammlung der an Jesus Christus Glaubenden zu kennzeichnen, die von Gott eingesetzt ist. K. gilt somit als
eine Gemeinschaft, die von den Menschen weder gegründet noch beendet
werden kann. Diesem Verständnis einer *Geistkirche* korreliert von Anfang an
eine *Amtskirche*, die sich auch in Organisationsstrukturen zu erkennen gibt. So
sind beispielsweise in Apg 20,17 »die Ältesten der Gemeinde« erwähnt, Tit 1,5
spricht von eingesetzten »Ältesten« und 1Tim 3,2 verzeichnet das Amt des
»Vorstehers«. In diesem Sinne wird grundlegend zwischen einer unsichtbaren K. (*ecclesia invisibilis*) als Gemeinschaft der Heiligen (*congregatio sanctorum*) und einer sichtbaren K. (*ecclesia visibilis*) als soziale Institution unterschieden. Während die Gemeinschaft der unsichtbaren pneumatischen K.
als Wirken des → Heiligen Geistes letztlich empfangen wird und deshalb eben
nicht in der Verfügung der Menschen liegt, unterliegt die Institution der empirischen K. unterschiedlichen Regelungen, die notwendig sind, um die Verkündigung in der Welt zu gewährleisten, die Verwaltung der Sakramente zu or-
ganisieren und den diakonischen Pflichten nachkommen zu können. Allerdings bedingen beide Dimensionen einander, sie stellen verschiedene Perspektiven der einen K. dar, die nicht voneinander gelöst werden können.
Obwohl häufig von »der« K. gesprochen wird, muss folglich konstatiert werden, dass es kein allgemeingültiges, übergreifendes Kirchenverständnis gibt,
vielmehr stehen sich in diesem Falle konfessionelle Differenzen gegenüber. So
kann konsequenterweise nur von »den« K. die Rede sein, die sich in der Vielfalt von Konfessionen und Denominationen unterscheiden.

Für den Katholizismus definiert das II. Vatikanum:»Die einzige K. Christi, die wir im Glaubensbekenntnis als die eine, heilige, katholische und apostolische bekennen, ... ist verwirklicht in der katholischen Lehre, die im Nachfolger Petri und von den Bischöfen in Gemeinschaft mit ihm geleitet wird.« In dieser Auffassung wird die K. als Institution in den Vordergrund gestellt und weitgehend mit dem pneumatischen Verständnis der K. als Leib Christi gleichgesetzt. Trotz der hierarchischen Leitungsstruktur soll dabei allerdings die Mitverantwortung aller Christen kollegial gefördert werden.

Demgegenüber stellt die protestantische Deutung der K. die Dimension der Geistk. deutlicher in den Vordergrund. In der *Confessio Augustana* heißt es dementsprechend:»Die K. ist aber die Versammlung der Heiligen, in der das Evangelium rein gelehrt und die Sakramente richtig ausgeteilt werden« (CA VII). Mit dieser Beschränkung auf zwei Wesensmerkmale distanziert sich die evangelische Ekklesiologie von den Kriterien der apostolischen Sukzession, des hierarchischen Amtsverständnisses und dem Primat des Papstes. Allein die Verkündigung und die Verwaltung der Sakramente, nicht aber die Ämter, die mehr als Dienst denn als Rang verstanden werden, gehören dort zu den Grundwesenheiten der K., die zugleich das allgemeine Priestertum der herausragenden Bedeutung der Ämter gegenüberstellt. In diesem Ansatz bleibt die konkrete Gestaltungsform der empirischen K. weitgehend offen, so dass die Unterscheidung zwischen Volkskirche, Staatskirche, Freikirche, Beteiligungskirche oder Freiwilligkeitskirche nicht nur Ausdruck protestantischer Pluralität ist, sondern auch immer wieder Anlass zu neuen Einschätzungen und Entscheidungen bietet.

Innerhalb dieser Vielfalt konkreter Ausgestaltungen der empirischen K. bleibt jedoch stets der Anspruch der Einheit. Wenn die K. auf Jesus Christus als den einzigen Grund (1Kor 3,11) verweist, wenn das ntl. Bild von der K. als»Leib Christi« seine Bedeutung nicht verlieren soll, dann kann es diesen Leib auch nur in der Form einer Einheit geben. Die Bestrebungen der → Ökumene verweisen auf die Versuche, auf diese vorgegebene Einheit hinzuarbeiten. Dabei geht es einerseits darum, die verbindenden Wesensmerkmale herauszustellen, ohne gleichzeitig den kleinsten gemeinsamen Nenner als hinreichende Grundlage der K. Jesu Christi ausgeben zu können. Andererseits können die trennenden Differenzen auch nicht einfach als Ausdruck von pluraler Vielfalt zusammengefasst werden, ohne einem Wahrheitsrelativismus Vorschub zu leisten. Die Einheit der K. Jesu Christi »gibt es nur *durch* die Konfessionskirchen hindurch, nicht an ihnen (und der Wahrheitsfrage) vorbei« (H. Pöhlmann, 1975). Der sich zur Zeit anbietende Ansatz dafür ist das»Modell der versöhnten Verschiedenheit« bzw. die Akzeptanz von»Einheit in der Vielheit«. [MV]

Kirche (Kirchenbau) [griech. *kyriake* »zum Herrn gehörend«] Die Deutung des Begriffs K. lässt zunächst offen, ob damit die Gemeinschaft der Christen oder das Gebäude, in dem die Versammlungen stattfinden, gemeint ist. Noch deutlicher tritt diese doppelte Bedeutung in dem ital. *chiesa* und dem frz. *église* hervor, da beide auf den neutestamentlichen Begriff der *ekklesia* zurückgehen, der in erster Linie die versammelte → Gemeinde und erst in zweiter Hinsicht den Raum bezeichnet. Für die K. in der Bedeutung des Gebäudes gilt, dass schon der Bau in seiner Erkennbarkeit, Symbolik und Atmosphäre Anteil an der Verkündigung hat. Dieser Zusammenhang bedarf jedoch der geschichtlichen Entfaltung.

Im Unterschied zum AT, das sich dadurch auszeichnet, dass Gott aus den Kulträumen der Natur herausgeholt wird und seinen Wohnplatz unter den Menschen nimmt (Stiftshütte, Tempel), legt die christliche Gemeinschaft von Anfang an Wert darauf, ihre Versammlungsräume nicht als Wohnstätte Gottes zu verstehen (Apg 7,48: »Der Höchste wohnt nicht in Bauwerken von Menschenhand«). Die umgangssprachliche Bezeichnung »Gotteshaus« für die K. führt insofern also in die Irre. Nicht der Tempel, sondern die Synagoge gibt dabei die Vorlage für die ersten Versammlungsstätten der Christenheit, obwohl für diese Zeit keine allgemeingültigen architektonischen Leitlinien nachweisbar sind.

Als erste öffentliche, repräsentative K. gilt die 313 von Konstantin gestiftete *Lateransbasilika* in Rom. Mit ihr wird im 4. Jh. die römische Bauweise der Basilika (betonte Längsachse, Dreiteilung in Schiff, Querhaus und Apsis) – allerdings in vielfältigen Erscheinungsformen – vorherrschend. Die mehrschiffige Säulenbasilika wird zum Grundtyp des christlichen Kultbaus bis in die Gegenwart. Im 6. Jh. treten zwar Formen der Kreuzbasilika, der Kuppelbasilika und des oktogonalen Zentralbaus an ihre Seite, bleiben dabei aber häufig Memorialbauten vorbehalten. Die durch eine Hervorhebung des Querhauses entstehende Kreuzform als Grundriss der Basilika wird theologisch auf den Leib Christi bezogen, den Inbegriff der versammelten Gemeinde. Die Idealmaße des kreuzförmigen Grundrisses entsprechen dabei dem Verhältnis eines Menschen mit ausgebreiteten Armen. In dieser symbolischen Deutung steht die Apsis bzw. der Chorraum (→ Chor) als Sinnbild für das himmlische Jerusalem.

Eine besondere Bedeutung in der Ausgestaltung der K. kommt den Säulen zu. Schon Gal 2,9 benennt die Jünger als »Säulen der Gemeinschaft« und in Apk 21,14 werden die Apostel auf die zwölf Grundsteine des himmlischen Jerusalem bezogen. Insofern liegt es nahe, in der Gestaltung diesem architektonischen Ausdruck neutestamentlicher *ekklesia* entsprechend Tribut zu zollen.

Im Unterschied zu der alten symbolischen Bedeutung der Säulen ist der für die meisten K. typische Turm erst seit dem 8. Jh. zu finden, da er an die

Funktion des eben erst seit dieser Zeit gebräuchlichen Glockenläutens gebunden ist. Trotz dieser jüngeren Herkunft ist gerade der Turm zum wohl wichtigsten äußeren Kennzeichen der K. geworden, das symbolisch die Erde mit dem Himmel verbindet.

Zentraler Punkt in der Innenausstattung ist der → Altar, der bis zum 6. Jh. noch vor der Apsis im Kirchenschiff untergebracht war. Erst mit der Umgestaltung der alten St. Peterskathedrale in Rom durch Papst Gregor d. Gr. wurde er in die Apsis verrückt und damit auch aus dem unmittelbaren Bereich der Gemeinde entfernt. Insofern entspricht es durchaus altkirchlichen Vorstellungen, wenn neuerdings neben dem Hochaltar im Chorraum ein weiterer Altartisch für die Eucharistie im Kirchenschiff positioniert wird.

Die Ausrichtung der K. nach Osten, der Himmelsrichtung der aufgehenden Sonne (vgl. Lk 23,45), des Paradieses und der erwarteten Wiederkehr des Auferstandenen (Mt 24,27) war zunächst aus einer Abgrenzung heraus entstanden: Da die Synagogen auf den Tempel in Jerusalem zentriert waren, trat nun die Ostorientierung als Ausdruck der Ausrichtung auf ein »himmlisches Jerusalem«. Allerdings galt diese Himmelsrichtung in den konstantinischen Bauten zunächst dem Eingang, so dass der in der Apsis sitzende Bischof durch die Eingangstür auf die Sonne ausgerichtet war, während sich die Gemeinde zum gemeinsamen Gebet umdrehen musste. Erst mit der Verlagerung des Altars in den Chorraum fanden sich Bischof und Gemeinde in gemeinsamer Ausrichtung zum Altar, so dass die K. nun allgemein mit der Apsis nach Osten gerichtet wurden. Die Lichtsymbolik wurde durch die Fenster in der Apsis unterstrichen.

Mit der Reformation und dem II. Vatikanischen Konzil beginnt eine Rückbesinnung auf die K. als gemeindliche Versammlungsstätte. In welch unterschiedlichster Weise die K. im späten Mittelalter genutzt wurden, verdeutlicht die Anlage der St. Marienkirche Lübeck, die nicht nur eine Briefkapelle des Stadtschreibers, eine Bürgermeisterkapelle für Audienzen und die Schatzkammer des Rates der Hansestadt beinhaltet, sondern auch für die Sitzungen des Hanserates schon im 17. Jh. eine herausragende Bedeutung als nicht liturgisch gebundener Konzertraum hatte (Abendmusiken, → Musik). Demgegenüber trat M. Luther für eine radikale Beschränkung der K. auf ihre gottesdienstliche Funktion ein. In seiner Predigt zur Einweihung der Schlosskirche in Torgau (1544) fordert er für die K., »dass nichts darin geschehe, denn dass unser lieber Herr mit uns rede durch sein heiliges Wort und wir wiederum mit ihm reden durch Gebet und Lobgesang«. Diese Konzentration auf den Gottesdienst (genauer: Predigtgottesdienst) brachte auch für die Gestaltung der Kirchenräume Veränderungen mit sich. Ab dem 16. Jh. wird die Ausstattung mit Kanzeln und Sitzbänken üblich, in einigen Bereichen setzt sich der Kanzelaltar durch, der schon in der Raumgestaltung das verkündete Wort als Zentrum ausweist, und das Taufbecken wird vielerorts vom

Eingang in den Chorraum verrückt. Der Bilderstreit führt indes hauptsächlich in den durch Zwingli und Calvin dominierten Gebieten zur Vernichtung der Illustrationen im Kirchenraum und zu Zerstörungen von Orgeln. Im 20. Jh., besonders seit den 60er Jahren, werden unter dem Anliegen, das Gebäude auch über den Sonntagsgottesdienst hinaus für gemeindliche Aktivitäten nutzbar zu machen, K. als Zweckbauten errichtet, multifunktionale Einrichtungen, in denen Sakralraum und Gemeindehaus integriert sind. Diese effektivere Nutzung des Raums weckt jetzt jedoch wieder die Sehnsucht nach einem besonderen, »heiligen« Raum, der inmitten des Alltags die Möglichkeit zum Rückzug in Stille, Gebet und Andacht ermöglicht. Der Geist der alten Kathedralen, die zugleich Zentrum der Kunst, des Kults, aber auch der Wissenschaft und der politischen Versammlung waren, gewinnt an Attraktivität und wird zum Vorbild für Stadtkirchenprojekte, die sich als »Kulturorte der Urbanität« verstehen und die K. wieder als Mittelpunkt des Ortes positionieren wollen. [MV]

Kirchengeschichte   Die Frage, was K. inhaltlich ausmache und wie deren wiss. Erforschung zu betreiben sei, ist gegenwärtig strittig. Daher resultieren Versuche, die Schwierigkeiten per definitionem zu umgehen, indem man nämlich Kirche als eine Erscheinung sui generis betrachtet. So kann von der Kirche als heilsgeschichtlicher Größe die Rede sein. Entsprechend wird die K. zu einer »Geschichte des Reiches Gottes«, zu einer »Geschichte der Auslegung der Heiligen Schrift«, zur Geschichte des »in der Welt fortwirkenden Christus«. Mit dergleichen Definitionen geht zugleich eine stoffliche Beschränkung wie auch eine inhaltliche Konzentration einher. Goethes Verdikt von der K. als »Mischmasch von Irrtum und Gewalt« scheint damit umgangen. Doch sind die Probleme weniger gelöst als vielmehr verdrängt. Nur mit Wehmut vermag sich der Kirchenhistoriker von heute an die Anfänge seiner Disziplin – etwa bei Euseb von Cäsarea – zu erinnern.

Seit dem 17. Jh. entwickelte sich die K. zu einer eigenständigen Disziplin innerhalb der theologischen Fakultäten. In der Aufklärung wurden dazu profanhistorische, d.h. historisch-kritische Methoden übernommen, um tendenziöse Darstellungen möglichst zu vermeiden. J. L. Mosheims *Institutiones historiae ecclesiasticae* (1726) sind epochemachend und stehen am Anfang illustrer kirchenhistorischer Werke. Analog zur sog. profanen Geschichte, zu der die K. in einem Interdependenzverhältnis steht, wurde der jeweiligen Besonderheit der Epochen durch Aufteilung in Arbeitsgebiete (Alte Kirche, Mittelalter, Reformation, Neuzeit) Rechnung getragen. Ein Prozess, der sich durch weitere Differenzierung bis in die Gegenwart fortsetzt.

Mit der Forderung einer ökumenischen Kirchengeschichtsschreibung (Benz, Latourette u.a.) verbindet sich sowohl ein berechtigtes Anliegen der Gegenwart als auch die Gefahr des Uferlosen – dieses umso mehr, wenn ein enger Kirchenbegriff aufgegeben wird und die K. in Menschheits- bzw. Universalgeschichte aufgeht. Hinzu kommt, dass dergleichen Aufgaben bestenfalls noch in Teamarbeit zu bewältigen wären – mit all den damit verbundenen Problemen. Richtungweisend in dieser Hinsicht ist immerhin die in Kooperation von 21 Wissenschaftlern erarbeitete dreibändige *Ökumenische Kirchengeschichte* (1970–1974), die inzwischen in veränderter und ergänzter 5.Auflage erschienen ist. Das Gleiche gilt für die auf 14 Bde. veranschlagte *Geschichte des Christentums. Religion, Politik, Kultur*, die kollegial von Kirchen- und Profanhistorikern unter Leitung von J.-M. Mayeur erarbeitet wird (dt. Ausg. Freiburg 1991ff.). Unausweichlich scheint nach den bisherigen Erfahrungen die Forderung nach einem differenzierten Begriff der → Ökumene nahe zu liegen, insofern, als traditionell nationale und regionale Entwicklungen wieder ernst genommen werden, ohne dass die Frage nach der Vielfalt in Einheit aufgegeben ist. [GB]

Kirchenjahr   Der christliche Kalender bestimmt nach wie vor unsere Zeitrechnung (→ Zeit), kirchliche → Feste markieren den Ablauf des Kalenderjahres. Auch wenn der religiös-kirchliche Inhalt von → Weihnachten und → Ostern inzwischen weitgehend im öffentlichen Bewusstsein verloren ging, werden diese Feste, von säkularen Vorstellungen überlagert, weiterbestehen.

Zur Bezeichnung K. gibt es Alternativen: christliches, geistliches, liturgisches Jahr, Jahr des Heils, des Herrn, Christusjahr. Damit wird abgehoben vom sog. weltlichen, bürgerlichen Jahr. Doch ist der Begriff K. am gängigsten. Ebenso eingebürgert hat sich dessen Beginn mit dem 1. → Advent, obwohl die Geschichte der Kirche auch andere Datierungen kannte und noch kennt: Ostern (in Frankreich bis zum Ende des 15.Jh.), Weihnachten (in Deutschland und Skandinavien), Verkündigung des Herrn am 25. März (in Italien und Trier), 1. September in der Ostkirche. Allein schon aus dieser Verschiedenheit geht hervor, dass das K. eigentlich keine Chronologie des Lebens Jesu darstellt und schon gar nicht kosmischen bzw. naturhaften Zyklen unterworfen ist. Frühling, Sommer, Herbst und Winter, Saat und Ernte, Tag- und Nachtgleiche, Sonnenwende spielen bei seiner Ausgestaltung keine Rolle. Das K. will an das Heilsgeschehen, das sich mit Jesus Christus verbindet, erinnern. Mehr noch: Es will dieses vergegenwärtigen. Dazu bedarf es eigentlich keiner besonderen heiligen Zeiten. Der Tag des Herrn war und bleibt der Sonntag. Die Reformierte Kirche z.B. erinnerte sich immer wieder der Warnung, wegen eines »bestimmten Feiertages, Neumondes oder Sabbats« ein schlechtes Gewissen zu riskieren (Kol 2,16). Und auch die anderen Kirchen der Reformation haben aus der Fülle des K. gestrichen, besonders was die Überlagerung der eigentlichen Christusfeste durch Marienfeste und Heiligentage angeht.

Dabei hatte die Chronologisierung des Heilsgeschehens selbst verhältnismäßig spät eingesetzt, was damit zusammenhing, dass der Glaube an die baldige Wiederkunft Christi die Menschen daran hinderte, sich in der Welt einzurichten. Dies auch, was die Chronologie anging.

Diese war durch den jüdischen Kalender vorgegeben, der für die Alte Kirche allerdings immer mehr an Bedeutung verlor. Wichtiger waren die Vorgaben der römischen Administration. Hier galt, nachdem Julius Caesar 46 v.Chr. den alexandrinischen Astronomen Sosigenes mit einer Kalenderreform beauftragt hatte, eine Zeitrechnung, die nahezu identisch ist mit der uns noch heute geläufigen. U.a. wurde der Jahresbeginn vom 1. März auf den 1. Januar verlegt. Schließlich zählte man in Rom die Jahre *ab urbe condita*, nach den Regierungszeiten der Konsuln und Kaiser. In diesem zeitlichen Rahmen bewegten sich auch die Christen und waren damit auch in dieser Hinsicht Bürger wie alle anderen. Als dann aber aus einer Sekte eine ökumenische Kirche wurde, dazu noch staatlich sanktioniert, verloren alle bisherigen Bezugspunkte ihre Gültigkeit. Jetzt, Anfang des 6. Jh., rechnete man vor und nach Christi Geburt – *ante* und *post Christum natum*. Das Jahr nach dem Julianischen Kalender war nun ein Jahr des Herrn, *annus domini*. Unter der Ägide Konstantins d. Gr. wurde sowohl das Weihnachtsfest - anstelle des Festes der unbesiegbaren Sonne (*sol invictus*) am 25. Dezember eingeführt als auch auf dem Konzil von Nicäa (325) der Ostertermin auf den ersten Sonntag nach dem Frühlingsvollmond festgelegt. Beide Feste entwickelten fortan eine Eigendynamik, so dass sich liturgische Vor- und Nachzeiten anschlossen.

Fußend auf lukanischen Angaben entstanden in der Folgezeit das Himmelfahrts- und das Pfingstfest.

Bestand das christliche Jahr zunächst nur aus diesen Hauptfesten, so kamen im weiteren Verlauf der Geschichte noch andere Feiertage hinzu: Epiphanias, Trinitatis, Fronleichnam, Herz Jesu, Christkönig, Verklärung Christi, Namen Christi, Heilige Familie. Wiederum andere Festtage bezogen sich auf Maria und Heilige. Ihre Zahl war im ausgehenden Mittelalter schließlich so angewachsen, dass sie den christologischen Grundbestand an Festen überlagerten. Verschiedene Sonntage erhielten sprechende Namen, die zum größten Teil auf einen biblischen Text verwiesen. Vor der Passionszeit waren dies: Septuagesimae, Sexagesimae, Estomihi; in der Passionszeit: Invokavit, Reminiscere, Okuli, Lätare, Judika, Palmsonntag, Gründonnerstag, Karfreitag; und nach Ostern: Quasimodogeniti, Misericordias Domini, Jubilate, Rogate, Exaudi. Wobei sich im Ganzen jedoch eine Verlegenheit zeigte, was die Zeit nach Trinitatis bis zum 1. Advent angeht. Obwohl im Oktober und November Erntedank, der Reformations- und Bußtag sowie der Totensonntag hinzukamen, blieb diese Zeit weitgehend frei von Festen. Die Sonntage wurden einfach nummeriert, so dass je nach Ostertermin 22 bis 27 Sonntage gezählt werden. Im äußersten Fall kann dies dazu führen, dass der 4. Advent und der Heilige Abend zusammenfallen.

Die meisten kirchlichen Feiertage haben ihren Sinn im öffentlichen Bewusstsein eingebüßt. Selbst der Sonntag, als die Keimzelle aller Festtage und obwohl verfassungsrechtlich geschützt, hat infolge von Strukturveränderungen in der Arbeitswelt und entsprechend dem modernen Freizeitverhalten eine andere Bedeutung als früher. [GB]

Kirchenlied Obwohl sich der Begriff K. erst im 17. Jh. etablierte und wesentlich durch das Anliegen der Reformatoren, die lateinisch gesungene → Liturgie durch einen deutschsprachigen Gemeindegesang zu erweitern, geprägt worden ist, wäre es doch verfehlt, die Geschichte des K. auf die nachreformatorische Zeit zu beschränken und sie als ein ureigenes protestantisches Phänomen zu betrachten. Einerseits spricht schon oberflächlich betrachtet die Zahl und ständige Zunahme der ökumenischen Lieder gegen eine solche protestantische Verengung, andererseits reichen die Wurzeln des K. weit in das Mittelalter zurück (→ Choral), ja mit nicht geringer Plausibilität kann sogar behauptet werden, das K. sei genauso alt wie die → Kirche selbst, ist doch aus der Urgemeinde eine Gesangspraxis bekannt, die sowohl auf den Kultus der Synagoge wie auf die Musikpraxis des AT zurückgeht (→ Musik).

Auch Luther sprach sich zwar für ein deutschsprachiges Lied im Gottesdienst aus, wollte dieses jedoch weniger als Ersatz denn als Ergänzung der lateinischen Gesänge interpretiert wissen: »Ich wollte …, dass wir viel deutsche Gesänge hätten, die das Volk unter der Messe sänge, oder neben dem Graduale, auch neben dem Sanctus und dem Agnus Dei« (*Formula missae et communionis*, 1523).

Nicht weniger problematisch ist es, das K. aus seiner Funktion und seinem Wirkungskreis zu definieren. Die naheliegende Möglichkeit, von einer in der Kirche bzw. im Rahmen des Gottesdienstes gesungenen poetischen Kurzform auszugehen, scheitert an der Tatsache, dass selbst ein Großteil der in den Gesangbüchern enthaltenen Lieder eben nicht im gottesdienstlichen Kontext beheimatet, sondern aus der häuslichen Andacht bzw. der privaten Frömmigkeit hervorgegangen ist und erst über den Umweg einer besonderen Popularität in den Kanon des Gesangbuchs aufgenommen wurde. Insofern erscheint es einerseits geraten, das K. von den Traditionen des Chorals und anderen lateinischen liturgischen Gesängen abzusetzen, andererseits aber gerade die biblischen Wurzeln des Gemeindegesangs wieder stärker hervorzukehren.

Tatsächlich ist das Singen des frommen Menschen ein ursprünglicher Ausdruck religiösen Verhaltens, der schon zu biblischen Zeiten einen außerordentlichen Rang einnimmt. Nach Ps 51,17f. (vgl. Hos 14,3) kann das gesungene Gotteslob als klingendes Opfer gewertet werden, das an die Stelle des Tieropfers tritt. Aber auch im AT stehen die Lieder keineswegs ausschließlich im Zusammenhang mit dem Kult, daneben sind ebenso Klagelieder, Siegeslieder, Liebeslieder und Preislieder vertreten, die dem Einzelnen und nicht der versammelten Gemeinde zugeordnet sind. Das Singen im AT ist als eine spezielle Zuwendung zu Gott zu verstehen, die eine höhere Stufe der Sprachbehandlung (poetisch, rhythmisch, skandierend) erfordert. Im urchristlichen Gottesdienst wird diese Tradition des Singens als Ausdruck der Hinwendung zu Gott fortgeführt (1Kor 14,26). Gleichzeitig aber wird der schon im Psalter geprägte Ausdruck des neuen Liedes (Ps 96 u.a.) eschatologisch umgedeutet und auf den erschienenen Messias bezogen (→ Magnifikat).

Im Brief an die Kolosser (3,16, parallel Eph 5,19), auf den auch Luther in seiner Konzeption einer Theologie der Musik zurückgreift, erscheint der Gemeindegesang differenziert nach Psalmen, Lobgesängen und geistlichen Liedern, und auch in der Funktion wird nun die didaktische Funktion des Singens als Ermahnung und Belehrung hervorgehoben.

In der Zeit des Pietismus und der lutherischen Orthodoxie entstanden zahlreiche neue K. vor allem aus dem Bedürfnis, die subjektive Erlebnissphäre der individuellen Frömmigkeit stärker zu betonen. Diese Lieder, die noch immer einen großen Teil der gegenwärtigen Gesangbücher ausmachen, waren indes weniger für den Gottesdienst als vielmehr für den gelebten Glauben im Alltag und die häusliche Andacht konzipiert. Erst mit Aufkommen des Historismus und unter starkem Einfluss von Herder begann eine Neuorientierung, die sich wieder mehr dem biblischen Wort und den Liedern der Reformationszeit widmete und, vor allem unter dem Einfluss der Theologie Barths, zu dem Anspruch einer – theologisch nicht unumstrittenen – Verkündigung durch Musik und Gesang führte.

Trotz dieser reichhaltigen Geschichte des K. kann das 20. Jh. als das eigentliche Zeitalter der Gesangbücher angesehen werden. 1915 entstand das erste Einheitsgesangbuch, das dann in die Provinzialgesangbücher einging. In den 50er Jahren wurde schließlich in den ev. Landeskirchen das *Evangelische Kirchengesangbuch* (EKG) eingeführt, in dem man sich auf einen einheitlichen Stammteil mit variierenden landeskirchlichen Anhängen geeinigt hatte. Aber auch dieses EKG erschien schnell als überholt, vor allem, weil aus den Kirchentagen ein neues Liedgut an die Öffentlichkeit drang, das sich im stärkeren Maße als bisher dem populären Musikgeschmack öffnete und deutlich vom Jazz, der Schlagermusik und der populären Folklore beeinflusst war.

Nach über 20jähriger Arbeit konnte 1994 ein neues verbindliches *Evangelisches Gesangbuch* (EG) eingeführt werden, das nicht nur im Titel auf den einengenden kirchlichen Kontext verzichtete, sondern auch mit einem erheblich größerem Umfang (535 Lieder im Stammteil statt der 394 im EKG) und einem deutlichen Schwergewicht im Bereich ökumenischer Lieder (zum Teil mehrsprachig und mehrstimmig) aufwartet.

Parallel zu den Arbeiten am EG bemühte sich die römisch-katholische Kirche schon seit Anfang der 60er Jahre um eine Überarbeitung des K. und konnte auf dem II. Vatikanum (*Constitutio de Sacra Liturgia* 1963) im Jahr 1975 mit dem *Gotteslob* ein Einheitsgesangbuch präsentieren.

Heute wird im Umgang mit dem K. vor allem das Singen als Tun der Gemeinde, als ein praktisch und sinnlich sich vollziehender Ausdruck des Glaubens, der über die kognitive Vermittlung von Inhalten hinausgeht, betont. [MV]

Kirchenmusik → Musik

Kirchenrecht Dass die Kirche in eigener Verantwortung mit eigenem Recht ihre inneren Angelegenheiten regelt, ist in Deutschland erst im 20. Jh. realisiert und ausdrücklich in der Weimarer Verfassung (1919) wie im Grundgesetz (1949) festgehalten. Vorausgegangen waren wechselnde Beziehungen zwischen Staatsmacht und Kirche, beginnend mit Duldungen und Verfolgungen im Römischen Reich. Nach der Privilegierung der kath. Kirche durch Konstantin d. Gr. im 4. Jh. verlagerten sich nunmehr in einem sog. christlichen Staat die Antagonismen. Fortan stritten Papst und Kaiser mit wechselndem Erfolg um die Führung im Reich. Die Methoden waren auf beiden Seiten politisch, wie sich auch in der Terminologie (*auctoritas, constitutio, crimen, decretum, delictum, edictum, ius, lex mandata, potestas, provocatio, relatio* etc.) eine große Übereinstimmung zeigte. Herausragende Vertreter des sog. Cäsaropapismus waren u.a. im Westen Karl d. Gr. und im Osten Justinian, während andererseits viele Päpste eine sog. Papaltheokratie verfolgten. Die tatsächliche Vermengung weltlicher und kirchlicher Interessen wie Kompetenzen manifestiert schon allein die Einheit des Abendlandes. Die Kurfürsten von Mainz, Köln und Trier z.B., also Bischöfe, wählten den Kaiser. Auf den Bann aus Rom folgte die Reichsacht (Luther). Dass staatsbürgerliche Rechte unabhängig von einem Religionsbekenntnis galten, wurde erst im 19. Jh. praktiziertes Recht.

Bei der Usurpierung weltlichen Rechts durch die Kirche waren häufig Fälschungen (z.B. Konstantinische Schenkung) im Spiel. Ihr eigenes Recht – durch Päpste verabschiedet auf Synoden, verkündet durch Kirchenlehrer – wurde gesammelt (z.B. im sog. Pseudo-Isidor des 9. Jh., im Decretum Gratiani um 1140) und als solches *corpus iuris canonici* tradiert. Aus ihm entstand 1917 der *Codex iuris canonici* (CIC), der wiederum 1983 durch ein weitgehend neues Gesetzeskompendium (ebenfalls CIC) abgelöst wurde. Die seit den 60er Jahren intendierte *Lex fundamentalis* der kath. Kirche, eine Art Grundgesetz, wurde jedoch bis heute nicht realisiert.

Luthers Reformation begann geistlich. Sinnbildlich dafür ist die Verbrennung der Bannandrohungsbulle und des Kanonischen Rechtes. Sie endete indes in kirchenrechtlich verfassten Ordnungen, obwohl noch die → *Confessio Augustana* (Art. 28) verkündet hatte, dass das bischöfliche Amt »sine vi humana, sed verbo« (nicht auf menschliche Kraft, sondern auf das Wort) aufbaue. In der Reformierten Kirche hatten Rechtsfiguren wie z.b. der politische Widerstand von jeher Gewicht. Nicht von ungefähr betont die dritte der *Barmer Thesen* (1934), dass geistliches und weltliches Recht nicht voneinander zu trennen seien.

Inwieweit die Kirche überhaupt unter rechtlichem Aspekt zu sehen sei, ist nicht erst eine Frage der Neuzeit, wie z.B. Reformbewegungen des Mittelalters (u.a. Cluny) zeigen. Hier ist sie allerdings umso nachdrücklicher erhoben worden. Feststellungen, wonach das K. zum »Wesen der Kirche im Widerspruch« (R. Sohm) stehe, dass diese vielmehr eine »anarchische Liebesgemeinschaft« (G. Radbruch) sei, fanden und finden immer wieder Zuspruch. Die dialektische Auskunft Barths, wonach das K. sogar für alles andere Recht vorbildlich sein könne, löst den Begriff ebenso auf. Im Gegenteil, auch kirchl. Recht bleibt der Rechtsidee, allgemein anerkannten Grundsätzen zu folgen, verpflichtet.

Die Entstehung eigenen kirchlichen Rechts ist weniger auf formelhafte Wendungen in der Bibel zurückzuführen, obwohl diese unverkennbar sind. Danach ist Gott ein solcher des Rechtes (Jes 30,18). Und an sein Volk ergeht die Mahnung: »Sorgt für das Recht!« – d.h., kümmert euch um die Unterdrückten, Waisen und Witwen (Jes 1,17). Schließlich »erhöht Gerechtigkeit ein Volk« (Spr 14,34). Der Schlüsselbegriff in Luthers Theologie war immerhin die Rechtfertigung (*iustificatio*). Dennoch muss man vordergründig soziologische Gründe für die rechtliche Ausgestaltung der Kirche annehmen. Wo das Christentum sich immer weiter ausbreitete, die Gemeinden immer größer wurden, stellten sich automatisch Probleme familiärer, wirtschaftlicher, sozialer und eben auch juristischer Art ein (Aufnahme in die Kirche, Gottesdienstordnung, Armen- und Krankenfürsorge, Kirchbauten, Friedhöfe, Gemeindekassen etc.). Die Christen waren Bürger im Römischen Reich, genossen den Schutz seiner Gesetze und hatten entsprechend Pflichten. So wurden z.B. Ehen weiterhin nach röm. Recht geschlossen, wenn auch im begleitenden Gottesdienst deren Unauflöslichkeit betont und an die gegenseitige Treue der Eheleute appelliert wurde. Auch im Zivil- und Strafrecht waren die Christen gesetzestreu, wobei von besonderem Gewicht ihre Stellung zu heidnischen Festen, zum Opfer- und Kaiserkult sowie zum Militärdienst war. Im modernen Staatskirchenrecht nehmen die Kirchen Deutschlands insofern eine Sonderstellung ein, als zum einen (Art. 147 Weimarer Verf.) keine »Staatskirche« besteht, wie z.B. in Skandinavien, zum andern Kirche und Staat aber auch nicht rigoros getrennt sind, wie z.B. in Frankreich oder in den USA. Dieses Verhältnis einer »sanften Trennung« auch im vereinten Europa gewahrt zu wissen ist das Interesse der großen Kirchen. Mit der Wiedervereinigung ergab sich u.a. das Problem, dass die einst aufgrund volkskirchlicher Verhältnisse geschaffenen Artikel 149 (Weimar) und 7 (GG) nun auch auf die neuen Bundesländer übertragen wurden, obwohl dort die Zahl der Kirchenmitglieder in 40 Jahren kommunistischer Herrschaft drastisch zurückgegangen war. Als in Brandenburg mit Rücksicht auf diese Situation und unter Verweis auf die Meinungsfreiheit der Bürger ein neues Schulfach LER (Lebensgestaltung – Ethik – Religionskunde) statt eines ordentlichen Lehrfaches Religionsunterricht lt. Verfassung eingeführt wurde, erhoben die Kirchen Klage beim Bundesverfassungsgericht. Als Gegenargument wird angeführt, dass der Staat auf diese Weise seine weltanschaulich-religiöse Neutralität verletze und dass formal die Ausnahmeregelung nach Art. 141 GG – bislang für Bremen und Berlin geltend – nicht greife, weil die neuen Bundesländer in ihren Grenzen wirklich neu seien. Eine endgültige juristische Klärung der Fragen steht bislang noch aus.

Als Körperschaften des öff. Rechts können die »Religionsgesellschaften« (1919) bzw. die »Religionsgemeinschaften« (1949) öffentlich-rechtliche Dienstverhältnisse begründen, selbst Steuern erheben, wobei sie aufgrund tradierten Rechtes auch noch sog. Staatsleistungen empfangen. Schließlich sind sie keiner spezifischen Körperschaftsaufsicht unterstellt. Durch Konkordate und sog. Staatskirchenverträge sind selbst verfassungsrechtliche Bestimmungen noch einmal vertraglich abgesichert (Erhalt der Theol. Fakultäten, der kirchlichen Schulen, des Religionsunterrichts etc.). Eine Besonderheit ist dabei die erklärte Beauftragung der Kirchen, woraus deutlich wird, dass der Staat hinsichtlich einer tranzendentalen Begründung seiner grundlegenden Werte über sich hinausweist, sich nicht für kompetent hält. Insofern verhält er sich tatsächlich säkular bzw. religiös neutral. [GB]

Kirchensteuer Bereits in der ersten Hälfte des 19. Jh. entwickelte sich in einigen Staaten des Reiches das sogenannte Kirchensteuerrecht, da durch die Staatsleistungen und die eigens erwirtschafteten Erträge inklusive Spenden und dergleichen die steigenden Kosten nicht abgedeckt werden konnten (→ Geld). Zur Zahlung von Steuern an eine bestimmte Kirche wurde verpflichtet, wer Mitglied derselben war. Als eine Errungenschaft galt seit der Mitte des 19. Jh., dass die staatsbürgerlichen Rechte nicht mehr an die Mitgliedschaft in einer der reichsrechtlich anerkannten Kirchen – ev.-luth., reform., röm. kath. – gebunden waren. Die Bestimmungen der WRV (Art 137 Abs 6) vermeiden den Begriff K. ebenso wie den der Kirche. Stattdessen ist von Religionsgesellschaften die Rede. Ausdrücklich wurden die Kirchen – sprich Religionsgesellschaften – in den Artikeln 136ff. als Körperschaften des öffentlichen Rechts anerkannt. Ihr Besitzstand und ihre Vermögensrechte wurden garantiert, dazu das Recht auf Erhebung von Steuern gemäß den bürgerlichen Steuerlisten, und schließlich wurden die staatlichen Leistungen fortgeschrieben. Seitdem wird die K. als Zuschlag zur Lohn- bzw. Einkommenssteuer erhoben, z.Zt. mit einem Hebesatz von acht bzw. neun Prozent, je nach Landeskirche. Sie ist die Haupteinnahmequelle und macht, periodisch schwankend, 50 bis 70 Prozent des gesamten Kirchenhaushaltes aus. Dieses einzig in Deutschland praktizierte System hat seine Vor- und Nachteile. Die Kirchen profitieren durch den Dienst der staatlichen Finanzbehörden, die für sie »lautlos« die Steuer kassieren – gegen einen Verwaltungsaufwand von drei bis vier Prozent. Die Einnahmen sind dadurch allerdings an konjunkturelle Entwicklungen gekoppelt, positiv wie negativ. Wer arbeitslos ist, zahlt wenig K., auch ist die K. abhängig von der staatlichen Finanzpolitik, was besonders gravierend sein kann, wenn staatliche und kirchliche Zielvorstellungen auseinander klaffen, und schließlich schmälern Kirchenaustritte das Steueraufkommen.

Zur Zahlung verpflichtet ist – unabhängig vom Alter –, wer einer Kirche angehört. In der Regel wird die Mitgliedschaft durch die Taufe begründet. Sie setzt weiterhin den Wohnsitz in Deutschland voraus. Wer als in der Bundesrepublik wohnender Ausländer der röm.-kath. Kirche oder einer der in der Leuenberger Konkordie zusammengefassten 81 Kirchen angehört, ist kirchensteuerpflichtig. Von der Zahlung befreit ist, wer vor staatlichen Ämtern (Amtsgericht, Standesamt) schriftlich seinen Austritt erklärt. Der Verweis auf eine gesplittete Mitgliedschaft, wonach man zwar die Zahlung verweigert, der Kirche aber im Glauben die Treue bewahrt, hatte vor Gerichten keinen Bestand.

Für den Unterhalt sozialer Einrichtungen – z.B. Kindergärten, Altenheime, Diakoniestationen, Beratungsstellen, Schulen und Hochschulen – erhalten die Kirchen staatliche Zuschüsse in Höhe von 70 bis 80 Prozent der Kosten, Grundlage hierfür ist das Prinzip der Subsidiarität, nach dem der Staat Aufgaben an die Kirchen delegiert, von denen er annimmt, dass sie von diesen traditionell besser wahrgenommen werden können. So ist denn auch in diesem Zusammenhang vom »Öffentlichkeitsauftrag« der Kirchen die Rede, wie auch die Verträge zwischen Staat und Kirche (Niedersachsen 1955, Schleswig-Holstein 1957 und Hessen 1960) unterstreichen. Zu den Negativleistungen des Staates an die Kirchen gehört auch, dass diese von der Körperschafts-, Vermögens-, Grund- und Erbschaftssteuer befreit sind. [GB]

Kirchenväter Sammelbezeichnung für die Lehrer der → Alten Kirche, die über einen Zeitraum von mehr als 500 Jahren entscheidend für die Entfaltung der christlichen Lehre gewirkt haben und deren Zeugnisse in der theologischen Disziplin der Patristik behandelt werden. Die Theologie der K. gilt neben den Schriften der Bibel als die wohl wichtigste Quelle für die

Glaubenslehre. Im engeren (dogmatischen) Sinne werden nur diejenigen unter der Rubrik der K. zusammengefasst, die als rechtgläubig gelten, während in einem weitergehenden Verständnis aus historischen Gründen alle Schriftsteller der Alten Kirche als solche bezeichnet werden. Durchaus strittig kann folglich die Frage entschieden werden, ob es sich bei Personen wie Tertullian, der zwar auf die Entwicklung der Theologie der Alten Kirche Einfluss ausübte, jedoch um 207/08 mit der Kirche brach und zum Montanismus übertrat, um K. handelt. Ähnliches gilt für Origenes, der einerseits das erste theologische System ausarbeitete, andererseits aber 399 von der Kirche als Ketzer ausgeschlossen wurde. Eine besondere Bedeutung haben die K. für die Entwicklung der altkirchlichen → Bekenntnisse im 4. und 5. Jh., in der kath. Kirche wird die Zeit der K. mit Isidor von Sevilla († 633) abgeschlossen, in der Orthodoxie gilt allgemein Johannes von Damaskus († 750) als letzter Kirchenvater.

Für die Kirchen der Reformation besitzen die Schriften der K. nicht den Status einer Norm für die Glaubenslehre, da die Berufung auf die Schriften der Bibel (*sola scriptura*) den Lehrtexten der Alten Kirche eine sekundäre Bedeutung zuweist. Dennoch gelten nicht nur die durch die K. erarbeiteten altkirchlichen Bekenntnisse als verbindlich, sondern auch die Theologie der K. erfährt in jüngster Zeit immer mehr Aufmerksamkeit. Diese neuere Beachtung ist vor allem auf das hermeneutische Interesse zurückzuführen, wobei den K. eine entscheidende Rolle in der Vermittlung zwischen der biblischen Botschaft und deren Aufnahme in den unterschiedlichen kulturellen Kontexten der ersten Jahrhunderte christlicher Theologie zukommt. [MV]

Klerus → Kloster

Kloster [lat. *claustrum* »das Geschlossene«] Spezielle Orte, die Angehörigen eines Ordens, einer Kommunität oder einer andersartigen religiösen Gemeinschaft als Refugium dienen, sind keine Besonderheit der christlichen Tradition, aber eng mit ihr verbunden. Vor allem im → Buddhismus, → Hinduismus und Taoismus ist das K. weit verbreitet. Als K. wird allgemein ein Gebäudekomplex verstanden, der als geistliche Enklave in der Welt errichtet wird und somit in der Spannung steht, einerseits das Weltgeschehen religiös zu interpretieren und zu gestalten, sich andererseits aber auch nicht an die Welt zu verlieren. Historisch geht das K. in seiner Entstehung auf den Zusammenschluss einzelner Eremiten zurück, die sich seit dem 4. Jh. vornehmlich in Ägypten und Syrien aus den Metropolen in die Wüste zurückgezogen hatten. Um ungeachtet der selbst gewählten Isolation dennoch einen Schutz vor Angriffen zu haben und auch um zumindest den Gottesdienst gemeinsam feiern zu können, entwickelten sich diese Zusammenschlüsse zunehmend in gemeinsam nutzbaren Gebäuden (Kirchen, Kapellen,

Schutzmauern etc.). Im Unterschied zu diesen Einsiedlerkolonien des Orients (Anachoretentum) ist die Entwicklung des K. im Westen von Anfang an mit dem Ideal des gemeinsamen Lebens unter dem Aspekt der Askese verbunden (Koinobitentum) und an spezifische Regeln des klösterlichen Zusammenlebens gebunden (→ Mönchtum). Maßgeblich für diese Ordnung des Klosterlebens war die *Regula Benedicti* des Benedikt von Nursia (ca. 490–560), die neueren Forschungen zufolge eine Überarbeitung der etwas älteren *Regula Magistri* darstellt. Grundsätzlich basiert das Leben in der Gemeinschaft des K. auf den Prinzipien der sogenannten »Evangelischen Räte« (Armut – Keuschheit – Gehorsam), denen sich die Angehörigen des K. auf Lebenszeit verpflichten.

Die »Geschlossenheit« (*Klausur*), der das K. den Namen verdankt, ist doppeldeutig: Zum einen wird damit die formelle Abgeschiedenheit bezeichnet, die sich am deutlichsten durch die Klostermauer zu erkennen gibt. Der Raum hinter dieser Mauer, der im Notfall zwar auch Schutz für die Bevölkerung bieten konnte, im Prinzip jedoch nur den auf das Leben im K. verpflichteten Menschen zugänglich ist, birgt die eigentliche Anlage des K. Sie besteht in der Regel aus den folgenden Teilen: Kirche (*oratorium*), Speiseraum (*refectorium*), Schlafraum (*dormitorium*), Küche (*coquina*), Bibliothek (*bibliotheca*), Versammlungsraum (*capitelsaal*), Sprechzimmer (*parlatorium*), Wärmestube (*calefactorium*), Gastraum (*cella hospitum*), Raum der Novizen (*cella novitiorum*), Pforte (*cella ostiarii*), Krankenstation (*cella infirmorum*) und Garten (*hortus*). Zum anderen steht die Klausur aber auch für eine inhaltliche Abgrenzung. Sie entspricht dem Wunsch, ein geistliches Leben zu führen, das unabhängig von Zwängen und Verführungen der Außenwelt ist und sich in selbst gewählter Armut und spiritueller Versenkung ausdrückt.

Im Mittelalter entwickelte sich das K. zu einem herausragenden Träger der Bildung, der Kunst und der Wissenschaft. Vor allem medizinische Erkenntnisse wurden systematisch erfasst und gepflegt. Ein erste Krise zeichnete sich ab dem 10./11. Jh. ab, nachdem der wachsende Reichtum wie auch der politische Einfluss das Leben im K. beeinflusste und in immer größeren Widerspruch zu den ursprünglichen Idealen brachte. Mit der Cluniazensichen Reform (ausgehend von der um 910 gegründeten Abtei Cluny) begann eine Phase der Erneuerung, die sich nicht zuletzt in der Gründung neuer Orden niederschlug. Mit der Reformation setzte das Ende der Blütezeit des Klosterlebens ein. In evangelischen Bereichen wurden die K. im 16./17. Jh. geschlossen, weltlichen Zwecken zugeführt, als Bildungseinrichtungen oder Altenstifte genutzt oder auch zerstört. Nur in Ausnahmesituationen haben sie sich im Bereich evangelischer Landeskirchen erhalten. So zum Beispiel die Zisterzienser-Abtei Loccum, die heute mit einer Ev. Akademie verbunden ist. Im Reichsdeputationshauptschluss (1803) wurden Kirchengüter säkularisiert und die meisten K. damit weltlichen Zwecken zugeführt. Im 20. Jh. genießt das K. wieder besondere Aufmerksamkeit, ein Führer weist für das Jahr 2000 allein in Deutschland 3500 K. und klösterliche Niederlassungen auf (Gorys). Obwohl durch mangelnden Nachwuchs manche Klostergemeinschaft für die Zukunft gefährdet ist, bleibt der Ort des K. für die Gemeinden ein wichtiger Anlaufpunkt.

Die Kontinuität des geistlichen Ortes gilt als faszinierend, die Konsequenz des geistlichen Lebensweges der Nonnen und Mönche wird bewundert und die Anlage des K. selbst bietet vielen Menschen eine Oase der Stille und Abkehr von den Strapazen des Alltags. Viele K. bieten deshalb Besuchern den begrenzten Aufenthalt (*Kloster auf Zeit*) an, um diesem Bedürfnis nach spiritueller Erneuerung nachzukommen. Zu diesen Angeboten gehören vor allem feste Zeiten für → Exerzitien, → Meditation und Besinnungstage. [MV]

Kommunion [griech. *koinonia*; lat. *communio* »Gemeinschaft«] In der katholischen Kirche der geläufige Ausdruck für den Empfang des sakramentalen Leibes (und Blutes) Christi. Die »Erstkommunion« gehört hier zusammen mit Taufe und Firmung sowie einer Glaubensunterweisung (Katechese) zur »Initiation« in die Glaubensgemeinschaft der Kirche. Austeilung und Empfang der hl. K. haben normalerweise ihren Ort in dem dafür vorgesehenen, insgesamt K. genannten Teil der Feier der Eucharistie, so der heute ökumenisch gebräuchliche Name für die liturgische Mahlfeier der christlichen Kirche. Im Neuen Testament heißt sie »Brotbrechen« (Apg 2,42 u.a.) oder »Herrenmahl« (1 Kor 11,20), in der katholischen Kirche auch heilige → Messe, in den evangelischen Kirchen zumeist *heiliges Abendmahl* oder »Nachtmahl«, in der Orthodoxie *Göttliche Liturgie*.

In der »Allgemeinen Einführung« zu der deutschen Ausgabe des römisch-katholischen »Messbuches« heißt es: »Da die Eucharistiefeier das österliche Mahl ist, sollen die Gläubigen, entsprechend vorbereitet, gemäß dem Auftrag des Herrn seinen Leib und sein Blut als geistliche Nahrung empfangen.« Die K. schließt sich an das eucharistische Hochgebet. In ihm »wird Gott für das gesamte Heilswerk gedankt, und die Gaben (nämlich Brot und Wein, die vorher zum Altar gebracht wurden) werden zu Christi Leib und Blut«. Ihrem Empfang gehen als vorbereitende Handlungen unmittelbar voraus: das gemeinsam vorgetragene → Vaterunser, Friedensgebet und Friedensgruß und das Brechen des Brotes, das ein Zeichen dafür ist, »dass wir alle in der K. von dem *einen* Brot essen, das Christus ist, und dadurch *ein* Leib werden (1 Kor 10,17)«. In der frühen Kirche war die Eucharistie mit der hl. K. der ganzen Gemeinde die kirchliche Feier des (nach biblischer Zählung) ersten Tages der Woche (Apg 20,7), d.i. des Sonntags, als des wöchentlichen Gedächtnistages der Auferstehung Christi.

Im Abendland war für Jahrhunderte der Zusammenhang, in dem die K. in der katholischen Kirche und weitgehend auch in den evangelischen Kirchen heute wieder neu gesehen wird, nur noch wenig bewusst: der Zusammenhang mit der Verkündigung des Wortes Gottes und der eucharistischen Danksagung; mit der Osterbotschaft, d.h. der verheißenen Gegenwart des Auferstandenen in seiner Kirche; sowie mit dieser → Kirche als dem Leib Christi zu allen Zeiten und an allen Orten, d.h. als einer Gemeinschaft aller, die durch den Empfang der heiligen → Sakramente Taufe und Eucharistie geheiligt sind. Im Apostolischen Glaubensbekenntnis (→ Bekenntnis) heißt sie darum »Gemeinschaft der Heiligen« (*Communio Sanctorum*). Diese reicht über die Grenzen des Todes hinaus und verbindet die Gläubigen schon auf Erden »mit allen Engeln und Heiligen«, die in der festlichen Versammlung des Himmels am ewigen Gastmahl teilnehmen.

Solange dieser heilsgeschichtliche Zusammenhang nicht mit bedacht wurde, war die Kommunionfrömmigkeit weitestgehend auf die persönliche Verbundenheit der Einzelnen mit dem in den Gestalten von Brot und Wein gegenwärtigen Gottmenschen Jesus Christus reduziert. Bei der Frage nach der Würdigkeit für den Kommunionempfang kam darum hinsichtlich der erforderlichen »Reinheit des Herzens« kaum in den Blick, was bei Paulus 1 Kor 11,27ff. im Vordergrund steht: ob das Sozialverhalten der Kommunikanten dem entspricht, was sie feiern, dass nämlich Christus sich für alle hingegeben hat bis in den Tod und dadurch die Gemeinschaft des Leibes Christi unter allen wirkt, die ihn empfangen. Diese Reduktion wirkte sich auch dahingehend aus, dass man sich aus Ehrfurcht vor dem Heiligen mit einer »geistlichen« K. ohne Empfang der heiligen Gaben begnügte. Hierfür wurden auch vielfältige Formen einer Verehrung der eucharistischen Gaben außerhalb der Messe entwickelt. Anstelle der K. trat die Anbetung Christi im Blick auf die – in der »Monstranz« gezeigte und den Blicken ausgesetzte – Brotgestalt des Leibes Christi. Es bedurfte eines eigenen Kirchengebotes, um den Gläubigen einzuschärfen, wenigstens einmal im Jahr, und zwar zur österlichen Zeit, die K. zu empfangen.

Empfangen wurde die K. von den Gläubigen (mit Ausnahme des Priesters) seit dem Spätmittelalter lerdiglich in der Gestalt des Brotes, nicht aber des Weines. Die heutigen Richtlinien des Messbuchs sehen darin einen Mangel in der Zeichenhaftigkeit der K. Für die Reformatoren war die Austeilung der K. unter nur einer Gestalt einer der gewichtigsten Punkte der Kritik an der katholischen Kirche. Für sie stand nicht die Verehrung, sondern der ehrfürchtige Genuss der heiligen Gaben im Vordergrund. Zu einem häufigen K.empfang kam es in der katholischen Kirche seit Beginn des 20. Jahrhunderts (Papst Pius X.). Doch wurde die heilige K. zunächst oft außerhalb der Messe ausgeteilt – mit »Hostien«, über die in einer früheren Messe der Wandlungssegen gesprochen worden war. Erst die liturgische Bewegung des 20.

Jahrhunderts machte den Zusammenhang wieder deutlich, in den die K. gehört. (In Verbindung mit einem Wortgottesdienst kann es eine Kommunionausteilung ohne Messfeier auch heute noch geben, z.B. für Kranke oder Gefangene oder in Gemeinden, in denen am Sonntag mangels eines Priesters keine Eucharistie gefeiert werden kann. Andererseits kann in solchen Situationen auch die »geistliche« K. eine besondere Bedeutung gewinnen.) In jedem Fall muss die K. nach heutigem Verständnis in ihrer ekklesiologischen Dimension gesehen werden: Kommuniongemeinschaft und Kirchengemeinschaft gehören zutiefst zusammen – sowohl in der Kirche am Ort als auch in der Universalkirche als der *Communio* der vielen Ortsgemeinden untereinander. Im Rahmen dieser »Communio-Ekklesiologie« sind der »Leib Christi« als eucharistische Nahrung und der »Leib Christi« als kirchliche Gemeinschaft eine einzige sakramentale Wirklichkeit, so dass nach katholischem und orthodoxem Verständnis Eucharistiegemeinschaft nur bei voller Kirchengemeinschaft möglich ist. Bedingung für eine Anerkennung anderer kirchlicher Gemeinschaften als »Schwesterkirchen« ist, dass in ihnen das volle apostolische Erbe des Leibes Christi gegeben ist. Dieses auch in der Verschiedenheit der Traditionen zu entdecken, ist Voraussetzung für eine K.gemeinschaft über Kirchengrenzen hinaus. Hier in ökumenischer Verantwortung und Ehrlichkeit Möglichkeiten einer Versöhnung von Unterschieden wahrzunehmen und auch den individuellen Gegebenheiten gerecht zu werden ist eine zentrale Aufgabe des ökumenischen Dialogs. [GV]

Kommunität → Kloster, → Mönchtum

Konfirmation/Firmung Was heute gemeinhin in der kath. Kirche unter Firmung und in der evangelischen unter Konfirmation verstanden wird, war in der frühen Kirche Bestandteil des Taufritus (→ Taufe). Auf Taufbad und Kreuzzeichen folgten Handauflegung und Salbung (der Stirn) zum Zeichen, dass der Heilige → Geist übermittelt wurde. Dieser Vorgang zerfiel seit dem 4. Jh. immer mehr in zwei zeitlich voneinander getrennte Handlungen. Wobei man sich zu Unrecht auf Bibelstellen wie Apg 8,17 u.a. berief. Diese Entwicklung wurde durch mehrere Faktoren begünstigt: Zum einen legte man Häretikern, die einstmals getauft worden waren und jetzt zurück in die Kirche fanden, lediglich die Hand auf. Zum andern lagen die Termine von Taufe und Salbung oft weit auseinander, da zwar der Priester taufte, aber nicht salbte und Hand auflegte. Dieses Vorrecht kam dem → Bischof zu, der allerdings nur zeitweise davon Gebrauch machte, wenn sich eine größere Anzahl von Getauften angesammelt hatte – dies umso mehr, wenn das Bistum groß war. Schließlich war in einem christlich gewordenen Römischen Reich die Kindertaufe zur Regel geworden. Sie erfolgte aus dogmatischen Gründen (bei Erbsünde und Kindersterblichkeit Verlust des Heils) unmittelbar ein bis zwei Tage nach der Geburt. Der Taufunterricht, der früher bei der Erwachsenentaufe vorangegangen war, musste jetzt nachgeholt werden. Oft ist es dazu aber nicht mehr gekommen, wie dann auch häufig die Firmung unterblieben sein dürfte.

War dieser Ritus zunächst noch bis ins 6. Jh. unter dem Begriff der *consignatio* (Besiegelung) bekannt, so ist danach zunehmend der der *confirmatio* in Gebrauch. Der heute in der röm.-kath. Kirche übliche Begriff »Firmung« ist lediglich die dt. Übersetzung, die reformatorische »Konfirmation« der direkte Anklang zum lat. Terminus im Mittelalter. In der scholastischen Theologie des Thomas v. Aquin erfuhr das → Sakrament insofern eine besondere Akzentuierung, als es der lebensgeschichtlichen Entwicklung des Menschen zugeordnet wurde. Auch wurde hinsichtlich der Gabe des Heiligen Geistes in der Taufe und in der Konfirmation unterschieden. Galt diese im Sakrament des Anfangs der Vergebung der Sünden, so bei der Konfirmation dem weiteren Lebensweg, sie war zukunftsorientiert. Die Konfirmation konnte nicht wiederholt werden. Als Sakrament wurde sie erst 1439 auf dem Konzil von Florenz sanktioniert, wobei u.a. das gedankliche Erbe der Kirchenväter eine Rolle gespielt haben dürfte – hatte doch bereits Cyprian v. Karthago unter Hinweis auf Joh 3,5, wo von der Wiedergeburt aus »Wasser und Geist« die Rede ist, von einem »zweifachen Sakrament« (ep. 72,2; 73,21) sprechen können.

Von Luther und anderen Reformatoren, unter diesen besonders Calvin, wurde die Konfirmation resp. Firmung als Sakrament verworfen. Zum einen fehlte die Einsetzung durch Christus, was schon Thomas v. Aquin festgestellt und deswegen auf die Verheißung abgehoben hatte, insofern als der Hl. Geist Jesus erst nach Ostern vertrat. Zum andern sahen Luther und Calvin in der ausschließlichen Firmgewalt des Bischofs eine illegitime Überbewertung dieses Amtes. Auch grenzte nach deren Verständnis die Verwendung von Salböl und die damit verbundene Theologie an Aberglauben. Schließlich wurde durch das Firmsakrament die Bedeutung der Taufe gemindert. Im Gegensatz zu Martin Bucer, der für Hessen und Straßburg das Institut der Konfirmation einsetzte, hat Luther jedoch keine dem Firmsakrament adäquate Amtshandlung geschaffen, sondern es bei der Kritik belassen. Trotzdem sind von ihm wichtige Impulse für die später in der luth. Kirche heimisch werdende Konfirmation ausgegangen. Mit seinen Katechismen und der Belebung des katechetischen Unterrichts hatte er auf ein Defizit in der Kirche des Mittelalters aufmerksam gemacht, das anfangs (Augustin, *De catechizandis rudibus*) durchaus erkannt und sachkundig angegangen worden war, das man dann aber im weiteren Verlauf der Geschichte vernachlässigt hatte. Die mangelhafte Bildung des Kirchenvolks wie auch des niederen Klerus war sprichwörtlich. Von daher gesehen ist es nicht verwunderlich, wenn es in der luth. Kirche bis heute weniger um eine theologische Erörterung und

Fundierung der Konfirmation geht als vielmehr um die Vorbereitung auf die-selbe. Am ehesten bestand dafür noch eine Herausforderung, als in der ehe-maligen DDR seit den 50er Jahren die staatliche Jugendweihe mit der Kon-firmation konkurrierte. Das dort von Seiten der Kirche propagierte »konfir-mierende Handeln« der Gemeinde wurde richtungweisend und gilt im Grundsatz auch für westdeutsche Verhältnisse. Im Ganzen überwiegen hier jedoch traditionelle Interpretationen. So gibt es nach wie vor Relikte aus dem Kirchenrecht, wonach die Konfirmation nicht nur zum Abendmahl, sondern auch zur Übernahme eines Patenamtes berechtigt. Sodann wird K. immer noch als Ergänzung und Vollendung der Taufe verstanden, wozu die persön-liche Entscheidung der Jugendlichen gefordert ist. Schließlich gilt sie als eine Art Mündigkeitserklärung. Im kirchlichen Brauchtum behauptet die K. un-angefochten einen Spitzenplatz, dies unabhängig von der theol. und psycho-logischen Brüchigkeit der genannten Deutungen. Pädagogische Probleme ergeben sich auch aus differenten Zielsetzungen im staatlichen und kirch-lichen Religionsunterricht, wie aus der pädagogisch-psychologischen Aus-bildung von Religionslehrern und Katecheten einerseits und Pastoren bzw. Priestern andererseits.

In der kath. Kirche wurden nach dem II. Vatikanum Taufe und Firmung theologisch wieder miteinander verbunden. In der Erwachsenentaufe ist so-gar (seit 1972) die alte Einheit von Taufbad, Konfirmation und Eucharistie wieder hergestellt. Auch erscheint (*lumen gentium* 26,3) der Bischof nicht mehr als einziger (*ordinarius*) Spender des Sakraments, sondern als ein sol-cher, der zuerst berufen wurde (*originarius*). Diese Unterscheidung ist al-lerdings, wie am Beispiel des Kanonischen Gesetzbuches (1983) deutlich wird, nicht durchgehalten. [GB]

Konkordat [lat. »Übereinkunft«] Als K. wird ein zweiseitiger Vertrag zwi-schen dem Staat und der katholischen Kirche bzw. dem Heiligen Stuhl be-zeichnet. Vertragliche Regelungen mit dem Vatikan haben im Unterschied zu den Vereinbarungen zwischen der Kirche und dem Staat eine Bedeutung, die dem Völkerrecht weitgehend gleichgesetzt wird. Regelungen, die zwischen Bistümern und dem Staat getroffen werden, gelten im engeren Sinne nicht als K., sie werden in der Regel als Staatskirchenverträge abgefasst, eine Be-zeichnung, die auch für Vereinbarungen mit den evangelischen Kirchen gilt. Inhalt der Verträge sind u.a. die Besetzung von kirchlichen Ämtern, Schulan-gelegenheiten, Fragen der Seelsorge beim Militär und in den Gefängnissen, finanzielle Vereinbarungen wie z.B. die Kirchensteuerfrage.

Umstritten ist in der Neuzeit das Reichskonkordat, das 1933 zwischen dem Heiligen Stuhl und dem Deutschen Reich unter nationalsozialistischer Herrschaft geschlossen wurde. Dieses Reichskonkordat wurde vom Bun-desverfassungsgericht 1957 als rechtsgültig anerkannt. Erst nach dieser

Rechtsklärung konnten in der Bundesrepublik neue Verträge geschlossen werden. Heute ist das Verhältnis zwischen Staat und Kirche äußerst differenziert geregelt, was bereits daran abzulesen ist, dass die Bundesrepublik als das Land mit den meisten K. und Kirchenverträgen gilt. [MV]

Kontemplation [lat. *contemplari* »beschauen, betrachten« (im heiligen Bezirk anschauen)] Die K. ist begrifflich nicht eindeutig von der → Meditation zu unterscheiden, häufig werden beide Begriffe sogar synonym benutzt. Dennoch kann begriffsgeschichtlich eine Differenzierung vorgenommen werden. Während sich die K. in ihrer aus dem Neuplatonismus (Plotin) erwachsenen Vorstellung vom Aufstieg der Seele zur höheren Schau des Heiligen vornehmlich auf das Erlebnis der »Schau« des Göttlichen bezieht, kann die Meditation eher als der methodische Weg zu der entsprechenden Erfahrung beschrieben werden. Stärker als im Umfeld der Meditation, die von Übung und speziellen Techniken bestimmt ist, wird die K. als Geschenk der Gnade erfahren, in dem die Begegnung mit dem Göttlichen auf eine Überwindung oder Übersteigung der Selbsterfahrung zurückgeht. Das Ziel der K. ist stets die Erfahrung von der Einheit mit Gott bzw. die Bereitschaft, sich dem Wirken des Heiligen Geistes auszuliefern, um selbst zum Gegenstand der Gottesverehrung zu werden. Religionsgeschichtlich ist die K. eng verbunden mit der christlichen → Mystik. Dort ist die K. eingebunden in die Gegenüberstellung von *vita contemplativa* und *vita activa*, womit nicht nur zwischen einer Innenperspektive der Glaubenserfahrung und dem daraus folgenden Handeln des Glaubenden unterschieden wird, sondern beide Bereiche auch untrennbar aufeinander bezogen bleiben. Insofern kann K. auch als Ausdruck für den Glauben dienen, in dem die Bereitschaft zur Selbsterfahrung und die Erfahrung des Beschenktwerdens als eine Einheit zusammenfinden. [MV]

Konversion / Konvertit → Bekehrung

Konziliarer Prozess [lat.: *concilium* »Versammlung«] bezeichnet eine neuere Entwicklung der ökumenischen Bewegung. Unter dem Eindruck des atomaren Wettrüstens, der fortschreitenden Zerstörung der Umwelt und der wachsenden sozialen Ungerechtigkeit zwischen den reichen und armen Ländern der Erde bildete sich eine breite ökumenische Strömung aus, die über den Versuch hinaus, alte Lehrunterschiede der Kirchen zu überwinden, im gemeinsamen sozialen Engagement das sah, was die Christen aller Konfessionen verbindet. 1983 wurde auf der 6. Vollversammlung des Ökumenischen Rates der Kirchen der Beschluss gefasst, die verschiedenen Mitgliedskirchen in einem k.P. gegenseitiger Verpflichtung für Gerechtigkeit, Frieden und Bewahrung der Schöpfung einzubinden. Der Begriff k.P. kam

zustande, weil man einerseits auf den verschiedenen institutionellen Ebenen
bis hin zur Einberufung einer verbindlichen Versammlung aller Christen zu-
sammenarbeiten und dabei aber anderseits den vor allem für Katholiken und
Orthodoxe kirchenrechtlich hochrangig besetzten Begriff des Konzils vermeiden wollte.

Nach verschiedenen Vortreffen, an denen auch die Kirchen der damals
sozialistisch geführten osteuropäischen Länder teilnahmen, kam es 1989 in
Basel unter großer Beteiligung nahezu aller Konfessionen unter dem Motto
»Frieden in Gerechtigkeit« zur ersten europäischen Versammlung, die mit
dem Hinweis auf die Verpflichtung aller Christen, sich für Frieden, Gerechtigkeit und die Bewahrung der Schöpfung einzusetzen, eine viel beachtete
gemeinsame Erklärung erstellen konnte. Ein Jahr später fand in Seoul 1990
die erste Weltversammlung statt. Hier zeigte sich allerdings, dass die verschiedenen Auffassungen zu den Themen zwischen den industrialisierten
Ländern und denen der Dritten Welt nicht ohne weiteres in Einklang zu bringen waren. An den Geist von Basel versuchte 1997 die zweite europäische
Versammlung in Graz unter dem Thema »Versöhnung« anzuknüpfen. Gegenwärtig muss man feststellen, dass sich der Anfangsimpuls des k.P. abgeschwächt hat. Gleichwohl behält er in ökumenischer Perspektive sein blei-
bendes Recht darin, dass zur Einheit der Christen auch ein gemeinsamer
Umgang mit den politischen, sozialen und ökologischen Problemen gehört,
die die Lebenswirklichkeit der Menschen auf der Erde kennzeichnen. Dass
sich die inhaltlichen Anliegen des k.P. nicht erledigt haben, bestätigt eindrücklich die aktuelle Debatte zur Globalisierung. [JL]

Koran [arab. *Quran* »Rezitation«] Das heilige Buch des → Islam. Es steht
im Zentrum dieser Religion, vergleichbar der Bedeutung Christi für die
christliche. Muslime glauben an die »Bücher Gottes«, herabgesandt vor dem
K., unter ihnen auch die Tora (*Taurat*) des Propheten Mose und das Evangelium (*Indschil*) des Propheten Jesus (*Isa*). Die Originaltexte, d.h. die Worte Gottes, der früheren Bücher gelten als verloren oder vermischt mit Men-
schenworten. In den überlieferten Fassungen von *Taurat* und *Indschil* ist
manches eindeutig nicht herabgesandt (das Persönliche, Autobiographische
z.B. der Propheten oder der Briefe). Von den früheren Büchern unterscheidet sich der K. Zum einen bewahrt er den Originaltext der Offenbarung, kein
Pünktchen sei verändert, der K. enthält demnach nur Worte Gottes. Sodann
ist seine Sprache nicht tot, sie wird heute noch gesprochen. Drittens ist der K.
an die Menschheit gerichtet statt an ein einzelnes Volk wie jedes der älteren
Bücher. Schließlich sollen seine Texte nichts enthalten, das unvernünftig wäre oder ungerecht oder unsittlich oder irreführend. Der Inhalt des K. folgt dem
Anspruch, alles zu umschließen, was der Mensch wissen muss, um ein gottgefälliges Leben zu führen.

Der Text von insgesamt 6226 Prosaversen ist in *Suren* unterteilt und nach abnehmender Länge geordnet. Die erste Sura, »die Eröffnende«, ist Gebetstext und wird täglich gesprochen. Man unterscheidet mekkanische von medinensischen Suren (um Anfeindungen zu entgehen, zog der Prophet 622 n.Chr. von Mekka nach Medina – *Madinat al-Nabi*, »Stadt des Propheten«). Die Sprache des K. ist Arabisch. Er wird nicht nur gelesen, sondern v.a. liturgisch rezitiert. In den Moscheen gibt es weder Musikinstrumente noch Chorgesang. So wurde die Koranrezitation zur primären Form arabischer Musik. Bildliche Darstellungen sind Muslimen untersagt, an deren Stelle sieht man in Häusern und Moscheen kalligraphisch gestaltete Koranworte. Es gilt als verdienstvoll, den ganzen K. oder wenigstens Teile auswendig zu wissen, was von liturgischen Rezitatoren, auch von Theologiestudenten, erwartet wird. Weil Gott den K. in arabischer Sprache herabgesandt hat, ist sein Text heilig. Er darf nicht verändert und eigentlich auch nicht übersetzt werden. Die größere Zahl der Muslime spricht jedoch eine andere Muttersprache. Deshalb wird der arabische Text auch übersetzt, aber möglichst nicht ersetzt, d.h. man stellt die Übersetzung Seite für Seite neben das arabische Original.

Der sog. offizielle K. gilt allen theologischen Richtungen als *textus acceptus*. Arabische Konsonanten sind unveränderlich, bei Vokalzeichen können sich indessen abweichende Lesarten ergeben. Exegese beginnt mit Satzzergliederung. Exegeten sind gehalten, bei der Auslegung eines Verses andere heranzuziehen, da die Gleichwertigkeit aller Verse vorausgesetzt ist. Die göttliche Herkunft des arabischen Textes erlaubt z.B. keine Suche nach Lehnwörtern aus anderen Sprachen.

Exegetische Bemühungen sind im K. selbst (3,7) geregelt: »Er ist es, der die Schrift auf dich herabgesandt hat. Darin gibt es (eindeutig) bestimmte Verse [wörtl.: Zeichen] – sie sind die Urschrift – und andere, mehrdeutige. Diejenigen nun, die in ihrem Herzen (vom rechten Weg) abschweifen, folgen dem, was darin mehrdeutig ist, wobei sie darauf aus sind, (die Leute) unsicher zu machen und es (nach ihrer Weise) zu deuten. Aber niemand weiß es (wirklich) zu deuten außer Gott. Und diejenigen, die ein gründliches Wissen haben, sagen: › Wir glauben daran. Alles (was in der Schrift steht) stammt von unserem Herrn (und ist wahre Offenbarung, ob wir es deuten können oder nicht).‹ Aber nur diejenigen, die Verstand haben, lassen sich mahnen.«

Esoterisch deuten manche Gelehrte der Schia den Koran. Ihrem Verfahren liegt eine spezielle Lehre zugrunde. Auf die Periode der Offenbarung, in der die Wahrheit regierte, sei die Periode der Gleichgültigkeit, auf diese die gegenwärtige Periode der Verborgenheit gefolgt, in der die Wahrheit zum Geheimnis in Gestalt des verborgenen *Imam* (»Vorbild«, »Führer«) geworden sei. Seither müsse die Schrift esoterisch gedeutet werden. Ein Beispiel: »Und haltet allesamt fest an der Verbindung mit Allah und teilt euch nicht!«

(3,103). »Verbindung Allahs« meine den Imam, der die Gläubigen mit Gott verbinde, durch den Erlösung zu erlangen sei.

Textanalytische Methoden finden bei der K.-Exegese keine Anwendung, es gibt jedoch Ausnahmen. Der ägyptische Literaturwissenschaftler N. H. Abu Zaid z.b. ist bestrebt, Traditionelles mit neuzeitlicher Literaturwissenschaft zu vereinen. Dabei enthält er sich der Spekulation über den transzendenten Vorgang der Herabsendung durch den Engel. Auch der Empfang durch den Propheten bleibe der Literaturwissenschaft zum Teil noch unzugänglich. Die dritte Stufe hingegen, die Verkündigung des Propheten, lasse sich wie jeder andere Text untersuchen, seine Sprache, die kulturelle Prägung, historische Aspekte.

Man unterscheidet vier Hauptthemen des K. An erster Stelle steht Gott und seine Einzigartigkeit (»die, zu denen sie beten statt zu Gott, erschaffen nichts, sind selber geschaffen« 16,20). Die letzten Dinge bilden ein weiteres Thema (»er führt irre, wen er will, und leitet recht, wen er will, und ihr werdet sicher über das, was ihr getan habt, zur Rechenschaft gezogen werden« 16,93). Ein drittes Thema sind die Propheten, unter ihnen Noa, Abraham und Mose. Das vierte große Thema des K. sind die Gesetze des Lebens. Sie werden weiter ausgeführt in einer zweiten Überlieferung, die nicht geringer als der K. geschätzt wird. Sie heißt die *Sunna* des Propheten (seine »Praxis«, seine »Übung« oder *Hadith* »Ausspruch« [spr. th wie engl. »thing«]), Berichte vom Tun und Lassen des Propheten. Themen dieser zweiten Quelle in Fragen des Wohlverhaltens sind u.a. Waschung, Begräbnis, Wallfahrt, Ehescheidung, Schlachten und Jagen, Traumdeutung, Medizin, Erb-, Straf-, Blut- und Staatsrecht.

Die Echtheit der Sunna wird garantiert durch eine Kette mündlicher Überlieferer vor der Niederschrift. Worte des Propheten bekräftigen die Offenbarung, sie erklären einzelne Aussagen des K., vervollständigen andere, vor allem Kultvorschriften, und behandeln im K. Angedeutetes ausführlicher. Probleme entstehen, wenn Koranvers und Prophetenwort nicht übereinstimmen. Gelöst wurden sie durch Spezialisten der »Aufhebung«. Die Ausrichtung beim Gebet auf Jerusalem (ein Hadith) wurde z.B. durch einen Koranvers (2,144) berichtigt, der als Gebetsrichtung Mekka angibt. Solche Aufhebungen sind in Sura 2,106 autorisiert: »Wenn wir einen Vers (aus dem Wortlaut der Offenbarung) tilgen oder in Vergessenheit geraten lassen, bringen wir (dafür) einen besseren oder einen, der ihm gleich ist. Weißt du denn nicht, dass Gott zu allem die Macht hat?« [HJG]

Körper [lat. *corpus*] Der Begriff K. bezeichnet in erster Linie Gegenstände bzw. räumliche Gebilde und erst in zweiter Linie den Organismus eines Lebewesens. Umgangssprachlich erhält der K. in diesem Falle meistens die Bedeutung des Leibes, obwohl sprachlich exakt zwischen dem Körper als bloßer materieller Hülle und dem Leib als dem beseelten Körper unterschieden werden muss. Schon aus dieser Definition des Leibes als Einheit des beseelten K. heraus entsteht die Notwendigkeit, die Zuordnung von K. und Seele bzw. von K. und Geist näher zu bestimmen.

Die Darstellung des menschlichen Wesens als eine Spannung von körperlicher und seelischer Existenz verdanken wir Platon. Im Dialog *Phaidon* hebt er die Seele als unsterbliches Lebensprinzip hervor, wogegen er den K. lediglich als vergängliche Hülle bezeichnet. In diesem Zusammenhang prägt er auch das Bild vom Körper als Kerker der Seele, aus dem heraus die Seele »wie durch Gitter auf das wahre Sein« schaut (82d–e). Diese Verbindung des Unsterblichkeitsgedankens mit einer tendenziellen Leibfeindlichkeit wirkte sich nachhaltig auch auf das christliche Menschenbild aus. Das wird bei Betrachtung der Unterschiede im Verständnis vom K. zwischen dem AT und NT deutlich.

Das AT geht von einem ganzheitlichen Menschenbild aus, bei dem K. und Seele nicht getrennt werden können, so dass auch die Hoffnung auf eine Auferstehung der Toten sowohl die Seele wie den Leib betrifft. Selbst die Schönheit des K. kann dabei gewissermaßen Offenbarungscharakter haben, wird doch die Erwählung der Könige Saul (1 Sam 9,2) und David (1 Sam 16,12) jeweils auf die einzigartige Schönheit der Gestalt zurückgeführt. Im NT wird das ganzheitliche Menschenbild zunächst aufgegriffen, aber unter dem Einfluss der hellenistischen Philosophie zunehmend differenziert. Durch die Inkarnation Gottes, d.h. Fleischwerdung bzw. Leibwerdung, verändert sich auch das Körperverständnis der Menschen. Die Leiblichkeit wird als höchste Form der Einheit von K. und Geist betrachtet, der K. wird gar zum Ausdruck der Selbstmitteilung Gottes, was eine konsequente Bejahung des Körperlichen zur Folge hat. Für Paulus *hat* der Mensch keinen K., sondern *ist* K., er kann in diesem Zusammenhang den K. sogar als Tempel des Heiligen Geistes (1 Kor 6,19f.) preisen. Aber gerade weil die K. zugleich Glieder Christi sind (1 Kor 6,15), ist der Mensch zu einem besonderen Umgang mit dem Leiblichen genötigt; der K. zeigt sich dabei als ambivalent, er ist auf das Gute genauso ausgerichtet wie auf das Schlechte. Die konsequent negative Deutung des K. im Dualismus der hellenistischen Philosophie umgeht Paulus also durch die Differenzierung des Leibes, der sich dem Fleischlichen, und somit der Sünde und Begierde, wie auch dem Geistlichen zuwenden kann. Die Aufgabe des Christen besteht deshalb darin, sich von der leiblichen Knechtschaft der Sünde frei zu machen und den K. in den »Dienst der Gerechtigkeit hin zu Heiligung« (Röm 619) zu stellen. Der Vorwurf der Leibfeindlichkeit, wie er wiederholt gegen das Christentum gerichtet worden ist, trifft also auf die Theologie des NT im Grunde genommen nicht zu, verantwortlich sind vielmehr platonische Gedanken, die u.a. in der → Gnosis aufgegriffen und verbreitet worden sind. Von christlicher Seite wurde demgegenüber stets die sogar über den Tod hinausreichende Einheit von K. und Geist in der Leiblichkeit betont, wobei Geist und K. als Grundrelationen des menschlichen Lebens gedeutet sind, die dafür sorgen, dass der Mensch auf die Welt bezogen bleibt und zugleich eine Beziehung zu Gott herstellen kann. Dass Paulus den Leib mit seinen Gliedern als Sinnbild für die Kirche benutzt, verdeutlich das Ansehen, das der K. fern aller Leibfeindlichkeit genießt. [MV]

Kosmischer Christus   Auf eine Theologie des k.C. beruft sich eine Strömung zeitgenössischer → Spiritualität, die in der Überzeugung gründet, dass sich die → Offenbarung Gottes nicht nur im Wort und im Wesen der Kirche, sondern ebenso in der → Schöpfung erfüllt. Die kosmische Offenbarung durch den Heiligen Geist korrespondiert dabei mit einem Christusverständnis, das den universalen, ewigen Christus gegenüber dem Menschen Jesus von Nazareth hervorhebt und damit den christlichen Glauben in den Kontext einer pluralistischen Theologie der Religionen einordnet. Die Theologie des k.C. beruft sich dabei auf die christliche → Mystik, ist jedoch gleichermaßen von der ökologisch ausgerichteten Schöpfungstheologie und dem Dialog der Religionen beeinflusst und lässt sich als eine Reaktion auf die → Entmythologisierung beschreiben. So wie in der Folge der Aufklärung die Frage nach dem *historischen Jesus* gestellt wurde, so wendet sich die Theologie des k.C. nun einem *kosmischen Christus* zu, um das anthropozentrische Weltbild durch ein ganzheitliches zu ersetzen.

Als Maßgabe für diesen *Paradigmenwechsel*, in dem Christus als Maßstab für vielfältige Erscheinungen des Religiösen in der Welt interpretiert wird, nennt der amerikanische Dominikaner M. Fox das Ineinanderwirken von »Wissenschaft (Wissen über die Schöpfung), Mystik (erlebte Einheit mit der Schöpfung und ihren unsagbaren Geheimnissen) und Kunst (Ausdruck unserer Ehrfurcht vor der Schöpfung)«. Die Grundkonzeption des k.C. geht dabei auf den amerikanischen Theologen J. A. Sittler zurück, der auf der 3. Vollversammlung des Ökumenischen Rates der Kirchen 1961 in Neu-Delhi eine kosmologische Christologie skizzierte, um den christlichen Wahrheitsanspruch im Verhältnis zu den nicht-christlichen Religionen in einem nicht exklusiven Sinn zu begründen, und den k.C. als verborgenes Licht aller Religionen zur Grundlage einer ökumenischen Theologie zu erheben. Sittler konnte sich sowohl auf P. Teilhard de Chardin und P. Tillich wie auch auf biblische Quellen berufen, wobei vor allem die frühchristlichen Hymnen (Phil 2,1–24; Kol 1,15–20; Eph 1,4–4/9f.) und der Prolog des Joh.-Evangeliums ein anschauliches Bild über die Vorstellungen des k.C. liefern. Darüber hinaus wird die Interpretation des kulturellen Wirkens der Menschen im Sinne einer zweiten Schöpfung und damit die ästhetische Kreativität als Ausdruck kosmischer Religiosität aus den Bibelstellen Gen 1,28; 2,15; Ex

31,2–5; 1Sam 10,5 abgeleitet. Einer der Hauptvorwürfe gegen die Theologie des k.c. bezieht sich auf die Gefahr des Synkretismus und die in der → Esoterik anzutreffende Tendenz, die konkrete Christusbotschaft in ein allgemeines Symbol aufzulösen. [MV]

Krankheit   → Heilung

Kreatur   → Schöpfung

Kreuz/Kreuzigung   [lat. *crux*, griech. *staurós* »Pfahl«] Die Kreuzigung an einem Pfahl mit oder ohne Querbalken war eine in der Antike verbreitete, besonders grausame Form der Todesstrafe. Der Tod des am Holz angenagelten oder mit Seilen festgebundenen Delinquenten trat oft erst nach vielen Stunden ein. Unter römischer Herrschaft wurden vor allem Sklaven und Freigelassene gekreuzigt, in Palästina um die Zeitenwende (zwischen 63 v. und 66 n.Chr.) nach unseren Quellen ausschließlich Aufständische und deren Sympathisanten. Die Kreuzigung ist eine röm. Strafe, für eine Kreuzigung durch Juden gibt es zur fraglichen Zeit keinen Beleg (ohnehin stand ihnen das Recht, Todesurteile zu verhängen, von wenigen, klar definierten Ausnahmen abgesehen, nicht zu).

Aus den allgemeinen historischen Daten folgt mit großer Wahrscheinlichkeit, dass der röm. Präfekt Pontius Pilatus Jesus zum Tod verurteilt hat, weil er ihn für einen politischen Rebellen hielt (vermutlich nach einem kurzen Verhör gemäß der sog. *cognitio extra ordinem*). Die Behauptung der Evangelien, Pilatus habe Jesus für unschuldig gehalten (Mk 15,14 u.a.), ist kaum glaubwürdig (→ Passion).

Im NT zieht insbesondere der Apostel → Paulus aus Jesu Tod am K. weitreichende theologische Konsequenzen: Gott hat das erwählt, was in den Augen der Menschen töricht ist und schwach, »den Juden ein Ärgernis und den Griechen eine Torheit« (1Kor 1,23); er hat den schmachvollsten Tod zur Grundlage der neuen Schöpfung gemacht (Gal 6,14f.). Zugleich hat Jesus den Fluch auf sich genommen, der gemäß Dtn 21,23 auf dem liegt, der »am Holz aufgehängt« ist (Gal 3,13) und so den Weg frei macht für ein Leben unter dem Segen, jenseits der Herrschaft des Fluches (Gal 3,8–14). Auch für die Ethik hat der Tod am K. Konsequenzen: In der Taufe wird der »alte Mensch« mit Christus gekreuzigt (Röm 6,6; Gal 2,19), so dass er frei ist von der Herrschaft des »Fleisches« und aus dem Geist leben kann (Gal 5,16.24f.).

Der Brauch des Kreuzschlagens (*signatio crucis*) ist schon im 2. Jh. belegt. Als Antwort auf den Spott der Nichtchristen erklärten die Verteidiger des Christentums in der → Alten Kirche das K. zum Symbol der Wirklichkeit schlechthin. Es ließ sich bei rechtem Hinsehen überall entdecken: im Mast eines Segelschiffes, in den Werkzeugen des Bauern, im aufrechten Gang des

Menschen (Justin, 1 Apologie 55). Man fand das K. im AT (im Baum des Lebens, dem Stab des Moses, u.ä.; Justin, Dialog 86) und in den röm. Feldzeichen (Justin, 1 Apologie 55; Tertullian, Apologie 16). Mehr und mehr wurde das K. von einem Zeichen der Schmach zu einem Siegeszeichen. Kaiser Konstantin nutzte es nach seiner Hinwendung zum Christentum als Feldzeichen (*labarum*) und verbot die Strafe der Kreuzigung. Gegen Mitte des 4. Jh. begann man, → Reliquien des K. zu verehren (Kult der Reliquie des »wahren K.« in der von Konstantin über dem vermuteten Ort der Kreuzigung Jesu errichteten Kirche in Jerusalem; im 11. Jh. Ziel der »Kreuzzüge«).

Das hohe Mittelalter und die → Reformation rücken demgegenüber das Leiden Jesu ins Zentrum der Kreuzfrömmigkeit. Damit einher geht die Entwicklung eines neuen Typus des Kruzifixes (mit Dornenkrone, Verwundungen u.ä.). Für Martin Luther ist nach einem berühmten Wort allein das K. Inhalt seiner Theologie (*crux sola est nostra theologia*). Der Protestantismus ist ihm darin in seinen meisten Ausprägungen gefolgt. [WR]

Kultformen   Kult ist im weitesten Sinne die innere und äußere Gestaltung der Verehrung von Gottheiten. Das deutsche Wort »Gottesdienst« drückt dabei ebenso wie das lateinische *cultus* (»Pflege«) oder das hebräische *aboda* (»Dienst«) den dienenden Charakter der Menschen gegenüber den verehrten Göttern aus. Dies wurzelt in primitiv-religiösen Vorstellungen, wonach man sich nur durch die »Pflege« der launenhaft und oft auch zornig gedachten Gottheiten (z.B. Bekleiden der Gottheiten, Nahrung für die Gottheiten durch Opfergaben etc.) deren Zuneigung bewahren kann. Da die Segnungen des Lebens wie Fruchtbarkeit von Mensch, Tier und Ackerboden, aber auch die Erfahrung eines heilvollen Lebens der Zuneigung der jeweiligen Götter zugeschrieben wurde (und wird), war Kult eine den Alltag bestimmende Lebensform. Andererseits bestand die Gefahr, dass durch unzureichende Verehrung der Götter diese sich gegen die Menschen stellten und Chaos (z.B. in Form von Feindeseinfall, Krankheit, Erdbeben, Hungersnöten) in die Lebensabläufe brachten. Dann mussten die Götter durch Opfer beschwichtigt und wieder zugeneigt gemacht werden (vgl. im AT z.B. Gen 8,20f. nach der Sintflut; 2 Kön 3,27 bei Feindesgefahr).

Im Polytheismus kann eine einzelne Person mehrere Götter mit jeweils unterschiedlichen Aufgabenbereichen verehren. Eine Person betet für die privaten Anliegen (z.B. Krankheit, Bitte um Nachwuchs u.a.m.) eine »persönliche Gottheit« an, von der sie sich besonders beschützt und bewahrt weiß. Daneben gibt es für größere Sozialverbände Clan-, Sippen-, Stammes- und Stadtgottheiten, die für den Schutz und den Fortbestand der jeweiligen Gesellschaftsgruppen zuständig sind. Im AT sind die Bezeichnungen wie »Gott meines Vaters« (Gen 26,24 u.ö.) oder »Gott Abrahams, Isaaks und Jakobs« (Ex 3,2 u.ö.) den Clan- oder Sippengottheiten zuzuweisen. Die Namen der

Stadtgottheiten sind häufig im Namen der Stadt enthalten (z.B. Bet-Sche-mesch: Sonnengott Schemesch; Jerusalem: Schalim, Gott des Friedens und Wohlergehens). Im Monotheismus werden diese verschiedenen Ebenen der Religiosität jeweils mit einer einzigen Gottheit verbunden.

Die K. sind sehr vielfältig. Einfache K. sind Amulette, die als sichtbare Elemente einer persönlichen Gottheit ihren Träger vor Gefahren schützen sollen. Aber auch alle Arten der Magie können als K. verstanden werden. Ebenfalls vornehmlich in den Bereich der persönlichen Religion gehört das Gebet (→ Beten), in dem man seine Anliegen vor die jeweils verehrte Gott-heit bringt. Gebete können daneben aber auch Teil des gemeinschaftlich be-gangenen Gottesdienstes sein (z.B. Klagelieder des Volkes im AT, Christus-hymnen im NT).

Wichtige K. stellen das Opfer und die religiösen Feste dar. Im AT war ursprünglich das Schlachtopfer die übliche Opferart. Hierbei wurde das Tier, meist eine Ziege oder ein Schaf, nach dem Schlachten in seine natürlichen Teile zerlegt, in großen Töpfen gekocht und anschließend von der Familie verspeist. Das Blut als Träger des Lebens wurde nach dem Schlachten Gott, dem Spender allen Lebens, zurückgegeben, indem man es an den Sockel des → Altars goss. Gleichfalls wurden der Gottheit die nach semitischem Ver-ständnis besten Teile des Opfertiers, nämlich die Fettpartien, auf einem Räu-cheraltar verbrannt. Einen Anteil am Opfertier erhielt auch der Priester für seine Dienste. Sinn dieses Opfers war ursprünglich, dass man Gott für die Gabe des Tieres danken wollte, indem man ihm die besten Teile überließ. Gott partizipierte gewissermaßen an dem Gemeinschaftsmahl als Ehrengast.

Ähnlich verhielt es sich auch mit den Festen, die ursprünglich reine Landwirtschaftsfeste waren. Das Pessach-Massotfest (zum Zeitpunkt unse-res → Osterfestes) wurde zu Beginn der Schnittperiode des Getreides, das Wochenfest (entspricht unserem → Pfingsten) zum Ende der Frühjahrsern-te gefeiert. Die Getreideernte, die die Bevölkerung mit Brot, dem wichtigsten Nahrungsmittel im Altertum versorgte, war auf diese Weise kultisch um-rahmt. Das Herbstfest (entspricht unserem → Erntedankfest) beschloss das Agrarjahr nach der Wein- und Olivenlese und sollte so der Gottheit den Dank für die reichlichen Gaben ausdrücken. In späterer Zeit verlor das Opfer die-sen Charakter der Danksagung und der Partizipation zunehmend. Seit dem 8./7. Jh. v.Chr. stand das Brandopfer im Vordergrund, bei dem das Opfertier völlig verbrannt wurde; der Gedanke einer Mahlgemeinschaft zwischen Kleinfamilie und Gottheit ging damit verloren. In (nach-)exilischer Zeit wur-de der Sühnecharakter des Opfers (vgl. die Handauflegung auf das Opfer-tier als Übertragung der Sünden auf das Opfertier in Lev 1,4; 3,2) in den Vor-dergrund gerückt.

Opfer waren im AT im Wesentlichen zunächst auf die Kleinfamilie be-schränkt und fanden selten im Rahmen der Kultgemeinde (→ Gemeinde) statt. Zu den Festen versammelten sich die Ortsbewohner an den lokalen Heiligtümern im Lande, feierten die Feste aber weitgehend im Rahmen der Kleinfamilie. Nach der Josianischen Reform 622 v.Chr. reiste (im Idealfall) das ganze Volk an den Wallfahrtsfesten zum Jerusalemer Tempel. Mit einem zunehmenden Festbetrieb vor allem in nachexilischer und schließlich in ntl. Zeit bildete sich das Verständnis einer Kultgemeinde heraus, die gemeinschaftlich opferte; die einzelnen Opfertiere traten im Rahmen des großen Opferkultes jedoch stark in den Hintergrund. Auf die Gemeinschaft bezogene K. wurden ansonsten nur bei außerordentlichen Anlässen wie z.B. Klagegebeten nach der Zerstörung des Tempels praktiziert. Daneben bildeten sich in den Ortschaften in nachexilischer Zeit zunehmend Synagogen heraus. Zunächst in einfachen Wohnhäusern, ab dem 4. Jh. n.Chr. in speziellen Synagogenbauten traf sich die örtliche Kultgemeinde zum → Gebet, aber auch zur Diskussion über das richtige Verständnis der biblischen Tradition. Diese neue, auf Dialog und Gebet ausgerichtete K. war erst zu dem Zeitpunkt möglich, als die gesellschaftlichen Rahmenbedingungen es der Oberschicht ermöglichten, sich für die Treffen in der Synagoge ausreichend Freiräume von der Arbeit zu schaffen. Zu christlichen Kultformen vgl. → Gottesdienst. [WZ]

Kurie [lat. *curia* »Sorge«] Die K. gilt einerseits als Bezeichnung für die Verwaltungszentrale der römisch-katholischen Kirche (*Curia Romana*), die gemäß dem Anspruch der Leitung einer Weltkirche im Vatikanstaat, einem seit 1929 durch die Lateranverträge als eigenständig garantierten Staatsgebiet des Papstes, angesiedelt ist. Darüber hinaus kann die K. aber auch in einem umfassenderen Sinn als Kennzeichnung der bischöflichen Behörden benutzt werden und ist so nicht auf eine Ortsbezeichnung festgelegt. Als Verwaltungszentrale gliedert sich die K. in Gerichtshöfe (*tribunalia*), Ämter (*officia*) und Kongregationen (*sacrae congregationes*), die durch ihre Vorarbeiten Entscheidungshilfen für den Papst liefern, soweit nicht für die laufenden Geschäfte Generalvollmachten ausgesprochen sind. Die Zahl der Kongregationen ist seit der Verfassungsreform von 1908 (Pius X.) auf elf festgelegt. Ihre Kompetenzen liegen neben der Verwaltungstätigkeit auch in gesetzgeberischen Aufgaben, soweit sie als Verwaltungsrecht zu fassen sind. Sie bestehen aus Kardinälen, denen ein vom Papst ernannter Präfekt als Leiter vorsteht. In den beiden ersten Kongregationen stellt der Papst selbst den Vorsitz und wird dabei durch einen Sekretär unterstützt. Dabei handelt es sich (1.) um die K. *Sancti Officii*, der Glaubenskongregation, die über Rechtgläubigkeit und die Indizierung von Schriften zu urteilen hat; (2.) die K. *Consistorialis*, die Aufsicht über Bistümer und Bischöfe führt und für Berufungen und Errichtungen von Diözesen zuständig ist. Die weiteren Kongregationen beschäftigen sich mit: (3.) der Verwaltung der Sakramente (*De Dis-*

ciplina Sanctorum), (4.) der Aufsicht über den Klerus und das Kirchenvolk (*Concilii*), (5.) der Verwaltung der Orden (*Religiosorum*), (6.) den Aufgaben der Mission (*De Propaganda Fide*), (7.) der Liturgie sowie den Entscheidungen über Selig- und Heiligsprechungen (*Sacrorum Rituum*), (8.) dem Protokoll für die nichtreligiösen Bereiche repräsentativer Ereignisse (*Caeremonialis*), (9.) den Verhandlungen mit Staaten (Konkordate) z.b. in Fragen der Bischofsbesetzung (*De Negotiis Extraordinariis*), (10.) den kirchlichen Hochschulen (*De Seminariis et Universitatibus*) und (11.) den Ostkirchen und den unierten Kirchen im Orient (*Pro Ecclesia Orientali*).

Für die Gerichtsbarkeit kann die K. auf drei Instanzen zurückgreifen: eine Instanz für die Prüfung von Gewissensfragen, für Entscheidungen über Absolutionen und Dispensionen (die *Sacra Paenitentiaria*), einen ordentlichen Gerichtshof (die *Sacra Romana Rota*) sowie einen obersten Gerichtshof (die *Signatura Apostolica*).

Die reinen Verwaltungsbehörden der K. sind in vier *Officia* untergliedert, die u.a. für die Vorbereitung und Versendung von Bullen (Apostolische Kanzlei), die Verwaltung der Kirchenämter (Apostolische Datarie), die Verwaltung der Güter (Apostolische Kammer) und die diplomatischen Beziehungen (Staatssekretariat) zuständig sind. [MV]

Kyrie → Messe

Lachen   Das L. ist ebenso wie das Weinen ein elementarer Gefühlsausdruck, der als Spiegel der Lebensbewältigung gelten kann und der sich direkt
auf den Körper auswirkt. Indem das L. der Empfindung von → Glück Geltung verschafft, ist es mit dem Jubel verwandt, kann genauso gut aber auch
als Ausdruck des Hohns und des Spotts gelten. Die Bibel weiß um die Ambi-
valenzen des L., etwa wenn es einerseits als gesundheitsfördernd beschrieben (Spr 17,22), andererseits aber auch als oberflächliche Haltung kritisiert
wird, hinter der sich allzu oft eine depressive Grundstimmung verbirgt (Spr
14,13).

Als eine der zentralen Erwähnungen des L. im Sinne von Humor kann im
AT die Erzählung in Gen 17f. gelten, die uns schildert, wie Abraham und
seine Frau Sarah im Alter von 100 bzw. 90 Jahren die Geburt eines Sohns pro-
phezeit bekommen und darüber in ausgiebiges L. verfallen. Der Zorn Gottes über diese Haltung gilt jedoch nicht dem Gefühlsausdruck als solchem,
sondern ist lediglich als Kritik an mangelndem Gottvertrauen zu deuten,
denn auch über Gott selbst wird vor allem in den Psalmen berichtet, wie er
über die Gottlosen lacht (Ps 2,4; 37,13; 59,9). Den ambivalenten Zusammenhang von L. und Weinen greift die späte Weisheitsliteratur des AT auf, um den
eschatologischen Charakter (→ Eschatologie) des einzig berechtigten L. in
einer entfremdeten und von Leiden geprägten Welt zu kennzeichnen. Für den
Prediger ist deshalb L. einfach »sinnlos« (Pred 2,2), und es gilt die Devise:
»Besser unmutig sein als lachen, denn bei finsterer Miene ist das Herz in rich-
tiger Stimmung« (Pred 7,4).

Für das L. im NT ist sowohl die geschilderte Ambivalenz bedeutsam wie
auch die eschatologische Zuspitzung auf ein himmlisches L. als Ausdruck
der Jenseitsfreude. In diesem Sinne – und in Anlehnung an den 126. Psalm –
wird das L. in den Seligpreisungen Jesu charakterisiert: »Selig seid ihr, wenn
ihr jetzt weint, denn ihr werdet lachen« (Lk 6,21) und: »Wehe euch, die ihr
jetzt lacht, denn ihr werdet trauern und weinen« (Lk 6,25). Insofern kann im
Gegensatz zur Vorstellung eines lachenden Gottes im AT die Frage, ob Jesus
gelacht habe, nicht eindeutig beantwortet werden. Die Evangelien betonen
demgegenüber jedenfalls die Ernsthaftigkeit Jesu und vor allem sein Mitge-
fühl angesichts des menschlichen Leidens. Dem folgt auch die frühe Kirche,
etwa wenn Joh. Chrysostomos in seinem Mt-Kommentar über Jesu urteilt:
»Weinen sehen kann man ihn oft, lachen niemals, nicht einmal stille
lächeln«, und dementsprechend das L. nur als Jubel angesichts der Überwindung von Leiden und Tod anerkennt. Die Kirche des Mittelalters brand-
markt das L. als Teufelswerk und menschliche Schwäche und grenzt jede
philosophisch-theologische Spekulation über den Humor aus. Lediglich in
dem ritualisierten »Osterlachen« (*risus paschalis*) bleibt ein Freiraum, der
unter dem Schutz der befreienden Osterbotschaft ein L. ohne Verdächtigung
der Oberflächlichkeit ermöglicht.

Luther, dem das L. als Spott über Feinde und Widersacher selbst nicht wesensfremd war, würzt nicht nur seine Pamphlete mit Witz und Humor, sondern gewinnt dem L. auch im theologischen Kontext einen neuen Aspekt ab. Gilt für ihn allgemein die Traurigkeit als Anfechtung des Teufels, so hebt er nicht nur den therapeutischen Nutzen des L. hervor, sondern ernennt die Heiterkeit zugleich zum Wesensmerkmal des erlösten Christen: »Sein Herz muss von Grund aus lachen und fröhlich darüber werden, wenn er glaubt, dass es wahr ist« (WA7 I,4). Von Luthers Charakterisierung der Erlösungsbotschaft als »fröhliche Wirtschaft« (WA 7,26,5) ausgehend nennt Barth schließlich die ganze Theologie eine »fröhliche Wissenschaft«: »Ein Christ treibt dann gute Theologie, wenn er im Grunde immer fröhlich, ja mit Humor bei der Sache ist« (1968). In der gegenwärtigen theologischen Debatte wird der Stellenwert des Humors in der Kirche weniger schwer gewichtet und vor allem der therapeutische Aspekt des L. als Grundausdruck der menschlichen Existenz betont. [MV]

Laie [griech. *laos* »Volk«] Der Begriff ist schillernd: Einerseits charakterisiert er heute Menschen, die in bestimmter Hinsicht nicht sachkundig sind und deswegen auch nicht kompetent urteilen können. Andererseits ist der Begriff durch seine inhaltlichen Prägungen in der frühen Kirche ein Ehrentitel. Als »Volk Gottes« sprengt er nationale, ethnische und kulturelle Grenzen. In seiner Kirchenkritik meinte Luther, dass möglicherweise Fehlentwicklungen unterblieben wären, hätte man auf den Begriff → Kirche verzichtet und stattdessen vom »Volk Gottes« geredet (*Von den Konziliis und Kirchen*, 1539).

Wenn im 2. und 3. nachchr. Jh. der Gedanke und die Praxis eines allgemeinen Priestertums aller Gläubigen (u.a. 1Petr 2,5–9) zurückgedrängt und durch den des Amtes ersetzt wurden, geschah dies analog zur staatlichen Verwaltung. Angesichts theologischer Vielfalt und konkurrierender Meinungen bedurfte es eines Ordnungsprinzips. Die Ämterhierarchie der kath. Kirche (Papst, →Bischof, Priester, Diakon) ist darin begründet, auch wenn formal auf die Einsetzung des Amtes durch Jesus Christus selbst (u.a. Mt 16,17ff.; 28,18ff.) verwiesen wird.

De facto war damit ein ungeheurer Machtzuwachs für die Kirche verbunden, wie er sich noch jahrhundertelang im Verhältnis von Staat und Kirche widerspiegeln sollte. Unterschwellig blieb jedoch die Vorstellung vom persönlichen Verhältnis des Menschen zu Gott ohne amtskirchliche Vermittlung lebendig, wofür man sich zumeist auf Mt 18,20 berief: »Wo zwei oder drei versammelt sind in meinem Namen, da bin ich mitten unter ihnen.« Von Tertullian z.B. stammte die klassische Paraphrase (*De fuga in persec.* 14.1), es könne sich dabei »auch um Laien handeln«. Die verschiedensten Reformbewegungen des MA (Bettelorden, Hussiten, Katharer, Waldenser,

Brüderunität) sind im Wesentlichen amtskritisch, was u.a. ihre Forderung nach der Laienpredigt erhellt.

Im Protestantismus wird der Gedanke theologisch untermauert und führt zur Kirchenspaltung. Die Unterscheidung von Priestern und L. ist danach unbiblisch. Alle Getauften sind Priester. So darf auch den L. beim Abendmahl nicht der Wein vorenthalten werden. Die Gemeinde der L. ist nach Luther (*De captivitate babylonica ecclesiae*, 1520) und den anderen Reformatoren (Zwingli, Melanchthon, Calvin) eine mündige Gemeinde. Ihr wird Kompetenz in theologischen Fragen und Entscheidungen zugebilligt, so u.a. bei der Wahl oder Abwahl des Pastors. Dass es trotzdem nicht zur Preisgabe des Predigeramtes kam, lag u.a. an abschreckenden Beispielen sektiererischer Frömmigkeit. Es wird aber anders als in der katholischen Kirche, wo es ein Weihesakrament ist, aus dem Ordnungsprinzip abgeleitet. Im Calvinismus wird der Gedanke noch vertieft. Aus Gründen der Kirchenzucht gibt es dort vier paritätische Ämter: Prediger, Lehrer, Diakone, Älteste.

Die Wiederentdeckung des L. in der kath. Kirche dokumentiert sich u.a. in dem »Dekret über das Laienapostolat« und der »Dogmatischen Konstitution über die Kirchen« (II. Vatikanum). L. sind danach an der »Sendung des ganzen christlichen Volkes in der Kirche und in der Welt« beteiligt. In Bereichen wie Kirchenmusik, Caritas, Religionsunterricht, Diakonie, Gemeinderäten usw. ist dieser Gedanke konkretisiert. In der evangelischen Kirche, wo er zur theologischen Tradition gehören sollte, markieren indes Bezeichnungen wie Amts- und Pastorenkirche, dass die mündige Gemeinde oftmals ein Desiderat geblieben ist.

In der Folgezeit entwickelte sich daraus die Lehre vom geistlichen und weltlichen Stand, die ungleich gewertet wurden. Dem Letzteren gehörte das »fleischlich« gesinnte Volk (plebs) in seiner Masse an, während die Geistlichkeit (ordo) sich aufgrund ihrer Weihe darüber erhob. [GB]

Leben Was L. eigentlich ist, entzieht sich jeder Definition. Es gibt lediglich Beschreibungen des Phänomens und keine Erklärungen. Dies ist nicht anders in der Theologie. Selbst was den zeitlichen Rahmen dessen angeht, was als L. bezeichnet wird, ist strittig. Die moderne medizinisch-ethische und nicht zuletzt theologische Diskussion liefert dafür eindrucksvolle Beispiele. Präfigurationen in einigen Religionen der Naturvölker, wonach das L. erst mit der Namensgebung einsetzte und mit der → Bestattung endete, lassen, ohne analog zu sein, immerhin den Rückschluss zu, dass L. und Tod von jeher zusammengesehen wurden. Auch dienten Beigaben in den Grabstätten dazu, den Toten ein wie auch immer geartetes Weiterleben zu ermöglichen.

Als Träger des L. galt in allen Kulturen das Blut. Wer verblutete, musste sterben. Blut vergießen kann im AT zum Synonym werden für töten (Gen

9,6; 37,22; Dtn 19,10 u. ö.). Während im weit verbreiteten Dionysoskult (→ Mysterien) das Verzehren von blutigem Fleisch (Opfertier) angeblich besondere Kräfte verlieh, war den Israeliten der Genuss von Blut verboten (Gen 9,4; Lev 3,17 u.ö.). Insofern gab es bei ihnen auch nicht das Institut der Blutsbrüderschaft, von der man glaubte, dass durch wechselseitiges Trinken jeweils des anderen Blutes eine Seelenverwandtschaft entstehe. Aber auch sie benutzten noch das Blut von Opfertieren als Sühne und Schutzmittel (Ex 12,7.13; 24,8) – eben unter dem Eindruck, dass »die Seele des Leibes im Blut lebt« (Lev 17,11). Im Ganzen herrschte jedoch eine andere Vorstellung, wie Gemeinsinn unter dem Volke Israel entstehen könnte. Indem man dem »lebendigen Gott« (Ps 42,3; 84,3; Dtn 5,26) als dem Schöpfer des L. die Ehre gab und sich an seine Gebote hielt, galt die Verheißung, im »Land der Lebenden« zu Hause zu sein (Ps 27,13 u.ö.), im »Buch des L.« geführt zu werden (Ps 69,29). »Suchet mich«, lautete die Aufforderung und entsprechend die Zusage: »dann werdet ihr leben« (Am 5,4).

Dieses L. ist dadurch gekennzeichnet, dass es lang und erfüllt ist (Gen 15,15; 25,8; Hi 42,17). Bezeichnenderweise sind die Altersangaben, je näher sie der Schöpfungs- und Paradiesgeschichte stehen, sehr hoch, womit angedeutet ist, dass ursprünglich das L. (Baum des Lebens) unbegrenzt war, so dass auch noch nach der Vertreibung die Menschen sehr alt werden konnten. Gleichwohl lehrte die Erfahrung, dass menschliches L. in Staub zerfallen konnte, dass es vergänglich war wie Gras, wie eine Blume, wie ein Traum, vorbeieilte wie ein flüchtiger Schatten, wie ein Läufer, ja dass es nur die Länge eines Atemzuges hatte. Ebenso unabweisbar war aber auch die Tatsache, dass die Gottlosen alt und reich wurden. Hier war Glaube gegen vielfältigen Anschein gefordert: »Dennoch bleibe ich stets an dir« (Ps 73.23).

Bezeichnend für die Theologie des AT ist, dass eben diese Gottesbeziehung das L. qualifiziert, es abhebt vom bloßen Dahinleben, das sich in den vergänglichen Freuden dieser Welt erschöpft: »Lasset uns essen und trinken; denn morgen sind wir tot« (Jes 22,13). Dagegen steht die Erkenntnis, dass der Mensch »nicht vom Brot allein lebt, sondern von allem, was aus dem Mund des Herrn geht« (Dtn 8,3).

Im NT ist dieser Aspekt besonders thematisiert, d.h. die Aussagen über das L. beziehen sich auf Jesus Christus, auf seine Auferstehung. Er ist das L. (Joh 11,25; 14,6); weil er lebt, sollen auch die leben, die an ihn glauben (Joh 14,19). Die sprachliche Unterscheidung im Griechischen, wonach *bios* den äußerlichen Ablauf des L., *psyche* das individuelle Geschehen kennzeichnete, *zoe* jedoch das verwandelte L. meinte – was sich z.T. noch auf die Übersetzung Luthers auswirkt –, ist bereits im Lateinischen aufgegeben und findet dort wie auch später im Deutschen kein Äquivalent. Hier bedarf es vielmehr präzisierender Attribute, um hervorzuheben, was gemeint ist: *vita aeterna, sacra, contemplativa* bzw. eigentliches, ewiges, neues, wahres L.

Das L. in Christus, so wie es das NT beschreibt und verheißt, ist nicht die Fortsetzung humanitärer Ansätze, sondern Geschenk. »Christus ist mein L.«, bekennt Paulus (Phil 1,21). »Ist jemand in Christo, so ist er eine neue Kreatur« (2Kor 5,17). Dieses L. unterscheidet sich von einem verfehlten dadurch, dass es eingeht in die Herrlichkeit Gottes. Mag augenscheinlich von einer »Krone des L.« (Jak 1,12; Offb 2.10) noch nichts erkennbar sein, so gilt dies ebenso für die scheinbar unangefochtene Existenz der Gottlosen. Diese fallen unter das Verdikt, zwar vordergründig noch zu leben, in Wahrheit seien sie jedoch längst gestorben. »Du lebst und bist tot«, heißt es von einer abgefallenen Gemeinde (Offb 30). »Lebendig tot« (1Tim 5,6) ist das Schlimmste, was man über einen Menschen sagen kann. [GB]

Leib → Körper

Leistung Im Unterschied zu früheren Gesellschaftsformen wie etwa der feudalen Klassengesellschaft, die den sozialen Status des einzelnen Menschen aus seiner Herkunft ableitete, sieht die moderne Industriegesellschaft in der individuellen Fähigkeit und der Tüchtigkeit des Einzelnen das Grundkriterium für die soziale wie wirtschaftliche Reputation des Individuums wie auch für den Erfolg der Gesellschaft insgesamt. Nicht zu Unrecht wird deshalb die Moderne auch als Leistungsgesellschaft bezeichnet, in der die Leistungsfähigkeit für den Erfolg des eigenen Tun und Handelns verantwortlich gemacht wird. Die Förderung des individuellen Leistungsvermögens durch Bildung und Motivation gerät dadurch zu einer der wichtigsten Aufgaben des Gesellschaftssystems, während andererseits die Koppelung von L. und Lohn im Sinne des eigenen Verdienstes zur Prämisse wird. Kritik an diesen Maßstäben der Leistungsgesellschaft wird dort laut, wo dem Menschen ein Eigenwert beigemessen wird, der weder auf seine Leistungskraft reduziert werden kann, noch in dem Verhältnis von Lohn und L. zu erfassen ist. Auf den theologischen Bereich übertragen, zeigt der Begriff der L. seine problematische Dimension. Während im AT die L. des Menschen in einem Tun beschrieben wird, das auf Gott ausgerichtet ist und sein Wohlwollen zu erringen sucht (Opfer, Gebet, Einhalten der Gebote, Taten der Nächstenliebe), heben die Schriften des NT die Tatsache hervor, dass die L. der Werke nicht dem Heil des Menschen dienen können, sondern erst aus diesem erwachsen. Die L. ist somit nicht von der Gnade Gottes zu trennen, was insbesondere die sog. »frommen L.« betrifft, durch die ein Seelenheil eben nicht errungen werden kann. Insbesondere Paulus hat mit seiner Gnadenlehre (→ Rechtfertigung) herausgearbeitet, dass das Anliegen, durch eigene L. das Heil verdienen zu wollen, einem Rückfall unter das Gesetz entspricht (Röm 3,23f.).

Trotz dieser christlichen Kritik an der L. gibt es – wie der Soziologe Max Weber (*Die protestantische Ethik und der Geist des Kapitalismus* 1920) nachgewiesen hat – eine direkte Beziehung zwischen Protestantismus und Leistungsdenken, die es nahe legt, von einem »protestantischen Leistungsethos« (vor allem in den asketischen Formen des → Calvinismus, Pietismus und Methodismus) zu sprechen, weil dort unter dem Hinweis auf die individuelle Eigenverantwortlichkeit im Glauben die L. als Erweis der Gnade Gottes interpretiert wird. Pflichtbewusstsein, innerweltliche Askese und die Lösung von kirchlichen Autoritäten verschmelzen darin mit der Lehre der Prädestination zu einem Leistungsdenken, das für die gesellschaftliche Entwicklung in protestantischen Bereichen nach wie vor aktuell ist und als besondere theologische Herausforderung begriffen werden muss. [MV]

Letzte Ölung   → Ölung

Liberale Theologie   Unter dem Einfluss der rationalistischen Ideen der Aufklärung, vor allem der kritischen Philosophie Kants und der Religionsphilosophie Friedrich Schleiermachers, geprägt auch durch den politischen Liberalismus der Zeit und die Tendenz zur Individualisierung in der Romantik, entwickelte sich im 19. Jh. eine theologische Strömung, die als L.Th. bezeichnet wird. Auf der Grundlage einer wissenschaftlichen Beschäftigung mit der Bibel versuchten die Vertreter eine kritische Theologie zu konzipieren, die sich von Dogmenfrömmigkeit und Klerikalismus distanziert, um den Glauben als eine persönliche Entscheidung und als eine mit der → Vernunft in Einklang gebrachte Überzeugung zu konstituieren. Wegweisend für die Entwicklung der L.Th. waren die Entwicklung der historischen Methodik für die Bibelauslegung (historisch-kritische Exegese) und die dogmengeschichtliche Betrachtung der Glaubensinhalte wie auch die religionsphilosophische Perspektive, durch die das Christentum als ein Deutungsmuster der Welt in einen Kontext zu anderen Religionen und Kulturen gestellt wurde.

Die ersten Vertreter der L.Th. werden durch die Tübinger Schule (D. F. Strauss, F. Chr. Bauer und O. Pfleiderer) repräsentiert, die vornehmlich für eine historische Deutung des Urchristentums und die philosophische Durchdringung der Dogmatik eintraten. In einer weiteren Phase um die Wende zum 20. Jh. traten E. Troeltsch und A. v. Harnack hervor, um in einer Schlussfolgerung aus der historisch-kritischen Exegese die Dogmengeschichte vollständig historisch zu erfassen, sie gewissermaßen zu »entdogmatisieren« und die Entwicklung des Christentums unter der Perspektive der Religion als ein kulturelles Phänomen zu beschreiben. Ein nicht unerhebliches Thema war die historische Erfassung der Gestalt Jesu. Diese durch Strauss initiierte Leben-Jesu-Forschung scheiterte jedoch letztlich an dem Widerspruch zwischen dem historischen Jesus und dem in den Schriften des NT verkündigten Christus. Es zeigte sich schnell, dass mit den historischen Quellen ein

verlässliches Bild der Person Jesu nicht gezeichnet werden kann, ja noch entscheidender, dass der historischen Gestalt Jesu angesichts des verkündigten
Christus für den Glauben auch nur eine sekundäre Bedeutung zukommt.

Ein Ende fand die L.Th. durch die Kritik der → Dialektischen Theologie.
Als stärkster Gegner trat K. Barth auf, der sich vehement gegen die L.Th.
aussprach, die Interpretation des christlichen Glaubens als eine Religion an-
zweifelte und den exklusiven Charakter der Offenbarung gegen die kulturelle
Deutung ausspielte. Aufgrund der großen Popularität, die die Dialektische
Theologie zu Beginn des 20. Jh. genoss, verschwand die L.Th. schnell aus
der theologischen Debatte, erst seit den 60er Jahren erlebt sie neue Beachtung und wird u.a. unter dem Vorzeichen des Kulturprotestantismus neu
reflektiert.

Die L.Th. gilt vornehmlich als eine Erscheinung in der Theologie des
Protestantismus, obwohl liberale Strömungen ebenfalls innerhalb der kath.
Theologie zu finden sind. Dort ging die Kirche jedoch in Form von Diszi-
plinarmaßnahmen strikt gegen den sog. Modernismus vor, verlangte u.a. von
den zu Ordinierenden, einen Antimodernisteneid abzulegen, und festigte zuletzt in der Enzyklika *Humani Generis* (1950) die Ausgrenzung aller als
liberal geltenden Theologie. Ausschlaggebend für diese Haltung mag u.a. die
Tatsache gewesen sein, dass der Liberalismus für eine Trennung von Staat
und Kirche und somit für eine Privatisierung der Religion eintrat. Erst seit
dem II. Vatikanum gelten liberale Aspekte der Theologie als dialogfähig.

In der Theologie der Gegenwart hat der Ansatz der L.Th. bleibende Spuren hinterlassen, so gilt die historische → Bibelwissenschaft heute als Standard in der Theologenausbildung, und unter dem Stichwort des Kulturprotestantismus werden auch die Anliegen einer stärkeren Verbindung von Glauben und Denken, von Glaube und Kultur neu durchdacht. [MV]

Liebe　Die Vorstellungen von der L. sind vielschichtig, sie setzen nicht nur
in den jeweiligen kulturgeschichtlichen Kontexten unterschiedliche Akzente, sondern vermögen auch im alltäglichen Sprachgebrauch Verschiedenes
auszudrücken: Sympathie, Fürsorge, Mitleid, Hingabe, Zärtlichkeit, Begehren zählen zu den Ausdrucksformen, die mit L. in Verbindung gebracht werden, aber nicht mit ihr verwechselt werden dürfen. Sieht man einmal von iro-
nischen Verwendungen (z.B. »L. zum Geld«) oder umgangssprachlich übertragenen Bedeutungen (z.B. »Tierliebe« oder »Bücherliebhaber«) ab, so liegt
die Basis aller Vorstellungen von L. in der personalen Beziehung zwischen
mindestens zwei Partnern, durch die eine Spannung zwischen liebender und
geliebter Person hervorgerufen wird. Ist dieses Verhältnis auf Gegenseitig-
keit gegründet, so spricht man von vollendeter L., wird sie dagegen nicht erwidert, verdrängt oder verhindert, kann sie im schlimmsten Fall in Hass um-
schlagen.

In ihrer Wirkung wird die L. als *vis unitiva* verstanden, als Kraft, die das Getrennte zur Vereinigung drängt und auf Verschmelzung angelegt ist. Sie ist somit ein kosmisches Prinzip, bei dem die Tendenz zur Vereinigung auf unterschiedlichen Ebenen möglich ist und in verschiedener Weise angestrebt werden kann. So ist es möglich, grundsätzlich zwischen L. im Sinne eines leiblich-seelischen Prinzips und eines seelisch-geistigen Prinzips zu unterscheiden. Diese zweite Ausrichtung, die auch als »platonische L.« bezeichnet wird, geht auf Platons metaphysische Deutung der L. zurück, der zufolge *eros* als das Sehnen der Seele nach Ewigkeit interpretiert wird. In der platonischen Philosophie (*Symposion*) wird L. folglich als ein Streben verstanden, das durch Erkenntnis einen Weg zum Schönen und Vollendeten sucht, oder auch als Aufstieg der Seele vom Körperlichen zum Geistigen begriffen wird. Die L. ist somit Zeugnis des Ewigen im Vergänglichen, für sich selbst genommen ist sie weder schön noch gut, dabei allerdings umso vollendeter, je mehr sie sich von den Zwängen der körperlichen Triebe befreien kann.

Diese Unterscheidung von erotischer (auch natürlicher oder sexueller) L. (→ Erotik) und geistiger L. verweist auf Teilaspekte des Phänomens, führt jedoch in die Irre, wenn diese Differenzierung als Alternative verstanden wird. Es geht – auch in der platonischen L. – immer um die Verhältnisbestimmung der leiblichen und der geistigen Anteile der L., darüber hinaus erweist sich die L. sogar als jene Kraft, die zwischen der Welt der Ideen und der Körper zu vermitteln vermag. Diesem philosophischen Ansatz folgt u.a. auch Augustinus, wenn er das Erkenntnisvermögen des Menschen unmittelbar an die Liebesfähigkeit bindet (»wir erkennen so viel, wie wir lieben«), und die L. damit als eine → Tugend betrachtet, die letztlich darauf hinläuft, Gott als Wesen zu schauen.

Während in der griech. Antike die L. ausschließlich als Beziehung zwischen Menschen gewertet wird, da die Ungleichheit zwischen Menschen und Göttern eine L.beziehung ausschließt, ist das biblische L.verständnis nur im Einklang mit dem Bund zwischen Gott und Mensch zu verstehen. Zwar findet sich im AT eine differenzierte Terminologie für die unterschiedlichen Ebenen der L. zwischen Mann und Frau (Gen 24,67), der Elternliebe (Gen 25,28), der Nächstenliebe (Lev 19,18), der Fremdenliebe (Lev 19,34) wie auch für die L. Gottes zu den Menschen (Dtn 4,37) bzw. der L. des Menschen zu Gott (Dtn 6,5), doch gilt für alle diese Beziehungen, dass die L. eben nicht als ein Gefühl gedeutet wird, sondern als eine Handlung. Indem Gott in seiner Haltung zum Menschen einem liebenden Vater gleicht (Dtn 8,5), steht der geforderte Gehorsam, der L. durch Einhalten der Gebote erwidert, auch nicht im Widerspruch zur L. Die kategorische Forderung, »Du sollst den Herrn, deinen Gott, lieben von ganzem Herzen« (Dtn 6,5), darf deshalb nicht als ein angeordnetes oder sogar befohlenes Gefühl missverstanden werden. Sie ergibt sich vielmehr aus der Grundannahme, dass die L. ein Handeln ist, und

die gehorsame Befolgung der Gebote die adäquate Antwort auf die er-
wählende L. Gottes darstellt. Unter diesen Voraussetzungen kann schließlich
auch die liebevolle Behandlung, die den eigenen Stammesangehörigen gilt
(Dtn 22,1f), im gleichen Maße auf Fremde (Lev 19,33f) wie sogar auf Feinde (Ex 23,4) übertragen werden.

Im NT findet sich diese Vorstellung von der L. als Antwort des glaubenden Menschen auf die Erwählung Gottes in zugespitzter Form. In dem sog.
Doppelgebot,»Du sollst den Herrn, deinen Gott, lieben aus deinem ganzen
Herzen und mit deiner ganzen Seele und mit deiner ganzen Kraft und mit deinem ganzen Denken und deinen Nächsten wie dich selbst« (Lk 10,27f.), wird
die L. als Erfüllung des Gesetzes beschrieben. Die Berufung des Christen
ist es, in der L. dem Vorbild Jesu zu folgen, der durch seine Hinwendung zu
den Sündern und»Verlorenen« (Lk 15,11ff.) einen Weg aufgezeigt hat, auch
den fehlbaren Menschen einen Weg zu Gott zu bereiten.

Dieser spezifisch christliche Liebesbegriff, in dem die L. Gottes zu seiner Schöpfung, die Opferung seines Sohnes und das Heil der Menschen untrennbar aneinander gebunden werden (Joh 3,16), bietet die Grundlage für
Paulus, der in 1Kor 13 – dem sog.»Hohelied der Liebe« – neben Glaube und
Hoffnung der L. den ersten Platz unter den Gnadengaben zuspricht, weil in
ihr die Gottebenbildlichkeit des Menschen am deutlichsten zum Ausdruck
kommt.

Sprachlich setzt sich dieser christliche Liebesbegriff von der antiken Philosophie dadurch ab, dass in den biblischen Schriften der unbelastete Terminus *agape* (lat. *caritas*) an die Stelle des *eros* tritt und damit die christliche Liebesvorstellung zugleich einen weitgehend entsinnlichten Charakter
erhält, der bis in das Mittelalter immer stärker herausgearbeitet wird und mit
einer restriktiven Sexualmoral einhergeht, in der Leibfeindlichkeit und das
Ideal der Enthaltsamkeit zu wesentlichen Ausdrucksformen werden. Erst im
11. Jh. kommt es auf der Ebene der höfischen Liebesdichtung zu einer Art
Rehabilitierung der sinnlichen L., die dabei jedoch, um im Einklang mit
christlichen Moralvorstellungen zu bleiben, sich selbst zugleich in Frage
stellt und gerade in der Verhinderung der in der L. gesuchten Erlösung das
höchste Ideal zeichnet. Dieses Bewusstsein, in der wahren L. die seelischen
Bestrebungen von den sinnlichen Trieben unterscheiden zu wollen, sie damit
jedoch nicht vergessen machen zu können, führt zu dem eigentümlichen
Ideal der verhinderten L, das bis in die Literatur der Romantik als Leitmotiv
bestehen bleibt und dort als Reiz tief empfundener Gefühle einen»romantischen« Liebesbegriff geprägt hat, der für den gegenwärtigen Sprachgebrauch grundlegend ist. In diesem Sinne wird L. heute in allererster Linie
als ein Gefühl verstanden, das mit sinnlichen Erfahrungen einhergeht und
erst sekundär mit Ansprüchen moralischer Werte wie beispielsweise der
Ewigkeit, der Treue und der Einzigartigkeit verbunden wird. Diese auf spon-

tane Emotionalität zielende Deutung der L. widerspricht im Grundzug dem Liebesbegriff der christlichen Tradition, der sich als ein in der Offenbarung des Glaubens gegebenes Geschenk Gottes versteht, das der glaubenden Person ihrerseits zur Pflicht wird. Zur besseren Unterscheidung wird dieser christliche Akzent der L. deshalb terminologisch exakter als → Nächstenliebe bezeichnet und diskutiert. [MV]

Liturgie [griech. *leiturgía* »Dienst für die Öffentlichkeit, Staatsleistung«] Obwohl die L. heute für die meisten Menschen zum Inbegriff religiös-kultischer Handlungsweise geworden ist, steht der Begriff ursprünglich doch im Zusammenhang mit eher weltlichen Tätigkeiten. In der griech. Antike waren damit öffentliche Dienstleistungen gemeint, die sich zwar auch auf kultische Verpflichtungen beziehen konnten, in der Regel aber Organisationsfragen der Verwaltung zum Inhalt hatten, die sich ebenso mit Heeresfragen wie mit der Gestaltung der olympischen Wettkämpfe befassen konnten. Die Schriften des NT benutzen den Begriff jedenfalls nicht in dem uns geläufigen Sinn. Dahinter steht die Tatsache, dass es für die Zeit der Urgemeinde schlichtweg keine einheitliche Form bzw. Ordnung der Gemeindeversammlung gab, diese auch weder notwendig noch gewünscht war, weil jegliche Kultordnung als Konfrontation mit dem Tempelkult erscheinen hätte können. Auch in der Kirche etablierte sich der Ausdruck L. für das gottesdienstliche Geschehen erst relativ spät. Für die Ostkirche, die an der griechischen Sprache festhielt, blieb die L. ein Zentralausdruck, der nicht nur die Ordnung der Gottesfeier zum Inhalt hat, sondern darüber hinaus das Proprium der → Orthodoxie kennzeichnet. In der durch Rom behaupteten Westkirche wurde der griech. Begriff der L. durch das lat. *missa* übersetzt, so dass sich für die abendländische Kirche der Ausdruck → Messe einbürgerte.

Versteht man unter L. das Anliegen, dem in der Öffentlichkeit stattfindenden kultischen Geschehen eine verbindliche Ordnung zu geben, so sind L. auch außerhalb des Christentums zu konzedieren. Aus den Kulten der Ägypter, der Babylonier, Hethiter und Assyrer sind L. bekannt, die u.a. die Strukturierung der Opferrituale, Totenverehrungen und höfischen Zeremonien zum Inhalt haben. Für die Kirche stellte sich der Bedarf einer Ordnung für das gottesdienstliche Geschehen erst mit der Erhebung des Christentums zur öffentlichen Religion in der Ära Konstantins, also im 4. Jh., ein. Jetzt entstanden – zunächst regional differenziert – verbindliche Ordnungen (die Markus-L. in Alexandria, die Clementinische L. in Antiochia, die Jakobus-L. in Jerusalem, die Apostel-L. In Ostsyrien, die Chrysostomos-L. in Konstantinopel), ab dem 6. Jh. die lateinischen L. (die römische L., die Ambrosianische L. in Mailand, die gallische L. in Paris). Im Tridentinischen Konzil wird die römische Messe schließlich für die Gesamtkirche als verbindliche L. eingeführt (*Missale Romanum* 1570, *Pontificale* 1596, *Rituale* 1614).

Damit wird zugleich ihr Wesen theologisch neu bestimmt, soll es doch keinesfalls als eine bloße Formsache betrachtet werden, sondern als Ausdruckswille des Glaubens. In diesem Sinne etabliert sich die L. fortan als eine der drei Säulen christlicher Lebensvollzüge neben der *Diakonia*, dem Glaubensvollzug in der praktizierten Nächstenliebe (→ Diakonie) und der *Martyria*, der gelebten Glaubensbezeugung. Inhaltlich wird die L. dabei als ein dialogisches Geschehen zwischen Gott und den Menschen verstanden. Als zweiseitig weist sich dieser liturgische Dialog in der Hinwendung Gottes zu den Menschen (Schriftlesung, Verkündigung, Eucharistie) wie in der Hinwendung des Menschen zu Gott (Gebet, Lobgesang) aus.

In den Kirchen der Reformation ist zunächst einmal keine grundsätzlich andere Vorstellung von der L. zu verzeichnen. Geradezu auffallend ist das Bemühen, mit dem im Augsburgischen Bekenntnis hervorgehoben wird, dass»in den öffentlichen Ceremonien der Messe keine merkliche Änderung geschehen« sei (CA 24), es sei denn durch die deutschsprachigen Gesänge, die aus gemeindepädagogischen Gründen hinzugezogen wurden. Tatsächlich hielt besonders Luther mit seinem Konzept einer Deutschen Messe (*Deutsche Messe und Ordnung des Gottesdienstes* 1526) weitgehend an der römischen Vorlage fest. Kritik wird lediglich an der Deutung der Messe geäußert, vor allem an dem Opfercharakter, demzufolge die Messe als Sühneopfer interpretiert wird. Hier verweisen die Reformatoren auf Christus, der»einmal geopfert hat und dadurch für alle Sünde genug getan« habe. Folglich soll die Messe kein Opferritus für andere darstellen, sondern *communio* für sich selbst sein. Bezeichnenderweise beruft sich Melanchthon in dem Exkurs »Von dem Wort Messe«, das der Apologie eingefügt ist, an diesem Punkt auf die altgriechische Bedeutung des Begriffs L. und charakterisiert sie danach als »ein Amt, darinnen man der Gemeinde dienet« (*Apologia Confessionis*, Art. 24).

In den Gottesdienstordnungen (Agenden) der ev. Kirchen, die seit dem 16. Jh. in der Verfügbarkeit der Landesfürsten entstehen, herrscht starke Vielfalt: Während Luther lediglich mit didaktischen Veränderungen an der Messe weitgehend festhalten möchte, vertritt Zwingli einen puren Wortgottesdienst ohne alle Zutaten, also ohne Gesang und Musik, bei dem das Abendmahl zu einem quartalsmäßig gefeierten Erinnerungsfest wird. Calvin stellt insofern einen Kompromiss dar, als er den Gottesdienst zwar auch als Predigtgottesdienst konzipiert, dabei aber nur von der Instrumentalmusik absieht und zumindest das unbegleitet gesungene Lied akzeptiert. Die reformierten Ansätze finden – entgegen der lutherischen Tradition – in der Zeit der Aufklärung weitere Zuspitzungen. So wird der Gottesdienst zunehmend zu einer pädagogisch sich verstehenden Veranstaltung, bei der die Predigten zu religiösen Reden, die Kirchen zu Vortragssälen und die Gemeinden zu einem frontal unterrichteten Publikum geraten. Die kultische Dimension des gottesdienstlichen Geschehens wird erst im 19. Jh. mit der Wiederentdeckung des religiösen Gefühls (Schleiermacher) wieder zum Gegenstand der theologischen Betrachtung.

Zu einer grundsätzlichen Reform kommt es in der kath. L. durch das II. Vatikanische Konzil. Als Folge der weltweiten Ausbreitung der kath. Kirche und der damit verbundenen kulturellen Vielfalt der Jungen Kirchen, wie auch unter dem Einfluss der evangelischen Kirchen mit ihren liturgischen Ansätzen, versucht das II. Vatikanum, die L. einerseits wieder deutlicher auf die Vorlagen der Alten Kirche zurückzuführen, andererseits aber auch dem Beteiligungswillen der Gemeinde zu entsprechen. Das Ergebnis ist nicht nur die Einführung der Muttersprache in der Messe, sondern auch die ausdrückliche Berücksichtigung der unterschiedlichen Lebenskulturen. Gleichzeitig wird der Ausdruck L. zum tragenden Begriff für das gesamte gottesdienstliche Geschehen.

In der Gegenwart wird die L. aus unterschiedlichen Perspektiven neu überdacht, wobei das ökumenische Interesse und die dialogische Ausrichtung dominieren. So definiert R. Volp die L. als Pointe im Zusammenspiel von Theologie, Kirche und Gesellschaft und erklärt die L. dabei als die »Kunst, Gott zu feiern«. Die Herausforderung, die sich dabei stellt, ist es, theologische Überlegungen in situative Verstehenszusammenhänge zu überführen. L. soll im weitesten Sinn als Geschehen des Wortes gelten, was vor allem Reflexionen über das gemeinsame Geschehen, über die Sprache, Formen und Symbole einschließt. Diese Beurteilung der L. aus den situativen Kontexten wird in dem strukturalistischen Ansatz von K.-H. Bieritz noch deutlicher. Er versteht L. als »verweisenden Vollzug symbolischer Kommunikation unter dem Evangelium« und lehnt einheitliche Strukturen zugunsten der Pluralität der Situationen gottesdienstlichen Geschehens weitgehend ab. Sein Ansatz basiert auf der Beobachtung einer zunehmend ökumenischen Ausrichtung der L., die mit einer Pluralität der Strukturprinzipien und Strukturierungsmöglichkeiten einhergeht. Ökumenische Bedeutung hat vor allem die sogenannte Lima-L. erlangt. Auf der Weltkirchenkonferenz 1982 in Lima wurde im Zusammenhang mit der »Konvergenzerklärung über Taufe, Eucharistie und Amt« auch eine L. geschaffen, die sich dem Prinzip der Einheit in der Vielfalt verpflichtet weiß, Verbindendes und Trennendes bewusst nebeneinander platziert und insofern L. als gelebte Konvergenzerklärung präsentiert.

Neben den ökumenischen Tendenzen hat sich ein dialogischer Ansatz etabliert, der aus der interdisziplinären Verknüpfung schöpft. Einen Dialog von Theologie und Psychoanalyse vertritt u.a. A. Odenthal, der den Gottesdienst als ein Symbolgeschehen untersucht, bei dem die Rituale und Symbole der Kirche gerade in ihren uralten Traditionen eine Chance für den Menschen in der Moderne bedeuten. [MV]

Liturgische Bewegung Als l.B. (genauer: Bewegungen) werden die seit dem 19. Jh. kursierenden Bemühungen um eine Neubestimmung der → Liturgie verstanden, die sich zum einen der stärkeren Beteiligung der Gemeinde, zum anderen aber auch der Wiederbelebung alter Traditionen verschrieben haben. Die l.B. entstehen zunächst in der kath. Kirche, greifen aber auf die ev. Kirchen über und wachsen zu Beginn des 20. Jh. zu einer Breitenbewegung, die ein starkes ökumenisches Gepräge aufweist. Theologische Wegbereiter sind auf kath. Seite R. Guardini, auf ev. Seite F. Spitta und J. Smend. Die kath. Bewegung hatte dabei vorrangig das Ziel, eine tätige Teilnahme der Gemeinde am gottesdienstlichen Leben der Kirche zu erreichen, was nur durch Veränderung der Liturgie möglich war. Ausgehend von der liturgischen Arbeit der Benediktinerabtei Solesmes, die sich für eine Reform des gregorianischen Gesangs einsetzte und damit seit ihrer Wiedereröffnung 1833 an die Spitze der l.B. setzte, erwuchsen auch die Abteien Beuron und Maria Laach zu Orten, die jene liturgische Erneuerung vorbereiten halfen, die schließlich im II. Vatikanum zum Durchbruch kam.

Ausgangspunkt der l.B. innerhalb der ev. Kirchen bildete die Kritik an einem Verständnis von Gottesdienst, dem die Erfahrung des Heiligen (R. Otto) zusammen mit den musikalischen Elementen der Liturgie und der alten Traditionen verloren gegangen war und der insgesamt unter dem Verdacht der Verschulung bzw. Intellektualisierung stand. Im Rückgriff auf die Kunst des 16. Jh. sollte nun versucht werden, die altkirchlichen Symbolwerte wiederzubeleben und sie in einer der neueren Zeit gemäßen Form weiterzuentwickeln. Der 1923 gegründeten »Berneuchener Bewegung« ging es dabei um eine grundsätzliche Erneuerung der Kirche aus dem Geist der Liturgie. Aus der Berneuchener Bewegung erwuchs 1931 die »Ev. Michaelsbruderschaft«; 1929 war bereits die »St. Johannesbruderschaft« gegründet worden, die sich u.a. um die Wiedereinführung der Tagzeitengebete und der Beichte bemühte.

Der 1933 gegründete »Alpirsbacher Kreis« strebte dagegen eine deutsche Gregorianik an (Alpirsbacher Antiphonale), um die von der → Dialektischen Theologie geforderte konsequente Ausrichtung auf das biblische Wort adäquat auch für die l.B. umzusetzen. Zu diesen Initiativen gesellte sich die »Singebewegung« wie die »Orgelbewegung«, die vereint an der Wiederbelebung einer liturgisch ausgerichteten Kirchenmusik beteiligt waren. Als ein Ergebnis dieser l.B. dürften die neu entwickelten Agenden und vor allem die neuen Gesangbücher betrachtet werden, die in den letzten Dekaden des vergangenen Jh. eingeführt worden sind und dabei nicht nur ein neues liturgisches Bewusstsein widerspiegeln, sondern auch eine klare ökumenische Ausrichtung. [MV]

Lob → Gebet

Logos   Die direkte Übersetzung des griech. Begriffs mit dem Ausdruck
»Wort«, wie sie im christlichen Kontext aus dem Prolog des Johannesevangelium bekannt ist, dürfte zumindest missverständlich sein. In der griech.
Philosophie, zu deren Grundbestand der Logosbegriff gehört, wird damit eine
jeweils unterschiedlich gedeutete Weltvernunft beschrieben, die sich in den
Gesichtspunkten »Begriff, Argument, Ordnung und Sprache« (A. Höffe)
niederschlägt. Auf der Suche nach dem, was die Welt im Innersten zusam-
menhält, hatte schon der Vorsokratiker Heraklit (um 540 v.Chr.) den L. als
grundlegende Gesetzmäßigkeit herausgestellt, in der Aspekte der kosmischen Ordnung und des menschlichen Bewusstseins zusammenfließen und
auf ein einheitliches Ganzes hinauslaufen. Die Stoiker stellten der passiven
Materie den aktiven L. gegenüber und erklärten das Weltgeschehen aus dem
Zusammenwirken beider Größen, wobei dieser L. als beseeltes Wesen verstanden und durchaus mit einem allerdings pantheistisch geprägten Gottesbild identifiziert werden konnte. In der neuplatonischen Logoslehre findet
schließlich die Verknüpfung von philosophischer Weltvernunft und dem atl.
Schöpfergott statt. Hier nun wird unter L. die von Gott ausgehende und ewig
wirkende Kraft angesehen, durch die die Welt geschaffen ist und immer wieder neu herausgebildet wird. Die philosophische Deutung des L. entspricht
der Suche nach einem rationalen Weltmodell, das der mythologischen Erklärung an die Seite gestellt wird.

   Wenn das Johannesevangelium unter deutlichem Einfluss der hellenistischen Philosophie den Satz »Am Anfang war der Logos, und der Logos war
bei Gott, und Gott war der Logos« (Joh 1,1) als Prolog formuliert, kann eine
Übersetzung als »Wort« in der Tat nur sehr bedingt die Bedeutung dieser Zeilen erfassen. Für Johannes, der bei seiner Logostheorie einerseits den hellenistischen Anspruch der Weltvernunft aufgreifen wollte, andererseits aber
auch auf die jüdische Tradition der personifizierten Weisheit Gottes (*sophia*)
zurückgreifen konnte, ist es nun nicht mehr Gott selbst, der mit dem L. identifiziert wird, sondern seine Inkarnation in Jesus Christus. Mit der Gleichsetzung wird aber zugleich geklärt, dass der fleischgewordene L. eben nicht Teil
der Schöpfung ist, sondern als präexistente Kraft Gottes in die Welt kommt,
um mit göttlicher Kraft zu wirken. Aus der joh. Deutung des L. ergeben sich
zwangsläufig Fragen nach der Wesenbestimmung dieser zweiten Person Gottes wie die Notwendigkeit einer Verhältnisbestimmung der menschlichen und
göttlichen Natur des Gottessohnes (→ Christologie). [MV]

Luthertum   Das Adjektiv »lutherisch« wurde zuerst von Johannes Eck
1520 in polemischer Auseinandersetzung mit Luthers Schriften gebraucht,
so wie später die Gegner Calvins dessen Anhänger als »Calvinisten« brand-

markten. Luther selbst hat sich (*Eine treue Vermahnung zu allen Christen*, 1522) dagegen verwahrt, dass die Reformbewegung mit seinem Namen gekennzeichnet wurde. »Evangelici« lautete vielmehr die Selbstprädikation der Kirchenreformer, was wiederum den Widerspruch der katholischen Partei noch bei den Friedensverhandlungen 1648 (Westfälischer Friede) hervorrief, die darauf bestand, dass diese Bezeichnung in den Reichstagsabschieden »nicht herkömmlich« sei: Lange Zeit konnte darüber hinaus der Begriff »katholisch« selbst von den Reformparteien verwendet werden (u.a. Apologie VII) – ein Zeichen dafür, dass nicht Kirchentrennung deren Ziel war. Einige Jahrzehnte später im ausgehenden 16. Jh. avancierten jedoch »lutherisch« und »Luthertum« zu Ehrentiteln, mit denen dann die sog. »lutherischen Kirchen« stolz auf ihre Genese verwiesen. Mit der Bezeichnung »reformierte Kirche« brachten die Anhänger Calvins ihre Überlegenheit gegenüber den altgläubigen Katholiken – denen der Begriff »katholisch« fortan allein vorbehalten blieb – und den Lutheranern zum Ausdruck.

Unter L. wurden seitdem Leben und Lehre jener Kirchen verstanden, die ihren Ursprung in der Wittenberger Reformation hatten – was aber auch bedeutet, dass es im Ganzen gesehen unterschiedliche Entwicklungen gab. So erhielt z.B. das süddeutsche L. eine andere Prägung als das norddeutsche, und in den skandinavischen Ländern existieren Staatskirchen. Da es nun keine einheitliche Kirche mehr gab und auch der Papst als Oberhaupt ausfiel, traten in Deutschland an deren Stelle Territorialkirchen, in denen notgedrungen jeweils der Landesherr das oberste Bischofsamt wahrnahm. Kennzeichnend für das Reformationszeitalter sind besonders die von Johannes Bugenhagen ausgearbeiteten Kirchenordnungen für die luth. Kirchen Norddeutschlands: Braunschweig (1529), Hamburg (1529), Lübeck (1531), Pommern (1534), Dänemark (1537), Schleswig-Holstein (1542), Wolfenbüttel (1543), Hildesheim (1544). Ebenso entstanden Ordnungen für den mittel- und süddeutschen Raum, die anderen, wenn auch ähnlichen Traditionen folgten. Sie regelten u.a. den Gottesdienst und sonstige Amtshandlungen, die Verwaltung der Sakramente, das Unterrichts-, Ausbildungs- und Prüfungswesen, die Anstellung und das Ausscheiden von Pastoren, Besoldungs- und soziale Fragen (Armenwesen) sowie solche der Aufsicht. Sie bildeten die Grundlage für das spätere Verfassungsrecht der ev. Kirchen. In den übrigen Gebieten West- und Osteuropas sowie in den Auswanderungs- und Missionsgebieten Nord- und Lateinamerikas, Australiens, Afrikas und Asiens war die Entwicklung der luth. Kirchen z.T. eigenen Gesetzen unterworfen.

Was die Lehren Luthers anging, so ergaben sich im historischen Ablauf verschiedene Akzentuierungen. In der Orthodoxie des 17. Jh. geht es um deren Konsolidierung, wobei in apologetischer Tendenz Gottes Wort und Luthers Wort in eins gesetzt werden. Im Gottesdienst wird die Predigt (*praedicare*, rühmen, preisen) zur Moralpredigt. Der darauffolgende Pietismus im ausgehenden 17.Jh. – verbunden mit Namen wie Francke, Spener, Zinzendorf – entdeckt gegenüber der Amtskirche das Individuum und das psychologische Moment der Bekehrung. Die in der Aufklärung im 18. Jh. einsetzende theologische Wissenschaft versteht sich in ihrer historisch-kritischen Prägung als konsequente Verwirklichung der mit Luther einsetzenden Ideen (Gewissen, Freiheit) –, was wiederum im 19. Jh. zur Gegenbewegung des Neu-L. führt, in dem das konfessionelle Erbe – Bekenntnis, Liturgie, Mission, Sozialdienste – neu entdeckt und gepflegt wird. Gleichzeitig verbindet sich damit der Widerstand gegen die Unionsbestrebungen des preußischen Staates. Die Lutherrenaissance des 20. Jh. (K. Holl, E. Seeberg, W. Elert, P. Althaus) hat ihre Wurzeln weitgehend im Neu-L., wendet sich gegen Auswüchse des sog. Kulturprotestantismus (Vernachlässigung der eigentlichen Evangeliumsverkündigung) und entdeckt u.a. die Rechtfertigungslehre Luthers neu.

Der Aufsplitterung in viele Einzelkirchen wurde nach dem Zweiten Weltkrieg in Deutschland durch deren Zusammenschluss in der VELKD (Vereinigte Evangelisch-Lutherische Kirche Deutschlands 1948) Rechnung getragen. Auf internationaler Ebene existiert seit 1947 der »Lutherische Weltbund«, dem bereits nach dem Ersten Weltkrieg der »Lutherische Weltkonvent« vorangegangen war. Dem Lutherischen Weltbund gehören mittlerweile (2005) 138 Gliedkirchen an. Als Lehrgrundlage gilt lt. Verfassung von 1990 die Heilige Schrift des Alten und Neuen Testaments. Sie ist »alleinige Quelle und Norm« für Lehre, Leben und Dienst. Dazu kommen die ökumenischen Glaubensbekenntnisse, die → Bekenntnisschriften der luth. Kirche, unter ihnen besonders die → *Confessio Augustana* und Luthers *Kleiner Katechismus*. [GB]

Magie [griech. *mageia* »Zauberei«, altpers. *magu*, Vertreter medischer Priesterkaste] Die vermeintliche Fähigkeit, durch besondere Fertigkeiten oder auch Veranlagungen auf Personen oder Dinge einwirken zu können, darüber hinaus sogar eine Beziehung zwischen der Welt des Natürlichen und des Übernatürlichen herzustellen. Dabei werden M. und Zauberei weitgehend synonym verwendet.

In der jüdischen Tradition gilt die M. als verwerflich, als »Greuel« für Gott (Dtn 18,9ff.); für Zauberinnen (Ex 22,18) wie für alle Wahrsager (Lev 20,27) wird gar die Todesstrafe gefordert, und in 2Kön 17,17 wird die M. als Grund dafür genannt, dass Gott das Nordreich Israel verwarf.

Umso irritierender mag die andernorts wertneutrale Erwähnung von M. im AT erscheinen. Ein herausragendes Beispiel findet sich in den Erzählungen vom Aaronsstab, den Gott selbst zum Zauberinstrument werden lässt, um Moses und Aaron vor dem Pharao als wundertätig ausweisen zu können (Ex 7,8–13). Auch im NT spielt die M. eine widersprüchliche Rolle: Zauberer wie der bekehrte Simon (Apg 8,4) und der mit Blindheit geschlagene Bar-jesus (Apg 13,6ff.) belegen die Bedeutung, die M. auch in der Umwelt des NT noch hat. Zwar wird sie dort eindeutig abgelehnt (Offb 21,8) und als Werk des Fleisches deklariert, das dem Reich Gottes im Wege steht (Gal 5,20f.), andererseits spricht die Erwähnung der Magier aus dem Morgenland (Mt 2,1) als Zeugen der Geburt des Messias für ein Ansehen, das zumindest ambivalent ist. Hier wird noch einmal deutlich, dass die Bezeichnung Magier ursprünglich auf eine altbabylonische Priesterkaste zurückgeht, die exakter als Astrologen zu bezeichnen sind.

Ein Grund für diese unterschiedliche Erwähnung der M. in den biblischen Schriften liegt in der vielschichtigen Bedeutung dessen, was für unseren Sprachgebrauch relativ eindeutig mit M. übersetzt wird, was jedoch in der Umwelt des AT und NT deutlicher differenziert werden muss. Weissagungen, Orakelsprüche, Sterndeutungen, Geister- und Dämonenbeschwörung, Heilungen, Exorzismen, Traumdeutungen u.a. werden dem Bereich der M. bzw. der Zauberei zugeordnet, obwohl ihre Bewertung inhaltlich deutlich auseinander geht. Dabei ist es gerade nicht die erst durch unser heute geläufiges rationalistisches Weltbild verständliche Kritik der M. im Sinne eines Aberglaubens, die zur Ablehnung führt, sondern die Gefährdung der Einzigartigkeit Gottes. Kritik an der M. findet sich in den biblischen Schriften nicht im Sinne eines Zweifels an der Existenz von Geistern und magischen Kräften, sondern ausschließlich in der Warnung, in das Spiel dieser magischen Kräfte einzugreifen und damit die Vollmacht Gottes in Zweifel zu ziehen. Insofern ist aus christlicher Tradition auch die Unterscheidung zwischen *weißer* und *schwarzer* M. – je nachdem, ob sie zum Segen oder zum Fluch dient – nicht plausibel, weil das Bewertungskriterium hier nicht in der Wirkung liegt, sondern in der Anmaßung.

Wieder ganz anders wird in der Umgangssprache das Adjektiv »magisch« häufig benutzt, um unerklärliche Zusammenhänge zu umschreiben oder eine besondere Wirkung zu kennzeichnen, ohne dass dabei diese Wirkung im direkten Sinn als Ergebnis von Zauberei gedeutet wird. Als magisch gilt dann die Atmosphäre des »Zauberhaften«, die Faszinierendes charakterisiert, aber nicht wirklich als übernatürliche Macht gelten will. So versteht auch der »Magische Zirkel von Deutschland«, ein Zusammenschluss der Täuschungs- und Manipulationskünstler, die Kunst der Illusion nicht als M., sondern als Angebot der Unterhaltung. [MV]

Magnifikat   [lat. *magnificat* »er erhebt«] Als Kurzbezeichnung für den Lobgesang der Maria geht der Ausdruck M. auf die erste Textzeile von Lk 1,46–55 in der Vulgata zurück: *magnificat anima mea Dominum* – »meine Seele erhebt den Herrn«. Dabei handelt es sich um einen ntl. Psalm, der neben dem Benedictus und dem *Nunc dimittis* zu den *cantica* gerechnet wird und in der römischen Liturgie auch als *Canticum Beatae Mariae Virginis* geläufig ist.

Die meisten Exegeten gehen heute davon aus, dass es sich bei dem M. um einen eschatologischen Hymnus handelt, der ursprünglich auf zwei verschiedene Quellen (VV 46–50a und VV 50b–55) zurückgeht, die erst von Lk unter Hinzufügung eigener Aspekte (V 48) zu dem Loblied der Maria verbunden worden sind. Darüber hinaus lassen sich deutliche Parallelen zum atl. Hymnus 1 Sam 2,1–10 kaum übersehen.

Die Popularität des M. mag über die Tatsache hinaus, dass es als Bestandteil der luk Weihnachtsgeschichte bereits ein besonderes Ansehen genießt, auf verschiedene Ursachen zurückzuführen sein. Zum einen hat es als Zeugnis eines Evangeliums der Armen vor allem durch L. Boff eine herausragende Bedeutung für die Befreiungstheologie erhalten. Zum anderen steht es als das Loblied der Maria stellvertretend für die Stimme der Frau, die, indem sie Gottes Taten an den Erniedrigten preist, selbst aus der Inferiorität erhoben wird. Insofern hat das M. nicht nur für die Marienverehrung eine besondere Bedeutung, sondern kann auch als ein Schlüsseltext für die → Feministische Theologie gelten. Zum Dritten kann das M. auf eine ungebrochene Tradition der musikalischen Verarbeitung zurückblicken. Kein Zweifel besteht darüber, dass es sich schon bei den Quellen, auf die Lk zurückgriff, um gesungene Lieder gehandelt hat und das M. selbst zum liturgischen Umfeld des Gottesdienstes gehörte.

Im Kontext des röm. Offiziums wurde es um 530 (hl. Benedikt) in herausragender Stellung dem Abendgebet (Vesper) zugeordnet, während es in der Ostkirche nach wie vor Bestandteil des Morgengebets (Laudes) ist. Seit dem 15. Jh. erhielt das M. eine besondere Rolle bei der Entwicklung der mehrstimmigen Musik, wobei es zu einer Sitte wurde, lediglich die gradzahligen Verse des M. mehrstimmig zu vertonen und die ungradzahligen Verse einstimmig zu belassen, so dass sich hier Liturg und Chor responsorial gegenübertreten und schon durch dieses musikalische Mittel den Kontrast von Niedrigkeit und Erhöhung als Kernaussage des M. zum Ausdruck bringen. In der Reformation wurde das M. zusammen mit den Stundengebeten übernommen. In der neuen Ausgabe des Ev. Gesangbuchs findet es sich in der Übersetzung Luthers im Kontext der Vesper.

Zu den herausragenden Vertonungen des M. zählen u.a. die Kompositionen von H. Schütz (SWV 344), J.S. Bach (BWV 243), W.A. Mozart (KV 339), F. Mendelssohn-Bartholdy (op.69,2) und K. Penderecki (1974). [MV]

Malerei Während es im Alten Israel und im Bereich der frühen Kirche kaum Nachweise von M. gibt, bildete sich ab dem 3. Jh. n.Chr. die altchristliche Kunst heraus. Da vor der sog. Konstantinischen Wende Kunstobjekte mit christlicher Motivik in der Regel bei nichtchristlichen Künstlern in Auftrag gegeben wurden, unterscheidet sich die christliche M. hinsichtlich Stil und Technik nicht von den übrigen Kunstwerken dieser Zeit. Bei der motivischen Gestaltung wurde jedoch auf typische biblische Szenen zurückgegriffen, wobei christologische Motive wie Kreuzigung und Auferstehung anfangs noch weitgehend umgangen oder typologisch durch andere Motive (z.B. Opferung Isaaks anstelle der Kreuzigung, Jona und der Wal als Parallele zur heilvollen Errettung der Menschheit durch Gott) vertreten wurden. Teilweise hat man nichtchristliche Symbole übernommen und christlich gedeutet. So stammt beispielsweise der Heiligenschein (Nimbus) entweder von der Strahlenkrone des heidnischen Sonnengottes oder aber von der kreisrunden Fläche um das Haupt einer Gottheit in der hellenistisch-römischen M. ab. Die ältesten christlichen M. finden sich in den Katakomben von Rom und Neapel sowie im Baptisterium von Dura-Europos. Ab dem 5. Jh. stand zunehmend die christliche Mosaikkunst im Vordergrund, die die M. bei der Ausgestaltung der Kirchenbauten zunächst verdrängte. Die Christusdarstellung wurde dabei vom herkömmlichen Kaiserbild übernommen (z.B. thronender Christus mit Herrschaftsinsignien). Ab dem Mittelalter erlebte die M. einerseits mit der künstlerischen Gestaltung der → Altäre und andererseits mit der Illustration von Bibelhandschriften eine neue Blüte innerhalb der christlichen Kultur. Die Kirche war nun ein potenter Auftraggeber der Künstler, so dass sich eine eigenständige christliche → Ikonographie entwickeln konnte, die bis in die jüngste Vergangenheit hinein prägend war. In den orthodoxen Kirchen bildete sich mit der Ikone ein eigener, thematisch stark begrenzter Typus der Bilderverehrung und Bilderherstellung heraus. Schon das Malen eines Bildes wird dabei als religiöser Akt der Kontemplation verstanden, und die Verehrung der Bilder stellt eine wesentliche Form des Gottesdienstes dar.

Die heutige christliche M. ist geprägt von einer Vielzahl unterschiedlicher Versuche, biblische Themen in die Gegenwart zu übertragen und die Provokation biblischer Botschaft auszudrücken oder greifbar zu machen. [WZ]

Manichäismus   → Häresie

Männertheologie   Schon im 19. Jh. entstanden als Folge der industriellen Revolution und der damit einhergehenden Neubestimmung des familiären und beruflichen Lebens sowie der Geschlechterrollen aus Handwerksverbänden und Arbeitervereinen im konfessionellen Kontext Einrichtungen, die sich der speziellen Arbeit mit Männern in der Kirche widmeten. Ausschlaggebend war dabei für diese volksmissionarische Initiative die Sorge, in einer überwiegend durch Frauen belebten Kirche die Männer für die Gemeindearbeit zu verlieren. Auch in der durch J. H. Wichern ins Leben gerufenen Inneren → Mission standen die Männer bzw. ihre Ausrichtung auf Erwerbstätigkeit und Berufe im Vordergrund. Aus diesen Wurzeln entwickelte sich im Bereich der evangelischen Kirchen die sog. »Männerarbeit«, die 1933 unter Federführung der Reichskirchenleitung mit der Gründung des »Deutschen Evangelischen Männerwerkes« eine übergreifende institutionelle Einrichtung fand. In der kath. Kirche wurden derweil die pastoralen Initiativen, die sich auf die Zielgruppe der Männer bezogen, als »Männerseelsorge« koordiniert (1. Konferenz der Männerseelsorge 1938 in Fulda). Nach dem Zweiten Weltkrieg musste die in den Auseinandersetzungen des Kirchenkampfes brachliegende Männerarbeit neu konstituiert werden, wobei nun auch die inhaltliche Begründung formuliert wurde. So konnten 1946 die ev. Initiativen auf landeskirchlicher Ebene in der »Männerarbeit der EKD« zusammengeführt werden, und 1951 wurde auf der Grundlage der »Internationalen Vereinigung kath. Männer *Unum Omnes*« (1948) die »Gemeinschaft katholischer Männer Deutschlands« gegründet.

Von diesen Formen der Männerarbeit zu unterscheiden ist die M., die sich nicht als volksmissionarisches Instrument versteht, sondern der Frage nachgeht, ob es eine geschlechtsspezifische Form der Religiosität gibt und wie diese sich ggf. auf die Einbindung der Männer in das kirchliche Leben auswirkt. In dieser Fragestellung ist die M. durch die Frauen- und Emanzipationsbewegung beeinflusst, ja direkt aus der → Feministischen Theologie hervorgegangen. Die Annäherung weiblicher und männlicher Lebensbilder, die auf ein neues gleichberechtigtes Miteinander der Geschlechter zielt, macht eine Selbstpositionierung notwendig, wie eine gemeinsam von der ev. und kath. Männerarbeit 1998 in Auftrag gegebene Studie erwiesen hat. Dabei sieht sich die M. vor allem mit dem Problem konfrontiert, dass einerseits die christlichen Kirchen und ihre Geschichte als patriarchalisch kritisiert werden, andererseits gerade diese Form der Religiosität in allererster Linie Frauen als Zielgruppe erreicht, während die Männer aus der Kirche abzuwandern drohen.

Eine mögliche Antwort auf diese Fragestellung kann durch die Bestimmung geschlechtsspezifischer Formen der Religiosität gegeben werden, und zwar unabhängig davon, ob sie genetisch oder soziokulturell bestimmt sind. Während weibliche Erwartungen an Kirche und Religion primär durch alterozentrische Emotionsbindung, durch die Hervorhebung von Einheit, Erinnerung und Harmonie getragen werden, können Kriterien des egozentrischen Distanzempfindens, der Orientierung an Macht und dem individuellen, aktiven Tun als eher männliche Kriterien einer geschlechtsspezifischen Religiosität gelten. In dieser Gegenüberstellung ist bemerkenswert, dass die für christliche Theologie maßgeblichen Schlüsselbegriffe wie Gnade, → Nächstenliebe und → Barmherzigkeit, aber auch die → Rechtfertigung vornehmlich die auf alterozentrische Emotionsbindung ausgerichtete Form eines weiblichen Zugangs zu Religiosität ansprechen, während entsprechende männliche Formen, die sich auf Abgrenzung, Aktivität und Machtentfaltung beziehen, vornehmlich auf der Ebene der Kirchenleitung zum Tragen kommen. Gerade diese steht im Zuge der Gleichberechtigung allerdings zur Disposition.

Für die christliche Theologie ist dabei festzuhalten, dass der Mensch nur als Frau *und* Mann, also als komplementäre Bindung, als Ebenbild Gottes hervorgehoben wird. Gerade diese Definition des Ebenbildes Gottes im Sinne einer personalen Beziehung legt Wert auf die Geschlechtsneutralität und bietet genügend Freiraum, um das je eigene einer persönlichen Frömmigkeit zum Ausdruck kommen zu lassen. Ebenso, wie die Feministische Theologie einen Beitrag zur Gleichberechtigung der Frau in Theologie und Kirche geleistet hat, müsste eine M. das Anliegen umsetzen, das kirchliche Geschehen verstärkt auf die Bedürfnisse der Männer und ihre existentiellen Probleme abzustimmen oder, wie Fraas es formuliert hat: »Die Männer müssen aus den Leitungs- (Leistungs-) Positionen heruntergeholt werden in die Kirchenbänke, wo sie Empfangende sind, indem ihnen deutlich wird, dass sie dort nicht Almosen-Empfänger sind, sondern sich selbst empfangen.« [MV]

Maria [hebr. Mirjam] Der Name M. ist, obwohl er in erster Linie mit der Mutter Jesu in Verbindung gebracht wird, gleich für mehrere Personen im NT belegt, die zum Teil von herausragender Bedeutung sind. Markus berichtet von einer M., die zu den Jüngerinnen gerechnet wird und Jesus nach Jerusalem folgt, dort bei der Kreuzigung anwesend ist und Zeugin der Auferstehung wird (Mk 15,10). In den synoptischen Evangelien wird diese M. als Mutter des Jakobus und des Joses (Josefs) bezeichnet, aller Wahrscheinlichkeit nach ist sie auch identisch mit der bei Joh 19,25 erwähnten M., der Frau des Klopas. In der Apg erfahren wir weiterhin von einer M. (Mutter des Johannes mit dem Zunamen Markus), die der Jerusalemer Urgemeinde ihre Wohnung als Versammlungsstätte zur Verfügung stellte. Wiederum um eine andere M. handelt es sich bei der Person, die Lk 10,38 zufolge als Schwester Martha Jesus in ihrem Haus in Bethanien aufnimmt und bewirtet. Bei Johannes ist diese M. zugleich die Schwester des Lazarus (Joh 11,2), der durch Jesus von den Toten auferweckt wird; und auch die Salbung Jesu, die Judas als unnötige Geldverschwendung kritisiert, wird ihr zugeschrieben (Joh 12,1–8). Allerdings sind hier gravierende Abweichungen zu den synoptischen Evangelien zu konstatieren: Während Markus (Mk 14,3ff.) und Matthäus (Mt 26,6ff.) wohl von einer Salbung in Bethanien berichten, dabei allerdings übereinstimmend das Haus Simons des Aussätzigen nennen, den Namen der Frau aber nicht, findet die Salbung bei Lukas in Galiläa im Hause eines Pharisäers statt, überdies wird die salbende Frau hier als Sünderin bezeichnet (Lk 7,37). Diese Charakterisierung führt zu Verwechselungen mit einer anderen M., die aus dem galiläischen Ort Magdala kommt und daher als M. Magdalena bekannt ist. Auch sie gilt als Jüngerin, wurde durch Jesus »von sieben Dämonen« geheilt (Mk 16,9) und gilt bei Mk und Mt als erste Auferstehungszeugin. Joh verpackt diesen Tatbestand in eine komplizierte Geschichte, der zufolge M. Magdalena zwar zuerst zum leeren Grab kommt, dann aber auf verwickelte Weise doch von Petrus »überholt« wird (Joh 20,4f.). Diese Reihenfolge in der Erstbezeugung der Auferstehung hat in der Tradition zu einer Diskussion um den Führungsanspruch in der Urgemeinde geführt; so berichtet das apokryphe Thomasevangelium von einer Konkurrenzsituation zwischen Petrus und M. Magdalena (Log 114), und auch in dem apokryphen Evangelium nach Maria wird die Sonderstellung der M. Magdalena zum Thema einer Auseinandersetzung um die Führung in der Urgemeinde (Ev Maria 9). Auch wenn diese Schrift aus dem 2. Jh. kaum sichere Auskünfte über das historische Verhältnis zwischen Petrus und M. Magdalena geben kann, bietet sie doch einen wichtigen Hinweis auf die Diskussion der frühen Kirche um die Rolle der Frauen in der Nachfolge.

Wenn ohne ergänzende Zusätze von *der* M. gesprochen wird, ist damit die Mutter Jesu gemeint, die auch als »Gottesmutter«, als »Gottesgebärerin« tituliert wird. Die Fülle der Legenden, die sich um M. ranken, wie auch der damit im Zusammenhang stehende Marienkult stehen in einem eigentümlichen Missverhältnis zur Überschaubarkeit der biblischen Informationen. Im NT, vornehmlich in der Kindheitsgeschichte Jesu, ist belegt, dass M. aus Nazareth stammte, mit dem Zimmermann Joseph liiert war und das Kind Jesus durch den Heiligen Geist empfing. Darüber hinaus zeigt sich deutlich eine Tendenz zur Distanzierung Jesu von seiner Mutter (Mt 10, 37) wie auch von der übrigen Familie (Mk 3,33; Lk 14,26). Unbestritten ist auch die Tatsache, dass M. zu den Frauen am Kreuz gehörte und in der Urgemeinde eine allerdings nicht herausragende Rolle einnahm (Apg 1,14). Biblisch nicht zu belegen sind dagegen die Dogmen von der unbefleckten Empfängnis, der bleibenden Jungfräulichkeit und der leiblichen Aufnahme in den Himmel, die für die Entwicklung der Marienfrömmigkeit von Bedeutung sind. In der Gegenwart zeichnet sich eine neue Popularität der M. vor allem innerhalb der ökumenisch ausgerichteten → Feministischen Theologie ab. Hier gilt M. als Inbegriff der weiblichen Religiosität, als Symbol für die Frömmigkeit der Armen und Unterdrückten (→ Magnifikat) und als Vertreterin einer weiblichen Dimension des Göttlichen, die in der patriarchal ausgerichteten Kirche ein Desiderat ausfüllt. Nicht unkritisch wird dabei die Tendenz beobachtet, dass die Entwicklung von der Mutter Jesu zur Mutter Gottes schließlich auf die Interpretation einer göttlichen Mutter hinausläuft, die an archaische Göttinnen bzw. an die Wiederkehr der alten Erd- und Muttergottheiten denken lässt. [MV]

Martyrium [von griech. *mártys* »Zeuge«, *martyría, martýrion* »Zeugnis«] M. bezeichnet in der christlichen Literatur zunächst ganz allgemein jede Art von Zeugnis (z.B. Mk 14,59; Apg 7,58), speziell das Zeugnis für Jesus bzw. den Glauben (z.B. Lk 24,48; Apg 1,8; Joh 1,19), ganz speziell das Erleiden des Todes für den Glauben (vgl. Apk 2,13). Die ersten christlichen »Märtyrer« in diesem Sinne (nach dem ersten »Zeugen« Jesus, Apk 1,5) waren Stephanus, der Erste der »Sieben« (Apg 6ff.), Jakobus, der Sohn des Zebedäus (Apg 12,1f.), Petrus und Paulus (1. Clemensbrief 5), Jakobus, der Bruder Jesu (Josephus, Ant 20,200–203), und die Christen und Christinnen, die Kaiser Nero nach dem Brand Roms im Jahr 64 hinrichten ließ (Tacitus, Annalen 15,44). Der erste zweifelsfreie Beleg von M. für den Tod eines »Zeugen« Christi durch die Feinde des Glaubens, insbesondere den römischen Staat, findet sich im Bericht vom Tod des Bischofs Polykarp v. Smyrna (ca. 165; die Überschrift lautet: »M. des hl. Polykarp«). Mit dem M. Polykarps entsteht die Gattung der christlichen Märtyrerakte. Sie ist allerdings schwer zu bestimmen. Die überlieferten Titel wechseln (M.; *Passio*; *Acta*), eine Fülle unterschiedlicher literarischer Formen wird verarbeitet (Briefe, Protokolle, autobiographische Notizen, Visionen, Dialoge, Traktate u.a.m.). Der historische Wert der Märtyrerakten kann in Einzelfällen sehr hoch sein, ist oft aber zweifelhaft. Meist steht der Zweck der Festigung der christlichen Gemeinschaft, der Erbauung, der Apologie, auch der Bildung im Vordergrund. Viele Christen haben während der großen Verfolgungen im 3. Jh. die geforderten Opfer geleistet oder sich auf anderem Wege Dispens verschafft und damit den Ernst des christlichen Glaubens in Frage gestellt. Ihnen stellt die Märtyrerliteratur die standhaften Märtyrer als ideale, u.U. heldenhafte Christen entgegen. Ihr unbeirrbares, todesverachtendes Eintreten für ihre Überzeugung versichert den Lesern den unbedingten Ernst auch des eigenen Glaubens.

So kommt es zu einer breiten Märtyrerverehrung. Der Jahrestag des M. wird feierlich begangen, die Gräber der Märtyrer werden zu heiligen Orten, mit denen sich die lokale Gemeinde identifiziert (Möglichkeit der Anknüpfung an heidnische Heroenkulte). Wie andere heilige Orte beginnt man, sie zu sog. *martyria* (*memoriae*) als Orte des Zeugnisses bzw. des Gedenkens auszubauen (Basilika St. Petrus und Paulus in Rom; Johanneskirche in Ephesus; Grabeskirche in Jerusalem); u.U. werden → Reliquien des Märtyrers ausgestellt, die Präsenz des Heiligen bekommt eine materielle Dimension, die attraktiv ist. Vom 4. Jh. an kommt es zu Wallfahrten zu Märtyrergräbern.

Auch auf die antike heidnische Gesellschaft scheinen die christl. Märtyrer, unter ihnen nicht wenige Frauen, Eindruck gemacht zu haben. Die Märtyrerakten betonen, dass viele römische Richter fast verzweifelt versucht haben, die Beschuldigten zu einem Akt der Loyalität gegenüber dem Staat zu überreden, und dass viele Zuschauer der grausamen Hinrichtungen sich gefragt haben, ob das Todesurteil tatsächlich die angemessene Strafe für diese offenbar doch harmlosen Menschen sei. So sehr solche Sätze der Apologie und der Propaganda dienen, enthalten sie einen historischen Kern. Die Standhaftigkeit der Märtyrer hat die Ausbreitung der Kirche befördert (vgl. das berühmte Wort Tertullians: »ein Samen ist das Blut der Christen«, Apologie 50,13). Mit dem Toleranzedikt des Galerius (311) fanden die Martyrien ein Ende (→ Christenverfolgung).

In neuerer Zeit kam es zu Martyrien insbesondere zur Zeit der Reformation und Gegenreformation: bei Täufern, Hugenotten (»Bartholomäusnacht« 1572), in England unter Maria I. (1553–1558, »Bloody Mary«), während der Konfessionskriege (30jähriger Krieg 1618–1648), der Franz. Revolution (»Septembermorde« 1792), in den christl. Missionsgebieten in Ostasien (China, Japan, Korea) sowie unter kommunistischer und nationalsozialistischer Herrschaft (Dietrich Bonhoeffer, Edith Stein, Alfred Delp u.v.a.). [WR]

Matriarchat → Feministische Theologie

Medien [lat. *medium* »Mittel, Vermittelndes«] Eigentlich ist der Singular »Medium« ein Begriff für alle Mittel, die Kommunikation ermöglichen bzw. der Übermittlung von Informationen dienen. Das beginnt schon bei der Sprache und den Zeichensystemen der Schrift, reicht über das Buch und die Zeitungen bis hin zu den vielfältigen elektronischen Systemen.

In der Umgangssprache wird der Plural M. allerdings vorrangig für die Mittel der Massenkommunikation benutzt, die entweder Informationen transportieren oder unterhaltend wirken. In der Regel werden dabei die Print-M. (Buch, Zeitung, Zeitschrift) von den elektronischen M. (Hörfunk, Fern-

sehen, Ton- und Bildträger) unterschieden. Mit der Verbreitung des Personal Computers tritt als weitere Gruppe die der interaktiven M. hinzu (Internet). Letztlich nicht eindeutig ist die Zuordnung jener Geräte, die auf digi-
taler Informationsübertragung beruhen, aber dabei nicht als öffentlich gelten (Telefon, SMS, E-Mail, Btx). In einer zweiten Bedeutung steht der Ausdruck M. für die Einrichtungen, durch die diese Kommunikation gestaltet
wird. (Presse, Verlage, Filmindustrie, Rundfunkanstalten). Systematisch
werden die M. dabei als ein Instrument für Öffentlichkeit charakterisiert, und
zwar als eine Öffentlichkeit, die den kulturellen Raum im Sinne eines
Forums bestimmt.

In der Theologie sind die M. ein relativ neues Thema, das direkt mit der
Entwicklung der Informationsgesellschaft bzw. der Mediengesellschaft seit
den 80er Jahren verbunden ist. In der 3. Auflage der RGG (immerhin 1960
erschienen) begegnet das Stichwort »Medien« ausschließlich als Bezeichnung für das altpersische Reich der Meder. Das Phänomen der M. ist dagegen seit den Anfängen der Kirche mit der christlichen Tradition verbunden.
Schon der Apostel Paulus bediente sich mit seinen Sendschreiben an verschiedene Gemeinden publizistischer Mittel, um die christliche Botschaft an
eine größere Öffentlichkeit zu vermitteln. In unmittelbare Abhängigkeit zu
den Massenmedien geriet die Kirche in der Reformationszeit. Martin Luther
nutzte die Erfindung des Buchdrucks für seine Interessen auf intensive Weise. Tatsächlich waren zeitweilig mehrere Druckereien damit beschäftigt, die
Sendschreiben, Glossen, Kommentare und Pamphlete des Reformators zu
drucken und massenhaft zu verbreiten. So nahm speziell in den protestantischen Kirchen das gedruckte Wort schnell eine Vorrangstellung ein, durch die
das medial vermittelte Wort weitgehend gleichberechtigt an die Seite des unmittelbar gesprochenen Wortes trat. Das Interesse an der Verkündigung in
den Massenmedien (Morgenandachten, Wort zum Sonntag) findet hier seinen Ausgangspunkt.

Während das Verhältnis zwischen den Kirchen und den Massenmedien
in der Bundesrepublik für den Bereich öffentlich-rechtlicher Anstalten (Hörfunk und Fernsehen) durch Rundfunkstaatsverträge in dem Sinne geregelt
ist, dass den Kirchen für ihre Belange (Verkündigungssendungen) entsprechende Sendezeit zur Verfügung gestellt werden muss, trat in den 80er Jahren durch die Zulassung privatwirtschaftlich geführter Rundfunksender
(Duales System) wie auch infolge der damit einhergehenden Kommerzialisierung und Diversifizierung der Massenmedien (Spartenprogramme) die
Frage der Zugangsmöglichkeiten der Kirchen erneut ins Blickfeld der Öffentlichkeit. Die damit verbundenen Fragen gehen in zwei Richtungen: Zum
einen brauchen die Kirchen die M., um in der differenzierten Gesellschaft ein
Mindestmaß an Kommunikation aufrechterhalten zu können (ein Großteil
der Bevölkerung nimmt die Kirchen kontinuierlich nur noch über deren Prä-

senz in den M. wahr); in dieser Weise werden die Kirchen nicht nur durch die M. geprägt, sondern wirken ihrerseits auch auf die publizistischen Programme ein. Zum anderen haben die Kirchen aber auch ein Wächteramt, in dem sie versuchen, Grundlagen einer christlichen Ethik in der Kommunikation der M. zu schützen und darüber hinaus der zunehmenden Fetischisierung der Massenmedien entgegenzuwirken. [MV]

Meditation   [lat. *meditari* »nachsinnen«]   Als M. werden verschiedene Formen der geistig-geistlichen Übung (→ Spiritualität) bezeichnet, die unter Einschluss bestimmter körperlicher Verfahrensweisen (spezielle Sitzhaltung, Regulierung der Atmung, Entspannung der Muskulatur) dem Menschen helfen sollen, sich von der Außenwelt zu lösen, um zu einem eigenen, inneren Urgrund vorzudringen. Im Unterschied zu der → Kontemplation bezieht sich die M. jedoch nicht exklusiv auf die an ein personales Gottesbild gebundene Sinnsuche, sondern schließt andere Formen der Begegnung mit dem religiös Transzendenten, der Befreiung des Geistes vom Körper als Erlösung im Diesseits (Zen-Meditation, Yoga) und auch säkulare Formen der Selbsterkenntnis ein (autogenes Training, Eutonie). Während jedoch in den asiatischen Religionen die M. vornehmlich dazu dient, durch Abstraktion und Abstreifen der objektiven Außenwelt einen geistigen Zustand zu erreichen, der Erleuchtung weitgehend im nicht-personalen Nichts ansiedelt, ist die M. im christlichen Kontext personal geortet und dient dazu, die Subjekt-Objekt-Spaltung durch den Dialog zwischen Göttlichem und Menschlichem zu überwinden.

Alle Formen der M. sind dabei an eine je eigene Disziplin und an die Zeremonie des Schweigens gebunden, das einem »inneren Hören« (vgl. Mk 4,9) gleichgesetzt wird. Hier findet sich auch der Ausgangspunkt für eine spezifisch christliche Tradition der M., die methodisch zwar unter dem Einfluss des Neuplatonismus steht, inhaltlich jedoch auf biblische Zeugnisse verweisen kann. In dem Maße, in dem Gottesbegegnungen mit der Stille einhergehen (Hab 2,20), kann die Suche nach Stille und innerer Ruhe auch als ein Element auf dem Weg der Gottesbegegnung beschrieben werden (Mk 1,35).

Als die älteste christliche Meditationsformel gilt das »Herz-Jesu-Gebet« der Ostkirche (auch »Jesusgebet« oder »Herzensgebet«), das auf das 4. Jh. und die Frömmigkeitspraxis der Wüstenväter zurückgeht. In der ständigen Wiederholung der Formel »Herr Jesus Christus, Sohn Gottes, erbarme dich meiner«, die an das Mantra-Beten erinnert, konzentriert sich der Meditierende auf das Herz und den Atem, um fern aller Gedanken in der psychischen Ruhe eine Grundlage für die Begegnung mit Gott zu schaffen.

In der katholischen Kirche fand die M. vor allem durch die → Exerzitien des Jesuiten Ignatius von Loyola Verbreitung, in denen die M. zur

Grundlage eines Modells geistlicher Übungen entwickelt wurde, die zugleich als Anleitung zur Alltagsfrömmigkeit dienen sollen. In den protestantischen Kirchen stand die M. zunächst unter dem Verdacht der Werkgerechtigkeit (geistl. Übungen) und der Weltabsonderung (→ Askese).

Aufgrund der Defizite an religiöser Erfahrung und der Forderung nach einem ganzheitlichen Glauben entwickelte sich seit Ende der 60er Jahre des letzten Jh. unter dem Einfluss asiatischer Religionen (→ Buddhismus, → Hinduismus) eine Meditationsbewegung in den westlichen Kirchen, die sich auch in protestantischen Bereichen etablieren konnte. In diesem Zusammenhang ist allerdings ein Bedeutungswandel des Begriffs der M. zu beobachten, der sich einseitig auf die Form der Selbsterfahrung einengt und das Methodische der subjektiven Erfahrung gegen den wissenschaftlichen Charakter der Theologie ausspielt. Demgegenüber empfiehlt der Jesuit J. Sudbrack, das Praxisdefizit der exegetischen Theologie nicht durch eine Theoriedefizit der subjektiven Erfahrung auszutauschen, und plädiert für eine M., die sich als »Übung der Sinnfindung« bzw. als »Pflege der Sensibilität für Werte« versteht. Da es ritualisierte Formen des Schweigens in nahezu allen Religionen gibt, erhält die M. im Kontext des interreligiösen Dialogs eine neue Bedeutung. [MV]

Mensch → Anthropologie

Menschenrechte Als 1948 in der UNO die »Allgemeine Deklaration der M.« verkündet wurde, konnte man bereits auf eine längere Geschichte derselben zurückblicken. Neu waren indes die bedrückenden Erfahrungen ihrer Verletzung im Nationalsozialismus und Zweiten Weltkrieg. Von daher sind vermutlich auch die beschwörenden, pathetischen Formulierungen zu verstehen, wonach von dem verletzten »Gewissen der Menschheit« die Rede ist, von der »allen Mitgliedern der menschlichen Familie innewohnenden Würde« (Präambel), so dass sie »einander im Geiste der Brüderlichkeit begegnen« sollen (Art 1). Die USA selbst haben lange Jahre (bis 1969) gezögert, die Deklaration zu unterzeichnen, weil die Meinung vorherrschte, der Schutz der M. sei ohnehin in den einzelnen Bundesstaaten am besten aufgehoben. Diese Einstellung begegnet uns bereits bei der Verabschiedung der amerikanischen Verfassung von 1787 insofern, als die Grundrechte erst zu einem späteren Zeitpunkt hinzugefügt wurden.

Die M. sind ein Produkt der europäischen Aufklärung, und zwar der Naturrechtsphilosophie. Ihnen ist als Postulat ein unverbrüchliches humanes Recht zugrunde gelegt. Alle damals bekannten wie noch zu formulierenden Einzelrechte waren daraus abzuleiten. Zu ihrer Verbreitung trugen Philosophen, Politiker und nicht zuletzt Dichter bei. Wo das geltende Recht versagt, holt der unterdrückte Mensch »seine ewgen Rechte« vom Himmel herab

(Schiller, *Wilhelm Tell* 11,2), so dass sich der »alte Urstand der Natur« wieder einstellt. Nach Goethe (*Faust, Prolog auf dem Theater*) ist das »Menschenrecht« das »höchste Recht«, das ihm von »Natur vergönnt« ist. Christlich war daran immerhin, dass nach scholastischer Lehre sittliche Normen und damit eine höhere Rechtsordnung dem Staat übergeordnet waren. Zu Rechtsforderungen im Sinne der M. konnte es allerdings so lange nicht kommen, wie die Einheit von Staat und Kirche und vor allem die Einheit der Kirche selbst fortbestand. Erst als diese zerbrochen war, ertönte der Ruf nach Religions- und Gewissensfreiheit, zunächst gerichtet an die kath. Kirche, dann aufgenommen von säkularen Parteien (z.B. im Augsburger Religionsfrieden 1555 und Westfälischen Frieden 1648) und schließlich feierlich niedergelegt in Staatsverfassungen.

Die Religions- und Gewissensfreiheit ist somit ein altes europäisches Menschenrecht, während die politischen M. – Leben, Freiheit, Eigentum, Sicherheit, Streben nach Glück – besonders in der amerikanischen Unabhängigkeitsbewegung Ausdruck und Geltung fanden. Es sind negative Rechte, da sie sich gegen staatliche Übergriffe verwahren. J. Locke und W. Blackstone aber auch J.-J.Rousseau sind die geistigen Paten. Der naturrechtliche Grundsatz, mit dem man sich von den englischen und sonstigen kontinentalen Rechtsnormen löste, barg das Problem in der Diskrepanz zwischen Idee und Wirklichkeit. Frei waren tatsächlich nicht alle Menschen, zu denen dann auch die Indianer als Ureinwohner und die aus Afrika importierten Sklaven gehört hätten, sondern nur die freien Amerikaner, die eine »politische Gemeinschaft begründen«.

Problematisch war auch die franz. »Déclaration des droits de l'homme et du citoyen« (1789), insofern, als die Universalität der Rechte an den Staatsgrenzen endete. Die »charte constitutionelle« von 1814 kennt nur noch die »Staatsrechte der Franzosen«. K. Marx (*Zur Judenfrage*, 1844) hat diese formale Diskrepanz deutlich empfunden und darin ein grundsätzlich inhaltliches Problem gesehen: Bei den angeblichen Naturrechten auf Freiheit, Gleichheit, Eigentum und Sicherheit handele es sich um individuelle Egoismen innerhalb der bürgerlichen Gesellschaft. Erst wenn das Individuum »Gattungswesen« geworden sei, könne von wirklichen M. im Sinne einer Emanzipation die Rede sein. Den in Verfassungen marxistisch-kommunistischer Staaten erwähnten Naturrechten liegt dann auch ein anderes Verständnis zugrunde, nämlich deren instrumentale und kollektive Handhabung im Klassenkampf gegen westliche Reaktion.

Das GG (1949) wie bereits die WRV (1919, Art 109ff) sind ausdrücklich den M. verpflichtet. Sie werden in der letzteren durchgängig als »Grundrechte« bezeichnet, denen »Grundpflichten« entsprechen, während im GG eine dreifache Gliederung begegnet. Aus der »Würde des Menschen« (Art 1 Abs. 1) sind die »unverletzlichen und unveräußerlichen Menschenrechte«

(Abs. 2) abgeleitet, die in »nachfolgenden Grundrechten« (Abs. 3) ihre Konkretion erfahren.

Krieg die Allgemeine Erklärung der M. in der UNO 1948 unter Beteiligung des ÖRK zustande gekommen, so ist doch im Ganzen gesehen das Verhältnis der Kirchen zu den M. seit deren Propagierung ein distanziertes gewesen. Das lag zum einen vordergründig an der kirchenfeindlichen Spitze der Franz. Revolution, in deren Verlauf eine groß angelegte Christenverfolgung stattfand, zum andern an der ebenfalls antichristlichen Ideologie des Marxismus/Kommunismus, zu dem im 20. Jh. noch der Leninismus hinzukam. Von Anfang an sah man in den großen Kirchen das christliche Menschenbild durch die Menschenrechtsidee verfälscht, die christliche Sozialethik durch eine angeblich hemmungslose Utilitäts- bzw. Glücksethik ersetzt. Die Geschichte diesbezüglicher offizieller Stellungnahmen, beginnend katholischerseits mit dem Breve Pius' VI. *Quod aliquantum* (1791), in dem die »absurdeste Freiheitslüge« angeprangert wurde, ist lang und umfangreich. In der ev. Kirche sah man neben den reformatorischen Positionen, wonach es sich um Gerechtigkeit, Freiheit und Gleichheit der Menschen *vor Gott* handelt, auch die mühevoll errungene Einheit von Staat und Kirche in Gefahr.

Seit den 60er Jahren des 20. Jh. hat sich dieses Bild gewandelt – allerdings nicht in dem Sinne, dass die M. jetzt kirchlich und theologisch vereinnahmt wurden, man sich gleichsam mit ihnen identifizierte. Vielmehr ist das neuerliche Interesse der Kirchen von einem vorsichtigen Optimismus und einer zustimmend kritischen Begleitung der diesbezüglichen politischen Auseinandersetzungen gekennzeichnet. Dabei ist selbstverständlich, dass die Religions- bzw. Gewissensfreiheit längst nicht mehr die zentrale Bedeutung hat wie früher. In der kath. Kirche verbindet sich das geänderte Verständnis der M. mit dem Neuaufbruch, wie er im Ganzen das II. Vatikanum kennzeichnet. Von Bedeutung sind in diesem Zusammenhang die Enzyklika *Pacem in terris* (1963), die Pastoralkonstitution *Gaudium et spes* (1965) und die Erklärung *Dignitatis humanae* (1965). Im Jahre 1974 legte die röm. Bischofssynode eine eigene Stellungnahme »M. und Versöhnung« vor, der auf Seiten des Luth. Weltbundes bereits 1970 eine »Resolution zur Frage der M.« vorangegangen war. Auch der Reformierte Weltbund gab eine entsprechende Erklärung *Die theologische Basis der M.* (1976) ab. Die EKD nahm 1975 Stellung (*M. im ökumenischen Gespräch*), und der ÖRK erarbeitete im selben Jahr einen Katalog von M.

Als die Allg. Erklärung der M. 1948 von den 56 Mitgliedstaaten der UNO verabschiedet wurde, enthielten sich neben Saudi-Arabien und Südafrika auch sechs kommunistische Staaten der Stimme. Sie hielten sie für ein Instrument der westlichen Ideologie. Die Einstellung ist bis heute verbreitet, wie die Vorbehalte einiger ost- und südostasiatischer Staaten (u.a. China, Malaysia, Indonesien) und islamischer (Sudan, Iran) widerspiegeln. So werden dann auch oft Vorgänge, die nach westlich-demokratischem Verständnis Menschenrechtsverletzungen darstellen, in diesen Staaten gar nicht als solche empfunden, eben weil ihnen durch Religion, Kultur und Gesellschaftsordnung ein anderes Menschenbild vorgegeben ist.

Aber auch hinsichtlich der völkerrechtlich durch Erklärungen und Pakte abgesicherten Geltung der M., die durch eine Vielzahl von Sondervereinbarungen und Protokollen konkretisiert wurden und ständig ergänzt werden (z.B. Rechte der Frau, des Kindes, Verbot von Folter, Todesstrafe, Rassendiskriminierung, Schutz ethnischer Minderheiten, sog. Sozial- und Zivilpakt), gibt es nicht nur Spannungen unter den verschiedenen betroffenen Staaten, sondern auch systeminhärent innerhalb des Katalogs der M. selbst, insofern, als sie sich gegenseitig tangieren und auch beschränken.

Ins allgemeine Bewusstsein der Öffentlichkeit sind besondere Institutionen gerückt wie die Europäische Kommission für M. und der Europäische Gerichtshof, dem seit 2003 auch noch ein Strafgerichtshof zur Seite gestellt worden ist. Amnesty International (gegr.1961) ist zwar keine Einrichtung der UN, hat sich aber als weltweite Organisation einen hervorragenden Ruf um den Schutz von M. erworben. [GB]

Messe [lat. *missa* »Entlassung«] Der Begriff der M. ist im heutigen Sprachgebrauch ausgesprochen vielschichtig. Ursprünglich bezeichnete er die in der Eucharistie vollzogene sakramentale Vergegenwärtigung des Opfertodes Christi (→Abendmahl), ist aber schon seit dem 5. Jh. auch als allgemeiner Ausdruck für den Hauptgottesdienst der röm.-kath. Kirche geläufig, in dessen Zentrum die Eucharistie steht. Im Anschluss an das Trienter Konzil wurde von Papst Pius V. mit dem *Missale Romanum* ein offizielles und für die römisch-katholische Kirche allgemein verbindliches Messbuch eingeführt, das erst mit dem II. Vatikanischen Konzil eine Überarbeitung erfuhr. Über diese Bedeutung hinausgehend verbreitete sich die Gewohnheit, auch Verkaufsausstellungen und Jahrmärkte als M. zu bezeichnen, weil diese seit dem MA im Umfeld der Kirche stattfanden und nach dem Sonntagsgottesdienst eröffnet wurden.

Der Begriff M. wird im Allgemeinen auf die liturgische Entlassungsformel »ita missa est« (Geht hin, es ist Entlassung) zurückgeführt, die als Teil des Messformulars nach der Kommunion, jedoch vor der Erteilung des Segens gesungen oder auch gesprochen wird. Obwohl die M. in der Regel als gesungener →Gottesdienst betrachtet werden muss (*missa pontificalis* – bischöfliches Hochamt, *missa solemnis* – feierliches Hochamt mit Assistenz, *missa cantata* – Hochamt eines Priesters ohne Assistenz), ist sie prinzipiell auch als gelesene bzw. stille (*missa lecta* oder *missa privata*) möglich. Allerdings muss die gesungene Form der M. als die eigentliche gelten, ist die

Entwicklung einer Struktur der M. doch kaum von dem Anliegen zu trennen, die unterschiedlichen Textarten des Gottesdienstes durch entsprechend charakteristische Präsentationsformen kenntlich zu machen. Dabei geht die historisch ältere Schicht der im Verlauf des Kirchenjahres wechselnden Texte des Propriums (Introitus – Graduale – Hallelujah – Offertorium – Communio) auf responsoriale Gesänge zurück, die schon im 7. Jh. zum Kanon der M. gerechnet und ursprünglich von der Gemeinde angestimmt wurden, während die über das Jahr gleich bleibenden Texte des Ordinariums (Kyrie – Gloria – Credo – Sanctus mit Hosanna – Benedictus – Agnus Dei) einer jüngeren Tradition entstammen, die auf der Zuordnung zu einem Chor fußt.

Obwohl die M. in diesem ursprünglichen Sinne die gesamte Ordnung des Messgottesdienstes umfasst, also sowohl das Proprium, das Ordinarium wie auch die vom Priester im Lektionston vorgetragenen Texte (Evangelium – Epistel – Praefatio), hat sich im allgemeinen Sprachgebrauch die Gewohnheit herausgebildet, die Bezeichnung der M. vor allem auf die kompositorisch zusammenhängenden Teile des Ordinariums zu beziehen und als musikalischen Gattungsbegriff zu benutzen. Für diese Entwicklung ist die besondere Traditionsfortführung und Umdeutung der M. im Protestantismus nicht unerheblich.

Obwohl Martin Luther sich von der Deutung des sakramentalen Geschehens in der M. inhaltlich absetzt und insgesamt das Hauptgewicht des Gottesdienstes auf das Zentrum des gepredigten Wortes verschiebt, bleibt er trotz einiger Kürzungen zunächst doch eng am Formular der M. orientiert und versucht mit seiner *Formula missae* (1523) der alten Form lediglich eine neue Deutung zu geben, in dem er ihr den »Rang eines sakrosankten Ritus« nimmt und stattdessen aus ihr »eine Feier« macht (F. Blume). Erst unter dem Eindruck der 1524 von Thomas Müntzer veröffentlichten *Deutsch-Evangelischen Messe*, mit der nicht nur eine konsequente Übersetzung, sondern zugleich auch der Versuch vorgelegt wurde, die aktive Beteiligung der Gemeinde zum Maßstab der Umarbeitung zu machen, konzipierte schließlich auch Luther eine Deutsche Messe, die 1525 erstmals in der Wittenberger Schlosskirche gehalten wurde. Für die musikalische Ausgestaltung hatte er sich bei Johann Walter wesentliche Unterstützung geholt, da es ihm grundsätzlich eben nicht nur um die Übersetzung, sondern auch um eine kategorische Umdeutung der M. ging: »Es muss beides, Text und Noten, Akzent, Weise und Gebärde aus rechter Muttersprache und Stimme kommen. Sonst ist alles ein Nachahmen, wie die Affen tun« (*Wider die himmlischen Propheten*, 1524).

Die Tatsache, dass die M. im Grunde genommen nicht als genuin katholisch gilt, sondern auch auf eine eigene protestantische Tradition zurückblicken kann, mag sie für ökumenische Bestrebungen der Zukunft besonders wichtig erscheinen lassen. Eine besondere Betonung dieser ökumenischen

Konnotation lässt sich überdies aus der kompositorischen Verarbeitung der M. ableiten. Hatte man schon den zahlreichen Messevertonungen von Giovanni da Palestrina einen entscheidenden Einfluss auf die Resultate des Trienter Konzils nachgesagt, das sich trotz heftiger Diskussionen nicht prinzipiell mehr gegen eine Eignung der mehrstimmigen Figuralmusik für den Gottesdienst entscheiden mochte, so verdeutlichen schließlich die *h-moll-Messe* von J.S. Bach und die *Deutsche Messe* von F. Schubert, wie sehr konfessionell bedingte Einflüsse und Bestimmungen miteinander changieren. [MV]

Messias   [gräzisierte Form von hebr. *maschiach* »Gesalbter«; die griechische Übersetzung lautet *Christos*] Im AT wird als M. der König bezeichnet, der bei seiner Inthronisation von einem Priester gesalbt (2Sam 2,4; 1Kön 1,34.39 u.ö.) und durch diesen religiösen Akt als irdischer Stellvertreter Gottes eingesetzt wurde. Im Verlauf der Königszeit zeigte sich jedoch, dass der reale König nicht immer dem an ihn gestellten Anspruch entsprach (vgl. die königskritischen Texte wie z.B. Ri 9,7–15; 1Sam 8,10–18). Nach dem Verlust des Königtums beim Untergang des Südreichs 587 v.Chr. übernahm in frühnachexilischer Zeit der jeweilige Hohepriester das Vorrecht, gesalbt zu werden, und erhielt so einen Führungsanspruch im Volk (vgl. Lev 4,3.5 u.ö.). Prophetische Texte drücken die Hoffnung auf einen neuen M. aus (Jes 9,1–6). Bei den Texten aus dem Jesaja- und Michabuch ist umstritten, ob sie von den Propheten des 8. Jh. stammen und somit die Hoffnung auf einen wirkmächtigen, Gottes Willen umsetzenden König ausdrücken oder ob sie, wie die übrigen Texte, aus nachexilischer Zeit stammen und Ausdruck einer Hoffnung auf ein neuerliches Königtum in der Zukunft sind. In der Exilszeit konnte sogar der Perserkönig Kyros als M. bezeichnet werden (Jes 45,1).

Um die Zeitenwende entstand in weiten Kreisen des → Judentums die Hoffnung auf einen politischen Befreier, der analog zu dem königlichen Idealbild David das Volk Israel wieder befreien soll. Die alttestamentlichen Texte wurden von diesen Gruppen als Verheißung eines Befreiers aus der gegenwärtigen Not verstanden. Obwohl sich → Jesus wahrscheinlich nie selbst als M. bezeichnete, wurde er von seinen Jüngern und Teilen seiner Zeitgenossen als eine messianische Heilsgestalt verstanden (vgl. den Einzug in Jerusalem Mk 11,1–11 parr.). Hierauf deutet auch der Kreuzestitel »König der Juden« hin.

Die Urgemeinde verstand Jesus schon bald nach Ostern als den M., der in den prophetischen Texten des AT angekündigt worden war. Ganz selbstverständlich wird nun der Titel »Christus« dem Namen »Jesus« hinzugefügt (Mk 1,1 u.ö.). Im Markusevangelium, in dem Jesus ansonsten immer ein Schweigegebot bezüglich seiner Stellung fordert, weil sich seine Messianität erst nach seinem Tod erweisen werde (Mk 9,9), stellt das M.-Bekenntnis des

Petrus (Mk 8,27–30) den szenischen Höhepunkt des gesamten Evangeliums dar. Unmittelbar anschließend folgt die erste Leidensankündigung, und damit beginnt der Weg Jesu ans Kreuz. In zwei voneinander abweichenden Genealogien soll im Matthäus- und Lukasevangelium die Herkunft Jesu aus dem davidischen Königshaus belegt werden (Mt 1,1–16; Lk 3,23–38) – eine unabdingbare Notwendigkeit für den Anspruch des erhofften M. Und obwohl Jesus aus → Nazaret stammte, verlegen beide Evangelisten die Geburt Jesu nach → Betlehem, den Geburtsort Davids (Lk 2,4), und betonen so gleichfalls die davidische Herkunft Jesu. So wurde Jesus nicht nur in der gläubigen Gemeinde zum M., sondern auch in der literarischen Gestaltung seines Lebens. [WZ]

Mission [lat. *missio* »Sendung«] Im engeren Sinne bezeichnet die M. das Anliegen, für eine Religion zu werben, den selbst erfahrenen Glauben auch an andere Menschen weiterzugeben und durch die Bekehrung Ungetaufter neue Anhänger zu gewinnen. Umgangssprachlich wird vor allem das Adjektiv »missionarisch« auch in einer übertragenen Bedeutung benutzt, etwa um den herausragenden Eifer und das persönliche Engagement eines Menschen in einem besonderen Auftrag zu beschreiben.

Religionsgeschichtlich betrachtet ist die organisierte M. vor allem ein Phänomen, das die Weltreligionen betrifft (→ Buddhismus, → Hinduismus) und darunter speziell mit den monotheistischen Religionen (→ Islam) verbunden ist. Im → Judentum gibt es zwar nicht den ausdrücklichen Anspruch der M. im Sinne eines organisierten Auftrags zur Bekehrung, ja der Begriff der M. ist sogar negativ belegt, jedoch besteht prinzipiell auch dort die Möglichkeit zum Übertritt (Proselyten). In der Tora ist die Anwerbung von Fremden und die Ausbreitung des Judentums nicht unbekannt (Gen 12,5; Ex 22,20), der Prophet Jesaja weist sogar ausdrücklich darauf hin, dass kein Fremder, der sich dem Volk anschließen will, verstoßen werden darf (Jes 56,3), allerdings handelt es sich dabei eben nicht um M. im Sinne eines Sendungsauftrags.

Die christliche M. bezieht sich direkt auf den ntl. M.befehl: »Gehet hin und machet alle Völker zu Jüngern und taufet sie auf den Namen des Vaters und des Sohnes und des Heiligen Geistes und lehret sie alles halten, was ich euch befohlen habe« (Mt 28,18ff.). Diese Beauftragung der Jünger durch den Auferstandenen setzt den Osterglauben voraus, eine gezielte M. entwickelt sich folglich erst in der nachösterlichen Urgemeinde. Dennoch bezieht sich das Anliegen, dem Evangelium weitergehende Geltung zu verschaffen, schon auf die Wirkenszeit Jesu in Galiläa. Dort (Mt 10) steht die Berufung der Apostel im direkten Zusammenhang mit dem Sendungsauftrag, insofern kann der M.befehl des Auferstandenen durchaus als Erneuerung des Auftrags betrachtet werden. Als Zeichen der Bevollmächtigung wird die Sendung des

Heiligen Geistes (Apg 1,8) herausgestellt. Ein universaler Anspruch der M. im Sinne eines Auftrags, das Evangelium in der Welt zu verkündigen, entsteht jedoch erst durch die Debatte über den Status der Heidenchristen und deren Zuordnung zur Gemeinde in Jerusalem und der daraus folgenden Berufung des Paulus (Apg 15). So wurde die M. unter den Heiden im Apostelkonzil zwar prinzipiell akzeptiert und als Fortsetzung des Wirkens Jesu interpretiert, das Verhältnis der Heidenchristen zu den Judenchristen blieb jedoch umstritten und damit auch die christliche M. unter den Juden. Das ist auch der Grund dafür, dass Paulus mit seiner missionarischen Tätigkeit in den Städten der römischen Provinzen ansetzte und die Mutterkirche der Judenchristen aussparte.

In der Zeit des → Urchristentums und der nachapostolischen Zeit war die M. vor allem durch die Haltung der Märtyrer geprägt. Erst mit der Konstantinischen Wende (313) und der Erklärung des Christentums zur erlaubten Religion (*religio licita*), die schließlich zur Staatskirche führte, änderte sich auch das Selbstverständnis des Sendungsauftrags. Das Religionsedikt von 380 (Kaiser Theodosius) forderte von allen Römern die Übernahme des christlichen Glaubens und verbot jedes Ritual, das im Zusammenhang mit nicht-christlichen Traditionen stand. Auch die den römischen Göttern zugewiesenen Olympischen Spiele waren davon betroffen, 394 fanden sie zum letzten Mal statt, bis sie in der Neuzeit wieder aufgenommen werden konnten. Durch diese Veränderung in der Zuordnung des Christentums zur Staatsmacht erfuhr auch die M. einen Bedeutungswechsel: Aus dem Sendungsauftrag im Sinne einer Bezeugung des Evangeliums erwuchs die Christianisierung, die weniger mit Überzeugung als mit staatlicher Gewalt vollzogen wurde. Daran hielt auch Karl der Große fest, der die Christianisierung zum festen Bestandteil einer expansiven Eroberungspolitik machte und dadurch die M. eindeutig den machtpolitischen Interessen unterordnete. Damit war die Zeit der Kreuzzüge bereits vorbereitet, die das ursprüngliche Anliegen der M. entgültig durch eine militärische Gewalt ersetzte und auch die M. selbst in Misskredit brachte.

Vom 16. Jh. an geriet die M. unter die Interessen der Kolonialpolitik und fand – zunächst durch die Seemächte Spanien und Portugal – weltweite Verbreitung (Lateinamerika, Japan, Indien, China, Afrika). Getragen wurde die M. nun hauptsächlich durch den 1534 gegründeten Orden der Jesuiten (*Societas Jesu*), die ursprünglich mit dem Anliegen der M. in Palästina angetreten waren, sich dann jedoch dem asiatischen Bereich zuwandten (1541 Ostindienmission durch Franz Xaver). Die M. durch die Jesuiten stellte insofern eine Veränderung dar, als sie mit dem Anspruch auftraten, sich zur Annäherung an die Menschen auch deren Traditionen und Riten gegenüber aufgeschlossen zu zeigen (Akkommodationsprinzip). Dadurch führte die M. der Jesuiten im asiatischen Bereich zu ersten systematischen Erforschungen der fremden Religionen. Gerade dieser Ansatz wie auch die Konfrontation mit den weltlichen Mächten führte 1773 zur vorübergehenden Auflösung des Ordens. Zur Koordination aller missionarischen Aktivitäten wurde 1622 die Kardinalskongregation zur Verbreitung des Christentums »Congregatio de Propaganda Fide« gegründet. Im II. Vatikanischen Konzil wurde das Grundanliegen der M. noch einmal in der »Einpflanzung« der Kirche (*plantatio ecclesiae*) bestätigt.

Im Bereich der ev. Kirchen ging die M. vom Pietismus aus. Darauf fußend war weniger der Einfluss der Amtskirchen entscheidend als vielmehr das Engagement einzelner M.gesellschaften, die auf Einzelinitiative entstanden und durch Freundeskreise unterstützt wurden. Vor dem Hintergrund der Verstrickung der traditionellen M. in die kolonialistischen Bestrebungen konnte hiermit ein Neuanfang gesetzt werden, allerdings wurde diese neue Periode der evangelischen M. im erheblichen Maße durch Vertreter der evangelikalen Erweckungsbewegung getragen, die sich zum Teil explizit als »Glaubensmissionare« verstanden und die M. vor allem als einen Akt der »Seelenrettung« vorantrieben.

Vor diesem Hintergrund der historischen Belastung des M.begriffs und dem Bewusstsein, dass die M. in vielen Fällen zur Zerstörung einheimischer Kulturen, zur Konfrontation mit anderen Religionen und zu machtpolitischen Streitigkeiten geführt hat, konnte die M. im 20. Jh. nur im Sinne eines Neuanfangs begriffen werden. Nach dem Zweiten Weltkrieg ist die Krise der M. nicht mehr zu übersehen: Zum einen steht jegliche missionarische Tätigkeit unter Imperialismusverdacht – was die nationalistische Abgrenzung junger Kirchen zur Folge hat, oder auch im Sinne einer Gegenreaktion zum Wiedererstarken alter religiöser Rituale in synkretistischen Formen führt. Andererseits kommt es durch die Verselbstständigung junger Kirchen und den Einfluss einer kontextuellen Theologie auch zu einer Veränderung der theologischen Deutung von M.: An die Stelle der offensiven und biblizistischen Bekehrung tritt die Beachtung der dialogischen Situation, die sich sowohl in der Anerkennung der geistlichen Werte anderer Religionen erweist als auch in der Tendenz, durch Förderung der Unabhängigkeit und soziale Unterstützung eine Gleichrangigkeit der Partnerkirchen zu erzielen. Besiegelt wurde diese Tendenz durch die Integration des Internationalen Missionsrates in den Ökumenischen Rat der Kirchen 1961. Insofern kann das 20. Jh. durchaus als die ökumenische Epoche der M. bezeichnet werden, die letztlich in einen Ansatz mündet, der sich am interreligiösen Dialog orientiert.

Die missionarische Verbreitung des Christentums in der Welt lässt sich heute kaum mehr von den Herausforderungen trennen, die dadurch gegeben sind, dass jedes Glaubensgespräch zugleich auch immer die Begegnung mit Andersgläubigen beinhaltet. M. und Dialog sind deshalb aufeinander bezogen, auch wenn sie nicht als austauschbar gelten können. Dabei geht es gerade nicht nur um die Darstellung christlicher Denk- und Glaubensansätze, sondern implizit auch um die Anfragen, die aus der Sicht anderer Religionen an das Christentum gestellt werden. Um diesen Aspekt zu betonen, hat die Weltkirchenkonferenz in Uppsala 1968 das missionarische Zeugnis als eine doppelte Chance herausgestellt: In der Vermittlung des eigenen Glaubenszeugnisses an Andere erweist sich die Hinwendung zum Mitmenschen, darüber hinaus aber zugleich auch die Erfahrung eigener Grenzen und die jeweilige Kontextbezogenheit des Glaubens. [MV]

Mönchtum [griech. *monachós* »alleinlebend «] Der Wunsch, sein Leben ganz in den Dienst des Glaubens zu stellen und alle Elemente der Lebensführung an diesem Vorrang auszurichten, findet sich in fast allen Religionen, ist mithin keine genuin christliche Tradition. Bei Menschen mit solchen alternativen Lebensformen, die sich deutlich von der säkularen Welt durch spezifische Regeln absondern und meistens unter dem Anspruch der Askese stehen, in sexueller Enthaltsamkeit leben, auf Eigentum verzichten und Gehorsam üben, kann grundsätzlich unterschieden werden zwischen jenen, die ein Leben in strenger Klausur und Absonderung (Anachoreten, Eremiten, Klausner) führen, und solchen, die sich mit Gleichgesinnten verbindlichen Regeln unterwerfen (Orden) und in Gemeinschaften zusammenleben (→ Kloster). Klostergemeinschaften gibt es sowohl für Männer (Mönche) als auch für Frauen (Nonnen), sie sind neben dem Christentum auch im Hinduismus (Jainismus), Taoismus, Islam (Sufitum und der Derwisch-Orden) und besonders deutlich im → Buddhismus ausgeprägt, der in seiner Grundkonstruktion als mönchische Religion aufgefasst werden kann und das Leben in der Ordensgemeinschaft (Sangha) zu den drei Kleinodien rechnet.

Das christliche M. ist geprägt von der Ausrichtung an den sog. drei evangelischen Räten (Armut, Keuschheit und Gehorsam), die als spezielle Ideale eines in freier Wahl Gott geweihten Lebens gelten und dabei einen Weg zur Vollendung des gelebten Evangeliums weisen. In erster Linie zielt das M. auf die persönliche Vervollkommnung und nicht auf das Heil der Welt. Dazu dienen feste Lebensregeln, geistliche Übungen (→ Exerzitien) wie auch ein Tagesablauf, der sich an den zentralen Gebetszeiten ausrichtet. Um zu verdeutlichen, dass diese Lebensform des M. nicht allein der persönlichen Heilung bzw. Heiligung, sondern darüber hinaus auch dem Wohl der Schöpfung dient, ist sie in der Neuzeit meistens auch explizit mit einem karitativen Auftrag verbunden.

Die Zeit der Reformation brachte die Krise des M. zum Ausdruck, die sich schon seit dem späten Mittelalter abzuzeichnen begann. Vor allem entzündete sich die öffentliche Kritik am Widerspruch zwischen den Gelübden und der Wirklichkeit. Vor allem provozierte das Gelübde der Keuschheit (Ehelosigkeit), das sich als Lehre nicht aus dem Evangelium ableiten lässt,

Widerspruch und veranlasste zahlreiche Mönche und Nonnen, sich ganz vom Klosterleben zu verabschieden. Für die Reformatoren war diese Frage keinesfalls so eindeutig zu beantworten. Martin Luther, selbst ein Priestermönch des Augustinerordens, der sich zunächst sowohl für die Ehe der Priester eingesetzt als auch gewisse Sonderkonditionen für Mönche und Nonnen reklamiert hatte, fühlte sich schließlich genötigt, diesen mit Gelübden versehenen besonderen Stand der Geistlichkeit biblisch zu hinterfragen. In seiner Schrift *De votis monasticis* (1521) stellte er seine Überzeugung dar, dass die Annahme einer besonderen Berufung (*vocatio*) für einzelne Christen, die an höhere Bedingungen gebunden seien und dadurch der Vollkommenheit näher kämen, grundsätzlich nicht als evangelisch betrachtet werden könne. So lehnte er den Anspruch der sog. Vollkommenen (*religiosi*), die sich von den Laien (*ordines*) dadurch unterscheiden, dass sie sich neben den zehn Geboten auch noch den evangelischen Räten verpflichtet wissen, als eine Form der Werkgerechtigkeit ab. Ausschlaggebend für dieses Urteil war für ihn neben der Frage des Keuschheitsgelübdes vor allem die Beobachtung der formalistischen Erstarrung der Ordensregeln und die Tatsache, dass die konkurrierenden Lehren der verschiedenen Orden, die er als »Sekten« bezeichnete, zur Zersplitterung der Kirche führten.

Die Auflösung zahlreicher Klöster in protestantisch (Skandinavien, England, Irland, Schottland), aber auch katholisch dominierten Ländern (Spanien, Portugal, Italien) seit dem 16. Jh. ging mit einer antimonastischen Stimmung einher und führte zu einem erheblichen Rückgang des mönchischen Lebens. Gleichzeitig wurden aber auch die Grundlagen des M. neu durchdacht, so dass in der Zeit nach dem Trienter Konzil neue Formen des M. entstehen konnten. Noch im 16. Jh. wurden die Orden der Kapuziner, der Jesuiten, der Ursulinen, der Oratorianer, der Kamillianer und andere gegründet, im 17. Jh. kamen die Englischen Fräulein, die Salesianer und die Trappisten hinzu, deren Mitglieder sich zum Teil nicht mehr als Mönche bzw. Nonnen verstehen. Parallel zu diesen neu gegründeten Orden entstanden im Protestantismus Bruderschaften und Kommunitäten, in denen sich Geistliche und Laien zu einem spirituellen Leben unter speziellen Regeln zusammenfanden, so z.B. die Herrnhuter Brüdergemeine zur Zeit des Pietismus, die Diakonissenhäuser im 19. Jh. und nach dem Zweiten Weltkrieg die im Berneuchener Kreis angesiedelte Michaelsbruderschaft. Besondere Beachtung verdient die 1940 von Roger Schutz gegründete evangelisch-ökumenische Kommunität von Taizé, in der Franziskaner, Orthodoxe und evangelische Brüder unter den für das M. maßgeblichen Voraussetzungen der Ehelosigkeit, der Gütergemeinschaft und der Anerkennung einer Autorität zusammenleben. Diese Gemeinschaft von Taizé, die speziell bei Jugendlichen große Beachtung findet, versucht den Ursprungsgedanken des M. in einer der modernen Welt adäquaten Form zu gestalten. [MV]

Monotheismus   In der religionswissenschaftlichen Forschung unterscheidet man den Polytheismus (Verehrung vieler Gottheiten), Henotheismus (Verehrung allein einer Gottheit durch ein Individuum bei gleichzeitiger Anerkennung der Wirkmächtigkeit anderer Gottheiten) und M. (Verehrung nur einer Gottheit bei gleichzeitiger Leugnung der Wirkmächtigkeit anderer Götter). Unter den Religionen der Gegenwart gelten das Judentum, das Christentum und der Islam als monotheistisch, wobei allerdings z.B. der Islam den christlichen M. wegen der Dreiheit Gott Vater – Gott Sohn – Gott Heiliger Geist bestreitet (zur Problematik der Dreieinigkeit im Rahmen des M. vgl. → Gott).

Der biblische Glaube war nicht von Anfang an monotheistisch. Vielmehr war → JHWH, der Gott Israels, eine Gottheit, die ursprünglich von Nomaden am Rande des Kulturlandes verehrt wurde; erst im Laufe eines längeren Zeitraums bildete sich der M. Israels heraus. Erst die deuteronomistische Bewegung und die Ereignisse im Zusammenhang mit der Reformbewegung des Josia (2Kön 22f.) führten dazu, dass in Israel außer JHWH kein anderer Gott mehr als wirkmächtig anerkannt werden sollte; die Existenz anderer Götter in anderen Ländern wurde jedoch noch nicht bestritten. Ein strikter M. entwickelte sich erst im Rahmen des babylonischen Exils, insbesondere bei dem Propheten Deuterojesaja (vgl. z.B. Jes 44,9–20). Aber auch die Priesterschrift macht deutlich, dass andere Götter ohne Macht sind: Im priesterschriftlichen Schöpfungsbericht werden die Gestirne, die in Mesopotamien die größten Götter repräsentieren, ausdrücklich als Geschöpfe des einen Gottes verstanden, der sie einzig zu dem Zweck ans Himmelsfirmament setzt, dort zu leuchten (Gen 1,14–19).

Da Israel in nachexilischer Zeit als ein Volk inmitten einer Vielzahl von Völkern mit je eigenen Göttern lebte, ließ sich der strenge theoretische M. der Exilzeit nicht durchhalten; die täglich sichtbare Verehrung anderer Götter, deren Figurinen auch in Palästina verbreitet waren, konnte nicht geleugnet werden. Man hielt weiterhin an einem »theoretischen« M. fest, konnte nun aber durchaus JHWH auch als »höchsten Gott« und »erhaben über alle Götter« (Ps 97,9) bezeichnen. [WZ]

Moraltheologie   bezeichnet eine Disziplin der katholischen systematischen Theologie. Im Gegensatz zur → Sozialethik beschäftigt sich die M. traditionellerweise mit den Grundlegungsfragen theologischer Ethik. Die protestantische Theologie kennt diese Fächeraufteilung nicht, gleichwohl behandelt aber auch sie den Gegenstand der M. in der theologischen Ethik.

Die besondere Aufgabe der M. besteht darin, aufzuzeigen, wie ethische Urteile in der Theologie zustande kommen. M. hat dabei mehrere Quellen der theologischen Urteilsbildung zu berücksichten. Auf der einen Seite sind die biblischen und kirchlichen Überlieferungen zu befragen. Es geht also um

Grundfragen der theologischen → Anthropologie wie etwa den Sünden- oder Personenbegriff bis hin zu maßgeblichen Entscheidungen des kirchlichen Lehramts. Auf der anderen Seite ist entsprechend der starken Naturrechtstradition in der katholischen Theologie die Vernünftigkeit des sittlichen Handelns im Kontext des Christentums herauszuarbeiten. Die philosophische Ethik ist hier der ständige Gesprächspartner der M.

In der konkreten Durchführung nimmt die »Fundamentalmoral« eine zentrale Rolle ein, die Grundlagen des sittlichen Handelns erörtert. Dazu gehören Themen wie Freiheit, Verantwortung, → Tugend, Gewissen und → Schuld. Die »spezielle Morallehre« konkretisiert die Umsetzung menschlichen Handelns auf Fragen des Lebensschutzes oder der Sexual- und Ehemoral, also auf weithin individualethische Themenkomplexe. Durch die neuzeitliche Infragestellung christlicher Werte und Handlungsanleitungen kommt der M. gerade auch mit Blick auf ihr Interesse an der Begründungsproblematik christlicher Ethik für das Gespräch mit der modernen Lebenswelt ein besonderer Stellenwert zu. [JL]

Multikulturelle Theologie   → Interkulturelle Theologie

Musik   [griech. *musike techne* »Kunst der Musen«, lat. *musica*] Bereits im Umfeld der atl. Schöpfungsgeschichten findet die M. Erwähnung; so werden in Gen 4 dem Lamech, einem direkten Nachfahren Kains, drei Söhne zugeordnet, die als Stammväter verschiedener Berufsgruppen ausgewiesen sind: Jabal wird als Urahn der Hirten und Nomaden vorgestellt, Thubal-Kain wird den Metall verarbeitenden Berufen zugeordnet, und Jubal gilt als Ahnherr all jener, »die Zither und Schalmei spielen«. Am Ende dieser Textpassage heißt es ausdrücklich: »Damals fing man an, den Namen → JHWHs anzurufen« (Gen 4,26). Damit wird nicht nur der herausragende Status der M. für das Volk Israel benannt, sondern auch der unmittelbare Zusammenhang mit dem JHWH-Kult. Der Name »Jubal« verdient besondere Beachtung, ist er doch direkt verbunden mit dem »Jobel«, einem Instrument aus dem Horn eines Steinbocks, das den Trägern der Bundeslade vorangeschickt (Jos 6,4) und nur zu besonderen Anlässen – etwa dem »Jubeljahr« (Erlassjahr) – geblasen wurde. Schon deshalb galt der gewaltige Klang des »Jobelhorns« als Signal für die Befreiung (Lev 25,9). Ausdrücke wie »jubilieren« und »Jubel« gehen wie auch die musikalische Bezeichnung des »Jubilus« direkt auf diese Tradition zurück und verstehen sich als klingender Ausdruck der durch Gott gewährten Freiheit.

Direkt verwandt ist das wegen seiner Klangfülle auch als »Lärmhorn« bezeichnete *Jobel* mit dem »Schofar«, einem kleineren Instrument aus dem Widderhorn, dessen Klang für die Ankündigung besonderer Feste wie speziell dem Neujahrsfest diente. An seinem Beispiel lässt sich gut die doppelte Ausrichtung der M. im alten Israel beobachten, die nicht kategorisch zwischen profanen und sakralen Zwecken unterscheidet: Es diente zugleich als Signalhorn bei drohender Gefahr, für kriegerische Einsätze wie auch für Gottesdienste und für die Thronbesteigungszeremonie des Königs.

Diese fehlende Trennung von sakralen und profanen Zwecken gilt auch für andere Instrumente wie generell für den Status der M. (Num 10.1–10). Auch die mit der M. verbundenen Ausdrucksformen gehen dementsprechend ineinander über: Das Singen, Spielen und → Tanzen erscheint als ein umfassender Jubel (Ps 149), bei dem der Gesang der Frommen von einem mit Handpauken begleiteten Reigen und dem Klang der Posaunen zu einem Ausdruck der ekstatischen Lebensfreude verschmilzt, an dem Gott sein Wohlgefallen hat. Von der Überführung der Lade nach Jerusalem ist überliefert, dass sie mit einer reichhaltigen M. verbunden war, bei der Sänger durch Harfen, Lauten, Zimbeln und Trompeten begleitet wurden (1Chr 15,16). Mit dem Bau des Tempels wurde auch die für den Kult im Tempel bestimmte M. fest organisiert; die Zahl der Sänger, die wahrscheinlich zugleich als Instrumentalisten herangezogen wurden, wird dabei mit 288 in 24 Gruppen zu je 12 Sängern angegeben (1Chr 25,7). Zur Eröffnungsfeier des Tempels scheint aber auch diese Größe noch überboten worden zu sein, da neben den Sängern zusätzlich von 120 Priestern mit Trompeten die Rede ist (2Chr 5).

Aus diesen Berichten kann nicht nur die Bedeutung der M. für den Kult des Volkes Israel rekonstruiert werden, überdies werfen sie auch ein deutliches Bild auf die Zuordnung von Gesang, instrumentaler M. und Bewegungsritualen. Tatsächlich mischen sich in der kultischen Bestimmung der M. unterschiedliche Funktionen: Der Klang der Instrumente kann magische Bedeutung haben, er wird in diesem Sinne nicht nur für militärische Herausforderungen (Jos 6) nutzbar gemacht, sondern auch für therapeutische Zwecke (1Sam 16,16). Darüber hinaus hat er Signalwirkung, so dient der Klang der Posaunen zugleich dazu, Gott selbst an seinen Bund zu erinnern, wie auch dazu, das Volk zur Einhaltung der Bedingungen dieses Bundes zu ermahnen. Insgesamt ist hervorzuheben, dass die Bedeutung der M. schöpfungstheologisch bestimmt wird und diese nicht etwa aufgrund einer speziellen ihr zugeordneten kultischen Funktion erhält. Das spiegelt sich auch in der vielschichtigen und differenzierten Terminologie wieder, die einzelne musikalische Ausdrucksformen (das Singen, Jubilieren, Preisen, Loben, Frohlocken, Tanzen, Jauchzen, Spielen, Danksagen, Feiern etc.) weitgehend gleichrangig behandelt. Den Musikern wird in der Ausübung ihrer »geisterfüllten« Tätigkeit zum Teil sogar eine prophetische Qualität beigemessen (1Chr 25,1), wird doch sowohl die Konstruktion einzelner Instrumente wie auch die konkrete Ausführung der musikalischen Zeremonien (2Chr 29,25–30) auf Anweisungen Gottes zurückgeführt. Dieser herausragende

Stellenwert der M. wird u.a. auf eine durch das Bilderverbot verursachte Verlagerung vom Sehen auf das Hören zurückgeführt.

Ganz anders als in der Musikpraxis des Volkes Israel wird die M. im hellenistischen Griechentum weniger als Ausdrucksgestalt der Seele, des Gemüts und der göttlichen Inspiration verstanden, sondern als eine Spezialform der Philosophie behandelt. Die Musiktheorie, die mathematische Untersuchung von Schwingungsverhältnissen und die spekulativ kosmologische Deutung lassen die M. im Kontext der Wissenschaft erscheinen, wodurch der innere Wert des Musizierens als Handwerk vor den Betrachtungen ihrer Wirkung in den Hintergrund tritt. Diese Form der Musikbetrachtung mündet schließlich in die für die Musikgeschichte wegweisende Systematisierung der »sieben freien Künste« (*septem artes liberales*), durch die M. mit Geometrie, Arithmetik und Astrologie verbunden wird.

Mit unter dem Einfluss der griechischen Ästhetik ist auch die Einordnung der M. im NT zu betrachten. Abgesehen von der bleibenden Bedeutung der musikalischen Kultpraxis im Tempel für die Urgemeinde, zeichnet sich doch schon bald eine veränderte Einstellung ab, die zur Grundlage einer christlichen M.entwicklung wird. In einer Beschreibung der gottesdienstlichen Zusammenkunft in Kol 3,16 (par. Eph 5,19) findet der Gesang von »Psalmen, Hymnen und geistgewirkten Oden« Erwähnung, und zwar wird er eingebettet in ein dreifaches Spannungsfeld: Zum einen ist der Gesang als ein »Singen im Herzen« unmittelbarer Ausdruck einer Glaubenshaltung, durch die das Lob Gottes begründet wird. Zum anderen kommt in dem Ausdruck vom »geistgewirkten« Gesang auch die andere Ausrichtung von Gott auf den Menschen zum Tragen, der zufolge die M. als ein Wirken des Heiligen Geistes und damit als Geschenk Gottes interpretiert wird. Und als Drittes wird die didaktische Ausrichtung hervorgehoben, die dazu dient, den Gesang als Mittel der gegenseitigen Ermahnung und Belehrung zu nutzen.

Deutlich an den ntl. Aussagen orientiert, entdeckt M. Luther nicht nur die gemeindepädagogische Bedeutung der M. wieder, indem er das deutschsprachige Kirchenlied fest in den Gottesdienst integriert und ihr schon deshalb »den ersten Platz nach der Theologie« einräumt. Auch in der schöpfungstheologischen Bestimmung der M. als Geschenk und Schöpfungsgabe (*donum et creatura Dei*) stellt er die M. zwar in den Dienst des Evangeliums, lässt jedoch keinen Zweifel daran, dass es darum geht, Gott in der *creatura* der M. zu erkennen, zu loben und zu preisen, und zwar unabhängig von einer funktionalen Ausrichtung oder einer Bindung an geistliche Texte. Damit bereitet Luther den Weg für eine Theologie der M., die keinen grundsätzlichen Unterschied mehr macht, ob es sich um Kirchenmusik oder Kunstmusik, um vokale oder instrumentale Werke handelt. In dieser Konsequenz hat sich Luther sogar dahingehend geäußert, dass die M. umso wirkungsvoller ihre

Aufgabe erfüllen kann, je kunstvoller sie gestaltet ist (WA III,40). Das ist die Grundlage, auf der einerseits der M. eine Funktion gleich neben der Verkündigung zugesprochen wird, die sich volkstümlich in der Charakterisierung J.S. Bachs als fünftem Evangelisten äußert, die andererseits aber auch die Entwicklung einer Kunstmusik ermöglicht, die religiös bestimmt ist, ohne sich dabei liturgischen Zwecken unterzuordnen. [MV]

Mysterien [griech. *mysterion* »Geheimnis, Geheimlehre«] In der Zeit vom 7. Jh. v.Chr. bis in das 4. Jh. n.Chr. fanden M.kulte weite Verbreitung in der griech.-römischen Welt. Im Zentrum dieser M.kulte standen religiöse Feiern, sog. *Orgia* (heiliges Tun), die im engeren Sinne als esoterisch gelten können, denn nur Eingeweihte hatten zu ihnen Zugang und mussten zuvor eine Zeremonie der Reinigung und der Weihe durchlaufen, bei der sie zum Teil von einer Art »Paten«, dem *Mystagogen,* begleitet werden konnten. Erst nach der erfolgreichen Initiation durch den *Hierophanten* war es ihnen, den nunmehr »Eingeweihten« (auch *Mysten*) erlaubt, an der Kulthandlung teilzunehmen, die ihnen eine unmittelbare Schau des Heiligen bzw. Göttlichen versprach und sie selbst durch diesen unmittelbaren leiblich-seelischen Kontakt zum Geheimnisträger erklärte, den im Jenseits ein privilegiertes Leben erwartete. Den besonderen Erfolg, den die Mysterienkulte erlebten, erklärt M. Giebel damit, dass sie inmitten einer fast ausschließlich politisch ausgerichteten Welt der entrückten, offiziellen olympischen Götterwelt Antworten auf die Bedürfnisse des Individuums zu geben wussten und insofern dem »neuen Suchen des Menschen nach existentiell-religiöser Geborgenheit« Rechnung tragen konnten.

Als die bedeutendsten Mysterienkulte gelten die »M. von Eleusis«, die der Erdmutter Demeter huldigten und somit das Prinzip der Fruchtbarkeit, der himmlischen Hochzeit und der Weitergabe des Lebens von der Mutter auf die Tochter in den Mittelpunkt stellten. Die Aufnahme war dabei prinzipiell sowohl Männern wie Frauen möglich, und selbst Sklaven konnten zu Eingeweihten werden. Im Zuge der Einweihungszeremonie wurde von den *Mysten* ein Schwein als Symbol der Fruchtbarkeit geopfert, das in seiner Stilisierung als Votivfigur Vorläufer des noch heute bekannten »Glücksschweins« sein dürfte. In den »M. des Dionysos« wurde der Tod des Gottes, seine Zerstückelung und Auferstehung in Parallelität zum Jahreszyklus als Zeichen der ewigen Wiederkehr von Tod und Auferstehung gefeiert. Die ekstatischen Feiern, die nachts im Freien stattfanden, von Musik und Weingenuss begleitet waren, wurden von Männern wie Frauen genutzt, wobei der Verzehr von rohem Fleisch sowohl als Initiation diente wie auch die Hoffnung auf Regeneration des eigenen Lebens zum Ausdruck brachte. Im Gegensatz zum Demeter- und Dionysoskult waren die »M. des Mithras« ein reiner Männerkult, der persischen Ursprungs ist und die kosmische Gottheit des Mithras verehrte. Die Initiationsriten waren durch eine den sieben Planeten entsprechende Abstufung von sieben Weihegraden streng hierarchisch organisiert und erforderten von den Mysten den Einsatz von Mut und Aufopferung. Zu den Errungenschaften des Mithraskults gehört eine differenzierte Seelenlehre, die dem Prinzip der Seelenwanderung folgend demjenigen ein neues Leben verspricht, der in den M. den Tod durchwandert hat.

Auch wenn die M.kulte als historische Phänomene gelten, ist das Prinzip der M. als Einweihung in die »höheren Geheimnisse« nach wie vor aktuell, es findet sich in esoterischen Kreisen (→ Esoterik), in Geheimbünden wie den Freimaurern, in der → Anthroposophie, aber auch in gnostisch (→ Gnosis) geprägten christlichen Anschauungen. [MV]

Mystik [griech. *mystikos* »geheimnisvoll«, *myein* »schweigen, den Mund schließen«] Das Begriffsfeld des Wortes M. verweist zunächst auf die Stille, auf das Schweigen und somit auf die Unzulänglichkeit des gesprochenen Wortes. In den *Apophthegmata Patrum*, einer Sammlung von Spruchweisheiten der sog. Wüstenasketen des 4. Jh., ist der Ausspruch überliefert: »Wenn er aus meinem Schweigen keinen Nutzen zieht, dann kann er es auch nicht aus einer Rede.« Dieser Ansatz, der den Bereich der seelisch-leiblichen Erfahrung jenem der argumentativen Rede gegenüberstellt, liegt der M. zugrunde, er reicht bis hin zur Bestimmung des Mystischen bei Ludwig Wittgenstein (»Wovon man nicht sprechen kann, darüber muss man schweigen«, *Tractatus logico-philosophicus* 7). Er markiert nicht nur die Grenze zwischen mystischer Erfahrungsebene und jedem logischen Denkanspruch, sondern verdeutlicht zugleich auch die Schwierigkeit, das Phänomen der M. im lexikalischen Sinn zu vermitteln.

Tatsächlich sind die Erscheinungsformen der M. äußerst vielfältig, sie variieren von Kultur zu Kultur, sie sind weder auf eine spezifische Religion zu beschränken noch durch die Lehren der jeweiligen Religion hinlänglich zu erfassen, aber unabhängig von ihnen auch nicht zu deuten. Mystische Erfahrungen beinhalten Widersprüchliches, und ihr Wesentliches entzieht sich der kognitiven Mitteilbarkeit, schon aus diesem Grunde nutzen die meisten Mystiker die Möglichkeiten der poetischen Sprache, sie schildern ihre mystischen Erlebnisse unter Zuhilfenahme von Bildern, Gesang und sogar des Tanzes. Nikolaus von Kues (1401–1464) beschreibt in diesem Sinne Gott selbst als *coincidentia oppositorum*, als Zusammentreffen der Gegensätze, und deutet damit darauf hin, dass Gotteserfahrung zwangsläufig nur auf der Ebene der Aufdeckung und zugleich Auflösung von Widersprüchlichkeiten möglich ist. Schon aus diesen Gründen erscheint es ratsam, den Begriff der M. möglichst offen zu interpretieren. In der Tradition der christlichen M. sind so unterschiedliche Strömungen zu verzeichnen wie u.a. die visionäre M. der Hildegard von Bingen, die Naturmystik des Franz von Assisi, die Liebesmystik der Mechthild von Magdeburg, die intellektuelle M. Meister Eckarts, die seelsorgerliche M. Johannes Taulers, die revolutionäre M. Thomas Müntzers, die kosmische M. bei Jakob Böhme, die philosophische M. Blaise Pascals, die pietistische M. Gerhard Tersteegens, die Meditationsmystik bei Charles de Foucauld, die Gottesschau bei Teilhard de Chardin, die politische M. bei Dag Hammarskjöld.

Insgesamt bezieht sich die M. als ein übergreifendes religiöses Phänomen auf persönliche Erfahrungen, die auf die Lebensmitte zielen, die Transzendenzbegegnungen oder unmittelbare Gottesbeziehungen widerspiegeln und die trennende Grenze zwischen dem Subjekt der glaubenden Person und dem Objekt des Glaubens überschreiten, diese jedoch nicht endgültig auflösen. In der M. stehen erfahrungsbezogene Erkenntnisse (Visionen, Auditionen, pneumatische Erlebnisse) im Vordergrund, die die auf Begriffen und Reflexionen beruhenden theologischen Glaubenssätze durch persönliche Glaubenszugänge erweitern. Die mystische Erfahrung steht insofern nicht im Gegensatz zur Vernunft, die M. stellt auch keinen direkten Gegensatz zur systematischen Theologie dar, stattdessen betont sie den unmittelbaren Zusammenhang von Wissen und Erfahrung, von Verstand und Sinnlichkeit im Bereich des Glaubens, sie ist als gelebte Transzendenz oder auch als leiblicher Glaubensvollzug zu interpretieren. Josef Sudbrack weist dabei zu Recht auf die Problematik des Begriffs der M. hin, der sich erst im 17. Jh. entwickelt hat und dann, unter dem Einfluss des Deutschen Idealismus, zunehmend im Sinne einer Kategorie benutzt worden ist, in der sich Erfahrungsinhalte von Erfahrungsqualitäten abzusondern begannen.

Im Gegensatz zum substantivischen Begriff der M., der stets unter dem Verdacht des Systems und der pantheisierenden Spekulation steht, setzt das Adjektiv »mystisch« den Charakter der existentiellen Beziehung, der persönlichen Hinwendung und des leiblichen Vollzugs stärker in den Vordergrund und kommt damit der ursprünglichen Bedeutung des mystischen Erlebnisses im Sinne des Weges und der Suche näher. In der Tat bleibt der Anspruch, einen Erfahrungsraum für leiblich-seelische Ganzheit zu eröffnen, in dem sich der Mystiker von Gott berührt erfährt, stets auf beide Seiten bezogen, deren Trennung sie zu überwinden trachtet: die Trennung von Kosmischem und Irdischem, von Geistigem und Materiellem, von Sagbarem und Unsagbarem, vor allem aber von Göttlichem und Menschlichem. Das wird besonders in der Christusmystik deutlich, die die geistliche Gottesnähe im Bereich des Leiblichen verankert (der Gottessohn stirbt am Kreuz als einer, der unter der Gottesferne leidet, nicht als Erleuchteter); die christliche M. unterscheidet sich insofern von der ostasiatischen M., die tendenziell dem Leiblichen eher distanziert oder sogar feindlich begegnet, indem sie sich betont von der Vergeistigung absetzt und das Sinnliche in der mystischen Gotteserfahrung hervorhebt.

Dieses Anliegen, den Glauben im Bereich der persönlichen Erfahrungen zu verankern, ihn spürbar und erlebbar zu interpretieren, setzt die Überschreitung von Grenzen voraus, die vornehmlich auf dem Weg der Selbsterkundung durch die Mittel des → Gebets, der → Meditation und der Kontemplation angestrebt werden. Dabei können die Grunderfahrungen des Urvertrauens in die Schöpfung, der Tiefe der Begegnung in der menschlichen Existenz und die eschatologische Kraft der vereinenden Liebe als die drei Dimensionen genannt werden, die in jeder M. zum Ausdruck kommen. In der christlichen M. können diese drei Dimensionen trinitarisch als Wirken des Schöpfergottes, als Ausdruck der Fleischwerdung des Sohnes und als Liebeswirken des Heiligen Geistes gedeutet werden. Mystische Erkenntnis ist dabei stets Erfahrungsweisheit, die auf einer besonderen persönlichen Situation beruht, die wiederum auf die Sinnenwelt des Wahrnehmbaren bezogen bleibt, zugleich aber über das persönliche Ich hinaus auf ein göttliches Gegenüber zielt. Entscheidend bleibt dabei die Beschränkung, der zufolge der Mystiker sich zwar auf dem Weg der Annäherung befindet, jedoch stets in der Bewegung des Suchens bleibt, da Gott zwar erfahren, aber letzthin nicht wirklich erfasst werden kann.

Historisch ist die christliche M. erheblich durch den Neuplatonismus geprägt worden, der mit seiner Seelenlehre (→ Seele) bzw. der Theorie vom inneren Aufstieg der Seele über die Stadien der Reinigung, der Erleuchtung letztlich die kosmische Einheit mit dem Göttlichen anstrebt. Hier findet sich auch der Ausgangspunkt für die sog. *unio mystica*, die vollkommene Vereinigung mit Gott im Herzen des Menschen, durch die alle Widersprüche und Trennungen aufgehoben werden und die stufenweise herbeigeführt wird. Der *unio mystica* liegt die Überzeugung zugrunde, dass die Seele des Menschen selbst göttliche Qualität hat und zur Vereinigung mit ihm drängt.

Strittig ist die Frage, inwieweit Bücher der Bibel selbst als Dokumente der M. gelesen werden können, immerhin lassen einzelne Passagen im Johannes-Evangelium, im Hebräerbrief, vor allem aber bei Paulus (1Kor 3,16; 2Kor 12; Gal 2,19f., vgl. auch Apg 17,22–31) auf Gedanken schließen, denen eine Nähe zur mystischen Denkweise zugrunde liegt. [MV]

Mythos [griech.»Rede, Erzählung«] Bei dem M. handelt es sich um eine Erzählung, die über den Ursprung und die Zusammenhänge der Welt Auskunft geben soll und die existentiellen Grundlagen des Lebens zum Thema hat. Der M. geht auf keine wirklichen Begebenheiten zurück und versteht sich als eine Möglichkeit der Deutung von Wirklichkeit, die nicht dieser Zeit zuzuordnen ist, aber mit ihr in enger Beziehung steht. Mythologische Erzählungen zielen in diesem Sinne auf eine spezielle Form der Wahrheitsfindung, die sich dem rational-logischen Denken widersetzt und in der Form der poetischen Umschreibung gestaltet ist. Mit dem M. ist das Bewusstsein verbunden, dass Einzelschicksale und Einzelphänomene in einen übergeordneten Sinnkontext einzureihen sind. In Hinsicht auf den jeweiligen Inhalt der Erzählung wird der M. auch als »Göttergeschichte« oder als »Ursprungserzählung« bezeichnet. Die Geschichte vom Turmbau zu Babel (Gen 11) kann folglich nicht als M. definiert werden, weil sie auf ein historisches Ereignis zurückgeht.

In seinen Ursprüngen ist der M. eng mit dem religiösen Kult verbunden; er setzt die Differenzierung zwischen dem Heiligen und dem Profanen voraus, indem die im M. dargestellte Welt als eine besondere Sphäre zwischen der realen Lebenswelt der Menschen und einer transzendenten Wirklichkeit des Göttlichen hervortritt. Die Welt der Götter, die im M. entfaltet wird, bildet somit einen anfänglichen Schritt zur Transzendierung der unerklärlichen Phänomene, um die Lebenswirklichkeit einem übergeordneten Sinnzusammenhang zuzuordnen. Paul Tillich erklärt deshalb den M. als eine Funktion des menschlichen Geistes, deren Vernunftcharakter weder bejaht noch verneint werden kann. Indem der M. sowohl die Wissenschaft als auch die Moral übersteigt, weist er auf das hin, was uns unbedingt angeht, und stellt die Tiefe der Vernunft in symbolischen Formen dar (Syst. Theologie, I).

Stark ausgeprägt ist die Mythologie in der griechischen Antike (Homer und Hesiod), dort bekommt sie durch Platon eine neue Deutung, die unter dem Schlagwort vom »M. zum Logos« zusammengefasst wird. So unterscheidet Platon erstmals konsequent zwischen den Sätzen des Verstandes und der Bildsprache der Mythen, zugleich greift er aber auch in seinen Dialogen immer wieder auf den M. zurück, um die Grenzen der Möglichkeiten der Vernunft zu kennzeichnen und unter Zuhilfenahme der mythologischen Bildsprache Aussagen machen zu können, die jenseits des Beweisbaren und argumentativ Ableitbaren liegen. Der M. liegt für Platon dabei nicht nur auf der oft verschwimmenden Grenze zum Logos, sondern stellt seine unabdingbare Ergänzung dar, wie er am Schluss des Dialogs *Gorgias* zu verstehen gibt: »Vielleicht nun dünkt dich dies ein Märchen zu sein, wie ein Mütterchen eins erzählen würde, und du achtest es nichts wert. Und es wäre auch nichts Besonderes, dies zu verachten, wenn wir nur irgendwie suchend etwas Besseres und Wahreres finden könnten.«

Der Umgang mit dem M. in den biblischen Schriften ist durch das antike Weltbild und den Einbezug altorientalischer Mythen in den strengen Monotheismus des → JHWH-Glaubens geprägt. Bei den antiken Mythen werden dabei je nach dem Inhalt die folgenden Typen unterschieden: Der *theogone* M. handelt von der Welt der Götter, ist vor allem in polytheistischen Anschauungen vertreten (»Theogonie« von Hesiod), findet sich aber auch im AT, z.B. im Ps 82, der eine Gerichtsszene der Götterwelt beschreibt; der *kosmogonische* M. beschreibt den Ursprung der Welt, dazu gehören auch die Schöpfungsberichte des AT; der *kosmologische* M. entfaltet die Bedeutung der göttlichen Kräfte in den Elementen der Natur und im System des Kosmos, so sind u.a. die bis heute geläufigen Bezeichnungen der Sternenbilder von mythologischen Gestalten abgeleitet. Der *eschatologische* M. beschäftigt sich mit endzeitlichen Vorstellungen vom Ziel der Geschichte und der Erlösung des Menschen (→ Eschatologie); der *soteriologische* M. gilt als heilsgeschichtliche Erzählung, die den Gedanken der Erlösung und des Erlösers beinhaltet. Der *anthropogonische* M. geht den Grundfragen der Menschheitsgeschichte nach, beschreibt die Herausbildung der ersten Menschen, die Unterscheidung von Mann und Frau und die ihnen obliegenden Leiden. Im AT gehören die Erzählungen vom Paradies und Sündenfall, aber auch jene von der Sintflut zu dieser Kategorie. Der *ätiologische* M. liefert eine Begründung für die Identität eines Volkes bzw. Stammes oder für die Bedeutung eines Kultes bzw. Kultortes (Gen 32,22–32).

Einen ambivalenten Status hat der M. im NT: So kann einerseits eine deutliche Distanz zum M. festgestellt werden. Im 1Tim etwa wird er dem Evangelium konträr gegenübergestellt (1,4) und die Weisung ausgegeben: »Die heillosen und für alte Weiber passenden Fabeln (*mythos*) aber weise ab.« (4,7) Ebenso stellt Tit 1,14 die »jüdischen Mythen« als Abkehr von der Wahrheit heraus. Auf der anderen Seite ist das Denken der Urgemeinde grundsätzlich vom M. geprägt und dem entsprechenden Weltbild weitgehend verhaftet. Diese Ambivalenz äußert sich darin, dass der geschlossene M. nur selten vorkommt, die mythologischen Motive jedoch ständige Verwendung finden. So zum Beispiel in den Erwähnungen eines Totenreichs (Mk 9,48; Lk 16,23) in den Schilderungen des Himmelreiches (Mk 10,37; 14,62), und vor allem in den Hinweisen auf das Wirken der → Engel (Mt 1,20; 18,10; Lk 1). Eine besondere Bedeutung kommt in dieser Hinsicht der Apokalyptik zu. In der Apk des Johannes mischen sich verschiedene Motive hellenistischen, iranischen, jüdischen und gnostischen Ursprungs (z.B. die Erzählung vom Kampf des Drachens gegen die Gottesmutter in Apk 12). Um überhaupt Aussagen über die Endzeit und das künftige Heil machen zu können, bedarf es im Bereich der Eschatologie jener Bildsprache des M., die sonst durchaus kritisch betrachtet wird. Aus diesem Kontext stammen auch jene Deutungen, die die Gestalt Jesu selbst mythologisch deuten und ihn im Sinne eines Astralleibes (→ Astralmystik) darstellen (Apk 21,22) oder ihm eine Höllenfahrt zuschreiben (1Petr 3,19).

Für die Theologie des 20. Jh. steht im Umgang mit dem M. die Frage im Vordergrund, ob mit dem Glauben an die Heilsbotschaft auch die Anerkennung der biblischen Mythen zwangsläufig einhergeht. Wäre das der Fall, so richtet sich der Glaube gegen die Ansprüche der Vernunft und Rationalität. Als Reaktion auf diese Anfrage entsteht das Programm der → Entmythologisierung mit dem Ziel einer Unterscheidung zwischen den heilsnotwendigen Inhalten der Bibel und den zeitbedingten Formen der Darstellung.

Dieses Projekt der Entmythologisierung begreift den M. als eine vorwissenschaftliche Form, die spätestens mit der Aufklärung an Bedeutung eingebüßt hat. Gerade an dieser grundsätzlichen Einschätzung entfacht sich ein Disput, der einerseits das Phänomen des M. neu untersucht, andererseits aber den darin enthaltenen Wissenschaftsbegriff reflektiert. Für den religionswissenschaftlichen Ansatz sind die Arbeiten von M. Eliade hervorzuheben, auf philosophischer Seite sind es die Arbeiten, die sich in kritischer Weise mit dem einseitig an den Naturwissenschaften orientierten Vernunftbegriff auseinander setzen. So untersucht E. Cassirer in seiner *Philosophie der symbolischen Formen* den M. als spezielle Ausdrucksform, in der Zeichen und Bezeichnetes ineinander fallen. Für ihn steht der M. als »Energie des Geistes« neben der Kunst, der Religion, der Sprache und der Wissenschaft als gleichberechtigte Kulturform. K. Hübner bietet darüber hinaus ein philosophisches System, indem er es dem M. zuschreibt, Subjekt und Objekt zu vermitteln, das Ideelle und das Materielle zu vereinen und das abstrakt Allgemeine in das konkret Individuelle zu überführen. Der M. dient dabei der Existenzerhellung.

Neben den religionswissenschaftlichen und philosophischen Zugängen hat der M. auch in der Psychologie Beachtung gefunden. Ein direkter Übergang wird durch K. Jaspers angeboten, der den M. als ein Bild bzw. Zeichen bestimmt, das den Begriffen äquivalent ist. Vor allem aber ist es die Tiefenpsychologie C.G. Jungs, durch die der M. in der Gegenwart große Beachtung findet. Jung deutet die Mythen als archetypische Symbole des kollektiven Unbewussten. Dabei wird allerdings die Unterscheidung zwischen dem M. und dem Märchen egalisiert. [MV]

Nachfolge   Der Anspruch Jesu »Folge mir nach!« (Lk 9,59) hat zu allen
Zeiten Menschen bewogen, nicht nur die bisherigen Lebensumstände aufzugeben und gleichsam ein neues Leben zu beginnen, sondern auch nicht
mehr zurückzublicken, weder in Zorn noch in Wehmut (Lk 9,62). Der Blick
zurück ist schon angezeigt, um die Tiefe der Pflugschar, den Umwurf der
Scholle und auch die Geradlinigkeit der Spur zu kontrollieren. Eben diese
wird jetzt nicht mehr davon abhängig gemacht, wo und wie man begonnen
hat. Sie ist nun dadurch verbürgt, dass man ein festes Ziel vor Augen hat,
von dem nichts mehr ablenken kann. Wie schwer dies in Wirklichkeit ist,
zeigt sich bereits an den Jüngern Jesu, deren Skepsis in den Worten des Petrus
überliefert ist: »Siehe, wir haben alles verlassen und sind dir nachgefolgt«
(Mk 10,28). Die Frage nach dem Wozu sollte im Laufe der Geschichte vielfach wiederholt werden.

Die Nachfolgegeschichten im NT sind unterschiedlich strukturiert. Sofern die direkte Jüngerschaft zu Lebzeiten Jesu gemeint ist, handelt es sich
um Idealszenen, die nicht im Einzelnen entfalten, was jeweils an menschlicher Problematik, an Auseinandersetzungen damit verbunden war. Vielmehr halten sie nur das Resultat fest: »Da verließen sie alsbald die Netze
und folgten ihm nach« (Mk 1,18). Dass dazu nicht alle in der Lage waren,
spiegelt sich u.a. in der Szene vom reichen Jüngling (Mt 19, 16–26) wider,
wonach eine Jüngerwahl missglückt. Umgekehrt hat Jesus, wie die Reminiszenz (Mk 5,18ff.; Lk 8,38f.) festhält, nicht jeden als Jünger akzeptiert. Der
von seiner Besessenheit geheilte Mann aus Gerasa sollte ihm ausdrücklich
nicht nachfolgen, sondern in seiner Heimat Zeugnis ablegen. Hier zeigt sich
bereits, wie auch schon in anderen Szenen (Mt 19,29f.; Mk 10,30f.; Joh
8,12), dass die N. nach dem Tode Jesu im übertragenen Sinne verstanden sein
will. Seitdem gibt es darüber verschiedene Auffassungen, so dass von einer
grundsätzlichen, eindimensionalen wie auch situationsbedingten, tem-
porären, abgestuften, mehrschichtigen Ethik die Rede ist.

Wie ein roter Faden ziehen sich die unterschiedlichen Interpretationen
durch die Kirchengeschichte. So gilt z.B. einerseits der Verzicht auf Besitz
und auf ein normales Leben als direkte Befolgung der Worte Jesu: »Will mir
jemand nachfolgen, der verleugne sich selbst« (Mt 16,24). Andererseits
motivierte die sprichwörtliche Klugheit der Schlangen (Mt 10,16) zur pragmatischen Bewältigung des Lebens in dieser Welt, wenn auch nicht »von der
Welt«, wie man in der Alten Kirche das Problem glaubte zumindest begrifflich lösen zu können. Bis hin zum politischen Widerstand bzw. zur Mitarbeit,
um zu retten, was noch zu retten ist, reichen die Konkretisierungen dessen,
was unter N. verstanden werden kann. Der Ruf zur N. enthält dabei kein ein-
deutiges Programm. Weder ist Jesus auf eine Askese im Sinne des späteren
Mönchsideals festzulegen, noch lässt sich die später vermögende Kirche auf
ihn zurückführen. Die ihren Besitz verkaufende und damit verarmende Ge-

meinde in Jerusalem (Apg 2,45) hat ebenso ihre Nachfolger gefunden wie der mit dem überlassenen Kapital wuchernde Treuhänder (Mt 25,14–30 u. par). Die dem Problem innewohnende Dialektik zeigt sich beispielhaft an der Verleugnung Jesu durch Petrus im Hofe des Hohepriesters (Mk 14,66–72 u. par). Wie hätte er die spätere Nachfolge antreten, die Kirche erbauen können, wäre er hier mit verhaftet und verurteilt worden?

So begegnet uns in der Geschichte der N. immer wieder der Versuch einer getreuen Abbildung und Nachahmung des Lebens Jesu, einer *imitatio*. Dass dies der falsche Weg ist, weil er dem Menschen unerfüllbare Leistungen aufbürdet, hat z.B. Luther immer wieder betont: *non imitatio fecit filios* – nicht durch Nachahmung werden wir zu Kindern Gottes (Galater-Kommentar 1519). So wird dann auch andererseits unter N. eine solche in Gehorsam und Liebe verstanden, deren Klammer aber die Freiheit ist. Die derart begriffene N. korrespondiert jeweils mit den Umständen von Ort und Zeit und den anthropologischen Voraussetzungen, so wie es die ma. Legende vom Christophorus – eine Nachfolgegeschichte – nahe legt: Der vom Dienst bei weltlichen Herrschern enttäuschte Riese namens Reprobus bzw. Offorus erhält von einem Einsiedler den Rat zu fasten und zu beten, woraufhin er erklärt, dass das nicht seine Sache sei, er auf diese Weise dem Höchsten nicht folgen könne. Der darauf folgende Dienst, bei seiner Statur und Veranlagung Menschen über den Fluss zu tragen, ist kein minderwertiger Ersatz, sondern adäquate, vollgültige N. [GB]

Nächstenliebe   Das im AT formulierte Gebot der N. »Du sollst deinen Nächsten lieben wie dich selbst« (Lev 19,18) regelt das Zusammenleben in der Sippe bzw. im Stammesverbund, wobei der Begriff der → Liebe in der weitläufigen Deutung als Tugend im Umfeld von Achtung, Gerechtigkeit, Treue und Barmherzigkeit verstanden werden muss und mit einer romantischen Deutung im Sinne einer Gefühlsregung nichts zu tun hat. Diese Grundregel für das Zusammenleben ist immer wieder aufgegriffen, diskutiert und kommentiert worden. Dabei war es zunächst die Bestimmung des Nächsten, die Anlass zur Debatte bot. Als Nächste gelten in erster Linie die Angehörigen der Familie, der Sippe und des Volkes, darüber hinaus wird das Gebot auch auf jene ausgeweitet, die ihrer Herkunft nach als Fremde gelten, jedoch in der eigenen Sippe vorübergehend oder dauerhaft wohnen (Lev 19,34). Im NT wird dieses atl. Gebot der N. von Jesus aufgegriffen und mit der Forderung der Gottesliebe (Dtn 6,5) zu dem sog. »Doppelgebot« zusammengebunden (Mk 12,28–31). Damit wird nicht nur verdeutlicht, dass N. und Gottesliebe argumentativ aufeinander bezogen sind, denn »Gott selbst ist die Liebe« (1Joh 4,8), die er an die Menschen verschenkt, die sich ihrerseits als dankbare Empfänger erweisen, indem sie die Liebe an den Nächsten weitergeben. Darüber hinaus wird mit dieser Verpflichtung zur Barmherzigkeit als Folge der empfangenen Gottesliebe aber auch die Problematik des Gebots der N. deutlich: Indem Gott Schöpfer *aller* Menschen ist und somit auch seine Liebe *allen* gelten muss, ist die Grenze zwischen Nächsten, Fremden und Feinden kategorisch kaum mehr zu vollziehen.

Das Problem erweist sich darin, dass prinzipiell jeder Mensch durch Zufall zum Nächsten werden kann. Das Gleichnis vom Barmherzigen Samariter (Lk 10,25–37) behandelt eben diese Fragestellung und kommt zu dem Ergebnis, dass selbst derjenige, der außerhalb des eigenen Stammesverbandes lebt, der sogar als Feind gelten mag – wie die Samaritaner den Juden – unter gegebenen Umständen zum Wohltäter und zum Inbegriff der N. werden kann. Jesus selbst ist also nicht Begründer der N., er greift dieses atl. Gebot lediglich auf, um es in radikaler Weise von den Nächsten über die Fremden bis zu den Feinden auszuweiten. In seiner Argumentation reiht er dabei das Gebot der N. in den Kontext des Gesetzes (Mt 19,18f.), schließt von der Liebe zum Nächsten implizit auf eine Ausgrenzung der Feinde (»Ihr habt gehört: Du sollst deinen Nächsten lieben und deinen Feind hassen« Mt 5,43), um dann die Forderung der N. in das Gebot zur Feindesliebe umzuwandeln (»Ich aber sage euch: Liebet eure Feinde und bittet für die, welche euch verfolgen« Mt 5,44). Dadurch, dass Jesus das Gebot der N. unter den Aspekten der Notfallsituation bzw. der Konfliktregelung interpretiert und dabei zu der Forderung der Feindesliebe kommt, wird die Forderung der N. zugleich als ein universaler Anspruch geltend gemacht. So kann Paulus schließlich aus dieser Deutung der N. ein allgemeines ethisches Prinzip ableiten (»Wenn dein Feind hungert, so speise ihn … überwinde das Böse durch das Gute« Röm 12,20f.), das als christlicher Maßstab zur Überwindung ideologischer Feindbilder gilt, ohne dabei die Differenzierung der Kategorien von Freund und Feind zu übersehen oder gar die Notwendigkeit von Strafe, Verteidigung etc. schwärmerisch zu negieren. Die Forderung der Feindesliebe setzt die Wahrnehmung von Feindsituationen voraus, sie überspielt diese nicht in geschwisterlicher Gleichmacherei, sondern fordert in radikaler Weise die Liebe auch für jene, die tatsächlich Feinde sind, wobei die Forderung »liebet!« allein auf tugendhafte Behandlung hinweist. [MV]

Name Im AT, aber auch in der altorientalischen Umwelt, werden die Namengebungen für Neugeborene nicht nur aus ästhetischen, sondern auch aus religiösen Gründen durchgeführt. In der Regel handelt es sich bei den alttestamentlichen N. um Kurzsätze, die aus einem Verb bzw. einem Subjekt und einem theophoren Element bestehen. So wird z.B. das Verb *natan* »er hat (das Kind gegeben)« (im Sinne von »empfangen lassen«) mit den Götterbezeichnungen El oder → JHWH verbunden, wobei die theophoren Elemente entweder voranstehen oder angehängt werden (Jeho-natan/Jo-natan bzw. El-natan, Natana-el bzw. Netan-ja–hu). Gelegentlich wird auf das theophore Element auch verzichtet (z.B. Natan). Besteht der N. statt eines Verbes aus einem Subjekt, werden Aussagen über die jeweiligen Gottheiten gemacht (z.B. Eliezer »mein Gott ist Hilfe«, Elija »mein Gott ist JHWH«). Religionsgeschichtlich betrachtet charakterisiert der N. das Bezeichnete in besonderer Weise. Mit der N.gebung für ein Kind wird ein tiefsitzender Wunsch bzw. eine grundlegende Lebenserfahrung zum Ausdruck gebracht. Der N. sagt somit etwas über den Menschen aus, zumindest in der Art, wie die Eltern das Kind sehen wollen. Hatte man in seinem Leben Erfolg gehabt, so besaß man einen großen N.; frevelte man dagegen, so schändete man dadurch seinen N. Der N. bildet somit zumindest einen Teil der Persönlichkeit des Menschen ab. In besonderem Maße gilt dies für den N. Gottes. Mehrfach wird im AT nach dem N. der Gottheit gefragt, die sich den Menschen offenbart (Gen 32,20; Ex 3,13; Ri 13,6). Am N. kann man die Gottheit festmachen bzw. deren Wirkmächtigkeitsbereich im Alltag erfahren, da jede Gottheit mit bestimmten Aufgabenfeldern verbunden war (z.B. Fruchtbarkeits-, Liebes-, Pest-, Kriegsgottheit). Der N. des Gottes Israels ist → JHWH. Mit diesem N. können aber auch andere N. Gottes (und damit andere Erscheinungsformen Gottes) wie etwa El Eljon oder El Schaddaj gleichgesetzt werden. Die N.gebung JHWHs in Ex 3,14 (»ich werde mich als der erweisen, als der ich mich erweisen werde«) ist nicht nur eine Offenbarung für die Menschen, sondern gleichzeitig auch eine Verdeutlichung, dass mit der Kenntnis des N. Gottes keine Verfügungsgewalt über ihn besteht. JHWH ist der stets wandelbare und neue, der sich nicht auf Aufgabenfelder und Erscheinungsformen festlegen lässt.

Zunehmend wurde in nachexilischer Zeit der N. Gottes als besonders heilig erachtet, so dass man ihn nicht mehr aussprach und stattdessen jeweils *adonaj* »mein Herr« las oder aber andere Gottesbezeichnungen (z.B. Gott des Himmels, König des Himmels u.a.m.) verwendete. Die Anfänge hierfür sind im Dekalog (→ Gebote) zu finden (vgl. Ex 20,7; Dtn 5,11), wonach der N. Gottes nicht missbraucht, d.h. zur Unterstützung eines Meineides verwendet werden soll (vgl. Lev 19,12).

Im deuteronomischen Sprachgebrauch ist der N. Gottes gewissermaßen eine Erscheinungsform JHWHs (vgl. z.B. Dtn 12,21: »der Ort, den JHWH, dein Gott, wählen wird, um daselbst seinen N. wohnen zu lassen«). Mit der Zerstörung des Tempels 587 v.Chr. konnte Gott nicht mehr im → Tempel anwesend gedacht werden; der Tempelplatz galt aber von ihm erwählt, so dass nun sein N. als Erscheinungsform JHWHs an dieser heiligen Stätte gegenwärtig ist. Daher kann man Gott dort weiterhin begegnen. Er ist aber nicht auf diesen einen Platz als Ort der Gottesbegegnung festgelegt. Vielmehr ist nun »vom Aufgang der Sonne bis zu ihrem Niedergang der N. Gottes groß unter den Völkern« (Mal 1,11), d.h. er wird in seiner irdischen Erscheinungsform weltweit verehrt.

Im NT tritt insofern eine Neuerung ein, als Gott von Jesus nicht nur als »Herr« bzw. Kyrios (als griech. Wiedergabe von JHWH), sondern auch sehr vertraulich als »Vater« angesprochen wird (vgl. auch das → Vaterunser). Jesus handelt im N. Gottes und zeigt sich damit als sein irdischer Statthalter (Mt 21,9 par.; Joh 5,43 u.ö.). [WZ]

Narrative Theologie   Aus der Beobachtung, dass in den Büchern der Bibel die erzählende Struktur eine grundlegende Bedeutung hat, der gegenüber die argumentativen Aspekte in den Hintergrund treten, entwickelte sich in den 70er Jahren des 20. Jh. der Ansatz einer n.T. Maßgebend für die Entwicklung dieser erinnernd erzählenden Theologie waren der Linguist H. Weinrich und der Fundamentaltheologe J. B. Metz. Der Bruch zwischen der analytischen Sprache der wissenschaftlichen Theologie und den eigenen Erfahrungen der Christen führte sie zu der Erkenntnis, dass Theologie wieder erzählt werden müsse, wenn sie verändernd wirken soll. Für Metz stand dabei die politische Theologie im Hintergrund und damit die Kritik an der logischen Sprache der theologischen Systeme, die allzu sehr von den konkreten gesellschaftlichen Verhältnissen absieht, um noch ein kritisches Verhältnis zur Gegenwart entfalten zu können. In der Vielschichtigkeit der Erzählung, die niemals auf nur eine Wahrheit oder eine Perspektive reduziert ist, wie auch in der Möglichkeit zur Weitergabe existentieller Erfahrungen liegt der Vorteil der narrativen Sprache.

Zu den wichtigsten Vertretern der n.T. gehören L. Boff, H. Halbfas und W.J. Hollenweger. Der brasilianische Befreiungstheologe Boff hat die n.T. als adäquate Sprache des sakramentalen Geschehens gedeutet und dabei zugleich einen Weg der Vermittlung zwischen der Leidensgeschichte Jesu Christi und den Erfahrungen von Unterdrückung bei Angehörigen der Unterschicht entwickelt. Der Religionspädagoge H. Halbfas plädiert für eine narrative Unterrichtskultur, ersetzt dabei das wissenschaftlich orientierte Erklären durch ein umfassendes Verstehen von Geschichten und rehabilitiert dabei die Bedeutung des Mythos. W.J. Hollenweger wurde vor allem durch seine Bibelarbeiten auf den Kirchentagen bekannt und steht für die Popularität der n.T.

Der Ansatz der n.T. stellt eine Reaktion auf das Vergessen der alten biblischen Erzähltradition dar, die im Zuge des wissenschaftlichen Anspruchs von Theologie nicht mehr als exakt und methodisch ungenügend erschien. Der Methode des Erzählens wieder die Bedeutung zurück zu geben, die ihr einst innewohnte, war ein berechtigtes Anliegen, das kaum auf Ablehnung stoßen kann. Durchaus kritisch wird jedoch die Unschärfe des Begriffs einer n.T. betrachtet. So stimmt B. Wacker zwar der Notwendigkeit einer Rehabilitierung des Erzählens prinzipiell zu, hält dabei allerdings den methodischen Anspruch für überzogen und sogar irreführend. Vor allem die Tatsache, dass

»der spezifische Charakter der Theologie als *fides quaerens intellectum*« dahinter zu verschwinden drohe, beklagt Wacker, plädiert also für eine differenzierte Vermittlung des geglaubten → Glaubens der Theologie (*fides quae*) durch argumentative Sprache im Unterschied zum Glauben als Ergriffensein des Menschen in seiner existentiellen Situation (*fides qua*) in der narrativen Rede. Unbestritten der Tatsache, dass das Erzählen ein wesentlicher Bestandteil im Vermittlungsprozess des Glaubens ist, läuft die n.t. Gefahr, zwischen argumentativer und narrativer Theologie zu polarisieren und den Anschein zu erwecken, Theologie käme ohne logische Argumentation aus. Stets *auch* narrativ zu verfahren, dabei aber nicht die argumentative Ebene aus den Augen zu verlieren, gilt inzwischen als Konsens. In diesem Sinne hat J. B. Metz (1977) das Grundanliegen einer n.t. in dem Satz zusammengefasst: »Es gibt eine Zeit des Erzählens und eine Zeit des Argumentierens.« [MV]

Natur   [lat.: *nasci* »geboren werden, sich entfalten«] Der Begriff der N. bezeichnet gemeinhin jenen immensen Bereich der Wirklichkeit, der durch eigene Gesetze vom Kreislauf des Hervorgehens, des Sich-Entfaltens und des Vergehens bestimmt ist. Die antike Philosophie versuchte vor allem im Platonismus und Aristotelismus die Ordnung der N. (*physis*) als Ausdrucksgestalt eines geistigen Ursprungs zu erfassen. Die Alte Kirche hat an diese Naturauffassung anzuknüpfen und sie mit dem christlichen Schöpfungsgedanken in Verbindung zu bringen versucht. Dabei zeichnet sich allerdings von Anfang an ab, dass der christliche Gebrauch des Naturbegriffs zwiespältig ist. Denn neben das Verständnis, das von der N. Rückschlüsse auf die Schöpfertätigkeit Gottes zulässt, tritt die abwertende Verwendung des Begriffs als Zustandsbeschreibung von Welt und Mensch. N. wird damit zum Oberbegriff für die Eigenschaften, die durch Gottes Erlösungshandeln zur Vervollkommnung gebracht werden müssen. Die Natur muss durch die Gnade ergänzt werden. Die Kritik der Reformatoren am Gnadenbegriff des Mittelalters tastet diese Grundunterscheidung nicht an, so dass der negativ besetzte Naturbegriff auch im Protestantismus Einzug hält. Der Siegeszug der modernen Naturwissenschaften seit dem Beginn der Neuzeit verschärft diese Grundspannung, weil ihr ein Verständnis zugrunde liegt, das die Eigengesetzlichkeit der N. zu einem mechanischen Organismus objektiviert. Geist und N. treten damit auseinander. Gegen diese Trennung gehen verschiedene philosophische Strömungen an, so etwa der → Pantheismus Spinozas, der allerdings mit seiner Gleichsetzung von N. und Gott dem anderen Extrem verfällt.

  Die Trennung von Geist und N. zieht sich in der Theologie bis in die Gegenwart hinein durch, der Bereich der natürlichen Rahmenbedingungen menschlicher Lebenswirklichkeit wird theologisch ganz vom Begriff der →

Schöpfung absorbiert. Es kann daher zu Recht von einer »Naturvergessenheit« der Theologie gesprochen werden. In der neueren Diskussion zeichnet sich ab, dass diese theologische Unterbelichtung des Naturbegriffs erhebliche Anschlussschwierigkeiten an das moderne Lebensgefühl mit sich bringt. Der Begriff der Schöpfung kann nur dann einsichtig gemacht werden, wenn es einerseits im Gespräch mit den Naturwissenschaften gelingt, gemeinsame Elemente eines Naturverständnisses zu erheben, die als Bindeglied zwischen Schöpfungsglauben und naturwissenschaftlicher Welterkenntnis vermitteln. Andererseits kommt es mit Blick auf das individuelle Erleben darauf an, die Erfahrung der N. als Schöpfung mit den Kategorien gegenwärtiger Naturästhetik beschreibbar zu machen, wenn die Plausibilität einer solchen Lebenserfahrung der Menschen aufgezeigt werden soll. Die Neuformulierung des Naturbegriffs ist daher eine drängende Aufgabe gegenwärtiger Theologie. [JL]

Natürliche Theologie   Im Gegensatz zur Offenbarungstheologie geht es bei der N.Th. grundsätzlich um das Verhältnis von Natur und Gnade, Natur und Geschichte, Vernunft und Glaube, natürlicher Gotteserkenntnis und einer offenbarten. Die Probleme reichen bis in die Praxis der Religionspädagogik und Mission, wenn es um inhaltliche Prämissen, um sog. Anknüpfungspunkte geht, die wiederum bestimmte Methoden prägen. Die Frage der natürlichen Gotteserkenntnis ist älter als das Christentum, wie u.a. die Vorstellung vom *logos spermatikos* der stoischen Philosophie belegt. Die so gar nicht natürliche Verkündigung des gekreuzigten und auferstandenen Jesus Christus musste allerdings in der religiösen Umwelt des Christentums als Torheit (1Kor 1,23) erscheinen. Entsprechend entstand eine christliche Apologetik, nun aber nicht in dem Sinne, dass natürliche Gotteserkenntnis geleugnet, sondern dass diese neu bewertet wurde. Vereinnahmend (Tertullian, Apologie 17) konnte die menschliche Seele als *anima christiana* definiert werden.

Der christliche Glaube hatte sich von Anfang an nicht nur mit anderen Religionen, sondern auch mit seiner eigenen jüd. Tradition auseinander zu setzen. Gottes »unsichtbares Wesen« konnte man danach »seit der Schöpfung der Welt ersehen« (Röm 1,20), so dass es für die Gottlosen »keine Entschuldigung« gab. Und auch der Vorteil des schriftlich fixierten Gesetzes war nur ein formaler: Die Heiden konnten von Natur aus (Röm 2,14f.) erkennen, was dieses ihnen vorschrieb, war ihnen dieses doch »in ihr Herz geschrieben«. Daran knüpften sich die Verbindlichkeit und Unentschuldbarkeit des Gewissens.

Umso mehr stellte sich die Frage, warum Gottes Schöpfung, von der es (Gen 1,1ff.) ausdrücklich hieß, dass er sie gut fand, der Erlösung, einer *recreatio* bedurfte. Die empirisch gewonnene Feststellung, dass der Mensch trotz aller Uroffenbarung nicht das Gute tat, was er wollte, sondern das Böse, was er nicht wollte, entsprach sicher einer realistischen Anthropologie, wurde aber längst nicht allgemein akzeptiert. Allein die vielen z.B. von Paulus aufgezeigten Konkretionen sog. sündhaften Verhaltens zeigen, dass offensichtlich ein allgemein verbindliches und normierendes Unrechtsbewusstsein fehlte. Was gut und recht war, musste dem Menschen immer wieder gesagt werden.

Die Dogmengeschichte beschreibt in vielfacher Hinsicht die Versuche, Natur und Offenbarung, Natur und Gnade in ihrem Verhältnis zueinander zu bestimmen, indem zwischen Unter- und Überbau, Anfang und Vollendung unterschieden wurde. Die Definition des Thomas v. Aquin (Summa Theol. Iq1a8), dass die Gnade die Natur nicht aufhebe, sondern vollende (*gratia non tollit naturam, sed perfecit*), ist geradezu sprichwörtlich geworden. Bis in die Gegenwart hat nach kath. Verständnis (I. Vatikanum) der Gedanke Tradition, dass Gott »mit dem natürlichen Licht der menschlichen Vernunft aus den geschaffenen Dingen sicher erkannt werden kann«.

Die reformatorische Theologie hingegen betont die Diastase, wonach die Vernunft mit dem Menschen »Blindekuh« (Luther) spielt und zu keiner wahren Gotteserkenntnis führt. Das »solus Christus« ist folgerichtig. Doch auch hier kam es in der altprotestantischen Orthodoxie zu einer gewissen Anpassung, wie aus den verschiedensten Begriffsbestimmungen erhellt: protologische Schöpfung und eschatologische Offenbarung, revelatio generalis und specialis, lumen naturae et gratiae, theologia naturalis und supernaturalis. Gottesbeweise beruhten letztlich auf der Prämisse, dass die Vernunft göttlichen Ursprungs sei.

Nachdem die N.Th. im 19. Jh. weniger thematisiert wurde, eben weil sie das allgemeine Bewusstsein prägte, erhob sich angesichts der weltgeschichtlichen Katastrophe des Krieges 1914–1918 Widerspruch. Theologischerseits von Karl Barth u.a. vorgetragen, richtete er sich gegen eine sog. Ordnungstheologie, die Volk und Rasse aus Gottes Willen ableitete und damit ein nebulöses Verständnis von einer Uroffenbarung zeigte. Für die Offenbarung Jesu Christi hingegen gab es keine Vorstufe, kein religiöses Apriori. Zwischen diesem Verständnis und einem solchen von der *duplex ordo cognitionis* (Vatikanum I u. II) dürfte in der gegenwärtigen Diskussion ein deutlicher Widerspruch bestehen. [GB]

Naturreligion   → Abstammungsreligion

Nazaret   [entweder »Blüte, Spross« oder »Wachturm«] Vor dem 3. Jh. n.Chr. wird N. nur im NT erwähnt, obwohl es im Gebiet der heutigen gleichnamigen Stadt schon im 2. und 1. Jahrtausend v.Chr. Siedlungsspuren gibt. Offenbar war das kleine Dorf in Galiläa mit einer Einwohnerzahl von ca. 200

Menschen um die Zeitenwende völlig unbedeutend. Auch die archäologischen Funde aus dieser Zeit bestätigen dies: Aus der Zeit Jesu blieben vor allem Zisternen, Hausgrundrisse, Silos, Wohnhöhlen und Gräber erhalten. Die Erbärmlichkeit und Unbedeutsamkeit des Ortes erklärt den Ausspruch: »Was kann aus N. Gutes kommen?« (Joh 1,46). Die Familie Jesu lebte in N. (Lk 2,4.39; 4,16). Die meisten Forscher nehmen an, dass N. auch der Geburtsort Jesu sei. Betlehem, der Herkunftsort des Geschlechts Davids, wurde nach dieser These als Geburtsort nur gewählt, um die alttestamentliche Prophezeiung Mi 5,1 (»Und du Betlehem in Efrata, die du klein bist unter den Städten in Juda, aus dir soll mir kommen, der in Israel Herr sei«) auf den Davididen Jesus anwenden zu können (→ Messias). Prinzipiell ist festzuhalten, dass Mi 5,1 erst von der christlichen Gemeinde auf Jesus bezogen wurde. Ursprünglich sollte mit dieser Verheißung ausgesagt werden, dass fortwährend ein Davidide König über Juda sein soll. Nach seinem Herkunftsort wurde Jesus, der einen damals recht gebräuchlichen Namen trug, zur besseren Unterscheidung auch »Jesus aus N.« (Mk 1,9; Apg 10,38) oder »der Nazarener« (Mt 2,23) genannt. Josef, Jesu Vater, arbeitete entweder in N. oder in dem ca. 7 km entfernten Sepphoris als Bauhandwerker (Mt 13,55); auch Jesus erlernte diesen Beruf (Mk 6,3). Da Jesus mit seiner Botschaft in N. auf Ablehnung stieß (vgl. Mt 13,56f. parr.), verließ er seine Heimatstadt und wirkte fortan vor allem im Bereich des See Genezaret.

Eine erste Kirche zur Erinnerung an die Verkündigung Mariae wurde im 5. Jh. an der Stelle der heutigen Verkündigungsbasilika (1966 fertiggestellt) errichtet. Die griechisch-orthodoxe Kirche verlegt das Verkündigungsgeschehen jedoch in den Bereich der heutigen Kirche des Erzengels Gabriel, die aus dem 17. Jh. stammt, aber über Vorgängerbauten errichtet wurde. An das Haus, in dem Jesus aufwuchs, erinnert zumindest seit der Kreuzfahrerzeit die Josefskirche. N. ist heute eine der bedeutendsten arabischen Ortschaften Palästinas mit rund 40 000 Einwohnern. [WZ]

Neue Religionen   Alte Religionen haben eine Geschichte, sind etabliert, die neuen sind jung, bei ihnen ist manches noch ungeklärt und im Fluss. Ob sie eine kurze oder längere Geschichte haben werden, lässt sich schwerlich vorhersehen. Zwischen neuen und alten Religionen gibt es Verbindungen. Eine Tochterreligion rebelliert gegen die Mutterreligion und löst sich von ihr. Es entsteht eine neue Religion, die indessen Züge der älteren als Erbteil in sich trägt. Ein Beispiel ist die Religion der Baha'i, die sich vom schiitischen Islam in Persien gelöst hat. Ihre Ziele sind modern: Alle Menschen werden als Geschöpfe Gottes geschätzt, d.h. keine Religion, keine Nation, Rasse oder Klasse ist besser als andere. Männer und Frauen sind gleichberechtigt. Der Weltfriede soll durch einen internationalen Gerichtshof und eine Weltregierung gesichert werden. Als islamisches Erbe übernahm man die Beachtung eines strengen Gesetzes, ein dreimal täglich zu verrichtendes rituelles Gebet, jährliches Fasten, Alkoholverbot, eine Abgabenpflicht u.a.m. Es gibt auch gesuchte Verbindungen mit älteren Religionen. Manchmal werden Lehren verschiedener Traditionen verknüpft. Neu ist dann die Kombination z.B. in der Vereinigungskirche des Rev. San Myung Mun, der koreanische und christliche Elemente verband. Als Ziel beschreibt er die vollkommene Menschenfamilie. Satan verführte den Menschen, durch Eva haben alle Menschen satanisches Blut in sich. Wenn ein Mann und eine Frau, beide vollkommen, sündelose Kinder zeugen, entsteht die vollkommene Familie, das gescheiterte Schöpfungsziel Gottes. Jesus, selber vollkommen, stiftete mit der christlichen Religion eine geistige, aber nicht, wie es notwendig gewesen wäre, eine physische Familie.

N.R. bieten Neues. Das kann eine neue Heilsperson sein oder ein neuer Heilsweg. Es gibt Menschen, in denen sich das Göttliche zeigt, u.a. als wundertätige Macht, z.B. bei Krankenheilungen. Die Gegenwart von Wundertätern wird gesucht. Menschen hängen an ihren Lippen, erbitten physische Berührung. Beispiel einer Heilsperson ist der Inder Sathya Sai Baba. Sein Heilsname bedeutet »göttliche Mutter (Sai), göttlicher Vater (Baba)«. Die Begegnung mit ihm wird als überwältigend erlebt. Gläubige, Inder wie Europäer, erkennen in seiner Person die allgegenwärtige, allmächtige Gottheit. Zum Beweis materialisiert und verteilt er heilige Asche. 1976 begründete Sathya Sai Baba die »Sai-Religion« mit dem Ziel, alle Religionen in ihr, der Religion der Liebe und des Dienstes am Menschen, zu vereinen.

Die meisten n.R. bieten indessen einen neuen Heilsweg. Der wird manchmal einer geschlossenen Gemeinschaft, einem Volk oder einer Rasse, geboten, viel öfter jedoch soll er dem einzelnen Menschen dienen, losgelöst von Familie, Volk und Rasse. In allen Religionen sucht man als Heil das Gegenteil dessen, was als Unheil erkannt wird.

Die »Nation of Islam« in den USA, auch »Black Muslims« genannt, ist Beispiel eines Erlösungsweges für eine ganze Rasse. Deren Versklavung, Unterdrückung und Herabsetzung wurde als Unheil erfahren. Verursacht haben das Unheil Weiße. Die neue Religion besteht daher auf absoluter Trennung der Rassen. Im Christentum erkennt man die Religion der Weißen, im Islam die Religion dunkelhäutiger Mohren. Allah, so wird gelehrt, sei W.D. Fard, der amerikanische Gründer dieser Religion. Dessen Nachfolger ist Allahs Prophet. Im Endgericht sollen die Weißen, allesamt Teufel, vernichtet werden. Die Auferstehung erwartet man als neue Zivilisation auf Erden, allein für Schwarze, in der Friede und Glück herrschen.

Neue Heilswege für Einzelne stehen allen offen. Geboten wird, was ältere Religionen nicht oder unvollkommen bieten. Ein Beispiel ist die Neo-Sannyas-Bewegung, attraktiv für Inder wie für Europäer und Amerikaner. Man reise ins indische Puna, lauschte fasziniert den Worten Bhagwans, kleidete sich orangefarbig. Überwunden werden sollte dabei geistige Unbewusstheit, die religiöse Selbstentfremdung des modernen Menschen. Mit Hilfe westlicher Psychotherapien lassen sich psychische Blockaden durchbrechen, damit wird der Zugang zur Bewusstwerdung des eigentlichen Seins freigeräumt. Überlieferungen unterschiedlicher älterer Religionen verstand Bhagwan, der sich später, von Zen inspiriert, Osho nannte, im Sinne seiner Lehre auszulegen. [HJG]

Neues Testament   Das NT besteht aus einer Sammlung von 27 Schriften, die zwischen 50 und 120 n.Chr. entstanden sind. Von der Lutherbibel werden sie in die drei Kategorien »Geschichtsbücher«, »Briefe« und »prophetisches Buch« unterteilt. Innerhalb der Briefe lässt sich zwischen echten Paulusbriefen, Deuteropaulinen und katholischen Briefen unterscheiden. Die Bezeichnung Testament geht auf das lateinische »testamentum« (Bund) zurück und ist aus 2Kor 3,6,14 abgeleitet, wo sich alter und neuer Bund gegenüberstehen. Hieraus hat sich gegen Ende des 2. Jh. der Sprachgebrauch entwickelt, die beiden Teile des biblischen Kanons als Altes und Neues Testament zu bezeichnen.

Zu den Geschichtsbüchern zählen die vier → Evangelien und die Apg. Bei den Evangelisten handelt es sich um bedeutsame Schriftstellerpersönlichkeiten, die eigene theologische Interessen verfolgten und in ihre Darstellung der Geschichte → Jesu einfließen ließen. Mk hat um 70 n.Chr. die literarische Gattung des Evangeliums begründet, um die Geschichte Jesu für die Zukunft der Kirche zu bewahren. Mt und Lk konnten neben Mk auf eine verloren gegangene Spruchquelle (Q) und Sonderüberlieferungen zurückgreifen. Das Evangelium des Mt, das um 80 n.Chr. in Syrien entstand, ist dabei in besonderer Weise auf die christliche Lebenspraxis ausgerichtet und hat wie kaum eine andere ntl. Schrift die kirchliche Frömmigkeit geprägt. Aus seinen großen Redekompositionen ragt die → Bergpredigt hervor. Theologische Schwerpunkte hat Mt dahingehend gesetzt, dass er das Jesusgeschehen gezielt als Erfüllung der Schrift erweist, das Motiv der »besseren Gerechtigkeit« in den Mittelpunkt stellt und besonderen Wert auf die Davidssohnschaft Jesu legt. Lk stellt sich dagegen bewusst in die Tradition griechischer Historiker und rückt die Geschichte Jesu in eine völlig neue Perspektive, indem er ihr in Gestalt der Apostelgeschichte eine Fortsetzung gibt. In seinem Evangelium zeigt er besonderes Interesse an Frauen in der Nachfolge Jesu und hebt soziale Aspekte hervor, wobei eine Parteinahme für die Armen erfolgt. In der Apostelgeschichte wird geschildert, wie durch Gottes Handeln die Kirche entsteht und das Evangelium sich von Jerusalem über die gesamte Welt verbreitet. Das gegen Ende des 1. Jh. in Kleinasien oder Syrien geschriebene Joh.-Ev. setzt durch einen veränderten chronologischen und geographischen Rahmen des Auftretens Jesu eigene Akzente. An Stelle von

Gleichnissen bietet es große Offenbarungsreden Jesu, deren Zentralthema die heilvolle Selbstoffenbarung Jesu Christi ist.

Deutlich älter als die Evangelien sind die sieben echten Briefe des Apostels Paulus. Der 50 n.Chr. geschriebene 1Thess ist noch von unmittelbarer Naherwartung des Weltendes geprägt und ein bedeutsames Zeugnis früher paulinischer Theologie. Die beiden Korintherbriefe bieten tiefe Einblicke in das Leben der von Paulus gegründeten Gemeinde. Im 1Kor nimmt Paulus zu unterschiedlichsten Gemeindeproblemen in Korinth Stellung. Besonders bedeutsam sind dabei die Ausführungen zum Auferstehungsglauben (1Kor 15). Der aus mehreren Schreiben des Apostels zusammengesetzte 2Kor ist das Dokument einer schweren Krise zwischen Paulus und der Gemeinde, in der es zu offener Opposition gegen den Apostel gekommen war. Aus der Gefangenschaft, vermutlich in Ephesus, wurden die Briefe an die Philipper und an Philemon geschrieben. Im Philipperbrief wendet sich Paulus gegen Versuche, die Gemeinde auf die Beschneidung zu verpflichten. Einer der theologisch bedeutsamsten Texte des gesamten NT ist der Christushymnus Phil 2,6–11. Beim Schreiben an Philemon handelt es sich um den einzigen erhaltenen Brief des Apostels, der sich an eine Privatperson richtet. Paulus versucht, in einem Konflikt zwischen Philemon und dessen Sklaven Onesimus zu vermitteln.

Die Briefe an die Galater und Römer entfalten mit der Rechtfertigungslehre das Herzstück der paulinischen Theologie. Im Galaterbrief gibt Paulus zunächst einen Abriss seines Werdegangs, um dann in Auseinandersetzung mit den nach Galatien eingedrungenen Gegnern seine Lehre von der Glaubensgerechtigkeit zu entwickeln. An die Gemeinde in Rom wendet er sich Ende 55 n.Chr. in der Absicht, Unterstützung für eine geplante Spanienmission zu gewinnen (Röm 15,24). Man kann den Römerbrief als das theologische Testament des Paulus bezeichnen, da er die zentralen Inhalte und tragenden Strukturen der paulinischen Verkündigung in ihrer ausgereiften und abschließenden Form bietet. Das Thema schlechthin ist die Offenbarung der Gerechtigkeit Gottes im Glauben, wobei auch die Frage nach dem Weg Gottes mit seinem Volk Israel bedacht wird (Röm 9ff.).

Im NT gibt es sechs weitere Paulusbriefe, die aller Wahrscheinlichkeit nach nicht vom Apostel selber stammen. Schüler des Paulus schreiben unter seinem Namen, um ihren Briefen besondere Autorität zu verleihen. Der Kolosserbrief und der von ihm abhängige Epheserbrief betrachten die Kirche als einen den ganzen Kosmos durchdringenden Leib, dessen Haupt der himmlische Christus ist. Vor allem im Epheserbrief gewinnt die Kirche dabei hervorgehobene Heilsbedeutung. Die beiden Briefe an Timotheus und der Titusbrief nehmen innerhalb der Deuteropaulinen eine Sonderstellung ein, da sie an Einzelpersonen gerichtet sind. Man spricht seit dem 18. Jh. von diesen drei Briefen als Pastoralbriefen, d.h. Hirtenbriefen, da sie zur sachgerechten Ausübung des Hirtenamtes und anderer gemeindlicher Dienste anleiten wollen. Auch der Hebräerbrief, dessen Verfasser völlig unbekannt ist, wurde immer wieder für ein Schreiben des Paulus gehalten. Er nimmt eine Neuinterpretation des kirchlichen Christusbekenntnisses in kultischen Kategorien vor, indem er Jesus Christus mit seinem Tod in das Amt des himmlischen Hohenpriesters eingesetzt sieht, der den atl. Opferkult überbietet.

Die von dem Presbyter Johannes verfassten drei Johannesbriefe sind eng mit dem Joh.-Ev. verwandt und bekämpfen Irrlehrer, die aus der Mitte der Gemeinde hervorgegangen sind. Gemeinsam mit den beiden Petrusbriefen, dem Jakobusbrief und dem Judasbrief, deren unbekannte Verfasser sich der Autorität bedeutsamer Gestalten aus dem unmittelbaren Umfeld Jesu bedienen, werden sie seit dem 4. Jh. als katholische Briefe bezeichnet, weil sie als an die gesamte Christenheit gerichtete Schreiben galten.

Eine Sonderstellung innerhalb des NT nimmt die Offenbarung des Joh als einziges prophetisches oder apokalyptisches Buch ein. Ihr Verfasser, der Seher Johannes, steht in keiner direkten Beziehung zum Joh.-Ev. oder den Joh.-Briefen. Geschrieben wurde die Offenbarung gegen Ende des 1. Jh., als es unter Kaiser Domitian zu Christenverfolgungen in Kleinasien kam. In dieser Situation der Bedrängnis wendet sich Johannes mit seiner Zukunftsschau an sieben kleinasiatische Gemeinden, um ihnen Hoffnung auf Gottes Zukunft zu vermitteln und sie zur Standhaftigkeit im christlichen Glauben zu ermahnen. [BK]

Offenbarung bezeichnet in einem allgemeinen Sinn ein Geschehen, in dem sich etwas erschließt, was zuvor verborgen war. Denen, die eine O. empfangen, geht eine grundlegende Einsicht auf, die sich als umfassende Horizonterhellung ereignet. In den großen Offenbarungsreligionen ist O. daher das Medium schlechthin, über das der Mensch etwas über die Wirklichkeit Gottes erfahren und damit zu einem religiös grundierten Wirklichkeitsverständnis gelangen kann. Für den Kontext des Christentums sind die Offenbarungsschilderungen der biblischen Schriften von maßgeblicher Bedeutung. Sie beschreiben, wie Menschen etwas erfahren haben, was ihre eigenen Möglichkeiten und Kräfte übersteigt. Demnach äußert sich O. als ein Angesprochensein durch ein unendliches Gegenüber. Nach den Schriften des NT konkretisiert sich die O. der göttlichen Wirklichkeit in der Person Jesu Christi. In ihm begegnen die Menschen Gott. Diese Offenbarungserfahrungen werden in unterschiedlichen Ausdrucksformen in den biblischen Schriften verarbeitet.

Der Inhalt der O. kann nach christlichem Verständnis nicht allein auf besondere Kenntnisse oder Handlungsanweisungen reduziert werden. Diese stellen sich vielmehr als Folge einer Gottesbegegnung ein. O. ist im Wesentlichen Selbsterschließung Gottes. Von Anfang an hat die christliche Theologie daher an der existentiellen Wirkung der O. als Hauptcharakteristikum festgehalten. Ereignet sich O. als Begegnung mit der Wirklichkeit Gottes, dann gewinnt dieses Geschehen lebensgestaltende Kraft. Dieses existentielle Betroffensein durch die O. wurde in der Theologiegeschichte beispielsweise beschrieben als Erleuchtung (Augustinus), als Erfahrung der rechtfertigenden Gottesgemeinschaft (Luther) oder als ein Berührtwerden vom Ewigen in der Zeit (Schleiermacher). Damit kommt in unterschiedlicher Perspektive zum Ausdruck, dass die Selbsterschließung Gottes in der O. entscheidend das Selbst- und Wirklichkeitsverständnis des Menschen prägt.

Als schwierig erwies sich im Laufe der Christentumsgeschichte die Frage, wie und durch welche Medien sich O. ereignet. Dahinter verbirgt sich das Problem einer Kriteriologie, die es erlaubt, zwischen einer tatsächlichen O. und einer bloß subjektiv behaupteten zu unterscheiden. Einem weiteren Verständnis, das davon ausgeht, dass O. vermittelt durch die Natur, die Geschichte oder die Kunst eintreten kann, steht eine engere Auffassung gegenüber, die O. an das Wort der Schrift bindet. Dieses von den Reformatoren favorisierte Verständnis wurde im 20. Jh. noch einmal nachdrücklich in der Wort-Gottes-Theologie Karl Barths herausgestellt. Dabei wird allerdings der Vorzug einer klaren Kriteriologie für das, was als O. zu gelten hat, durch das geringe Potential, das Ereignis der O. mit der Lebenserfahrung moderner Menschen zu vermitteln, negativ aufgewogen.

Mit dem Problem der Offenbarungsmedien verbindet sich die ebenfalls strittige Frage, wie sich dazu die menschlichen Möglichkeiten zur Aufnahme der O. verhalten. Im Zeitalter der Aufklärung prallten hier die beiden möglichen Extrempositionen aufeinander. Dem Modell des Rationalismus zufolge kann nichts Inhalt der O. sein, was nicht auch der Vernunft selbst zugänglich ist. Demgegenüber lehrte der Supranaturalismus, dass die O. ihrem Wesen nach die Möglichkeiten der Vernunft radikal übersteigen muss. O. ist dann mit den Kategorien der Vernunft nicht zu erfassen. Während im einen Falle nicht einzusehen ist, warum es überhaupt einer O. bedarf, lässt sich im anderen Falle nicht intersubjektiv vermitteln, was mit O. gemeint ist. Es ist dieses Dilemma, das in der Neuzeit zu nicht unerheblichen Vorbehalten gegenüber dem Offenbarungsbegriff geführt hat. Eine zu rationalistische Fassung eliminiert das Ereignis des unverfügbaren Transzendenzeinbruchs, während das ausschließliche Insistieren auf dem übernatürlichen und uneinsehbaren Akt der O. die lebensweltliche Plausibilisierung ausschließt. Die gegenwärtige Diskussion zielt daher auf ein Verständnis von O., das ihren Charakter als unverfügbare Selbsterschließung Gottes zu wahren versucht und gleichzeitig aber für die Plausibilität eines solchen Ereignisses wirbt, indem sie beschreibt, wie sich O. in der Lebenswelt der Menschen vollzieht und auswirkt. [JL]

Öffentlichkeitsarbeit Was unter Ö. zu verstehen ist, wird heute durchaus umstritten diskutiert. In einem sehr engen Verständnis wird damit die betriebswirtschaftliche Komponente umschrieben, die sich mit Fragen des Marketings und der Kommunikationspolitik beschäftigt. In diesem Sinne unterhalten Firmen, aber auch Institutionen wie Kirchen, Parteien, Gewerkschaften und andere Non-Profit-Organisationen, spezielle Abteilungen für die Ö., um entweder den Absatz der produzierten Waren oder auch die Vermittlung von Botschaften und einem speziellen Image professionell zu steuern. Die »Deutsche Public Relations Gesellschaft« definiert die Ö. in diesem Sinne als »das bewusste, geplante und dauerhafte Bemühen um ein Vertrauensverhältnis zwischen Unternehmen, Institutionen oder Personen und ihrer Umwelt«.

Diesem organisationsbezogenen Bild von Ö. stehen weitergehende Modelle gegenüber, die Ö. in gesellschaftsbezogenen Ansätzen darstellen. Einerseits wird die Ö. dabei von der Kommunikationswissenschaft in einen kommunikationstheoretischen Ansatz überführt, demzufolge Sachprobleme in Kommunikationsprobleme zu übersetzen sind. Andererseits deuten kulturwissenschaftliche Ansätze jede Interaktion im Verhältnis von System und Umwelt, die auf strukturelles Handeln angelegt ist, als Ö.

In ihrem Wesen ist alle Ö. von der Herausbildung einer Öffentlichkeit abhängig, die sich als eine bürgerliche Dimension im 18. Jh. im Zuge der Aufklärung herausgebildet hat. Als ein politisches Anliegen wird mit ihr eine Mittlerinstanz geschaffen, die zwischen der Ebene der staatlichen Obrigkeit und der individuellen Privatsphäre angesiedelt ist. Die Öffentlichkeit ist folglich eine Möglichkeit, sowohl das Staatliche als auch das Private zu unterscheiden, es gegenseitig zu schützen und dennoch nicht auseinander fallen zu lassen.

Begriffsgeschichtlich erscheint die Ö. als Übersetzung des gegen Ende des 19. Jh. in den USA aufkommenden Begriffs der *public relations*, einer Sammelbezeichnung für die Bemühungen der amerikanischen Industrie, durch publizistische Maßnahmen Vertrauen für Wirtschaftsbetriebe herzustellen und das »Image« der Firmen systematisch zu fördern. Aufgrund der Übernahme dieser PR-Maßnahmen durch die Politik geriet die Ö. schnell in den Verdacht der Propaganda, von der abzuheben sie sich prinzipiell ebenso bemüht wie um die Unterscheidung zwischen Ö. auf der einen Seite und Werbung bzw. Reklame auf der anderen.

Speziell die Identifikation der Ö. mit der Werbung ist verantwortlich dafür, dass Maßnahmen zur systematischen Pflege der Kommunikation und der Imagepflege erst relativ spät Akzeptanz innerhalb der Kirchen gefunden haben und zum Teil heute noch kontrovers diskutiert werden. Vor allem die Frage, ob für die Verkündigung des Evangeliums Maßnahmen der Ö. taugen, polarisiert die Diskussion, während andererseits die Notwendigkeit geplanter kommunikativer Maßnahmen zur Selbstdarstellung der Einrichtungen der verfassten Kirche innerhalb der pluralen Gesellschaft und der zunehmenden Bedeutung der → Medien kaum mehr angezweifelt wird.

Ein wesentlicher Aspekt für die Diskussion über das Verhältnis von Ö. und Theologie ist H. Thielicke zu verdanken, der schon 1947 den Aspekt der Öffentlichkeit unter dem Hinweis auf den christlichen Auftrag zur Mission neu bestimmte. Die Formulierung »Gehet hin in alle Welt und predigt das Evangelium allen, die erschaffen sind« (Mk 16,15) deutet Thielicke dabei nicht als eine quantitative Größe, sondern als ein qualitatives Moment. Öffentlichkeit im Bereich der Kirche stellt sich für ihn gerade nicht in der Summe von möglichst vielen Menschen dar, sondern in der Vielzahl der berührten Lebensbereiche. Ö. versteht sich in diesem Konzept einer qualitativen Öffentlichkeit als das Bemühen, soziale Barrieren zu überwinden und die Aufsplitterung der Gesellschaft in einzelne Milieus zu durchbrechen, sowie vor allem in dem Anliegen, den Status der Kirchen als Nischengruppen dadurch zu überwinden, dass diese sich den unterschiedlichen Lebenssituationen der Menschen in adäquater Weise nähern. Dieses sehr weit gehende Verständnis von Ö. kann heute begrifflich in der Weise differenziert werden, dass man die öffentliche Wirksamkeit der Kirche von der Ö. unterscheidet und darüber hinaus die christliche Publizistik als einen dritten Faktor bestimmt. Während unter der öffentlichen Wirksamkeit der Kirche alle Folgen verstanden werden, die sich aus den Aktivitäten der Kirche ergeben, zielt die Ö. auf den expliziten Auftrag, das Vertrauen in die Kommunikation zwischen der verfassten Kirche und der Öffentlichkeit herzustellen. Die christliche Publizistik hat darüber hinausgehend die Aufgabe, Öffentlichkeit für christliche Themen herzustellen. [MV]

Ökumene [griech. *oikein* »wohnen, bewohnen«] Zur Zeit des NT wird das griech. Wort *oikumene* als Bezeichnung für »die ganze bewohnte Erde« benutzt, womit allgemein die zivilisierte Welt, im engeren Sinne aber auch nur der Kulturbereich des Imperium Romanum gemeint sein kann (vgl. Lk 2,1; Apg 11,28). Bei Mt wird diese politisch-geografische Bestimmung aufgegriffen und erstmals auf die Situation der Christen mit besonderer Betonung der Mission unter den Heiden bezogen (Mt 24,14: »Das Evangelium wird auf dem ganzen Erdkreis gepredigt und allen Völkern verkündigt werden«).

Aus dieser Perspektive hat es sich eingebürgert, unter Ö. die Einigungsbewegung der christlichen Kirchen zu verstehen, die angesichts der Vielheit von Konfessionen und Denominationen dem Anspruch der einen und einzigen Kirche Jesu Christi gerecht zu werden anstrebt (→ Kirche. Ekklesiologie).

Der Begriff Ö. tauchte zum ersten Mal auf der »Weltmissionskonferenz« in New York (1900) auf, die durch evangelische Laienbewegungen der Allianz (Allianz-Gebetswoche seit 1847) vorbereitet worden war. Nach der Gründung des »Internationalen Missionsrates« (1921) fand 1925 in Stockholm eine »Konferenz für praktisches Christentum« mit Kirchenvertretern aus 37 Ländern statt. Auf dieser Grundlage entstand 1933 der »Ökumenische Rat für praktisches Christentum« mit einem eigenen Seminar in Genf. Parallel zu dieser weitgehend aus der Mission hervorgegangenen und auf die Belange der Mission bezogenen Arbeit konstituierte sich 1927 in Lausanne die »Weltkonferenz für Glauben und Kirchenverfassung« (mit Vertretern von 108 Kirchen). In Utrecht (1938) wurden beide Richtungen der Ö. zusammengeführt, und nach Erarbeitung einer Verfassung konnte 1948 in Amsterdam schließlich die konstituierende Sitzung des »Ökumenisches Rates der Kirchen« (World Council of Churches) mit Vertretern von 147 Kirchen aus 44 Nationen stattfinden. Nachdem 1961 auch die Kirchen der russ. Orthodoxie Mitglied wurden, konnte der ÖRK nach der 4. Vollversammlung in Uppsala (1968) bereits 250 Kirchen der Orthodoxie, des Protestantismus, der Anglikaner und der Altkatholiken verzeichnen.

Nicht vertreten ist nach wie vor die katholische Kirche, die lediglich Beobachter entsendet. Im II. Vatikanum hat die kath. Kirche ihre Position zur Einheit der Kirche Jesu Christi im *Dekret über den Ökumenismus* in Abgrenzung zur ökum. Bewegung dargestellt. Demzufolge kann die Kirche Jesu Christi im Vollsinn nur innerhalb einer Kirche gegeben sein, die den Prinzipien entspricht, wie sie von der kath. Kirche repräsentiert werden, wodurch allerdings die praktische Zusammenarbeit im Einzelnen wie auch der theologische Diskurs und die Pflege von Beziehungen prinzipiell nicht ausgeschlossen werden sollen.

Oberstes Ziel der ökum. Bewegung ist die gegenseitige Anerkennung und die über Konfessionen und Nationen hinausreichende Abendmahlsgemeinschaft, die Kirche als den einen Leib Christi zu erkennen gibt. Biblisch beruft sich die ökum. Bewegung dabei auf das Jesuswort: »dass alle eins seien, wie du, Vater, in mir bist und ich in dir, dass auch sie in uns eins seien, damit die Welt glaubt, dass du mich gesandt hast« (Joh 17,21). Historisch geht es nicht darum, die drei großen Schismen (Trennung der orientalischen von der byzantinischen Kirche im 5. Jh., der orthodoxen Ostkirche von der katholischen Westkirche im 11. Jh., der katholischen von den protestantischen Kirchen im 16. Jh.) zu revidieren bzw. durch Rückführungen in die eine wahre Kirche aufzuheben, sondern durch gegenseitige Anerkennung zumindest zu einer versöhnten Verschiedenheit zu finden. Erschwert wird dieser Weg u.a. dadurch, dass noch nicht einmal alle Konfessionen für sich mit einer einzigen Stimme auftreten können. Der Protestantismus zerfällt bspw. gegenwärtig in sieben Konfessionsfamilien, die zwar untereinander Toleranzabkommen geschlossen haben, aber noch weit davon entfernt sind, sich auf eine gemeinsame Leitung bzw. einen gemeinsamen Sprecher zu einigen. So liegen derzeit die wichtigsten Probleme der Ö. in der fehlenden gegenseitigen Anerkennung der Eucharistie, in der unterschiedlichen Auffassung des geistlichen Amtes und in der Frage der Frauenordination. Die Vorbereitungen zum ersten ökumenischen Kirchentag in Berlin (2003) haben diese Differenzen eher noch hervorgehoben, als dass sie zu einer Konsensbildung geführt hätten (Enzyklika *Ecclesia de Eucharistica*, 2003).

Eine Hoffnung zur Weiterentwicklung der ökum. Bewegung konzentriert sich daher auf zwei Bereiche: Zum einen auf den von der Basis der Glaubenden vorangetriebenen Ausdruck des gelebten Glaubens (*praxis pietatis*), der Formen der gemeinsamen liturgischen Feier entwickelt und dabei Differenzen der Lehrmeinungen zunächst bewusst ausspart; für diesen Weg, der in den Stichworten »Orthopraxie statt Orthodoxie« zusammengefasst werden kann, steht die Mystik Pate, die spirituelle Erfahrungen über konfessionelle Grenzen hinweg anstrebt. Zum anderen wird versucht, inmitten der konfessionellen Vielfalt zumindest einen Minimalkonsens zu erarbeiten, der das Wesentliche benennt, das alle christlichen Konfessionen und Denominationen eint. Dieser Weg der Konsensbildung wird im Zuge der Globalisierung und der multireligiösen Gesellschaft durch den interreligiösen Dialog ergänzt, der es sich zur Aufgabe gemacht hat, ein Weltethos der Religionen zu formulieren oder zumindest auf ein tolerantes Nebeneinander der Religionen hinzuarbeiten.[MV]

Ökumenismus In Abgrenzung zur ökum. Bewegung entstandene Bezeichnung der spezifisch katholischen Position zur Frage der Einheit der Kirchen. Der Ö. ist in dem »Dekret über den Ökumenismus« des II. Vatikanischen Konzils formuliert und entfaltet die Kriterien für den Dialog und die praktische Zusammenarbeit mit nicht-katholischen Kirchen. → Ökumene.

Ölung, Letzte Nach dem Willen des II. Vatikanums (*Sacrosanctum concilium*, Konstitution über die heilige Liturgie 73) sollte dieses → Sakrament besser »Krankensalbung« genannt werden. Luther hatte es verworfen, da die biblischen Belege (Mk 6,13; Jak 5,14f.) trotz der Aussage, dass Kranke mit Öl gesalbt wurden – einmal als Bericht über die von Jesus ausgesandten Jünger, dann als Anweisung, bei Krankheit die Ältesten der Gemeinde zu rufen, damit sie unter → Gebet eben dieses Werk vollbrachten –, das eindeutige Wort, die Einsetzung durch Jesus Christus vermissen ließen. Der Apostel Jakobus war eben nicht Christus gleichzusetzen, und gegenüber seinem Brief, der »strohernen Epistel«, hatte Luther sowieso große Bedenken, schien doch die von ihm bekämpfte Werkgerechtigkeit der kath. Kirche hier vorgebildet zu sein. Außerdem war nirgendwo in den Texten vom → Tod die Rede, der ein Sterbesakrament rechtfertigte.

Nun ist aber jahrhundertelang bis in unsere Gegenwart die sog. »Letzte Ölung« als ein Sterbesakrament verstanden worden. Angesichts des nahen Todes verlangt der Sterbende nach dem Priester oder schicken die Angehörigen nach diesem. Wie Goethe in seinen Lebenserinnerungen (Dichtung und Wahrheit II,7) bemerkt, sind »Wiege und Grab, sie mögen ... noch so weit auseinander liegen, in einem stetigen Kreise verbunden«. Und er meint damit → Taufe und Letzte Ölung. Wo »jede irdische Garantie verschwindet, nimmt der Hinfällige jene symbolischen, deutsamen Versicherungen mit Inbrunst an«. Auch Füße werden gesalbt und gesegnet und ihnen auf diese Weise eine »wundersame Schnellkraft mitgeteilt, wodurch sie den Erdschollen, der sie bisher anzog, unter sich abstoßen«.

Was hier poetisch verklärt erscheint, war 500 Jahre zuvor von Thomas v. Aquin (In sent IV, d 23, q 1, Einleitung) für damalige Begriffe kaum weniger anschaulich, d.h. lebenszyklisch in theologische Sentenzen gefasst worden. Nach dem »Sakrament der Eintretenden« (Taufe), denen der »Fortschreitenden« (Firmung, Eucharistie, Buße) folgte am Ende des Lebens das »Sakrament der Scheidenden« (*exeuntium*). Es war die *extrema unctio* (ibd. IV, d. 23, passim). Sinnfällig erschien die Letzte Ö. in der Reihenfolge der Sakramente an letzter Stelle. Theologisch wurde dies mit der Feststellung begründet, dass der Sterbenskranke – denn nur einem solchen durfte das Sakrament lt. Konzilsbeschluss Florenz 1439 gespendet werden – so geschwächt war, dass ihm die Kraft zum Leben und die Hoffnung auf das ewige Leben verloren zu gehen drohten. Nur ein Priester durfte die Handlung vornehmen.

Dass die bis ins 8. Jh. geübte Krankensalbung mit Öl (*oleum infirmorum*) – auch ohne Priester – danach zunehmend zum Sterbesakrament wurde, mag immerhin mit der Praxis lebenslanger Bußstrafen zusammenhängen. Dennoch bleibt unabhängig davon die theologische Erklärung plausibel, wonach in der Stunde des Todes der Mensch eines sakramentalen Beistandes bedarf. Die Korrektur durch das II. Vatikanum könnte verschiedene Gründe haben. Einmal wäre der protestantischen Kritik Rechnung getragen, ohne allerdings den Sakramentscharakter aufzugeben. Zum andern könnte aber auch die gesellschaftliche Tabuisierung des Todes hier ihren Niederschlag gefunden haben. Auf jeden Fall dürfte mit der Umgewichtung des herkömmlichen Sterbesakraments die schlüssige Kette lebensgeschichtlich zugeordneter Sakramente durchbrochen sein. [GB]

Opfer → Kultformen / Kreuz

Orden → Mönchtum

Ordination Während der Reformation (ab 1535) wurden in Kursachsen examinierte Theologen – also nicht diejenigen, die schon als → Pfarrer tätig waren – vor ihrer Anstellung von der Wittenberger Theologischen Fakultät ordiniert. Sie stellte damit fest, dass sie die nötigen Kenntnisse erworben hatten, und verpflichtete sie, das Evangelium gemäß der Heiligen Schrift zu lehren sowie die Sakramente ordnungsgemäß zu verwalten. Dies geschah in Ermangelung der bischöflichen Weihehandlung, dem →Sakrament der O., das von Luther aufgegeben worden war. War die Aufnahme in den Stand der Priester bislang ein einmaliger Vorgang gewesen, der nicht wiederholt werden konnte, so zeigte sich das neue Verständnis anfangs auch darin, dass O. und Amtseinführung eins wurden – d.h. wer andernorts seinen Dienst fortsetzte, wurde erneut ordiniert. Diese heute in der ev. Kirche geübte Praxis, die einmalige, vom Bischof vorgenommene O. von der durch die Gemeinde getragenen Amtseinführung zu unterscheiden, hat sich erst langsam entwickelt. Sie steht auch in gewisser Spannung zum »allgemeinen Priestertum aller Gläubigen«, wonach alle grundsätzlich befähigt sind, das Evangelium zu verstehen, und ihnen damit Kompetenz in Glaubensfragen anhaftet. Es war damals ein gravierender Fortschritt, wenn sich die Gemeinden ihren Pastor selber wählen, aber auch absetzen konnten (Luther, *Dass eine christliche Versammlung oder Gemeine Recht und Macht habe, alle Lehre zu urteilen und Lehrer zu berufen, ein- und abzusetzen*, 1523), womit aber auch gleichzeitig ein dezidiertes Amtsverständnis deutlich wurde. Obwohl alle durch die Taufe Priester waren, konnte nicht jeder Pastor, also Amtsinhaber, sein (Luther, *De captivitate babylonica ecclesiae*, 1520). Dies wurde vielmehr durch Delegation, Berufung und dgl. geregelt und später kirchenrechtlich in Kirchenordnungen sanktioniert. Trotzdem bleibt auch heute noch die Spannung, wenn bei einer O., vom Bischof angesetzt und an mehreren vollzogen, die mündige Gemeinde weder gefragt wird noch aktiv mitwirkt, zwar im Gottesdienst singt und betet, aber eben zumeist nur zuhört. Immerhin gibt es nach luth. Verständnis – die reformierte Kirche kennt mehrere Ämter, die katholische eine Hierarchie – nur ein Amt, das unteilbar ist. So sind denn die Bischöfe auch nur »Pastoren, denen der leitende geistliche Dienst übertragen ist« (Verfassung der Nordelbischen Kirche, Art.88).

Das Amtsverständnis der kath. Kirche und damit verbunden das des Weihesakraments ist weit komplizierter. Dabei spielt nach wie vor das Prinzip der apostolischen Sukzession (Nachfolge) eine Rolle, d.h. die lückenlose personelle Rückführung der Bischöfe auf die Apostel. Der Gedanke begegnet bereits Anfang des 2. Jh. bei Clemens v. Rom und findet sich nach Zwischenstufen in ausgeprägter Form bei Cyprian v. Karthago (200/210–258), der die Apostel unmittelbar von Christus eingesetzt sein lässt, die dann wiederum die → Bischöfe geweiht hätten. Der zuvor noch weit verbreitete Gedanke einer kontinuierlichen Lehre ist jetzt der Vorstellung von der Sukzession der Personen, der Weihe und der Vollmacht gewichen. Auch wenn es retardierende Momente und rigorose Einsprüche gegen ein derartiges Verständnis gab, wie am Beispiel Tertullians deutlich wird, der Mt 18,20 dahingehend paraphrasiert hatte, dass es sich bei den zwei oder drei im Namen Christi Versammelten auch um →Laien handeln könnte (*De fuga in persec.*14,1). Legitimiert wurde die Tradition durch den sog. Schriftbeweis (Joh 20,22f.: »Nehmt hin den Heiligen Geist. Welchen ihr die Sünden erlasst, denen sind sie erlassen; und welchen ihr sie behaltet, denen sind sie behalten«; Lk 10,16: »Wer euch hört, der hört mich«). Als klassischer Beleg für den Primat des Petrus und damit des Papsttums diente das Wort vom Felsen Mt 16.17ff., dgl. Joh 21,15–19 und Lk 5,1–11. Dies lange Zeit, ohne dass man historisch-kritische Erkenntnisse gehabt hätte, wonach es sich um nachösterliche Formulierungen handelt. Unzweifelhaft bleibt jedoch, dass Jesus zur Nachfolge aufrief und einen Jüngerkreis um sich scharte. Ohne dies wären Entstehen und Entwicklung der Kirche nach seinem Tode kaum verständlich.

Die Bestimmungen des Kanonischen Rechts, wonach derjenige, der die Priesterweihe begehrt, aus freiem Entschluss handelt, getauft, gefirmt und sittlich unbescholten sein muss, dazu männlichen Geschlechts, und bereit, im → Zölibat zu leben, gelten nach der erneuerten Fassung (1983) unvermindert. Wobei als Fortschritt gewertet werden darf, dass Vorstufen der Weihe, sog. niedere Weihen, und Weihehindernisse, wie körperliche Behinderung und uneheliche Geburt, hinfällig geworden sind. Nach katholischem Kirchenrecht werden Bischöfe, Priester und Diakone geweiht, wobei die hierarchische Stellung der letzteren unklar bleibt. Auch wird das Weihesakrament unterschiedlich gewertet, wenn dem Bischof die »Fülle« desselben zukommt. Diakone können jetzt auch »verheiratete Männer reiferen Alters« werden. Jüngere müssen sich allerdings dem Zölibat unterwerfen. Ein Umstand, der u.a. wie bei den Priestern zu Nachwuchsproblemen geführt hat und deswegen in der kath. Kirche z.T. heftig umstritten ist, ebenso wie die geforderte Zulassung der Frau zum Priesteramt. Mit der berufsspezifischen Stellung des Priesters bzw. der Pastorin, des Pastors in den reformatorischen Kirchen befasst sich die sog. Pastoraltheologie, in der es u.a. um Fragen des Lebenswandels sowie der Repräsentation des Pfarrhauses in der Gesellschaft geht.

In den ökumenischen Gesprächen über Amt und O. spielt u.a. der Umstand eine Rolle, dass beide großen Kirchen eine einmal erfolgte O. nicht wiederholen. Als äußerst problematisch erweist sich in diesem Zusammenhang allerdings eine Verständigung über das päpstliche Amt, das sich nicht in sakramentale Kategorien einordnen lässt und somit ein Amt *sui generis* ist. [GB]

Orthodoxie   [griech. »Rechtgläubigkeit«] Die Bezeichnung »orthodox« im Sinne von »rechtgläubig« reklamieren unterschiedliche religiöse Strömungen für sich, so kann mit Recht beispielsweise von einem orthodoxen Judentum, Luthertum oder Islam gesprochen werden. Gemeint ist damit die prinzipielle Übereinstimmung von Lehre und → Bekenntnis, das Gegenteil von »orthodox« wird dann als »häretisch« (ketzerisch) gekennzeichnet. Davon unabhängig gilt »die Orthodoxie« als Bezeichnung für jene Kirche, die von Seiten der katholischen und evangelischen Konfessionen als eine der drei großen Konfessionen verstanden wird. Diese Erklärung ist jedoch nicht unproblematisch, da die Vertreter der O. sich selbst gerade nicht als Konfession innerhalb des gespaltenen Christentums verstehen, sondern als die »eine, heilige, katholische und apostolische Kirche«, die als »die unteilbare Kirche Christi« der Spaltung in Konfessionen vorangeht (G. Mantzaridis). Dieser Anspruch, die Kirche als unteilbaren Leib Christi in der Weise zu repräsentieren, wie sie sich in der apostolischen Überlieferung vor den Spaltungen präsentiert hat, wird auf die Tatsache zurückgeführt, dass sich in der O. die Kirchen zusammengeschlossen haben, die direkt aus der byzantinischen Reichskirche hervorgegangen sind. Ihre ursprüngliche Bezeichnung lautet: »Rechtgläubige (orthodoxe), katholische (allumfassende) und apostolische Kirche des Ostens« (in Abgrenzung zum römischen Westreich). Zwei große Schismen sind für die Trennung zwischen Ost- und Westkirche verantwortlich: das erste im Jahre 867 (Papst Nikolaus I. und Patriarch Photios der Gr. aufgrund der Einmischung Roms in die Verwaltung der Kirche von Bulgarien), das zweite im Jahre 1054 (Papst Leo IX. und Patriarch von Konstantinopel Michael Kerularios). Hier wirkten die alten Konflikte zwischen den theologischen Schulen von Antiochia und Alexandria (→ Alte Kirche) nach und führten schließlich zur bis heute anhaltenden Trennung zwischen orthodoxer und katholischer Kirche. Erst nach diesem »großen Schisma« wurde in der Ostkirche die Bezeichnung orthodox dem »katholisch« vorangesetzt, während Rom lediglich den Ausdruck katholisch behielt.

In der Struktur unterscheidet sich die O. von den anderen Konfessionen, sie folgt dem Prinzip der Synodalität (→ Synode), d.h. jede Teileinheit repräsentiert stets den »Gesamtleib« der Kirche, die Bistümer sind Kirche im vollen Sinne und werden autonom verwaltet. → Kirche wird folglich als die um den Bischof versammelte und die Eucharistie feiernde Gemeinde verstanden. Weitere Titel wie Erzbischof, Metropolit, Patriarch oder Papst (der Erzbischof von Alexandrien ist »Patriarch und Papst« zugleich) werden als Ehrenbezeugungen, nicht jedoch als Rangstufen verstanden. Die theologische Vollmacht bleibt bei den Bischöfen, repräsentiert wird die Kirche durch Synoden, Landeskonzile und in der Gesamtheit der O. durch das Ökumenische Konzil als höchstes Gremium. Dem Prinzip der Synodalität entspricht das Prinzip der »Autokephalie«, das die juristische Eigenständigkeit der Kirchen (uneingeschränkte Wahl des Oberhauptes, Eigenverantwortlichkeit in Lehre und Kirchenordnung, autonom gestaltete Beziehungen zu anderen Kirchen) garantiert.

Das griech. Wort *doxa*, das dem Begriff der O. zugrunde liegt, hat eine doppelte Bedeutung, die für das Verständnis der O. nicht unwichtig ist: Es meint nicht nur die Lehre, sondern auch den Lobpreis. Dementsprechend ist O. als ein aus dem Kult erwachsenes kirchliches Leben zu verstehen, das dem Lobpreis oberste Priorität einräumt und damit dem Leitsatz des bedeutendsten orthodoxen Mystikers folgt: »Es gibt kein anderes Mittel, Gott zu erkennen, als in ihm zu leben« (*Symeon der neue Theologe*, um 949–1022).

Die Kirche gilt als Ort der Begegnung von Himmlischem und Irdischem, der durch den »Ikonostas« (Bilderwand) abgetrennte Altarraum repräsentiert dabei die Gegenwart des Göttlichen und ist deshalb auch für Laien nicht zugänglich. Dennoch hat der Ikonostas eigentlich weniger eine trennende als vielmehr eine verbindende Funktion: Der Mensch befindet sich im Gottesdienst direkt im Angesicht Gottes, diese Begegnung mit dem Heiligen erfährt er auf eine die Sinne im besonderen Maße ansprechende Weise: Weihrauch (Symbol für das Gebet, das zum Himmel steigt), Licht von Kerzen (Symbol des Lebens) bzw. Öllampen (ewiges Leben), der Bilderreichtum des Kirchenraums (Abbild des Himmels), die Ikonen (Verehrung – nicht Anbetung! – als »heilige Sache«), der einstimmige, stets ohne Instrumentalbegleitung dargebotene Wechselgesang (hymnischer Vollzug des Lobpreises), die Bewegung im »großen Einzug« (Symbol für die Ankunft des Gekreuzigten), der Geschmack des Brotes (als Teilhabe am Leib Christi), das Kreuzeszeichen (»kleines Glaubensbekenntnis«). Alle diese Elemente tragen dazu bei, dass der im Stehen bzw. Gehen erlebte Gottesdienst tatsächlich als Teilhabe am

Heilswirken Gottes empfunden wird. Obwohl auch die Predigt obligatorischer Bestandteil des Gottesdienstes ist, wird diese weniger als eine unterweisende Veranstaltung, sondern vielmehr als ein Lebensvollzug aus der Liturgie heraus verstanden. Vorherrschend ist dabei die »Chrysostomos-Liturgie« (»Die göttliche Liturgie unseres heiligen Vaters Johannes Chrysostomos«), die als Vollzug eines Mysterions verstanden wird, das den Lobpreis Gottes und die Eucharistie beinhaltet. Daneben wird an bestimmten Tagen im Kirchenjahr die »Basilius-Liturgie« gefeiert.

Nicht wegzudenken ist aus der O. das → Mönchtum. Die in einzelnen, selbständigen Klöstern (keine Ordenszugehörigkeit) lebenden Mönche und Nonnen gelten in ihrem asketischen Lebensstil als Vorbild des gelebten Christentums; darüber hinaus sind die Klöster populäre Wallfahrtsstätten, die insbesondere für die Volksfrömmigkeit ein Fundament bieten. Auch die Dienste der Mönche und Nonnen werden von der Bevölkerung etwa im Bereich der Seelsorge intensiv genutzt. Eine Ausnahme bildet darin die »Mönchsrepublik« auf dem Berg Athos, die inmitten des griechischen Territoriums ein autonomes, unter der Verwaltung des Ökumenischen Patriarchen von Konstantinopel stehendes Gebiet darstellt, in dem zur Zeit ungefähr 1300 Mönche leben. Zu dieser »Mönchsrepublik« haben Frauen keinen Zutritt, männliche Pilger werden kontingentiert, um dem Strom des religiösen Tourismus Einhalt gebieten zu können. [MV]

Ostern   Der christliche Kalender ist sukzessiv entstanden. Als man Mitte des 2. nachristlichen Jh. zwischen der West- und Ostkirche um den Ostertermin stritt, gab es weder → Advent noch → Weihnachten, weder → Himmelfahrt noch → Pfingsten, noch den Karfreitag. In Rom hatte man der → Auferstehung Jesu von den Toten ursprünglich an jedem Sonntag – dem Tag nach Sabbat – gedacht. Erst allmählich wurde daraus ein Jahresfest, das am 1. Sonntag nach dem 14. Nisan gefeiert wurde. Der Frühlingsmonat Nisan begann nach dem jüdischen Kalender mit dem ersten Neumondtag nach der Tag- und Nachtgleiche. In der Vollmondnacht vom 14. auf den 15. Nisan begann das Passafest. Auf dem Konzil von Nicäa (325) wurde der Ostertermin verbindlich auf den ersten Sonntag nach dem ersten Vollmond gelegt. Damit war die Distanz zum jüd. Passa gewahrt, obwohl sich in den verschiedenen Sprachen (z.B. ital. *Pasqua*, span. *Pascua*, frz. *Pâques*, nl. *Pasen*, dän. *Paaske*, nor. *Paskit*, russ. *Pascha*) noch eine zeitliche und inhaltliche Nähe zum jüd. Kalender andeutet.

Dem historischen Empfinden zuwiderlaufend ist der bewegliche Termin des Osterfestes – zwischen dem 22. März und dem 25. April –, womit sich der Todestag Jesu vom Geburtstag, der dem Sonnenjahr folgt, unterscheidet. Im gesellschaftlichen Bewusstsein dominiert heute ein vordergründiges Verständnis, das von Osterhasen, Ostereiern, Osterferien, Ostermärschen,

Osterfeuern, Frühlingserwachen etc. bestimmt ist. Ein Großteil dieses Brauchtums kann man zumindest in seinen Anfängen als den Versuch begreifen, mit der schwierigen Osterbotschaft fertig zu werden, denn die Auferstehung Jesu von den Toten ist ein interpretationsbedürftiger Terminus. Weder lässt sich durch die Geschichte vom leeren Grab ein solches Geschehen beweisen – Scheintod, Umbettung, Raub, Irrtum der Frauen in der Grabfindung sind mögliche Erklärungen –, noch durch die anschließenden Visionen der Jünger. So kann man z.B. bereits die luk. Erzählung (Lk 24,13ff.) von den Emmausjüngern als den Versuch begreifen, die nach der Gegenwart Christi fragende Gemeinde auf die Elemente des → Gottesdienstes zu verweisen: Er ist präsent in Schriftauslegung, → Gebet und → Abendmahl.

Den eher verhaltenen Erzählungen der Evangelisten steht u.a. ein minutiöser Bericht aus dem apokryphen Petrus-Ev. (2. Jh.) gegenüber, von dem man annehmen kann, dass er sowohl auf innerkirchliche Kritik als auch auf solche von außen eingeht. Mit dem Ergebnis, dass die Geschichte von der Auferstehung umso unglaubwürdiger wurde. Für Paulus steht und fällt der Glaube mit Jesu Auferstehung (1Kor 15). Ohne sie nennt er die Predigt »vergeblich«, den Glauben »nichtig« und die Christen die »elendsten unter allen Menschen«. Das Bekenntnis »auferstanden von den Toten«, womit immer die Auferweckung durch Gott gemeint ist, bildet die christliche Kernaussage schlechthin, an der sich die Geister aller Zeiten scheiden. Sie ist eine Chiffre der Hoffnung, dass der Tod nicht das letzte Wort hat.

Ein Zugang zum Ostergeheimnis kann sich über dessen Wirkungsgeschichte eröffnen, insofern, als das Brauchtum Ostern für wahr erklärt. Die Frage nach der Herkunft des Ostereis lässt sich ziemlich schlüssig beantworten. Die kirchlich verordnete 40tägige vorösterliche Fastenzeit bezog sich eben auch auf den Verzehr von Eiern, so dass sie gelagert werden mussten. Somit gab es zu Ostern ein Überangebot an Eiern, die dann u.a. verschenkt wurden. Entscheidend aber war die Eierweihe, die im Kanon der Ostermesse vollzogen wurde (*Benedictio ovorum*). Die Eier wurden nun eingefärbt und bemalt. Aus gewöhnlichen Eiern waren Ostereier geworden.

Schwieriger lässt sich die Genese des Osterhasen verfolgen und noch schwieriger seine Verbindung zum Osterei. In dieser offenkundigen Widersinnigkeit eines Eier legenden Hasen, die ähnlich strukturiert ist wie die Rede vom kinderbringenden Storch, könnte jedoch der Schlüssel zum Verständnis liegen. Auffällig ist nämlich, dass der Brauch (wahrscheinlich schon seit dem 17. Jh.) zuerst in den Städten heimisch wurde und nicht auf dem Lande, wo die kleinen Kinder wussten, wer die Eier legt. Bemerkenswert ist weiter, dass es sich um protestantische Gebiete handelte, in denen eine aufklärerische Theologie herrschte, eine Theologie, die seit der Reformation Kritik an den überkommenen Osterbräuchen geübt hatte. So wurde etwa das kath. Fasten als Werk eingestuft, mit dem man fälschlicherweise glaubte, das Heil erzwingen zu können. Um diesen Brauch vollends zu diskreditieren, könnte in der protestantischen Polemik besonders auf die Unsinnigkeit – eben Hase und Ei – abgehoben worden sein. Allerdings hätte man sich dann in der Wirkung getäuscht. Der Eier bringende Osterhase trat seinen Siegeszug durch ganz Deutschland an, mit dem Ergebnis, dass der letzte Bezug zur Kirche getilgt wurde. [GB]

Pantheismus [griech.-nlat.: *pan / theismus* »Alles-ist-Gott-Lehre«] Ein relativ später Kunstbegriff, der in der Aufklärung auftaucht und die Gleichsetzung von Gott und Welt in dem Sinne bezeichnet, dass Gott mit dem Ganzen der Wirklichkeit identisch ist. Die Wurzeln des P. liegen allerdings schon in der Antike, denn er basiert auf dem insbesondere durch den Neuplatonismus favorisierten Konzept, die Welt als göttliche Selbstentäußerung zu begreifen. Pantheistische Elemente finden sich daher sowohl in der Antike wie in der Philosophie der Renaissance. Daran anknüpfend formuliert Spinoza die neuzeitliche Grundlegung des P.: Gott ist die unendliche Substanz, die als *natura naturans* in Natur und Welt als *natura naturata* wirkt. Die Vorstellung eines personalen Gottes, der in die Geschicke der Welt eingreifen könnte, ist damit aufgegeben. Damit zieht der P., der über lange Zeit auch als Spinozismus bezeichnet werden kann, die Kritik der Theologie auf sich und wird häufig wegen der Bestreitung eines persönlichen Gottesbegriffs mit dem Atheismus gleichgesetzt und häretisiert. Gleichwohl erreicht er in der Epoche der Klassik seinen höchsten Wirkungskreis: Von Theologen wie Schleiermacher über die Philosophen des deutschen Idealismus wie Hegel und Schelling bis hin zu Goethe findet der P. spinozistischer Prägung große Sympathie. Hegel transformiert ihn zu einem »Panentheismus«, indem er der spinozistischen Vorstellung von Gott als Substanz die Bestimmung der Subjektivität und des Geistes hinzufügt. Gott entäußert sich in die Natur und in die Geschichte, ohne darin ganz aufzugehen, weil er im Denken seiner selbst bei sich selbst bleibt.

Mit dem Zusammenbruch des Hegel'schen Systems verliert auch der P. als geschlossenes System an Erklärungskraft. Gleichwohl bleiben einzelne Elemente populär. Seine ihm innewohnende Naturmystik mit der Betonung der Einheit von Geist und Materie macht ihn zu einem Gegenspieler der nüchternen naturwissenschaftlichen Naturbetrachtung. Für die Theologie gewinnt im Anschluss an die historischen Wissenschaften im 19. Jh. die Selbstentäußerung Gottes in den Prozess der Geschichte besondere Bedeutung. Zu einer radikalen Verurteilung des P. und seiner theologischen Elemente kommt es durch die Dialektische Theologie. Sowohl Barth als auch Bultmann betonen die absolute Andersheit Gottes im Gegenüber zur Welt. Doch zeigt die Wiederbelebung pantheistischer Gedankenfiguren in der amerikanischen Prozesstheologie oder in der Natur- und Geschichtstheologie Tillichs und Pannenbergs, dass der P. mit seiner Grundidee einer göttlichen Selbstentäußerung in das Ganze der Wirklichkeit bleibende Anfragen an die Theologie richtet. [JL]

Paradies [hebr. *pardes*, griech. *paradeisos*, von altiranisch *pairidaeza* »Umfriedung«] Das Wort P. kommt im AT nur in den nachexilischen Texten Hhld 4,13; Pred 2,5; Neh 2,8 als Bezeichnung für einen Park vor. Solche Gärten konnte sich nur die Oberschicht, meist sogar nur das Königshaus leisten. In ihnen wurden Bäume und Pflanzen allein zur Zierde und nicht zum Zwecke der Ernte gezogen; der Garten war ein Ort der Vitalität, Regeneration und unbeschwerter Lebensfreude schlechthin. Teilweise hielt man in den Gärten sogar wilde Tiere wie etwa Löwen; in Assyrien hatte der König einmal im Jahr in einem Schaukampf gegen diese Tiere zu kämpfen, um sich als Bezwinger der gefährlichen Wesen und damit gleichzeitig auch als Überwinder jeglichen Chaos feiern zu lassen.

In der hebräischen Urgeschichte fehlt der Begriff P. Erst die griechische Übersetzung (Septuaginta/LXX) verwendete ihn als Begriff für den urzeitlichen Gottesgarten (Gen 2,8 u.ö.); im NT, das bei der Wiedergabe des AT auf der LXX fußt, wurde dann P. verwendet für einen jenseitigen und überirdischen, von Heil geprägten Aufenthaltsort der Verstorbenen in dem Zwischenstadium zwischen Tod und Auferstehung (Lk 23,43). Die ntl. Verwendung entspricht dem Gebrauch des zeitgenössischen Judentums, für das das P. ein im → Himmel befindlicher Heilsort der Verstorbenen war.

Für die christliche Interpretation der Paradiesgeschichte war vor allem Gen 3,15 (»Protevangelium«) bedeutsam. Den Satz »Er [der Mensch] wird dir den Kopf zermalmen« verstand man als erste Weissagung des Sieges Christi über den von der Schlange symbolisierten Satan. Die römisch-katholische Lehre sah darauf aufbauend nicht nur in Christus den neuen Adam, sondern in Maria auch die neue Eva. Vom hebräischen Wortsinn von Gen 3,15 her sind beide Interpretationen jedoch nicht zu halten: Vielmehr wird hier die für den Menschen lebensbedrohliche Feindschaft mit der Schlange ausgedrückt. In der christlichen Ikonographie wurde das Motiv des Paradiesbaums ebenfalls aufgegriffen. Das Heil bringende Kreuz Christi soll der Tradition nach aus dem Paradiesbaum hergestellt worden sein, darum zeigen viele mittelalterliche Kreuzdarstellungen seitliche Triebe, die an den Paradiesbaum erinnern sollen. [WZ]

Paraklet   → Geist (Heiliger Geist)

Parusie   → Epiphanie

Passion   [lat. »Das Leiden«] Ein ausführlicher Bericht über die letzten Tage Jesu, zumeist Passionsgeschichte oder Passionsbericht genannt, ist ein zentraler Bestandteil aller kanonischen Evangelien. Seine Grundstruktur ist stets die Gleiche: Unter dem Jubel der Menge zieht Jesus in Jerusalem ein, seine Widersacher, allen voran die Hohepriester, beschließen seinen Tod; nach einem Abschiedsmahl lassen sie ihn des Nachts verhaften und verhören ihn; vor Pilatus setzen sie ihren Willen durch; Jesus wird gegeißelt, stirbt am

Kreuz und wird von Joseph v. Arimathäa bestattet. Am Sonntagmorgen findet Maria Magdalena das Grab leer vor. Der eigentümliche Charakter dieses konsistenten Berichtes und die in ihrer Dichte analogielose Übereinstimmung der Synoptiker mit dem Joh wirft die Frage nach der Entstehung der Passionsgeschichte auf. Eine Mehrheit der neutestamentlichen Forschung rechnet damit, dass eine alte Passionsgeschichte schon Mk in wesentlichen Teilen als Quelle vorlag. Zahlreiche Versuche sind unternommen worden, die Gestalt dieser Quelle, die von größter theologischer und historischer Bedeutung wäre, näher zu bestimmen. Ein allgemein akzeptiertes Ergebnis ist bis dato nicht erzielt worden.

Als gravierendes methodisches Problem erweist sich dabei die Frage des Verhältnisses der Synoptiker zu Joh (→ Evangelien). Verarbeitet Joh einen oder mehrere der Synoptiker, oder schreibt er sein Evangelium ohne Kenntnis ihrer Texte? Auch das Verhältnis der luk Passionsgeschichte zu Mk ist strittig. Hat Lk neben der Passionsgeschichte von Mk eine Sonderquelle zur Verfügung gehabt? Oder redigiert er Mk in Lk 22f. lediglich besonders intensiv?

Die unterschiedliche Beurteilung der quellenkritischen Fragen hat Konsequenzen für die historische Frage. Einigkeit besteht darüber, dass → Jesus um das Jahr 30 in Jerusalem auf Anordnung des römischen Präfekten Pontius Pilatus gekreuzigt wurde, wohl an einem Freitag in der Nähe eines Passafestes. Alles Übrige ist strittig, insbesondere der Grund der Verhaftung und des Todesurteils (Welche Rolle spielt die »Tempelreinigung«, Mk 11,15ff.? Ist der für die Passionsgeschichte typische Kreuzestitel »König der Juden« historisch? Hat Jesus sich zum königlichen Messias erklärt?) und der Grad der Beteiligung jüdischer Autoritäten (Gab es einen »Prozess« vor dem Synhedrium? Wie glaubwürdig ist die für die Dramaturgie der P. zentrale Barabbas-Szene?).

In ihrer jetzigen Gestalt unterscheiden sich die kanonischen Passionsgeschichten beträchtlich, besonders Lk und Joh haben die alte Überlieferung z.T. stark umgebildet. Gemeinsam ist allen Passionsgeschichten das Verständnis Jesu als messianischer »König der Juden«, das in eigentümlicher Weise kombiniert wird mit der Deutung seines Schicksals im Licht der atl. Tradition vom leidenden Gerechten.

Durch ihre prominente Stellung in allen kanonischen Evangelien ist die Passionsgeschichte zu einer Art Grundgeschichte des Christentums geworden. Entsprechend groß ist ihre Wirkung, nicht zuletzt auf die Volksfrömmigkeit. Für die christl. Kunst bietet die Passionsgeschichte einen reichen Fundus für Gemälde und Architektur, die Passionsspiele führen sie als Theaterstück auf, die musikalischen »Passionen« als Oratorien (z.B. J.S. Bach).

Die Kehrseite der Wirkungsgeschichte der P. ist die Förderung eines spezifisch christl. Antijudaismus (→ Antisemitismus). Die Figur des geldgierigen (Mt 26,15) »Verräters« (Lk 6,16) Judas Iskariot erregte Abscheu und konnte zum Prototypen *des Juden* schlechthin stilisiert werden. Vor allem aber erwies sich die historisch unrichtige Beantwortung der Schuldfrage (→ Kreuz) als folgenreich: Alle Passionsgeschichten sind sich darin einig, dass Pilatus Jesus für unschuldig gehalten hat und dass es die Hohepriester waren, die seinen Tod gewollt und durchgesetzt haben. Juden tragen die Schuld am Tod Jesu. Ausdrücklich nimmt »das ganze Volk« nach Mt 27,25 die Blutschuld auf sich und seine Kinder. Die Folgen dieser verhängnisvollen Sicht sind bis heute in Kirche und Gesellschaft sichtbar. Ihre Korrektur ist eine wichtige Aufgabe für die Zukunft, sowohl in der wissenschaftlichen Theologie als auch in der kirchlichen und schulischen Praxis. [WR]

Pastor   → Pfarrer

Patristik   → Alte Kirche

Paulus   P., geboren kurz nach der Zeitenwende in Tarsus in Kilikien, aufgewachsen in Jerusalem, römischer Bürger, eifriger, gesetzesstrenger Pharisäer und energischer Gegner der ältesten christgläubigen Gemeinschaften, kam durch eine Vision bei Damaskus zu der Überzeugung, dass Gott ihn dazu ausersehen habe, Jesus, den Sohn Gottes als Apostel der Heiden unter den nichtjüdischen Völkern zu verkünden.

Über die Frühzeit des christgläubigen Apostels ist wenig bekannt. P. verbrachte einige Zeit in Arabien und Damaskus (Gal 1,17), ging drei Jahre nach seiner Lebenswende nach Jerusalem, um Petrus kennen zu lernen (1,18ff.), wandte sich nach Syrien und Kilikien (1,21) und kam schließlich nach Antiochia in Syrien (Apg 11,26). Von dort aus unternahm er gemeinsam mit dem Apostel (?) Joseph Barnabas eine erste uns bekannte Missionsreise durch Zypern und das südliche Kleinasien. Zurück in Antiochia kam es zum Streit um die theologisch fundamentale Frage, ob man Nichtjuden, die zum Glauben gekommen waren, ohne vorherige Beschneidung, d.h. Eingliederung in das Volk Israel, taufen durfte, wie es Praxis des P. und Barnabas war. Man beschloss, die Sache mit den »Säulen« der Jerusalemer Gemeinde zu beraten. Deren Entscheidung fiel für P. und Barnabas aus (Gal 2,1–10, vgl. Apg 15).

Damit waren die Probleme indes nicht vom Tisch. Konnte z.B. ein christgläubiger Jude ohne weiteres mit den christgläubigen Heiden, die sich nicht an die einschlägigen Gebote der Schrift hielten, das Herrenmahl feiern? In Antiochia verständigte man sich, vermutlich einem Vorschlag des Jakobus, des Bruders Jesu, folgend, auf einen Kompromiss: die Heiden sollten zwar nicht das ganze Gesetz, aber doch einige wenige Grundregeln befolgen (das sog. »Aposteldekret«, Apg 15,20). Der Vorschlag überzeugte die meisten, selbst Barnabas, allein P. stellte sich ihm energisch entgegen. Denn ebenso wie bei der Forderung der Beschneidung der christgläubigen Heiden schien ihm hier das Fundament des Christglaubens zerstört zu werden: »der Mensch wird nicht gerecht aus den Gesetzeswerken, sondern nur durch den Glauben an Jesus Christus« (Gal 2,16). Das hieß für P.: Der Mensch wird von Gott im Gericht nicht für gerecht angesehen werden, weil er den Geboten folgt – so wichtig diese Frage im Gericht sein wird –, sondern weil Gott ihm den Glauben zur Gerechtigkeit anrechnen wird, so wie es schon bei Abraham der Fall war. Durch den Glauben – konkret: die Taufe – wird der Mensch ein vollwertiger Christenmensch, gleichgültig wer er/sie vorher war. In Christus sind die für die Welt typischen sozialen Unterschiede gegenstandslos geworden: »Da ist nicht mehr Jude noch Grieche, nicht mehr Sklave noch Freier, nicht mehr Mann und Frau; denn ihr alle seid eins in Christus Jesus« (Gal 3,28). »Weder Beschneidung ist etwas noch Unbeschnittenheit, sondern es ist neue Schöpfung« (6,15).

So kam es zum Zerwürfnis. P. verließ Antiochia in Richtung Griechenland und gründete neue Gemeinden, u.a. in Galatien, Philippi, Thessaloniki und Korinth. Als Zeichen der bleibenden Verbundenheit dieser Gemeinden mit Jerusalem ließ er eine Kollekte für die Armen in Jerusalem sammeln, die er persönlich überbrachte. Dabei wurde er aus nicht ganz durchsichtigen Gründen verhaftet, für lange Zeit inhaftiert, schließlich nach Rom überstellt und um das Jahr 60 hingerichtet. Sieben echte Briefe des Apostels sind uns überliefert: 1 Thess, 1/2 Kor, Gal, Röm, Phil, Phlm (wahrscheinlich in dieser Reihenfolge, Alternative: Röm ist der jüngste Brief).

Für die Theologie des P. ist der Streit um Beschneidung und Gesetz, d.i. um die Bedingungen der → *Rechtfertigung*, der Gerechtigkeit des Menschen vor Gott, prägend geworden. Er dominiert den ganzen Gal, weite Strecken des Röm und Phil 3. Ein zweites, nicht so prominentes, weil nie strittiges, aber ebenso wichtiges Zentrum der Theologie des P. ist seine Rede vom »In-Christus-Sein«. Die Christgläubigen nehmen auf geheimnisvolle Weise teil am Schicksal Jesu; sie partizipieren an seinem Tod und seiner Auferstehung (vgl. Röm 6,4: »Begraben wurden wir mit ihm durch die Taufe in den Tod, damit, so wie Christus von den Toten erweckt wurde durch die Herrlichkeit des Vaters, so auch wir in einem neuen Leben wandeln sollen«). Sie befinden sich in einer mächtigen Sphäre, die sie verwandelt, ihnen eine neue Identität gibt, sie zur »neuen Schöpfung« macht (Gal 2,20; 6,15). Dem gilt es im täglichen Leben zu entsprechen: »Wenn wir im Geist leben, wollen wir auch im Geist wandeln« (Gal 5,25).

Für die protestantische Theologie ist P. seit Luthers Wiederentdeckung der Tragweite des Satzes von der Rechtfertigung aus Glauben allein (*sola fide*) zum Zentrum des NT geworden. Gegenwärtig wird Luthers Paulusinterpretation z.T. stark kritisiert, vor allem in der angelsächsischen Diskussion. Diese Kritik ist insbesondere da berechtigt, wo sie auf antijüdische Elemente hinweist, sie schießt aber über das Ziel hinaus, wo sie behauptet, Luther habe P. grundsätzlich missverstanden. [WR]

Pentateuch   Die fünf Bücher Mose (Pentateuch) enthalten die beiden Schöpfungsgeschichten (Gen 1,1–2,4a und Gen 2,4b–3,24), die Sintflutgeschichte, die Erzelterngeschichten, den Aufenthalt Israels in Ägypten, den Auszug von dort und die Wüstenwanderung, die Gesetzgebung am Sinai und den Weg durchs Ostjordanland bis an die Grenzen des Gelobten Landes. Es gehört zu den ältesten Erkenntnissen der historisch-kritischen Erforschung, dass die fünf Bücher nicht in einem einheitlichen Vorgang der Verschriftlichung niedergeschrieben wurden, sondern aus mehreren Quellen und unterschiedlichen Redaktionsprozessen bestehen (→ Bibelwissenschaft). Im Laufe der Forschungsgeschichte wurden vielfältige Modelle der Pentateuchentstehung vorgestellt; derzeit ist die Forschung wieder von vielen neuen und anregenden Entwürfen aus diesem Bereich geprägt. Einigkeit besteht im Wesentlichen über zwei Bereiche.

Zum einen wurde im Rahmen der Josianischen Reform 622 v.Chr. (vgl. 2 Kön 22f.) ein Gesetzeswerk dem König Josia überreicht, das nicht – wie behauptet wird – schon über eine lange Tradition verfügte und nur vergessen wurde, sondern das speziell für diesen Anlass verfasst wurde. Dieses Gesetzeswerk stellt den Grundstock des Buches Deuteronomium (5. Buch Mose) dar. Im Verlauf der weiteren Arbeit am P. wurde dieses Werk dann redaktionell überarbeitet und mit einem erzählenden Rahmen versehen.

Zum zweiten ist man sich darin einig, dass ein durchgehendes Erzählwerk (die sog. Priesterschrift) gegen Ende des babylonischen Exils (538 v.Chr.) verfasst und anschließend noch mehrfach durch redaktionelle Ergänzungen erweitert wurde. Die Priesterschrift legt in dem rechtlichen Teil großen Wert auf kultische Dinge und will die Kultpraxis am nachexilischen Tempel vorbereiten bzw. begleitet in ihren redaktionellen Ergänzungen die Entwicklung des nachexilischen Kults. Das Werk ist somit besonders wichtig für die Rekonstruktion der kultischen Praxis vom 6. bis zum 2. Jh. v.Chr.

Unumstritten ist auch, dass der Priesterschrift bereits ältere Texte und Überlieferungen vorlagen, die gleichfalls in den P. integriert wurden; deren genaue Abgrenzung und zeitliche Einordnung wird jedoch derzeit heftig diskutiert. Im rechtlichen Bereich ist hier das sog. Bundesbuch zu nennen (Ex 20,22–23,19), das in seiner heutigen Grundform wohl aus dem 8. Jh. v.Chr. stammt, teilweise aber noch ältere Traditionen enthält. Vorpriesterliches Gut stellt auch der zweite Schöpfungsbericht (Gen 2,4b–3,24) dar, allerdings wurde dieser Text möglicherweise mehrfach überarbeitet. In der Sintflutgeschichte lässt sich deutlich zwischen einer älteren und einer jüngeren (priesterschriftlichen) Fassung unterscheiden. Auch eine Grundform der Vätererzählungen, die vor allem das Miteinander der einzelnen Stämme bzw. die

Abgrenzung von anderen Stämmen und Volksgruppen in erzählender Weise behandelt, ist aus vorpriesterschriftlicher Zeit. Älteres Material findet sich auf jeden Fall auch wieder in den Erzählungen vom Aufenthalt Israels in Ägypten. Als Volksüberlieferung hatten diese Erzählungen den Sinn, moralische oder für den Sippenverband wichtige Einzelüberlieferungen zunächst in mündlicher, dann in schriftlicher Form zu bewahren (vgl. die Gestalt unserer Märchen, die gleichfalls eine Botschaft erzählerisch vermitteln). Wie alt die vorpriesterschriftlichen Überlieferungen sind, ist umstritten. Während man sie früher gerne ins 10. Jh. v.Chr. datierte, wurden in den letzten Jahren jüngere Datierungen vorgeschlagen, ohne dass ein Konsens bereits in Sicht ist.

Spätestens im 2. Jh. v.Chr. war die Redaktionstätigkeit am P. abgeschlossen, da in dieser Zeit die griechische Übersetzung des Textes (Septuaginta) angefertigt wurde. Die redaktionelle Bearbeitung des P. war Ausdruck des biblischen Schriftverständnisses. Ansichten früherer Perioden konnten durchaus revidiert werden und unterschiedliche Ansichten der jeweiligen Gegenwart ohne Schwierigkeiten Eingang in die biblische Literatur finden. Man verstand offenbar die biblischen Texte nicht als autoritative Vorgabe, sondern diskutierte über die richtige Interpretation des überlieferten Gutes; die Diskussionen fanden dann teilweise Eingang in die Redaktionsstufen des P. Die komplizierte Entwicklungsgeschichte des P. ist somit Ausdruck eines lebendigen Umgangs mit der Überlieferung und der Vielfalt religiöser Strömungen insbesondere in nachexilischer Zeit. [WZ]

Pfarrer/Pastor   [ahd. *pfarra* vom lat. *parochus* »Gastwirt«; lat. *pastor* »Hirte«]. Der in der katholischen Kirche vom Bischof berufene, in den evangelischen Kirchen gewählte oder vom Landeskirchenamt zugewiesene ordentliche Inhaber eines Pfarramtes (Pfarrei) mit dem Auftrag zur Verkündigung, Verwaltung der Sakramente, der Seelsorge, der diakonischen Arbeit und der Unterweisung im Unterricht wird als Pfarrer, in evangelischen Kirchen auch Pfarrerin bezeichnet. Daneben gilt in einzelnen evangelischen Landeskirchen die Bezeichnung des Pastors bzw. der Pastorin, der sich von Joh 10,11 »Ich bin der gute Hirte« ableitet und stärker auf die Identität des Seelsorgers zielt, während die Bezeichnung des Pf. sich auf das Amt des Stelleninhabers bezieht und die Verantwortlichkeit für die Pfarrei betont.

Der Beruf des Pf. bzw. des P. setzt heute eine zweistufige Ausbildung voraus, die sich aus dem akademischen Hochschulstudium und der praktischen Unterweisung am Priester- bzw. Predigerseminar zusammensetzt. Abgeschlossen wird die Ausbildungszeit durch die Priesterweihe (kath.) oder die Ordination (ev.). Pf. und P. gelten in der Regel als Kirchenbeamte, sie sind als Pfarrstelleninhaber an die Residenzpflicht gebunden und einem vorbildlichen Lebensstil verpflichtet (Pfarrhaus). Darüber hinaus hat sich in der letzten Zeit eine ganze Reihe von Sonderpfarrämtern entwickelt, die nicht unmittelbar an die Gemeindearbeit gebunden sind und durch Spezialaufträge besetzt werden (kirchliche Dienste in der Beratungs-, Jugend- und Bildungsarbeit, Diakoniepfarrer, Polizei- und Militärseelsorger, Rundfunkpfarrer etc.).

Infolge dieser Spezialisierung des Aufgabenbereichs, der nicht selten mit einer entsprechenden Zusatzausbildung verbunden ist, aber auch aufgrund des veränderten gesellschaftlichen Umfeldes, ist das Berufsbild des Pf. in der letzten Zeit ins Schwanken gekommen und muss derzeit neu bestimmt werden. So lässt sich eine veränderte Erwartungshaltung hinsichtlich der Kernaufgaben beobachten, die dem Pf. in der individualisierten und ausdifferenzierten Gesellschaft (→ Postmoderne) als einem »Sinnanbieter« unter anderen zugeordnet werden. Zum einen bleibt der Beruf des Pf. mit einem besonderen Image verbunden, der so etwas wie eine persönliche innere Berufung voraussetzt und deshalb eben nicht als ein Beruf wie jeder andere gelten kann. Dieser Anspruch macht sich vor allem darin bemerkbar, dass die Botschaft des Evangeliums und die Lebensführung des Pf. ein besonders hohes Maß an Übereinstimmung und Lebensnähe wahren sollen, um die Glaubwürdigkeit des Verkündeten zu gewährleisten. Gerade diese unmittelbare Zuordnung von Privatleben und beruflichen Anforderungen ist mit dafür verantwortlich, dass derzeit der Beruf des Pf. auch in evangelischen Bereichen eine eingeschränkte Attraktivität besitzt und die Kirchen sich zunehmend auf Nachwuchsmangel einstellen müssen, ganz zu schweigen von der Anforderung des → Zölibats, die in der katholischen Kirche das Berufsbild des Pf. nachhaltig prägt. Zum anderen aber wird von dem Amtsinhaber auch eine dem heutigen Berufsleben entsprechende Qualifikation erwartet, die am Standard säkularer Berufsbilder gemessen wird: der Pf. soll z.B. als Seelsorger psychologische Kenntnisse, als Lehrer eine pädagogische Ausbildung und als Gemeindeleiter Managementfähigkeiten besitzen, er soll als geschulter Krisenmanager in Bereichen der Notfallseelsorge auftreten, das Ideal der Nächstenliebe in Form gelebter Sozialarbeit abbilden und nicht zuletzt die Kirche vertreten, dabei aber mehr die persönliche Religiosität als die Institution verkörpern. Angesichts dieser Vielzahl an unterschiedlichen Profilelementen ist es schwer geworden, ein Proprium des Berufsbildes des Pf. in der gegenwärtigen Gesellschaft zu bestimmen. Als grundlegende Kriterien werden dabei die Qualifikationen des »Wahrnehmens«, des »Verstehens«, der Fähigkeit, »Verbundenheit zu zeigen« und »Frömmigkeit zu bilden«, benannt. [MV]

Pfingsten ist zunächst eine Zeitbestimmung. Es ist im Deutschen lautlich dem griech. »Pentekoste« nachempfunden, das wiederum in anderen Sprachen erhalten blieb (z.B. franz. *Pentecôte*, engl. *Pentecost*). 50 Tage nach Passa beging man in Israel das Frühjahrserntefest. Bei diesem ersten Erntedank im Jahr wurden u.a. zwei aus frischem Weizenmehl gebackene Brote im Tempel dargebracht (Dtn 16,9f.). Es ist nach Lk, Apg 2,11ff. zugleich der Tag, an dem viele Menschen in Jerusalem vom Hl. Geist ergriffen wurden, so dass man von Pfingsten als dem Geburtstag der Kirche sprechen kann. Als Lk zwei Generationen nach Christi Tod (um das Jahr 80) das Hl. Land bereiste, um die Anfänge der christlichen Religion zu erforschen, die sich inzwischen im ganzen Römischen Reich verbreitet hatte, vermochte er deren Entstehen allerdings nicht nach röm. Maßstäben zu beschreiben, geschweige denn zu erklären. Fielen doch die Requisiten des röm. Staatsapparates, eine bis ins einzelne gegliederte Verwaltung, ein lückenloses Verkehrs- und Nachrichtenwesen hierfür aus. Die Männer und Frauen der ersten Stunde waren für die Aufgaben eigentlich denkbar ungeeignet. Sie hatten weder ein Programm, noch waren sie geschulte Organisatoren, von ihrer Bildung ganz zu schweigen. So gerät der Bericht des Lk – singulär im NT – zu einer Wundererzählung. Der Ursprung der Kirche war nicht Menschenwerk, sondern geschah »vom Himmel« und ließ sich nur in Bildern ausdrücken. Feuer und Wind hatten für den antiken Menschen durchaus numinosen Charakter. Der gläubige Jude verband damit das Nahen bzw. die Gegenwart Gottes, so z.B. im brennenden Dornbusch (Ex 3,2), als Mose berufen wurde, in der Feuersäule (Ex 13,21), in der Gott dem Volke bei seinem Exodus voranzog, oder im gewaltigen Wind (1Kön 19,11), mit dem Gott sein Erscheinen dem Propheten Elia ankündigte.

Die symbolische Deutung eines Steppenbrandes, der sich, vom Sturm geschürt, kaum eindämmen lässt, korrespondiert sinnfällig dem modernen Verständnis: Geistige Bewegungen entstehen spontan wie der Wind, der weht, wann und wo er will. Sie sind nicht mehr aufzuhalten. Problematisch erscheint zunächst das von Lk referierte Sprach- bzw. Hörwunder. In welcher Sprache sollten die aus Galiläa stammenden Jünger geredet haben? Was wäre zum anderen in den Zuhörern vorgegangen, wenn sie plötzlich diese einfachen Menschen verstanden hätten? Die suggerierte Sprachenvielfalt reduziert sich bei näherem Betrachten auf das Griechische, Römische und Hebräische. Auffällig ist auch, dass in der genannten Namensliste Länder- und Volksbezeichnungen miteinander wechseln. Wichtige Namen wie die Syrer und Griechen fehlen überhaupt. Insofern ist fraglich, ob die Liste überhaupt von Lk stammt und welchen Zweck er mit deren Übernahme verband. Alle weiteren von Lk im Koine-Griechisch verfassten Reden der Apg. vernachlässigen zwar vordergründig die Frage des Dolmetschens bei sprachverschiedenen Rednern und Zuhörern, sie setzen aber eben das eingangs erwähnte Geheimnis des Verstehens im sog. Pfingstgeschehen voraus. Bei der heute gängigen Deutung, dass der christlichen Verkündigung keine National-, Kultur- und Sprachgrenzen gesetzt sind, sollte indes nicht vergessen werden, dass der Heilige Geist, von dem so affirmativ gesprochen wird, stets nur insofern präsent ist, als man um ihn bittet.

Gesellschaftlich bedeutsam ist das Fest heute weniger aufgrund seines christlich-kirchlichen Gehaltes, als vielmehr wegen einiger freier Ausflugstage in die grüne Natur. »Pfingsten, das liebliche Fest war gekommen, es grünten und blühten Feld und Wald ...« (Goethe, *Reineke Fuchs*). Eine kritische kirchliche Rückbesinnung hätte sich u.a. der Frage zu stellen, ob es sich noch lohnte, einen solchen Geburtstag zu feiern. Und wenn ja, in welcher Weise.

Auf die Gabe des Heiligen Geistes berufen sich auch die sog. Pfingstkirchen innerhalb der seit Ende des 19. Jh. in Europa und Amerika entstandenen Erweckungsbewegung, auch Pfingstbewegung genannt. Bekehrung bzw. Wiedergeburt und Geisttaufe, Letztere zumeist als Wiedertaufe praktiziert, sind charakteristische Merkmale. Darüber hinaus sind sich die meisten Pfingstkirchen einig in der Vernachlässigung herkömmlicher Kirchenstrukturen. Zungenrede, Prophetie und Heilen stehen im Mittelpunkt ihrer Verkündigung. Zur gelebten Frömmigkeit gehört häufig eine ebenso intensive wie erfolgreiche Mission bzw. Evangelisation. Theologisch begegnet uns indes zumeist ein unkritischer Biblizismus. [GB]

Pharisäer [von hebr. pᵉrûšîm; gräzisiert *pharisaios* »der Abgesonderte«] Die Ph. waren um die Zeitenwende eine der großen religiösen Glaubensrichtungen im Judentum (vgl. → Sadduzäer, → Essener) und wurden wegen ihres strengen Gesetzesgehorsams (→ Gesetz) gerühmt. Sie erhielten den Namen Ph. ursprünglich abwertend von ihren Gegnern, deuteten ihn aber um im Sinne der »Abstinenz von Unreinheit« bzw. – ein ähnliches aramäisches Wort aufnehmend – als »Interpreten der Tora«. Ihre Anfänge reichen vielleicht in die Zeit der makkabäischen Aufstände zurück; möglicherweise sind sie zumindest teilweise mit den Hasidäern (»Fromme«) identisch (1Makk 4,42; 2Makk 14,3ff.). Unter Alexandra Salome (76–67 v.Chr.) erlangten die Ph. zunehmend politischen Einfluss (BellJud I,110), verloren diesen aber schon unter Herodes d.Gr. (40–4 v.Chr.) wieder (Ant XVII,41–45). Aus einer politischen Partei wurde nun eine religiöse Glaubensrichtung mit fundamentalistischen Zügen, die jedoch weiterhin im Hohen Rat vertreten war (Apg 5,34).

Im Gegensatz zu den Sadduzäern handelte es sich um eine Laienbewegung. Josephus charakterisiert sie folgendermaßen: »Sie schreiben dem Schicksal und Gott alles zu; Rechtes zu tun oder nicht hänge zwar vor allem von den Menschen selbst ab, es helfe aber auch zu jedem Handeln das Schicksal mit. Zwar sei jede Seele unsterblich, es gehe aber nur die der Guten in einen anderen Leib über, die der Schlechten jedoch würde durch ewige Bestrafung gezüchtigt« (BellJud II,162f.). Die Ph. anerkannten neben der

schriftlichen Überlieferung (unser AT) auch die mündliche bzw. nicht
kanonisch gewordene Tradition (vgl. Mk 7,3.8.13). Jesus setzte sich intensiv mit den Ph. auseinander und kritisierte dabei deren einseitige Hinwendung an das Gesetz, ohne dessen eigentlichen Sinn zu beachten (z.b. Mk
7,1–23), und deren Selbstgerechtigkeit (Mt 5,20; 12,38ff.). Nach dem Jüdischen Krieg wirkten die Ph. prägend auf die Neuordnung des religiösen
Lebens und für die Ausgestaltung der rabbinischen Schriften. [WZ]

Pilger   [aus ital. *pelegrino*, lat. *peregrinus* »Fremder«] Als P. gelten Rei-
sende, die sich aus religiösen Motiven auf den Weg zu heiligen Stätten machen. Insofern ist das Pilgertum mit allen Religionen verbunden, die heilige Orte kennen. In der christlichen Tradition gelten neben → Jerusalem vor
allem Rom (Gräber der Apostel Petrus und Paulus), Santiago de Compostela (Grab des Apostels Jakobus), Assisi (Grab des hl. Franz von Assisi), Lourdes (Stätte der Marienerscheinung der Bernadette Soubirous) und Taizé (Sitz
der von Roger Schutz 1940 gegründeten evangelisch ökumenischen Gemeinschaft) als die bekanntesten Pilgerziele. Für das → Judentum der Neuzeit gilt Jerusalem als zentrales Ziel, wobei heute vorwiegend der Westwall
(auch »Klagemauer«) stellvertretend für den nicht erhaltenen Tempel als
Zielort dient. Daneben spielen die Gräber der Patriarchen eine untergeordnete Rolle. Im → Islam gehört die Reise nach Mekka als »5. Säule« zu den
verbindlichen Pflichten aller Gläubigen (Haddsch).

In dieser Hinsicht ist die Pilgerreise gleichbedeutend mit der Wallfahrt.
Allerdings kommt in der christlichen Deutung des Pilgertums eine weitere
Deutungsebene hinzu, die über die Annäherung an heilige Stätten hinausgeht, und dem Pilgerweg eine eschatologische Bedeutung beimisst. Ausgehend von der Feststellung, dass »das Reich, in dem wir Bürger sind, in den
Himmeln« ist (Phil 3,20), verstehen sich Christen auf der Erde prinzipiell
als Fremde und Wandernde. Das Pilgertum bezieht sich somit nicht nur auf
einzelne Wallfahrten, sondern meint die Lebenszeit des Menschen insgesamt, insofern die irdische Existenz im vergänglichen Leib nur eine Wegstrecke darstellt, die letztlich auf ein Leben nach dem Tode hinweist (vgl. Ps
119,54). Auf dieses Verständnis bezogen und mit einem Hinweis auf Heb
13,14 (»Denn wir haben hier keine bleibende Stadt, sondern wir suchen die
Zukünftige«) wird im II. Vatikanischen Konzil das Bild von der Kirche als
dem wandernden Gottesvolk geprägt. Die irdische Pilgerfahrt zu den heiligen Stätten ist dabei ein Sinnbild für die Suche nach dem Weg, der zu Gott
führt.

Pilgerreisen im Sinne der Wallfahrten finden sich bereits im AT. So pilgerte Abraham zum Berg Morija, um dort zu opfern (Gen22), mit Jakob ist
der Ort Betel als Ziel verbunden (Gen 35), aus 1Sam1 kennen wir Silo, den
Ort der Heiligen Lade, als Pilgerzentrum, und David begründete schließlich

Jerusalem als zentralen Wallfahrtsort, der von allen Männer des Volkes dreimal im Jahr aufgesucht werden sollte (Dtn 16,16). Als Wallfahrtslieder sind uns die des Psalmenzyklus 120–134 überliefert.

Auch Jesus pilgerte mit seinen Eltern alljährlich nach Jerusalem (Lk 2,4), allerdings erhält der Begriff des P. im NT schon eine andere Bedeutung, wenn etwa der Verfasser des 1. Petrusbriefes die Christen in den Gemeinden in Kleinasien als »Pilger und Fremdlinge« anspricht (1Petr 2,11), womit er sich im doppelten Sinne auf die Minderheitenstellung in der → Diaspora wie auch auf das Fremdsein der menschlichen Existenz in der Welt bezieht.

Ein eigentliches christliches Pilgertum setzt mit Kaiser Konstantin und den Reisen der Kaisermutter Helena ein, in deren Folge die Memorialbauten an Geburts- und Grabstätte entstehen. Die ältesten christlichen Pilgerberichte aus Jerusalem stammen von dem anonymen *Pilger von Bordeaux* (333) und der Nonne Egeria (auch Aetheria) um das Jahr 400. Allerdings blieb Jerusalem als Pilgerziel nur wenigen Einzelpersonen vorbehalten, die unter physischem und finanziellem Einsatz viel riskierten, um ihr Ziel zu erreichen. Um den Gedanken der Wallfahrt nicht nur privilegierten Personen vorzubehalten, traten andere Stätten, die mit Heiligengestalten verbunden sind, an die Stelle Jerusalems. Darüber hinaus fanden auch Nachbauten des Heiligen Grabes Verbreitung (z.B. in Görlitz, erbaut 1481–1504), um das Ziel des Heiligen Grabes und den damit verbundenen Kreuzweg nicht nur symbolisch, sondern auch sinnlich nachvollziehen zu können.

Im Mittelalter entwickelte sich so eine spezifische »Liturgie« der Wallfahrt, die im überwiegenden Maße als Bußgang verstanden wurde. Der Priester überreichte den P. Stab und Tasche als äußeres Zeichen der Wallfahrt, darüber hinaus waren die Reisenden durch Pilgergewand und Pilgerhut als Bußgänger gekennzeichnet. Solche Buß-Wallfahrten können dabei als eine Art Strafvollzug gewertet werden, da mit Erreichen des Ziels den P. die Absolution erteilt wurde.

Nachdem das Anliegen des in ein Bußgewand gehüllten P., der durch die selbst auferlegte Last einer schweren Wegstrecke die Absolution zu erhalten trachtet, weitgehend der Vergangenheit angehört, lässt sich in der Gegenwart ein neues Interesse an der Wallfahrt beobachten. Das Motto »Der Weg ist das Ziel« deutet darauf hin, dass die Wallfahrt – nicht selten zu Fuß abgeleistet – als ein Weg zu Gott, als Annäherung und als Vollzug des Glaubens gedeutet wird. Bei größeren Strecken, etwa nach Jerusalem, die mit modernen Verkehrsmitteln zurückgelegt werden, mischt sich dabei das Anliegen der Wallfahrt mit einem religiös motivierten Tourismus. Die Wegstrecke selbst wird dabei in den Hintergrund gerückt, an ihre Stelle tritt das Interesse an einer Verleiblichung des Glaubens, am ganzheitlichen Erleben, an der archäologischen Sichtbarmachung von Glaubensgrundlagen, das ökumenische Interesse an der Begegnung und die Bereitschaft zum interreligiösen Dialog. So bleibt auch das moderne Pilgertum eine Reise, die dem Glauben dient und insofern über das Leben im Hier und Jetzt hinausweist. [MV]

Pneumatologie → Geist (Heiliger Geist)

Postmoderne In den 60er Jahren des letzten Jh. beginnt die Diskussion über die Auflösung der Moderne. Berichte über die Ausdifferenzierung und Segmentierung der Gesellschaft, über die Individualisierung der Lebenswelten, über den Traditionsabbruch, der die Moderne aus der Gegenüberstellung und der Auseinandersetzung mit der Tradition definiert hat, schließlich auch die Erfahrungen der beiden Weltkriege und der Zusammenbruch der sozialistischen Staaten mit ihrer marxistischen Ideologie führen zu einer Skepsis angesichts des Entwurfs der Moderne. Die Bezeichnung der P. wird dabei aus der Literaturwissenschaft übernommen und in andere Bereiche, vor allem jene der Philosophie und Soziologie, übertragen. Die Bezeichnung der P. zielt dabei allerdings weniger auf eine Abgrenzung im Sinne von Epochen als vielmehr auf einen Wandlungsprozess der Moderne selbst, der einer veränderten Perspektive mit grundlegendem Paradigmenwechsel entspricht, bzw. um das Ende der Moderne durch eigene Transformation. Der kath. Theologe und Soziologe K. Gabriel definiert deshalb die »Post«-Moderne als Umbruch zur entfalteten Moderne, während A. Grözinger die P. als einen Versuch versteht, jene »plurale Buntheit des Lebens, die wir gegenwärtig allenthalben antreffen« zu deuten.

Für die philosophische Konstruktion der P. gilt J.-F. Lyotard als Schlüsselfigur. Er beschreibt die Prinzipien der P. in der Verweigerung der Meta-Erzählungen, die zwar noch vorkommen, denen aber keine Legitimationskraft mehr zugebilligt wird. Als Meta-Erzählungen versteht Lyotard die drei großen Entwürfe der Moderne: erstens das aufklärerische Konzept von der Emanzipation der Menschheit, zweitens die idealistische Konzeption einer Teleologie des Geistes und drittens die historische Dimension einer Hermeneutik des Sinns. Diesen Entwürfen wird insofern keine Glaubwürdigkeit mehr zugesprochen, als sie alle auf den Entwurf eines Ganzen zielen, das zu entschlüsseln sie sich bemühen. Gerade die Ganzheit hat sich – so die Vertreter der P. – aber als Trugschluss erwiesen. Mit dem Konzept der P. wird dieser Verlust nicht nur akzeptiert, sondern es zum Prinzip erhoben, dass alle Erkenntnis begrenzt und jede Transparenz von Systemen und Prozessen stets nur partiell ist. Das gilt sowohl für die Natur- wie für die Geisteswissenschaften. Die Wirklichkeit ist nicht einheitlich, sondern divers, jeder Anspruch auf Ganzheit muss sich somit zwangsläufig als Fiktion erweisen. Aus diesem Grunde tritt die P. für die Pluralität ein, W. Welsch definiert sie sogar als die »Verfassung radikaler Pluralität«.

Wesentliches Kriterium des Pluralitätsprinzips der P. sind dabei die Differenzen. Nicht der Konsens, sondern der Dissens steht für die Pluralität, die deshalb nicht mit Beliebigkeit oder Austauschbarkeit verwechselt werden darf. Welsch hält deshalb auch die feuilletonistische Beschreibung der P. durch die populäre Floskel »anything goes« für ein prinzipielles Missverständnis, denn nicht Beliebigkeit im hedonistischen Sinn oder gar Austauschbarkeit steht in der P. zur Debatte, sondern vielmehr das Bewusstsein über die Heterogenität der Sprach- und Lebensspiele, das zu einem Pluralismus aus Überzeugung und nicht nur aus Annehmlichkeit führt. Als Konsequenz ergibt sich aus diesem Ansatz die Forderung der konsequenten Doppelkodierung, d.h. der Verzicht auf eine eindimensionale Interpretation. Dem Monopolismus des Wahrheitsanspruchs wird deshalb der Pluralismus gegenübergestellt, der Totalität die Diskontinuität und dem Anspruch auf Universalität die Partikularität. Doppelkodierung meint in diesem Zusammenhang die gleichzeitige Ausrichtung auf mindestens zwei verschiedene Orientierungsmöglichkeiten (funktional *und* fiktional, modern *und* traditionell, elitär *und* populär, international *und* regional).

Für Kirche und Theologie hat der Entwurf der P. unterschiedliche Auswirkungen. A. Grözinger folgt dem Ansatz von Lyotard, interpretiert dessen Kritik an den Meta-Erzählungen der Moderne als Kritik an allen »Großtheorien« unserer Gesellschaft, zu denen er auch das Christentum rechnet. Deshalb versucht Grözinger für die Groß-Erzählung des Christentums eine neue Orientierung in der p. Gesellschaft vorzunehmen. So kommt er zu dem Ergebnis, dass Theologie und Kirche nicht mehr als »Vertreter einer Groß-Erzählung« gefragt sind, sondern allenfalls als »Platzhalter des Geschichtenbestandes«. Durch den Funktionswandel der Traditionen in der P. ist auch die Bestimmung der Religion verändert worden: Traditionen – gerade auch die kirchlichen – können nicht mehr zur Sicherung von Herrschaft und auch nicht mehr zur Verweigerung von Autonomie eingesetzt werden. Deshalb verschieben sich Ort und Auftrag der Kirche in der p. Gesellschaft: Auftrag der Geistlichen kann es nicht mehr sein, die Gemeinde zu leiten und damit Herrschaft auszuüben, sondern lediglich das »intellektuelle Amt der Erinnerung« zu verwalten. Der Ort der Kirche kann weder dem Modell der Kathedrale noch jenem der Hausgemeinde folgen, sondern muss das Spannungsfeld zwischen Tempel und Markt ausweisen und kann sich nur als ein Ort präsentieren, der den Passagenbedürfnissen nachkommt.

Umstritten an dieser Ortsbestimmung der Kirche in der P. ist allerdings die Frage, ob das Christentum überhaupt als Meta-Erzählung definiert werden kann oder ob diese nicht vielmehr darin besteht, Glaube und Kirche unmittelbar miteinander zu verknüpfen. K. Gabriel konstatiert in diesem Sinn eine Legitimationskrise des Christentums nur, insofern es dessen traditionelle Identität als Kirche betrifft, und prognostiziert eine De-Institutionalisierung der christlichen Religion. Christentum in der P. bedeutet für ihn zunächst die Entsakralisierung der empirischen Kirchenstrukturen, dann die Entritualisierung des Alltags und die konziliare Umcodierung der christlichen Tradition. [MV]

Prädestination → Erwählung

Praktische Theologie Die P.Th. bezeichnet eine Universitätsdisziplin, die neben der Wissenschaft vom Alten und Neuen Testament, der Systematischen Th. und der Kirchengeschichte gelehrt wird. Der Begriff legt das Missverständnis nahe, unter P.Th. den Vollzug, also die praktische Handhabung und Umsetzung theologischer Einsichten und Lehrsätze zu verstehen, obwohl sie doch die wissenschaftliche Theorie der kirchlich-religiösen Praxis umfasst. Dem Verständnis, eine bloße Anwendungswissenschaft und damit von wissenschaftlich geringerer Bedeutung zu sein, hatte bereits Anfang des 19. Jh. Schleiermacher widersprochen, indem er die P.Th. als *Theorie* kirchlichen Handelns deklarierte, was jedoch de facto gegenteilige Meinungen zu keiner Zeit unterdrücken konnte.

Im protestantischen Verständnis fungiert die Pastoraltheologie als eine Vorstufe, die Amt, Rolle und Person des Pfarrers zum Inhalt hat, dabei u.a. Handreichungen für dessen Amtshandlungen bereitstellt und sich gleichsam als Weisheitslehre darstellt. Eine solche Pastoraltheologie konnte so lange virulent bleiben, als der Beruf des Pfarrers unangefochten und in der Kirche dominant war. Demgegenüber hat die Pastoraltheologie in der kath. Kirche aufgrund ihrer besonderen Lehre vom Amt des Priesters (→ Ordination, → Zölibat) bis in die Gegenwart ihr Gewicht behalten. Der Begriff kann somit synonym zur P.Th. verwendet werden.

Gewandelt hat sich mit der Zeit das Objekt der Theorie der Praxis. Hatte Schleiermacher darunter noch exklusiv die Kirchenleitung verstanden, so wurde daraus später allgemein die kirchliche Praxis des Christentums (Nitzsch), oder in der Gegenwart sogar die »religiös vermittelte Praxis« (G. Otto, N. Greinacher), die einer »kritischen Theorie« bedürfe. Diese Horizonterweiterung sowohl in der ev. als auch kath. Kirche führte dazu, dass die klassischen Unterdisziplinen → Homiletik (Predigtlehre), → Katechetik (Lehre von der Unterweisung), Poimenik (Lehre der → Seelsorge) und Liturgik (Lehre der gottesdienstlichen Formen) ergänzt wurden – mit dem Ergebnis, dass Kybernetik (Lehre vom Gemeindeaufbau), → Religionspädagogik, → Religionspsychologie und → Religionssoziologie sich weitgehend verselbständigt haben.

Bei einem solchen Zuwachs an Aufgaben ergeben sich allerdings Probleme besonderer Art. Einerseits gilt die Erkenntnis, dass die P.Th. keine Hilfswissenschaft ist im Sinne der Anwendung theologischer Lehrsätze, andererseits erschwert die Forderung nach der »Einheit« der P.Th. (D. Rössler) und ihrer Grundlegung als »systematische« Disziplin zunehmend die Theoriebildung. Die ihr vorausgehende religiöse Praxis ist so vielschichtig und mehrdeutig, so dass das herkömmliche klassisch-theologische Theorieverständnis dafür nicht ausreicht. Ist schon nicht allgemein verbindlich, welche Phänomene als religiös angesehen werden können, so korrespondiert diesem Pluralismus eine ebenso strukturierte Theorie, d.h. aus *einer einzelnen* Theorie werden »komplexe Theoriekonzeptionen«, entsteht ein »theorieleitendes Kategorienensemble« mit einem »theorieleitenden Begriffsset« (W. Steck).

Bei aller Berechtigung der religiösen Spurensuche selbst in milieuspezifischen Modetrends gehört zur Aufklärung der Praxis über sich selbst die Rückbindung an biblische Einsichten, wie sie von der atl. und ntl. Wissenschaft vermittelt und von der kirchen- und dogmengeschichtlichen Forschung reflektiert werden. Nur so lässt sich auch jenes andere, wenngleich unbeabsichtigte Extrem vermeiden, dass nämlich die P.Th. alle anderen theologischen Disziplinen überbietet. [GB]

Predigt   → Homiletik

Priester   An den meisten → Tempeln und Heiligtümern Palästinas gab es im Altertum jeweils einen P., der für den Vollzug der kultischen Aufgaben am Altar (die Opferung der Tiere oblag dem jeweiligen Familienvorstand der Kultteilnehmer) und die Orakeleinholung, aber auch für den Erhalt und die Pflege der Kultstätte und für die Kontrolle eines geordneten Kultablaufes dort zuständig war (→ Gottesdienst). Offenbar unterrichteten die P. das Volk aber auch in wesentlichen Grundlagen der Heilsgeschichte: In der Regel gab es an jedem Heiligtum nur einen P., der u.U. von Personen unterstützt wurde, die sich selbst als Zeichen der besonderen Gottesnähe als Diener dem Heiligtum geweiht hatten (1Kön 22,47 u.ö.) oder von den Eltern im Rahmen eines Gelübdes dem kultischen Dienst übergeben wurden (1Sam 1,26ff.). In spätvorexilischer Zeit gab es an dem besonders bedeutsamen Staatsheiligtum in → Jerusalem drei P.; sie wurden von drei Schwellenhütern unterstützt, die die Kontrolle über das Tempelgelände innehatten (2Kön 12,10). Erst in nachexilischer Zeit entwickelte sich eine große Priesterschaft am Jerusalemer Tempel, von denen jedoch nur ein geringer Teil das ganze Jahr über Priesterdienste verrichtete. Die meisten P. hatten Grundbesitz und versahen nur einmal im Jahr für eine Woche Dienst in Jerusalem. Den rund 8000 P. zur Zeitenwende waren etwa ebenso viele Leviten an die Seite gestellt, die die niederen Dienste im Tempel verrichten sollten. Das Recht, als P. an einem Heiligtum zu wirken, war in der Regel erblich. Entlohnt wurde der P. durch einen Anteil an den Opfergaben (Dtn 18,3). Für die Ausübung des Priesteramtes war eine fortwährende Heiligkeit und körperliche Integrität notwendig (Lev 21).

Erst in nachexilischer Zeit entwickelte sich in der Jerusalemer Priester-schaft aufgrund des Anstiegs der Priesterzahlen das Amt des Hohepriesters, dem eine besondere Würde und Hochachtung zukam. Seine wichtigste reli-giöse Funktion war die Entsühnung des Volkes am Versöhnungstag (Yom Kippur). Weitere Vorrechte waren das Opfer am Räucheraltar, die Verrich-tung des Sündopfers und das Tragen eines besonderen Gewandes. Für den Hohepriester galten besondere Regelungen hinsichtlich Reinheit und Un-versehrtheit. Das Amt des Hohepriesters war anfangs innerhalb der Familie der Zadokiden erblich. Mitte des 2. Jh. kamen jedoch mit Menelaus, der sich als Hohepriester einkaufte, und Alkimos erstmals Nicht-Zadokiden in die-ses Amt. Nach den Wirren des makkabäischen Aufstandes übernahm der aus einer priesterlichen, aber nicht-zadokidischen Familie stammende Has-monäer Jonatan das Amt des Hohepriesters. In der Folgezeit übernahm der Hohepriester immer mehr auch den weltlichen Führungsanspruch in Paläs-tina. In römischer Zeit wurde schließlich das Prinzip der Erblichkeit und der Lebenslänglichkeit aufgegeben. Da die Hohepriester nur kurzzeitig im Amt waren, gab es im Hohen Rat auch abgesetzte Hohepriester, die gleichwohl noch hohes Ansehen genossen (Mt 27,20).

Das frühe Christentum vertrat das allgemeine Priestertum aller Gläubi-gen und damit den Verzicht auf ein besonderes Priesteramt (Röm 15,16). Trotzdem bildete sich schon gegen Ende des 1. Jh. eine kirchliche Hierarchie mit ordinierten Amtsträgern und von weltlichen Aufgaben freigestellten P. heraus (vgl. z.B. Did). Die neutestamentliche Vielfalt kirchlicher Ämter (Apostel, Propheten, Lehrer, Evangelisten, Hirten, Vorsteher, Älteste u.a.m.) wurde zunächst auf die Ämter Bischof bzw. Gemeindevorsteher, Älteste und Diakon reduziert. Mit der Konstantinischen Wende wurden die dem Bischof untergeordneten P. die von diesem eingesetzten Führer der Gemeinden, die von weltlichen Aufgaben freigestellt waren und gewissermaßen als Kirchen-beamte diese zu führen hatten. Ihnen allein war der Vollzug des Eucharistie-Sakraments gestattet. Um sich völlig dem Dienst widmen zu können, wurden die P. zum → Zölibat verpflichtet. [WZ]

Primitive Religion   → Abstammungsreligion

Profan   [lat. *profanus* »vor dem heiligen Bezirk liegend«] Das P. als Aus-druck für die Alltagswelt bzw. für die soziale Wirklichkeit bezieht sich im-plizit auf das → Heilige, von dem es kategorisch abgetrennt wird. Nach Elia-de handelt es sich bei der Gegenüberstellung von sakralen und profanen Be-reichen um unterschiedliche existentielle Situationen, um zwei Arten des In-der-Welt-Seins, die als spezifisches Merkmal des Religiösen gelten können. In diesem Sinn ist der Begriff des P. im Unterschied zu dem Phänomen, das er beschreibt, auch erst im Kontext der Bemühungen entstanden, eine definitorische Grundlage für Religionen zu erhalten. Der Übergang vom P. zum Heiligen, der sich sowohl auf den Raum als auch auf die → Zeit beziehen kann, wird dabei als Grenze verstanden, die durch spezielle Verbote gekennzeichnet und deren Überschreitung durch Rituale begleitet wird. Spezielle Kleidung, insbesondere Kopfbedeckungen, Reinigungszeremonien, Gebete und Opferhandlungen sind Bestandteile dieser Rituale, die den Wechsel der Wirklichkeiten begleiten und das nicht oder noch nicht Geweihte dem heiligen Bezirk entgegenstellen.

Der Begriff des P. selbst geht auf den Herodianischen Tempel zurück, dessen heiliger Bezirk von einem Vorhof umgeben war, der in abgestufter Rangfolge jüdischen Männern, Frauen und Nichtgläubigen vorbehalten war. Das *Profanum* als Vorhof des Tempels hatte dabei einerseits die Funktion des Übergangs bzw. der Vorbereitung, andererseits markierte es auch die absolute Grenze, deren Überschreitung den Nichtgläubigen bei Todesstrafe verboten war. An dieser Urform des p. Raums wird deutlich, inwieweit das P. gerade in der Andersartigkeit untrennbar auf das Sakrale bezogen bleibt und – im Unterschied zum Säkularen (→ Säkularisierung) – eben keinen Verlust anzeigt. Indem das P. implizit auf das Sakrale verweist, beinhaltet es zugleich auch die Möglichkeit, unter entsprechenden Umständen selbst zum Sakralen zu werden, während das Heilige immer darauf angewiesen bleibt, sich in Objekten und Orten zu manifestieren, die losgelöst vom kultischen Kontext als p. gelten.

Über diese allgemeine Bedeutung hinausgehend, spricht Paul Tillich von einer spezifischen »protestantischen Profanität«, die in dem grundlegenden Protest gegen kirchliche Obrigkeit gerade die Sphäre des P. wählt, um religiöse Ausdrucksformen auf die gegenwärtigen Lebensbezüge des Alltags zu richten und dort ihre Bewährung zu erweisen. Protestantismus ist – so Tillich – deshalb wesentlich auf Profanität bezogen, ohne dabei die Rückbindung auf das Heilige preiszugeben. Dieses Prinzip der protestantischen Profanität wird nicht selten mit der Tendenz zur Säkularisierung der Gesellschaft verwechselt.

Im Sprachgebrauch findet sich daneben der Ausdruck der Profanisierung für die offizielle Entweihung eines Kirchengebäudes. [MV]

Prophetie Menschen, die mit dem Anspruch auftreten, die Botschaft eines Gottes den Zeitgenossen zu verkündigen, gab es zu allen Zeiten. Aus der Umwelt des AT sind beispielsweise Texte aus Mari in Syrien bekannt, in denen Propheten im Auftrag des Königs Orakel einholen und so die Zukunft voraussagen. In der → Bibel lassen sich die Anfänge der P. in unterschiedlicher Ausgestaltung beobachten. Zum einen ist von prophetischer Verzückung oder Raserei die Rede (1Sam 10,10; 1Kön 18,26.28; 2Kön 9,11); hiermit ist ein Ekstasezustand gemeint, in den sich Propheten – den islami-

schen Derwischen vergleichbar – versetzen können und den man für einen
Zustand hielt, der wegen der Entrücktheit von allen irdischen Geschehnissen
eine besondere Nähe zur göttlichen Sphäre aufwies. Daneben waren Gad und
Natan am Königshof angestellte Propheten, die gewissermaßen als göttliches
Kontrollorgan für die Taten des Königs agieren sollten. Außerdem gab es
Seher und Gottesmänner (1Sam 9,9; 2Sam 24,11; 1Kön 20,28 u.ö.), deren
Worten man wegen ihrer besonderen Beziehung zu Gott besondere Autorität
zuschrieb. Die Propheten des 9. Jh. v.Chr., von denen besonders Elia und
Elisa zu nennen sind, kritisierten den König zwar weiterhin, gehörten aber
nicht mehr zu dessen Beraterstab. Vielmehr bildeten die Propheten seit dieser Zeit die Opposition zu den Herrschern und mahnten die Einhaltung göttlichen Rechts, aber auch das Vertrauen auf JHWH in außen- und innenpolitischen Fragen und die soziale Absicherung der Schwachen (Witwen, Waisen und Fremde als grundbesitzlose Bewohner der Ortschaften) ein. In
besonderem Maße gilt dies auch für die Propheten des 8. (Amos, Hosea,
Jesaja, Micha) und 7. Jh. v.Chr. (z.B. Jeremia). Grundlegend ist bei den Pro-
phetenworten dieser Zeit nicht die unheilvolle Zukunftsansage, sondern der
Aufruf zur Umkehr. Erst wenn sich der Einzelne oder aber das Volk in seinem Verhalten nicht ändert, wird zwangsläufig das unheilvolle Strafhandeln
Gottes eintreten.

Die kritischen Worte der Propheten wurden wahrscheinlich von Schüler-
kreisen tradiert und verschriftlicht. Ihre Bewahrung hängt wesentlich damit
zusammen, dass der Untergang zunächst des Nordreichs 722 v.Chr. und dann
des Südreichs 587 v.Chr. als Bestätigung ihrer Botschaft verstanden wurde.
Gemäß des Prophetengesetzes, wonach sich die Botschaft eines von Gott gesandten Propheten daran erweisen werde, dass sie auch wirklich eintritt (Dtn
18,21f.), haben sich diese Warner mit ihrer Unheilsbotschaft als wahre Propheten erwiesen. Mit der Exilszeit (→ Exil) änderte sich die prophetische
Grundbotschaft. Da Gottes Strafe nun eingetreten ist, kann das zukünftige
Heil verkündet werden. Dies gilt insbesondere für den Exilspropheten Deuterojesaja (Jes 40–55), der gegen Ende des Exils den glorreichen Neuanfang,
den Gott mit seinem Volk setzen will, vor Augen malt.

In nachexilischer Zeit wurde aus der freien Verkündigung von Gottes
Wort zunehmend die Auslegung überlieferter Prophetenworte im Lichte der
neuen gesellschaftlichen und historischen Situation. Einerseits wurden nun
die Prophetenbücher inhaltlich redaktionell bearbeitet, andererseits lassen
sich bei zahlreichen Texten späterer Prophetenbücher Interpretationsver-
suche früherer Botschaften nachweisen. Mit dem Jonasbuch wurde in spätnachexilischer Zeit eine (fiktive) Prophetennovelle verfasst: Geschildert
wird mit fast komischen Zügen ein anfangs ungehorsamer Prophet, der von
Gott an der Flucht vor seinem Prophetenamt gehindert wird, der dann mit seiner Unheilsbotschaft bei den Bewohnern von Ninive Erfolg hat und deren

Bekehrung bewirkt und der sich schließlich bei Gott für seinen unerwarteten Erfolg beschwert.

Johannes der Täufer steht mit seiner Kritik an den Herrschenden (Mk 6,18) noch im Gefolge der alttestamentlichen P. Zu seiner Zeit gab es außer ihm noch weitere Propheten in Israel, die z.b. den Untergang Jerusalems oder eine nahe bevorstehende Heilszeit ankündigten (vgl. BellJud VI, 300f.; Apg 21,38). Auch Jesus konnte von seinen Zeitgenossen als ein solcher Prophet betrachtet werden (Mt 21,11).

In den urchristlichen Gemeinden erlebte die P. eine neue Blüte (1Kor 11,2–16). Die prophetische Gabe wurde als → Charisma verstanden; wer sie besaß, sollte die göttliche Offenbarung zum Dienste der Gemeinde mitteilen (1Kor 14,1–5.30ff.). Die Didache bezeugt, dass im syrischen Raum Wanderpropheten von Gemeinde zu Gemeinde zogen und dabei seelsorgerliche und gottesdienstliche Aufgaben erfüllten (Did 11,3–11; 13,1–16). Schließlich beansprucht das letzte biblische Buch für sich, Niederschrift einer göttlichen P. zu sein (Off 1,3). [WZ]

Protestantismus   Der Begriff *protestatio* [lat. »das Bezeugen«] umfasst als mittelalterliches Rechtsinstrument die Einsprüche einzelner Reichsstände untereinander wie gegen das Reichsregiment selbst, aber auch im weiten Sinne die Beschwerden (*Gravamina*) der deutschen Nation gegenüber Rom – vorgetragen auf Reichstagen. In die reformatorische Terminologie gelangte er nach dem Aufsehen erregenden Widerspruch von sechs Fürsten und 14 Städten gegen die erneut beschlossene, ältere Vereinbarungen aufhebende Durchsetzung des Wormser Ediktes (Reichsächtung Luthers) auf dem Reichstag von Speyer 1529. War er zunächst auf Lutheraner und sog. Augsburgische Konfessionsverwandte beschränkt, so galt er mit dem Westfälischen Frieden nach dem Dreißigjährigen Krieg 1648 gleichermaßen für die Reformierten, die Anhänger Calvins. Vornehmlich sind es die kath. Gegner, die die aus ihrer Sicht Abtrünnigen als Protestanten brandmarken. Ende des 17. Jh. – der Begriff P. begegnet erstmalig bei John Milton (1649) – setzt sich die Bezeichnung als Selbstprädikation der sich von Rom unterscheidenden Kirchen durch. Die Folge ist, dass sich als Protestanten auch solche Kirchen und Denominationen verstehen, die sich nicht direkt von Luther und Calvin ableiten ließen, wie z.b. die Anglikanische Kirche, die Quäker, die Methodisten. Der Begriff überwindet konfessionelle Enge und erweist sich als dynamisch.

Die später (um 1900) als Neuprotestantismus bezeichnete Haltung des beginnenden 18. Jh. partizipiert nicht nur an den Errungenschaften der Aufklärung, sondern ist ein wesentlicher Teil derselben. Bezeichnend dafür ist u.a. die Ablösung des Kanonischen Rechts durch ein eigenes protestantisches Kirchenrecht, wie sinnfällig das fünfbändige Werk von Justus H. Böhmer,

Ius ecclesiasticum Protestantium (1714–1736) dokumentiert. Eine umfangreiche kirchengeschichtliche und bibelkritische Forschung entsteht und gedeiht im aufklärerischen P. Im 19. Jh. strebte der 1863 gegründete »Protestantenverein« eine Nationalkirche im »Geist evangelischer Freiheit und im Einklang mit der gesamten Kulturentwicklung« an. »Protestantentage« dienten der Volksaufklärung und verstanden sich selbst als Vorstufe auf dem Weg zu einer parlamentarisierten und letztlich demokratisierten Kirche. Auch die verschiedensten Wesensbeschreibungen des Protestantismus im 19. Jh. lassen sich als Versuche begreifen, einseitige Definitionen zu überwinden. Seit Schleiermacher (*Der Christliche Glaube*, 1821) bleibt die Vorstellung lebendig, dass dem P. neben seinem kritischen auch ein gestaltendes Element innewohnt. Paul Tillich hat (*Der Protestantismus. Prinzip und Wirklichkeit*, 1950) mit seinem Verständnis des P. als Prinzip den ökumenischen Horizont erweitert – insofern, als sich danach der P. mit keiner Reformbewegung, keiner Epoche, keiner Kirche identifizieren lässt. Als Prinzip transzendiert er alle geschichtlichen Phänomene. [GB]

Psalmen   Die P. sind das einzige Buch des AT, das ausdrücklich den Anspruch erhebt, nicht Gotteswort, sondern Menschenwort zu sein. In den vielfältigen → Gebeten, die im Psalter erhalten sind, bekennen sich Menschen zu Gott und seinen Heilshandlungen, loben, danken und preisen ihn dafür oder rufen ihn in ihrer Not an. Über das Buch hinaus finden sich P. in der Bibel aber auch an anderen Stellen, z.B. beim Siegeslied des Mose (Ex 15,1–18) und der Miriam (Ex 15,21), beim Lied der Hanna (1Sam 2), beim Jonapsalm (Jon 2) oder im NT in den zahlreichen hymnischen Liedern (Lk 1,46–56; Eph 1,3ff.; Phil 2,6ff.).

Im Gegensatz zu den anderen Büchern des AT sind die P. durchgehend in poetischer Sprache geschrieben. Das Hebräische kennt, von ganz wenigen Ausnahmen abgesehen, keinen Endreim. Ausdrucksmöglichkeit poetischer Sprache ist dagegen der *Parallelismus membrorum*, bei dem im zweiten Glied der Inhalt des ersten Gliedes entweder wiederholt wird (synonymer Parallelismus, z.B. Ps 1,1), das Gegenteil des ersten Gliedes ausgedrückt wird (antithetischer Parallelismus, z.B. Ps 1,6) oder aber die Aussage des ersten Gliedes inhaltlich weitergeführt wird (synthetischer Parallelismus, z.B. Ps 1,3). Eine beliebte Form der poetischen Gestaltung ist es auch, jede Zeile des Psalms fortlaufend mit einem anderen Buchstaben des Alphabets beginnen zu lassen. Ein künstlerisches Meisterstück in dieser Hinsicht ist Ps 119 (»Das güldene ABC«), bei dem im Hebräischen jeweils acht Zeilen hintereinander mit demselben Buchstaben beginnen.

P. waren keine freien und dann irgendwann verschriftlichten Gebete, sondern literarische Kunstwerke, die von Sängern und Künstlern verfasst wurden. Obwohl in einer Vielzahl von Überschriften David als Autor der P. erwähnt wird, stammen die meisten P. aus der nachexilischen, oft sogar aus der spätnachexilischen Zeit (3./2. Jh. v.Chr.). Die Texte wurden erst später David zugeschrieben, weil sich der Verfasser der P. mit dem legendären Dichter gleichstellen wollte und so auch seinem Psalm eine besondere Würde verleihen wollte. Da die Sängergruppen am Jerusalemer Tempel tätig waren, spiegeln viele P. eine Jerusalemer Theologie wider (z.B. Ps 48; → Jerusalem). Die P. waren jedoch primär nicht für den Jerusalemer Tempelkult oder für den Synagogengottesdienst gedacht, sondern vornehmlich für die private Frömmigkeit der jüdischen Oberschicht. [WZ]

Quellentheorie → Evangelien

Qumran Q. wurde berühmt als Siedlung der → Essener, einer besonders strenggläubigen religiösen Gruppierung des → Judentums, die sich anfangs mit den Makkabäern verbündet hatten, sich aber von diesen abspalteten. Nachdem in Q. schon in der Mitte des 2. Jh. v.Chr. einige Gebäude errichtet worden waren, siedelte sich ein Teil der Essener hier um 100 v.Chr. an und errichtete eine »Kloster«-Anlage mit Wasseranlagen, Schreib-, Versammlungs-, Lager- und Arbeitsräumen. Für die Wahl gerade dieses Ortes dürfte kaum seine Abgeschiedenheit gesprochen haben, denn er lag in großer Nähe zur Straße vom jordanischen Hochland über den Jordangraben nach Jerusalem und außerdem nur wenige Kilometer vom ntl. Jericho entfernt. Der Ort eignete sich offenbar ideal für das Kopieren von Handschriften, das dort vornehmlich vorgenommen wurde. Dies belegen Schreibbänke und Tintenfässer, die in den Ruinen gefunden wurden, aber auch die in der Umgebung von Q. 68 n.Chr. versteckten Handschriftenrollen. In dem wenige Kilometer weiter nördlich gelegenen Ain Feshka konnte man Leder gerben – eine Arbeit, die wegen der Verwendung von Kot und Urin im Altertum als überaus unrein galt. 31 v.Chr. wurde die Anlage durch ein Erdbeben zerstört, aber um die Zeitenwende wurden die Gebäude nach alten Grundrissen wieder aufgebaut und neuerlich bewohnt. 68 n.Chr. zerstörten die Römer diese Anlage bei ihrer Eroberung Judäas; für ca. fünf Jahre stationierten die Römer nun hier eine eigene Garnison.

Besondere Bedeutung erhielt Q. durch die zahlreichen Textfunde in Höhlen der näheren Umgebung. Hierbei handelt es sich neben biblischen Texten um Schriften, die die Essenergemeinschaft betrafen (u.a. eine Gemeinderegel), aber auch um andere Texte religiösen Inhalts. Auffällig viele Handschriften betreffen den → Pentateuch (Genesis: 19 Handschriften; Exodus: 15; Leviticus: 12: Numeri: 7; Deuteronomium: 28), das Jesajabuch (30) und die → Psalmen, während die übrigen biblischen Bücher nur in geringerer Zahl vertreten sind. Damit konzentriert sich der Bestand auf in etwa dieselben Bücher, die auch im NT vorwiegend für atl. Zitate und Verweise herangezogen werden. Die Existenz eines Abschnittes aus dem NT ließ sich aufgrund neuerer Forschungen nicht bestätigen. Da die Q.-Handschriften etwa gleichzeitig mit dem NT entstanden sind, können ähnliche Denkweisen und Vorstellungen nicht überraschen. Paläographische Untersuchungen ergaben, dass die ältesten Handschriften aus dem 3. und frühen 2. Jh. v.Chr. stammen. Aus der Zeit des 2. Jh. (bis ca. 130 v.Chr.) stammen neben der berühmten Jesajarolle 1QJesa mehrheitlich außerkanonische Schriften des AT. Stark vertreten sind dann Handschriften aus der Zeit zwischen ca. 75 bis 60 v.Chr. (mittelhasmonäische Periode) und vor allem aus den mittleren Jahrzehnten des 1. Jh. v.Chr. (späthasmonäisch-frühherodianische Periode). Die Handschriften aus dem späten 1. Jh. v.Chr. und frühen 1. Jh. n.Chr. (herodianisch) sind ebenfalls zahlreich, haben aber meist nur reproduktiven Charakter, d.h. es handelt sich häufig um Kopien älterer Texte. Das Material aus der Zeit zwischen ca. 20 und 68 n.Chr. (spätherodianisch) ist vergleichsweise mager. Wegen des hohen Alters der Handschriften sind sie vor allem für die Textkritik des AT (→ Bibelwissenschaft) von großer Bedeutung. Die Funde von Q. zeigen, dass es im 1. Jh. noch verschiedene Textausgaben der biblischen Bücher gab, ohne dass man sich bereits auf eine einheitliche Gestalt des atl. Textes festgelegt hätte. Daneben sind die Funde von Q. für die Rekonstruktion des Judentums zur Zeit Jesu von herausragender Bedeutung, da sie eine Vielzahl von Angaben über die Frömmigkeit der Essener enthalten. [WZ]

Recht → Gerechtigkeit

Rechtfertigung   Der sprachliche Befund ist merkwürdig. Die als Zentralthema der luth. Reformation begriffene Lehre von der R., die auf die paulinische Theologie zurückgeht, hat den vielfach im AT (Septuaginta) und NT verwendeten Begriff der Gerechtigkeit (griech. *dikaiosyne*, lat. *iustitia*) durch den der R. überboten (griech. *dikaiosis*, lat. *iustificatio*), obwohl dieser bei Paulus nur zweimal (Röm 4,25; 5,18) und in Luthers Übersetzung sogar nur einmal (5,18) erscheint. Gleichwohl ist die Akzentuierung folgerichtig, lässt doch der Begriff der R. die heilsgeschichtliche Bedeutung der Gerechtigkeit Gottes deutlich werden. Weit häufiger – mit entsprechender Übersetzung – finden sich das Verb *dikaioun* (rechtfertigen) wie dessen Passivform *dikaiousthai* und das entsprechende Part. Perf. (gerechtfertigt). Zumindest in zwei Fällen (Luk 10,29; 16,15) begegnet dabei das unserem Sprachgebrauch geläufige Verständnis von sich entschuldigen, sich verteidigen, Recht haben wollen.

In Jesu → Gleichnis vom Pharisäer und Zöllner (Luk 18,9–14) geht es bereits um den Gegensatz von Gesetz und Evangelium, ohne dass damit eine Lehre von der R. expliziert wird. Dennoch ist der Sachverhalt eindeutig. Ein → Pharisäer und ein Zöllner betreten den Tempel, um zu beten. Zwischen beiden besteht ein Standesunterschied. Pharisäer sind wegen ihres religiösen Eifers um einen gottgerechten Lebenswandel angesehen, während die Zöllner als Kollaborateure der Römer verachtet werden. Der Pharisäer dankt Gott ausdrücklich, dass er nicht so ist wie die anderen, d.h. er raubt und betrügt nicht. Stattdessen hält er das Fastengebot ein und gibt den Zehnten seiner Einnahmen ab. Der Zöllner hat keine Verdienste aufzuweisen und bringt nur ein kurzes Gebet (13) über seine Lippen: »Gott sei mir Sünder gnädig«. Während der offenbar makellose Lebenswandel des Pharisäers unhonoriert bleibt, heißt es von dem in → Schuld und → Sünde verstrickten Zöllner, dass dieser »gerechtfertigt« nach Hause ging.

Diese für gesetzestreue Juden anstößige Theologie ist von Paulus im Römerbrief in Antithesen entfaltet worden. Wie missverständlich seine Formulierungen aber auch unter Christen in der Alten Kirche sein konnten, zeigt der Jakobusbrief, mit dem Luther deswegen am liebsten »den Ofen heizen« wollte (WA Tischreden 5, Nr. 5854). Hieß es bei Paulus (Röm 3,28): »So halten wir nun dafür, dass der Mensch gerecht wird ohne des Gesetzes Werke, allein durch den Glauben«, so lautete die korrigierende Feststellung bei Jak: »Ihr seht, dass der Mensch aus Werken gerechtfertigt wird und nicht aus Glauben allein« (2,24). Wie aus dem weiteren Kontext erhellt, galt es der Gefahr eines *toten* Glaubens (2,17.26) zu wehren, der eben nicht in Taten der Liebe mündete. Seitdem lässt sich in der → Kirchengeschichte ein Antagonismus zwischen Vertretern einer rigorosen Gnadenlehre und eines ebenso strikten Pelagianismus (so benannt nach dem Mönch Pelagius, dem Gegner Augustins, Anfang des 5. Jh. n.Chr.) verfolgen. Dieser hatte göttliche Gnade und menschlichen Willen als Einheit gesehen. Zum Prüfstein der Rechtgläubigkeit wurde das Verständnis von der R. zu Beginn des 16. Jh. in der Auseinandersetzung Luthers mit der diesbezüglichen Tradition und Praxis (Buß- und Ablasswesen) der kath. Kirche. Nicht von ungefähr hat der Artikel R. in den ev. → Bekenntnisschriften einen besonderen Stellenwert. Betont die → Confessio Augustana (1530) mit den Worten aus dem Römerbrief, dass die Menschen vor Gott nicht aufgrund »eigener Kräfte, Verdienste und Werke« gerechtfertigt werden, sondern »gratis« um Christi willen durch Glauben, so heißt es in den *Schmalkaldischen Artikeln* von 1537 emphatisch, dass man von diesem Artikel »nichts weichen oder nachgeben« könne. Luthers Diktum in der Psalmenvorlesung von 1532/33 (WA 40 III, 352), wonach die Kirche mit der Lehre von der R. »steht oder fällt«, hat schließlich zu dem geflügelten Wort von den *articulis stantis aut cadentis ecclesiae* geführt. Die Lehre von der R. wird seitdem als Inbegriff seiner Theologie verstanden. Was ist damit gemeint?

In der Vorrede zur Ausgabe seiner lat. Werke (1545) beschreibt Luther, wie er die Vokabel von der »Gerechtigkeit Gottes« bisher begriffen habe, nämlich als sog. aktive Gerechtigkeit. Danach war Gott gerecht und sprach als Richter den Sünder schuldig und bestrafte ihn – eine Vorstellung, die Zweifel an der Liebe Gottes aufkommen ließ und kaum mit der Frohen Botschaft (Evangelium) von der Erlösung und Befreiung von Schuld in Einklang zu bringen war. Gottes Erbarmen nannte es Luther, wenn er danach den richtigen Sinn der Worte begriff: »Der Gerechte wird aus Glauben leben« (Röm 1,17). Gott sprach entgegen aller Logik und menschlichen Erfahrung den zu Verurteilenden aus reiner Gnade frei. Das Konzil von Trient hat in seiner Defensive gegenüber der → Reformation in dem Dekret »De iustificatione« (1547) zwar die vorangehende Gnade (*gratia praeveniens*) im Rechtfertigungsgeschehen bestätigt, aber ebenso die *cooperatio* betont, zu der der Mensch trotz alle Sünde mittels seines freien Willens immer noch in der Lage sei. Der sich verwandelnde und Werke der Liebe praktizierende Mensch kennzeichne die recht verstandene R.

Die Lehre von der R., die seitdem ein wesentliches Unterscheidungsmerkmal zwischen ev. und kath. Kirche markierte, wurde allerdings selbst in den Kirchen der Reformation immer wieder in ihrer ursprünglichen Bedeutung in Frage gestellt. Insbesondere Theologen der → Aufklärung interpretierten die Sünde als korrigierbares Fehlverhalten, das mit moralischer Anstrengung zu beheben war. In einer von Optimismus gekennzeichneten Anthropologie hatten Vorstellungen vom unfreien Willen im Menschen keinen Platz. Insofern bedurfte der Mensch gar keiner R., die nach den Worten Luthers eine fremde Gerechtigkeit war, die dem sündigen Menschen zugerechnet wurde.

So hat sich in der Folgezeit mehr oder weniger eine Reserviertheit oder auch Gleichgültigkeit gegenüber der Sache und dem Begriff der R. entwickelt, so dass die Feststellung, die Rechtfertigungslehre sei »selbst in der protestantischen Christenheit kein real wirksames Thema mehr« (J. Ratzinger) sicherlich zutrifft. Weil sich heute niemand darunter etwas vorstellen könne, sei der Inhalt der Konsenserklärung (Gemeinsame Erklärung zur Rechtfertigungslehre zwischen der kath. Kirche und dem Luth. Weltbund von 1999) auch nicht »wirklich zu vermitteln«.

Es sind vorwiegend die Vorbehalte gegenüber einer juristischen Terminologie, die zu dieser Situation geführt haben. Als Ausweg aus dem Dilemma wird einerseits vorgeschlagen, den Begriff der R. durch andere zu ersetzen. Als solche bieten sich u.a. an: Auferweckung, Erlösung, Vergebung, Versöhnung, Heiligung, Liebe, Annahme. Wenn zum anderen für die Beibehaltung des Begriffs plädiert wird, geschieht das oft unter dem Hinweis auf dessen atl. Wurzeln. In dem theokratisch verfassten Israel war Gott als der Gerechte Quelle des im Volke, in den zwischenmenschlichen Beziehungen praktizierten Rechts. Der Sache nach ist die R. von aktueller Brisanz. Der durch Leistungsdenken und die dadurch bedingten Anforderungen versklavte Mensch rechtfertigt sich laufend, weil er diesen in ihrer Fülle nicht zu genügen vermag. In dieser Befindlichkeit sich freisprechen zu lassen, kann durchaus als Heil empfunden werden. [GB]

Reformation   Unter dem Begriff versteht man heute eine Zeitepoche, die im engeren Sinn das Wirken Martin Luthers seit dessen Thesenveröffentlichung 1517 – seien diese nun ans Kirchenportal geheftet oder als Anlage einem Brief an Dienstvorgesetzte beigefügt worden – bis zu seinem Tode 1546 umfasst. In einem weiteren Sinne lassen sich darunter auch vorreformatorische Bewegungen, z.B. die nach Valdes, Hus und Wiclif benannten begreifen, sodann geistige Strömungen wie Humanismus und Renaissance, ferner spätere Erscheinungen (Ausbildung von Landeskirchen) und schließlich die gesamte Ausbreitung der reformatorischen Lehre im Europa des 15. und 16. Jh. L. v. Seckendorff führte 1688 den Begriff in die Geschichtswissenschaft ein, um damit eine Epoche zu kennzeichnen. Alle Parteien hatten ihn zuvor in den unterschiedlichsten Zusammenhängen gebraucht, wie u.a. die *Reformatio Wittenbergensis* (1545) Kursachsens, die *Formula reformationis* Karls V. (1548) und die Dekrete des Trienter Konzils *De reformatione* bezeugen. Schon vorher war im sog. Konziliarismus die Forderung nach einer *reformatio ecclesiae in capite et membris* erhoben worden. Auch hatte die sog. *Reformatio Sigismundi* (1438/39), die Luther wahrscheinlich gekannt hat, politische und kirchliche Anliegen wie Forderungen gleichermaßen thematisiert. Das mit dem Begriff Gemeinte lässt sich schließlich auch anders ausdrücken, wie eine Anzahl gängiger Verben und davon abgeleiteter Substantive verdeutlicht: *renovare, restituere, corrigere, regenerare, renasci, reviviscere, suscitare* etc.

Der Begriff der Gegenreformation, der nach früherem Verständnis Reaktionen der kath. Kirche nach dem Religionsfrieden von 1550 bezeichnete, ist heute weitgehend durch den der Konfessionalisierung ersetzt. Er berücksichtigt den Umstand, dass die Einheit der Kirche gesprengt und nicht mehr zu verwirklichen war.

Das marxistische Verständnis von der R. als Ansatz einer frühbürgerlichen Revolution hat insofern seine Berechtigung, als aus den theologischen Prämissen (Bindung der religiösen Überzeugung an das Gewissen, unmittelbares Verhältnis von Mensch und Gott) sozialkritische Folgerungen gezogen wurden: u.a. Einbehalt des Zehnten zur Besoldung eigens gewählter und auch abzusetzender Pfarrer, Auflösung der geistlichen Gerichtsbarkeit, eigene Steuerhoheit in den Städten. Damit sind notwendigerweise unaufgebbare Einsichten, wenn auch nicht in der dort artikulierten Stringenz verbunden: Die theologisch begonnene R., die sich an der kirchlich vermittelten Theologie entzündete, wurde von den verschiedenen Schichten der Gesellschaft Anfang des 16. Jh. unterschiedlich rezipiert. Der niedere Adel, obwohl bereits in rechtlicher, wirtschaftlicher und militärtechnischer Hinsicht ein verfallender Stand, schien zunächst am ehesten als Träger der R. geeignet, wie u.a. Luthers Frühschrift *An den christlichen Adel deutscher Nation von des christlichen Standes Besserung* (1520) unterstreicht. Während die Bauern seine Theologie so auslegten, wie sie diese verstanden. Die Vorstellung vom »Priestertum aller Gläubigen« und von der Kirche als »Volk Gottes« sowie ein Berufsethos, das Arbeit geradezu als Gottesdienst definierte, mussten dem gemeinen Mann schlechthin als revolutionär erscheinen. Luther selbst hatte jedoch, wie seine Haltung im Bauernkrieg (1524/25) erkennen lässt, anders als z.B. Thomas Müntzer an keine prinzipielle Veränderung der ständischen Ordnung gedacht.

Der von Erasmus v. Rotterdam seinerzeit erhobene Vorwurf, Luther hätte die Wirkung seiner Worte besser bedenken sollen, ist seitdem vielfach wiederholt worden. Nach den verlorenen Aufständen war der gesellschaftliche Einfluss der Bauern jedoch erheblich eingeschränkt. So blieb es dem erstarkenden Bürgertum in den Städten wie den immer autarker werdenden Landesfürsten vorbehalten, die R. zu festigen. Damit waren allerdings ursprüngliche Positionen einer »Reformation von unten« aufgegeben. An die Stelle einer reformierten Gesamtkirche trat deren Aufspaltung in Konfessionen, wozu auf beiden Seiten jeweils ab- und ausgrenzende Bekenntnisschriften beitrugen. Statt eines in *rebus theologicis* mündigen Gemeindegliedes stand am Ende in der ev. Kirche ein ordentlich ausgebildeter Pfarrer, der der Gemeinde in jedem Falle vorgeordnet war. Die Pastoren selbst hatten wiederum ihren »Vorgesetzten« (Propst, *propositus*), die Pröpste ihren

»Aufseher« (Bischof, *episcopus*). Nachdem die kath. Bischöfe in den reformierten Ländern abgeschafft waren, traten an deren Stelle jeweils die weltlichen Landesherren. Als *summus episcopus* fungierte der Regent fortan als Garant des kirchlichen Friedens, während der Titel »Notbischof« tatsächlich seine prekäre Stellung im Verhältnis von Staat und Kirche markierte.

Ein hierarchisch strukturiertes Kirchenregiment – häufig in die oberste Unterrichtsbehörde integriert, woher heute noch die Bezeichnung »Kultus«ministerium rührt – sorgte fortan in den luth. Kirchen für Recht und Ordnung, während sich in der presbyterial verfassten Reformierten Kirche über Jahrhunderte bis in die Gegenwart ursprüngliche Ansätze einer Kirche »von unten« erhalten haben. Dabei bleibt die Frage offen, wie die R. unter anderen Bedingungen hätte verlaufen können. So haben denn auch unter dem Aspekt des Nicht-Abgeschlossenen Vorstellungen von der R. als kreativem Impuls und als Korrektiv ihre Berechtigung. Im historischen Rückblick wie auch in der Analyse der Gegenwart lässt sich zeigen, dass das Prinzip des *semper reformanda* zeitlos ist und für jede Kirche gilt.

Luthers reformatorischer Ansatz ist zunächst individualpsychologischer Art, insofern als die in der Kirche offerierten Gnadenmittel (Sakramente und sog. Werkgerechtigkeit) ihn nicht davon überzeugen konnten, ein von Sünde und Angst befreiter Mensch zu werden. Durch ein intensives Bibelstudium (Römerbrief) kam er zu der Erkenntnis, dass es sich bei der Gerechtigkeit Gottes nicht um eine an menschlichen Vergehen und Verdiensten orientierte Rechtsprechung handle, sondern um dessen gnädige (*sola gratia*) Zuwendung, indem die Sünde nicht mehr angerechnet wurde, nicht mehr in das Urteil einfließe, der Mensch vielmehr allein aufgrund seines Glaubens (*sola fide*) gerecht, d.h. freigesprochen werde. Dass man seine Befreiung von Schuld, wie das sog. Ablasswesen (Tilgung von zeitlichen Strafen, auch der von Verstorbenen) suggerierte, durch Einzahlung von Geld erwirken könne, musste dieser theologischen Erkenntnis geradezu Hohn sprechen. In seinem Rückgriff allein auf die Schrift (*sola scriptura*) wurde die traditionelle kath. Lehre in Frage gestellt.

Diese Theologie- und Kirchenkritik entzündete sich nicht zuletzt an einem erschreckend niedrigen Bildungsniveau des Klerus um 1500. Entsprechend schlecht war die seelsorgerliche Betreuung der Bevölkerung, von der immerhin 80 bis 90 Prozent auf dem Lande lebten. Die Moral der niederen wie höheren Geistlichkeit (u.a. Konkubinat, Käuflichkeit) war wenig glaubensfördernd. Hinzu kamen strukturelle Defizite wie das Pfründen- und Inkorporationswesen. In vielen Pfarreien, die den Klöstern und Domkapiteln unterstellt waren, hatte die dörfliche Bevölkerung keinerlei Mitspracherecht. Die geistliche Gerichtsbarkeit, ursprünglich standesspezifisch ausgerichtet, hatte sich im Laufe der Zeit ausgeweitet und war zuständig u.a. für Ehebruch, Abgabe des Zehnten oder Eidesverletzung.

Neben der Verbreitung der luth. Lehre in Nordeuropa, die in Skandinavien zu regelrechten Staatskirchen führte und auf diese Weise die jeweilige Königsherrschaft stabilisierte, fasste in der Schweiz, in Schottland und Westeuropa der → Calvinismus Fuß. Kennzeichnend für diese »nach Gottes Wort reformierten Kirchen« ist von Anfang an eine besondere Kirchenzucht und ein Berufsethos, das sich aus dem Gedanken der → Vorsehung bzw. Erwählung herleitet. Auch das Entstehen der Anglikanischen Kirche unter Heinrich VIII. ist ohne das Vorbild der kontinentalen R. nicht vorstellbar. Spätestens mit dem Ende des 30jährigen Krieges (1648) und der damit verbundenen reichsrechtlichen Anerkennung auch der Reformierten Kirche ist die historische Epoche der R. beendet. [GB]

Reformationstag   Die Feier eines besonderen R. begegnet uns schon in den Kirchenordnungen Bugenhagens. Sie ist fixiert auf den Jahrestag, an dem jeweils die → Reformation in den betreffenden Ländern eingeführt wurde. Als Variante erscheinen dann noch Luthers Geburts- und Todestag sowie in Süddeutschland das Datum der Übergabe der → Confessio Augustana auf dem Reichstag (25. Juni 1530). Der Tag des Thesenanschlags (31. Oktober) wurde verhältnismäßig spät (1667) durch Johann Georg II. von Sachsen eingeführt. Nachdem das Reformationsfest jahrhundertelang der eigenen konfessionellen Profilierung diente, hat es in der Gegenwart an Bedeutung verloren. Nach 1989 wird jedoch in den Bundesländer Mecklenburg-Vorpommern, Sachsen Anhalt, Thüringen und Brandenburg der 31. Oktober als gesetzlicher Feiertag begangen. [GB]

Reich Gottes   Der Begriff geht auf das griechische *basileia tou theou* zurück, das sich mit Reich oder Herrschaft Gottes übersetzen lässt. Die Botschaft vom R.G. stellt das zentrale Thema der Verkündigung Jesu dar. Die Wurzeln dafür liegen im AT. Neben Aussagen von der gegenwärtigen Königsherrschaft Gottes begegnet dort in prophetischen Texten das R.G. als eine auf die Zukunft bezogene Größe, indem Gott am Ende der Tage das Böse vernichten und seine immerwährende Herrschaft aufrichten wird. Jesus knüpfte an diese prophetisch-apokalyptische Vorstellung vom künftigen R.G. an, füllte allerdings vertraute Bilder mit neuem Inhalt, indem für ihn das Endzeitgeschehen bereits im Anbruch begriffen war. Grundlage dafür ist, dass er den von seinen Zeitgenossen erst am Ende der Tage erwarteten Satanssturz mit Wiederaufrichtung der Herrschaft Gottes über seine Schöpfung bereits vollzogen sah (Lk 10,18).

Jesus kann sowohl präsentisch als auch futurisch vom R.G. sprechen. Es erweist sich als dynamische Größe, die vor allem in Wunderheilungen inmitten der alten Welt Gestalt anzunehmen beginnt (Lk 11,20), in ihrer Vollendung aber noch aussteht (Mt 6,10). Das Doppelgleichnis vom Senfkorn und vom Sauerteig (Mt 13,31ff.) illustriert, wie sich die in ihren Anfängen noch unscheinbare Gottesherrschaft in einem unaufhaltsamen Wachstum Durchsetzung verschaffen wird. Im Gleichnis von den Arbeitern im Weinberg (Mt 20,1–15) begegnet das R.G. als eine durch Verdienst und Gnade ermöglichte Größe, die Randgruppen Israels wie Zöllner und Sünder integriert. Andere Gleichnisse Jesu sprechen von der Nähe der Gottesherrschaft und enthalten den dringlichen Appell, der Einladung Gottes nachzukommen. Zahlreiche Jesusworte formulieren Einlassbedingungen für das R.G., das wie ein Geschenk angenommen werden soll (Mk 10,15), aber auch eine radikale Entscheidung fordert (Mk 10,25).

Außerhalb der Jesusüberlieferung spielt die Rede vom R.G. im NT nur eine untergeordnete Rolle. In apokalyptischen Traditionen wie 1Kor 15,23ff. und Offb 20 ist dem künftigen und ewiglich währenden R.G. ein zeitlich begrenztes Reich Christi vorgeschaltet. Die Johannesoffenbarung stellt dabei die endzeitliche Herrschaft Gottes in scharfen Kontrast zur gegenwärtigen Herrschaft des römischen Kaisers.

In der Theologiegeschichte kommt der Rede vom R.G. ein deutlich geringerer Stellenwert zu, als dies bei anderen Zentralbegriffen der biblischen Tradition der Fall ist. Dennoch blieb das R.G. immer Inbegriff christlicher Hoffnung auf eine bessere Welt. Die »Schwärmer« der Reformationszeit suchten das R.G. und das neue Jerusalem (Offb 21) gewaltsam herbeizuführen. Im Pietismus wurde das R.G. nicht nur zum Gemeingut von Theologie und Frömmigkeit, sondern auch zur Motivation ethischen Handelns. Mit der Vorstellung von der Arbeit am R.G. beginnt diese zukünftige Größe in das Diesseits hineinzuscheinen. Im Zuge der Aufklärung wurde der Reich-Gottes-Gedanken weltimmanent als Realisierung der allgemeinen Vernunftwahrheit und der sittlichen Vollkommenheit des Menschen verstanden. Seinen Höhepunkt erreichte dies in der liberalen Theologie des 19. Jh., die in Anlehnung an Kant das R.G. als höchstes Gut in Gestalt der sich innerweltlich entwickelnden Liebesgemeinschaft der Menschen ansah. Im Rahmen von Sozialutopien und ungebrochener Fortschrittsgläubigkeit erfolgte unter maßgeblichem Einfluss Hegels eine Säkularisierung der Vorstellung vom R.G., indem dieses mit dem Idealzustand einer gerechten und alle Unterschiede aufhebenden Gesellschaft auf Erden gleichgesetzt wurde.

Auch im religiösen Sozialismus kam diese inspirierende Kraft der R.G.-Erwartung für die gesellschaftliche Erneuerung zum Tragen. Den Versuchen, das R.G. unter Berufung auf die Verkündigung Jesu als eine diesseitige, sich innerweltlich verwirklichende Größe zu betrachten, bereitete Johannes Weiß im ausgehenden 19. Jh. ein Ende, indem er zeigte, dass Jesus unter dem R.G. eine von der vorfindlichen Wirklichkeit unterschiedene neue Welt verstand, die allein von Gott herbeigeführt wird. Damit wurde die Theologie vor die Aufgabe gestellt, die Zukünftigkeit und Unverfügbarkeit des R.G. neu zu bedenken, das die gegenwärtige Wirklichkeit als unvollkommen entlarvt und sie einst überwinden wird. [BK]

Reinkarnation [lat. *re* »wieder, erneut«, *in* »hinein«, *caro* »Fleisch«] Ist nach dem Sterben alles zu Ende? Religionen verneinen das. Sterbliches verwest, Unsterbliches überlebt. Manche lehren, der unsterbliche Anteil suche einen neuen Leib, weil lebende Wesen aus Geist und Leib bestünden. Grobstofflich sind Leiber der Menschen und Tiere, feinstofflich die von Geistwesen.

R. verbindet sich mit Zukunftshoffnung: Ein Großer wird wiederkehren, ein Vorfahre, ein Messias. In Afrika z.B. dienen gute Menschen ihrer Großfamilie, ihrer Sippe, ihrem Volk. Wenn sie sterben, werden sie zu → Ahnen. In vielen (nicht in allen) afrikanischen Religionen erwartet man die Rückkehr verehrter Ahnen, deren Kraft und Weisheit willkommen sind. Man müht sich herauszufinden, wer als Neugeborenes zurückkommt. Geistige Neigung und körperliche Veranlagung des Verstorbenen werden mit denen des Neugeborenen verglichen. Ist der Wiedergekehrte erkannt, gebührt dem Kind derselbe Respekt, den man dem verehrten Verstorbenen schuldig war.

Seelenwanderung lehrt man in Religionen des Ostens. Sie dient als Läuterungsweg. Jede neue Geburt bietet Möglichkeiten, Weisheit und Reinheit zu erwerben. Bleibt dieser Zweck unbewusst oder ungenutzt, dann wird Seelenwanderung als Fluch empfunden. Zwar rechnet man mit der Möglichkeit, nach leidvoller Existenz in höllischem oder tierischem Dasein auch mit glücklichen Existenzformen in himmlischer oder menschlicher Umgebung belohnt zu werden, doch immer nur auf Zeit. Deshalb wird Seelenwanderung an sich als Unheil gedeutet und nach Erlösung zu ewiger Ruhe gestrebt.

Wiedergeburt lehrt man in Religionen des Westens. Am Ende der Zeiten soll die Menschheit vor den göttlichen Richter treten. Zuvor müssen die Toten wieder lebendig werden in einer einzigen und endgültigen Wiedergeburt. Die wird als Auferweckung erwartet, falls man annimmt, die Seelen hätten die Zeit seit dem Tod bewusstlos oder schlafend verbracht. Oder man denkt an eine Neuschöpfung, falls man glaubt, nichts Menschliches könne den Tod überleben. Auferweckte wie Auferstandene werden in überirdisches Dasein wiedergeboren. Nicht auf zukünftiges, sondern auf vergangenes Leben richtet sich ein neues Interesse an Wiedergeburt. Man versucht, früheres Dasein zu erinnern. Wiedergeburtsforschung wird in esoterischen Kreisen (→ Esoterik) betrieben, psychologische Verfahren wie das sog. »Rebirthing« machen vergangene Existenzen erlebbar. [HJG]

Religion [lat. *religio*, abgeleitet entweder von *religare* »verbinden (mit Gott)« oder von *religere* »sorgsam beachten« im Gegensatz zu *negligere* »vernachlässigen«] Die Griechen kannten kein äquivalentes Wort. Im NT heißt die Entsprechung *pistis* (Glaube). In den christl. Wortschatz gelangte der Begriff durch die lateinische Bibelübersetzung und die lateinischen Kirchenväter. Mit der Verbreitung europäischer Sprachen wurde R. als Fremdwort überall in der Welt bekannt. Unter sich bezeichnen Außereuropäer ihre eigene R. anders. Der lateinischen Benennung am nächsten kommt das arabische *Din* (*din al-Islam*). Drei Übersetzungen finden sich besonders oft. 1. »Schule« oder »Lehre« (z.b. chinesisch *Jiao* [sprich Dschiao], der chinesische Buddhismus heißt *Fu Jiao*). 2. »Gesetz«, »Sitte« (z.b. Hindu *Dharma* oder *Igbo Omenána*). 3. »Weg« (z.B. japanisch *Do*, bzw. *To*; *Schinto* heißt »Weg der Götter« oder »Geister«).

R. zeigen sich überall auf der Welt. Das Wort »Lehre« weist meist auf eine missionierende R. hin, sie tritt zu anderen in Konkurrenz. Es geht um Erkenntnis und Offenbarung, um Argumente und Lehrautorität. Das Wort »Gesetz« deutet zumeist auf eine exklusive R., der man durch Geburt angehört und in die Nichtverwandte höchstens als Adoptierte aufgenommen werden. Hier steht nicht eine Lehre im Zentrum, sondern religiöses Tun und sorgsame Beachtung von Geboten und Verboten in großer Zahl. In solchen Kulturen lässt sich R. nur schwer vom Recht oder Ackerbau, von Kindererziehung oder Kunst isolieren, was anderswo möglich ist. »Gesetz« und »Sitte« benennen eine umfassende religiöse Lebensgestaltung. Das Wort »Weg« kann sowohl exklusive als auch missionierende R. bezeichnen. Mit ihm verbindet sich die Vorstellung von Ziel, Fortschritt und Rückschritt, vom geraden, vom Ab- und vom Irrweg.

Jede R. verspricht Erlösung, das gehört zu ihrem Wesen. Religiöse Erlösung kann von keiner irdischen Institution bewirkt werden, weil es dazu der Mitwirkung überirdischer Macht bedarf. Wovon erlöst werden soll, wo und wann, das wiederum unterscheidet die einzelnen R. untereinander. »Überirdisch« heißen Kräfte, die vom natürlichen Auge nicht gesehen werden, deren Wirken aber in der sichtbaren Welt erlebbar ist. Was von Materie nicht beschwert wird, nennt man »geistig« und »Geist«. Weil R. mit Geistigem befasst sind, unterscheidet sich religiöses Wirken von nichtreligiösem. Charakteristisch für den Unterschied ist der Abstand zur materiellen Welt, der in R. gesucht wird. Versenkung blendet die laute, bunte Welt aus dem Bewusstsein. Askese bedeutet, vor den natürlichen Trieben nicht bedingungslos zu kapitulieren. Mythen sprechen mit Bildern und poetischer Sprache tiefere Schichten als den Verstand im Menschen an. Riten sind eine Form menschlichen Handelns, mit dem man nichts Materielles produzieren, sondern hinüber ins Unsichtbare wirken will. Rituelle Reinheit wird gefordert für den Grenzbereich, in dem irdische Bedingungen nicht mehr und überirdische noch nicht gelten. [HJG]

Religionsgeschichte (historisch) Die R., angewandt auf die jüdische und die christliche Religion, beschäftigt sich weniger mit der Systematisierung von theologischen Inhalten und der Sonderstellung der Bibel als verbindliche Quelle für die Lebensgestaltung, sondern mit der Entstehung von theologischen Aussagen und ihrer Beeinflussung durch andere Religionen bzw. durch bestimmte Trägerkreise. Sie sieht die Bibel somit als eine der Religionen des Vorderen Orients (AT) bzw. des hellenistisch-römischen Kulturkreises (NT) und beobachtet die gegenseitigen Einflüsse der Religionen untereinander.

Einen ersten Höhepunkt erlebte die R. im ausgehenden 19. und frühen 20. Jh. (»Religionsgeschichtliche Schule«), als sich ein Kreis von Wissenschaftlern – vornehmlich, aber nicht ausschließlich aus Göttingen (z.B. Gunkel, Bousset, Wrede, Eichhorn, Greßmann) – um die Ableitung und Parallelität biblischer Aussagen aus den Religionen der Umwelt bemühte. Im Umfeld dieser Forscher entstanden zahlreiche Arbeiten, die – literarkritische Ergebnisse der historisch-kritischen Erforschung und die zunehmend reicher werdenden Textquellen aus der Umwelt der Bibel aufnehmend – aufzeigten, dass sich die grundlegenden theologischen Aussagen der Bibel in einem längeren Zeitraum unter starkem Einfluss der Umweltreligionen entwickelt haben. Als Gegenbewegung formierte sich die »Dialektische Theologie« (u.a. Barth), die betonte, dass sich die Bibel von anderen Religionen durch ihren Offenbarungsgehalt unterscheide. Barth forderte eine »theologische Exegese«, die das »Wort Gottes« wieder zum Sprechen bringe und es nicht als eine ableitbare Entwicklung aus anderen Religionen verstehe. Den nachhaltigen Wandel, den Barth auslöste, kann man u.a. daran erkennen, dass als einschlägiges atl. Lehrbuch die bis dahin übliche »R. Israels« von der »Theologie des Alten Testaments« abgelöst wurde.

Vorwiegend im Bereich des AT erlebte die R. in den letzten Jahren eine Renaissance. Ausgelöst wurde dies v.a. durch Inschriftenfunde aus der Königszeit, die von »JHWH und seiner Aschera« (→ JHWH, → Aschera) sprachen. Damit rückte die Frage des → Monotheismus in den Mittelpunkt atl. Forschung – und in der Folge die Frage nach der Entstehung und den Wurzeln des JHWH-Glaubens. Neben den biblischen und außerbiblischen Texten wurde in diesem Rahmen zunehmend auch die → Ikonographie (besonders O. Keel und seine Schüler) als Quelle für das Verstehen des AT herangezogen, was eine Vielzahl neuer Einsichten ermöglichte.

R. wird in der Gegenwart in beiden exegetischen Fächern nicht als alleiniger Zugang zur Interpretation biblischer Texte verstanden, aber als eine notwendige Voraussetzung zum Verstehen der Texte. Die Verfasser und Empfänger der biblischen Texte kannten die religiösen Praktiken ihrer alltäglich erlebten Umwelt und setzten sich damit produktiv auseinander. Erst eine ausreichende Kenntnis der religiösen Praktiken, Verhältnisse und Vorstellungen zur Abfassungszeit der biblischen Texte macht es möglich, diese Auseinandersetzung in den biblischen Texten zu erkennen und zu würdigen. [WZ]

Religionsgeschichte (systematisch) Erforscht wird die Vergangenheit und die Gegenwart grundsätzlich jeder historischen Religion, wo immer sie zu finden sein, wann immer sie existiert haben mag. Religionsgeschichtler erforschen extinkte und lebende Religionen. Ihre Quellen sind folglich archäologisch, philologisch, mündlich überliefert und beobachtet. Unmöglich kann jedes Detail, das die Quellen hergeben, erforscht werden, immer ist eine Auswahl zu treffen, indem man bestimmte Fragen an die Quellen stellt. Als fruchtbar haben sich (nach Joachim Wach) drei erwiesen: 1. Wie ist diese Religion geworden, was sie jetzt ist? 2. Wie würden ihre Anhänger sie am liebsten haben wollen, welches Ideal streben sie an? 3. Wie ist diese Religion wirklich?

Ihre Quellen gewichten Religionsgeschichtler unterschiedlich. Von der Philologie ausgehend hat man sich auf schriftliche Quellen konzentriert und dabei jene Religionen vernachlässigt, die allein mündliche Überlieferungen besitzen und die u.a. auch deshalb (ganz zu Unrecht) als »primitiv« angesehen werden. Philologische Forschung führte zu einer fast ausschließlichen Beschäftigung mit religiösen Lehren, vor allem solchen, die als orthodox gelten. Wie eine heilige Schrift gegenwärtig verstanden wird, was man auslässt, wovon man abweicht, die religiöse Wirklichkeit also, sie wurde von philologisch arbeitenden Religionsgeschichtlern ignoriert und von manchen abgewertet als »bloße« Volksfrömmigkeit. Das beginnt sich zu ändern, seit die Gegenwartsforschung Gewicht gewinnt und mit ihr direkte Beobachtungen und mündliche Quellen.

Der R. ist aufgegeben, geordnetes, systematisches Wissen zu vermitteln, welches kontrollierbar sein muss. Interpretation löst diese Aufgabe. Die Intention religionsgeschichtlicher Interpreten kann auf eine kausal-genetische Erklärung religiöser Wirklichkeiten abzielen, um sie bemühen sich gegenwärtig vor allem soziologisch orientierte Religionsgeschichtler. Marxistisch inspirierte Interpretationen von Religion gehören indessen bereits wieder der Vergangenheit an.

Eine andere Intention religionsgeschichtlicher Interpretation zielt auf das, was sich jenseits der vertrauten Werte, der eigenen Kultur und des übernommenen Weltbildes findet. Derart Fremdes gilt es weder zu be- noch zu verurteilen, sondern zu verstehen. Hierbei rückt der Mensch in den Vordergrund gegenüber Aspekten wie Lehren, Riten, Tempeln, sakralen Zeiten, Orten u.a. Verstehen fremder Religiosität erfordert persönliche Anteilnahme, welche über akademische Professionalität hinausgeht. Es gilt zu lernen, um mit Wilfred Cantwell Smith zu reden, die eigene »Brille« abzulegen und z.B.

die eines indischen Muslim aufzusetzen, um die Welt zu sehen, wie er sie sieht, wenn ihn etwa sein Sohn enttäuscht hat oder seine Frau gestorben ist oder wenn er für eine Wohltat Dank empfindet. Die unterschiedlichen Intentionen der Interpretation religionsgeschichtlicher Quellen müssen einander nicht ausschließen. [HJG]

Religionskritik   Die R. kann mit dem Anliegen einer kritischen Überprüfung der Grundlagen religiöser Erkenntnisse und Aussagen oder der praktischen Umsetzung religiöser Vorstellungen in bestimmten Systemen, z.B. der Kirche, sowohl von außen an die jeweilige Religion herangetragen werden als auch sich als immanentes Phänomen zu erkennen geben. Der Begriff der R. hat sich aus der philosophisch ausgerichteten Kritik an der Religion ergeben und wurde erst von dort auch auf die Binnenperspektive übertragen, gleichwohl ist die systemimmanente Kritik wesentlich älter. Bereits die Kritik der Propheten im AT kann als eine Form der R. interpretiert werden, wenden sie sich doch gegen einzelne Kultpraktiken und insofern gegen ein Religionsverständnis, das dem exklusiven Charakter der JHWH-Offenbarung widerspricht. Auch die Auseinandersetzung Jesu mit dem Judentum seiner Zeit spiegelt ein religionskritisches Verhalten wider (Antithesen der → Bergpredigt). Mit Hinblick auf Luther und die reformatorische Kritik am Katholizismus kann schließlich auch die konfessionelle Auseinandersetzung als ein spezieller Aspekt in der Binnenperspektive der R. gedeutet werden.

Trotz dieser weit greifenden Ansätze zu einem kritischen Umgang mit Ausdrucksformen der Religion werden unter R. im engeren Sinne die philosophischen Richtungen einer Radikalkritik verstanden, die sich erst in der Moderne einstellten und das Ziel einer Destruktion der Religion mit den Mitteln der Vernunft verfolgen.

Ausgehend von Kants Kritik am Erkenntnisgehalt der Religion (→ Gottesbeweise) formuliert Fichte in seinem zunächst anonym veröffentlichten und Kant zugeschriebenen *Versuch einer Critik aller Offenbarung* (1792) den Ansatz, demzufolge die Inhalte aller Erkenntnis als Produkte des Bewusstseins zu bewerten sind. Religiöse Offenbarungen sind in diesem System lediglich Erscheinungen, die auf die Produktivität des Ichs zurückverweisen. Feuerbach greift diesen Ansatz wieder auf (*Das Wesen des Christentums*, 1841) und stellt dabei die Gottesbilder der Religion als reine Projektion, als Darstellung »grundloser luxuriöser Wünsche des Menschen« dar. Mit dieser Übertragung der Religion auf die menschlichen Sehnsüchte überführt er die Theologie in eine Anthropologie und liefert die Grundlage, auf der nahezu alle Entwürfe der R. in der Neuzeit aufbauen. Auch Marx beruft sich in den zusammen mit Engels herausgegebenen *Thesen über Feuerbach* (1845/48) auf diesen Ansatz, beharrt jedoch darauf, das Subjekt dieser religiösen Projektionen in die Dialektik des realen gesellschaftlichen

Handelns einzubinden, und kommt mit dieser ökonomisch ausgerichteten Sichtweise zu einer Kritik an den Unterdrückungsprinzipien der Kirche. Einen Höhepunkt erreicht die philosophische R. in dem Werk von Nietzsche. Er deutet den religiösen Glauben als eine Form der Selbstkorruption, bei der alle Verantwortlichkeit auf ein Gottesbild projiziert wird, um sich selbst in der Schwäche des Unvollkommenen zu belassen. Die Erklärung des Todes Gottes schließt diese Form der R. ab. Gleichermaßen durch Nietzsche wie durch Feuerbach geprägt ist die psychoanalytische R. durch Freud, der die Religion als kollektive Zwangsneurose und als infantile Sehnsucht des Menschen definiert und dabei das Gottesbild als eine Übervater-Projektion herausarbeitet.

Neben der überwiegend von Seiten der Philosophie formulierten Kritik gehören auch die Antworten der Theologie auf diese Herausforderung selbst zum Bereich der R. In verschiedenen Ansätzen ist immer wieder versucht worden, den Einwand zu entkräften, Religion sei das Produkt des menschlichen Geistes und insofern nur Ausdruck menschlicher Subjektivität oder gar lediglich durch nichts zu belegende Hypothese. In nicht minder radikaler Weise reagierte die → Dialektische Theologie bzw. ihr Hauptvertreter Karl Barth. Die Kriterien übernehmend, übertrug er die Kritik an der Religion auf das Christentum und setzte die christliche Glaubensoffenbarung der Religion diametral gegenüber. Für ihn erweist sich der Wahrheitscharakter der christlichen Offenbarung gerade darin, dass diese sich nicht als Religion versteht, folglich ein areligiöser Glaube ist. Die Selbstoffenbarung Gottes wird in der Dialektischen Theologie selbst als eine Form der R. wahrgenommen und löst diese insofern ab (*Kirchliche Dogmatik* §17). Diese Lösung der religionskritischen Einwendungen durch die schlichte Erklärung, die christl. Offenbarung gehöre nicht zu den Religionen, führt in der Konsequenz – unter weiterem Einfluss der Entmythologisierung – zu einer areligiösen und schließlich zu einer *atheistischen* Theologie. So formuliert Bonhoeffer unter dem Anspruch, die praktischen Konsequenzen aus dem Ansatz Barths zu ziehen, die These vom Ende der Religion, mit der er den Menschen des 20. Jh. prinzipiell die Fähigkeit abspricht, überhaupt noch religiös sein zu können (*Widerstand und Ergebung*). Nicht zuletzt vor den Eindrücken des Ersten Weltkriegs und den Erfahrungen im Widerstand gegen den Nationalsozialismus kommt es zu dieser Entgötterung der Welt und der Theologie, die durch Nietzsches These vom Tod Gottes zwar beeinflusst ist, die aber ihren Ansatz im christlichen Glauben selbst hat – wie durch F. Gogarten aufgezeigt worden ist. Die »Theologie nach dem ›Tode Gottes‹«, mit der Dorothee Sölle (*Stellvertretung*) in den 60er Jahren Aufsehen erregte, ist somit nichts anderes als die letzte Etappe in dem durch die R. eingeleiteten Prozess, der konsequent zum Ende des Theismus in der Theologie führt, was jedoch nicht mit dem Ende des christlichen Glaubens verwechselt werden darf.

Trotz oder gerade wegen dieser konsequenten Verfolgung der religions-kritischen Einwendungen, die letztlich bis heute unwiderlegt bleiben, ist damit weder das Christentum als Religion noch die religionsphilosophische Beschäftigung mit ihm an ein Ende gekommen. Die in der → Postmoderne wieder aufflackernde Sehnsucht des aufgeklärten Menschen nach einer der Vernunft an die Seite gestellten Form der Religiosität, die Versuche zu einer an Erfahrungen orientierten → Mystik des gelebten Glaubens und nicht zuletzt die unter dem Vorzeichen der Globalisierung aktualisierte Debatte über den Dialog der Religionen lassen die Dimension des Religiösen auch unter dem Vorzeichen der R. nach wie vor aktuell erscheinen. [MV]

Religionspädagogik   Der Begriff ist allgemein geläufig und hat seinen Vorgänger → Katechetik nahezu verdrängt. Dieser Prozess verlief nicht rei-bungslos, trug doch die damit verbundene Neuorientierung in Theorie und Praxis alle Zeichen der → Säkularisierung, verharrten dementsprechend die Kirchen auf althergebrachten Positionen. Der Siegeszug der R. begann um die Jahrhundertwende (1900), als liberale Theologie – sprich Religions-wissenschaft – und Herbart'sche Pädagogik sich miteinander verbanden. Einige renommierte Väter der R. waren zugleich Reformpädagogen, ent-sprechend wurden ihre Thesen rezipiert. Das Problem der Lehrbarkeit von Religion – bislang keine relevante Kategorie der Katechetik, auch wenn Katechismen auswendig gelernt wurden – ließ sich anscheinend derart lösen, dass Erlebnisse und Gefühle als übertragbar galten, insofern als sie an-steckend wirkten. Von daher gesehen ist es verständlich, dass bei der Defi-nition der neuen Disziplin R. die Psychologie eine große Rolle spielte. Be-zeichnenderweise verwies das seinerzeit bekannteste Unterrichtswerk von Richard Kabisch *Wie lehren wir Religion?* in seinem Untertitel auf diesen Sachverhalt: *Versuch einer Methodik des evangelischen Religionsunterrichts für alle Schulen auf psychologischer Grundlage.*

Die klassische R., und man kann sagen auch noch deren Nachfolgekon-zeptionen bis in die jüngste Vergangenheit, war vornehmlich auf den schuli-schen Religionsunterricht ausgerichtet. Insofern, als erstmalig dessen Didak-tik und Methodik wissenschaftlich reflektiert wurden, gelang es, diesen im Kanon der Fächer zu sichern. Die einseitige Fixierung auf die Schule resul-tierte aber auch daher, dass durch die verfassungsrechtliche Verankerung des Religionsunterrichts dieser ständig unter Legitimationszwang stand. Diese Umstände führten immerhin dazu, dass sich abgesehen von allen Differen-zierungen (Volksschule, höhere Schulen) Konzeptionen entwickelten, die Profil aufwiesen. Andererseits gab es zu keiner Zeit eine pädagogische Pro-vinz, also eine von politischen und gesellschaftlichen Strömungen unberühr-te Schule, die gesellschaftliche Basis war stets präsent, ebenso wie man den Einfluss anderer Wissenschaften auf die R. niemals ausschließen konnte.

Nach einer ganz im Kulturoptimismus bzw. -protestantismus des ausgehenden 19. Jh. aufgehenden R., die man auch als »liberal« bezeichnen kann, folgte nach dem Ersten Weltkrieg als Reaktion der »Kirchliche Unterricht« bzw. die »Evangelische Unterweisung«. Anstelle der zu lehrenden Religion war jetzt Glaube intendiert. In der Verkündigung des Evangeliums fungierte der Religionslehrer als Zeuge. In der kath. Kirche gab es parallele Entwicklungen. Auf die sog. »Münchner und Wiener Schule« – vergleichbar der liberalen protestantischen R. – folgte die »Kerygmatische Katechese« bzw. »Religiöse Unterweisung«. Nationalsozialismus und Nachkriegsverhältnisse trugen dazu bei, dass alle diese Konzeptionen sowohl im Protestantismus als auch Katholizismus bis in die 50er Jahre des 20. Jh. virulent blieben.

Der historisch-kritischen Exegese des AT und NT war es zu verdanken, dass danach der »Hermeneutische Unterricht« Einzug in die Schule hielt. Er war ausgesprochen anspruchsvoll. Dass er wenig später durch die Kulturrevolution der 60er Jahre verdrängt wurde, war nicht unbedingt folgerichtig, vor allem, weil der nunmehr propagierte »Problemorientierte Religionsunterricht« zunächst nichts über seine Inhalte aussagte, sondern im Grunde nur einen methodischen Wechsel markierte. Problemorientiert bedeutete ja nicht, dass die Bibel keine Probleme enthielt. Fraglich war nur, wie man mit ihnen umging. Unsicherheit bestand lediglich insofern, als gewisse moderne Probleme sich nicht ausdrücklich in den biblischen Schriften orten ließen. Dies aber musste nicht zwangsläufig zur Eliminierung des hermeneutischen Ansatzes führen – im Gegenteil: Hermeneutik war gefordert, um von der Mitte der Schrift aus Probleme lösen zu können. Insofern war der Anspruch des »Problemorientierten Unterrichts« kurzschlüssig. Unbestritten war aber auch, dass viele Probleme aus den gesellschaftlichen und politischen Zuständen der 60er Jahre resultierten, die man hoffte, zumindest teilweise in der Schule kompensieren zu können. Der »Therapeutische Religionsunterricht« sollte daher zur Ichfindung des Schülers sowohl in individual- als auch sozialpsychologischem Sinne beitragen.

Das Bild der Gegenwart ist vielfältig. Einig sind sich neuere theoretische Entwürfe darin, dass R. zeitgemäß sein müsse. Das bedeutet dann, dass phänomenologisch die verschiedensten Lernfelder beschrieben und viele Aspekte, besonders jener der Medienkultur, berücksichtigt werden sowie dass R. über die konfessionellen und nationalen Grenzen hinaus geortet wird. So gesehen avanciert die R. zu einer Universaldisziplin mit der Folge, dass die zumeist in einem begrenzten Umfeld religionspädagogisch Arbeitenden – z.B. in Schulen und Gemeinden – sich kaum mehr angesprochen fühlen. Das von 1983 bis 1997 in zehn Bänden erschienene Monumentalwerk *Religionsunterricht in der Grundschule* und *Religionsunterricht in Sekundarschulen* von Hubertus Halbfas bietet eine gute Orientierungshilfe für Lehrer und ist schlechthin ein umfassendes Bildungsprogramm. [GB]

Religionsphilosophie   Der Begriff Gott ist kein philosophischer Terminus, und auch die Frage nach Gott kann nicht als philosophische Fragestellung gelten, da sie den Glauben voraussetzt und somit nicht allein der kritischen Autonomie der Vernunft unterliegt. Dennoch hat sich die Philosophie
schon seit ihren Anfängen (Platon, Aristoteles) immer wieder mit dem Wahrheitsanspruch der Religion beschäftigt und versucht, auf dem Weg »vom Mythos zum Logos« sich erkenntnistheoretisch, ontologisch und hermeneutisch
dem Phänomen der Religion zu nähern (→ Fundamentaltheologie). Insofern
ist die Geschichte der Philosophie in weiten Teilen gleichlaufend mit den
Fragen der philosophischen Theologie. Auf der anderen Seite hat auch die
Theologie gerade in ihren Anfängen der Alten Kirche versucht, den christlichen Glauben als »wahre Philosophie« zu rechtfertigen und ihn im Zuge
dieser Apologie mit den Prinzipien der Vernunft zu versöhnen (→ Gottesbeweise). Jede philosophische Theologie steht folglich in dem Dilemma, einerseits die Grenze zwischen dem Absoluten, Transzendenten, Unbedingten
und dem Bedingten der Erkenntnis nicht leugnen zu können, andererseits
aber auch nicht davon absehen zu dürfen, dass es sich eben bei der Philosophie und der Theologie um zwei grundsätzlich verschiedene Muster der
Wirklichkeitsdeutung handelt. Aus diesem Dilemma leitet sich die entscheidende Frage ab, ob es überhaupt möglich ist, Aussagen über den transzendenten Gott und den Grund alles Seienden zu machen, oder ob gerade das den
Menschen prinzipiell verwehrt bleibt. Unter diesen Voraussetzungen kommt
W. Weischedel zu der noch immer aktuellen Bestimmung, dass »philosophische Theologie äußerst dringlich wie auch höchst fraglich« ist.

Im Unterschied zu diesem übergreifenden Anliegen einer philosophischen Theologie, die auch als natürliche Theologie bezeichnet wird, hat sich
der Ansatz der R. erst unter dem Einfluss der Aufklärung etabliert. Ihr
Anliegen ist es nicht, theologische Aussagen mit den Mitteln der Vernunft
zu untermauern, sondern das Phänomen der Religion mit philosophischen
Mitteln zu betrachten.

Wegweisend war dafür Kant, der durch seine grundsätzliche Kritik an der
Metaphysik nicht nur alle Spekulation über die Existenz Gottes, sondern damit auch die Voraussetzungen einer philosophischen Theologie anzweifeln
musste. Um dennoch die Religion im Sinne einer Instanz für die Moralität
zu sichern, lässt er Gott als ein Postulat der praktischen Vernunft gelten,
definiert damit in seinem Beitrag über die *Religion innerhalb der Grenzen
der bloßen Vernunft* (1793) zugleich aber auch die philosophische Theologie
neu und zwar im Sinne einer Moraltheologie bzw. sogar als »Ethikotheo-
logie«.

Als Reaktion auf den moralischen Theologiebegriff Kants wie auch auf
dessen Metaphysikkritik liefert Schleiermacher mit seinen *Reden über die
Religion* (1799) den Übergang von einer philosophischen Theologie zu einer

R. Vor allem kritisiert er an der Haltung Kants dessen Fixierung auf den Menschen als Ausgangspunkt aller Überlegungen. Demgegenüber betont Schleiermacher den Religionsbegriff und erklärt dabei den glaubenden Menschen als denjenigen, der im Angesicht des Absoluten seinerseits von der Unendlichkeit ergriffen wird. Die Religion beschreibt er dabei als »staunendes Anschauen des Universums« bzw. als »Sinn und Geschmack fürs Unendliche«.

Im 19. Jh. liegt der Hauptakzent der R. in der → Religionskritik; die wichtigsten Ansätze liefern dafür Feuerbach (*Das Wesen des Christentums*, 1841), Schopenhauer (*Über Religion*, 1851) und Nietzsche (*Götzendämmerung*, 1888). Ihnen gilt das Reden über Gott als Ausdruck einer Illusion des Menschen, als Projektion des Menschlichen bzw. als Wunschvorstellung dessen, was der Mensch gerade nicht zu repräsentieren in der Lage ist. Nietzsche führt den Gottesbegriff als Ergebnis eines komplexen Kulturprozesses aus und kritisiert vor allem die Sprache der Metaphysik, durch die alles Reden »vom Höheren« letztlich doch nur aus »dem Niederen« gewachsen ist. Die R. kann er somit als ein Verhängnis der Sprache darstellen und kommt dadurch als Schlussfolgerung zu dem bekannten Satz: »Ich fürchte, wir werden Gott nicht los, weil wir noch an die Grammatik glauben.«

Unter Berücksichtigung der unterschiedlichen Einwendungen von Kant bis Nietzsche entwickelten sich im 20. Jh. Ansätze einer neueren R., in denen weder die christliche Apologie der philosophischen Theologie noch die Religionskritik Inhalt der Überlegungen sind, sondern vielmehr die Beschreibung und Reflexion des Phänomens der Religion. Gesucht wird dabei unter philosophischen Aspekten beispielsweise nach dem Wesen des Heiligen, nach einer Bestimmung der Frömmigkeit, den Regeln für die »Sprachspiele« der religiösen Rede und wie sich überhaupt philosophisch das bestimmen lässt, was den Menschen in der Religion über sich selbst hinaus verweisen lässt. [MV]

Religionspsychologie Gegenstand der Psychologie sind die menschliche Psyche und psychische Vorgänge. Ihre Erkenntnisse beruhen auf dem Experiment und auf diagnostischen Methoden wie dem Gespräch, Fragebögen oder Tests – etwa wenn Reizwörter mit Assoziationsketten beantwortet oder Tintenkleckse und vieldeutige Bilder gedeutet werden.

Religion ist neben der Kunst, der Politik, der Pädagogik u.a. ein spezielles Feld psychologischer Forschung. Im Unterschied zu ihren anderen Sondergebieten akzeptieren viele Psychologen die Wahrheit von Religion nicht, halten sie für illusorisch und versuchen, Religion auf eine natürliche Ursache zurückzuführen, z.B. auf die Todesfurcht.

Diese traditionelle Abwehrhaltung der Religion gegenüber wurde von einer jüngeren Psychologie gemildert. In den USA entstand in den 60er Jahren die »Humanistische Psychologie«, die den Menschen als ein Ganzes betrachtet und nicht als zusammengefügtes Produkt, dessen Teile man isoliert erforscht. Wissenschaftliche Aussagen werden nicht als letzte Wahrheiten verstanden, sondern als Modelle und Metaphern für bestimmte Zwecke. Von Bedeutung ist deshalb nicht nur »Wissen über« etwas, sondern auch intuitives Wissen.

Psychologen experimentierten mit LSD und anderen Drogen. Meditation wurde eingehend erforscht. In den Religionen des Ostens fanden interessierte Psychologen fruchtbare Lehrstätten. Buddhistische Achtsamkeit hat z.B. die »Awareness-Übungen« der »Gestalttherapie« inspiriert. Forscher entdeckten unterschiedliche Zustände des Bewusstseins. Der Streit um »religiöse Gefühle« (Rudolf Otto) erscheint in einem neuen Licht, seit Abraham H. Maslow *peak experiences* beschrieb, religiöse Erlebnisse, die freilich auch durch nicht-religiöse Stimuli ausgelöst werden können. Maslow fand sie vor allem bei Gesunden, selten bei neurotischen oder psychotischen Menschen. Er deutete sie als natürliche Erfahrung, die als natürliches Phänomen zu erforschen sei.

Eine Weiterentwicklung ist die »Transzendentale Psychologie«, die z.T. selber religiöse Züge annimmt. Es gilt, die (Alltags-)Persönlichkeit zu transzendieren. »Sakralisierung des Alltags« ist eines der Ziele. Die Vorstellung »Gott« bleibt als von außen kommend fremd. Man zieht es vor, von »kosmischer Energie«, von »meiner wahren Natur«, vom »Grund meines Seins« zu sprechen, weil solche Formulierungen auf Erreichbares und nicht auf total anderes hindeuten. Einflüsse gibt es auch aus Religionen des Westens. Pietistische Bekehrungserlebnisse und chassidische Frömmigkeit kennen, wie psychologische »Encounter-Sitzungen«, rückhaltlose Geständnisse, Betonung des Hier und Jetzt, nonverbale Kommunikation, Durchbrüche von höchster emotionaler Intensität mit dem Resultat radikaler Verwandlung.

Psychologie hilft der Religion. Die Pastoralpsychologie übernimmt deren Methoden (z.B. Gesprächstherapie, Psychodrama, Gruppendynamik u.a.). Psychologen beantworten religiöse Fragen: wie Gottesvorstellungen und Elternbilder zusammenhängen, wie Glaube sich entwickelt, ob es geschlechtsspezifische Religiosität gibt u.a.m. Neue Religionen (manche werden »Psycho-Sekten« genannt) werfen viele Fragen auf: warum man ihnen anhängt oder ob sie mit »Gehirnwäsche« arbeiten usw. Eine praktische Anwendung psychologischer Erkenntnisse sind Versuche, Mitglieder solcher Religionen zu »deprogrammieren«. [HJG]

Religionssoziologie   Die Soziologie ist eine Gesellschaftswissenschaft neben Wirtschafts- und Geschichtswissenschaft, Politologie, Ethnologie, Demographie. Erforscht werden soziale Systeme und soziales Handeln, spezielle Gebiete sind z.B. Kultur, Kunst, Recht, Staat, Minoritäten und auch die

→ Religion. Soziologen, wenn sie »Religion« untersuchen, beziehen sich auf unterschiedliche Glaubensrichtungen. Karl Marx z.B. spricht allgemein von »der« Religion, die er auf gesellschaftliche Verhältnisse reduziert: »die« Religion als Dienerin der herrschenden Klasse als »Opium für die Unterdrückten«. Emile Durkheim suchte nach der »primitivsten« Religion, um religiöse Elementarformen zu entdecken. Er fand sie in Australien und nannte sie »Totemismus«. Max Weber – er ging den Unterschieden in der sozialen, ökonomischen und politischen Orientierung von Ost und West nach – untersuchte auch die Religionen Chinas und Indiens. Andere Soziologen meinen mit »Religion« die christliche, d.h. eine bestimmte Konfession. In den USA untersuchen sie zumeist protestantische, in Frankreich zumeist katholische Religiosität.

Moderne Soziologen arbeiten empirisch-analytisch. Sie treiben Meinungsforschung aufgrund von Repräsentativ-Umfragen, nutzen Fragebögen, standardisierte Interviews, das freie Gespräch, kontrollierte und unkontrollierte, verdeckte und teilnehmende Beobachtung, auch dauernden Kontakt. In soziologischen Experimenten werden eine Experimental- und eine Kontrollgruppe in künstlichen Situationen beobachtet. Gern nutzt man die statistische Aussageform, z.B. werden Verhaltensweisen oder Eigenschaften auf Skalen eingestuft. Es gibt aber auch soziologische Einzelfallstudien, z.B. aufgrund von Lebensgeschichten.

Religionssoziologen unterscheiden sich durch ihren Ansatz. Zum einen gibt es R. als »Bindestrich-Soziologie«. Hier setzt man bei »der«, d.h. einer bestimmten Gesellschaft an und erklärt Religion als deren Produkt: Ihre Eigenart, ihr geschichtlicher Wandel, dass sie überhaupt existiert: Alles wird aus gesellschaftlichen Funktionen abgeleitet. Auch der Zweck von Religion wird entsprechend beschränkt, sie dient z.B. als soziale Symbolform, als ein Zeichensystem, welches Sinnzusammenhänge für menschliches Handeln bereitstellt. Daneben existieren Ansätze, die man »religiöse Soziologie« nennen könnte. Hier sucht man mit soziologischen Methoden auf religiöse Fragen Antwort. Kirchensoziologen erforschen etwa die Wirkung von Kirche in Massenmedien (etwa das »Wort zum Sonntag«). Sie entdecken, welche Erwartungen sich mit Gottesdienst, Predigt und Liturgie verbinden oder wie Kirchgang und Alltagskrisen zusammenhängen.

Von der Religionswissenschaft her setzt man bei der Gesamtheit aller historischen Religionen an. Joachim Wach z.B. sieht Religion begründet in religiöser Erfahrung, diese findet in der Lehre ihren theoretischen, im Kult ihren praktischen und in der religiösen Gemeinschaft ihren sozialen Ausdruck. Forschungsfeld soziologisch arbeitender Religionswissenschaftler sind religiöse Gemeinschaftsformen überall in der Welt. [HJG]

Religionswissenschaft Zusammenfassende Bezeichnung von → Religionsgeschichte einerseits (mit ihren vielen Darstellungen einzelner Religionen) und einer Systematisierung andererseits (die für allgemeine Aussagen über Religion notwendig gebraucht wird und auf religionsgeschichtlichem Material beruht).

Steht das Wort im Plural, so ist nicht sicher, welche Wissenschaften hinzugerechnet werden. Außerdem »regiert« bei Bindestrich-Wissenschaften zumeist eine Hälfte über die andere. Folglich bleibt undurchsichtig, in welchem Verhältnis die beiden Teile z.B. der »Religions-Geographie« zueinander stehen. Verwirrend ist ferner die Gleichsetzung von R. mit Religionsgeschichte. Für sie gibt es gelegentlich Gründe. Die »International Association for the History of Religions« z.B. hat auch Mitglieder, die sich nicht als Religionsgeschichtler verstehen. Deren Versuche, den Namen der Vereinigung zu ändern, scheiterten u.a. an der Gleichsetzung des Wortes *science (of religion)* mit Naturwissenschaft. In die Irre führt die Bezeichnung, wenn sich hinter dem Wort einzig Christliches verbirgt – etwa in der Benennung »Fachbereich R.«, wenn dort ausschließlich ev. neben kath. Theologie gelehrt wird.

Zu einer Systematisierung religionsgeschichtlicher Befunde gelangt man auf unterschiedlichen Wegen. Schon immer hat man Religionen verglichen, um Unterschiede zu entdecken und allgemeine Kenntnisse zu gewinnen. Diese Tätigkeit nennen manche noch heute »Vergleichende Religionsgeschichte«. Als Ergebnis aus Vergleichen zeichnet sich Typisches ab. Die »Religionstypologie« ist dieser speziellen Aufgabe gewidmet.

»Systematische R.« nannte Joachim Wach die Bemühung um allgemeine Aussagen. Religionshistoriker interessiert die Entwicklung, das Werden einer Religion. Religionssystematiker dagegen das Gewordene, nicht das Werden. Was Wach »materiale Religionssystematik« nennt, befasst sich mit einer historisch erforschten Religion. Man versucht, Aspekte ihrer Lehre und Praxis systematisch zu erfassen, Unterschiede in der Zeit beiseite lassend, um schließlich ein gesamtes System jener Religion erstellen zu können. Über die einzelnen Religionen geht hinaus, was Wach »formale Religionssystematik« nennt: Man sucht das Gemeinsame z.B. aus allen bekannten Theologien, das Prinzip, nach dem alle organisiert sind, das Identische in den verschiedenen Formen. Ziel ist eine oberste abstrakte Klasse religionswissenschaftlicher Begriffe, die wiederum religionsgeschichtliches Arbeiten erleichtern würden.

Angeregt von Edmund Husserl und dessen Schülern haben Religionswissenschaftler »Religionsphänomenologien« verfasst, die heutige Ansprüche indessen nicht mehr ganz zufriedenstellen. Die Aufgabe aber besteht fort, zu »den Dingen selbst« zu gehen und zu schauen, was sich von ihnen selbst her zeigt in einer vom verwirrenden Für und Wider der Wissenschaftsgeschichte unverstellten Sicht. [HJG]

Reliquie   [lat. *reliquiae* »Überreste«] Was nach dem Sterben übrig bleibt. Das ist in erster Linie ein Leichnam. Der Grabhügel (*Stupa*) wurde zum Sakralbau der Buddhisten. Als der Religionsstifter gestorben und sein Leichnam verbrannt war, teilte man Asche und Überreste in acht Portionen, die den Kern der ersten Kultbauten bildeten. Christliche Kirchen wurden über dem Leichnam von Heiligen errichtet. Muslime pilgern zu Heiligengräbern nah und fern. In zweiter Linie kann R. auch jener Teil der Hinterlassenschaft sein, der von den Verstorbenen oft getragen oder benutzt wurde. Ein Essnapf, Schuhe, Schreibgerät usw. behandelt die Nachwelt ebenfalls ehrfürchtig, da sie mit der heiligen Person längere Zeit in Berührung waren. Manche R. hat man vervielfältigt, was die Stationierung des Originals an verschiedenen Orten möglich macht. Leichen wurden zerteilt, die Heiligkeit eines Utensils strahlt auf Gegenstände ab, welche die R. berührten.

Die Menschen ehren Verstorbene mit ihrem Besuch am Grab. Sie gedenken der Toten, vergegenwärtigen Ereignisse aus deren Leben, nehmen sie zum Vorbild. Das geschieht mit Toten, die man aus religiösen oder auch aus anderen Gründen achtet. Heilige werden sowohl geehrt als auch verehrt. Verehrung bezieht sich als religiöses Tun auf Unsichtbares, Geistiges, Überirdisches. Unsichtbares wurde sichtbar in irdischer Gestalt als Mensch. Der Tod wiederum schied Geistiges und Materielles. Zurück blieb tote Materie. Verehrt wird sie als irdisches Gefäß des Überirdischen, das auch nach dem Abscheiden Spuren der Berührung bewahrt. Solche Spuren bleiben unsichtbar wie die Kraft, die sie hinterließ. Feinfühlige können sie jedoch spüren.

In Religionen, die Sensibilität kultivieren, hat man derartigen Erfahrungen Namen gegeben. Polynesier z.B. sprechen von *Mana*, nordamerikanische Dakota von *Wakan*. Ansonsten führt Glaube zur → Reliquienverehrung. [HJG]

Reliquienverehrung   Kulte um Reliquien, denen eine heilende Wirkung zugesprochen wird, können schon bis in die Zeit des NT zurückverfolgt werden. Vor allem ist es der Bericht von der »blutflüssigen Frau«, die Mt 9,20 zufolge allein durch die Berührung des Gewandes Jesu Heilung erfährt, der den Glauben an die Wunder wirkende Kraft von R. bekräftigt hat. Eine derartige Wirkung durch die Berührung heiliger Gegenstände ist indes von Anfang an nicht auf die Kraft Jesu begrenzt, auch den Aposteln wird die Heilung unzähliger Kranker attestiert, wobei nach Apg 19,12 allein die Schweiß- und Lendentücher des Paulus, die ihm von Hilfesuchenden entrissen wurden, genügen, um anderen Personen Linderung in ihren Schmerzen zu bringen.

Ein regelrechter Kult um Reliquien entwickelte sich allerdings erst im Zusammenhang mit der Geschichte der Märtyrer und ist seit Polykarp von Smyrna († 156) überliefert, dessen Gebeine nach dem Martyrium sorgfältig eingesammelt wurden, um sie fortan als kostbare Güter zu verehren. Dabei war es im 2. Jh. zunächst üblich, direkt über den Gräbern der Märtyrer Kapellen zu errichten, die einerseits dem Gedächtnis der Heiligen dienten, andererseits aber auch die Teilhabe an deren Segen sichern sollten. Erst Ambrosius wagte es im Jahr 386, die Gräber der Märtyrer Gervasius und Protosius zu öffnen, um deren Gebeine in die neu erbaute Basilica Ambrosiana zu überführen. Diese *Translation*, die in der Folgezeit eine neue Ausrichtung der R. einleitete, war nicht unumstritten, konnte darin doch eine empfindliche Störung der Totenruhe gesehen werden. Dieser Einwand führte vor allem in der Westkirche dazu, anstelle der Umbettung der Gebeine die kompletten Sarkophage der Heiligen in der Nähe des Altars zu positionieren.

Ein weiterer Schritt in der Entwicklung der R. erfolgte, als die Kaisermutter Helena im 4. Jh. im Zuge ihrer Reise durch Palästina das Kreuz Christi gefunden zu haben vorgab. Jetzt war die R. nicht mehr allein auf die Märtyrer und deren Gebeine konzentriert, sondern fand etwa in Holzsplittern und anderen vermeintlich heiligen Gegenständen ein reichhaltiges Reservoir. Eine wahre Flut von verehrten Gegenständen brachten schließlich die Kreuzzüge mit sich, wobei die Reliquien nun nicht mehr bloß als Teilhabe am Heiligen verstanden wurden, sondern zugleich den Charakter der Trophäe annahmen, die gesammelt und als Machterweis der Öffentlichkeit vorgeführt werden sollten.

Diese Inflation des Heiligen war nicht nur durch Plünderungen bedingt, sondern vor allem durch Fälschungen, die auch durch die kirchlich nun vorgeschriebene Beurkundung kaum eingedämmt werden konnten. Selbst der Raub und die Entführung von Reliquien standen auf der Tagesordnung. Schon Thomas von Aquin beklagte im 13. Jh. diese Missstände und sprach von »andächtigen Beraubungen«. Allerdings blieb sein Protest angesichts der hohen Verehrung, die Reliquien in der Bevölkerung genossen, weitgehend ohne Effekt. Welches Ausmaß die R. annehmen konnte, mag das Beispiel Friedrichs des Weisen verdeutlichen, der in der Wittenberger Schlosskirche an die 19 000 Reliquien zusammengetragen haben soll.

Mit dem II. Vatikanum wurde zwar die Verehrung von Reliquien bestätigt und als rechtmäßiger Weg des Glaubens hervorgehoben, allerdings wurden zugleich Regeln aufgestellt, um den Missbrauch einzuengen. So war fortan etwa der erwerbsmäßige Handel mit Reliquien untersagt, und sogar die dauerhafte Ortsveränderung wurde an die Genehmigung des Hl. Stuhls gebunden. Seit der Aufklärung ist ein deutlicher Bedeutungsschwund der R. zu verzeichnen; in der Gegenwart genießen Reliquien vor allem bei Wallfahrten (Grab des Jakobus in Compostela) und bei Prozessionen Beachtung.
[MV]

Requiem [lat. *requies* »Ruhe«] Das R. (auch *musica pro defunctis*) als Begriff für die lateinische Totenmesse leitet sich von dem Eingangsgesang »Requiem aeternam dona eis, Domine« (Ewige Ruhe gib ihnen, Herr) ab. Die Textzeile dieses Introitus bildet ein Zitat aus dem IV. Esra (2,34f.), das bis zum 5. Jh. als kanonisch galt, womit die Entstehung einzelner Elemente des R. also höchstwahrscheinlich bis in diese Zeit zurückdatiert werden kann; allerdings bleibt zu bezweifeln, ob in dieser Frühzeit bereits ein festes liturgisches Gerüst für die christliche Totenfeier existierte. Die im MA durchaus unterschiedlichen Formen des R. wurden im Tridentinum (1545–1563) auf neun Sätze vereinheitlicht (Introitus – Kyrie – Graduale – Tractus – Sequenz – Offertorium – Sanctus – Agnus Dei – Communio). Damit begann auch die Blütezeit des R. in der Musikgeschichte. Zwar finden sich erste musikalische Belege schon seit dem 10. Jh., vor allem in den Sequenzen des *dies irae*, die ältesten mehrstimmigen Sätze aus dem Zyklus des R. stammen jedoch aus dem 15. Jh., und als die ersten erhaltenen mehrstimmigen Vertonungen des vollständigen Zyklus gelten jene von Ockeghem und Pierre de la Rue.

Im Kirchenjahr war das R. seit 998 als liturgisches Gedenken der Toten dem Allerseelentag (2. November) zugeordnet. Mit der Liturgiereform des II. Vatikanischen Konzils wurde auch die Begräbnisfeier überarbeitet und das R. dabei zumindest liturgisch außer Kraft gesetzt. Maßgeblich war für diese Entscheidung die Tatsache, dass sich die mehrstimmigen Vertonungen des R. immer stärker der musikalisch verlockenden Ausmalung der Qualen des Jüngsten Gerichts, der Höllenstrafen und der Androhung der Sündenvergeltung zuwandten (vor allem in der Sequenz *dies irae* »Tag des Zornes«). Bei dieser Ausrichtung, die sich denn auch besonders als mahnendes *memento mori* eignet, wurde die theologisch wichtigere Akzentuierung der Zusage von Auferstehung und Tröstung durch die Totenklage allmählich in den Hintergrund gedrängt, so dass sich das R. letztlich als musikalische Gattung verselbständigte und sich dem liturgischen Kontext des Gottesdienstes entfremdete.

Eine besondere Bedeutung in diesem musikgeschichtlichen Entwicklungsprozess nehmen die Werke von Berlioz (für 4 Blasorchester, 16 Pauken und 200 Choristen, 1837), Dvořák (1890), Verdi (1874) und Fauré (1887) ein, die eigentlich nicht mehr für die Verwendung im Gottesdienst geschrieben sind, sondern sich mit ihrem besonders großen Aufwand an Orchester und Stimmen an konzertähnlichen Veranstaltungen im Kirchenraum orientieren.

In dieser Hinsicht stellt es eine logische Konsequenz dar, wenn sich die Komponisten im 20. Jh. zwar noch am Sujet und Anlass des R. orientieren, mitunter auch die zyklische Anlage des R. als Ausgangspunkt wählen, dabei aber zu Werken kommen, die sich schon in ihrer rein instrumentalen Gestalt eindeutig dem Konzertsaal und nicht dem Gottesdienst verpflichtet wissen, wie dies bei Bergs Violinkonzert *Dem Andenken eines Engels* (1936), Honeggers *Symphonie liturgique* (1946) und Brittens *Sinfonia da Requiem* (1940) der Fall ist. *Das Deutsche Requiem* (1867) von Brahms stellt insofern eine Ausnahme dar, als es einerseits in dem Rückgriff auf den Terminus R. die Gattungstradition aufgreift, andererseits mit der Vertonung von frei gewählten deutschsprachigen Bibelversen sozusagen eine protestantische Interpretation der Totenmesse bietet. [MV]

Sabbat [hebr. <*sbt*> »ruhen«] In vorexilischer Zeit war in Israel der S., analog zu einem Feiertag in Mesopotamien (*sabattum*), der Vollmondtag. Er wird in vorexilischen Texten in Parallelität mit dem Neumondtag genannt; beide Festtage bildeten im damals gebräuchlichen Mondkalender im 14-tägigen Wechsel den religiösen Rhythmus für die Feste an den lokalen Heiligtümern. In exilischer Zeit wurde aus dem S. ein regelmäßiger wöchentlicher Feiertag, unserem Samstag entsprechend. Gemäß der jüdischen Tageseinteilung beginnt der S. beim Sonnenuntergang am Freitag (genauer bei der Sichtbarwerdung von drei Sternen am Firmament) und endet am Samstag mit dem neuerlichen Sonnenuntergang. Im priesterschriftlichen Schöpfungsbericht wird – übrigens ohne das Wort S. zu nennen – der S. nicht mehr von dem mesopotamischen Namen hergeleitet, sondern von der hebr. Wurzel *schabat* »ruhen« (Gen 2,2f.). Grundlegend ist jeglicher Verzicht auf Arbeit am S. (Ex 23,12), an deren Stelle die kultische Feier treten soll. Eine solche Forderung war in der agrarisch ausgerichteten Gesellschaft des antiken Israel allerdings für Teile der Bevölkerung weitgehend wirklichkeitsfremd und ließ sich allenfalls von einer Oberschicht (insbesondere in → Jerusalem) strikt durchhalten. Neh 13,15–21 zeigt, dass sich im 5. Jh. v.Chr. entsprechend auch weite Kreise nicht an das S.-Gebot hielten. Die redaktionelle Bearbeitung etwa eines Textes wie der Mannageschichte (Ex 16), wonach man am Freitag die doppelte Menge Manna finden werde und somit auch genug Nahrung für den S. habe, wirbt im nachexilischen Israel um die Einhaltung des S.

Um die Zeitenwende wurde die S.-Einhaltung zunehmend zu einem der Kennzeichen des → Judentums und durch genaue Regelungen ausgestaltet. Insbesondere → Essener und → Pharisäer entwickelten eine strenge Rechtskasuistik bezüglich des S. Nach rabbinischen Texten war es z.B. am S. allenfalls erlaubt, sich 2000 Ellen (ca. 1 km) von der Stadt zu entfernen (vgl. die Erwähnung des Sabbatweges in Apg 1,12). Am S. traf man sich in den Synagogen zu Schriftlesung und -auslegung sowie zum Gebet. Jesus selbst nahm an derartigen synagogalen Versammlungen teil und lehrte dort. Andererseits missachtete er aber auch die Hochschätzung des S. unter denjenigen seiner Zeitgenossen, die die strikte Rechtsbeachtung vor die Mitmenschlichkeit stellten, und heilte am S. Kranke (Mk 3,1–6). In dem Satz »Der S. ist um des Menschen willen da und nicht der Mensch um des S. willen« (Mk 2,27) wendet er sich gegen jegliche sinnentleerte Rechtskasuistik, die nicht mehr nach dem Sinn der → Gebote fragt.

Die Urgemeinde (→ Urchristentum) hielt in jüdischer Tradition zunächst offenbar weiterhin den S. ein; Paulus predigte regelmäßig in S.-Versammlungen (Apg 13,14). Da der Auferstehungstag Jesu aber der erste Wochentag (unser Sonntag) war, verliert der S. im Christentum schon bald an Bedeutung; an seine Stelle tritt der Sonntag. Im Judentum wird der S. dagegen

bis heute strikt eingehalten. Die Rechtsauslegung für den S. wurde dabei weiterentwickelt und den modernen Gegebenheiten angepasst. So ist z.b. das
Anstellen von elektrischen Geräten als Arbeit am S. verboten; der Einsatz
von Zeitschaltuhren ist dagegen erlaubt. [WZ]

Sadduzäer   [griech. *saddoukaioi*, entweder abgeleitet von hebr. *saddoq*
»gerecht« bzw. *saddäq* »Recht übend« oder von dem Priesternamen Zadok,
der der erste Jerusalemer Priester unter David war (2Sam 8,17)] Der jüdische
Historiker Flavius Josephus beschreibt die S. als eine von insgesamt vier Phi-
losophenschulen (neben den → Pharisäern, → Essenern und → Zeloten) des
zeitgenössischen → Judentums. Erstmals erwähnt wird diese Gruppierung
im Zusammenhang einer Gesandtschaft, die um 144 v.Chr. nach Rom und
Sparta geschickt wurde. Die S. bestanden im Wesentlichen aus der Jerusalemer Oberschicht, vor allem aus dem Priesteradel. Aus ihren Kreisen wurden
von 6 bis 41 n.Chr. auch die Hohepriester bestimmt. Die S. waren den kulturellen Errungenschaften des Hellenismus gegenüber recht aufgeschlossen.
    Im Gegensatz zu den anderen Gruppierungen erachteten sie nur den →
Pentateuch als verbindlich; alle übrigen Schriften (z.B. die Propheten), die in
der damaligen Zeit schon von weiten Kreisen im Judentum als kanonisch
angesehen worden waren, hielten sie nur für Schriften zweiten Ranges. Diese Beschränkung auf den Pentateuch ermöglichte ihnen die Ablehnung
einiger Lehren, die zu dieser Zeit vor allem von den Pharisäern vertreten wurden (vgl. Apg. 23,6ff.). Der Mensch war für sie frei und für seine Taten entsprechend der im → Gesetz vorgegebenen Maßstäbe voll verantwortlich; die
Pharisäer vertraten dagegen eine Prädestinationslehre (→ Erwählung). Auch
die → Auferstehung der Toten (Ez 37; Dan 12,2) und ein jenseitiges Gericht,
aber auch die sich allmählich immer stärker ausbildende Vorstellung von En-
gelwesen (→ Engel) als Boten Gottes, wie sie von den Pharisäern vertreten wurde, lehnten die S. ab. Der Jerusalemer → Tempel bildete für sie das
religiöse Zentrum der Juden. Die enge Bindung an die schriftliche Überlieferung des Pentateuch und der Verzicht auf weitere, mündlich überlieferte
Lehren oder Lehrmeinungen machte sie »im Gericht liebloser als andere
Juden« (JosAnt XX, 199). [WZ]

Säkularisierung   Zuweilen – vor allem in der kath. Kirchengeschichtsschreibung – synonym zum Begriff »Säkularisation« verwendet. Im Allgemeinen versteht man jedoch unter Säkularisation (→ Geld) die Konfiszierung kirchlichen Besitzes, kirchlicher Länder durch den Staat (z.B. Reichsdeputationshauptschluss von 1803), während Säkularisierung den seit dem
18. Jh. anhaltenden Substanz- und Prestigeverlust der christlichen Religion
meint. Das beiden Begriffen bis heute anhaftende Moment des Unrechts bestimmte lange Zeit diesbezügliche apologetische Aussagen der Kirchen. In

diesem Zusammenhang ist auch von Profanierung (→ Profan), Trivialisierung, Entchristianisierung, Entkirchlichung, Indifferentismus, Atheismus u.ä. die Rede. Entsprechend verstehen sich gegenläufige Bewegungen: Rechristianisierung, Resakralisierung, Evangelisation, Konfessionalisierung etc. – womit sich die Vorstellung verbindet, dass die unter dem Begriff der S. subsumierten Tatbestände nicht von Dauer sein müssen, das Rad der Geschichte sich also zurückdrehen lasse.

Gemeint ist allemal der Verlust an religiösen Werten und Normen, aber auch die zunehmende Inkompetenz der Kirchen hinsichtlich mancher gesellschaftlichen Probleme sowie der Plausibilität und Akzeptanz ihrer Verkündigung. Sehen Konservative den christlichen Glauben grundsätzlich gefährdet, so hat doch längst eine andere Haltung an Bedeutung gewonnen. Laut Umfragen glauben nach wie vor viele Menschen an Gott, nur wird dies in ihrem Leben nicht thematisiert, schon gar nicht richtet man sich nach religiösen bzw. kirchlichen Vorgaben. Gott existiert also nur im Hintergrund als eine Art Zusatzversicherung. Lediglich in besonderen Situationen wird die Kirche in Anspruch genommen. Eine kirchliche Hochzeit ist immer noch ein Plus an Festlichkeit, eine kirchliche Trauerfeier oft selbst bei Atheisten der letzte Wunsch (bzw. der ihrer Angehörigen). Dass die amtierenden Pfarrer dabei oft nur als Zeremonienmeister fungieren, schmälert nicht die Akzeptanz derartiger kirchlicher Amtshandlungen. Insofern steht die Masse der auf diese Weise Kirche »konsumierenden« Menschen in keinem Verhältnis zu den wirklich Kirchentreuen, aber auch zu den Atheisten.

In der Beurteilung des Phänomens S. hat sich inzwischen – selbst unter kirchlichen Amtsträgern – ein Verständnis durchgesetzt, wonach einst genuin kirchliche Funktionen von der modernen Gesellschaft wahrgenommen werden. Psychotherapeuten, Sozial- und Entwicklungshelfer, Menschenrechtler haben die Nachfolge in christlicher Mission, Caritas und Seelsorge angetreten. Moralphilosophie und Ethik haben christliche Wurzeln, politische Heilslehren variieren biblische Paradiesvorstellungen. Diese Entwicklung kommt insofern nicht von ungefähr, als sie ihren Ursprung in der Theologie selbst hat, hatte diese es doch per definitionem und faktisch übernommen, das → Heilige und Unsagbare darzustellen und zu erklären. Das mündlich von Jesus verkündete Reich Gottes nahm in Gestalt der Kirche säkulare Formen an.

Die Parusieerwartung, die eigentlich keine Bindungen an die Welt zuließ, wurde durch ein pragmatisches Diesseitsinteresse abgelöst, wenngleich sich damit auch oft ein schlechtes Gewissen verband und insofern zu Klagen über die Verweltlichung der christlichen Religion führte. Das Dilemma der sich einrichtenden Kirche kommt z.B. in der apologetischen Formulierung »in der Welt – doch nicht von der Welt« (Joh 17,12f.) zum Ausdruck. Bereits Anfang des 19. Jh. fand die Vorstellung ebenso Ablehnung wie Zustimmung, dass

in dem Sinne, wie der Staat sich sittlich vervollkommne, die Kirche über-
flüssig werde. Diese würde geradezu säkularisiert.

Gegenüber der These einer modernen Glaubensgeschichte, wonach
selbst Wissenschaft und Technik das Christentum beerbt und lediglich unter anderen Formen weitergeführt hätten, besteht der Einspruch (Blumen-
berg, *Die Legitimität der Neuzeit*), der auf eine genuine Eigenständigkeit der
Moderne abhebt.

Abgesehen von dem gegenwärtigen Schwund des einst Sakralen wird
jedoch auch eine gegenläufige Tendenz erkennbar. So werden einst im Zuge fortschreitender Zivilisation als trivial abgetane Phänomene – z.B. in der
Natur – wieder mit dem Nimbus des Unantastbaren ausgestattet. [GB]

Sakrament   [lat. *sacrare* »weihen, heiligen«] Der Begriff S. bezeichnet
in vorchristlicher Zeit einen Geldbetrag, der von Prozessgegnern im Tempel hinterlegt wurde. Sodann meint er in der röm. Militärsprache den von Soldaten abgelegten Fahneneid. Und schließlich wird in der lat. Übersetzung des
NT, der → Vulgata, vereinzelt (Eph., 1 Tim, Offb) das griech. Wort *mysterion* (Geheimnis) mit *sakramentum* wiedergegeben. In den ntl. Texten, auf
die die Kirche ihre S. zurückführte, begegnet uns der Begriff allerdings ebenso wenig wie der des Mysteriums. Erst seit Ende des 2. Jh. (Tertullian, Cyprian) kennzeichnet er → Taufe und → Abendmahl als besondere Momente des christlichen Heilsgeschehens. Fortan haben diese beiden S. als *sacra-
menta maiora* ein besonderes Gewicht. Von Augustin stammt die berühmte
Definition *accedit verbum ad elementum et fit sacramentum* (indem das Wort
zum Element hinzutritt, wird daraus ein Sakrament, tract. in Joh 80,3), auf die
Luther sich später berufen sollte. In der Scholastik wurde die Sakramentenlehre systematisch ausgebaut, was ihre Anzahl, Reihenfolge, Darbietung und
Wirkung anging. Letztgültige Gestalt fand sie in der Summa Theologiae
(Buch III, Quaestiones LX–LXV) des Thomas v. Aquin. Luther hat dem
weniger eine neue Sakramentenlehre entgegengesetzt als vielmehr den Hinweis, dass die S. im NT begründet sein müssten. Wort (*forma*) und Zeichen
(*materia*) müssten zusammenkommen. Unter dieser Voraussetzung entfielen
für ihn Priesterweihe, Firmung, letzte → Ölung und → Ehe als S. Ihnen fehlte das Wort, sie waren nicht von Jesus eingesetzt. Mit der → Buße verhielt
es sich umgekehrt. Es gab kein Zeichen, weswegen auch sie letztlich aufgegeben wurde (Luther, *De captivitate babylonica ecclesiae*, 1520). Auf dem
Konzil von Trient verteidigte und festigte die kath. Kirche ihre Lehrmeinung.

Die theologische Übereinstimmung wie auch das kirchenpolitische
Bündnis zwischen Luther und dem Zürcher Reformator Zwingli scheiterte
vornehmlich an der unterschiedlichen Auffassung vom S. Nach Zwingli (*De
vera et falsa religione commentarius*, 1525) hätte Luther, um sich die nötige Freiheit zu bewahren, den Begriff nie verwenden dürfen. Für ihn waren

S. lediglich Zeichen bzw. Zeremonien ohne reinigende Kraft. Der lutherischen Interpretation der Einsetzungsworte zum Abendmahl im Sinne der Identität von Leib und Brot (das »ist«) hielt er entgegen, dass damit Gottes Freiheit eingeschränkt würde, und ersetzte das *est* (»ist«) durch *significat* (»bedeutet«). Eine Konzentration des Sakramentenbegriffs vertraten später auch Schleiermacher und in jüngster Vergangenheit K. Barth. Letzterer sah in Jesus Christus das »eine, einzige, ein für allemal vollzogene Sakrament« (KD IV,2,59), von dem die Kirche lebt. Ähnlich beschrieb P. Tillich die Preisgabe Jesu an den Christus als das »Ursakrament des Christentums« (Syst. Theol. II, 134; Ges. W. III. 158), wobei der Begriff »Symbol« zum Synonym für S. wird.

In der kath. Kirche wird seit dem II. Vatikanischen Konzil zunehmend von der Kirche als S. gesprochen (Dogmatische Konstitution »lumen gentium«, Art.48). Sie ist das »allumfassende Heilssakrament«, das »Grundsakrament« während Jesus Christus das »Ursakrament« genannt wird. Insbesondere hat K. Rahner das bislang enge, schultheologische Verständnis von den S. erweitert, und zwar dadurch, dass er christologische Fragen und Aussagen (Christus ist das »sakramentale Urwort Gottes«), ekklesiologische (S. sind »Selbstvollzüge der Kirche«) und anthropologische, nämlich Grundfragen des Menschen, aufeinander bezog (*Über die S. der Kirche – Meditationen*, 1985).

Die interkonfessionelle Diskussion über die S. ist zum einen belastet durch die geschichtliche Hypothek, d.h. gegenseitige Verurteilungen auf Konzilen, in Dogmen, in Bekenntnissen. Zum andern bricht sich die Erkenntnis Bahn, dass sowohl in der kath. wie auch in den reformatorischen Kirchen die entsprechenden Lehrsätze zeitbedingt sind. So verliert der Schriftbeweis der luth. Kirche, der nicht zwischen Worten des irdischen und auferstandenen Jesus bzw. der Gemeinde unterschied, ebenso an Bedeutung wie katholischerseits das Beharren auf Positionen, die apologetisch bedingt waren – so wenn z.B. das Trienter Konzil die Zahl der S. auf »nicht weniger und nicht mehr« als sieben festlegte, obwohl es vorher auch andere Zählungen gab, u.a. fünf (Gregor VII.) und zwölf (Petrus Damiani). Schließlich hatte jedes S. je seine eigene geschichtliche Entwicklung. Hilfreich in diesem Zusammenhang kann auch die Feststellung sein, dass bereits Jesus, wenn denn die Stiftung der S. auf ihn zurückgeführt wird, in einer diesbezüglichen Tradition (Passamahl, Taufe am Jordan) stand. Eine weitere Möglichkeit, starre Fronten zu überwinden, liegt sodann in der seit dem frühen Mittelalter überlieferten Vorstellung von der natürlichen Symbolfähigkeit (*similitudo*) bestimmter Elemente, womit sich allerdings eine Spannung zwischen natürlicher und Offenbarungstheologie (Einsetzung der S.) ergibt. So lässt zwar der in der Romantik (Novalis) erneuerte Gedanke von der »Allfähigkeit alles Irdischen, Wein und Brot des ewigen Lebens zu sein«, den u.a. Tillich (*Recht und Bedeutung religiöser Symbole*, GW. V. 241: »Nichts im Bereich der endlichen Welt ist prinzipiell davon ausgeschlossen«) und Boff (*Kleine Sakramentenlehre*, 32,44: »Alles ist Sakrament oder kann es ... wenigstens werden«) mit Nachdruck ausgestaltet haben, die Fragen nach Einsetzung und Zahl als irrelevant erscheinen, doch liegt darin zugleich die Gefahr des Geschichtslosen.

Gemeinsam ist den großen Kirchen eine allgemeine Krise des Kultischen, eine wachsende Fremdheit des Sakramentalen. Schon Goethe hatte eine diesbezügliche Armut im Protestantismus beklagt (*Dichtung und Wahrheit* II,7), obwohl er andererseits dem Messopfer des Papstes in dessen Hauskapelle zu Allerseelen während seiner Italienreise gar keinen Gefallen abgewinnen konnte und somit seine »protestantische Erbsünde« bekundete. So verknüpfte er seine kenntnisreiche Darstellung der kath. S., die ihm seinerzeit viel Kritik von Seiten ev.-orthodoxer Kirchenkreise eintrug, mit lebensgeschichtlichen Übergangsphasen bzw. Entscheidungssituationen (Geburt, Mündigkeit, Heirat, Tod) – eine Zuordnung, die bereits Thomas v. Aquin vorgenommen hatte und die heute in den reformatorischen Kirchen wieder an Bedeutung gewinnt. Dies gilt umso mehr, als die Kirchlichkeit der meisten Christen sich eben nur noch in der Teilnahme an solchen Feiern erschöpft, woraus folgt, dass die in der ev. Kirche sog. Amtshandlungen geradezu einer vertieften theologischen Fundierung, wenn nicht sogar einer sakramentalen Aufwertung bedürfen. [GB]

Samaritaner, Samariter   Die in der lat. Bibel als *samaritani* bezeichneten Bewohner der Provinz Samaria sind gleichbedeutend mit dem seit Luther geläufigen Begriff Samariter nach der griech. Schreibweise in der Septuaginta (LXX) bzw. dem NT (Samaritai). Unter einem S. wird ein Mensch verstanden, der anderen uneigennützig in der Not hilft. Samariterdienst und Samariterbund sind in diesem Zusammenhang als humanitäre Hilfsorganisationen zu begreifen. Der Begriff S. ist nach heutigem Sprachverständnis positiv belegt. Dies war nicht immer so.

Die Darstellung 2Kön 17,24–41 enthält, auch wenn diese parteiisch sind, verwertbare Hinweise auf die Entstehung des Volkes der S. Demnach handelte es sich nach der Eroberung des Landes (Nordreich) durch die Assyrer 722 v.Chr. und der Deportation der jüdischen Oberschicht um fremde Zwangssiedler, die sich mit den verbliebenen Resten der Bevölkerung vermischten. Außer diesem rassischen Problem ergab sich für die sog. rechtgläubigen Juden mit deren religiösem Zentrum, dem Tempel in Jerusalem, ein ebenso gravierendes kultisches. Die S., heißt es, »fürchteten« zwar »den Herrn, dienten aber auch den Göttern nach dem Brauch der Völker, von denen man sie hergebracht hatte« (33). Dazu gehörte, dass die S. um unabhängig von Jerusalem zu sein, auf dem Berg Garizim eine eigene Kultstätte – eher Altar als

Tempel – errichteten. Zu den theologischen Besonderheiten gehörte sodann, dass sie nur die fünf Bücher Mose anerkannten, somit auch keine Lehre von der Auferstehung vertraten und in der Gestalt des Messias, der als solcher eben nicht diesen Namen trug, keinen Erlöser, sondern lediglich einen wiederkehrenden Propheten »wie Moses« erwarteten. Die rel. Gemeinschaft der S., die bis heute existiert (mit ca. 500 Mitgliedern), verstand sich schließlich als das wahre Israel und lebte in der Hoffnung auf die Bekehrung der Abtrünnigen.

Als unter der Herrschaft der Hasmonäer 128 v.Chr. der Altar auf dem Berg Garizim zerstört wurde, war dies nicht der Schlussstrich, sondern der Anfang offenkundiger Feindseligkeiten zwischen den Völkern. In den Synagogen verfluchten die altgläubigen Juden die S. und beteten zu Gott, er möge ihnen das Ewige Leben versagen. Wer von Galiläa nach Jerusalem wallfahrtete, nahm lieber Umwege westlich bzw. östlich des Jordan in Kauf, als sich bei der Durchreise durch Samarien zu verunreinigen. Die S. selbst boykottierten (nach Josephus, Altertümer XX,6,6 und Jüd. Krieg II, 1,2,3) in den Jahren 6–9 n. Chr. einen Passagottesdienst dadurch, dass sie auf dem Tempelplatz Gebeine verstreuten und diesen damit entweihten. Die gegenseitige Feindschaft spiegeln auch einige Reminiszenzen in den Evangelien wieder. Danach findet Jesus bei der Durchreise in Samarien keine Herberge (Luk 9,52f.) und rät bei anderer Gelegenheit seinen → Jüngern, Orte in Samarien zu meiden (Mt 10,5). Als er eine Samaritanerin (Joh 4,9) um Wasser bittet, wundert sich diese, da doch die »Juden keine Gemeinschaft mit den S.« haben. Jesus selbst wird einmal verdächtigt, S. zu sein (Joh 8,48). Dem gegenüber steht die für jüdische Ohren provozierende Beispielerzählung vom Barmherzigen S. (Luk 10,30–37), die ebenso wie die Geschichte von der Heilung der Zehn Aussätzigen (Luk 17,11–19) nur von Lukas überliefert ist. War es unter den zehn Geheilten einzig der S., der sich bedankte, so sind es in der Erzählung vom Barmherzigen S. jüdische Amtsträger (Priester und Levit), die tatenlos vorbeigehen. Einzig ein S. hilft dem Überfallenen, verbindet seine Wunden und bringt ihn in eine Herberge. Dieses Evangelium der reinen Menschlichkeit, wie die Erzählung auch genannt wurde, ist dennoch zutiefst religiös, weil die Quelle der Kraft, so zu handeln, sich aus der Beziehung zu Gott erschließt.

Obwohl Pompeius 63 v.Chr. die S. von der jüdischen Oberherrschaft befreit hatte, teilten diese 70 n.Chr. das Schicksal des Volkes Israel. Tausende verloren während des Jüdischen Krieges ihr Leben, ihr Heiligtum auf dem Berg Garizim wurde dem Zeus geweiht. Die weitere Geschichte der S. ist wechselhaft. Von den jeweiligen Besatzern, Römern, Muslimen und Christen, wurden sie mehr oder weniger unterdrückt. Von wiss. Interesse war die Entdeckung eines samaritanischen Pentateuchs in Damaskus Anfang des 17. Jh. [GB]

Sanctus → Messe

Schöpfung Die Umwelt des AT kennt seit dem 3. Jt. v.Chr. Mythen und Epen, in denen das Schöpfungshandeln der Götter beschrieben wird. Hervorzuheben ist das nach seinen Anfangsworten so benannte neubabylonische Schöpfungsepos *Enuma elisch* (»Als droben«), das wahrscheinlich im 12. oder 11. Jh. v.Chr. ausgestaltet wurde und im 1. Jt. v.Chr. zur wichtigsten Schöpfungserzählung in Mesopotamien wurde. In der Zeit, »als droben der Himmel noch nicht existiert und unten die Erde noch nicht entstanden war«, vermischten sich das Götterpaar Apsu (der unterirdische Süßwasserozean, aus dem alle Quellen entspringen und der somit die Fruchtbarkeit des Landes sichert) und Tiamat (das Salzwassermeer, das für die Menschen früher wegen seiner Unberechenbarkeit auch als Chaos erfahren wurde und das deshalb in der Folgezeit auch immer wieder als Ungeheuer dargestellt wird) und ließen so die Götter entstehen. Die Theogonie wird bis zum babylonischen Reichsgott Marduk hinabgeführt, dem die Aufgabe zufällt, die Chaos bringende Tiamat zu töten und somit eine Heilsordnung (→ Heil) herzustellen. Als Lohn hierfür soll ihm die Führerschaft unter den Göttern zufallen. Er tötet Tiamat, spaltet ihren Leib und erschafft daraus Himmel und Erde (Weltschöpfung). Dann erschafft Marduk aus Lehm und Blut (nach altorientalischem Verständnis Träger des Lebenselixiers, hebr. *næfæsch*) den Menschen, der die Erde bebauen und dadurch regelmäßige Mahlzeiten (im Sinne von Opfergaben) den Göttern zur Verfügung stellen soll; die Götter müssen so nicht mehr selbst für ihren Lebensunterhalt arbeiten.

Dieser Mythos und andere Schöpfungsmythen waren in Israel durchaus bekannt, entweder dem Wortlaut oder – wahrscheinlicher – dem Sinne nach, und wurden im AT bewusst aufgegriffen und entsprechend der Theologie des Volkes Israels abgewandelt. Das AT kennt zwei Schöpfungsberichte, die – obwohl inhaltlich sich teilweise widersprechend – ganz bewusst nebeneinander gestellt wurden und sich so gegenseitig erklären sollen (→ Bibelwissenschaft, → Pentateuch). Der ältere Bericht stammt in seinem Grundtext vom Jahwisten (Gen 2,4b–3,24). Ziel des Grundbestandes dieser Erzählung (Gen 2,5–7.18–22.3,20) ist die Erschaffung eines Menschenpaares durch Gott und deren Namensnennung Adam (von hebr. *adama* »Erde«, vgl. Gen 2,7) und Eva (hebr. *chawwa* als Nebenform von hebr. *chaj* »Leben«). Dieser Schöpfungsmythos wurde mit einer Bestimmung des Menschen zu sittlichem Verhalten verbunden (Gen 2,8.16f.; 3,6–12.16–19). Hier wird versucht, die grundlegenden Befindlichkeiten des Lebens, nämlich Schmerzen der Frau bei der Geburt und Mühsal bei der täglichen Arbeit des Mannes, mit dem Fehlverhalten der Menschen zu erklären. Weil der Mensch sich nicht völlig der Fürsorge Gottes ausliefern wollte, sondern selbst die Erkenntnis von Gut und Böse, also der richtigen Ethik haben wollte, wird er von Gott dafür bestraft.

Der jahwistische Schöpfungsbericht will somit eine Erklärung des vorfindlichen Lebens sein und nicht in erster Linie eine Erklärung der Entstehung der Weltgeschichte. Der jüngere Schöpfungsbericht (Gen 1,1 bis 2,4a) entstammt der Priesterschrift und ist ein sehr reflektierter Text, der während des babylonischen Exils entstanden ist und aufzeigen will, dass die real existierende Welt trotz zahlreicher Rückschläge (→ Exil) von Gott in der vorfindlichen Form gut geschaffen wurde (vgl. die mehrfache Formulierung »und Gott sah, dass es gut war«). Chaos bringende und das Leben gefährdende Ereignisse stehen unter der Macht Gottes: Das Chaos bringende Meer (vgl. mesopotamisch Tiamat) wurde vom fruchtbaren Land geschieden (Gen 1,9f.). Gleichzeitig ist JHWH, der Gott Israels, der einzige Gott, während die mesopotamischen Gestirnsgottheiten nur dessen Geschöpfe sind (Gen 1,14–19) – eine Aussage, die zur Zeit des babylonischen Exils für die Israeliten von großer theologischer Bedeutung wurde (→ Monotheismus). Die Erde dient dem Menschen, der die Krone der Sch. darstellt. Während in vorderorientalischen Religionen der jeweilige König Stellvertreter und damit irdischer Statthalter Gottes ist, der dessen Heilsplan auf Erden umsetzen soll, wird nun jeder Mensch zum Ebenbild Gottes eingesetzt und mit der Fürsorge für die Sch. betraut (Gen 1,27f.). Die Schöpfungsvorstellungen wurden in der nachexilischen Zeit weiter ausgebaut. Während die beiden Schöpfungsberichte noch sehr stark am Menschen und seiner Aufgabe ausgerichtet sind, tritt in der Folgezeit das eigentliche Schöpfungsgeschehen mit seiner Vielfalt in den Vordergrund (vgl. z.B. Ps 104). In Spr 8 wird die → Weisheit, die in nachexilischer Zeit immer mehr eine sinnstiftende Rolle bekommt, zum ersten Schöpfungswerk JHWHs. Die *creatio ex nihilo* (»Schöpfung aus dem Nichts«) wird in 2Makk 7,28; Weish 11,17 ausgebildet.

Das NT nimmt die Vorstellung von Gott als dem Urheber aller Dinge auf (Röm 4,17; Röm 11,36; 1Kor 8,6; Jak 1,17). Es schließt damit an das monotheistische Bekenntnis Israels an, wonach Gott alleine die Ursache alles Guten ist und neben ihm auch deswegen keine andere Gottheit verehrt werden darf bzw. muss. Mit diesem Grundsatz aus jüdischer Tradition verbindet das NT die Gestalt Jesu Christi, indem sie ihn als Sch.mittler versteht. Durch ihn hat Gott den Kosmos geschaffen (1Kor 8,6; Joh 1,3). Damit griffen die frühchristlichen Gemeinden → Logos und Sophia (Weisheit) Spekulationen der jüdisch-hellenistischen Tradition auf und entwickelten sie weiter. Der ganze Kosmos, die Tiere, die Pflanzen und die unbelebte Natur haben Teil an der durch Jesus Christus erwirkten Erlösung: Sie warten mit Seufzen darauf, dass diese Erlösung offenbar wird (Röm 8,19–22). Sowohl Beginn wie Vollendung der Sch. werden also auf Jesus Christus bezogen. Mit der Übernahme der Schöpfungsvorstellung aus der jüdischen Tradition unterscheidet sich die neutestamentliche Literatur grundlegend von den (späteren) Positionen des Marcion und der → Gnosis. Dort wird die Erlösergestalt von der Schöpfergottheit und damit auch der Welt abgetrennt. Alles Leibliche und Irdische gilt deswegen als böse. Eine solche Denkstruktur findet sich im NT nicht, auch wenn sich asketische Vorstellungen, wonach die Enthaltung von den Gaben der Sch. wie z.B. Sexualität (1Kor 7), empfohlen wird, immer wieder finden. Natürliche Vorgänge (z.B. Saat und Wachsen; → Gleichnis) können deswegen zur Deutung der Verkündigung Jesu vom nahen Gottesreich herangezogen werden, und die Fürsorge Gottes kann als Grundlage für ein Leben in (freiwilliger) Armut angeführt werden (Mt 6,19–34). Mit dem Hinweis auf die Sch. können auch ethische Weisungen Jesu begründet werden (Verbot der Ehescheidung: Mk 10, 5–9). Weil die Welt für Gott als Schöpfer transparent ist, kann Gott in seiner Sch. erkannt werden (Röm 1,19f.). In den Pastoralbriefen findet sich sogar eine ausdrücklich antiasketische Tendenz: Christen werden dazu aufgefordert, die Gaben der Sch. freizügig und ohne Skrupel zu benutzen (1Tim 4,1–5); dem entspricht dann allerdings auch die Übernahme von (vermeintlicher) Sch.ordnung hinsichtlich des Verhältnisses von Mann und Frau sowie von Herrn und Sklaven: Letztere sollen sich den Erstgenannten unterordnen (1Tim 2,12–15; 6,1f.). Auch die Erlösungstat Jesu kann mit Hilfe der Schöpfungsvorstellung gedeutet werden: Sie ist eine Neuschöpfung (2Kor 5,17; Gal 6,15; vgl. Joh 3,3). Dann ist hervorgehoben, dass Gott gehandelt hat wie in der Sch., so auch in der Erlösung, dass er wie das Chaos auch die → Sünde und den Tod überwunden hat und dass auch dieses erneute Handeln Gottes nicht nur die Seele und das Unsichtbare, sondern auch das Leibliche, Natur und Kultur einschließt (1Kor 15,35–49).

Für uns heute bedeutet der Glaube an den Schöpfer nicht, dass wir eine bestimmte Vorstellung von der Entstehung der Welt in Abgrenzung von den naturwissenschaftlichen Modellen vertreten müssten (Kreationismus). Gott als Schöpfer zu bekennen bedeutet vielmehr, Natur und Kultur positiv zu bewerten und sie als grundlegend gut zu qualifizieren. Dabei bezieht sich die Vorstellung von der Sch. sowohl auf den Anfang wie auch auf die Gegenwart: Gott erhält und regiert Natur und Kultur. Die positive Einstellung, die durch das Bekenntnis zu Gott dem Schöpfer begründet wird, betrifft zuerst das Selbstverhältnis: Die eigene Person, der eigene Körper, die Abstammung, die Prägung sind »in Ordnung«. Es betrifft das Verhältnis zu anderen Menschen, zu sozialen Einheiten und zu Tieren, Pflanzen und der unbelebten Natur. Luther formuliert im Kleinen Katechismus zum Ersten Artikel:»dass mich Gott geschaffen hat samt allen Kreaturen, mir Leib und Seele, Augen, Ohren und alle Glieder, Vernunft und alle Sinne gegeben hat und noch erhält«. Auch die kulturellen Fertigkeiten der Menschen wie Arbeit, Wissenschaft und Technik gelten als in der Schöpfermacht Gottes begründet. Die Rede von der Sch. meint also nicht die »Natur« in Abgrenzung von Kultur und Technik, sondern schließt sie ausdrücklich mit ein. Unsere gegenwärtige Welt deuten Christen als gefallene Sch. Damit verbinden sie die Ambivalenz aller Dinge und Ereignisse: Sie tragen ein destruktives Potential in sich und können missbraucht werden. Die positive Grundeinstellung zur Wirklichkeit bedeutet also keine kritiklose Legitimierung des Faktischen, sondern fordert Respekt für das Recht »des Mitgeschöpfs« und den verantwortlichen Einsatz des Menschen für lebensförderliche und gedeihliche Regeln, Normen und Formen für die Begegnung mit der »Natur«, mit anderen Menschen und mit sozialen und kulturellen Institutionen. [WZ/GG]

Schriftsinn   → Fundamentaltheologie

Schuld   Für die Menschen in der Antike umfasst Sch. jegliches Fehlverhalten gegenüber den göttlichen Ordnungen und Anweisungen (→ Gebote). Insofern spielten Sch. und → Sünde für die Gestaltung des Lebens im Altertum eine viel größere und elementarere Rolle als etwa in der Gegenwart. Grundlegend zum Erfassen der Sch. war der sog. »Tun-Ergehen-Zusammenhang«: Handelte jemand moralisch oder ethisch schlecht, dann – so die allgemeine Erwartung – würde Gott ihn auch entsprechend bestrafen, und das »Ergehen« des Täters wäre somit negativ. Gleichermaßen gilt dieser Zusammenhang, wenn einem Menschen aufgrund seines guten Verhaltens Gutes widerfährt. Die Tat eines Menschen kehrt gewissermaßen zu ihm zurück. Aufgrund dieser weisheitlichen Grundordnung konnte man aber auch sagen, dass derjenige, der in seinem Leben Schicksalsschläge erleidet, entsprechend vorher Sch. auf sich geladen haben musste. Die Menschen waren daher bestrebt, ein möglichst gottgefälliges und seinen Weisungen entsprechendes Leben zu führen, wobei die Gesetzesvorgaben anfangs noch sehr undifferenziert waren (→ Gesetze). Gefordert waren z.B. bei den vorexilischen Propheten Zuverlässigkeit und Verantwortungsbewusstsein im Umgang mit dem Mitmenschen (hebr. *ämät*) und Gemeinschaftssitz (hebr. *chäsäd*; vgl. Hos 4,1) als Grundlage moralisch richtigen Verhaltens. Erst in nachexilischer Zeit wurden die Ge- und Verbote in einem engmaschigen Gesetzeswerk festgeschrieben, so dass sich nun jegliches schuldhafte Verhalten anhand eines Schrifttextes überprüfen ließ.

Damit setzte die Erkenntnis von Sch. nun eine entsprechende Kenntnis der vielfältigen Gesetze voraus und war für viele Bewohner des Landes nicht mehr in Gänze nachvollziehbar. So wurde Sch., die man mangels besseren Wissens nicht erkannt hatte, zu einer verbreiteten Erscheinung im Volk. In der nachexilischen Zeit wurde der »Tun-Ergehen-Zusammenhang« jedoch zunehmend in Frage gestellt. Die Erkenntnis, dass es Frevlern gut ging, während die Frommen, die die Mitmenschen nicht ausbeuteten und relativ viel Zeit für die Ausgestaltung ihrer Frömmigkeit aufwandten, wirtschaftliche Rückschläge erleiden mussten, führte zu einer Eschatologisierung: Gott wird in Zukunft seine Heilsordnung (→ Heil) entsprechend aufrichten und die Frevler für ihre Taten bestrafen, die Frommen aber belohnen (vgl. z.B. Ps 11). Im Hiobbuch werden die persönlichen und wirtschaftlichen Rückschläge des frommen Hiob dagegen als Prüfung des Frommen durch Gott gedeutet; erst in Krisenzeiten erweist sich, wer wahrhaft gläubig ist und auch dann noch auf Gott und sein Heil vertraut.

Als kollektive Sch.-Erfahrung wurde das babylonische Exil verstanden. Israel musste das Exil erleben, weil es »anderen Göttern nachgelaufen« ist und die alleinige JHWH-Verehrung aufgegeben hat. Diese kollektive Sch. wurde auch in der Folgezeit als so gravierend erfahren, dass sie in besonderer Weise gesühnt werden musste. So entwickelte die Priesterschaft in nachexilischer Zeit den »Yom Kippur«, den großen Versöhnungstag (Lev 16), als wichtigstes nationales religiöses Fest. An diesem Tag sollte das ganze Volk kollektiv für die den Einzelnen nicht bewussten Sünden entsühnt werden.

Der griechische Begriff *hamartia* für »Schuld, Sünde« meint eigentlich das Verfehlen eines Zieles, und zwar sowohl in Bezug auf moralisches Verhalten wie auf technische oder künstlerische Fähigkeiten. Inhaltlich knüpft die ntl. Vorstellung von Sch. an die des AT an. Die hebr. Begriffe *ämät* und *chäsäd*, die sich beide auf das zwischenmenschliche Verhalten beziehen, werden in dem einen Satz »Liebe deinen Nächsten wie dich selbst« (Mk 12,31) zusammengefasst: Moralisch richtiges Verhalten entscheidet sich für Jesus immer auch am Verhalten dem Mitmenschen gegenüber – und zwar gerade auch gegenüber dem Mitmenschen, mit dem man Schwierigkeiten hat (Mt 5,44). Dem korrespondiert die Gottesliebe (Mk 12,29f. unter Aufnahme von Dtn 6,4f.), wobei Jesus bewusst nicht die jüdische Gesetzeskasuistik als Maßstab richtigen bzw. falschen Verhaltens aufgreift. Errettung aus der Sch. gibt es nach dem NT allein durch den Kreuzestod Christi. Während das jährlich wiederholte Ritual des Yom Kippur Sühne für die Sünden des vergangen Jahres ermöglicht, befreit das rettende Handeln Christi einmalig und endgültig all jene von Sch., die diesen Kreuzestod für sich glaubend annehmen (vgl. Röm 3,25). Damit ist eine neue Gottesbeziehung geschaffen, die nicht mehr von Sch. verwehrt ist. Für Paulus ist die grundlegende Sündhaftigkeit des Menschen (Röm 3,23) und die daher notwendige Errettung durch Christus die Grundlage seiner Kreuzestheologie. Die Befreiung von Sch. erhält der Mensch durch den Glauben an Jesus Christus und durch die Taufe (Röm 6,1–11). Dies befreit die Christen nicht nur von der vergangenen Sch., sondern ermöglicht auch ein neues gottgefälliges Leben (Röm 6,17f.). [WZ]

Seele [ahd. *se(u)la* »zum See gehörend«, griech. *psyche*, lat. *anima*] In der Umgangssprache kennzeichnet die S. verschiedene Bewusstseinsregungen, sie gilt als Ebene der Gefühle, der Empfindungen und vor allem der

Künste, die in ihrem Gehalt das Materielle und Erklärbare überschreiten. In den Religionen gilt sie als metaphysisches Prinzip des Lebens, das über das Leibliche hinausgeht, dabei aber vor allem in der Zuordnung zum Leib (→ Körper) unterschiedlich gedeutet wird. In den frühen Kulturen und Religionen ist die Vorstellung der S. an Naturerscheinungen wie Wind (Atem) und Wasser (Blut) gebunden und wird zum Teil als feinstoffliche Substanz einzelnen Organen (Herz, Leber) zugeordnet.

Für die Deutung der S. in der Geschichte des Christentums sind zwei unterschiedliche Strömungen grundlegend: Die biblische Tradition und die vornehmlich auf Platon zurückgehende philosophische. In der Literatur des AT wird der Mensch als Einheit von Fleisch (*bazar*) bzw. Leib und lebendiger S. beschrieben (Gen 2,7). Aus Staub gebildet wird der Mensch durch den Atem Gottes beseelt und findet darin die bleibende Verbindung zu Gott. Die S. gilt dabei nicht als ein spezielles Organ, sie ist weder vom Leib isoliert noch mit diesem identisch. Stirbt der Mensch, so stirbt mit ihm auch die S., wie es beispielsweise Ps 146,4 formuliert: »fährt sein Odem aus, so kehrt er wieder zur Erde«. Der alttestamentliche Begriff für S. (hebr. *näphäsch* »Kehle«) weist sowohl auf die Bedeutung des Atems für das Leben wie des Blutes hin (Lev 17,11: »Denn die S. des Fleisches ist im Blut«). Die Verbindung der S. mit dem Blut erklärt u.a. die Bedeutung des Blutes für das Opferritual (→ Opfer) wie auch das konsequente Verbot in den Speisegesetzen (Lev 17,14: »Darum habe ich den Israeliten geboten: von keinem Fleisch dürft ihr das Blut essen, denn das Blut ist die S. allen Fleisches«).

Im NT wird dieses Bild von dem Leib als einem Gefäß, das Gott durch seinen Atem beseelt, aufgegriffen und als Ausdruck für die vitale Kraft des Menschen benutzt. So auch Paulus, der allerdings keine dualistische Gegenüberstellung von Leib und S., sondern eine dreifache anthropologische Bestimmung nach Leib (*soma*), S. (*psyche*) und Geist (*pneuma*) vertritt. Die S. steht dabei für das Ich des Menschen, der wissend und strebend sein Leben gestaltet, während der Geist ein auf Gott bezogenes Bewusstsein beinhaltet – 1 Kor 2,14: »Der natürliche Mensch (*anthropos psychikos*) nimmt die Dinge, die des Geistes Gottes sind, nicht an, denn Torheit sind sie ihm, und er kann sie nicht erkennen, weil sie geistlich beurteilt werden müssen. Der Geistbegabte (*anthropos pneumatikos*) dagegen beurteilt zwar alles, er selbst aber wird von keinem beurteilt.«

Mit dieser Deutung der S. unterscheidet sich Paulus vor allem von der griechisch-hellenistischen Seelentheorie, die nicht nur die Umwelt des NT grundlegend geprägt hat, sondern sich bis in die Gegenwart behauptet und immer wieder Anlass zu falschen Deutungen des biblischen Seelenbegriffs gibt. In der Philosophie Platons gehört die S. zum »Bereich des Mittleren«, sie ist wesentlich vom Leib getrennt, von ihm unabhängig, und hat die Gabe, zwischen dem Himmlischen und dem Irdischen zu vermitteln. Als Teil der Welt der Ideen gilt die S. in der Philosophie Platons als präexistent, weder geschaffen noch sterblich, sie ist mit dem Leib deshalb nur vorübergehend wie in einem Gefängnis verbunden. Der »Höhenflug« der »gefiederten« S. bleibt deshalb mit der Sehnsucht auf eine Lösung vom Leib verbunden und gilt als der einzig richtige Maßstab der Lebensgestaltung.

Diese Gedanken des Dualismus von Leib und S. und der Seelenwanderung (→ Reinkarnation), die Platon auf der Grundlage orphischer Mysterien entwickelt (Phaidros, Phaidon), wirkten sich insbesondere auf die sog. gnostischen Bewegungen (→ Gnosis) aus. Dort führt die Bestimmung der S. als »himmlischer Lichtfunke« göttlichen Ursprungs zu einer dezidierten Leibfeindlichkeit, die den Körper als Gefängnis der S. und die → Auferstehung als Befreiung von der Last des Leiblichen beschreibt. Folgen dieses gnostischen Leib-S.-Dualismus liegen in der Tendenz zur Weltflucht, in der Abwertung aller leiblichen Regungen, vor allem aber in der Verteufelung der Sexualität. Der wahre Mensch gilt als jener, dessen S. sich vom Leib gelöst hat, um sich ungehindert der Schau Gottes hinzugeben.

In der Auseinandersetzung mit der Philosophie Platons wie auch mit gnostischen Gedanken ist die christliche Theologie der Alten Kirche und der Scholastik geprägt von der Debatte um die Verhältnisbestimmung zwischen Leib und S. Dabei gewinnt die von Aristoteles entfaltete Definition der S. des Menschen als »denkende S.« (im Unterschied zu der nur »empfindenden« S. der Tiere), die als »Form des Körpers« gilt, weil sie die Materie leitet und bestimmt, zunehmend an Bedeutung. So erklärt Thomas von Aquin die vernünftige S. (*anima intellectiva*) als die Einheit eines untrennbaren leibseelischen Komplexes und erhebt diese Substanzform zur höchsten, weil erst in der leibseelischen Einheit der Mensch zum Ebenbild Gottes wird (*Summa Theologiae*).

Für die christliche Deutung der S. hat dieses Prinzip der leibseelischen Einheit, die sich grundsätzlich vom dualistischen platonischen Seelenbegriff unterscheidet, oberste Priorität. Es findet sich vor allem in dem Begriff der Leibhaftigkeit der S. Damit ist gemeint, dass Leib und S. nicht nur direkt aufeinander bezogen sind, sondern sich als Einheit auch gegenseitig bedingen. So können seelische Regungen nur im körperlichen Ausdruck wahrgenommen werden, während andererseits auch der lebendige Leib ohne Ausdrucksformen der S. zum toten Körper wird. Glück, Hass, Freude und Schmerz gelten als wesentliche Aspekte der seelischen Befindlichkeit des Menschseins, die aber erst durch körperliche Regungen wie Lachen, Weinen, Singen und Sagen Gestalt annehmen. Aus diesem Zusammenhang wird auch erklärbar, warum gerade das Singen und die poetische Rede als direkter Ausdruck der S. gelten.

Infolgedessen ist auch der Tod des Menschen nur als ein Sterben von Leib *und* S. zu verstehen. Die Vorstellung der Unsterblichkeit, die eine Trennung der S. vom verwesenden Körper bedingt und sich dann nicht nur in unterschiedlichen Formen des Reinkarnationsglaubens, sondern auch in Formen der Volksfrömmigkeit wiederfindet, geht demgegenüber auf platonisches Denken zurück.

In der Weise, in der das Sterben den ganzen Menschen betrifft, bezieht sich aber auch das Bekenntnis zur Auferstehung der Toten auf den ganzen Menschen. Die Hoffnung auf ein Leben nach dem Tod bindet also zwangsläufig die S. als Lebensprinzip an die Auferstehung des Fleisches.

In der gegenwärtigen Situation wird die Diskussion über die S. sowohl durch den interreligiösen Dialog als auch durch den Einfluss der Psychologie bzw. der Psychoanalyse geprägt. Während die monotheistischen Religionen gemeinsam die S. als von Gott geschaffen und somit als Grundlage aller Verbindung des Menschen zu Gott bestimmen, verneint der → Buddhismus die Existenz einer S. Für den Buddhisten gilt das Begehren bzw. das Streben als Qualität des seelischen Vermögens als grundsätzliches Hindernis auf dem Weg zuz Erlösung. Speziell die durch die S. vermittelte Innerlichkeit gilt es dabei durch Leere zu ersetzen. Für Sigmund Freud gilt die S. als Ebene des Unbewussten, seine Methode der Psychoanalyse versucht dabei durch die Methode des Erinnerns und Erzählens (verschiedentlich ist auf die strukturelle Ähnlichkeit zur Beichte hingewiesen worden) das im Unbewussten Verborgene aufzudecken. Die in religiösen Vorstellungen enthaltene Transzendenzbestimmung der S. wird dabei durch den Anspruch ersetzt, zwischen Natur- und Geisteswissenschaft zu vermitteln. In der → Seelsorge, speziell in der Pastoralpsychologie, wird die Verhältnisbestimmung zwischen jener der Psychologie entlehnten Methodik und dem Anspruch des im religiösen Kontext transzendent bestimmten Begriffs der S. zu einer der wichtigsten Fragestellungen. [MV]

Seelenwanderung → Reinkarnation

Seelsorge Als S. wird die Hinwendung zu einem Menschen bezeichnet, die in beratender oder begleitender Absicht geschieht und darauf basiert, dass Seelsorger und Gesprächspartner sich als Geschwister im Glauben verbunden wissen. Voraussetzung eines solchen christlichen Verständnisses von S. ist die Erfahrung, dass Gott selbst ein seelsorgerlicher Gott ist, indem er für die Menschen ansprechbar bleibt, Nähe vermittelt und Versöhnung schafft. Wird Gott im Kontext von Liebe und Hoffnung gedacht (1Kor 13), dann erschließt er sich dem Menschen in Notsituationen und Leidenszeiten auch als der liebende, barmherzige Vater, der Hoffnung bewirkt und Heil bringt. Er ist ein Gott des Trostes (2Kor 1,3 »Der Vater des Erbarmens und der Gott alles Trostes«), einer der die Menschen begleitet und mit ihnen leidet. In diesem Sinne ist S. »Praxis des Evangeliums«. S. ist also nicht deshalb christlich ausgewiesen, weil sie etwa moralische Ansprüche formulierte oder gar Ratschläge auf der Basis passender Bibelverse parat hielte, sondern weil das christliche Menschenbild hier konkret wird und die Hoffnung Gestalt annimmt, dass Gott zu den Menschen kommt, wenn sie ihn brauchen. Die Lehre von der S. wird auch als »Poimenik« bezeichnet, sie gilt als Teil der Praktischen Theologie und wird darin zur Methode entwickelt.

Obwohl der Begriff S. in seinem Ursprung weder biblisch geprägt ist noch religiösen Zusammenhängen entspringt, wird er heute doch weitgehend als eines der Identifikationsmuster von → Religion verstanden. So wird beispielsweise die Bezeichnung Seelsorger häufig als Synonym für den → Pfarrer benutzt und die S. zu den zentralen Aufgaben der kirchlichen Amtsträger gerechnet. Dieses Verständnis ist insofern begründet, als Kirche ohne S. tatsächlich nicht denkbar ist.

Historisch geht die Bezeichnung S. auf die Philosophie, speziell auf die Gestalt des Sokrates, zurück. In der *Apologie* begründet Platon die Sorge um die Seele als Grundvoraussetzung einer moralischen Lebensführung (29de: »Bester Mann ... schämst du dich nicht, für Geld zwar zu sorgen, wie du dessen am meisten erlangst, und für Ruhm und Ehre, für Einsicht aber und Wahrheit und für deine Seele sorgst du nicht, dass sie sich aufs Beste befinde«), und fordert in dem Dialog *Laches* sogar Lehrer bzw. professionelle Begleiter, die in der »Behandlung der Seele gut und geschickt sind« für diese Herausforderung der S. (185e). Gegenüber dieser differenzierten Begründung der S. in der griechischen Philosophie erscheint es geradezu auffallend, wie wenig Gewicht der Sorge um die Seele im NT gegeben wird. Der Grundtenor dort lautet vielmehr: »Sorget nicht um euer Leben« (Mt 6,25.34), denn »die Sorgen der Welt ersticken das Wort« (Mt 13,22) und die Sorgen um den Lebensunterhalt »beschweren das Herz« (Lk 21,34). Deshalb kann Paulus in 1Kor 7,32 formulieren: »Ich will aber, dass ihr ohne Sorge seid« (1Petr 5,7: Alle eure Sorgen werft auf ihn, denn er sorgt für euch«; Phil 4,6: »Sorget euch um nichts, sondern in allem lasset im Gebet und Flehen mit Danksagung eure Bitten vor Gott kundwerden«).

Die S. ist in der Alten Kirche zunächst als Sorge um die eigene Seele entstanden, dann vor allem durch Gregor von Nazianz als eine Sorge um die Seelen der anderen entwickelt und theologisch systematisiert worden, wobei sie zunächst als Auftrag an das Amt des Bischofs gebunden war, der sie seinerseits an die Priester delegieren konnte. Diese Bedeutung der S. als Hinwendung des Hirten (Pastor) zu seiner Gemeinde (Herde) ist Ursache für die ursprüngliche Bezeichnung der S. als »Pastoral« bzw. der Pastoraltheologie, zu der die S. als Teilbereich gehört. In der *regula pastoris* Gregor d. Gr. wird die Pastoraltheologie als Theorie des kirchlichen Amtshandelns bzw. als Theologie der Gemeindearbeit beschrieben. Die *Pastoral* gilt dabei als »Hirtenkunst« im engeren Sinne, als sie sich einerseits auf die Tätigkeit der Amtsperson beschränkt, andererseits das umfassende Tätigkeitsfeld der Gemeindearbeit im Blick hat und somit als Grundfunktion christlicher Gemeinde verstanden wird. Dieses traditionelle Verständnis der S. als Amtstätigkeit in der katholischen Kirche wurde durch das II. Vatikanum grundsätzlich verändert: Einerseits sollte nun das seelsorgerliche Wirken aller Getauften stärker für die Konzeption der Seelsorgearbeit bedacht werden, andererseits galt es auch, psychologische und soziologische Erkenntnisse für die Praxis des seelsorgerlichen Gesprächs nutzbar zu machen. In den evangelischen Kirchen war die S. schon seit der Reformation stärker als Funktion der Gemeinde begriffen worden. Martin Luther war, vor allem vor dem Hintergrund seiner eigenen Erfahrungen mit dem Bußsakrament, für eine deutliche Trennung von kirchlichem Amt und seelsorgerlichem Trost eingetreten und hatte in diesem Zuge auch eine Übertragung der → Beichte sowie das »Priestertum aller Gläubigen« gefordert: »Wenn dich dein Gewissen peinigt, so gehe zu einem frommen Mann, klag ihm deine Not; vergibt er dir die, so sollst du es annehmen, er bedarf dazu keines Papstes Bullen« (WA10/3,398,35).

Die sowohl in der katholischen wie auch in den evangelischen Kirchen vollzogene Lösung der S. von der Fixierung auf das Amt des Geistlichen hat eine Differenzierung der Aufgabenbereiche erleichtert. Ein grundsätzlicher Unterschied wird dabei zwischen funktionaler und intentionaler S. gemacht. Während die funktionale S. sich auf die Begegnung aller Christen in unterschiedlichen Situationen bezieht, gewissermaßen en passant geschieht, setzt die intentionale S. eine spezielle Ausbildung voraus, ist an Verabredungen gebunden, findet an speziellen Orten und zu bestimmten Zeiten statt und hat professionellen Beratungscharakter. Diese Differenzierung der Aufgabenbereiche der S. führt zu Spezialisierungen wie auch zur Einführung besonderer Dienste: Krankenhauss., Militärs., Polizeis., Notfalls., Telefons., Gefängniss.; als klassische Arbeitsfelder der S. gelten nach wie vor die Kasualien (Taufe, Trauung, Beerdigung), sie stellen die traditionellen Schnittstellen zwischen Kirche und Gesellschaft dar.

Als problematisch erweist sich dabei die Bedeutungsverschiebung der S. in der Geschichte und die Unterschiedlichkeit der damit verbundenen Aufgaben und Methoden in der Gegenwart. Die Vielzahl von Konzeptionen beinhaltet heilende, therapeutische, diakonische, personelle, beratende Ansätze, die sich in einer breit gefächerten Palette von Beratungsstellen zu erkennen gibt. So bieten die Kirchen heute seelsorgerliche Hilfe an, die sich mit therapeutischem Anspruch der Begleitung in speziellen Lebenssituationen (Ehe-, Familien-, Erziehungsberatung) widmet, Beistand in der Sterbebegleitung (Hospizbewegung) bietet oder Suchtkranke und deren Angehörige unterstützt.

Für Sonderdienste, die sich sowohl dem christlichen Verständnis der S. als auch den aus der Psychologie gewonnenen Methoden der therapeutischen

Begleitung verpflichtet wissen, ist die Entwicklung der Pastoralpsychologie (F. Niebergall, O. Pfister) entscheidend. Hier hat die Übernahme der Konzeption einer klinischen Seelsorgeausbildung (KSA) auf der Grundlage der von Seiten der amerikanischen S.bewegung entwickelten »Clinical Pastoral Education« (CPE) Wesentliches geleistet. In diesem Zusammenhang versteht sich die S. also nicht mehr als die allgemeine solidarische Handlungsweise der Menschen in der Gemeinde, die sich gegenseitig stützen und stärken, sondern als eine Spezialleistung, die berufliche Qualifizierung und ein spezifisches Aufgabenfeld beinhaltet. Ausdruck dieser neuen Konzeption von S. findet sich in der 1972 gegründeten »Deutschen Gesellschaft für Pastoralpsychologie« als einer ökumenischen Einrichtung.

In der Gegenwart wird die S. vor allem durch die Ambivalenz des Seelenbegriffs (→ Seele) erschwert. Das gilt vor allem für die Beratungsarbeit in interkulturellen Zusammenhängen, die aufgrund unterschiedlicher Lebenskontexte und Deutungsmuster auch eine interkulturelle S. notwendig macht. [MV]

Segen und Fluch S. und F. sind in der Bibel Worte (u.U. verbunden mit rituellen Handlungen), die vornehmlich im religiösen bzw. kultischen Kontext verankert sind und mit denen besondere, mit Autorität oder Würde versehene Personen anderen Person (aber auch Gegenständen) Kraft oder Gnade verleihen (bzw. im Falle des Fluches entziehen). S. und F. sind dabei selbsthandelnd gedachte Wirkworte, deren Erfolg der Spender von S. und F. zwar nicht sofort überprüfen kann, von deren Wirkmächtigkeit er aber ausgeht. Der Gesegnete wird unter den Einfluss der übertragenen göttlichen Kraft gestellt, die das jeweilige Handeln bestimmt, leitet und zum Gelingen führt. Eigentlicher Erfüller von S. und F. ist somit stets die angerufene Gottheit (und nicht der Segnende), die das ausgesprochene Wort zu seiner Wirksamkeit führen wird.

Im privaten Kontext wird der S. bei der Übergabe des Familienvorstandes vom Vater an den erstgeborenen Sohn verwendet. Auch hier ist der S. gewissermaßen eine Kraftübertragung: Der Erstgeborene wird in die Autoritäts- und Leitungsfunktion des Familienvorstandes eingeführt (z.B. Gen 27). Und auch hier ist der S. mit religiösen Elementen verbunden, denn er findet vor der Gottheit statt (Gen 27,7.27ff.); auf dem Gesegneten soll nun die Gnade Gottes liegen, die es ihm ermöglicht, die Geschicke der Familie erfolgreich zu führen.

Das Spenden von S. gründet in der Erfahrung, dass alle menschlichen Erfolge von göttlichem S. abhängig sind. So erfährt man die Existenz der gesamten Kreatur (Dtn 7,13), die Fruchtbarkeit des Bodens (Gen 27,28), der Tiere und der Menschen (Gen 1,28; 24,60), aber auch den menschlichen Erfolg (Gen 12,2f.; Ps 67,2f.) als göttlichen S. Gott vermittelt S. aber nicht grundlos. Hintergrund der Segensvorstellungen der Bibel ist der sog. »Tun-Ergehen-Zusammenhang« (→ Schuld), wonach ein Mensch für sein vorbildliches Handeln von Gott mit entsprechendem S. belohnt wird. Der Mensch steht somit unter dem sittlichen Anspruch, Gottes Geboten und Weisungen entsprechend zu handeln, um so den S. Gottes zu erhalten.

Inbegriff des S. im AT wurde in der Kirchengeschichte der sog. aaronitische (Priester-)Segen in Num 6,23–27, der S. mit göttlicher Zuwendung und Nähe gleichsetzt. Dieser Text wird im evangelischen Gottesdienst häufig als Schlusssegen verwendet; im katholischen Gottesdienst ist er zwar bei weitem nicht so gebräuchlich, aber im Messbuch als Segensformel für die Eucharistiefeier vorgesehen. Bei jedem jüdischen Passamahl pflegte man über dem Kelch ein Dankgebet zu sprechen; dies führte zur Formulierung »Segensbecher« beim Kelch des Abendmahles (1Kor 10,16).

Der F. diente dazu, Menschen dem göttlichen Gerichtshandeln und damit dem Entzug von S. zu unterstellen. Eine beliebte Verwendung des F. findet sich in Vertragsabschlüssen. Brach einer der Vertragspartner die ausgehandelte Vereinbarung, sollte er verflucht sein (→ Bund); damit war er der göttlichen Strafe unterstellt und somit vor einem leichtfertigen Vertragsbruch gewarnt. Selbstverständlich ging man davon aus, dass Gott die Strafe dann auch anwenden werde (1Kön 2,44). Im Sinne des »Tun-Ergehen-Zusammenhangs« wurde die Strafe für ein innermenschliches Fehlverhalten, das man nicht selbst mit den herkömmlichen Gerichtsverfahren bestrafen konnte, somit Gott überstellt; ihm war die Einhaltung der göttlichen Heilsordnung anvertraut. Auf einer ähnlichen Ebene liegen die Fluch- und Racheäußerungen in den → Psalmen, in denen der gottgetreue Beter den Frevlern die göttliche Strafe (und damit die Wiederauferrichtung der göttlichen Heilsordnung) wünscht (vgl. Ps 139,21f.). Der F. verlor im NT seine Bedeutung als wirkmächtiges religiöses Wort und wurde als unvereinbar mit der Feindesliebe angesehen.

In der Kirchengeschichte setzte sich der S. als Teil des → Gottesdienstes fort, in dem der Priester der Gemeinde Gottes S. zuspricht. Dem entspricht die verbreitete ikonographische Gestaltung Christi mit einer zum S. erhobenen Hand: S. geht von Gott bzw. Christus aus und wird über die Priester an die Gemeinde vermittelt. Der S. am Schluss des christlichen Gottesdienstes soll die Gottesdienstbesucher in ihrem Alltag begleiten und sie des göttlichen Beistandes vergewissern. [WZ]

Seligpreisungen   → Bergpredigt

Septuaginta   → Bibel

Sonntag   Die dt. Bezeichnung S., ähnlich engl. *sunday*, spiegelt durch den Hinweis auf den heidnischen Sonnenkult sinnfällig die Zweideutigkeit des kirchlichen und staatlichen Ruhetages wider, der seit frühester Zeit dem Gedenken an Jesu Auferstehung gewidmet war. Nach dem Zeugnis des NT geschah diese am dritten Tage nach seinem Kreuzestod. Damit war der »Tag des Herrn« (Offb 1,10 u.a.) zeitlich vom jüdischen Sabbat (Sonnabend) abgehoben. Dieser unverwechselbare Name (*dominus*) fand Eingang in die verschiedensten roman. Sprachen (frz. *dimanche*, span. *domingo*, ital. *domenica*). Die Affinität zum Sonntag geht auf Konstantin d.Gr. (321 n.Chr.) zurück, der nicht nur diesen nach kirchlichem Kalender ersten Tag der Woche zum Ruhetag erklärte, sondern ihn auch namentlich in Verbindung brachte zum bisher im Reich favorisierten Sonnenkult. Dieser war Anfang des 3. Jh. durch Kaiser Elagabalus aus dem Vorderen Orient eingeführt worden. Wurde das jährliche Sonnenfest anfangs noch zur Sommersonnenwende gefeiert, so änderte sich dies unter Aurelian, der 274 n.Chr. den 25. Dezember bestimmte (*natale solis invicti*). Der unbesiegbare Sonnengott stand nunmehr an der Spitze aller anderen Götter. Mit ihm verband sich die Hoffnung, das multikulturelle röm. Reich in religiöser und moralischer Hinsicht zu einen.

Strittig ist, ob Konstantin d.Gr. mit der Duldung des Christentums und dem zunächst noch weiter andauernden Sonnenkult einem bloßen Synkretismus Vorschub leistete, oder ob er unter dem Einfluss von Laktanz (Lehrer am Hofe) und Euseb v. Cäsarea (Kirchenhistoriker, theol. Berater) unter dem beibehaltenen Namen etwas völlig Neues verstand: Christus – das wahre Licht, die Sonne der Gerechtigkeit (Mal 3,20), womit auch der Begriff des S. einen anderen Sinn erhalten hätte.

Die mit dem S. verbundene Arbeitsruhe diente jahrhundertelang vorrangig dazu, den Menschen den Besuch des Gottesdienstes zu ermöglichen, und es war diese religiöse Komponente, die Kirche (Kanonisches Recht) und Staat darüber wachen ließ, dass der Sonntag nicht entheiligt wurde. Die Palette diesbezüglicher Konflikte ist groß, weil eben nicht immer und vor allem nicht allen deutlich war, was zur sog.»knechtlichen« Arbeit, auf die das Gebot der Sonntagsruhe vornehmlich zielt, gehörte und was nicht. Im Zuge der Industrialisierung und differenzierter Wirtschafts- wie Arbeitsstrukturen, auch des internationalen Wettbewerbs, ist die Diskussion über den Schutz des S. noch intensiver geworden. Verkehr, Landwirtschaft, Gesundheitswesen und betriebsbedingte Produktionsabläufe spielen dabei eine große Rolle, ebenso wie neuerdings unterschiedliche Auffassungen und Praktiken im vereinten Europa.

Als in der Weimarer Reichsverfassung (WRV) 1919 Sonn- und Feiertage unter staatlichen Schutz (Art. 139) gestellt wurden, kam dies einer allgemeinen Garantieerklärung gleich. Die Interessen von Arbeitnehmern und Sozialpolitikern einerseits wie die der Kirchen begegneten sich, als seinerzeit die entsprechende Schutzbestimmung formuliert wurde. Die für unsere heutigen Begriffe verblümte Redeweise, wonach S. und staatlich anerkannte Feiertage der »Arbeitsruhe und der seelischen Erhebung« dienen, ist sicher auf dem Hintergrund der Spannungen zwischen Staat und Kirche nach Auflösung des Kaiserreiches zu sehen. Mit dieser Formulierung sollte einerseits der Eindruck von Konzessionen an die Kirche vermieden werden, andererseits konnte dadurch auch die fortschreitende rel. Sinnentleerung von kirchlichen Feier- wie auch Sonntagen aufgefangen werden, denn eine seelische Erhebung war und ist nicht unbedingt an kirchliche Dogmen und den Kirchenbesuch gebunden. Art. 139 WRV, der in das Grundgesetz (Art. 140) übernommen wurde, betrifft Gläubige wie Ungläubige.

In jüngster Zeit bahnt sich allerdings, verursacht durch die Veränderung der säkularen Vorgaben, ein Verfassungswandel an. Wo von 168 Wochenstunden 126 bis 133 arbeitsfrei sind und der S. nur noch im Block des arbeitsfreien Wochenendes begegnet – belastet mit den Phänomenen der kollektiven Langeweile bzw. der Einsamkeit der Menschen – , ist die ehemals für die Sonntagsregelung ausschlaggebende Arbeitsruhe auch nur noch von marginaler Bedeutung. Indes dürfte der Schutz von Sonn- und bestimmten Feiertagen nicht in Frage gestellt sein.

Dass mit dem S. nach kirchlichem Kalender die Woche begann, war im Ganzen der breiten Öffentlichkeit kaum bewusst, so dass sich am gängigen Verständnis vom Sonntag als Wochenende nichts änderte, als – angeregt durch eine Unterkommission der UNO – eine entsprechende Umstellung 1970 gesetzlich geregelt wurde. [GB]

Sozialethik　S. bezeichnet eine Disziplin der theologischen Ethik, die im Gegensatz zur Individualethik vor allem die sozialen Bezüge menschlichen Handelns in den Vordergrund stellt. Ihre Ursprünge als eigenständige Disziplin gehen auf das 19. Jh. zurück. In Auseinandersetzung mit dem aufkommenden Sozialismus und dem liberalen Kapitalismus bezog die katholische Kirche in den großen Sozialenzykliken Stellung zu den Fragen einer gerechten und theologisch verantwortbaren Wirtschafts- und Gesellschaftsordnung.

Auf evangelischer Seite gewann im Bereich der akademischen Theologie die Frage nach der gesellschaftlichen Eingebundenheit theologischer Urteilsbildung großes Interesse. So wurde beispielsweise für Theologen wie E. Troeltsch die Soziologie Max Webers zu einem vorrangigen Gesprächspartner. Ihren offiziellen Ausdruck fand die protestantische S. in der Nachkriegszeit in den Denkschriften der evangelischen Kirche in Deutschland. Wenigstens für den deutschsprachigen Raum lässt sich dabei in jüngster Zeit eine erhebliche Annäherung in den Positionen der großen Konfessionen feststellen, die vermehrt zu gemeinsamen Stellungnahmen zu sozialethischen Themen führt.

Gegenstand der S. ist die soziale Dimension menschlicher Handlungsvollzüge. Sozialwissenschaftliche Einsichten sind dabei ebenso zu berücksichtigen wie die philosophische Ethik. Klassische Arbeitsgebiete der S. sind die politische Ethik, die sich mit Fragen der Gesellschaftsordnung, aber auch von Krieg und Frieden beschäftigt, der Wirtschaftsethik, die die soziale und globale Gerechtigkeit sowie Fragen der Arbeitsethik thematisiert, und die Umweltethik, die ein theologisch angemessenes Verhältnis zu Natur und Umwelt erörtert. Zu den gegenwärtigen brisantesten Aufgaben der S. gehört die Bioethik, die sich bemüht, in Auseinandersetzung mit dem galoppierenden gentechnischen Fortschritt Grenzen und Richtlinien für den Umgang mit menschlichem Leben anzugeben.

In der S. besteht weitgehend Konsens, dass die Abgrenzung zur Individualethik oder zu Moraltheologie mehr einer pragmatischen Arbeitsteilung entspricht als einer sachlichen Entgegensetzung. Auch für sozialethische Entscheidungen gilt selbstverständlich, dass sie die ethische Grundlegungsproblematik mit zu bedenken haben. Im Kontext pluralistischer Gesellschaften ist zudem damit zu rechnen, dass religiös motivierte sozialethische Handlungsanweisungen nur dann Gehör finden werden, wenn sie ihre Gründe und ihre Ziele nach den gesellschaftsüblichen Standards vernünftiger Kommunikation plausibel machen können. [JL]

Spiel Als S. gilt eine Beschäftigung, die der Einübung von Verhaltensweisen, Techniken und der Auseinandersetzung mit Lebensfragen dient und dabei, trotz altersspezifischer Unterschiede in den Formen des S., prinzipiell nicht auf die Altersgruppe der Kinder begrenzt werden kann. Gemeinsam ist allen Formen des S. die Konfrontation mit einer unbekannten Größe, die letztlich nicht berechenbar ist. Dabei kann diese unbestimmte Größe religiös, aber auch profan gedeutet werden. Nicht selten gehen diese Bereiche jedoch ineinander über. So ist beispielsweise das S. mit dem Ball und dem Seil religionsgeschichtlich als Kultform bekannt. Grundsätzlich kann unterschieden werden zwischen dem S. als Einübung von Lebensabläufen (»S. der Kinder«), als inszenierte Begegnung mit dem Numinosen (*sacer ludus*) und dem S. als Unterhaltungskategorie (»Sport und Spannung«).

Biblisch ist das S. in allen diesen Formen belegt: Das AT berichtet vom Treiben der Kinder (Gen 21,9; Jes 11,8) genauso wie vom S. der Erwachsenen (Jes 22,18) und vom Einüben besonderer Techniken im sportlichen Wettkampf (1Sam 20,20; 2Sam 2,14). Im Ps 104,26 wird sogar Gott selbst als Spielender beschrieben. Dabei zeigt sich eine auffallende Nähe zur Philosophie Platons, der in seinem Dialog *Nomoi* die Metapher von dem Menschen als Spielzeug Gottes prägt (Z 803 c–804). Zur Zeit der Makkabäer gerät speziell das S. im sportlichen Sinn unter dem Einfluss der hellenistischen Kultur in den Verdacht des Kulturverfalls, nachdem in → Jerusalem ein Gymnasium gebaut worden war, das als erhebliche Konkurrenz zum Tempeldienst kritisiert wird (2Makk 4,9ff.).

Das NT differenziert das S. deutlicher hinsichtlich seiner Funktion: Nachdem der Mensch als frei vom Gesetz, von der Sünde und von der Sorge um den nächsten Tag herausgestellt wird, kann auch das S. als schöpferische Kraft interpretiert werden. In Mt 11,16 wird das S. der Kinder als vorbildlich hervorgehoben, und Paulus wählt sogar das sportliche S. als Sinnbild für einen christlichen Lebensstil (1Kor 9,24ff.). Eine Ausnahme bildet die Form des Glücksspiels, das von Anfang in der Kritik steht, vor allem weil es dem Kriterium der Zweckfreiheit und des Schöpferischen nicht entspricht, stattdessen auf materiellen Gewinn zielt. So erinnert nicht zuletzt die Verlosung des Gewandes Jesu durch die Soldaten (Joh 19,23 f. mit Bezug auf Ps 22,19) an ein Glücksspiel, das als solches indiskutabel war und durch diesen Kontext verstärkt in Verruf gerät.

Eine Zuspitzung erfährt die Kritik des S. als Zeitvertreib infolge der protestantischen Arbeitsethik im Pietismus. So kritisiert A. H. Francke das S. kategorisch und fordert von dem bewusst lebenden Christen einen verantwortlichen Umgang mit der Zeit.

In der jüngeren Theologie tritt vor allem K. Rahner für eine Theologie des Spiels ein (»Weil Gott ein Deus vere ludens ist, muss der Mensch ein homo ludens sein«). G. M. Martin setzt diese Linie fort und definiert das S. als Voraussetzung für alle Erfahrung von Glück. R. Guardini hat demgegenüber die Verbindung zwischen Kult und ästhetischer Erfahrung hervorgehoben und das S. als »Wesen der Liturgie« herausgearbeitet. Eine neue Bedeutung erhält das S. in der Theologie seit den 60er Jahren des 20. Jh. durch das → Bibliodrama, das im spielenden Umgang mit biblischen Texten zu einer existentiellen Deutung verhelfen soll, die über die intellektuell-lehrende Auslegung der Schrift hinausgeht. [MV]

Spiritualität   [lat. *spiritus* »Hauch, Geist«] Obwohl geradezu inflationär benutzt und zum populären Ausdruck für moderne Religiosität geworden, ist es doch schwer, den »Containerbegriff« (G. Ruhbach) der S. exakt zu definieren. Versuche einer Bestimmung reichen von einer konfessionellen Unterscheidung, wonach der katholisch geprägte Begriff der S. dem protestantischen Ausdruck der Frömmigkeit und der orthodoxen Rede vom »christlichen Leben« gegenübersteht, bis hin zu der allgemeinen Definition der S. als das »wahrnehmbare, geistgewirkte Verhalten des Christen vor Gott« (EKD-Studie). Schwierig ist an diesen Beschreibungen, dass sie zwar jeweils Teilaspekte treffen, dabei aber zugleich andere Perspektiven ausklammern. So können einzelne Formen der S. gerade als konfessionell nicht gebunden gelten, stellen sogar die überkonfessionelle Charakteristik in den Vordergrund, wie im Falle der mystischen, ökumenischen, feministischen oder charismatischen S. Überdies bezieht sich S. nicht nur auf die christliche, sondern auch andere Religionen; man kann zu Recht von einer buddhistischen, jüdischen und islamischen S. sprechen. In einzelnen Bereichen der an C.G. Jungs Tiefenpsychologie orientierten → Esoterik wird der Geist sogar als eine Urerfahrung aller Menschen beschrieben, die Besinnung auf diese Urbilder des Unbewussten führt somit zu einer therapeutischen oder auch kosmischen S., und sogar für eine säkularisierte Beschäftigung mit der → Seele wird der Begriff der S. reklamiert, wenn etwa der Therapeut T. Moore für eine S. des Essens oder der Sexualität eintritt. Insofern liegt es nahe, tatsächlich von S. lediglich unter dem Gesichtspunkt der Pluralität zu sprechen.

Die Schwierigkeit, das, was unter S. zu verstehen ist, präzise zu definieren, bietet zugleich auch einen Vorteil. Im Unterschied etwa zu dem Ausdruck der Frömmigkeit ist jener der S. offener und überkonfessionell. Obwohl die Frömmigkeit gerade die Verwirklichung des Glaubens im alltäglichen Leben anspricht, hängt ihr doch der Ruf der Weltfremdheit und der individuellen Absonderung an. Während die Frömmigkeit zunächst einmal den Glaubensvollzug des einzelnen Menschen meint und damit auch als religiöse Innerlichkeit zu verstehen ist, bezieht sich die S. auf den ganzheitlichen Charakter des gelebten Glaubens, der sich aus der Summe von Glaubensinhalt, Glaubensvollzug und der gelebten Gemeinsamkeit ergibt. Ruhbach spricht deshalb von einer »Wir-Frömmigkeit«, die sich in bestimmten Gestalt gewordenen Liturgien und Lebensformen ausdrückt. Sie beinhaltet zwar auch Formen der Alltagsreligiosität, ist aber darüber hinaus auf die menschliche Existenz bezogen, wie sie sich unter dem Vorzeichen einer geistlichen Grundorientierung zu erkennen gibt. Als wesentliches Kennzeichen jeder S. kann die Konzentration auf vier Aspekte gelten:

1. Die Betonung individueller Glaubenserfahrung. Offensichtlich wirkt sich ein Unbehagen an der eher abstrakten Welt der Theologie aus, durch die persönliche Erfahrungen aus der Alltagswelt zu stark in den Hintergrund gedrängt worden sind. In der Betonung der gleichberechtigten Berücksichtigung der Ebene des gelebten Glaubens gegenüber dem gelehrten Glauben wird die Grenze zwischen Fachtheologen und sog. Laien überschritten. Einen speziellen Ausdruck findet dieses Anliegen z.B. im → Bibliodrama sowie in Formen der → Meditation.

2. Die Ausrichtung auf eine praktische Umsetzung des Glaubens. Hier spiegelt sich das Bedürfnis nach spürbaren Auswirkungen des Glaubens, der eben nicht nur ein Denkmodell bleiben soll. Die Gegenwart Gottes soll sich auf das Leben auswirken. Gesucht wird diese praktische Umsetzung u.a. in → Exerzitien und entsprechenden Angeboten der → Klöster und Häuser der Stille.

3. Der kontinuierliche Vollzug, durch den der Glaube etwas für den Alltag Verbindliches erhält. Wichtig sind in diesem Zusammenhang Rituale. Sie stellen den unmittelbaren Ausdruck der S. dar und können sowohl kirchlich-traditionell geprägt sein (z.B. tägliche Andachten, Gottesdienstbesuch), auf alte Formen zurückgehen (z.B. Herzensgebet der Ostkirche) oder sich auch in der bewussten Gestaltung der Stille (Meditation, Achtsamkeitsübungen, Yoga) äußern. Wichtig ist dabei die Regelmäßigkeit, mit der die Einübung spezieller Techniken betrieben wird, um eine Vertiefung des Glaubens zu erzielen. Im Hintergrund steht der Gedanke, dass auch der Glaube einer Übung bedarf, um einen geistlichen Reifungsprozess zu durchlaufen.

4. Die Einbindung in eine Gemeinschaft, die nicht zwangsläufig mit der kirchlichen Gemeinde identisch sein muss. Spezielle Formen der S. liefern die Möglichkeit einer religiösen Beheimatung, die bewusst gewählt und nach eigenen Kriterien ausgesucht werden kann.

Bei den gegenwärtigen Formen der S. lassen sich vielfältige Richtungen unterscheiden: Die bibelorientierte, die charismatische (→ Charisma), die liturgische, die sakramentale, die sozialpolitisch engagierte, die esoterisch ausgerichtete und die kulturelle S. Probleme im Umgang mit diesen Formen der S. liegen einerseits in dem möglichen Werkcharakter, wenn etwa die Einübung spezieller Praktiken zum Anspruch einer Trennung der Wissenden von den Nicht-Eingeweihten führt und dabei den grundsätzlichen Aspekt überlagert, dass der Glaube letztlich ein Akt der Gnade bleibt. Andererseits kann der sich besonders in esoterisch orientierten Formen der S. äußernde Reiz des Fremden und der Hang zur Originalität zu einer Art »Patchwork-Glaube« führen, bei dem der kontextuelle Charakter jeder S. übersehen wird. Die gegenwärtige Beliebigkeit des Begriffs der S. unterliegt überdies der Gefahr, den geistgewirkten Glauben im Sinne eines anthropologischen Begriffs zu deuten, der »integrales Bewusstsein« unabhängig von den Inhalten bezeichnet (H.-M. Barth).

Die Chance eines neu erwachten spirituellen Bewusstseins liegt dagegen in der ökumenischen Ausrichtung, die traditionelle Grenzen aufzuheben in der Lage ist. Als wegweisend kann dabei die Bruderschaft von Taizé gelten, in der verschiedene konfessionelle Traditionen zusammenfließen und die zu einer eigenen, übergreifenden Liturgie gefunden hat. Auch die Revitalisierung der Stundengebete, die über konfessionelle Grenzen hinausreichende Beachtung der Klöster, die Einrichtung evangelischer Kommunitäten und die Popularität der Pilgerfahrten zu Orten wie Assisi, Jerusalem, Rom und Santiago de Compostela zeigt, wie sehr die S. zu einer treibenden Kraft der Ökumene geworden ist. [MV]

Staat Da Christen zugleich Staatsbürger sind, stellt sich von jeher die Frage nach ihrem Verhältnis zu den Regierenden, dem Gemeinwesen. Dabei ist zu beachten, dass das, was heute inhaltlich unter dem Begriff S. subsumiert wird, historisch gesehen nur ansatzweise in den Blick gerät, wenn es um theologische Aussagen geht. Abstrakte Begriffe fehlen sowohl im AT als auch NT. Wo – wie einzig Phil 3,20 – der Staatsverband bzw. das Gemeinwesen beim Namen (*politeuma*) genannt ist, geschieht dies in einem transzendierten Sinne. Nicht der weltliche S. ist gemeint, sondern ausdrücklich der jenseitige: in den Himmeln (*en ouranois*). Nicht von ungefähr übersetzt Luther dann auch sehr frei: »unser Wandel«. Erst in neueren Übertragungen ist vom »Bürgerrecht« wie schon in der Zürcher Bibel vom »Reich« die Rede.

Der Begriff S. datiert aus der Renaissance (Machiavelli) und löst andere Begriffe ab, z.B. *regnum, imperium, res publica, civitas, regimen, auctoritas, superioritas, potestas, souverain* sowie den deutschen Begriff Obrigkeit (*Oberkeit*), der insbesondere das lutherische Verständnis bis in die Gegenwart prägte.

Obwohl das Christentum in einer von Rom ausgebeuteten Kolonie entstand, ist die Auseinandersetzung mit der Besatzungsmacht nach den ntl. Schriften eher selten. Jesu Haltung lässt sich als indifferent bzw. als kritisch loyal bezeichnen – dies, obwohl die jüd. Tradition eine sehr eigenständige war und die Glaubensgemeinschaft über den politischen Zusammenschluss stellte. In der Regel werden Beispiele und Situationen geschildert, die von menschlichen Begegnungen und Schicksalen handeln. So ist dann auch die überlieferte Aussage Jesu über die Münze, die das Bild des Kaisers zeigt (Mk 12,17 par. »Gebt dem Kaiser, was des Kaisers ist, und Gott, was Gottes ist«), symptomatisch für dieses Verständnis. Sowohl die röm. Steuer als auch der jüd. Tempelzins sind legitim. Dass »die weltlichen Fürsten herrschen und die Oberherren … Gewalt« haben (Mt 20,25), ist auch für Jesus eine Selbstverständlichkeit. Dabei ist das von Jesus verkündete Reich Gottes keine soziologische Größe, sondern bezeichnet ein besonderes Verhältnis des Menschen zu Gott, das sich allerdings in konkreten Lebensbezügen äußert. Die »Königsherrschaft« Jesu Christi ist laut Joh 18,28–19,16 qualitativ von säkularen Parallelen abgehoben. Christus wird sich offenbaren als »König der Könige«, als »Herr aller Herren« (1Tim 6,15; Off 17,14). Schließlich richtet sich die Hoffnung darauf, dass, wie schon im AT (Jes 60,17) angedeutet, → Frieden herrschen wird, dass mit dem wiederkommenden Christus (1Kor 15,24) »alle Herrschaft und alle Obrigkeit und Gewalt« ein Ende haben werden.

Eine besondere Bedeutung für das Verhältnis von S. und Kirche kommt bis in die Gegenwart den Ausführungen des Paulus im Römerbrief (13,1–7) zu, konnten diese doch als zeitlos gültige Verhaltensregeln für Christen interpretiert werden: »Jedermann sei untertan der Obrigkeit, die Gewalt über ihn hat; denn es ist keine Obrigkeit außer von Gott.« 1Petr 2,13–17 wiederholt diese Auffassung leicht abgewandelt.

Der sich daran entzündende Widerspruch argumentiert, dass diese Anweisungen nicht für das Leben in totalitären Staaten gelten können, in denen die → Menschenrechte eklatant verletzt werden. Danach hätte Paulus nur unter dem eschatologischen Vorbehalt so formulieren können, d.h. der S. wurde als vergänglich betrachtet. Dieser Sicht würde auch die Empfehlung (1Kor 6,1–11) entsprechen, Rechtsstreitigkeiten nicht vor weltlichen Gerichten auszutragen. Einige Jahrzehnte später unter den Christenverfolgungen des Kaisers Domitian (81–96) habe sich bereits eine andere Deutung durchgesetzt, die in dem S., der Recht und Ordnung gravierend verletzte, das »Tier aus dem Abgrund« (Off 13,14) sah. Indes gilt es als fraglich, ob nicht auch hier der Missbrauch der Macht gemeint war, nicht jedoch der S. selbst.

Die Verhältnisse sollten sich gründlich ändern, als das Christentum im 4. Jh. zur staatstragenden Religion avancierte. Die Eroberung des röm. Imperiums durch germanische Völker diente indes den Kritikern der christlichen Religion als Indiz für deren angeblich staatszersetzende Tendenzen. Nach der Wiederherstellung der Reichseinheit unter Justinian (6. Jh.) gingen Reichsideologie und orthodoxe Theologie eine enge Verbindung ein. Abgesehen von konkurrierenden Ansprüchen des Kaisers und des Papstes galten für die Wesensbestimmung des S. im Westen aristotelische Distinktionen. Danach diente er der Verwirklichung des Rechts, indem er Ordnung garantierte und den Menschen umfangreichen Schutz bot, Religion, Kunst und Wissenschaft förderte. Der Mensch ist ein *zoon politikon*, eine Bestimmung, die von Thomas v. Aquin (*De regimine principum*) aufgenommen und expliziert wurde. Ziel des S. ist das *bonum commune*. Der S. ist in der Schöpfungsordnung begründet. Entsprechend galt er in der kath. Staatslehre bis in die Gegenwart als *societas perfecta* resp. *completa*, während er in reformatorischer Tradition als notwendiges Heilmittel angesehen wurde, verordnet wegen der verdorbenen Natur des Menschen. Beide Auffassungen erfuhren erste und tiefgreifende Einschränkungen während der → Aufklärung, als unabhängig von theologischen Prämissen sog. Vertragstheorien (Lipsius, Hobbes, Locke, Rousseau u.a.) an Plausibilität gewannen.

Gegenwärtig relativieren internationale Gemeinschaften, z.B. Europäische Union oder Vereinte Nationen die Macht des einzelnen Staates, womit den christlichen Kirchen die Aufgabe zufällt, sich wieder auf ihre ursprünglich grenzübergreifende Verkündigung zu besinnen. Im Staatskirchenrecht werden die Beziehungen zwischen S. und Kirche geregelt. [GB]

Stadt   Bei der Entstehung des Christentums spielten die S. eine große Rolle. Die sog. Urgemeinde bildete sich in Jerusalem. Noch vor dessen Zerstörung (70 n.Chr.) waren zahlreiche Gemeinden in anderen Städten des Römischen Reiches entstanden, so z.b. in Rom, Korinth, Thessaloniki, Ephesus, Philippi, Kolossa, wie die dorthin gerichteten Briefe des Paulus dokumentieren. In größeren S. residierten in der Folgezeit die Bischöfe. Kirchengebäude (Basiliken) entstanden, die Türme der Kathedralen und Dome wurden zu Wahrzeichen und durften bis in die jüngste Vergangenheit in der Höhe nicht durch andere Gebäude überboten werden. Die Wolkenkratzer Amerikas ließen indes sehr frühzeitig diesen Respekt vermissen, die alten Kirchen erscheinen gleichsam unterdrückt, es sei denn, man interpretiert die umgebenden Betonwälle als Schutzmauern.

Im biblischen Sprachgebrauch galten bestimmte Städtenamen als Chiffre für widergöttliches Verhalten, z.B. Babylon für Hybris, Sodom und Gomorra für Sittenlosigkeit, Rom für Vergänglichkeit. Doch ist die Wertung auch ambivalent. So kann sogar den nach Babylon Deportierten empfohlen werden, der »Stadt Bestes« zu suchen (Jer 29,7), und Rom wird als Sitz des Papstes fortan zur »Ewigen Stadt«.

Im Zeitalter der Kolonisation Europas bildeten Basiliken, Kathedralen, Dome und Münster sowie Rathäuser, Märkte und Mauern eine städtische Einheit, unabhängig davon, ob Kirche oder Bürger als Gründer der S. fungiert hatten. Später kamen Handels- und Lagerhäuser, Banken, Gerichte, Bibliotheken, Schulen, Bäder etc. hinzu. Während des ganzen Mittelalters war die Vorstellung lebendig, dass »wo der Herr nicht die Stadt behütet«, der »Wächter umsonst … wacht« (Ps 127).

Ein Problem der Neuzeit besteht in der religiösen Streuung in der S. mit z.T. gravierendem Mitgliederschwund der großen Kirchen, so dass die ohnehin bestehenden Unterschiede zwischen S. und Land sich auch in dieser Hinsicht vertiefen. Dieser Befund fordert die Kirche zu einer intensiven, an den städtischen Belangen orientierten Politik und Arbeit heraus. Aufgrund der zumeist großen Akzeptanz kultureller Angebote partizipieren die Kirchen an diesbezüglichen Chancen, z.B. in Kirchenkonzerten, Ausstellungen, Vorträgen etc., ihre Verkündigung einzubinden. Als Problem zeigen sich dabei besonders der Traditionsabbruch und die Individualisierung der Gesellschaft.

Die Frage, welcher Ort der Kirche vom Evangelium her zugewiesen ist, kann nicht mehr eindeutig benannt werden, da die öffentliche Repräsentanz auf die großen Kirchen in der City entfällt (Präsenz der Kirche im Stadtbild), während die Lebensbegleitung der Menschen sich zunehmend auf die Randgebiete und Wohnbereiche konzentriert (Präsenz der Kirche im Leben). Diakonische Aufgaben wiederum werden weitergehend differenziert und sorgen dafür, dass Kirche sich hier als ein weiterer Ort zu erkennen geben muss, der weder mit den Gemeinden noch mit den großen Stadtkirchen zusammenfällt (Präsenz der Kirche für Randgruppen). Gerade weil sich das Leben in der S. auf unterschiedlichen Ebenen abspielt, die Menschen ihren Wohn-, Arbeits- und Lebensraum frei und unterschiedlich wählen, gerät das System der Parochialkirche in Gefahr. Kirche sieht sich in diesem Kontext in der Spannung zwischen traditioneller Betreuungskirche und postmoderner Angebotskirche.

Aber auch die großen Religionen konkurrieren in der S. miteinander, dies umso mehr, als der moderne Großstadtmensch als religiös bedürftig gilt. So werben neben Sekten, Freikirchen, weltanschaulichen Gruppierungen besonders fernöstliche Religionen. Die in diesem Zusammenhang erhobene Forderung nach Toleranz findet allerdings weniger ihre Grenze an unterschiedlich empfundenen Lehren als vielmehr an andersartigen Gebräuchen und Riten. [GB]

Stammesreligion   → Abstammungsreligion

Sühne   → Schuld

Sünde   Nachdem der Begriff Anfang des 20. Jh. in die Trivialliteratur (Liebe als S. u.ä.) ausgewandert war und auch etwa Verkehrsdelikte auf diese Weise bezeichnet wurden, erschien er selbst in Theologie und Kirche antiquiert. Diese Entwicklung kommt nicht von ungefähr. Das griech. Wort *hamartia*, dem das lat. *peccatum* entspricht, wurde ursprünglich in einem sehr weiten Sinn gebraucht – z.B. »das Ziel verfehlen« – und war keineswegs auf Ethik und Moral eingeengt. Die theologische Prämisse des AT und NT bestand allerdings von Anfang an darin, das sündhafte Handeln des Menschen auf Gott zu beziehen (Ps 51,6; Lk 15,21), ein Gedanke, der heute mehr denn je schwer nachzuvollziehen ist. Man wird doch schuldig am Nächsten, kann diesen um Entschuldigung bitten. Von Gott braucht in diesem Zusammenhang nicht die Rede zu sein.

Die Verengung des Begriffes ist auf die Kirche selbst zurückzuführen, indem diese graduell zwischen verzeihlichen und unvergebbaren S., sprich Todsünden, unterschied und sich damit ein Monopol zur Disziplinierung der Menschen schuf. Das Verb »sündigen« kennzeichnet in jedem Fall konkrete Verstöße gegen ethische Normen, die durch das → Gewissen angezeigt werden. Das Substantiv S. fasst die einzelnen Verfehlungen zusammen und benennt damit gleichsam eine dämonische Macht (u.a. Röm 7,14: »ich bin unter die S. verkauft«).

Das Geheimnis und die Genese des Bösen versuchte die jüd. Theologie mit der Erzählung vom sog. Sündenfall in der Urgeschichte (Gen 2 u.3) zu ergründen. Daher rührt der nicht erst heute obsolete Begriff der »Erbsünde«, der nach vordergründigem Verständnis die Vorstellung suggeriert, diese sei an den Zeugungs- bzw. Empfängnisakt gebunden. Nach Luther (*Schmalkaldische Artikel*) konnte diese Erbsünde nur geglaubt, nicht aber durch die Vernunft erklärt werden. Sie war, wie die → *Confessio Augustana* (Art. II) verdeutlichte, kein »Fehl oder Gebrechen«, sondern eine S., die »von Gott scheidet« und sich in Glaubens- und Gottlosigkeit äußert. Erbsünde ist wesenhaft, sie kann auch als Wurzel-, Person-, Natursünde (*peccatum originale*) bezeichnet werden.

Selbst unter psychologischem Aspekt erscheint das Postulat der Schuldlosigkeit unrealistisch. Die Vorstellung vom grundsätzlich guten Menschen ist ebenso eine Fiktion wie die von der evolutionären Überwindung eines Mangels. Die »Zeit der Schuldlosen« (Siegfried Lenz), die anbreche, nachdem das Böse erkannt sei, erweist sich als Utopie. Der Mensch weiß um seine Schuld und unternimmt große Anstrengungen, sich von ihr zu befreien. Dies geschieht durch Verdrängung, durch Flucht ins Amüsement oder im positiven Sinne durch Versöhnung mit demjenigen, an dem man schuldig geworden ist. Es gibt vielfältige moderne Formen. Dabei ist der therapeutische Prozess, wie ihn die kirchlichen Messen aufzeigen, der vom *kyrie eleison* über die *attritio*, *confessio* zur *absolutio* bzw. *restitutio* führt, nach wie vor vorbildlich.

Auch die Philosophie nennt die Schuld ein menschliches »Existential« (Heidegger), sie fällt in die persönliche Verantwortung des Einzelnen. Eine Kollektivschuld würde Letztere begrenzen und zugleich archaische magische Vorstellungen von Sippenhaft und dergleichen reaktivieren. [GB]

Symbol [griech. *symballein* »zusammenfügen«] Der Begriff S. verweist auf das Zusammentreffen verschiedener Teile oder Aspekte zu einem Ganzen hin. Das S. ist somit Zeichen oder Sinnbild, das über sich selbst hinauszeigt und zwischen dem Sichtbaren und seiner tieferen Bedeutung eine Verbindung herstellt, die als Geheimnis nur denjenigen zugänglich ist, die die Bedeutung des S. kennen. Das S. bringt also Zusammenhänge dessen zum Ausdruck, was auseinander gefallen ist, es liefert Bedeutungszusammenhänge und markiert Sinn-Hintergründe. In dieser Ausrichtung ist das S. Mittel religiöser Kulte, da es geeignet ist, Verbindungen zum → Heiligen herzustellen und das Numinose erkennbar zu gestalten.

Neben dieser religiösen Bedeutung des S. wird der Begriff überdies in der Psychologie (z.B. als Umformung des Unbewussten im Traum oder als Universalsprache der Menschheit), der Sprachwissenschaft (z.B. als Entsprechung zwischen Zeichen und Bezeichnetem), der Ästhetik (z.B. als Vermittlung zwischen dem sinnlich Wahrnehmbaren und dem Geistigen) und der Philosophie (z.B. als Chiffre des Seins) in jeweils anderen Zusammenhängen benutzt.

In der religiösen Deutung ist das S. nicht nur dafür verantwortlich, auf das Heilige zu verweisen, sondern auch eine Teilnahme daran zu ermöglichen. Alle kultischen Handlungen sind symbolische Handlungen, wobei das S. entweder als realtypisches (Götterbilder) oder als idealtypisches (Schild Davids im Judentum, Kreuz im Christentum, Rad im Buddhismus) auf zentrale Inhalte des Glaubens bezogen ist.

Im AT wie auch im Judentum erhält das idealtypische S. durch das Bilderverbot eine besondere Bedeutung. Dabei finden sich neben S., die aus älteren Kultformen übernommen sind (Regenbogen, Licht, Finsternis, Gewitter, Blitz und Donner, Höhlen wie Berge), auch solche, die erst aus der Geschichte des Volkes Israel heraus zu verstehen sind (die Lade, der siebenarmige Leuchter, der brennende Dornbusch, das Passalamm). Im NT kommen dazu solche S., die aus der Leidensgeschichte Jesu abgeleitet sind (Kreuz, Leib Christi, das leere Grab, die Wundmale, der Hahn). Als grundsätzliches S. kann im AT der Mensch selbst gelten, da er »zum Bilde Gottes« (Gen 1,27) geschaffen ist, im NT tritt an seine Seite der Mensch gewordene Gottessohn als »Ebenbild Gottes« (2Kor 4,4) bzw. als »Abglanz seiner Herrlichkeit und Ebenbild seines Wesens« (Hebr 1,3) und als visionäres Bild das »himmlische Jerusalem« (Off 21).

Von den eigentlichen S. sind symbolische *Handlungen* zu unterscheiden, die für die Darstellung der Heilsgeschichte sowohl im AT (vor allem bei den Propheten) wie im NT (Einzug in Jerusalem, Tempelreinigung, Fußwaschung) von Bedeutung sind.

In der neueren Theologie haben sich vor allem Paul Tillich und Karl Rahner mit der Deutung des S. befasst. Der Fundamentaltheologe Rahner beschreibt das S. als Möglichkeit, das Denken des Menschen zu transzendieren, für ihn geht es folglich nicht darum, das unbeschreibbare Göttliche in S. beschreibbar zu machen, sondern die Grenzen des Denkens selbst zu überwinden. Der Religionsphilosoph Tillich wendet sich zunächst gegen die umgangssprachliche Deutung des Symbolischen als das »Nicht-Wirkliche« und erklärt diese mit der Verwechslung von S. und Zeichen. Im Unterschied zum Zeichen ist das Wesentliche des Symbolischen der Aspekt der Teilhabe, demzufolge das S. nur dann ein religiöses S. ist, wenn es am Göttlichen partizipiert. Für Tillich geht es dabei weniger um symbolische Gegenstände bzw. Handlungen als vielmehr um die Möglichkeiten des Redens über Gott, das für ihn nur als ein Reden in symbolischen Begriffen möglich ist. Da das S. einerseits als »Seiendes« in der bedingten Lebenswelt verankert ist, andererseits aber über diese Lebenswirklichkeit hinausweist und am unbedingten »Sein selbst« (Gott) partizipiert, kann jede Aussage über Gott nur eine symbolische sein (*Systematische Theologie*, 1951).

Für die S. des Glaubens gelten für Tillich deshalb die folgenden - Kriterien:

1. Sie können nicht – wie Zeichen – frei gesetzt werden,
2. sie haben Anteil an dem, worauf sie hinweisen,
3. sie erschließen Schichten der Wirklichkeit, die sonst unzugänglich bleiben,
4. sie öffnen Dimensionen der Seele, die den Dimensionen der Wirklichkeit entsprechen,
5. sie entstammen dem individuellen und kollektiven Unbewussten,
6. sie entstehen und vergehen wie lebende Wesen (*Wesen und Wandel des Glaubens*, 1957).

Auswirkungen auf die Praktische Theologie hat die religiöse Deutung des S. insofern, als Methoden der symbolischen Partizipation Eingang in Liturgie, Bibelarbeit und Gottesdienst finden (Bibliodrama, tiefenpsychologische Exegese, Meditation mit S.). In einem weiteren Sinn wird der Begriff S. gleichbedeutend mit dem → Bekenntnis benutzt und bezieht sich dabei auf die → Symbolischen Schriften, die Bezeichnung *Symbolik* hat dementsprechend die Bedeutung der Konfessionskunde. [MV]

Symbolische Schriften   Versuche, die wesentlichen Inhalte des Glaubens in verbindlichen Bekenntnisformeln (→ Symbole, → Bekenntnisschriften) festzulegen, finden sich bereits im NT. Paulus stellt heraus, »dass es zwar Verschiedenheiten in der Zuteilung von Gnadengaben, aber nur ein und denselben Geist gibt, dass es zwar »Verschiedenheiten in der Zuteilung von Diensten, aber ein und denselben Herrn, Verschiedenheiten in der Zuteilung von Kraftwirkungen, aber nur ein und denselben Gott gibt« (1 Kor 12,4), und hält innerhalb dieser Vielfalt eine Formulierung parat (1 Kor 15,1–11), die gewissermaßen als Kernsumme der Glaubensbotschaft gelten soll. In der → Alten Kirche führen die Versuche der Einigung durch verbindliche Festlegung der Glaubensinhalte zu den sog. drei ökumenischen Symbolen (ökum. → Bekenntnisse): Das Apostolische Glaubensbekenntnis (*Apostolikum*), das Nicänische (*Symbolum Nicaenum*) und das Athanasianische (*Symbolum Quicumque*).

Das *Apostolikum* selbst ist schriftlich erst seit dem 6. Jh. nachweisbar, geht allerdings auf ein altrömisches Formular (*Symbolum Romanum*) zurück, das seit dem 3. Jh. verbreitet war und in seiner Entstehung möglicherweise auf die 1. Hälfte des 2. Jh. verweist. In seinem Kern ist es ein Taufbekenntnis, das ursprünglich als Christusbekenntnis formuliert war und dann trinitarisch umgestaltet worden ist. Den Namen »Apostolikum« verdankt es einer Legende, der zufolge es von den zwölf Aposteln als gemeinsame Glaubensgrundlage erarbeitet worden sein soll.

Das sog. *Nicaenum* gibt es gleich in zwei Fassungen: Zum einen ist damit das auf der ersten, durch Kaiser Konstantin einberufenen ökumen. Synode von Nicäa verabschiedete Bekenntnis (das ursprüngliche *Nicaenum*) gemeint. Der Text dieses Symbols greift auf ein altes, aus Jerusalem stammendes Taufsymbol zurück, das durch »antiarianische Klauseln« erweitert wurde, in denen die Wesenheit Christi als wahrer Mensch und wahrer Gott in seinem Verhältnis zu Gott als »volle Gottheit« bestimmt wird (»wahrer Gott vom wahren Gott, gezeugt, nicht geschaffen, eines Wesens mit dem Vater, durch ihn ist alles geschaffen«.) Dieses »Erste Nicaenum« wurde mit der Zeit durch eine überarbeitete Fassung verdrängt, die auf der Synode von Konstantinopel (381) verabschiedet und auf dem Konzil von Chalkedon (451) bestätigt wurde. In seiner zweiten Fassung, die aus Gründen der Unterscheidbarkeit genauer als Nicäno-Konstantinopolitanisches Bekenntnis bezeichnet werden muss, wurde hauptsächlich der dritte Artikel in dem Sinne verändert, dass die Zuordnung des Heiligen Geistes sowohl zu Gott dem Vater als auch zu Christus, dem Sohn Gottes, unmissverständlich erscheint: »Wir glauben an den Heiligen Geist, der aus dem Vater und dem Sohn (*filioque*) hervorgeht.«

Das dritte ökumen. Symbol ist das *Athanasianum*, das seinem Anfang entsprechend (*quicumque vult salvus esse* – »wer da will selig werden«) auch als »Quicumque« bezeichnet wird. Obwohl die Bezeichnung als *Athanasianum* auf den Kirchenvater Athanasius (ca. 295–373) hinweist, stammt es vermutlich erst aus dem 5. Jh.

Neben diesen drei ökumen. Symbolen haben für die kath. Kirche auch die ersten sieben Ökumenischen Konzile den Status von s.S. In den lutherischen Kirchen kommen die folgenden Schriften hinzu, die im Konkordienbuch (1580) zusammengefasst sind: das Augsburgische Bekenntnis (*Confessio Augustana*), die Apologie (*Apologia Confessionis Augustanae*), die *Schmalkaldischen Artikel*, der *Große* und der *Kleine Katechismus* M. Luthers sowie die Konkordienformel. Als s.S. der Reformierten Kirchen gelten u.a. der *Genfer Katechismus* (1545), die *Confessio Gallicana* (1554), die *Confessio Belgica* (1562), die *Confessio Scotia* (1560), der *Heidelberger Katechismus* (1563) und aus neuerer Zeit die *Barmer theologische Erklärung* der ersten Bekenntnissynode der Deutschen Evangelischen Kirche (1934). [MV]

Synkretismus   [gr. *syn* »zusammen« und *krinein* »auswählen«] Vermischung von Religionen. Sie ist Regel, nicht Ausnahme. Neue Religionen, die sich von älteren abspalten, erben gleichsam Teile der Lehre und Praxis. Die christliche hat z.B. die Weltentstehungslehre der jüdischen Religion (→ Judentum) übernommen. Nachbarreligionen borgen voneinander. In Ägypten z.B. beten koptische Christen neben Muslimen an Gräbern von Heiligen der einen wie der anderen Religion. Missionierende Religionen nutzen von der missionierten, was brauchbar erscheint: heilige Orte, heilige Zeiten, Riten und Bräuche.

S. zeigt sich in zwei Formen. Die eine wird begrüßt, die andere gefürchtet. Falls eine fremde Form mit eigenen Inhalten gefüllt werden kann, nutzt man diese Möglichkeit. Bhagwan, Stifter jener neuen Religion, die in den 1970er Jahren Europäer der gebildeten Mittelschicht ins indische Puna zog, benutzte heilige Schriften der christlichen, islamischen, buddhistischen und der Hindu-Tradition, um an ihnen seine Verkündigung zu demonstrieren. Persönliche Ehrentitel wie »Ma« und »Sannyasin« – in der Hindureligion bezeugen sie die Anerkennung außergewöhnlichen religiösen Fortschritts (→ Hinduismus) – wurden jedem gleich beim Eintritt in die neue Religion verliehen.

Gefürchtet wird S., falls fremde Inhalte in eigene Formen gelangen. Dieser Vorgang kann eine Religion aushöhlen, ihr Mark zerstören, auch wenn äußere Formen noch lange Zeit unverändert bestehen bleiben. Aus dem Religionsstifter Buddha z.B. wurde ein Gott der Hindureligion. Buddha, so die Umdeutung, sei eine Herabkunft des Gottes Wischnu, der mit der neuen Lehre die Standhaftigkeit von Hindu prüfen wollte. Der Buddhatempel in Bodh Gaya, wo einst Gotama zum Buddha erwacht war, wird heute von Hindupriestern verwaltet. Resultat des befürchteten S. ist entweder Verfremdung durch eine andere Religion oder auch eine »Entreligionisierung« durch profane Umdeutungen (→ Profan).

So verbreitet S. auch sein mag, er erklärt nicht jedwede Übereinstimmung zwischen unterschiedlichen Religionen. Die Inkarnation himmlischer Wesen z.B. wird in ähnlicher Weise von Krischna, Buddha und Christus berichtet. Der Grund für solche Ähnlichkeit ist in der begrenzten Zahl möglicher Ausdrucksformen zu sehen, in denen ein übernatürliches Ereignis von Menschen gedacht werden kann. [HJG]

Synode [griech. *synodos* »Zusammenkunft, Vereinigung«, lat. *concilium*] Als Begriff für die Zusammenkunft kirchenleitender Vertreter im Dienst der Einheit der Kirche steht die S. im engen Zusammenhang mit dem Konzil, wobei sowohl die Zusammensetzung der S. als auch der Aufgabenbereich und die Beziehung zum Konzil von den unterschiedlichen Positionen der Kirchen und ihrer Geschichte abhängen. In der Alten Kirche sind die S. Bestandteil der Herausbildung einer kirchlichen Lehre. In der röm.-kath. Kirche treten sie an die Seite der Konzilien, die ihrerseits als dogmatische Urteilsinstanzen an die Unfehlbarkeit des Papstes gebunden sind, während die S. im evangelischen Bereich vornehmlich der Demokratisierung der kirchlichen Leitungsebenen dienen. Eine Betrachtung der historischen Dimension der S. ist somit für das Verständnis unabdingbar.

Die ersten S. gehen auf das Ende des 2. Jh. zurück, sie fanden in Kleinasien statt und sind als Reaktion auf den um sich greifenden Montanismus, eine ekstatische und asketische Endzeitsekte, entstanden. Im 3. Jh. etablierten sich die durch Bischöfe, Presbyter und Diakone, zum Teil auch durch Laien gebildeten S. und wurden zum regulären Ort, an dem dogmatische Streitfragen diskutiert und geklärt werden konnten. Kaiser Konstantin institutionalisierte die Einrichtung im 4. Jh. durch die Einführung der Ökumenischen S. (Reichssynode als politisches Instrument), die fortan von der Provinzialsynode (binnenkirchliches Instrument zur Einheit der Provinzialkirchen) unterschieden wird. Die ersten Ökumenischen S. widmeten sich biblisch vorgegebenen, aber theologisch nicht gedeuteten Fragen der → Christologie und der Dreifaltigkeit (→ Trinität). Die auch als *Konzil der 318 Väter* bekannte erste Ökumen. S. von Nicäa (325) stellte so gegen die Position der Arianer, die Christus nicht als göttliche Person im vollen Sinne anerkennen wollten, Gott Vater und Sohn als Personen gleichen Wesens (*homoousios*) heraus (→ Bekenntnis). Die zweite Ökum. S. in Konstantinopel (381) erweiterte den Anspruch der wahren Gottheit und der Personalität auf den Heiligen Geist. Die daraus sich ergebenden Streitigkeiten, ob der Heilige Geist lediglich vom Vater oder unter Hinweis auf Gal 4,6 und Joh 14ff. auch vom Sohn ausgeht (*filioque*), führte schließlich im Schisma von 1054 zur Trennung der griechischen von der lateinischen Kirche.

Die Zählung der Ökumenischen S. ist uneinheitlich, so rechnet die griechische Orthodoxie insgesamt sieben zu ihnen (Nicäa 325, Konstantinopel 381, Ephesus 431, Chalkedon 451, Konstantinopel 553, Konstantinopel 680, Nicäa 787), während die römisch-katholische Kirche 20 Ökumenische S. bzw. Konzilien zählt. Die orientalischen Kirchen akzeptieren dagegen lediglich die durch den Kaiser einberufenen S.

In der röm.-katholischen Kirche tritt das Konzil an die Stelle der S. und meint eine Versammlung leitender Bischöfe. Darüber hinaus wird zwischen der Diözesansynode und dem Konzil unterschieden. Seit dem II. Vatikanischen Konzil tritt das Synodalprinzip an die Seite des Konziliaritätsprinzips, ein Zeichen dafür ist die Einführung der Bischofssynode (1965) als einem beratenden Gremium. In den evangelischen Kirchen ergibt sich das Synodalprinzip als Konsequenz aus der Reformation. Mit dem Reichsdeputationshauptschluss (1803) tritt die aus gewählten und berufenen Mitgliedern vertretene S. an die Stelle der landesherrlichen Kirchenregierung, seit 1945 sieht das Synodalprinzip eine Demokratisierung auf allen unterschiedlichen Ebenen vor (Kirchenvorstand, Kreissynode, Landessynode, S. der EKD). Dabei teilen sich die S. zusammen mit den Kirchenleitungen und den Kirchenämtern die Leitung der Kirchen.

Wiederum einen anderen Status hat die S. in der Orthodoxie. Dort gilt sie nicht als Leitungsorgan, sondern ist direkter Ausdruck der demokratischen Grundstruktur des kirchlichen Lebens. Kirche im vollgültigen Sinn ist in der Orthodoxie die um den Bischof versammelte Gemeinde, wobei der Bischof durch Priester lokal vertreten wird. Da die Bistümer verwaltungsmäßig vollkommen autonom sind, treten die Bischöfe zwar in S. zusammen, der Patriarch bleibt dabei jedoch *primus inter pares*. Das Synodalprinzip schließt folglich die Autonomie der Bischöfe ein, das demokratische Prinzip der Synodalität bezieht sich in der Orthodoxie auf das Selbstverwaltungsrecht (Autokephalie). Für Gesamtbelange tritt das Ökumenische Konzil zusammen, um Konflikte um die Einheit der Kirche zu regeln, dennoch wird darin keine Fortführung der sieben Ökum. Konzilien gesehen. Die Gesamtheit der orthodoxen Kirche benötigt kein Oberhaupt, weder in der Person noch in einem Gremium. [MV]

Systematische Theologie   Als »systematisch« gilt die S.T., weil sie als eine theologische Disziplin die Aufgabe hat, zwischen den historischen Disziplinen (Bibelauslegung und → Kirchengeschichte) und der auf die aktuelle Umsetzung zielenden → Praktischen Theologie zu vermitteln, und dabei im Sinne einer systematischen Auswertung und Einordnung der Einzelerkenntnisse in ein geschlossenes Ganzes die Theologie als Wissenschaft begründen soll. Die S.T. steht damit dafür ein, dass der Glaube weder einseitig biblizistisch und historisch ausgerichtet ist, noch sich einseitig auf die aktuellen Herausforderungen der Verkündigung bezieht. Als »systematisch« darf die S.T. auch gelten, weil sie Erkenntnisse und deren Rezeptionsgeschichte kritisch reflektiert und diese einem theologischen System zuordnet, das den Kriterien der Wissenschaftlichkeit standhält. In dieser Herausforderung ist die S.T. ein typisches Ergebnis der Aufklärung, gilt es doch, die vernünftige Durchdringung zu garantieren und die theologischen Themen unter dem Gesichtspunkt des sich als erkennendes Subjekt wissenden Menschen zu reflektieren. Die Herausforderungen der vernunftgemäßen Argumentation wie der logischen Konstruktion sind es, die das systematische Denken innerhalb der Theologie notwendig erscheinen lassen. Gleichzeitig liegt hier auch die Problematik des Begriffs, denn nicht nur die Zuordnung der Themenbereiche der S.T. sind durchaus strittig, auch die Möglichkeit und Notwendigkeit eines Systementwurfs für die Theologie selbst wird seit dem 20. Jh. skeptisch betrachtet; als systematisch erweist sie sich hier nur durch die Vorgehensweise, aber nicht mehr im Sinne eines Rückgriffs auf ein geschlossenes System (→ Postmoderne).

Die Themenbereiche, die der S.T. zugeordnet werden, sind wechselnd und durch konfessionelle Prinzipien unterschieden. An den ev. Fakultäten hat sich die S.T. als eigene Disziplin etabliert, sie umfasst dabei die klassischen Fächer der Apologetik, der → Dogmatik und der → Ethik. Allerdings ist die Apologetik, wie sie sich in der Alten Kirche als Versuch der argumentativen Verständigung auf einer philosophischen Ebene herausgebildet hatte, schon früh in Verruf geraten. Vor allem die Vertreter einer kerygmatischen, d.h. einer an der biblischen Offenbarung sich orientierenden Theologie (→ Dia-

lektische Theologie) haben sich gegen einen apologetischen Charakter ausgesprochen – so in vorderster Linie Barth, der nicht ohne Absicht seinen
streng christologischen Entwurf einer S.T. als »Kirchliche Dogmatik« bezeichnet und damit eine Lösung von der philosophischen Interpretation der
christlichen Lehre beabsichtigt.

Demgegenüber hat Tillich in seinem System darauf hingewiesen, dass
S.T. immer »antwortende Theologie« ist, die Apologie deshalb implizit ein
Element jeder S.T., aber keine besondere Abteilung darstellt: »Ein theologisches System muss zwei grundsätzliche Bedürfnisse befriedigen: Es muss
die Wahrheit der christlichen Botschaft aussprechen, und es muss diese
Wahrheit für jede Generation neu deuten« (*Systematische Theologie I*). Hier
erhält die S.T. einen Standort auf der Grenze zwischen Philosophie und
Theologie, wie auch auf der Grenze zwischen einer kerygmatischen, d.h. an
der Bibel und der Verkündigung ausgerichteten Theologie, und einer apologetischen, also einer mit den Mitteln der Vernunft argumentierenden. Dieser dritte Weg wird von Tillich mit Hilfe der Korrelationsmethode beschritten, die als Instrument dient, um die Gegensätze in ein positives Paradox um-
zuformen.

Nicht weniger problematisch verhält es sich mit der Dogmatik, die lange Zeit geradezu mit der S.T. identifiziert wurde und die Lehrtradition der Kirche zum Gegenstand hat. Schon Schleiermacher trat dafür ein, die Dogmatik besser der historischen Disziplin (Dogmengeschichte) zuzuordnen und das
System der Theologie auf die Bereiche Ethik, → Religionsphilosophie und
Apologetik zu beschränken (*Der christliche Glaube*, §21 »Von der Ausson-
derung des dogmatischen Stoffs«). Allerdings bietet die Alternative der
Religionsphilosophie als Teil der S.T. nicht mindere Schwierigkeiten, gilt diese doch als eine Spezialform der Philosophie, hat sich somit der Methodik und
den Kriterien der Philosophie unterzuordnen und kann nicht unbesehen als
Teil einer noch apologetisch ausgerichteten Theologie fungieren.

Allein die Ethik scheint sich unangefochten als Kernbestand der S.T. zu
halten, hat allerdings derart große Aufmerksamkeit erhalten, dass sie sich
faktisch verselbständigt hat und tendenziell der Gefahr unterliegt, als ein
eigenständiges Fach aus der Systematik ausgegliedert zu werden. Um dieser Entwicklung zu begegnen, weist Tillich darauf hin, dass gerade eine existentielle Theologie die Ethik so substantiell einbezieht, dass ihre Isolation
zwar denkbar, aber nicht sinnvoll sei (*Systematische Theologie I*). Barth hat
in seinem Plädoyer ausgeführt, dass allein die Integration von Ethik und Dogmatik davor bewahren könne, S.T. von dem Verdacht eines müßigen Ge-
dankenspiels zu befreien, dem sie immer unterworfen ist, wenn ihr die Bindung an die Lebensfragen der Zeit fehlt.

Im Unterschied zur ev. Tradition steht die ST. in der kath. Theologie
neben der → Fundamentaltheologie, die eine prinzipientheoretische Grund-

legung der Theologie zu gewährleisten hat, ergänzt diese in Einzelaspekten, lässt jedoch die Ethik und Dogmatik wiederum als besondere Fächer außerhalb der Systematik stehen. Diese konfessionell differenzierte Gliederung der S.T. mit wechselnden Themenbereichen lässt die Diskussion im Rahmen der ökumenischen Theologie umso wichtiger erscheinen. In der 2. Hälfte des 20. Jh. werden vor allem systematische Ansätze diskutiert, die Theologie in ihrer hermeneutischen, existentiellen, historischen und politischen Ausrichtung zum Inhalt haben. Immer deutlicher wird dabei das grundlegende Dilemma, das sich daraus ergibt, dass die S.T. einen Prozess der Selbstklärung bzw. der Selbstreflexion darstellt, der Gefahr läuft, im Sinne einer Unterscheidung von Theologie und Glaube von der Alltagswirklichkeit abgekoppelt zu werden. [MV]

Tanz Phänomenologisch betrachtet handelt es sich bei dem Tanz um eine
Bewegung, die der menschliche Körper im Einklang mit → Musik vollzieht.
In seinen Ursprüngen bei den Naturvölkern bezieht sich der T. in unterschiedlicher Ausrichtung auf magische (→ Magie), kultische (→ Kultformen), erotische und ekstatische (→ Ekstase) Funktionen, wobei der T. aus
rhythmischen Klängen entsteht, die geradezu zwangsläufig zur Bewegung
führen. In der Umwelt des → AT ist der T. als ein besonderer Ausdruck der
Frömmigkeit belegt, bei den Phönikiern wurde der T. mit der Verehrung einer speziellen Gottheit in Verbindung gebracht, für den Kult Assyriens sind
Prozessionen mit Sängern, Tänzern und Musikern überliefert, und in Ägypten führte der kunstvolle T. vor allem im Rahmen des Opferkultes dazu, dass
die Tempel spezielle Stände von Tänzerinnen und Tänzern unterhielten. Das
Volk Israel übernahm zahlreiche Tanzrituale aus den Nachbarkulturen, wobei ein Teil den eigenen Zeremonien zugeordnet wurde, während ein anderer Teil sich im säkularen Bereich sogenannter Volkstänze etablieren konnte. A. Sendrey belegt insgesamt zwölf verschiedene Begriffe, die im AT den
Vorgang des Tanzens beschreiben. Vom festlichen Schreiten des Reigens
über drehende und hüpfende bis hin zu springenden Figuren dienen die Ausdrücke dazu, unterschiedliche Funktionen im Kult zu beschreiben. So waren Thronbesteigungszeremonien (1Kön 1,40) ebenso wie Siegesfeiern
(1Sam 18,6) und Erntefeste von T. umrahmt, die vornehmlich von Frauen
(Ex 15,20; Jer 31,13), mitunter sogar unter Ausschluss der Männer (Ri
21,19–23), aufgeführt wurden. Als skandalös wurde der T. Davids vor der
Bundeslade (2Sam 6,14) empfunden, der aufgrund seiner ekstatisch-exal-
tierten Ausführung eine Parallele zum Opfertanz der Pharaonen aufweist. In
dem Bericht vom »Tanz um das goldene Kalb« (Ex 32) tritt die orgiastische
Dimension des T. im Götzendienst in den Mittelpunkt, ebenso ist in 1Kö
18,21.26 die Rede von einem speziellen Tanzschritt (Hink- bzw. Hüpftanz)
im Götzendienst der Baalspriester, der mit ekstatischen Selbstverstümme-
lungen verbunden ist und dem israelitischen Kult fremd blieb.

Im NT wird der T. als Vergnügung im Kreise der Familienfeier (Lk
15,25), als erotische Darbietung (Mt 14,6) aufgeführt oder als Bild von den
»tanzenden Kindern« (Mt 11,17) beschrieben, während im kultischen Kontext der T. lediglich als atl. Zitat (1Kor 10,7) in Hinsicht auf die Ablehnung
heidnischer Rituale Erwähnung findet. Die Nähe von T. und kultischer Unzucht bestimmt weitgehend auch die Haltung der frühen Kirche. Hinzu
kommt der Einfluss des Neuplatonismus auf die frühchristliche Kirche, der
alles Leibliche dem Geistigen nachordnet und speziell den himmlischen Reigen der Engel allen irdischen, d.h. körperlichen T. polar gegenüberstellt. Die
gleiche Differenzierung ist auch bei Joh. Chrysostomos (345–407) zu finden (»Nicht zum Tanzen hat uns ja Gott die Füße gegeben, sondern damit wir
mit den Engeln den Chorreigen bilden«). Interessanterweise hat der T. in den

gnostisch (→ Gnosis) beeinflussten apokryphen Schriften (besonders in den Johannes- und Thomasakten) eine herausragende Bedeutung. In den Johannesakten (94–97) wird gar ein Christushymnus überliefert, der als Reigen getanzt wurde (»Die Gnade tanzt, ...wer nicht tanzt, erkennt nicht, was sich begibt«).

In der frühen Kirche wird der T. immer stärker nur als spirituelles Bild bzw. als Allegorie für himmlische Freuden verstanden. Insofern bildet es keinen Widerspruch, wenn Joh. Chrysostomos ebenso wie Augustinus (354 bis 430) den himmlischen T. der Engel rühmen und zugleich den T. als »Werk des Teufels« ausgeben. Dieser Meinung folgt die frühe Kirche, die nach langer Debatte – Synode in Aquileja (381) bis zum Konzil von Konstantinopel (680) – schließlich das Tanzen in der Kirche konsequent verbietet. Für die Zeit der frühen Kirche und des MA ist der T. im liturgischen Rahmen nicht nachweisbar, er wird nahezu vollkommen auf säkulare Bereiche verlagert.

Eine Ausnahme bilden die Berichte der Mystiker (→ Mystik), deren Frömmigkeitspraxis unmittelbar mit T.-Erlebnissen verbunden scheint (Hildegard v. Bingen, Mechthild v. Magdeburg). Die Reformatoren übernehmen prinzipiell die Skepsis gegenüber körperbetonten Ausdrucksformen, auch wenn M. Luther etwas liberaler das Tanzen und Springen in der Kirche dulden konnte, da es dem Evangelium doch weder etwas gebe noch nehme (WA/Br.VIII, Nr.3421). Das II. Vatikanum entschließt sich dazu, den T. auch in der Kirche zu akzeptieren, solange es sich um ein Brauchtum handelt, das nicht unauflöslich mit →Aberglauben verflochten ist. Im Zuge der sog. ganzheitlichen Theologie, die sich vehement gegen den Körper-Seele-Dualismus richtet, vor allem aber durch die ökumenische Bewegung (→ Ökumene) erhält der T. unter dem Einfluss vornehmlich indischer und afrikanischer Christen (Ökumen. Weltkonferenzen und Kirchentage) Eingang in die Liturgie. Als Ausdruck der Lebensfreude, der bewussten Leiblichkeit und der Gemeinschaft der Gläubigen im Leib des Herrn beginnen sich spezielle Formen des sakralen T. im Sinne des → Gebets, der → Kontemplation und der → Meditation herauszubilden. Unter diesen Aspekten findet der T. auch als Kunst Eingang in die Kirchen (vgl. J. Neumeiers Choreographie der Matthäus-Passion). [MV]

Taufe Die T. als Sakrament gehört nicht zu den Streitpunkten der großen Kirchen. Sie war und ist gegenseitig anerkannt und unwiederholbar. Insofern kann man fragen, warum ihr theologisches Verständnis in Vergangenheit und Gegenwart nicht mehr zum Konsens der Konfessionen beigetragen hat. Unterschiedliche Auffassungen gibt es vielmehr zwischen den Kirchen, die eine Gläubigentaufe, und solchen, die die Säuglingstaufe kennen. Die sog. Lima-Erklärung der Kommission für Glaube und Kirchenverfassung des ÖRK ist dafür ein beredtes Zeugnis.

Mit Sicherheit bezieht sich die urchristliche T. auf die des Johannes, die von allen Evangelien bezeugt wird (Mt 3,1–12; Mk 1,1–8; Lk 3, 1–20; Joh 1, 19–28). Dieser Johannes-T. unterzog sich auch Jesus, ohne dass er später selbst taufte oder seine Jünger, z.b. bei deren Aussendung (Mt 10, 5–15 u. par.), dazu anleitete. Darin mag ein Selbstverständnis Jesu zum Ausdruck kommen derart, dass derjenige, auf den Johannes verwiesen hatte – nämlich dass einer nach ihm kommen würde, der mit Heiligem Geist und Feuer taufen werde –, nun nicht mehr über sich hinausweisen konnte, war er doch die Erfüllung der Verheißung. Karl Barth hat (*Kirchliche Dogmatik IV*, 4) folgerichtig Christus als das einzige Sakrament bezeichnet.

Auffällig an den verschiedenen Tauferzählungen des NT (Apg 2; 10,23ff.; 16,31ff. u.a.) ist, dass die Bekehrung, der Glaube der T. vorangeht. Diese wird (2Kor 1,22) als Versiegelung verstanden. Selbstverständlich handelte es sich bei den Getauften um Erwachsene. Kinder waren insofern eingeschlossen, als der *pater familias* jeweils mit seiner ganzen Familie zum Christentum übertrat. Ein Katechumenat ist bestenfalls in Ansätzen zu erkennen, wenn Bekehrung und T. auf eine Predigt folgen. Im Ganzen kennzeichnet Spontaneität die Szene.

Dies sollte sich jedoch bald ändern. Wer in die Kirche aufgenommen werden wollte, musste laut der *Traditio Apostolica* (ca. 220) moralisch integer sein. So wurden z.B. Schauspieler, Gladiatoren, Wahrsager, Zauberer, Wettermacher, heidnische Priester, Zuhälter, Prostituierte und Homosexuelle gar nicht erst zum Katechumenat zugelassen. Letzteres dauerte drei Jahre. Als Krönung wurde den Täuflingen das bis dahin geheimgehaltene Bekenntnis übergeben (*traditio*), das sie auswendig lernen und dann sprechen mussten (*redditio*). Die T. selbst vollzog sich in der Osternacht nach einem festgefügten Ritual: Ablegen der Kleider und des Schmucks; Weihe von Wasser und Öl; Salbung mit dem sog. Exorzismusöl; Übergabe des Täuflings an den Taufenden; Frage nach Glauben (dreigliedrig) und entsprechendes → Bekenntnis; dreimaliges Tauchbad; Salbung mit dem sog. Öl des Dankes, der Freude; Danksagung; Handauflegung und Gebet (um den Heiligen Geist); Zeichen des Kreuzes; Friedenskuss und Gruß.

Ein derart anspruchsvoller Taufakt und vor allem die lange Vorbereitungzeit (Tertullian, *De baptismo*) führten dazu, dass viele die T. hinausschoben. Eine ähnliche Wirkung übte das von der Kirche rigoros gehandhabte Institut der → Buße aus, das häufig mit einer sozialen Ächtung der Betroffenen einherging. Da Bußstrafen aber nur über Getaufte verhängt werden konnten, verzichteten viele von vornherein darauf, sich durch die T. in eine solche Abhängigkeit zu begeben. Daneben gab es aber auch einen Taufaufschub in positivem Sinne, wenn man glaubte, am Ende seines Lebens die Vergebung über die Summe seiner Sünden zu erlangen. Mit der seit dem 5. Jh. verbindlich werdenden Kindertaufe verlagerte sich die Unterweisung notgedrungen auf die Zeit, in der die Getauften lernfähig wurden. Damit ergaben sich aber auch für die Kirche besondere pädagogische Probleme, wie u.a. an Augustins Schrift *De catechizandis rudibus* (um 400) deutlich wird. Welche Bedeutung der T. im Laufe der Kirchengeschichte zukam, lässt sich anschaulich an den großen Taufbecken der mittelalterlichen Kirchen ablesen. Der Täufling wurde ein bis zwei Tage nach seiner Geburt regelrecht untergetaucht, wobei ihm der Pfarrer Nase und Mund zuhielt. Die Frage, inwieweit der Glaube hier eine Rolle spielte, beantwortete Luther z.B. zunächst dahingehend, dass dieser stellvertretend bei Eltern und Paten vorausgesetzt werde; eine Auffassung, die er später jedoch durch die von der zuvorkommenden Gnade ersetzte.

Die heutige Praxis orientiert sich weitgehend an diesem Verständnis, wobei sie jedoch stets der Kritik ausgesetzt ist, eine wichtige Entscheidung, die erst dem mündigen Menschen zuzubilligen sei, vorwegzunehmen. Von »Schlaftaufe« und »Schluckimpfung« ist die Rede. Deshalb finden auch in allen großen Kirchen Taufgespräche statt, bei denen Eltern und Paten an ihre Verantwortung für die Erziehung des Kindes erinnert werden. Schließlich gibt es einen kirchlichen Unterricht, der in der katholischen Kirche mit der Firmung, in der evangelischen mit der → Konfirmation endet.

Mit der T. wird nach einhelligem Verständnis dem Täufling das volle Heil zugesprochen (Tit 3,5; Apg 2,38 u.ö.). Zugleich vollzieht sich damit aber auch von jeher dessen Aufnahme in die Kirche. Nach je eigenem → Kirchenrecht begründet die T. die »Gliedschaft«, nach dem Staatskirchenrecht die »Mitgliedschaft« in der konfessionell geprägten Kirche. Zu den rechtlichen Auswirkungen in der Gegenwart gehört die damit verbundene Veranlagung zur → Kirchensteuer, die in Deutschland für die Kirchen durch den Staat eingezogen wird. Mit dem vor staatlichen Ämtern (Amtsgericht, Standesamt) erklärten Kirchenaustritt, der jedem religionsmündigen Bürger (ab 14. Lebensjahr lt. Reichsgesetz von 1921) möglich ist, erlöschen sowohl die Steuerpflicht als auch alle anderen Rechte und Pflichten. Eine Annullierung der T. ist jedoch weder theologisch noch kirchenrechtlich, noch staatskirchenrechtlich möglich. [GB]

Tempel   T. waren in der gesamten antiken Welt nicht nur Orte der Anwesenheit einer Gottheit, der öffentlichen Kultausübung (→ Gottesdienst) und der Gottesbegegnung (→ Kultformen) in unterschiedlichster Art (z.B. → Prophetie, Orakel), sondern wurden auch mit (nach Land und Zeit differierenden) mythologischen Motiven verbunden. So kann der T. den gesamten Kosmos *en miniature* darstellen, das Schöpfungsgeschehen (→ Schöpfung) versinnbildlichen, die Verbindung zwischen himmlischer und irdischer Thronstatt einer Gottheit verkörpern oder den Fortbestand göttlicher (Schöpfungs-) Ordnung garantieren. Der Bau eines T. wurde häufig als von einer

Gottheit befohlen verstanden. Da T. einen Raum besonderer Heiligkeit (→ Heiliges) darstellten, standen sie meist isoliert und waren häufig durch eine Hofmauer vom profanen Umfeld (→ Profan) abgegrenzt.

Der salomonische T. in → Jerusalem (vgl. 1Kön 6ff.) stellt eine Neugründung im 10. Jh. v.Chr. dar. Zusammen mit dem Palast wurde er auf dem Zionshügel (→ Zion) nördlich der damaligen Stadt Jerusalem erbaut. Von den übrigen T. Syrien-Palästinas des 2. und frühen 1. Jahrtausends v.Chr. hebt sich der Jerusalemer T. durch seine Größe (Innenmaße ca. 30 x 10 m) und seine Höhe (15 m) ab. In der Architektur des Baus kann man auch die Theologie der damaligen Zeit erkennen. Die Längsausrichtung des T., die in keinem anderen T. der Levante gleichermaßen betont wird, drückt die Heiligkeit, Unverfügbarkeit und Unzugänglichkeit Gottes (→ JHWH) aus. Das Allerheiligste, ein aus Holz gefertigter Kubus mit 10 m Seitenlänge und Fronttüren, überbietet hinsichtlich seiner Größe die sonst üblichen Nischen oder Podien, die den heiligsten Bereich markieren, um ein Vielfaches. Der überdimensionierte Kerubenthron mit einer Breite von 10 m soll die unfassbare Größe Gottes umschreiben. Auf diesem Thron dachte man sich den unsichtbaren JHWH sitzen; sein Körper reichte bis in den Himmel hinauf und stellte so eine vertikale Achse dar, die das irdische und das himmlische Heiligtum verband (vgl. Jes 6). Die im T. aufgestellten Kultgerätschaften bilden die Zuständigkeit JHWHs für das Leben, die Schöpfung und die Fruchtbarkeit symbolisch ab. Die Installationen des Jerusalemer T. lassen künstlerische Einflüsse aus Ägypten, Mesopotamien und Phönizien erkennen.

Bis 622 v.Chr. war der salomonische Tempel zwar das Staatsheiligtum in Israel, aber es gab daneben noch zahlreiche andere Kultstätten im Lande. Erst die josianische Reform (2Kön 22f.) verbot die übrigen Kultstätten und machte den Jerusalemer Tempel zum alleinigen Ort des JHWH-Kults. 587 v.Chr. wurde der T. bei der Zerstörung Jerusalems durch die Babylonier dem Erdboden gleichgemacht (2Kön 25,8ff.). Damit zerbrach auch die Vorstellung, der Jerusalemer T. wäre der einzige Ort der irdischen Präsenz Gottes. 520 v.Chr. begann man nach der Rückkehr aus dem Exil, den T. wieder aufzubauen; 515 wurde er geweiht. In der Folgezeit gelang es der Jerusalemer Priesterschaft zunehmend, den T. als religiösen Mittelpunkt des ganzen → Judentums zu etablieren. Der Kultablauf wurde immer weiter ausgebaut, die Zahl der Priester und Leviten nahm in enormem Ausmaße (→ Priester) zu. JHWH wohnte nach der Vorstellung nun nicht mehr, wie in vorexilischer Zeit, im T.; hier hatte er lediglich seinen Namen niedergelegt (vgl. z.B. Dtn 12,5), und dort konnte man die Herrlichkeit JHWHs erfahren (z.B. Ex 29,43). Der eigentliche Wohnort JHWHs war nun im himmlischen Heiligtum (Ps 103,19); daher konnte er auch außerhalb Jerusalems in allen Synagogen angebetet werden (vgl. Mal 1,11). [WZ]

Teufel → Böse

Textkritik → Bibelwissenschaft

Theismus [griech-n.lat.: *theos* »Gott«] Der Begriff Th. dient als Sammelbegriff für theologische und religionsphilosophische Strömungen, die Gott als letzten Grund der Wirklichkeit begreifen. Im Gegensatz zum Deismus versteht der Th. unter dem Gottesbegriff nicht nur eine abstrakte letzte Ursache, sondern ein freies, als Person zu denkendes Wesen, das der Welt als Schöpfer gegenübersteht. Mit dieser strikten Trennung von Gott und Welt unterscheidet sich der Th. vom Pantheismus. Zu differenzieren ist ferner innerhalb des Theismus zwischen dem Polytheismus, der von mehreren, die Wirklichkeit bestimmenden personalen Gottheiten ausgeht, und dem Monotheismus, der eine solche Vielfalt zugunsten der Einzigartigkeit Gottes bestreitet.

Entsprechend der traditionellen Bestandteile seiner Gotteslehre trägt das Christentum stark theistische Züge, die Gott als handelnde Person beschreiben. Die Herausforderung des Th. besteht in der gegenwärtigen Diskussion vor allem darin, gegenüber der vagen Vorstellung moderner Religiosität von einem unbestimmbaren Weltgrund oder gegenüber religionsphilosophischen Konzepten in der Tradition des Deismus an einem Verständnis festzuhalten, das Gott als Person in seinem freien Verhältnis zur Welt versteht. [JL]

Theophanie → Epiphanie

Thora → Pentateuch

Tier T. gehörten seit den Anfängen der Menschen zu ihren Gefährten, aber auch zu ihren Feinden. Die ersten Menschen lebten als Jäger und Sammler u.a. von der T.jagd. Im Mesolithikum (16000–8000 v.Chr.) gelang die Domestikation von Schafen und Ziegen, eine wesentliche Voraussetzung für die mit dem Neolithikum (8000–4000 v.Chr.) einsetzende sesshafte Lebensweise der Menschen. Zunehmend verlor die Jagd an Bedeutung für den Lebensunterhalt, und die Kleinviehzucht, aber auch der Ackerbau sicherten den Lebensunterhalt der Menschen. Um ausreichend Milchprodukte (Fett!) zu haben, hatte in der Königszeit wohl jede Familie etwa 10 Schafe und/oder Ziegen. Wer nur ein Jungtier besaß, galt als außergewöhnlich arm (2Sam 12,3). T. wurden daher besonders gehütet und stellten einen großen Besitz dar. Die Fürsorge der Menschen für die Tierwelt drückt sich beispielsweise in der Sintfluterzählung aus, in der Noah nicht nur sich selbst, sondern auch die Tiere erhalten soll. Andererseits war der Lebensunterhalt der Menschen durch T. gefährdet (Wolf, Schlange, Bär u.a.m.). Den Lebensraum der Menschen musste man daher immer auch gegen sie sichern. Die Überwindung dieser Gefährdung galt demnach auch als Zeichen des eschatologischen Gottesreiches (Jes 11,6–8; 65,25).

Die von Carl von Linné geschaffene Einteilung der Tierwelt in Gattungs- und Artnamen war der Antike völlig fremd. Der priesterschriftliche Schöpfungsbericht teilt die T. stattdessen nach ihren Lebensräumen ein: Wassertiere, geflügelte T. (nicht nur Vögel, auch z.b. Bienen oder Fledermäuse), große Landtiere sowie Kriech- und Kleintiere (Gen 1,20–22.24f.).

Haustiere – und nur solche – spielen beim Opfer eine große Rolle (→ Kultformen). Bei den großen Festen wurden die überzähligen männlichen Jungtiere – die weiblichen wurden für den Nachwuchs und die Milchproduktion benötigt und daher erst im Alter geschlachtet – geopfert und zumindest anfangs im Kreis der Familie gegessen. Erst ab dem 8. Jh. v.Chr. wurde das ganze T. als Brandopfer einer Gottheit übereignet. Um Gott als Geber allen Lebens für die Gabe des T. zu danken, wurden ihm die Fettpartien auf einem Räucheraltar im Räucheropfer dargebracht. Da das Blut des T. als Träger der Seele verstanden wurde, wurde dieses an den Sockel des Altars geschüttet und damit Gott zurückgegeben.

Ausdruck der besonderen Hochschätzung von T. in der Antike war, dass sie z.B. in Ägypten Götter abbilden konnten (z.B. die Kuh als Hathor). Im AT wurde Gott zwar bildlos verstanden, doch konnten Tierbilder immerhin Gott und seine Wirkweise repräsentieren (1Kön 7,25.29; 12,28); erst mit einem zunehmenden Reflexionsprozess wurden auch Tierabbildungen verboten (→ Bilderverbot).

In Gen 1,28 wird dem Menschen die Herrschaft über die T. aufgetragen. Dies impliziert eine Fürsorge für ihre Lebensmöglichkeiten und nicht eine uneingeschränkte Verfügungsgewalt über sie. Diese Fürsorge der Tierwelt gegenüber wird in einer Zeit voranschreitender Zerstörung des Lebensraums von T. und zunehmenden Aussterbens von Tierrassen wieder hoch aktuell. Gleiches gilt für die Problematik, Tierversuche durchzuführen und damit T. als minderwertige und auszunützende Geschöpfe Gottes zu verstehen. T. sind Teil des göttlichen Schöpfungswerkes, das Gott selbst als »gelungen« bzw. »gut« bezeichnete (Gen 1,25). Biblische Tierschutzethik wurde in den vergangenen Jahren als zentrales Thema einer christlichen Ethik wiederentdeckt. Dies führte z.T. sogar dazu, dass man eigene Tiergottesdienste feierte. [WZ]

Tod [griech. *thanatos*, lat. *mors*] Medizinisch gilt das Erlöschen der Lebensfunktionen als Eintritt des T., wobei der genaue Zeitpunkt unterschiedlich bestimmt werden kann. Galt bis zur Entwicklung der Intensivmedizin in der Regel das Aussetzen der Herzaktivität als Ende des Lebens (Herz-T.), so wird heute der Ausfall aller Hirnfunktionen (Hirn-T.) als messbarer Todeszeitpunkt angesetzt. Diese Unterscheidung hat vor allem durch die Transplantationsmedizin an Bedeutung, aber auch an Brisanz zugenommen. Wie das Ende des Lebens ist derzeit auch die zeitliche Bestimmung des Beginns (befruchtete Eizelle, Embryo, Fötus oder gar das geborene Kind) nicht mehr eindeutig festgelegt, sondern im Kontext der Genforschung zum Gegenstand der ethischen Diskussion geworden. Diese Debatte um die genaue Eingrenzung des Lebens ist vor allem wichtig, um die Gültigkeit der allen Menschen zugesprochenen Würde (Grundgesetz Art. 1) auch für die Phasen des entstehenden und vergehenden Lebens überprüfen zu können. So ist der Slogan »in Würde sterben« zum Motto für eine christliche Haltung im Angesicht des T. geworden, die Maßnahmen der Intensivmedizin in ethische Schranken verweist – eine Haltung, die allerdings innerkirchlich umstritten ist, wie der Fall der nach 15jährigem Wachkoma im März 2005 verstorbenen Amerikanerin Terri Schiavo zeigt.

Anthropologisch betrachtet gilt der Mensch zwar als das einzige Lebewesen, das im Bewusstsein des eigenen T. lebt und diesen Sachverhalt reflektiert, dabei gilt es jedoch zu bedenken, dass als anthropologische Konstante nicht die Beschäftigung mit dem T. als Abstraktum, sondern das Verhalten der Lebenden zu den Toten zu benennen ist. Ausschlaggebend für diese Haltung ist die Tatsache, dass der Mensch keine gesicherte Aussage über den T. machen kann, denn »solange wir sind, ist der T. nicht da, und sobald er da ist, sind wir nicht mehr da« (Heraklit, *Brief an Menoikeus*). Erst die Philosophie (M. Heidegger, *Sein zum Tod*) und die philosophische Theologie (S. Kierkegaard, *Die Krankheit zum Tode*) bieten eine Auseinandersetzung mit dem Phänomen des T. Demgegenüber ist primärer Gegenstand der Religionen der Umgang mit den Toten sowie die Gestaltung der Passageriten, die vom Diesseits in das Jenseits führen. Die entsprechenden Rituale sind dabei in der Regel in die Stadien des Abschieds vom Alten (Trennung), des Übergangs (Reise) und der Angliederung an das Neue (Ankunft) untergliedert. Während die archaischen Religionen in den Totenkulten (→ Ahnen) dabei einen Schwerpunkt auf die Gestaltung der Trennung legen, betonen die griechischen Mysterienkulte (»Himmelfahrt« im Eleusischen Kult, »Seelenwanderung« bei den Orphikern, »Aufstieg zu den Sternen« bei den Pythagoräern) den Aspekt des Übergangs, der sich in der Vorstellung der → Reinkarnation auch in den asiatischen Religionen (→ Hinduismus, → Buddhismus) findet. Im Christentum gilt die Aufmerksamkeit vor allem der Angliederung an das Neue (Ankunft). So ist es bezeichnend, dass sich in den Schriften der Bibel keine Auseinandersetzung mit der Bewältigung des T. findet, im Gegenteil betont Mt 8,22: »Lasst die Toten ihre Toten begraben«.

Aus christlicher Perspektive wird der T. nicht als definitiver Schlusspunkt interpretiert, da der → Glaube an ein »Leben nach dem Tode« wie auch an die »Auferstehung des Fleisches« (→ Bekenntnis) dem Wissen um das leibliche Ende eine Hoffnung entgegensetzt. Die in der Osterbotschaft verkündete → Auferstehung Jesu von den Toten leugnet nicht den T. als solchen, verdrängt auch nicht die Tatsache, dass alle Menschen sterben müssen, nimmt dem T. jedoch die Macht und den Menschen die Angst und verkündet den Sieg über den T. Für Paulus gilt die Kreuzigung Jesu als »Tod des Todes« (1Kor 15,55. »Der T. ist verschlungen in den Sieg, T., wo ist dein Stachel? Hölle, wo ist dein Sieg?«). Das Dasein des T. wird von ihm als Folge der Sünde gedeutet (Röm 5,12–21), allerdings ist die Strafe des T. nichts Endgültiges, weil in der Hinwendung zu Gott die Sünde vergeben wird (Röm 6,23: »Denn der Sünde Sold ist T., Gottes Gabe aber ist ewiges Leben«). Der T. wird neutestamentlich im Verhältnis von Gnade und Gesetz interpretiert, er ist Gericht und Erlösung zugleich (Phil 1,21 »Christus ist mein Leben und Sterben mein Gewinn«). So ist Christus der Erlöser, der *durch* den T. die Erlösung bringt.

Nicht ganz so eindeutig ist die Frage zu beantworten, was – biblisch betrachtet – nach dem T. kommt. Die Unsterblichkeit der → Seele, wie sie in der griechischen Philosophie seit Platon als Befreiung vom Leib vertreten wird, ist zwar sowohl dem AT wie dem NT fremd. Dennoch ist es nicht zutreffend, die Auferstehung der Osterbotschaft kategorisch dem Glauben an die Unsterblichkeit gegenüberzustellen. Die Prophetie des AT kennt die Vision eines ewigen Lebens (Dan 12,2: »Und viele, die unter der Erde schlafen, werden aufwachen, die einen zum ewigen Leben, die anderen zu ewiger Schmach und Schande«). Paulus vermag Auferstehung und Unsterblichkeit zu verbinden (1Kor 15,53), und auch die Evangelien stellen der Auferstehung eine Form der Unsterblichkeit gegenüber (Mt 10,28: »Fürchtet euch nicht vor denen, die den Leib töten, aber die Seele nicht töten können« bzw. weisen darauf hin, dass mit dem T. die Seele von Gott zurückgefordert, aber nicht vernichtet wird (Lk 12,20).

Innerhalb der Theologie ist der T. weniger Thema der Dogmatik als vielmehr der praktischen Theologie. Dort stehen Fragen der Sterbebegleitung (Hospizbewegung), Trauerarbeit (Selbsthilfegruppen), speziellen Trauersituation (verwaiste Eltern) im Vordergrund sowie Angebote der Tröstung, der Zusage, Verheißung und der aushaltenden Begleitung. Maßgeblich ist dabei der Aspekt, dass der Mensch ständig im Angesicht seines T. lebt und dass gerade diese Konfrontation mit einem unausweichlichen Ende und der damit zusammenhängenden Bilanz des Lebens nicht zur Angst, sondern zur Befreiung führt (»Lehre doch mich, dass es ein Ende mit mir haben muss und mein Leben ein Ziel hat und ich davon muss« Ps 39,5). [MV]

Toleranz Der Begriff gehört bezeichnenderweise nicht zu den christlichen Tugenden des Mittelalters. Dies lag an dem Universalanspruch des Christentums, nachdem es selbst in den ersten drei Jahrhunderten gegenüber dem römischen Staat auf T. insistiert hatte. Nicht von ungefähr war die *tolerantia* ein wesentlicher Bestandteil der offiziellen röm. Religionspolitik, wie sich aus vielen diesbezüglichen Entscheidungen erschließt. Man versuchte z.b. sein Kriegsglück eben auch mit fremden Göttern. Sofern man siegte, hatte man keine Skrupel, diese – etwa den Kult des *sol invictus* – zu übernehmen. Auch der Sieg Konstantins d. Gr. an der Milvischen Brücke, der zur Duldung der christlichen Religion führte, lässt sich unter diesen Voraussetzungen begreifen.

Das Christentum, sofern es denn überhaupt T. übte, verstand diese selbst in einem eingeschränkten Sinne. Es ging nicht darum, gemeinsam die Wahrheit zu suchen, diese war vielmehr vorgegeben, wie Joh 14,6 verkündete: »Ich bin der Weg, die Wahrheit und das Leben.« Insofern gab es nur ein Abweichen davon. Unter solchen Voraussetzungen wurde T. bestenfalls als Nachsicht gegenüber denen verstanden, die noch nicht missioniert waren oder den Weg der Rückkehr noch vor sich hatten. Inquisition und Scheiterhaufen sind Manifestationen von Intoleranz. Als christliche Tugenden wurden »Glaube«, »Hoffnung« und »Liebe« proklamiert. Handelte es sich hierbei um göttliche Tugenden, so erschienen »Klugheit«, »Gerechtigkeit«, »Tapferkeit« und »Maß« als Kardinaltugenden, die zu verwirklichen dem Menschen aufgegeben waren.

In religionsgeschichtlicher Sicht (G. Mensching) sind Hochreligionen aufgrund ihres Absolutheitsanspruchs mehr oder weniger zwangsläufig intolerant. Die im Buddhismus beheimatete Legende von den Blinden, die jeweils nur einen Teil eines Elefanten fühlen und benennen, lässt sich jedoch bereits als Vorstufe jener Auffassung von T. begreifen, wie sie in der europäischen Aufklärung vertreten wurde. Besonders die Religionskriege im 16. und 17. Jh. begründeten den Wunsch nach Frieden unter den Konfessionen. Bereits im 17. Jh. wurde T. von Spinoza, Bayle, Locke propagiert. Im 18. Jh. sind es in Deutschland Thomasius, Lessing und Mendelssohn. Gleichzeitig verbindet sich damit die Forderung nach rechtlicher Gleichstellung von Juden, Christen und Muslimen. Die Toleranzedikte Williams III. (1689), Josephs II. (1781) und die Deklaration der Menschenrechte in der Französischen Revolution (1789) sind wichtige politische Marksteine ebenso wie die praktizierte T. in Preußen unter Friedrich d. Großen, wo »jeder nach seiner Façon« selig werden sollte.

Wenn heutzutage häufig T. bei politischen und gesellschaftlichen Problemen angemahnt wird, ist allerdings zu fragen, ob sich die Motive nicht eingehend geändert haben. Oft erscheint die religiöse bzw. philosophische Klammer, wonach die Suche nach »Wahrheit« T. erfordert, aufgegeben.

Übrig bleibt dann ein Indifferentismus gegenüber existentiellen Problemen, während sich die vorhandenen Emotionen auf eine profane Ebene verlagern.

Toleranzkonflikte in den sog. multikulturellen Gesellschaften sind zumeist durch unterschiedliche Traditionen begründet. Während in den westlichen Demokratien Kirche und Staat weitgehend getrennt sind, vertritt der → Islam mit seiner engen Verbindung von Recht und Religion Positionen, die in Europa und Amerika als überholt gelten. Indessen ist eine absolute T., wonach selbst die Intoleranz geduldet würde, ein Widerspruch in sich selbst. [GB]

Tradition   [lat: *traditio*»Weitergabe, Überlieferung«] Als T. wird in einem allgemeinen religiösen Sinn der Prozess der Überlieferung und Weitergabe von verbindlichen Erzählungen, Riten und praktischen Handlungsanweisungen bezeichnet, die den speziellen Charakter einer Religion ausmachen. Der Vorgang der T. ist in dieser weiten Fassung ein Grundkennzeichen aller Religionen. Im christlich-jüdischen Verständnis sind zwei spezifische Verwendungen des Begriffs zu unterscheiden: Zum einen bezieht sich der Begriff der T. auf die Überlieferungsgeschichte der biblischen Schriften. Es ist dabei für die exegetischen Disziplinen der Theologie von besonderem Interesse, die verschiedenen mündlichen Überlieferungsstadien bis hin zur Abfassung der Texte zu ermitteln. Damit lässt sich die geschichtliche Entwicklung und Bearbeitung einzelner religiöser Motive herausarbeiten und geschichtlich einordnen. Zum anderen wird der Begriff der T. in einem spezifisch dogmatischen Sinne gebraucht. Er gilt als Sammelbezeichnung für die Weitergabe und Überlieferung der kirchlichen Lehre im Verlauf der Geschichte des Christentums.

Im Zeitalter der Reformation kommt es zu einem schwerwiegenden Konflikt über die autoritative Reichweite der T. Gegen eine Überbewertung der T. richtet sich Luthers Auffassung, dass sich Gottes Offenbarung allein in den Worten der Hl. Schrift finden lasse. Alle kirchliche T. sei ausschließlich am Maßstab der Schrift zu messen. Dem hält das Konzil von Trient entgegen, dass die Offenbarung sowohl aus der Schrift als auch aus der kirchlichen T. zu erheben sei. Bis weit ins 19. Jh. hinein liegt in diesem Gegensatz über die Grundlagen dessen, was für Theologie und Kirche als verbindlich zu gelten hat, ein offensichtlich unüberwindbares Problem ökumenischer Verständigung.

Eine Annäherung wurde möglich, da sich auf protestantischer Seite mit der Etablierung der historischen Kritik die Einsicht einstellte, dass auch die biblischen Schriften selbst eine Ausdrucksform der christlichen Traditionsgeschichte sind, während umgekehrt auf katholischer Seite die Maßgeblichkeit der biblischen Schriften für die T. der kirchlichen Lehrüberlieferung anerkannt und spätestens im II. Vatikanischen Konzil lehramtlich festgelegt wurde. Die schroffe Entgegensetzung von Schrift und Tradition ist damit hinfällig und der Boden für eine ökumenische Verständigung bereitet. Zu klären ist nun, mit welchen Kriterien und Verfahren die Schriftgemäßheit der kirchlichen T. ermittelt werden kann.

Eine erhebliche Bereicherung erfährt die gegenwärtige Diskussion durch kulturwissenschaftliche Untersuchungen zum Toleranzbegriff. Insbesondere die Untersuchungen Jan Assmanns machen deutlich, dass T. als kulturelles Gedächtnis fungiert. Über den bloß äußerlichen Aspekt der Kulturtechnik der Überlieferung hinaus ist es Aufgabe der T., eine Erinnerungsform auszubilden, die über den Bruch der Geschichte hinweg eine starke Bindung zur Vergangenheit herstellt. Daraus lassen sich dann jene dynamischen Kräfte beziehen, die dem Aufbau einer eigenen kulturellen Identität dienen. Eine besondere Bedeutung kommt dabei den religiösen Erinnerungsformen zu. [JL]

Transsubstantiation   → Abendmahl

Transzendenz   [lat.: *transcendere* »überschreiten«] Seit dem Mittelalter dient T. in der Philosophie und Theologie als Fachbezeichnung für jene Sphäre der Wirklichkeit, die das übersteigt, was mit den üblichen Kategorien zur Beschreibung des Seienden erfasst werden kann. So bezeichnete man beispielsweise das Gute, das Wahre und das Schöne als Transzendentien, weil sie ihrem Wesen nach den Bereich der Endlichkeit überschreiten. Dieser bis in die Neuzeit hinein übliche Gebrauch des Begriffs der T. erfährt bei Kant durch die Einführung des Erfahrungsbegriffs ebenso eine Präzisierung wie eine Modifikation. Mit dem Begriff des Transzendentalen beschreibt Kant die subjektiven Erkenntnisbedingungen, mit und durch die der Mensch die Wirklichkeit erfahren und erkennen kann. Sie liegen im Sinne von Voraussetzungen aller Erfahrung voraus. Davon zu unterscheiden ist das Transzendente, das die Grenzen der mit den Sinnen machbaren Erfahrung übersteigt. Erkenntnis der T. ist daher nach Kant im strengen Sinne nicht möglich. In einer popularisierten und in dieser Form von Kant selbst kaum intendierten Fortschreibung seiner Philosophie wird T. dann zum Inbegriff dessen, was menschlicher Erfahrung verborgen bleiben muss.

Davon unterscheidet sich der Gebrauch des Begriffs der T. im Kontext der Religionen. Als gemeinsame Grundüberzeugung gilt, dass gerade im Aufleuchten der Erfahrung der T. in der menschlichen Lebenswirklichkeit Religion ihren Ursprung hat. Der Begriff der T. steht damit für das, was die alltägliche Lebenswirklichkeit der Menschen überschreitet und daher als das Hereinbrechen einer das menschliche Weltverständnis übersteigenden Wirklichkeit gedeutet wird.

Das Paradox zwischen der Erfahrung der T. und ihrer erfahrungsübersteigenden Dimension versucht die christliche Theologie durch die Verhältnisbestimmung von T. und Immanenz zu lösen. Die abstrakte, unfassbare T. Gottes gewinnt konkrete Gestalt in seiner Manifestation in der Welt. Ihren klassisch christlichen Ausdruck findet diese Denkfigur in der Trinitätslehre (→ Trinität). [JL]

Trauer Sigmund Freud hat die T. als »Reaktion auf den Verlust einer geliebten Person oder einer an ihre Stelle gerückten Abstraktion« erklärt (*Trauer und Melancholie*, 1916). Entscheidend an dieser Definition ist die Tatsache, dass die T. in der Regel zwar mit dem Tod eines geliebten Menschen in Verbindung gebracht wird, aber in bestimmten Fällen auch auf andere Lebewesen oder sogar auf Ideale wie die Jugend, die Freiheit oder andere lieb gewordene Lebensziele bezogen sein kann. Hinzuzufügen ist der Definition von Freud der Aspekt, dass es sich bei der Verlustreaktion nicht nur um einen endgültigen Verlust (Tod), sondern auch um nur einen vorübergehenden bzw. subjektiven handeln kann (Trennung, Scheidung). Im Bereich der Religion wird allerdings die Trauer hauptsächlich auf den Fall des Verlustes durch den Tod eines Mitmenschen bezogen und zum Gegenstand der seelsorgerlichen Beratung gemacht.

Über die Gestaltung der Trauerprozesse zu biblischen Zeiten geben das AT und NT detaillierte Auskunft, so dass die Entwicklung bis zu den gegenwärtigen Ritualen deutlich wird. So hat beispielsweise die Redewendung »in Sack und Asche gehen« ihre Quelle im AT. Sich im Trauerfall die Kleider abzureißen und durch einen Sack zu ersetzen, das Haupt mit Asche zu überstreuen oder sich sogar im Staub zu wälzen, gehört neben dem Fasten und der lauten Totenklage zu den üblichen Ritualen des alten Israel. Die äußerliche Veränderung des Trauernden wie auch die mitunter sehr laute Leichenklage diente ursprünglich wohl der Abwehr der Totengeister, die als Bedrohung empfunden wurden. Streng verboten war deshalb auch jede Art der Totenbeschwörung, wobei ein allzu intensiver Aufenthalt am Grab bereits in den Verdacht solch magischer Praktiken geraten konnte. Sieben Tage dauerte die T. in der Regel, eine Zeit, in der auch das Trauerhaus unter besonderer Beachtung stand. Da Tote als unrein klassifiziert wurden, galt auch das Haus als unrein; Essen durfte nicht zubereitet werden, die Nachbarn mussten dafür aufkommen.

Das Grab – für Wohlhabende ein Felsengrab, für Ärmere ein Erdgrab – diente vornehmlich der Entsorgung des als unrein geltenden Leichnams, nicht zum Verweilen der Trauernden. Vor diesem Hintergrund lässt sich auch der rätselhafte Ausspruch Jesu deuten: »Lasst die Toten ihre Toten begraben« (Mt 8,22). Jesus greift damit die Tradition auf, der zufolge alles Tote als unrein galt, setzt zugleich aber ein Signal der vorausblickenden Hoffnung an die Stelle der verharrenden Klage. In seiner Abschiedsrede spricht er die T. seiner Jünger an und wandelt sie in eschatologische Zuversicht: »Ihre Traurigkeit soll in Freude verkehrt werden« (Joh 16,20).

In der Gegenwart ist die T. im kirchlichen Kontext durch zwei parallele Faktoren bestimmt: In der → Bestattung erfolgt die öffentliche Verabschiedung des verstorbenen Gemeindegliedes. Dabei handelt es sich um einen → Gottesdienst, durch den Trauernde getröstet und die Gemeindeglieder zugleich an die eigene Endlichkeit (*memento mori*) erinnert werden sollen. Die Bestattung ist deshalb an → Predigt und Verkündigung gebunden. Daneben bieten die Kirchen den Trauernden eine breit gefächerte seelsorgerliche Begleitung an, die persönlich und in der Regel therapeutisch ausgerichtet ist. In dieser Trauerbegleitung werden die Phasen des Schocks, der Kontrolle, der Regression und der Adaptation (Yorick Spiegel) unterschieden und adäquate Bewältigungsmechanismen angeboten. [MV]

Traum Im T. ist die Begrenzung der Materie aufgehoben. Deshalb vermag man im T. Wesen zu treffen, die sich den Menschen im Wachbewusstsein nicht zeigen: Verstorbene, Engel, Heilige. »Träume sind Schäume«, wenn man sie nach dem Erwachen vergessen hat. Ihre Wirklichkeit gleicht nicht der »harten« Wirklichkeit. Stößt man sich im T., bleibt kein blauer Fleck zurück, trotzdem zeitigen Träume Wirkung, wie man aus der Psychologie und von den Religionen weiß. Religionen vermitteln zwischen der irdischen und der überirdischen Sphäre. In Gebet und kultischem Handeln wendet sich der Mensch an unsichtbare Mächte, die sich ihm ihrerseits ebenfalls mitteilen.

Überirdische Botschaft wird in einer irdischen Form verstehbar, Offenbarungen vernimmt man indirekt oder direkt. Indirekt werden sie durch Überlieferungen vermittelt, tradiert sind von Zeugen berichtete Worte und Taten einer göttlichen Inkarnation oder göttliche Weisungen aus Prophetenmund. Direkte Offenbarungen ereignen sich gegenwärtig: Im Alltagsbewusstsein kann man einen Menschen sehen und hören, der als göttlich verehrt wird; in entrücktem Bewusstsein erlebt man z.B. eine Himmelsreise; in der Versenkung entzieht man dem Bewusstsein die Vielfalt der Eindrücke, bis es »einspitzig« wird (zur Einspitzigkeit passt die Wahrnehmung von Seinsoffenbarungen besser als die von Wortoffenbarungen); im Traumbewusstsein erlebt man zumeist ein Geschehen, man sieht und hört, was Personen in bestimmter Situation tun und sprechen.

Ob direkte Offenbarungen gesucht oder gemieden werden, es trennt die Religionen in zwei Lager: Man kann Träume nutzen, um in unklarer Situation Weisung von Ahnen oder Göttern zu erbitten, damit man nicht allein nach menschlichem Ermessen eine wichtige Entscheidung fällen muss. Wo Offenbarung in Gestalt einer Überlieferung die Lehre speist, sucht man in der

Überlieferung nach Rat. Direkten Offenbarungen begegnet man dann mit zur Ablehnung neigender Vorsicht. [HJG]

Traumdeutung   In seiner religionsgeschichtlichen Bedeutung tritt der → Traum stets als Vermittlung zwischen Wirklichkeit und Überwirklichkeit auf. In den Fällen, in denen er nicht als direkte Theophanie zu verstehen ist, wie zum Beispiel in Jakobs Traum von der Himmelsleiter (Gen 28), gewinnt die Deutung und mit ihr auch die deutende Person an Gewicht. So wird das Vermögen zur Auslegung der rätselhaften Träume des Pharaos durch den Sklaven Joseph (Gen 41) im Sinne prophetischer Kraft oder sogar als göttliche Vollmacht interpretiert (→ Prophetie), die unmittelbar zur Erhöhung des Traumdeuters führt. Gleichwohl unterliegt sowohl der Traum selbst als auch die T. einer rigorosen Kritik, wenn beides als Ausweis von Vollmacht missbraucht wird (Jer 23,25). Im NT tritt die orakelhafte T. in den Hintergrund, da der Traum als direkte Stimme Gottes (Apg 16,9ff.) oder seiner Engel (Mt 2,13) den Charakter unmissverständlicher Weisung erhält. Von der biblischen Tradition der T. unterscheidet sich grundsätzlich der durch S. Freud entwickelte psychoanalytische Ansatz, der die T. als Methode zur Analyse des Unbewussten und der Triebwünsche versteht und sie zu Zwecken der Therapie nutzt. [MV]

Trinität   [lat. *trinitas* »Dreiheit«] Die T. bezeichnet im christlichen Glauben die Dreiheit der Personen Gottes (auch Dreifaltigkeit), die sich in der Unterscheidung von Gott Vater, Sohn und Heiliger → Geist erweist und in der Trinitätslehre ausgearbeitet worden ist. Demzufolge ist die Einheit und Einzigartigkeit Gottes zu differenzieren hinsichtlich dreier Erscheinungsformen: als Schöpfer der Welt (Vater), als die Inkarnation Gottes in Jesus Christus, die die Erlösung bringt (Sohn), und als heilsgeschichtliche Kraft, die in den Menschen in der Nachfolge wirksam wird (Heiliger Geist). Die Lehre von den drei verschiedenen Personen des einen Gottes ist eines der wohl differenziertesten theologischen Gedankengebäude, das bis zum ersten Jahrtausendende entwickelt wurde und dann über die Auseinandersetzung bezüglich der Frage, ob der Heilige Geist vom Vater »durch« den Sohn oder vom Vater »und« dem Sohn ausgeht (*filioque*), schließlich mit zur Trennung zwischen Rom und Konstantinopel bzw. zwischen Ost- und Westkirche führt. Insofern ist die Debatte um die T. nicht nur das charakteristische Merkmal, das das Christentum von anderen monotheistischen Religionen (→ Judentum, → Islam) unterscheidet, sondern auch ein ökumenisches Thema mit kirchengeschichtlichen Konsequenzen. Der komplexe Ablauf der historischen Entwicklung, der zur Ausformulierung des trinitarischen Dogmas geführt hat, dabei aber die Einheit der Kirche nur durch entsprechende Ab- und Ausgrenzungen erreichen konnte, ist verantwortlich dafür, das die T. bis heute als zentrales ökumenisches Thema diskutiert wird. Darüber hinaus ist die Vereinbarkeit des einen Gottes mit der Vielzahl seiner personalen Gestalten im interreligiösen Dialog vor allem mit den anderen monotheistischen Religionen ein heikles Thema.

Im Falle der Lehre von der T. gilt im besonderen Maße der Leitsatz, dass man die Fragestellung kennen muss, um die daraufhin entwickelte Antwort verstehen zu können; insofern ist es sinnvoll, eine Erklärung der T. mit der Fragestellung zu beginnen, warum die Ausarbeitung dieser Lehre als notwendig erschien.

Biblisch ist die T.lehre nicht ausgewiesen. Zwar kommen im NT sog. »triadische Formeln« (Mt 28,19; 2Kor 13,13) und auch Angaben über das Verhältnis zwischen Gott und Geist (2Kor 3,17; Joh 4,24), zwischen Gott und Jesus (2Kor 5,19) bzw. zwischen Jesus und Geist (Joh 1,1) vor. Allerdings sind diese Angaben derart heterogen und in der Systematik ihrer Zuordnung nicht eindeutig, so dass sie lediglich als Grundlagen für eine systematische Ausarbeitung betrachtet werden können, ja diese geradezu herausfordern. Vor allem waren es die Fragen, in welchem Verhältnis der geborene, also nicht ewige Sohn zu dem unerschaffenen, also ewigen Vater stehe bzw. von welcher der Personen Gottes das Heilsgeschehen ausgehe, und ob die Personen des Sohnes und des Heiligen Geistes in ihrer Zuordnung zum Vater neben- oder untergeordnet verstanden werden müssten. Und letztlich galt es das Problem zu klären, wie eine konsequente Gleichordnung von »Vater und Sohn und Heiliger Geist« von einem Tritheismus im Sinne des Nebeneinanders unterschieden werden sollte.

Obwohl die Problemlage offen zutage lag und schon bei den Kirchenvätern Origenes und Tertullian zu ersten trinitarischen Systemüberlegungen führte, die den strengen Monotheismus des AT unter den Voraussetzungen des Evangeliums neu interpretierten, begann die eigentliche Auseinandersetzung doch erst im 4. Jh. Origenes hatte zwar unter deutlichem Einfluss der griechischen Philosophie eine → Christologie verfasst, in der er die auf Platon zurückgehende und von Plotin weiterentwickelte Hypostasenlehre verarbeitet. Mit dieser Lehre hatte Plotin das »in die Existenz tretende Sein« bezeichnet, das aus einem einzigen Seinsgrund hervorgeht. Für Origenes bildete dieser Begriff eine Möglichkeit, die Seinsweise des Sohnes auf den Seinsgrund des Vaters zu beziehen. Dabei erklärt er die Dreifaltigkeit von Vater, Sohn und Heiligem Geist im Sinne dreier Wesenheiten (Hypostasen), die allerdings nicht erst auseinander hervorgehen, sondern schon von Ewigkeit her existieren. Um dieses Verhältnis bildhaft zu beschreiben, verweist er auf den Glanz, wie er durch das Licht entsteht. Dies geschieht eben nicht in dem Sinne, dass erst das Licht da ist und dann der Glanz von außen hinzukommt, sondern es besteht ein unmittelbarer Zusammenhang, der doch auf zwei verschiedene Erscheinungsformen verweist. Bei Tertullian wird die Unterscheidung von einem Wesen und drei Hypostasen übersetzt und als Unterscheidung von einer »Substanz« und drei »Personen« beschrieben. Tertullian hebt damit hervor, dass die Einheit die Substanz bzw. die Beschaffenheit betrifft, die Dreiheit dagegen die Form und Erscheinungsweise.

Diese Ausführungen gewinnen im 4. Jh. an Bedeutung und erwachsen zu einem Konflikt, der einerseits mit der Entwicklung zur Reichskirche parallel läuft, andererseits die verschiedenen Traditionen der Ost- und Westkirche nunmehr deutlich zum Ausdruck bringt. Der Ausgangspunkt wird durch Arius markiert, einen Presbyter aus Alexandrien, der mit der These an die Öffentlichkeit trat, dass der Logos (Sohn) ein Geschöpf sei; und aus diesem Grunde weder gleichewig mit dem Schöpfergott (Vater) noch diesem im Wesen gleich sein könne. Bei den drei Personen Gottes handele es sich folglich um Hypostasen, die eine abgestufte Hierarchie wiedergeben (subordinatorischer Standpunkt). Arius wurde daraufhin aus der Kirche ausgeschlossen. Die erste Ökumenische Synode von Nicäa, die auf Betreiben Kaiser Konstantins einberufen wurde, erklärte die Thesen des Arius zur Häresie und formulierte unter der Federführung von Athanasius ein → Bekenntnis, das unmissverständlich den Sohn als »eines Wesens« (*homooúsios*) mit dem Vater erklärt. Dadurch wurde der Konflikt allerdings erst richtig entfacht, denn nun wurde zunehmend nicht mehr nur um die Zuordnung von Vater und Sohn, sondern auch um die Stellung des Heiligen Geistes gerungen und dabei weitete sich zugleich die Auseinandersetzung zu einem Kampf zwischen der Ost- und der Westkirche aus.

Die Differenzen, die im Zuge der Entwicklung einer T.lehre zum Vorschein gekommen waren, wirken unterschwellig weiter, auch wenn die Diskussion darüber sich abschwächt. Für die weitere Entwicklung sind vor allem die Versuche zu Neuansätzen von Aurelius Augustinus und Thomas von Aquin entscheidend. Augustinus distanziert sich von dem Anspruch, die Wesenheit Gottes spekulativ zu erfassen (»wer wäre so vermessen, es mit menschlichen Worten zu sagen«, Conf. 13), und deutet die T. als Bild der menschlichen Seele, die sich in die Dreiheit von Sein, Erkennen und Wollen (psychologische Trinitätslehre) gliedert. Diese Übertragung wird von T. v. Aquin aufgegriffen und im Sinne einer Relationenlehre entfaltet, mit der er nicht mehr »Gott an sich«, sondern »Gott in unserer Erkenntnis« zum Gegenstand seiner Betrachtung macht und das Wesen Gottes aus der Logik des Erkennens ableitet.

Seit der Aufklärung und I. Kants Zuordnung der Religion zur praktischen Vernunft geht das Interesse an der T. merklich zurück. Die Erarbeitung der T. als Dogma in der Alten Kirche wurde aufgrund ihres spekulativen Charakters zunehmend als abschreckend betrachtet, innerhalb der ev. Theologie wurde der T. deshalb nur noch eine dogmengeschichtliche Gewichtigkeit beigemessen. Erst in der Ausrichtung auf die heilsgeschichtliche Bedeutung und die Auswirkungen der T. für den gelebten Glauben und das Kirchenverständnis sind Ansätze einer ganz neuen Trinitätstheologie zu entdecken. So herrscht auch im ökumenischen Verständnis heute überwiegend die Überzeugung, dass die Frage nach der Wesenheit Gottes (immanente T.) für die Menschen undurchschaubar und unerklärbar bleibt und lediglich die heilsgeschichtlichen Auswirkungen seiner Selbstoffenbarung (ökonomische T.) zum Thema werden können. [MV]

Tugend   Als T. wurde in der antiken Philosophie die jeweilige Fähigkeit des Menschen bezeichnet, die der Verwirklichung eines sittlich einwandfreien Lebens dient (→Ethik). Der Begriff der T. leitet sich dabei von der »Tauglichkeit« bzw. von der »Willenskraft« ab (lat. *virtus*). Während Platon als regulierende Kräfte der verschiedenen seelischen Ebenen die vier Haupttugenden (auch Kardinaltugenden) »Besonnenheit«, »Tapferkeit«, »Weisheit« und »Gerechtigkeit« aufführt, definiert Aristoteles die T. als innere Einstellung des Menschen, die durch Erziehung herbeigeführt werden kann und stets als eine Art Mittelmaß zwischen den extremen Lebenshaltungen zu vermitteln hat (*Nikomachische Ethik*).

Eine spezifisch christliche Prägung erhält die Deutung der T. in der Scholastik, die einerseits auf die antike Tugendlehre zurückgreift, andererseits die Trias der sog. göttlichen T. »Glaube, Liebe, Hoffnung« (1Kor 13,13) zur Kardinaltugend erhebt. So finden sich zwar auch im NT noch Kataloge, die nach dem Vorbild der T. der klassisch griechischen Philosophie als Maßstab für die Lebensgestaltung aufgestellt werden (Gal 5,22: Liebe, Freude, Friede, Langmut, Freundlichkeit, Gütigkeit, Treue, Sanftmut, Enthaltsamkeit; vgl. auch Phil 4,8; 1Tim 6,11; 2Petr 1,5ff.), gleichzeitig wird aber die T. als eine göttliche Kraft interpretiert, die durch die → Taufe vermittelt wird. Thomas v. Aquin ordnet zu den drei übernatürlichen göttlichen T. noch »Klugheit, Gerechtigkeit, Tapferkeit und Maß« und kommt so zu einer traditionellen Siebenzahl, die für die katholische → Moraltheologie maßgeblich wird.

Gemäß der Erkenntnis »niemand ist gut außer Gott allein« (Mk 10,18; Lk 18,19) wird die T. in der Theologie des Mittelalters als eine durch den Glauben vermittelte Befähigung zu einem sittlichen Leben verstanden, die als göttliche Kraft in der Taufe gewissermaßen eingegossen wird, wobei der Maßstab der Liebe zum Nächsten als oberste T. aus der Liebe zu Gott erwächst. Kritisch interpretiert wurde diese Tugendlehre durch die Reformatoren, die in einer durch die Taufe vermittelten Tugendhaftigkeit einen Widerspruch zur Rechtfertigungslehre und der Einzigartigkeit der Gnade sahen.

In der Gegenwart hat das Gespräch über T. an Bedeutung verloren und ist im philosophischen wie auch im theologischen Kontext durch den Diskurs ethischer Werte (→ Ethik) abgelöst worden, da die Formulierung eines

Kanons von T. im sozialethischen Bereich allzu sehr dem Wandel der Zeit und der gesellschaftlichen Bezüge unterliegt, andererseits im individualethischen Bereich immer im Verdacht des Utilitarismus, also der persönlichen Nützlichkeit und Glücksfindung steht. [MV]

Unsterblichkeit Das Wissen um die Endlichkeit des eigenen Lebens kann als eine der entscheidenden Kräfte gelten, die zur Entwicklung von Kultur und zur Herausbildung von Religion beigetragen haben. Aus dem Anliegen, die Erfahrung des Todes und der Verwesung des Körpers auf den Wunsch, der Vergänglichkeit letztlich nicht unterworfen zu sein, abzustimmen, ergeben sich in den Kulturen und Religionen vielfältige Ansätze einer Lehre der U.

Die Sehnsucht nach einer Fortdauer der Persönlichkeit auch über den leiblichen Tod hinaus, setzt eine differenzierte Betrachtung von Leib (→ Körper) und → Seele voraus, die sich sowohl in archaischen Bildern etwa vom Weiterleben der Toten in einem Reich der Schatten (*Hades*) ausdrücken kann, zur Annahme einer Wanderung der Seelen von einem Körper zum anderen (→ Reinkarnation) führt, oder in das philosophische System einer Metaphysik mündet. Für die Herausbildung einer philosophischen Lehre der U. ist Platons Seelenlehre entscheidend. Im *Phaidon* leitet Platon von der Trennung zwischen Leib und Seele einen Beweis der U. ab, demzufolge das Wesen des Menschen in dem unkörperlichen Prinzip der Seele liegt, durch das er an der ewigen Idee teilhat, während nur der Körper den Bedingungen von Raum und Zeit unterworfen ist. Mit diesem Ansatz einer auf dem Leib-Seele-Dualismus basierenden Vorstellung von U. stellt die griechische Philosophie einen deutlichen Gegensatz zu orientalischen Entwürfen dar. So galt in der altägyptischen Religion alles Leben als vergänglich und selbst die Götterwelt war dieser Endlichkeit unterworfen. Auch in der Welt des AT findet sich kein Hinweis auf die U., ganz im Gegenteil sind sogar jedwede Arten des Totenkults streng verboten. Die Hoffnung, die über den Tod hinaus zielt, gilt dabei dem Volk und gerade nicht der einzelnen Person.

In der Theologie des NT werden die so unterschiedlichen Positionen miteinander verbunden und zur Vorstellung von der → Auferstehung der Toten und vom ewigen Leben weiterentwickelt. Das setzt einerseits die Trennung von Leib und Seele voraus, wonach die Seele sich im Prozess des Sterbens vom Leib trennt, gibt andererseits aber durch den Glauben, dass der Leib am Jüngsten Tag wieder zum Leben erweckt wird, auch der Leiblichkeit des Menschen eine besondere Betonung. Die Rede vom ewigen Leben setzt sich zunächst deutlich von jener Vorstellung der U. dadurch ab, dass sie den Tod des Menschen ernst nimmt und den Menschen in seiner leiblich-seelischen Ganzheit betont. Dabei wird einer Leibfeindlichkeit vorgebeugt, die durch einen Glauben an die U. nur der Seele provoziert wird. Andererseits kennzeichnet die Vorstellung von der Auferstehung der Toten im Gegensatz zur U. das soziale Miteinander der Menschen als einen wesentlichen Teil der ganz neuen Qualität des ewigen Lebens. Der Sühnetod Christi bezieht sich folglich nicht allein auf die Seele, sondern auf den ganzen Menschen, der zwar stirbt, aber in der Hoffnung auf die Wiederauferstehung zum ewigen Leben berufen ist. [MV]

Urchristentum Eine von drei gängigen Bezeichnungen für die Zeit der Konstituierung des Christentums in den ersten beiden Jh., die beiden anderen lauten »frühes Christentum« und »ältestes Christentum«. Die Rede vom U. (vgl. »Urgemeinde« [in Jerusalem], »Urliteratur« u.ä.) betont die Differenz zwischen der unreifen »Urzeit« und dem ausgebildeten Christentum der späteren Jh. Das U. hat noch keine klare Selbstdefinition in Abgrenzung von »Juden« und »Heiden« ausgebildet, es hat noch keine feste Struktur, kein trennscharfes Bekenntnis, keinen definierten Kanon heiliger Schriften usw.

Eine exakte chronologische Abgrenzung des U. ist unmöglich. Man kann es enden lassen:

1. mit dem Übergang vom sog. »apostolischen« Zeitalter, verstanden als die Zeit der → Apostel und die Epoche, in der in ihrem Namen pseudonyme (pseudepigraphe) Schriften abgefasst werden (z.B. Eph, 1/2Tim, Tit, 1/2Petr, Jak), hin zum »nachapostolischen« Zeitalter, verstanden als die Zeit, in der auf Leben und Werk der Apostel zurückgeblickt wird und man beginnt, sie als Autorität zu zitieren (in den Schriften der sog. → Apostolischen Väter, z.B. 1Clem 47,1–4; Ignatius, Brief an die Römer 4,3).

2. mit dem Ende der spezifisch »urchristlichen« Literatur (insbes. Briefe, Evangelien) und dem Übergang zu den vertrauten literarischen Gattungen der griech.-röm. Welt in den Schriften der nun sog. »Kirchenväter« (»patristische« Literatur, z.B. die Apologien des Aristides, Justin, → Alte Kirche).

3. mit der Bildung des Begriffes »Christentum« (zuerst belegt bei Ignatius v. Antiochien, s.u.).

Ein genaues Datum ergibt sich in keinem Fall. Gemäß 1. und 3. läge die Grenze im ersten Viertel des 2. Jh. (Tod des Ignatius vor 115; Abfassung des 2Petr ca. 100–125 [?] – allerdings verfasst man auch später noch Schriften im Namen der Apostel, z.B. das Petrusev. [→ Evangelien; → Apokryphen]); gemäß 2. läge sie in der Mitte des 2. Jh. (2. Brief des Polykarp ca. 135?; 1. Apologie des Justin ca. 150).

Im U. entwickelte sich die Größe »Christentum«. Anfangs eine jüdische Bewegung der Anhänger Jesu, begann man bald, Nichtjuden ohne weiteres in die Gemeinschaft aufzunehmen (d.i. ohne Beschneidung und die Verpflichtung, alle in der Bibel niedergeschriebenen Gebote Gottes zu beachten; vgl. Apg 10f.; Gal). Bereits nach wenigen Jahrzehnten bildeten diese »Heiden« die Mehrheit in den christgläubigen Gemeinden (so nachweislich in Rom [Röm 1,13ff.; 11,13] und in den von → Paulus gegründeten Gemeinden, z.B. 1Thess 1,9; 1Kor 12,2; Gal 4,8). Damit stellte sich das Problem der Selbstdefinition – sind wir »Juden« im vollen Sinne des Wortes? Wenn nicht, was dann? – und des Verhältnisses zu den nicht-christgläubigen Juden: sollte man neben der christgläubigen *ekklesía* (griech. für »Versammlung, Gemeinde, Kirche«) auch die Synagoge besuchen? Der Name »Christen« (griech. *christianoí*) ist nach Auskunft von Apg 11,26 zuerst in Antiochia in

Syrien in den 40er Jahren aufgekommen, und zwar wohl als Fremdbezeich-
nung durch Römer, die in den »Christianern« eine nicht-jüdische Gruppe
sahen (vgl. Apg 26,28). Es dauert indes bis zum Ende des 1. Jh., bis die
Christgläubigen diesen Terminus als Selbstbezeichnung zu übernehmen beginnen (1Petr 4,16 u.ö.). Bei Ignatius (An die Magnesier 10,1ff. u.ö.) findet
sich dann zum ersten Mal der Begriff des »Christentums« (*christianismós*) in
Opposition zum »Judentum« (*ioudaismós*) als terminus technicus für die spezifisch »christliche« Lebensweise ohne Beachtung der kultischen Gebote des
AT. Damit ist das christl. Selbstverständnis zum ersten Mal klar entwickelt.
[WR]

Vaterunser   Ob nun vom Herrengebet, vom Gebet der Glaubenden, vom Gebet aller Menschen die Rede ist, stets sind damit wichtige dogmatische Entscheidungen getroffen bzw. stehen hinter dgl. Aussagen.

V., die dem lat. *pater noster* in der Reihenfolge der Worte verpflichtete dt. Übersetzung – in der reformierten Kirche und auch neuerdings häufig in der wiss. Literatur heißt es »Unser Vater« –, ist nicht der Titel, die Überschrift, sondern die Anrede, mit der das → Gebet beginnt und die theologisch den weiteren Inhalt bestimmt. So wie vergleichsweise noch heute aus der mdl. oder schriftl. Anrede deutlich wird, in welchem Verhältnis Autor und Adressat zueinander stehen.

Dieses Gebet, von Lk (11,1) direkt verbunden mit einem vorangegangenen Gebet Jesu (»Eines Tages kam Jesus aus dem Gebet zu seinen Jüngern zurück. Da trat einer von ihnen zu ihm und sagte: Herr, lehre uns beten«), geht in seiner gebräuchlichen Form auf Mt (6,9–13) zurück. Bei Mt erscheint es abgesetzt von einer vordergründigen Gebetspraxis, den vielen Worten und der Schaustellerei, stattdessen wird es von Jesus in die Privatsphäre, ins »Kämmerlein« (6,6) zurückversetzt. So gehörte das V. neben dem Glaubensbekenntnis in der Alten Kirche zu den Kostbarkeiten, die den erwachsenen Taufbewerbern gleichsam als Geheimnis des christlichen Glaubens mitgeteilt wurden. Sie lernten es auswendig und durften es nach der → Taufe feierlich im Gottesdienst sprechen – das Gebet der Glaubenden. Unter dieser Voraussetzung dürfte die unterschiedliche Überlieferung durch Mt und Mk, was Umfang und Wortwahl angeht, kaum ein Indiz dafür sein, dass man frei war in seiner Ausgestaltung, Stichworte gleichsam paraphrasierte. Vielmehr steht die unterschiedliche Überlieferung eher für eine voneinander unabhängige Liturgie in verschiedenen Kirchen.

Formal gesehen ist die luk. Fassung in der matthäischen aufgehoben. Die Glaubenssätze lassen sich im Ganzen aus der jüd. Tradition erklären wie auch auf Jesu Muttersprache, das Aramäische, zurückführen. Mit der Anrede »Vater« beginnen beide Fassungen, jedoch fehlt bei Lk der Zusatz »unser im Himmel«. Die religionsgeschichtlichen Parallelen, wonach es Gottvater auch bei den Griechen (Zeus), Römern (Jupiter) und Germanen (Wotan) gab, verblassen jedoch im Vergleich mit der Vorstellung von einem Vater, wie sie Jesus entwirft. In der Sprache Jesu heißt Gott »abba« (Mk 14,36 u.ö.). Er ist, wie das Gleichnis vom verlorenen Sohn anschaulich macht, alles andere als ein Despot, nicht autoritär, rechthaberisch und wie sonst noch die Prädikate lauten mögen, die zu allen Zeiten sein Bild verdunkelt haben. Auch die »vaterlose Gesellschaft« von heute (A. Mitscherlich), die anscheinend die Zugänge zum Gott der Väter verstellt und eine Korrektur der Vorstellungen einfordert, unterscheidet sich in ihrer Kritik nur in Nuancen von früheren Zeiten. Die irdische Vaterschaft stand stets unter dem Zeichen der Unzulänglichkeit, des Versagens, der schuldhaften Verstrickungen. Das Maß seiner Bestimmung erfuhr der Mensch nicht aus sich selbst, sondern war ihm vorgegeben (Eph 3,14f.). Und damit dies nicht abstrakte Rede blieb, schildern die Evangelien in vielfältiger Weise das Verhalten Gottes, des Vaters, wie es sich in seinem Sohn Jesus von Nazaret widerspiegelt. Dass Gott der »Vater Jesu Christi« ist, gehört zu den unumstößlichen Grundaussagen des NT: »Wer mich sieht, sieht den Vater« (Joh 14,9), und »Niemand kommt zum Vater denn durch mich« (14,6). Damit wird aber auch der christliche Anspruch deutlich, dass keine Vorstellung vom Vatergott, mag sie noch so religiös motiviert sein, Jesus Christus übergehen kann. An ihm führt kein Weg vorbei, auch nicht im Gebet des Vaterunsers.

So ist auch die seit der Aufklärung immer wieder geäußerte Meinung, alle Menschen könnten, da sie Brüder und Schwestern seien, diesen Text nachsprechen, kurzschlüssig, wenn sie lediglich anthropologisch begründet wird. Dass die Anrede »abba« für die Gläubigen etwas Neues und Unerhörtes war, lässt sich noch der orthodoxen Liturgie entnehmen, wenn es dort heißt: »Würdige uns, Herr, dass wir es freudig und unvermessen wagen, dich, den himmlischen Gott, als Vater anzurufen und zu sprechen: Unser Vater.« Oder wie es in der röm. Messe lautet: »Wir wagen es zu sagen: Unser Vater.«

Mt hat außer dem »unser im Himmel« die ganze dritte Bitte hinzugefügt (»Dein Wille geschehe, wie im Himmel so auf Erden«) und die sechste (»Und führe uns nicht in Versuchung«) um die Worte »sondern erlöse uns von dem Bösen« erweitert, so dass man insgesamt sieben Bitten zählen kann. Die in einigen Handschriften des Mt-Ev. angefügte Doxologie (»Denn Dein ist das Reich«) verweist auf ein Gebet Davids (1Chr 29,11). Sie kann ursprünglich die Antwort der Gemeinde auf die Worte des Vorbeters gewesen sein.

Alle Bitten haben jeweils ihre besonderen theologischen Probleme. Der Anfang des V. entspricht dem Kaddisch, dem aramäischen Gebet, mit dem der Gottesdienst in der Synagoge schloss: »Verherrlicht und geheiligt werde sein großer Name in der Welt, die er nach seinem Willen schuf. Er herrsche als König.« Jesus kannte es seit frühester Jugend. Neu sind tatsächlich die Bitten, die im Plural (wir, uns) formuliert sind, die nicht nur formal, sondern auch inhaltlich eine Zäsur zum Vorangehenden erkennen lassen. Nach feierlichen und ernsten Worten (Dein Name, Reich, Wille) geht es um scheinbar Profanes: das tägliche Brot. Die Probleme, die sich aus dem philologischen Befund ergeben, sind kaum lösbar. Das dem Brot zugeordnete Adjektiv *epiousios* findet sich nur an dieser Stelle bei Mt und Lk, es ist auch in der sonstigen griech. Literatur unbekannt. Dieser Umstand könnte den Schluss zulassen, dass hier etwas ganz Besonderes ausgesagt werden sollte entsprechend dem »Brot des Lebens«, von dem Joh (6,48) im übertragenen Sinne spricht. In der Vulgata lautet die entsprechende Übersetzung dann auch *supersubstantialis* (Mt 6,11), aber merkwürdigerweise bei Lk *quotidianus* – was darauf zurückgeführt werden könnte, dass beide Bedeutungen für möglich gehalten wurden. Theologisch ließe sich eine Synthese begründen, die vom Verständnis des im → Abendmahl gereichten Brotes ausgeht. Auch hier handelt es sich um normales Brot, das aus Korn bzw. Mehl gebacken wird, das aber in der sakramentalen Handlung zum Leib Christi wird. Schließlich kann man auch darauf verweisen, dass sich die Trennung von heilig und profan nur vordergründig als eine solche erweist. Wenn nämlich in den ersten Bitten Gottes Wille, seine Königsherrschaft angesprochen wird, so soll auch dies auf der Erde, unter den Menschen geschehen.

Bei der Bitte um Vergebung der Schuld ist fraglich, ob es um eine Konditionierung, also um eine menschliche Vorleistung geht (wenn – dann bzw. *do, ut des*), die Gott gleichsam in Zugzwang bringt. Christlich ist jedoch die Auffassung, dass das Geschenk der göttlichen Vergebung vorangeht und der Mensch dann gar nicht anders kann als auch seinesgleichen vergeben (Gleichnis vom sog. Schalksknecht Mt 18,23–35). Der Vorstellung, dass Gott selbst als Versucher fungiert, wird bereits im NT (Jak 1,13) widersprochen: »Niemand sage, dass er von Gott versucht werde.« Entsprechend formuliert Paulus (1Kor 10,13): »Es hat euch noch keine Versuchung erfasst als nur menschliche. Gott aber ist getreu, der euch nicht über euer Vermögen versuchen lässt.« Bei der Bitte um Erlösung vom Bösen – ob nun als Neutrum oder personifiziert maskulin verstanden – handelt es sich entgegen einer verhaltenspsychologischen Auffassung vom »sog. Bösen« um die Annahme einer metaphysischen Macht, mit der man nicht paktieren, keinen Kompromiss schließen kann, der nur zu widerstehen ist (Jak 4,7).

Dem Einwand, dass mit diesem festgefügten Gebet dem individuellen Beten, das sich in freier Wortwahl vollzieht, ein formaler Zwang auferlegt wird, lässt sich insofern begegnen, als es Situationen gibt, die dem Menschen die Sprache verschlagen, ihn zumindest ratlos machen. So gesehen, kann er sich aufgehoben fühlen in einem Gebet, das die Verheißung Jesu hat.

Selbst Parodien (z.B. *Nato unser*, *Kapital unser*) zeigen noch, auch wenn es nur um die Übernahme der äußeren Form geht, die motivierende und assoziierende Kraft des Originals. [GB]

Verheißung V. ist der theologische Oberbegriff für die in der Bibel dokumentierten Zusagen und Ankündigungen Gottes. Er ist für uns erstmals im NT greifbar, insbes. bei Paulus und im Hebr (griech. *epaggelía*). Für den Leser der Lutherbibel ist überraschend, dass das hebräische AT kein Äquivalent kennt und dass der Begriff auch im griechischen AT (*Septuaginta*) erst spät und nur ganz am Rande begegnet. Luther übersetzt oft mit »verheißen«, wo im Original von »sagen, sprechen« u.ä. die Rede ist, z.T. geht seine Übersetzung weit über den Text hinaus.

Auch wenn sie noch nicht so genannt werden, spielen V. im AT eine wichtige Rolle. Beispiele: Gott verheißt – Abraham Nachkommen Gen 12,2 u.ö.; – Abraham einen ewigen Bund für ihn, seinen Sohn Isaak und dessen ganzes Geschlecht 17; – Abraham das Land für seine Nachkommen 12,7; – Abraham, dass er Gott sein will für sein Geschlecht 17,8; – Mose die Rettung aus der Sklaverei in Ägypten Ex 7,3ff.; – David das ewige Königtum für seine Nachkommen 2Sam 7,12–16; – Israel und Juda einen neuen Bund Jer 31,31–34; – das Gericht über die ganze Erde, die Rückkehr der zerstreuten Israeliten, Heil für Jerusalem, einen neuen Himmel und eine neue Erde Jes 65,17–66,24.

Tritt der Zusage Gottes die Erfüllung zur Seite (»V. und Erfüllung«), lässt sich die Geschichte Israels strukturieren und theologisch interpretieren: Gott ist treu, er hat einst getan, was er verheißen hat, und wird es auch in Zukunft tun; das ist der Grund der → Hoffnung, auch in schwieriger Zeit.

Das NT interpretiert die Geschichte Jesu als Erfüllung der atl. V. Für die → Evangelien ist in ihr erfüllt worden, »was gesagt worden ist durch die Propheten« (vgl. Mt 1,22f. u.ö., auch Röm 15,8–12; indes verwenden die Evangelien den Terminus V. nicht). Für → Paulus ist die *epaggelía* das Medium, mit dem Gott die Geschichte Israels gestaltet: Durch V. bestimmt er, welche Kinder Abrahams als seine Nachkommen und Erben und damit als Kinder Gottes gelten sollen und welche nicht. Auf diese Weise entsteht das Volk Gottes, entsteht »Israel« – nicht durch die bloße Abstammung vom Erzvater (Röm 9,6–9). Weil Abraham auch die V. zuteil geworden ist, dass in ihm alle Völker gesegnet, d.i. durch Glauben gerecht werden sollen, ist er der »Vater aller Glaubenden« (Röm 4,11), auch der unter den Heiden. Das Gesetz, das 430 Jahre später gegeben ist, setzt diese V. nicht außer Kraft (Gal 3,15–18). So sind in Christus die Unterschiede zwischen »Juden« und »Griechen« gegenstandslos geworden. Hebr betont, dass der neue Bund, an dem die Christgläubigen teilhaben, auf einer absolut zuverlässigen, durch einen Eid Gottes bekräftigten, »besseren« V. beruht (Hebr 8,6–13). Die endgültige Verwirklichung dieser V. steht noch aus, sie ist Gegenstand der verbürgten Hoffnung, an der es bis zum Ende treu festzuhalten gilt.

Bei allen Unterschieden sind sich AT und NT darin einig, dass die V. z.T. bereits erfüllt sind, dass aber die endgültige Erfüllung noch aussteht. Eine Entgegensetzung der beiden Testamente nach dem Schema »V. und Erfüllung« ist nicht sachgerecht. Im Blick auf den christlich-jüdischen Dialog stellt sich die Frage, wie von Seiten der Christen von der Erfüllung der V. gesprochen werden kann, ohne den alten Bund und die Hoffnung Israels zu diskreditieren (Hebr 8,6). [WR]

Verkündigung In der Theologie steht für die V. (der »frohen Botschaft« des Evangeliums) der Begriff *Kerygma* [griech. »Heroldsruf, Bekanntmachung«]. Da es sich bei der V. aber um ein eschatologisches Ereignis handelt, ist der Vergleich mit dem Ruf des Herolds eher irreführend. Im Gegensatz zu der Verlautbarung steht bei der V. die bezeugende Teilhabe im Vordergrund, denn die V. informiert nicht nur über etwas, sondern ist selbst zugleich das Ereignis, das verkündigt wird. Mit der V. ist das im Evangelium gegebene Heil gegenwärtig. → Homiletik.

Vernunft V. ist ein geistiges Vermögen, das häufig mit dem Verstand verwechselt oder umgangssprachlich sogar synonym benutzt wird, Die Ursache für solche Unsicherheit liegt schon in der Begriffsgeschichte begründet, denn V. und Verstand sind in der Philosophie durchaus unterschiedlich definiert worden. In der griechischen Antike wird der Verstand (griech. *diánoia*, lat. *ratio*) als das Vermögen des Denkens beschrieben, das an Begriffen orientiert ist, das einen logischen Zusammenhang aufweist und diskursiv zu beschreiben ist. Demgegenüber umschreibt die V. (griech. *nous*, lat. *intellectus*) das intuitive Erfassen von Zusammenhängen in ihrer Ganzheit. Da für Platon lediglich der Begriff Allgemeingültigkeit beanspruchen kann, ist auch er allein Gegenstand wahrer Erkenntnis, der Verstand gilt somit als das höchste Vermögen.

Ganz anders urteilt Immanuel Kant, der in dem Versuch, zwischen Rationalismus (Erkenntnis ergibt sich aus allgemeinen Begriffen, die vor jeder Erfahrung bestehen) und Empirismus (Gegenstand der Erkenntnis sind nur erfahrbare Erscheinungen) zu vermitteln, eine systematische Unterscheidung erarbeitet, in der er die V. als das höchste Vermögen der Einsichtnahme in die Zusammenhänge der Welt und als Versuch, sie zu gestalten, definiert: »Alle unsere Erkenntnis hebt von den Sinnen an, geht von da zum Verstande und endigt bei der Vernunft, über welche nichts Höheres in uns angetroffen wird, den Stoff der Anschauung zu bearbeiten und unter die höchste Einheit des Denkens zu stellen« (*Kritik der reinen Vernunft*, 1781). Damit begründet Kant die – bis heute weitgehend geläufige – Unterscheidung zwischen dem Verstand als Prinzip der ursächlichen Erkenntnis, die auf Begriffe, Regeln und Systeme bezogen ist, und der V. als der Gesamtheit aller vor jeder Erfahrung liegenden Erkenntnisfunktionen. Die V. definiert er als ein System der Prinzipien, das universelle Zusammenhänge deutet, um die Welt in ihren Erscheinungen zu begreifen und zu gestalten. In diesem Sinne differenziert er zwischen theoretischer V. mit der Zielsetzung des Urteilens und der praktischen V. mit der Zielsetzung des Handelns.

Nachdem die Erklärungsmodelle der Mythen und Religionen ihre allgemeingültige Plausibilität im Zuge der → Aufklärung verloren hatten, eine »rationale Theologie« (→ Gottesbeweise) durch Kant gleichwohl als unmöglich beschrieben worden war, da sie der Anschauungen entbehrt, kam auf die Theologie die Aufgabe zu, die für den christlichen Glauben konstitutive Offenbarung mit den Anforderungen der V. in Einklang zu bringen. In der neueren Theologie hat sich vor allem Paul Tillich (*Systematische Theologie I*) mit der Begriffsbestimmung der V. und dem Verhältnis von V. und Offenbarung befasst. Dabei unterscheidet er prinzipiell zwischen einer ontologischen V. als dem geistigen Vermögen, die Wirklichkeit zu erfassen und zu gestalten. Dieses weitgehend an der klassisch philosophischen Tradition orientierte Verständnis, das seit der Antike mit dem Begriff des → Logos verbunden ist, zielt auf die Erkenntnis wie auf Vermittlung von Werten und Normen und bezieht existentielle Fragestellungen mit ein. Es ist zugleich erkennend wie anschauend, theoretisch wie praktisch, subjektiv wie objektiv. Diesem auf der antiken philosophischen Tradition fußenden ontologischen Vernunftbegriff stellt Tillich die technische V. gegenüber, die sich seit dem 19. Jh. als eine Fähigkeit des Berechnens und Argumentierens entwickelt hat und in Form des Empirismus und des Positivismus eine primär naturwissenschaftlich orientierte V. umschreibt, die metaphysische Fragestellungen ebenso wie Normen, Werte und existentielle Fragestellungen von vornherein ausklammert.

Für die Theologen gilt es als eine zentrale Herausforderung, zum einen die technische V. von der ontologischen zu unterscheiden, zum anderen aber auch, die ontologische V. in ihrer essentiellen Vollkommenheit von jener ontologischen V. zu unterscheiden, die in ihrer Gebrochenheit unter den Bedingungen der Existenz zum Tragen kommt. So entstehen Mythos und Kultus für Tillich aus der Tiefe der V., wenn sie unter den Bedingungen der Existenz gebrochen ist. Den in seinem Verhältnis zur V. umstrittenen Begriff der Offenbarung klärt er, indem er die Offenbarung als ein Verlangen nach der Wiedervereinigung der unter den Bedingungen der Existenz gestalteten autonomen und heteronomen V. beschreibt.

Auch wenn das Verhältnis zwischen V. und Religion prinzipiell ein gespanntes bleibt, erhält die Debatte über die Aussagefähigkeit einer metaempirischen Welt in jüngster Zeit neue Impulse durch die Diskussion der → Postmoderne. Das Projekt der Moderne, das als ein Emanzipationsprozess der V. gedeutet werden kann und von der Hoffnung zehrt, durch die V. die Welt und das Leben in der Welt schrittweise verbessern zu können, wird aufgrund der naturwissenschaftlich empirisch verengten Sichtweise zunehmenden Zweifeln unterworfen. Die V. gilt somit zwar als eine Form der Weltbetrachtung und -interpretation, jedoch nicht mehr zwangsläufig als die einzige. In diesem Sinne kann auch der Kanzelgruß verstanden werden, der in Form eines Appells festhält: »Der Friede Gottes, der höher ist als alle Vernunft, bewahre unsere Herzen und Sinne« (Phil 4,7). [MV]

Versöhnung [griech. *katallagé*] Das Verbum *katallássein* ist eine der Metaphern, die → Paulus für das rettende Handeln Gottes in Christus verwendet, insbesondere für die heilsame Wirkung seines Todes (vgl. »losgekauft werden« in Gal 3,13; »gerechtfertigt werden« in Röm 5,9 u.ö.; »Erlösung« Röm 3,24; 1Kor 1,30, u.ä.). Der Begriff V. bezeichnet in seinem profanen Sinn die V. zwischen zerstrittenen Parteien, etwa im Bürgerkrieg (Herodot, *Historien* 5,29), in der Familie (Philo, *De Josepho* 237), zwischen geschiedenen Eheleuten (1Kor 7,11). Die übrigen ntl. Schriften kennen ihn nicht.

Gleiches gilt, für den Leser einer deutschen Bibelübersetzung überraschend, auch für das AT. Lediglich in der Septuaginta ist 2Makk 1,5; 5,20; 7,33; 8,29 von einer V. im Verhältnis zwischen Gott und Mensch die Rede; der sog. »Versöhnungstag« Lev 16, hebr. *iom kippúr*, ist eigentlich der »Tag der (kultischen) Sühne« (engl.: »day of atonement«).

Bei Paulus steht die Rede von der V. in folgendem Kontext: Seit dem Fall Adams sind die Menschen Sünder (Röm 3,23; 5,8), sie morden, rauben und brechen die Ehe, leben fern von Gott, ja in Feindschaft zu ihm (5,9). Das Verhältnis ist zerrüttet und von menschlicher Seite aus nicht wiederherzustellen. In dieser Situation ergreift Gott die Initiative. Durch seinen Sohn versöhnt er die Welt mit sich. Er bringt das zerstörte Verhältnis einseitig in Ordnung, indem er Christus zugunsten der Menschen bzw. stellvertretend für sie sterben lässt (Röm 5,6 u.ö.) und ihnen ihre Verfehlungen nicht anrechnet (2Kor 5,19). Im Gericht soll ihnen stattdessen der Glaube zur Gerechtigkeit angerechnet werden (wie schon Abraham, Gal 2,16 u.ö.). »In Christus« mit Gott versöhnt sind die christgläubigen Menschen »neue Schöpfung« (2Kor 5,17), frei zum Leben aus dem Geist nach dem Willen Gottes.

Obwohl der Begriff im NT nicht breit bezeugt ist, spielt er in der → Systematischen Theologie eine wichtige Rolle, weil er in der Lage ist, wesentliche Inhalte christlicher Rede von Gott zu vermitteln: Die Initiative zur V. geht einseitig von Gott aus, der die Sündentaten der Menschen nicht gerecht bestraft, sondern sich ihnen freundlich zuwendet, um einen Neuanfang zu ermöglichen; Sache der Menschen ist es, auf diesen Neuanfang einzugehen, die V. anzunehmen (Röm 5,11) und ihr im täglichen Leben zu entsprechen (2Kor 5,20). Das hat beträchtliche Konsequenzen auch für das zwischenmenschliche Verhältnis: Der V. Gottes mit den Menschen entspricht es, wenn sie ihrerseits die Spirale von Unrecht und Rache, von Gewalt und immer neuer Gewalt durchbrechen und zur V. mit dem Nächsten bereit sind (vgl. das Gleichnis vom sog. Schalksknecht Mt 18,23–35; die fünfte Bitte des → Vaterunser Mt 5,12).

In der theol. Diskussion gegenwärtig strittig ist das Verhältnis zwischen V. und Sühne. Einerseits werden sie sehr eng zusammengerückt, wie es die deutsche Sprache erlaubt (»versöhnen/versühnen«), und der Begriff der V.

wird zum Leitbegriff einer biblischen Theologie erklärt. Andererseits verweist man auf die Sachverhalte, die diesem Modell entgegenstehen: Das AT kennt den Begriff der V. nicht, und im NT findet er sich nur bei Paulus (s.o.); anders als die deutsche unterscheidet die griechische Sprache klar zwischen V. und Sühne (*hilasmós* u.ä.); anders als die stets religiöse (sakrale, kultische) Sühne ist V. ein profaner Begriff, der auf das Verhältnis Mensch – Gott metaphorisch angewandt wird. [WR]

Vision   [lat. *visio* »Schau«] Die Rede von V. hat derzeit Hochkonjunktur: Organisationsentwickler, Managementtrainer und Firmenberater propagieren V., um Leitbildprozesse zu initiieren und eine Corporate Identity zu erzeugen. Die V. gilt dabei als Inbegriff einer langfristigen Zielorientierung, die institutionelle Effektivität und persönliches Engagement miteinander verbindet. Mit dem religiösen Sprachgebrauch hat diese Terminologie allenfalls gemeinsam, dass es in beiden Fällen darum geht, Weisungen für das Verhalten in Gegenwart und Zukunft zu erhalten. Religionswissenschaftlich ist die V. an ein Medium gebunden, das als Mittlergestalt auftritt und die → Offenbarung eines Gottes empfängt und diese weitergibt. Von der Halluzination unterscheidet sich die V. dadurch, dass die Halluzination primär auf die äußere Wahrnehmung gerichtet ist und das sinnliche Ereignis schildert, während bei der V. das innere, seelische Erlebnis dominiert, dem das besondere Wahrnehmungsereignis sekundär zugeordnet ist. So gesehen handelt es sich bei der V. eben nicht nur um ein psychosomatisches, sondern um ein pneuma-somatisches Ereignis, bei dem der Mensch in seiner Mitte ergriffen wird und die körperlich-sinnliche Empfindung mit dem geistig-seelischen Erlebnis in eins fallen.

Der Begriff der V. leitet sich von der Schau entrückter Gesichter ab, die mit ekstatischen Zuständen einhergeht. In diesem Sinne ist die V. verbunden mit speziellen Formen der → Askese, des ekstatischen → Tanzes und anderen Formen der Trance. Bei den in den biblischen Schriften beschriebenen V. handelt es sich allerdings in der Regel weniger um den Vorgang des Sehens als vielmehr um den des Hörens. V. korrespondieren also mit *Auditionen*, die dem Vorrang des göttlichen Wortes entsprechen und als die allgemeine Form des Empfangs von Offenbarungen gelten. Schon aus dem 2. Gebot (Ex 20,4), das den Menschen jedes Abbild und somit auch das Sehen Gottes verbietet, ergibt sich eine gewisse Spannung, die dazu führt, dass die Schau einerseits auf den Willen Gottes bezogen ist und nicht auf seine Person, andererseits das Schauen selbst als ein innerer Vorgang beschrieben wird, der sich deutlich vom Anblick etwa eines Götzenbildes unterscheidet. In dieser Ausrichtung entspricht die V. dem Traum (»Wenn unter euch ein Prophet des Herrn ist, so offenbare ich mich ihm in Gesichten und rede in Träumen mit ihm«, Num 12,6).

Im AT wird den Propheten die Gabe der V. zugeschrieben. Als eine besondere Form gelten dabei die »Seher« aus der frühen Geschichte des Volkes Israel, deren Erlebnis direkter auf die visuelle Erscheinung bezogen ist wie z.B. Samuel (1Sam 9,18), Gad (2Sam 24,11), Hanani (2Chr 16,7), Heman (1Chr 25,5), Jedo (2Chr 9,29), Iddo (2Chr 12,15) und Asaf (2Chr 29,30). Der »Seher« Bileam wird als ein Mann beschrieben, »dessen Auge aufgeschlossen ist« (Num 24,3). Diesen Sehern stehen die Propheten gegenüber, deren V. sich auf die Offenbarung des Wortes und Willens Gottes (Jer 38,21) bzw. auf ein Berufungserlebnis (Jes 6) beziehen. Zur speziellen literarischen Form erwächst die V. in der Apokalyptik (→ Apokalypse), in der die visionäre Schau dazu dient, das Endgericht über die alte Welt zu beschreiben und eine neue Welt zu verheißen. Gerade diese literarische Form lässt aber auch daran zweifeln, inwieweit es sich bei dem Geschilderten noch um authentische Erlebnisse handelt.

Für das NT ist auffallend, wie gering die Bedeutung der V. für die Evangelien ist. Die in Lk 10,18 Jesus zugeordnete Schau des Satans muss nicht zwangsläufig als V. gelten, wie allgemein Jesus nicht als Visionär oder Seher gelten kann. Auch die Wahrnehmungen des Auferstandenen dürfen einen Sonderstatus beanspruchen, da sie einerseits einen objektiven Anspruch stellen, andererseits auch nicht als subjektives Einzelerlebnis, sondern deutlich als kollektive Ereignisse herausgestellt sind.

Eine Ausnahme bilden in dieser Hinsicht die V., die in der Apostelgeschichte auffallend häufig mitgeteilt werden. Sie stehen entweder im Zusammenhang mit Berufungen, etwa jenen von Paulus (Apg 9,3) und Petrus (Apg 10,10), aber auch denen von Ananias (Apg 9,12) und Cornelius (Apg 10,1), oder sie dienen der eschatologischen Ausrichtung der Märtyrer (Apg 7,55f.). Bei Paulus steht die V. in einer deutlichen Ambivalenz. Zum einen dient sie hier der autoritativen Untermauerung der Position des Apostels (1Kor 9,1), der sich über das Medium der V. unmittelbar auf die Person Jesu beziehen kann, zum anderen schildert Paulus selbst seine visionäre Entrückung mit einer skeptischen Distanz: »Nützlich ist es zwar nicht, ich will aber auf Erscheinungen und Offenbarungen des Herrn kommen« (2Kor 12,1). Diese Beispiele mögen davon zeugen, wie stark die V. im Leben der Urgemeinde verhaftet ist und speziell die Endzeiterwartung mit V. (Apg 2,17) einhergeht, auch wenn diese in der Botschaft des Evangeliums keine herausragende Bedeutung mehr spielen.

In der Kirchengeschichte hat die V. eine herausragende Bedeutung für die → Mystik. Dort gilt sie als unmittelbarer Ausdruck des ganzheitlichen Gotteserlebens. Einheitlich zu fassen sind diese V. der Mystik allerdings kaum, sie reichen in ihrer Vielfalt und Unterschiedlichkeit von den kosmischen V. der Hildegard von Bingen und den Lichtvisionen der Mechthild von Magdeburg bis zu den asketisch ausgerichteten und auf Weisungen konzentrierten V. des Niklaus von Flüe und den Marienerscheinungen der Bernadette Soubirous in der Grotte bei Lourdes.

So faszinierend V. als unmittelbare Glaubensbezeugungen gerade in einer Zeit der vorherrschenden Rationalität erscheinen mögen, so ist mit ihnen doch eine Reihe von Problemen verbunden. Als private Offenbarungen widersetzen sie sich jeder kritischen Überprüfbarkeit und ermöglichen auch keine direkte Übernahme; nicht eindeutig ist überdies geregelt, in welchem Verhältnis solcher Offenbarungsanspruch zu dem Bestand christlicher Offenbarung steht, die als abgeschlossen gilt und im → Kanon zusammengefasst ist. Die kirchliche Haltung muss deshalb stets eine kritische sein, sie kann V. als persönliche Offenbarungen akzeptieren und zugleich die allgemeine Glaubensverbindlichkeit ablehnen. Nicht zuletzt die Tatsache, dass neue Religionsgründungen und auch fundamentalistische Bewegungen sich nicht selten auf V. ihrer Begründer berufen (z.B. Mormonen, Moon-Sekte, Christian Science, Anthroposophie), lässt diese Skepsis als notwendig erscheinen. [MV]

Volksfrömmigkeit   → Brauchtum

Volkskirche   Auch wenn der Begriff mehrdeutig ist, lässt sich seit seiner literarischen Fixierung durch Schleiermacher ein dominierendes Verständnis feststellen. In der Sache meint es die unter Kaiser Theodosius (380) beginnende Einheit von Staat und → Kirche (Staatsreligion), die fortan für die nationale Entwicklung in Europa konstitutiv sein sollte. Nationalkirchen sind die Folge. Diese Konzeption steht in Spannung zu der ursprünglichen und den engen Begriff des Volkes sprengenden Vorstellung von der Kirche als Volk Gottes, war doch damit eine Sprachen, Kulturen und Nationalgrenzen übergreifende Größe gemeint. Insofern hat die katholische (allumfassende) Kirche noch am ehesten das frühchristliche Erbe bewahrt, dies aber wiederum auf Kosten spezifisch völkischer Elemente – was soviel heißt, dass die hierarchisch ausgeprägten Strukturen denen des Staates ähnelten.

Die →Reformation änderte an diesem Verhältnis nichts. Vielmehr bildete das landesherrliche Kirchenregiment die Verhältnisse ab, wie sie zuvor im größeren Rahmen bestanden hatten. Der mit dem Religionsfrieden von Augsburg anerkannte Rechtsgrundsatz, wonach eine einheitliche Religion, nämlich die des Regenten (*cuius regio eius religio*), im Lande zu gelten hatte, führte zu einer immer engeren Verbindung von Kirche und Staat. Erst unter dem Einfluss der Aufklärung lockerte sich das Band wieder. Nach dem Zweiten Weltkrieg wurde auch der Gedanke der V., der bereits in der Revolutionsbewegung von 1848 gegen staatliche Bevormundung verwendet worden war, neu belebt und erhielt einen neuen Akzent. Dabei spielten soziologische Begründungen ebenso eine Rolle wie kirchenpolitische. Jetzt war das

Volk der Souverän, entsprechend musste sich die Kirche neu orientieren. U.a. ist der 1918 gegründete Volkskirchenbund (Otto Dibelius) in diesem Zusammenhang zu sehen. Wie die weitere geschichtliche Entwicklung zeigt, war das Volk als solches auf diese Aufgabe jedoch nicht vorbereitet. Dass Kirche nicht von sog. völkischem Gedankengut beherrscht sein dürfe, führte unter der nationalsozialistischen Herrschaft zum Widerspruch der Bekennenden Kirche. Die Barmer Theologische Erklärung von 1934 ist dafür ein beredtes Zeugnis.

Wenn gegenwärtig vom »Auslaufmodell« V. gesprochen wird, steht dahinter die Erfahrung der letzten Jahrzehnte. Feststellungen, wonach die V. über kein Kirchenvolk mehr verfüge, setzen einmal den Mitgliederschwund (Kirchenaustritte) voraus, mehr aber noch – immerhin gehörten in Deutschland 2002 bei einer Gesamtbevölkerung von 82 Mill. nominell 27,7 Mill. Menschen der ev. Kirche und 26,4 der kath. an – die deutlich verminderte Akzeptanz von Kirche im Volke, wie sinnfällig etwa in den geringen Zahlen des Kirchenbesuchs, der Wahlbeteiligung (Kirchenvorstände etc.) zum Ausdruck kommt.

Der Begriff V. lässt aber auch noch andere Deutungen zu, z.B. Kirche *für* das Volk. Damit ist dann dem spezifisch christlichen Gedanken Rechnung getragen, dass es sich nicht um eine Standes-, Pastoren-, Feudal- bzw. Amtskirche handelt, sondern um eine solche, die offen ist für jeden. Um des besseren Verständnisses willen sollte dann aber der irreführende Begriff V., weil geschichtlich und von quantitativen Vorstellungen belastet, aufgegeben werden. Das Volk Gottes hat tatsächlich andere und mehr Qualitäten, als der enge Rahmen einer V. zu bieten vermag.

Die in Lateinamerika als »Volk der Armen« identifizierte Kirche weist kaum Parallelen zu den soziologischen Strukturen in Deutschland auf und ist somit auch keine Variante zur V. Aufgrund ihres inter- bzw. übernationalen Charakters war die kath. Kirche ohnehin stets weniger anfällig gegenüber der Problematik V. Zudem entspricht diese Bezeichnung eher urchristlichen Vorstellungen, wonach den Armen die Frohe Botschaft verkündet wird (Mt 11,5; Lk 4,18; 6,20) und ihnen das Himmelreich offen steht (Bergpredigt, Mt 5,3ff.). [GB]

Vorsehung [griech. *pronoia*, lat. *providentia*] In den Bedeutungsgehalt teilen sich andere Begriffe wie Prädestination, Vorherbestimmung, Determination, Erwählung, Schicksal, → Glück, Zufall. Der im 18. Jh. weitgehend etablierte Begriff der V. stammt, angelegt in der vorsokratischen Philosophie, aus der Stoa. Bezeichnet ist damit eine unpersönliche Schicksalsmacht, die über den Menschen Gewalt hat. Wo *pronoia* beiläufig im NT erscheint (lediglich Apg 2,24 u. Röm 13,14), handelt es sich nicht um den bedeutungsschweren Begriff der griech. Philosophie, sondern um ein Wort, das menschliche Fürsorge und Pflege umschreibt, wie denn auch z.B. Luther und die Zürcher Bibel entsprechend übersetzt haben. Im hellenistischen Judentum und bei den Kirchenvätern erfährt der Begriff der V. jedoch eine inhaltliche Umwandlung. Nunmehr ist von einem persönlichen, geschichtsmächtigen Schöpfergott die Rede, in dessen Obhut sich der Mensch gestellt sieht. Der Glaube an die Heilsgeschichte Gottes mit dem Menschen (Mt 6,25–34; 10,29ff.) ließ es sodann zu, auch von der Vorsehung im christlichen Sinne zu sprechen. Dabei artikulierte Paulus (Röm 8,28–32) zugespitzt eine doppelte Vorherbestimmung, die fortan in der Kirchengeschichte (Augustin, Thomas v. Aquin, Luther, Calvin) thematisiert werden sollte: »Wir wissen aber, dass denen, die Gott lieben, alle Dinge zum Besten dienen, denen, die nach seinem Ratschluss berufen sind. Denn die er ausersehen hat, die hat er auch vorherbestimmt, dass sie gleich sein sollen dem Bild seines Sohnes, damit dieser der Erstgeborene sei unter vielen Brüdern. Die er aber vorherbestimmt hat, die hat er auch berufen; die er aber berufen hat, die hat er auch gerecht gemacht.« Der Sinn dieser Worte lässt sich nur annähernd begreifen aus der Reflexion über das Schicksal der Juden, die bis auf wenige Christen aus ihren Reihen (→ Judenchristen) durch die Ablehnung des → Messias in Gestalt Jesu Christi offenbar das → Heil verwirkt hatten. Die Kapitel 9–11 des Römerbriefes handeln von dieser Problematik. Widersprüchlich bleiben schließlich Vorstellungen, wonach Gottes Heilswille universal ist: *Alle* sollen zur Erkenntnis der Wahrheit kommen (1Tim 2,4), *alle* erquickt werden, die mühselig und beladen sind (Mt 11,28), während zum andern wohl viele berufen, aber nur wenige erwählt (Mt 22,14; 20,23) sind.

Zumeist diente der Gedanke der Erwählung bzw. der Vorherbestimmung zum Heil und der Verwerfung durch Gott dazu, einen empirischen Befund zu rechtfertigen. Not, Tod, Krieg, Sieg und Niederlage, Glaube und Unglaube wurden auf diese Weise theologisch vereinnahmt, ohne dass man sich in den meisten Fällen dessen bewusst war, welch ein einseitiges Gottesbild man damit konstruierte.

Während sprichwörtlich die V. in Redewendungen präsent ist (»der Mensch denkt, Gott lenkt« – »nichts geschieht von ungefähr, von Gottes Hand kommt alles her« – »es hat nicht sollen sein« – »wir sind füreinander bestimmt«), bleibt sie in der Theologie seit langem ein eher gemiedenes Lehrstück. Schon Luther, der sich über das Problem der Willensfreiheit (*De servo arbitrio*, 1525) mit Erasmus von Rotterdam auseinander setzte, hat dies später aus seelsorgerlichen Gründen nicht weiter verfolgt. Es gibt schlechterdings keine Kriterien, wonach man Menschen auf diese Weise klassifizieren könnte. Hinzu kommt in der jüngsten Vergangenheit die Diskreditierung des Begriffes durch Adolf Hitler. Die päpstliche Enzyklika *Flagranti cura* (1937) z.B. verurteilte damals die politische Usurpation der V., und R. Guardini handelte sich mit seiner Schrift über das, was Jesus un-

ter V. verstand, 1939 das Lehrverbot ein. Schließlich hat auch jene Kritik
Gewicht, die in dem allzu leichtfertigen Rekurs auf die V. eine Flucht aus
der Verantwortung sieht. Aber ebenso verdient jener Hinweis Beachtung,
wonach das Vertrauen in die V. die menschliche Psyche gegenüber dem Ekel,
der Angst und dem Scheitern stabilisiert. Hatte Luther seinerzeit den
Gedanken der V. dem verborgenen Gott (*deus absconditus*) zugeordnet, um
danach den Menschen das Heil durch den offenbarten (*deus revelatus*) zu
predigen, so bestimmt Barth, um aus den Aporien herauszuführen, in der
Gegenwart Christus als den Erwählten und zugleich einzig Verworfenen.
Wonach jedem Menschen Gnade widerfahren kann. [GB]

Wallfahrt → Pilger

Weihnachten   Als christliches → Fest hat W. eine verhältnismäßig junge Tradition, nämlich seit Mitte des 4. Jh. Dies liegt im Wesentlichen an der bis dahin dominierenden Stellung des Osterfestes und der Heilsbedeutung des Ostergeschehens (→ Ostern). Die Göttlichkeit Jesu jedoch nicht erst mit seiner Taufe im Jordan, bislang am 6. Januar gefeiert, zu datieren, sondern bereits mit seiner Geburt, gehörte zu den dogmatischen Entscheidungen des Konzils von Nicäa (325). Die Praxis römischer Geburtstagsfeiern, denen unser Brauchtum noch heute sehr ähnelt, kam dem im Ganzen entgegen. Die *nox sancta* (Heilige Nacht) wurde im Mittelhochdeutschen (erstmalig bei Spervogel 1170 n.Chr.) mit »ze wîhen naht« übersetzt.

Probleme bereiten sowohl die im Mt- als auch Lk-Evangelium referierten Rahmenbedingungen. Ein Gouverneur Syriens namens Quirinius regiert erst ab 6 n.Chr., und König Herodes war zu diesem Zeitpunkt bereits zehn Jahre tot. Eine Volkszählung zum Zwecke der Steuererhebung während dessen Regierungszeit erscheint höchst unwahrscheinlich und erst nach der Amtsenthebung seines Sohnes Archelaos 6 n.Chr. möglich. Josef, der Vater Jesu, stammte aus Galiläa und war der Jurisdiktion eines anderen Herrschers (Herodes Antipas) unterworfen. Somit bestand für ihn kein zwingender Grund, sich in Judäa registrieren zu lassen, wo die Familie offensichtlich keinen Besitz hatte, den es zu erfassen galt. → Betlehem wäre demnach mit großer Wahrscheinlichkeit der dogmatische Geburtsort Jesu (Micha 5,1). Mt reiht ihn ein in die Ahnenreihe der Nachfolger König Davids, der ebenfalls aus Betlehem stammte. Zum Kolorit der Geburtslegende gehören auch die Magier (Sterndeuter), aus denen später die Heiligen Drei Könige, Caspar, Melchior und Balthasar, wurden. Sie folgten dem Stern, mit dem ein Komet aus dem Jahre 12 v.Chr. gemeint sein könnte. Der betlehemitische Kindermord, angeblich von Herodes befohlen, um seine Herrschaft zu sichern, dürfte eher seine innerfamiliären Repressionspraktiken widerspiegeln als reale Begebenheiten, bei denen unschuldige Kinder fremder Eltern ihr Leben lassen mussten. Legende wäre somit auch die Flucht der Heiligen Familie nach Ägypten. Mit der Rede von der Jungfrauengeburt dürfte Lk schließlich ein Stilelement aus der griech.-röm. Mythologie benutzt haben, um die Einzigartigkeit und Göttlichkeit Jesu zu betonen.

Nicht von ungefähr wurde das Geburtsfest Christi unter der Ägide Konstantins d. Gr. auf den 25. Dezember, den Tag der Wintersonnenwende, gelegt. Das Fest der »unbesiegbaren Sonne« (*sol invictus*), das zuvor die Kaiser Elagabulus und Aurelian aus Syrien in Rom eingeführt hatten und das alljährlich mit Pomp gefeiert wurde, erhielt nun einen neuen Sinn: Christus – das wahre Licht, die Sonne der Gerechtigkeit (Mal 3,20), wobei man bei dieser Deutung auf Vorbilder im NT zurückgreifen konnte (vgl. u.a. Joh 1,5.

»Das Licht scheint in der Finsternis«). Teile der Ostkirche schlossen sich allerdings dieser Regelung nicht an und feiern bis heute – so u.a. die armenische Kirche – die Geburt Christi am 6. Januar (Epiphanias).

Die Verkündigung des Weihnachtsevangeliums orientiert sich indes weniger an historischen Detailfragen als vielmehr an den darin zum Ausdruck kommenden Glaubenssätzen. So setzt die Botschaft des → Engels:»Ich verkündige euch große Freude ... euch ist heute ... der Heiland geboren« (Lk 2,10) den Glauben an die Auferstehung voraus. Nur so lassen sich jene Prädikate verstehen, die dem neugeborenen Kind (Jes 9,5) zuteil werden: Wunder-Rat, Gott-Held, Ewig-Vater, Friede-Fürst – Titel, in denen sich die Erwartungen an und mit dem christlichen Glauben aus vielen Jahren verdichtet haben. Sie setzen die Geschichte des Jesus v. Nazareth voraus wie die seiner Botschaft.

Zu den Besonderheiten dieses Geburtstages gehört, dass zunächst die Gäste die Beschenkten sind, erst danach übergeben sie ihre Gaben. Nach einem bekannten Weihnachtslied von Paul Gerhardt (»Ich steh an deiner Krippen hier«) sind dies Geist, Sinn, Herz, Seele und Mut – dies jedoch nicht in dem Sinne, dass der Mensch sich selbst aufgibt, sondern vielmehr seine Gaben, die ihm geschenkt wurden, einsetzt. So gesehen lässt sich die Weihnachtsgeschichte des Lk auch im Präsens erzählen: Es begibt sich aber ...

Die Überlagerung des christlich-kirchlichen Gedankengutes durch familiäres Brauchtum hat ihren Anfang im 19. Jh.: Aus einer öffentlichen kirchlichen Gemeindefeier wird eine solche in der Familie mit landschaftsgebundenem Kolorit. So besucht der vom Knecht Ruprecht (am Nikolaustag) zum Weihnachtsmann avancierte Gaben- und Rutenbringer am Heiligabend in Deutschland die Kinder nördlich einer Linie, die vom Emsland bis zum Vogtland verläuft, während südlich davon das Christkind kommt. [GB]

Weisheit   Unter W. als biblischem Begriff versteht man eine im gesamten alten Orient belegte geistige Bewegung, die das Leben und seine grundlegenden Elemente auf *empirischem* Wege erfassen will. Sie ist damit in gewisser Weise eine Vorläuferin der griechischen Philosophie, allerdings mit dieser in ihrem methodischen Ansatz nicht deckungsgleich. Als weise galt zunächst, wer über eine Vielzahl von Wissen über möglichst viele Lebenszusammenhänge verfügte und über die Erfahrung, dieses Wissen praktisch anzuwenden. Alte und lebenserfahrene Menschen konnten somit als weise angesehen werden. Das Wissen wurde in Listen zusammengestellt (»Listenweisheit«), die z.B. alle Baumarten oder Säugetiere enthielten. Gleichzeitig war auch das praktische Umsetzen von Wissen eine Form von W., z.B. eine besonders weitgehende Kenntnis des Ackerbaus und damit höhere Erträge oder die Fähigkeit, Metall zu schmieden. W. war somit zunächst eine kognitive Eigenschaft eines Menschen. In diesem Sinne galt im alten Israel Salomo als Idealbild eines Weisen: »Er war weiser als alle Menschen, redete 3000 Sprüche, und die Zahl seiner Lieder betrug 1005. Er wusste zu reden über die Bäume, von der Zeder auf dem Libanon bis zum Ysop, der an der Mauer herauswächst; er wusste zu reden über die Vierfüßler und die Vögel, über das Gewürm und die Fische« (1Kön 5,11ff.). Man verstand den Begriff W. zunächst weitgehend profan, auch wenn man die Natur als Geschenk Gottes an die Menschen ansah, und erfolgreichen Ackerbau oder Schmiedekunst mit Göttern bzw. ihrer Gnade verband.

Insbesondere in nachexilischer Zeit wurde die W. zu einer religiösen Bewegung, der wir eine Vielzahl inhaltlich durchaus unterschiedlich ausgerichteter theologischer Werke verdanken (Teile der → Psalmen, Hiob, Sprüchebuch, Prediger sowie mehrere Bücher der → Apokryphen). W. wird zu einer theologischen Denkstruktur, der die Ordnung der Welt zu verdanken ist. In dem Satz »JHWH hat mit W. die Erde gegründet, mit Einsicht den Himmel gefestigt« (Spr 3,19) wird die W. schon zu einem wesentlichen Element beim Schöpfungshandeln Gottes. In Spr 8 wird die W. dann als Frau und damit als geschlechtliches Gegenüber von → JHWH personifiziert; sie wird als JHWHs erste Schöpfungstat angesehen und war an der Gestaltung der Welt und ihrer Ordnung mitbeteiligt (Spr 8,22–26). Die W. wird mit der Weisung Gottes (→ Gesetz) identifiziert (Sir 24). Für einen Teil der Frommen in Israel wird sie damit zur grundlegenden Lebensrichtlinie: W. in sich aufzunehmen ist höchstes Ziel der Frömmigkeit (→ Spiritualität).

Diese theologisierte und transzendentierte Form der W. hatte starke Auswirkungen auf den jüdisch-hellenistischen Religionsphilosophen Philo (ca. 15 v.Chr. bis ca. 41/42 n.Chr.), auf die Rabbinen und auf die → Gnosis, aber auch auf die Logostheologie (→ Logos) des Johannesevangeliums (vgl. Joh 1,1–18). [WZ]

Welt   Der Begriff ist aufgrund seiner vielfältigen Verwendung schwer zu fassen. In einem umfassenden Sinne dient er dazu, die gesamte Einheit der wahrnehmbaren und denkbaren Wirklichkeit zu bezeichnen. Die W. ist dann alles das, was der Fall ist (L. Wittgenstein).

Das, was unter dem Begriff der W., also unter dem Ganzen der Wirklichkeit zu verstehen ist, findet seinen Ausdruck in Weltbildern und unmittelbaren Weltanschauungen. Entsprechend der Ganzheit ihres Gegenstandes ist damit die Einheit von verschiedenen kognitiven und affektiven Weisen der Weltwahrnehmung zu verstehen. Es handelt sich um Perspektiven, mit denen die W. von Menschen gesehen wird. In der Geschichte der Weltbilder stehen sich grundsätzlich zwei Modelle gegenüber. Unter Rückgriff auf den Platonismus kann die sichtbare W. als sinnlich-materieller Ausdruck einer höheren ideellen W. gedacht werden. Erst durch den Blick des menschlichen Geistes auf diese ewige und unvergängliche W. lässt sich der Grund und die Einheit der W. erfassen, die allem Werden und Vergehen vorausgeht. In der Perspektive der Vernunft stellt sich die W. als ein wohlgeordneter Kosmos dar. Dieses idealistische Grundmodell des Weltbegriffs verfügt bis in die Gegenwart hinein in verschiedenen Variationsformen – zu denken ist etwa an die idealistische Philosophie Hegels oder die Prozessphilosophie Whiteheads – über ein beträchtliches Maß an Anziehungskraft. Dem gegenüber steht das materialistische Weltbild, das ebenfalls bereits in der Antike seine Wurzeln hat. Die W. ist demnach allein das, was sich in Materie realisiert und was sinnlich wahrnehmbar ist. Im mechanistischen Weltbild der frühen Neuzeit gelangt diese materialistische Auffassung zu ihrem Höhepunkt. Eine Sonderform stellt seit der frühen Neuzeit die Einsicht in die unergründliche Unermesslichkeit der W. dar. Sie gestaltet sich auf der Grundlage einer »Weltvergeblichkeitserfahrung« (F.J. Wetz) zum Weltbild des Nihilismus, das an der Sinnhaftigkeit der W. zweifelt.

Die verschiedenen Weltbilder bedeuten immer auch eine Selbstverortung des Menschen in der W., aus der der Mensch Orientierung oder Desillusionierung bezieht. Das gilt selbst dann, wenn ein Weltbild wie etwa das der modernen Naturwissenschaft dem Ideal einer objektiven Wirklichkeitsbeschreibung zu folgen versucht. Weltbilder werden in diesem Sinne zur Weltanschauung, mit der die Gesamtheit von Einstellungen, Zielsetzungen und Haltungen beschrieben werden kann, die sich aus der Weltwahrnehmung eines Menschen ergibt. Zwischen Weltbild, Weltanschauung und Lebensgefühl besteht daher ein unauflösbarer Zusammenhang. So zieht beispielsweise das idealistische Weltbild ein Lebensgefühl metaphysischer Geborgenheit in der W. nach sich, während die Auffassung von der Vergeblichkeit der W. die individuelle Erfahrung der Fremdheit und Leere der W. begünstigt. Es zählt dabei zu den grundlegenden Einsichten der gegenwärtigen Diskussion, dass es unter den Bedingungen der Spätmoderne kein Weltbild und keine Weltanschauung in Reinform gibt. Im Individuum finden sich mehrere Perspektiven auf die W. mitsamt der zugehörenden Weltanschauung, die sich zu einem nicht selten konfliktreichen Ganzen zusammensetzen.

Ein christlicher Begriff der W. kann nicht daran interessiert sein, die Pluralität der Weltwahrnehmung auf ein einheitliches Weltbild zu reduzieren. Das widerspricht schon der Einsicht in die Unermesslichkeit der W., die im Christentum positiv als Ausdruck der Unermesslichkeit ihres Schöpfers besetzt ist. Grundlegend ist nach christlichem Verständnis vielmehr, dass im Sinne der Redensart »Gott und die W.« die Begriffe das umfassende Ganze der Wirklichkeit beschreiben und dass dabei von einer Beziehung zwischen Gott und der W. auszugehen ist. In der spezifischen Beschreibung dieses Verhältnisses hat das Christentum zum einen die → pantheistische Identität von Gott und W. abgelehnt. Gott schafft und erhält die W. und bleibt ihr dabei doch auch immer unfassbar gegenüber. Auf der anderen Seite bestreitet der christliche Weltbegriff die radikale Entgegensetzung von Gott und W. Die W. ist weder in dualistischem noch in nihilistischem Sinne ein Ort der Gottlosigkeit. Sie ist vielmehr eine raumzeitliche Erscheinungsform, in der Gott als Grund und Ziel präsent ist, ohne doch darin aufzugehen. Es dürfte in der gegenwärtigen Diskussion darauf ankommen, diesen Grundzug eines christlichen Weltverständnisses in ein entsprechendes Lebensgefühl zu übersetzen, das dann seinerseits als tragendes Fundament vielfältiger Weisen der Weltwahrnehmung dienen kann. [JL]

Weltbild   Das W. der Menschen in Palästina während der Antike lässt sich in dreierlei Hinsichten betrachten: 1. die reale »architektonische« Vorstellung der Welt einerseits, 2. die Erfahrung der Welt und ihrer Ordnungen andererseits und 3. schließlich die Welt in der geschichtlichen Entfaltung. Im Wesentlichen gingen die Menschen von einer Dreiteilung der geschaffenen Welt aus. Der → Himmel, den man sich als eine feste Platte oder Glocke vorstellte, war der Wohnsitz der Götter; dort befanden sich aber auch die für die Fruchtbarkeit des Landes notwendigen Süßwasservorräte, die in den Wintermonaten den Regen brachten. Die Erde war der Wohnsitz des Menschen, der das ihm anvertraute Land zu bearbeiten hatte. Heiligtümer wurden als irdische Wohnstätten der Götter verstanden, die eine Brücke zum Himmel bildeten. Die Erde selbst wurde als Scheibe mit dem Kulturland im Mittelpunkt und dem Meerwasser mit seinen fernen Inseln am Rande verstanden. Der Bereich unter der Erde bildete das Totenreich; gleichzeitig befand sich aber auch unter der Erde ein weiterer Süßwasserozean, dessen Wasser in Quellen ans Tageslicht trat und damit für Fruchtbarkeit sorgte.

Die Welt verstand man als von Göttern bzw. – im → Monotheismus – als von Gott gehalten und bewahrt. Es war göttliche Aufgabe, eine Heilsordnung (z.B. Fruchtbarkeit des Bodens, der Tiere und der Menschen; Wohlergehen [hebr. *schalom*] im Sinne von innenpolitischer und außenpolitischer Ruhe) aufzurichten; Aufgabe des jeweiligen Königs war es, diese Heilsordnung durch seine Regierungspraxis umzusetzen. Als es in Israel in exilisch-nachexilischer Zeit keinen König mehr gab, wurde diese Aufgabe gewissermaßen demokratisiert und allen Menschen übertragen (Gen 1,28). Die Heilsordnung konnte durch unheimliche Mächte (→ Dämonen und Götter, die z.B. mit Krankheit verbunden waren), durch Feindeseinfall und durch Naturkatastrophen zerrüttet werden. Durch Beschwichtigung der Götter, die offensichtlich den Menschen zürnten, und durch Sühnehandlungen für falsches Verhalten der Menschen, das eine Strafe der Götter nach sich zog, versuchte man, die ursprüngliche Heilsordnung wieder aufzurichten.

Bezeichnend ist, dass z.B. die beiden biblischen Schöpfungsberichte keine exakte Beschreibung der Welt im naturwissenschaftlichen Sinne bieten wollen. Vielmehr versteht der erste Schöpfungsbericht den Menschen als

Krone der → Schöpfung (Gen 1,26ff.), nachdem vorweg Chaos einerseits und Elemente göttlicher Heilsordnung andererseits voneinander geschieden wurden (Finsternis und Licht, irdische und himmlische Wasser, Meerwasser und Land) und die Erde somit für den Menschen und die Tierwelt vorbereitet wurde. Der zweite Schöpfungsbericht dagegen sieht den Menschen als ein Geschöpf, das sich immer wieder ethisch entscheiden muss und dabei auch scheitern kann.

Die Menschen des Altertums empfanden die erfahrene Welt im Verlauf der Geschichte nicht als eine stetig voranschreitende Entwicklung, in der das Vergangene weit zurückliegt und das Zukünftige etwas völlig Neues darstellt. Vielmehr waren sie stark von einem zyklischen Geschichts- und Weltbild geprägt: Das Vergangene kann sich in der Gegenwart immer wiederholen, so wie sich alljährlich die Jahreszeiten und damit die Grundstrukturen des Lebens wiederholen. Diese Vorstellung hielt teilweise noch bis zur Aufklärungszeit an. Deutlich erkennbar ist dies z.b. an der christlichen Malerei. Ein Künstler des Mittelalters konnte eine biblische Szene ohne intellektuelle Schwierigkeiten mit den Kleidern seiner Zeit und der Landschaft seiner Umgebung malen, weil das dargestellte Ereignis auch in seiner Zeit und seiner Umwelt immer wieder als aktuell und für den eigenen Kontext relevant empfunden wurde.

Das neuzeitliche W. erklärt die Welt im Gegensatz zum Altertum naturwissenschaftlich. Die Erde als Kugel und nicht als Scheibe, die Grenzlosigkeit des Weltalls, die Entwicklung der Tier- und Pflanzenwelt im Rahmen der Evolution und ein lineares Zeitverständnis gehören zu den Grundvoraussetzungen des heutigen W. Mit der geänderten Beschreibung der Welt hat sich aber automatisch auch die Weltordnung geändert. Die unbegrenzte Welt kann nun nicht mehr – zumindest dem Prinzip nach – als göttlich geordnet erfahren werden. An die Stelle göttlicher Ordnungsprinzipien treten (mathematisch überprüfbare) Naturgesetze. Nicht mehr Gott bestimmt und garantiert die Ordnung des Weltablaufs, sondern die Naturwissenschaft. Letztlich hat dies zur Folge, dass der einzelne Mensch für die Sicherung seines Lebens nicht mehr die göttlichen Heilsordnungen umsetzen muss oder kann. Das Individuum mit seinen Wünschen und Plänen tritt viel stärker in den Mittelpunkt der Lebensgestaltung, als dies im Altertum bei dem damaligen W. jemals möglich gewesen wäre. Aufgabe der (Systematischen) Theologie ist es, in diesem neuen W. die Rolle von Gott und die ethische und zwischenmenschliche Verantwortung des Menschen neu zu bestimmen. [WZ]

Weltreligion   W. ist ein Titel, den man gern der jüdischen, christlichen, islamischen und buddhistischen Religion verleiht. Das Präfix »Welt-« im Sinne von *global* erhöht die Bedeutung eines Wortes, indem es über enge Grenzen (den »Tellerrand«) hinausweist (z.B. »Weltliteratur«), indem es allgemeine Beteiligung ausdrückt (z.B. »Weltkrieg«), indem es größtmögliche Gültigkeit verspricht (z.B. »Weltsprache«). Zur W. gelangt man auf unterschiedlichen Wegen. Die meisten bemühen die Statistik: Sie misst, wie viel Prozent der Weltbevölkerung einer bestimmten Religion zuzurechnen seien. Statistiken verraten selten, auf welche Art die Gezählten dazugehören, ob als Säuglinge, Angeheiratete, als regelmäßig oder nicht mehr Praktizierende. Zudem folgt man europäischen Gepflogenheiten nicht überall auf der Welt. Ostasiaten z.B. sind nicht entweder Konfuzianer oder Daoisten oder Buddhisten oder Schintoisten, sie praktizieren, je nach wechselnder Lebenssituation, mal in dieser Religion, mal in einer anderen. Ein weiterer Gesichtspunkt ist die räumliche Ausbreitung. Sie widerspricht unter Umständen dem statistischen Argument. Eine Religion kann viele Millionen Mitglieder zählen, dabei aber geographisch begrenzt bleiben (z.B. Konfuzianer oder Hindu, bis sie im 19. Jh. als billige Arbeitskräfte in europäische Kolonien auf fremde Kontinente gebracht wurden). Andere Religionen (z.B. das Judentum) zählen insgesamt weniger Mitglieder, sind aber weltweit zu finden. Ein dritter Gesichtspunkt ist religiöser Natur: Eine (bestimmte) Religion wird, so hoffen ihre Anhänger, künftig die einzige auf der Welt sein.

Eine Unterscheidung der W. in groß und klein folgt allerdings weder spezifisch religiösen noch religionswissenschaftlichen Kategorien. Ihre Mitgliederzahl sagt wenig oder nichts über die spirituelle Eigenart einer Religion aus. Zudem steht das Wort für eine Haltung, welche die Mehrzahl der Religionen der Welt (die → Abstammungsreligionen) aus dem Gesichtsfeld von → Religionsgeschichte, Philosophie und Theologie verdrängt und sie der Ethnologie überlässt. Wörtlich genommen kann dieser Titel in die Irre führen, weil er Einheit suggeriert, wo keine ist. So wie Weltsprachen in Dialekte zerfallen, so spalten sich W. in kleinere Einheiten, in »Konfessionen«, »Sekten«, »Schulen« usw. Der Umfang vieler jener kleineren Einheiten unterscheidet sich kaum noch von dem der Nicht-W.

«Global« bezeichnet nur einen Zusammenhang von Welt und Religion. Ein anderer meint mit »Welt« die *Lebenswelt*. Den Globus sieht man nicht wirklich, nur sein Modell. Die Welt, in der man lebt, ist begrenzt aber sinnlich erfahrbar. Manche Religionen geben dem Wetter, der Erde, jedem Tier und jeder Pflanze einen eigenen Sinn und ordnen alles zu einem erlebbaren Ganzen. Je umfassender eine solche »Umweltreligion« sich entwickelt hat, desto unterentwickelter erscheinen ihre Gläubigen (wie z.B. australische Ureinwohner) in puncto Weltbeherrschung und Technologie.

Ein dritter Sinn von »Welt« ist das *Säkulare*. Es gibt mehr oder weniger verweltlichte Religionen. Eine Entwicklung ist zu beobachten, die in konträre Richtungen führt, in eine zunehmende Verweltlichung einerseits und andererseits in eine z.T. rigorose Abkehr vom Säkularen. [HJG]

Werkgerechtigkeit → Paulus

Werte W. bezeichnen in einem allgemeinen Sinn die positive Bedeutung und Geltungskraft, mit der ein Gegenstand oder eine innere Einstellung belegt werden. An den geltenden W. lassen sich die geistigen Grundlagen einer Kultur ablesen. In ethischer Perspektive stellen sie die Maßstäbe und Zielbestimmungen des Handelns dar und bieten damit für die Lebensführung entscheidende Orientierungsleistung (→ Tugend).

In einem spezifisch philosophisch-ethischen Sinn gewinnt der Wertbegriff ab der zweiten Hälfte des 19. Jh. an Bedeutung. Entgegen der formalen Ethik Kants, die in der Pflichterfüllung des Individuums die Grundlage der Moral sieht, gewinnt im Sinne einer Güterethik die Ausrichtung an objektiv geltenden Werten an Bedeutung.

Ihre umfassendste philosophische Ausprägung erhält diese Richtung in M. Schelers und N. Hartmanns materialer Wertethik. Dieser Auffassung nach erschließen sich die W. dem menschlichen Geist als Sympathiegefühl für bestimmte Einstellungen, das von der jeweiligen Erfahrungswirklichkeit des Menschen unabhängig ist. Trotz ihrer subjektiven Evidenz stehen die W. damit auf einer objektiven Grundlage, die den Anspruch auf Allgemeingültigkeit rechtfertigt.

In der philosophischen Ethik ist der Allgemeingültigkeitsanspruch der W. allerdings bis in die Gegenwart umstritten. Es stellt sich die Frage, ob es tatsächlich so etwas wie allgemeingültige absolute Ideale gibt, oder ob nicht vielmehr W. Ausdruck von sich stetig ändernden kulturellen Konventionen sind. So verbirgt sich auch hinter der gegenwärtigen Diskussion um den Wertewandel moderner Gesellschaften die Frage, ob dieser unübersehbaren Veränderung nicht doch ein sich fester Bestand idealer Grundwerte zugrunde liegt. Dabei zeichnet sich die Tendenz ab, dass die für den Wertebegriff entscheidende »Orientierung am Guten« jetzt in der Frage nach den materiellen und idealen W. wiederkehrt, die ein Leben gelingen lassen. Dabei geht es gegenwärtig vor allem darum, ob sich hier Wertmaßstäbe ermitteln lassen, die die verschiedenen Kulturen übergreifen.

Die theologische Ethik sowohl des Katholizismus als auch des Protestantismus hat im 19. Jh. den Wertebegriff zunächst durchaus positiv aufgenommen. Allerdings gibt es bis in die Gegenwart hinein vor allem im Protestantismus auch heftige Kritik an einer Werteethik. Darin kehrt zum einen der Vorwurf wieder, W. ließen sich letztlich nur subjektiv begründen und könnten damit keine Allgemeingültigkeit beanspruchen. Zum anderen wird die inhaltliche Füllung der W. als eine Vergesetzlichung des christlichen Freiheitsverständnisses kritisiert. Doch bleibt trotz dieser im Einzelnen jeweils bedenkenswerten Kritik die Aufgabe einer theologischen Ethik bestehen, auch in inhaltlichen Konkretionen und in der Benennung von christlichen W.

sich an der gesellschaftlichen Diskussion um die Orientierungshorizonte für die Lebensführung zu beteiligen. [JL]

Widerstand Die theologische Frage nach dem Recht auf W. stellt sich vornehmlich in Diktaturen, wenn keine verfassungsrechtlichen Bestimmungen dergleichen regeln. Letztere sind auch in Demokratien nicht selbstverständlich. Ins Grundgesetz Art. 20 Abs. 4 fanden sie erst 1968 Eingang, als es im Zuge der Notstandsgesetzgebung für möglich gehalten wurde, die verfassungsgemäße Grundordnung könne gefährdet werden. Darüber hinaus artikulieren die Länderverfassungen von Hessen (1946) in Art. 147 und Bremen (1947) in Art. 19 die *Pflicht* zum W. im Nothilferecht. Im Falle der Notwehr also ist der W. (BGB und StGB) als selbstverständlich geregelt.

Der Begriff W. muss differenziert werden, er umfasst sowohl die Kritik, den Widerspruch, die Demonstration als auch die mit Gewalt verbundene Aktion. In der Kirche war das Problem von Beginn an virulent, als die geforderte Kaiserverehrung auf Widerspruch und W. stieß. Neben staatlichen Festlegungen – z.B. im *Sachsenspiegel* und in der *Magna Charta* – wurde das Problem in der Dogmatik des Mittelalters (Thomas v. Aquin) thematisiert.

Für Luther, der Röm 13 im Sinne einer für den Untertanen verbindlichen Gehorsamsethik interpretierte, stellte sich das Problem des W. allerdings in besonderer Weise, als Kaiser und katholische Stände sich dem Papst unterordneten und protestantische Fürsten den Schmalkaldischen Bund gründeten. Der als gesetzlos apostrophierte Papst, auch *tyrannus universalis* tituliert, wird zum Gegner Gottes, dem zu widerstehen nicht nur Recht, sondern Pflicht ist *(Zirkulardisputation* von 1539; WA 39 II). In der Nachfolge Calvins vertreten Beza und Knox ein von Gott gebotenes Widerstandsrecht, das dazu dient, »Tyrannen zu unterdrücken« *(Schottisches Bekenntnis* von 1560, Art. 14), und dies auch mit Gewalt. In der Zeit des Nationalsozialismus hat sich Barth ausdrücklich darauf berufen.

Der Rekurs auf eine religiöse Legitimation des W. orientiert sich zumeist an biblischen Aussagen (Apg 4,19; 5,29), wonach man Gott mehr gehorchen müsse als den Menschen. Allerdings verbinden sich damit keine näheren Anweisungen über das Wann und Wie, so dass unterschiedliche Interpretationen möglich sind. Offen bleiben auch Fragen, welche Institutionen bzw. Personen gemeint sein können, gibt es doch den W. der Kirche gegen den Staat, den des Einzelnen sowohl gegen denselben als auch gegen die Kirche. Detaillierte Festlegungen sucht man daher in offiziellen kirchlichen Verlautbarungen zumeist vergebens. In der Pastoralkonstitution *Über die Kirche in der Welt von heute* (II. Vatikanum) findet sich immerhin der Versuch einer Umschreibung. Danach haben Staatsbürger das Recht, wenn sie von einer »öffentlichen Gewalt« bedrückt werden, indem diese ihre »Zuständigkeit« überschreitet, das zu tun, was das »Gemeinwohl objektiv verlangt«. Die Verteidigung ihrer und ihrer Mitbürger Rechte hat allerdings »innerhalb der Grenzen des Naturrechts und des Evangeliums« zu geschehen.

So gibt es denn auch keine kirchliche Legitimation, geschweige denn Permission zum W., sondern nur eine seelsorgerliche Beratung, diese allerdings in zutiefst theologischer Verantwortung. Gewissenserforschung und Gewissensstärkung sind notwendig, wie dann auch denjenigen, die in Einsamkeit W. leisten, die rechtfertigende Gnade zugesprochen werden muss.

Die moderne Rede vom zivilen Ungehorsam, die heute weitgehend an die Stelle der Ausdrucks W. getreten ist, setzt sowohl die Mündigkeit des Christen als auch den aufgeklärten, d.h. unterrichteten Bürger voraus. Theologische Argumentationen sind dabei in den Hintergrund getreten. [GB]

Wiedergeburt → Reinkarnation

Wunder   Die Skepsis gegenüber biblischen Wundererzählungen ist heute weit verbreitet. Dies ist insofern auffällig, als der moderne Mensch das Wort W. umgangssprachlich durchaus großzügig verwendet. Nicht nur, dass man sich durchaus noch wundern kann, vieles was schön und passend erscheint oder sich problemlösend darbietet, ist einfach wunderbar. Auch in Zusammensetzungen wie Wunderwerk, Wunderkind, Weltwunder ist der Begriff virulent. Zumindest sprachlich gesehen »geschehen« nach wie vor W.

Die Wundergläubigkeit geriet in eine tiefe Krise, als während der Aufklärung die Vernunft zum Maßstab historischer Kritik avancierte. Zuvor war das W. noch »des Glaubens liebstes Kind« gewesen (Goethe, Faust). Im Zuge fortschreitender naturwissenschaftlicher Erkenntnisse entstand ein kausalmechanisches Weltbild, in dem sich derartige W. wie das von der sprechenden Eselin (Lev 22,28ff.) oder dem Stillstand der Sonne (Jos 10,12f.) schlechthin nicht mehr verteidigen ließen – es sei denn, man klammerte sich fundamentalistisch an den Buchstaben und opferte dabei seinen Verstand. Eine andere Lösung bestand in der natürlichen Erklärung von W. Danach waren die Jünger z.B. bei Nebel einer Sinnestäuschung erlegen, wenn sie Jesus über den See Genezareth gehen sahen (Mk 6,48), oder Jesus hatte auf einem im Wasser treibenden Balken gestanden, der allerdings das Gewicht nicht aushielt, als Petrus sich hinzugesellte (Mt 14,29f.). Der Jüngling von Nain (Luk 7,11–17) war nicht wirklich, sondern nur scheintot, wie im Übrigen auch die Diagnose für Jesu Tod lautete, womit sich u. a. das leere Grab erklären ließ.

Diese für modernes Empfinden absonderlich wirkenden Aussagen waren der Sache ebenso unangemessen wie die naive Apologetik, die mit der Allmacht Gottes argumentierte, vor der jede Kritik zu verstummen hatte. Der dritte Weg, sich einem Verständnis der Wundererzählungen zu nähern, bestand in der wissenschaftlichen historisch-kritischen Forschung, wenn auch laut Lessing der tiefe Graben zwischen dem Einst und Jetzt sich bildlich gesprochen nicht grundsätzlich zuschütten ließ.

Wenn Augustin beklagte, dass die W., durch die Gott »die ganze Welt regiert und die Schöpfung leitet«, in der »Allmächtigkeit so abgenutzt sind, dass fast niemand mehr es für wert erachtet, den wunderbaren und erstaunlichen Werken Gottes in jedem Getreidekorn Aufmerksamkeit zu schenken« (Trac. Joh. Ev. 24,1), dann zeigt dies, wie sehr bereits damals das atl. tradierte Verständnis von W. an Plausibilität eingebüsst hatte. Dieses bestand darin, dass der Israelit mit Bewunderung die Schöpfung und die Geschichte seines Volkes wahrnahm: »Wer ist dir gleich, der so mächtig, heilig, schrecklich, löblich und wundertätig ist?« (Ex 15,11). Die Natur – noch nicht autonom wie im modernen Sinne – stand als *creatura* unter Gottes Schutz, die Gesetze der Natur lagen in Gottes Hand.

Die von Jesus im NT berichteten W. fügen sich ein in den kulturellen Rahmen einer wundertätigen Zeit. Inhaltlich sind sie jedoch wesentlich unterschieden etwa von den so genannten Schauwundern des zeitgenössischen Wundertäters Apollonios v. Tyana oder den auf Votivtafeln festgehaltenen W. im antiken Wallfahrtsort Epidauros. Die Belanglosigkeiten oder krassen Übertreibungen, um die es hier ging, stehen im Gegensatz zu den von Jesus überlieferten Heilungs- und Rettungswundern (Naturwundern) wie Totenerweckungen. Sie sind an seine Person gebunden und Ausweis seiner Göttlichkeit.

Die Begrifflichkeit ist nicht einheitlich: *dynameis* (Kraft-, Machttaten), *semeia* (Zeichen), *terata* (ungeheuerliche Erscheinungen), *thaumatasia* (Unbegreifliches, Erstaunliches), *erga* (Werke) teilen sich in den Inhalt, der mit dem deutschen Wort W. benannt ist. Allein schon diese Differenzierung ist ein Indiz dafür, dass es bei den zitierten W. nicht monistisch um ein *supra* oder *contra naturam* gehen kann. Eine solch einengende Interpretation hat sich seit Thomas v. Aquin in der kath. Kirche durchgesetzt. Noch heute werden z.B. die W. von Lourdes erst dann offiziell bestätigt, wenn diese sich als gegen oder jenseits der Naturgesetze erwiesen haben. Auf diese Weise, so die Annahme, lassen sich W. objektivieren. Derart konstatierbare W. sind u.a. die Vorbedingung für eine Heiligsprechung.

Hinzu kommt weiter, dass die Evangelisten gemäß ihrer theologischen Konzeption Akzente setzen. So formuliert Mk unter der Prämisse des sog. Messiasgeheimnisses, Mt in ekklesiologischer Absicht, während Luk die Wundertätigkeit auf die Apostel ausweitet und Joh in seine Darstellung sogar mirakulöse Züge einfließen lässt. Die Struktur der ntl. Wundererzählungen ist antikes Allgemeingut. Ihre Elemente sind: der Anlass, die Hilfe, die Reaktion, außerdem können die einzelnen Stadien noch durch die Einführung weiterer Personen paraphrasiert werden. Ebenso wird im NT davon berichtet, dass es außer Jesus noch andere Wundertäter gab. Ein Wunder an sich war noch kein Gottesbeweis. So stellten Jesu Gegner dann auch nicht sein Tun als solches in Frage, sondern bezweifelten sein göttliches Charisma: »er treibt die bösen Geister aus durch ihren Obersten« (Mk 3,22). Jesus betont jedoch, dass er durch »Gottes Finger« (Luk 11,20) wirke. Doxologisch verdichtet erscheint seine Antwort auf die Frage Johannes' des Täufers, ob er der verheißene Messias sei: »Blinde sehen, Lahme gehen, Aussätzige werden rein, Taube hören, Tote stehen auf, und den Armen wird das Evangelium gepredigt« (Mt 11,5).

Das häufig anzutreffende Ansicht, wonach erst W. den Glauben bewirken, findet im NT keinen Anhalt. Die Jesus um Heilung Bittenden sprechen ihn bereits mit einem Hoheitstitel an. Es ist der vorangehende Glaube, der dem Blinden (Mk 10,52) geholfen hat. Der Glaube, das ist fester Bestandteil der Verkündigung, kann »Berge versetzen« (Mt 17,20).

Aus einer sich entwickelnden Christologie sind die sog. Naturwunder (Stillung des Sturmes, Brotvermehrung, Verwandlung des Wassers in Wein) zu verstehen. Symbolhaft verweisen Joh 2,1–11 auf die in Christus erschienene Fülle des Heils und Joh 6,1–15 auf Christus als Brot des Lebens. Die Erweckung des Lazarus (Joh 11,1–45) spiegelt die Auferstehung Jesu wider, die alle anderen Wunder besiegelt.

In der Verkündigung der W. Jesu kann es vorrangig darum gehen, unter Absehung des zeitbedingten Kolorits die Menschen von heute wieder zu sensibilisieren, um sie als Zeugnisse einer Religiosität zu begreifen, die den ganzen Menschen mit Leib und Seele umschließt (E. Drewermann). In einer von Daseinsangst, Resignation und Sinnentleerung gekennzeichneten Welt können sie zu Chiffren der Hoffnung werden. [GB]

Zeichen → Symbol

Zeit Die Vorstellungen von der Z. als Möglichkeit des Erfassens eines Fortschreitens der Gegenwart aus der Vergangenheit (Gegebenheit) in die Zukunft (Möglichkeit) sind vielschichtig, sie selbst ist – wenn überhaupt – nur interdisziplinär zu erfassen oder zu beschreiben. Schon die Umgangssprache verdeutlicht, wie weit sich die naturwissenschaftlichen Betrachtungen einer »objektiven« Z., die mit Hilfe von Uhren gemessen und in Kalendern systematisiert werden kann, mit den Erfahrungen eines »subjektiven« Zeitbewusstseins vermischen. Formulierungen wie »keine Z. haben«, »Z. vergeuden«, »Z. nehmen«, »Z. verlieren« oder gar »Z. totschlagen« verdeutlichen, wie gerade die subjektive Empfindung der Z. an die Seite der Messung von Zeitabschnitten tritt, um die Divergenz zwischen der vermeintlich linear dahinfließenden physikalischen Z. und der mentalen Empfindung einer unregelmäßigen biologischen Uhr zu mindern. Hier wird ein grundlegendes Dilemma aller Betrachtung über die Z. deutlich, denn die Naturwissenschaften sind lediglich in der Lage, Zeitstrecken zu messen; dieses Verfahren setzt selbst allerdings ein spezielles chronomatisches Zeitverständnis voraus. Überdies ist es in diesem Falle nicht möglich, den Beobachter (Subjekt) von dem Beobachteten (Objekt) prinzipiell zu trennen: Wer über die Z. nachdenkt, tut dies in der Z., es ist nicht möglich, unabhängig, also neutral und gewissermaßen von außen auf die Z. zu blicken und sie zu reflektieren, Erfahrung und Beschreibung von Z. geschieht stets in der Subjektivität dessen, der in der Z. lebt.

In der Philosophie hat vor allem Martin Heidegger diese Abhängigkeit der Z. vom existenziellen Sein formuliert (*Sein und Zeit*, 1926). Für ihn ist die Z. deshalb weder subjektiv noch objektiv, sondern diesen Kategorien vorgeordnet, da sie selbst die Grundlage für alle Subjektivität und Objektivität markiert: »Geschichtlichkeit als Seinsverfassung der Existenz ist im Grunde Zeitlichkeit« (§78). Dem entsprechen auch die Erkenntnisse der neueren, vor allem durch Albert Einsteins Relativitätstheorie geprägten Physik, die die Z. als ein offenes Bezugssystem darstellt. Auch für die neuere Physik ist es deshalb unmöglich geworden, von einer »objektiven« Z. auszugehen, da es sich bei der Z. vielmehr um eine relative Größe handelt, die stets im Verhältnis zum Raum zu bestimmen ist.

Vor diesem Hintergrund kommt der theologischen Beschäftigung mit dem Phänomen der Z. eine besondere Bedeutung zu. Eine erste systematische Betrachtung des Phänomens der Z. im Bereich der Theologie findet sich bei Augustinus (354–430). Auf die Frage, was denn die Z. sei, reagiert er in seinen *Confessiones* (XI,14) zunächst eher ratlos: »Wenn niemand mich fragt, so weiß ich es; will ich es dem Fragenden erklären, weiß ich es nicht.« Trotz dieser kritischen Vorbehalte kommt Augustinus zu einer wegweisenden Bestimmung der Z. in unmittelbarer Abhängigkeit von der Materie. In dem Maße, in dem die Z. nicht unabhängig von Dingen und dem Raum zu erfassen ist, bleibt auch alles Materielle der Z. unterworfen. Von diesem Z.begriff unterscheidet Augustinus folglich die → Ewigkeit in ihrer prinzipiellen Unabhängigkeit von der Welt der Dinge und somit eben auch von den Kategorien der Z. Die Ewigkeit kann für ihn deshalb in Abgrenzung von Platon und der griechischen Philosophie, die Z. als Abbild der Ewigkeit deutet, nur als Z.losigkeit verstanden werden und nicht etwa als unendliche Dauer. In dieser Bestimmung liegt der Keim für die Unterscheidung der messbaren Z. als Kontinuum und der subjektiv erfahrbaren Z. des Augenblicks.

In den biblischen Schriften wird die Z. ausgesprochen häufig erwähnt, allerdings in der Regel nur als Ordnungsprinzip der Schöpfung, wobei die erfahrene Z. des Subjektes eine größere Rolle spielt als die mathematische Größe der gemessenen Z. Zu den populärsten Texten der Bibel gehören die Ausführungen des Kohelet (Prediger Salomo) über die Z.: »Ein jegliches hat seine Z., und alles Vorhaben unter dem Himmel hat seine Stunde« (Pred 3,1–9). Allerdings beabsichtigt der Autor mit diesen Ausführungen keinesfalls, eine Theorie der Z. zu liefern, stattdessen beschränkt er sich auf die Aussage, dass alle Zeitpunkte des Lebens – wenn sie auch von den Menschen nicht in ihrem Sinn erfasst werden können – doch dem System der göttlichen Schöpfung unterliegen. Damit reiht sich diese weisheitliche Schrift in eine Deutung der Z. im AT ein, die einerseits in dem kontinuierlichen Fortschreiten der Geschichte von der Schöpfung bis zur Erlösung eine Konstante sieht und insofern ein lineares Verständnis der Z. widerspiegelt. Andererseits kennt das AT aber auch ein zyklisches Bild der Z., das sich im Kreislauf der Natur zu erkennen gibt und vor allem in den kosmologischen Vorstellungen zum Ausdruck kommt. Das lineare Zeitverständnis lässt sich bereits aus der Geschichte des Volkes Israel ableiten: So basiert der Exodus als Urerfahrung auf der Kategorie der Erinnerung (Vergangenheit), die sich normativ auf das Verhalten auswirkt (Gegenwart) und im Sinne der Verheißung bzw. der Prophetie auf die Zukunft bezieht.

Im Schöpfungsbericht (Gen 1) sind die ersten vier der insgesamt sieben Schöpfungstage der Konstruktion von Raum und Z. vorbehalten. Der erste Ansatz bietet mit der Erschaffung des Lichts und der Unterscheidung von Tag und Nacht eine erste Zeitkomponente, die für die weitere Gliederung der Schöpfung nach Tagen von Bedeutung ist. Der zweite und dritte Tag sind der Trennung von Himmel und Erde sowie der Ausgestaltung der Erde vorbehalten. Erst dann wird mit der konkreten Festlegung des Lichts in Form von Sonne, Mond und Sternen erneut die Z. benannt, da jetzt – nach der Bestimmung des Raumes – die Z. auch messbar wird und durch die Bewegung der Sterne im zyklischen Sinne festzulegen ist (Tage und Jahre). Der Alttestamentler Manfred Görg interpretiert diese Gliederung des Schöpfungsberichts im Sinne einer Sequenz vom Chaos (»die Erde war wüst und leer« [hebr. *tohuwabohu*]) über den Raum zur Z., eine Abfolge, die auch in anderen Kulturen des Vorderen Orients entsprechende Parallelen hat und eine erstaunliche Nähe zur physikalischen Bestimmung der Z. aufweist.

Im NT erhält die Z. eine weitergehende Bedeutung. Schon begrifflich lässt sich das an der Unterscheidung eines primär durch die griechische Philosophie bestimmten quantitativen Zeitbegriffs (*chronos*) vom heilsgeschichtlich erfahrbaren Zeitpunkt (→ *kairos*) erkennen, der im Unterschied zu der stetig dahinfließenden Z. das qualitative Wesen der erfahrbaren Z. erfasst. Die Inkarnation Gottes in Jesus Christus wird in diesem Sinne als Erfüllung der Z. interpretiert, er ist vor Grundlegung der Welt ausersehen und wurde am Ende der Z. offenbart (1Petr 1,20). Jesus selbst weist auf diesen Tatbestand der erfüllten Z. hin (Mk 1,15: »Die Z. ist erfüllt und das Reich Gottes ist genaht«). Paulus deutet den *kairos* als Mittelpunkt der Z., in dem Vergangenheit und Zukunft zusammentreffen, als die Mitte der Geschichte, durch die die Endzeit eingeleitet wird, die zur Vollendung des Heils im → Reich Gottes führt. [MV]

Zeloten   Die Bezeichnung Zelot [von griech. *zeloein* »eifern«] meint zunächst eine Ehrenbezeichnung für jene, die sich besonders der Beachtung des Gesetzes (→ Gesetz) widmeten und sich dabei die Idealgestalten Pinhas (Num 25) und Elia (1Kön 9,19f.) zum Vorbild nahmen; in der Folgezeit wurde der Begriff aber auch für eine besonders engagierte militante Gruppe innerhalb des → Judentums verwendet. Die Anfänge der Z. sind nicht völlig geklärt. Möglicherweise wurde diese Bewegung von Judas dem Galiläer gegründet, als 6. n.Chr. das bis dahin von dem Herodessohn Archelaos regierte Judäa in eine römische Provinz verwandelt wurde. Er forderte, dass kein Mensch – und damit auch nicht der römische Kaiser – neben Gott verehrt werden dürfe; die Steuerzahlung an die Römer bedeutete für ihn einen Abfall vom biblischen Glauben (Josephus, Bellum Judaicum, 117f.). Allerdings wird nie ausdrücklich erwähnt, dass die Z. wirklich mit diesem Judas in Verbindung standen. Immerhin scheint sicher, dass die Bewegung schon in der ersten Hälfte des 1. Jh. n.Chr. in Galiläa Anhänger gefunden hatte. Unter den Jüngern Jesu wird – als einziger sicherer Beleg für Z. aus der ersten Hälfte des 1. Jh. n.Chr. – ausdrücklich der Z. Simon genannt (Lk 6,15 u.ö. sowie Mt 10,4, wo Kananaios das aram. Äquivalent für Z. darstellt). Die Z. sind einige Jahrzehnte später jenen aufrührerischen Gruppierungen im Judentum zuzurechnen, bei denen sich besonders strenge Gesetzesobservanz und fanatischer Kampf gegen die römischen Besatzer paarten, was schließlich zum Ausbruch des ersten Jüdischen Krieges (66–75) führte. [WZ]

Zion [hebr. »trockener Platz«] Der Begriff Z. wurde im Verlauf der letzten 3000 Jahre mit mehreren unterschiedlichen Lokalitäten in → Jerusalem verbunden. Ursprünglich scheint es sich um den Palastbereich des vordavidischen Jerusalems gehandelt zu haben (2Sam 5,7); aller Wahrscheinlichkeit nach lag dieser im Norden der zwischen Stadt- und Kidrontal gelegenen Davidsstadt (Südosthügel), d.h. im Südosten der heutigen Altstadt. Mit Salomos Bau eines neuen Palastes und → Tempels auf dem nördlich davon gelegenen Tempelberg wurde der Begriff nun auf dieses Gelände übertragen. Seit der Zerstörung dieser beiden Gebäude 587 v.Chr. durch die Babylonier und dem Wiederaufbau des Tempels in nachexilischer Zeit steht der Z. auch für den heiligen Bereich des Tempelbezirks (z.B. Ps 48,3). Als religiöses Zentrum der Stadt kann der Begriff Z. nun auch pars pro toto für das gesamte Jerusalem (z.B. Ps 51,20), ja sogar als Personifikation Jerusalems (»Tochter Z.« Jes 1,8 u.ö.) verwendet werden.

Im Judentum wurde der Z. schließlich zum Symbol des verheißenen Landes. Der Zionismus strebte die Wiederherstellung eines eigenen Staates für das sich wieder versammelnde jüdische Volk an. Seit 1897 gab es unter der Leitung von Theodor Herzl zionistische Kongresse, die dieses Ziel vorantreiben sollten. Die Ziele des Zionismus wurden mit der Gründung des Staates Israel vollendet. [WZ]

Zölibat [lat. *coelebs* »ehelos«] Die Ehelosigkeit ist im öffentlichen Bewusstsein der Gegenwart ein wesentliches Kennzeichen des kath. Priesters, sie ist zugleich das umstrittenste Problem der kath. Kirche und, wie die Geschichte lehrt, ein solches, das auf Dauer angelegt ist: Es datiert nicht erst seit dem groß angelegten Volksbegehren »Wir sind Kirche« (1995) mit 1,8 Millionen Unterschriften, sondern begegnet uns schon seit den frühen Tagen der Kirche und enthüllt sich in seiner langen Geschichte als eine Abfolge von Niederlagen, vermeintlichen Siegen, von Verzweiflung.

Die kirchenrechtliche Situation ist eindeutig: Die Neufassung des Kanonischen Rechts (1983) bestätigt im Ganzen vorangegangene Entscheidungen: »Die Geistlichen sind zur vollkommenen und dauernden Enthaltsamkeit um des Himmelreiches willen verpflichtet. Sie sind zum Z., der ein besonderes Geschenk Gottes ist, verpflichtet, damit sie als geweihte Diener Christus mit ungeteiltem Herzen umso leichter anhängen können und dem Dienst Gottes an den Menschen sich umso freier hinzugeben vermögen.«

Es ist indes *opinio communis*, dass diese rigorosen Vorschriften nicht von Anfang an in der Kirche galten, auch wenn Enthaltsamkeit und → Ehefreiheit von verschiedenen Autoren im NT reflektiert werden. Von besonderem Gewicht sind dabei Worte Jesu (Mt 19,12), mit denen er auf den Vorwurf seiner Ehelosigkeit reagiert. In diesem wird ihm böswillig unterstellt, er sei gar nicht zur Ehe fähig, sei ein Eunuch. Bezeichnenderweise übernimmt

Jesus diesen unzutreffenden Begriff, um zugleich die so gezeichneten Menschen aufzuwerten gegenüber der offiziellen jüdischen Tradition (Dtn 23,2), wonach diese nicht zur → Gemeinde gehörten. Dabei unterscheidet er zwischen Menschen, die von Geburt an unter diesem Manko leiden, und denen, die von anderen kastriert wurden – und schließlich solchen, wozu er sich und die meisten seiner → Jünger zählt, die keine Ehe eingehen wollen, obwohl sie es könnten. Von einem → Gebot, ehelos zu leben, ist nicht die Rede.

Das Gleiche gilt auch für die in diesem Zusammenhang oft bemühten Ausführungen des Paulus. So sicher es für ihn ist, dass Ledige sich um Gottes Sache sorgen, Verheiratete aber um weltliche Dinge (1Kor 7,32f.), gibt es doch andererseits dazu kein Gebot Christi (ebd 7,25). Vollends positiv im Sinne einer liberalen Auffassung sind dann pastoraltheologische Aussagen (1Tim 3,2–5), wonach ein Bischof ein guter Familienvater (→ Familie) sein sollte, der seine Kinder zu Gehorsam und Anstand erzieht. Wie sollte ein Mensch, der nicht sein eigenes Haus leiten könne, für Gottes Kirche sorgen? Es war jahrhundertelang geübte Praxis, dass einmal Verheiratete ihr Amt weiter bekleiden konnten, bis dann erstmals auf der Synode von Elvira (heute Granada) im Jahre 306 (Enthaltsamkeit von verheirateten Bischöfen, Priestern und Diakonen) und dann auf dem 2. Laterankonzil von 1139 (grundsätzliche Ehelosigkeit bzw. Trennung von Frauen und Konkubinen) rigorose Bestimmungen griffen.

Für die Forderung nach geschlechtlicher Enthaltsamkeit, die um 300 n.Chr. unüberhörbar ist, werden im Allgemeinen außerchristliche Einflüsse angenommen. Danach hätten sich gnostische (→ Gnosis), d.h. leibfeindliche Vorstellungen massiv in der Kirche durchgesetzt. Fraglich ist jedoch, warum bei aller Abwehr gnostischen Gedankengutes die Kirche ausgerechnet in diesem Punkte hätte nachgeben sollen. So wird man vielmehr auf religions- und sozialgeschichtliche Vorbilder hinweisen müssen, die dann allerdings nicht nur imitiert, sondern überboten wurden. So blieben die der Priesterinnenkaste der Vestalinnen angehörenden Frauen 30 Jahre lang ehelos. Diesbezügliche Vergehen wurden mit dem Tode (lebendig begraben) bestraft. Demgegenüber mussten die männlichen Soldaten der röm. Legion ca. 25 Jahre lang Junggesellen bleiben, was u.a. die Effizienz der Streitmacht erklärt. Der »miles Christi« der Alten Kirche (erstmals 2Tim 2,3) ist dem röm. Legionär nicht nur nachempfunden, sondern feierte durch seinen lebenslangen Kampf, wozu ihn der Z. animierte, weit größere Siege, als der Söldner im Dienste der weltlichen Macht.

Die gegenwärtige Diskussion um Sinn und Unsinn des Z. wird hauptsächlich mit theologischen, psychologischen, medizinischen und juristischen Argumenten geführt, ohne dass eine greifbare Lösung in Sicht wäre. Auch scheint, weil logisch damit verknüpft, die → Ordination von Frauen in der kath. Kirche auf absehbare Zeit nicht möglich zu sein. [GB]

Zöllner → Reich Gottes

Zorn Gottes Die Rede vom Z.G. ist obsolet geworden – und dies nicht
erst in der Gegenwart unter der Prämisse einer Vorstellung, die nur den »lieben Gott« kennt. Diese Einseitigkeit dürfte u.a. mit dazu beigetragen haben,
dass das Gottesbild überhaupt verblasste. Ein Gott der Harmlosigkeit war
irrelevant. Wenn es denn nach Heinrich Heine sein Metier sein sollte, nur zu
verzeihen (*pardonner*), erscheint die Auskunft (Hebr 10,31), wonach es
»schrecklich« ist, »in die Hände des lebendigen Gottes zu fallen«, als überholt. So anstößig es auch immer sein mag, vom Z.G. zu reden, so unabweis-
lich ist doch der theologische Befund.

Religionsgeschichtlich gesehen lässt sich die Furcht vor nicht erklär-
baren Phänomenen (Krankheiten, Naturkatastrophen) als Ursprung von
Religion und Kult begreifen. Die undurchschaubaren und willkürlich handelnden Dämonen bzw. Gottheiten galt es durch Sühneopfer zu besänftigen.
In der Antike war die volkstümliche Rede und Darstellung von zornigen Göttern so verbreitet, dass die philosophische Kritik dagegen nur wenig auszurichten vermochte. Wo sogar eine ganze Zunft von Göttinnen, die sog. Erin-
nyen (= die Rächenden), die Menschen verfolgte, fand der Widerspruch, der
ja nicht die Phänomene an sich beseitigen konnte, kaum Gehör. So blieb es
bei philosophischen Distinktionen – etwa Cicero (Off III, 102) –, dass der
Zorn nicht wesenhaft etwas Göttliches sei. Dass menschliche Verhaltensweisen davon geprägt waren, ließ sich indes nicht leugnen. Doch blieb dies
eine Untugend, wie schon die atl. Sprüche der Weisheit gelehrt hatten (6,34
u. ö,). Die philosophische Schule der Stoiker propagierte entsprechend eine
Affektlosigkeit beim Menschen.

Unter diesem Aspekt musste nun die atl. Rede vom zornigen Gott antiquiert erscheinen, und doch besteht von Anfang an ein großer Unterschied
zu den antiken Vorstellungen: Es sind nicht verschiedene Götter, die einander zürnen, die im Zorn miteinander konkurrieren oder ihren Zorn an den
Menschen auslassen, sondern es ist der eine Gott Israels, der allerdings als
»eifernder« Gott (Ex 20,5) bezeichnet wird. Denn er duldet keine anderen
Götter neben sich, und er behält sich vor, Vergeltung an seinen und seines
Volkes Feinden zu üben: »Die Rache ist mein« (Dtn 32,35). Niemals jedoch
zürnt der Gott JHWH unbegründet. Wenn das Volk von ihm abfällt, die Gebote missachtet und anderen Göttern dient, fordert dies seinen Zorn heraus –
um der Gerechtigkeit willen. Dergleichen Strafgerichte erfährt der Einzelne
wie auch das ganze Volk z.B. in Krankheit, Not und Deportation. Aber es gibt
auch den »Tag des Herrn« (Amos 5,18ff. u.ö.) am Ende der Zeit, an dem in
letzter Instanz Gericht gehalten wird. Bilderreich ist die Sprache. Der Z.G.
wirkt wie Feuer und Wasser und vernichtet Leben. Einige Propheten wie
Amos, Jeremia und Ezechiel gelten geradezu als Verkünder des göttlichen

Zorns. Doch ist dies nur die eine Seite Gottes. Luther nannte sie später dessen »fremdes Werk« (*opus alienum*) und den so handelnden Gott den verborgenen (*deus absconditus*). Auch ist das AT vom NT nicht dadurch unterschieden, dass Ersteres nur den Zorn, Letzteres aber die Liebe Gottes kennt. Die Bitte um Gottes Erbarmen, um seine Langmut und Güte, um das Aussetzen seines Zornes ist im ganzen AT unüberhörbar. Die Verheißung (Jes 54,8): »Ich habe mein Angesicht im Augenblick des Zorns ein wenig vor dir verborgen, aber mit ewiger Gnade will ich mich deiner erbarmen« wird zur Erfahrung: »Denn sein Zorn währet einen Augenblick und lebenslang seine Gnade« (Ps 30,6).

Auch Jesus zürnt nach verschiedenen Aussagen der Evangelien. So z.B. (Mk 3,5), als die Pharisäer seine Krankenheilung am Sabbat verurteilen, wenn er den Satan bedroht (Mt 16,23), Gottlosigkeit und Boshaftigkeit schilt (Mt 12,34) und den Geldwechslern im Tempel die Tische umstößt (Mt 21,12f). Vom kommenden Zorn ist direkt (Mt 3,7) wie auch indirekt die Rede, er ist im Gleichnis die Reaktion auf das Verhalten des Schalksknechts, der unnachsichtig eine geringe Schuld eintreibt, nachdem ihm selbst zuvor eine weit größere erlassen wurde. Im Zorn reagiert der König bei der Hochzeit seines Sohnes (Mt 22,7) auf die Tötung seiner Boten. Zorn diktiert die Einladung an die Armen, Verkrüppelten, Blinden und Lahmen, nachdem die erstgebetenen Gäste diese ausgeschlagen haben (Lk 14,21). Der Zorn gehört also unaufgebbar zur Verkündigung Jesu selbst, wie er denn auch in der Offenbarung und vor allem bei Paulus geradezu als Voraussetzung der Heilsgeschichte erscheint: »Gottes Zorn wird vom Himmel offenbart über alles gottlose Wesen und alle Ungerechtigkeit der Menschen« (Röm 1,18). Das Urteil betrifft nicht nur die altgläubigen Juden, sondern die Menschheit insgesamt – und dies wiederum nicht nur in innergeschichtlichen Einzelaktionen und Ereignissen (Röm 9ff), sondern ebenso am endzeitlichen »Tag des Zornes« (Röm 2,5), der jedoch ein Tag des »gerechten Gerichts« sein wird. Durch den Glauben an die Auferstehung Jesu ergeht Gnade vor Recht und der Mensch wird vor dem Zorn errettet.

Die alte Kirchengeschichte liefert bereits eindrucksvolle Beispiele für die ambivalente Einstellung zum Z.G. So unterschied Marcion (um 150) den in Christus offenbarten Gott der Liebe von dem eifersüchtigen Demiurgen des AT. Laktanz (um 320) versuchte dagegen in seiner Schrift *De ira dei* nachzuweisen, dass Zorn und Gnade wesentlich zum Gottesbild gehören, dass analog zum *pater familias* Gott der Herr (*dominus*) sowohl strafen als auch barmherzig sein könne. Unterschwellig blieb im Ganzen die philosophische Kritik, wonach man in Friedenszeiten als natürlichen Vorgang (*natura*) oder als Zufall (*fors*) bezeichnete, was in Zeiten der Not zum Verhängnis (*fatum*) oder Z.G. (*ira dei*) wurde (Tac Hist. IV,26). Der Sequenz »Dies irae« in der lat. Totenmesse, dem → Requiem, kam im Mittelalter eine repressive Funktion zu, schürte doch damit die Kirche die Angst vor dem Jüngsten Gericht und zwang die Menschen in die Abhängigkeit. Erst während des II. Vatikanischen Konzils wurde die Sequenz aus der Liturgie gestrichen. Schon in der Theologiegeschichte des 19. Jh. sind die Einsprüche von Schleiermacher und Ritschl insofern bedeutsam, als danach die Rede vom zornigen Gott gegen sittliche Grundsätze verstieß. Die neueste Kritik von feministischer Seite sieht darin gar ein überholtes patriarchalisches Klischee. [GB]

Zukunft In der Umgangssprache bezeichnet Z. die auf die Gegenwart folgende Zeit. Z. ist dann die Übersetzung des lat. *futurum*. Wortverbindungen wie Zukunftsforschung, -gestaltung, -planung, -vorsorge, zukunftsträchtig, -sicher machen deutlich, dass es sich um eine vom Menschen entworfene → Zeit handelt, die in hohem Maße einsehbar wie auch beeinflussbar scheint. Unter dieser Voraussetzung konnte sich eine wissenschaftliche Futurologie entwickeln, die Prognosen und Hochrechnungen wagt. Schon die verschiedensten literarischen Utopien der beginnenden Neuzeit (Morus, *Utopia*; Campanella, *Sonnenstaat*; Bacon, *Nova Atlantis*; Andreae, *Christianopolis*; Harrington, *The Common-Wealth of Oceana* u.a.) beruhten auf einem Geschichtsoptimismus, der erst im 20. Jh. Korrekturen erfuhr. Huxleys *Brave New World* (1932) und Orwells *1984* (1948) sind dementsprechend als Gegenentwürfe zu verstehen. Politische und wirtschaftliche Krisen, Naturkatastrophen und nicht zuletzt zwei verheerende Weltkriege wie der Einsatz der Atombombe bewirkten schließlich, dass seitdem die Angst vor der Z. umgeht. Die Unverfügbarkeit von Z. spiegelt sich geradezu in den Reaktionen der Menschen, die von Resignation und Rückzug in die Mystik bis zum betäubenden Amüsement reichen.

Folgt man der Etymologie des Wortes, so bezeichnet Z. etwas, das auf den Menschen zukommt. Dieses Verständnis befindet sich allerdings im Gegensatz zu dem, was unter der Sigle Futur alles erreich- und machbar scheint.

Erschöpfte sich nach antiken Vorstellungen Geschichte in der Wiederkehr des Gleichen, so setzte die jüd.-christliche Theologie dieser ein Ziel. Die Rede von der »kommenden Welt« verband sich mit Gott als dem Herrn der Zeit. Im NT bezieht sich das »Kommen« des Menschensohnes, des Herrn, des Bräutigams auf Christus, der am Ende der Zeiten kommen wird, »zu richten die Lebenden und die Toten«, wie es das Apostolische Glaubensbekenntnis formuliert. »Dein Reich komme«, betet die Christenheit seit ihren Anfängen. Während die Heiden »ohne Hoffnung« bleiben (1 Thess 4,13), erhoffen Christen ihre Erlösung. Christus ist zugleich der Weltenrichter und -erlöser. In dem zukünftigen Reich Gottes herrscht ewiges Leben (Röm 6,22). Mit der Auferstehung der Toten verbindet sich die Herrlichkeit der

Kinder Gottes (Röm 8,17). Sünde, Leid und Tod haben ihre Macht verloren. Ein neuer Himmel, eine neue Erde stehen bereit (Offb 21).

Diese Z. kann nicht vom Menschen entworfen werden, vielmehr überbietet und korrigiert sie alle noch so ausgeklügelten und humanitären Zukunftsvisionen. Die Z. ist allein Gottes Z., und sie ist Gabe und Geheimnis – letzteres allerdings nur bedingt; denn der wiederkehrende Christus ist kein Unbekannter. Die Z. hat schon mit Jesus von Nazareth begonnen. Die »Anzahlung« (Eph 1,14) wurde bereits geleistet. Mit dem Kommen (griech. *parousia*) und der Ankunft (lat. *adventus*) Christi als Mensch erschien zugleich die »Herrlichkeit des eingeborenen Sohnes vom Vater« (Joh 1,14), so dass die Menschen auch nach seinem Tode voll Hoffnung in die Z. blicken konnten. Der Auferstandene ist nach Paulus (1Tim 1,1) »unsere Hoffnung«. Im Glauben an ihn können dann die Menschen selbst zu einer »lebendigen Hoffnung« werden (1Petr 1,3). »Durch Hoffnung sind wir gerettet«, heißt es programmatisch (Röm 8,24). Insofern wird in der Erinnerung an Jesus Christus zugleich erhofft, was sein wird. So sind im christlichen Glauben letztlich doch Advent und Z. aufeinander bezogen. [GB]

Zweifel   [von zwei und faltig = zwiegespalten] Im Unterschied zum Skeptizismus, der die Gültigkeit von allgemeinen Aussagen prinzipiell bestreitet und sich in radikaler Weise zur Unerkennbarkeit objektiver Werte bekennt, drückt der Z. keine Negation, sondern die Ungewissheit aus. Er schwankt zwischen Zustimmung und Ablehnung gegenüber dem, was erkannt (methodischer Z.), geglaubt (religiöser Z.) oder getan (moralischer Z.) werden soll. In der Philosophie bildet der Z. die Grundlage der Erkenntnis, indem er zum methodischen Prinzip erhoben wird. Dadurch, dass alle traditionellen Aussagen grundsätzlich in Z. gezogen und hinterfragt werden, bahnt sich eine kritische Haltung an, die allein der Vernunft unterworfen ist.

Der erste, der den Z. zur Methode erhob und daraus eine Kritik an den antiken Göttervorstellungen ableitete, war Xenophanes (6. Jh. v.Chr.). Für ihn spiegeln sich in den → Gottesbildern des Pantheons nur menschliche und somit relative Perspektiven wider, während das wahre Wesen des Gottes für den Menschen unerkennbar bleiben muss. Auch die Sophisten halten an der These fest, dass gesicherte Erkenntnis nicht möglich sei, da alle Urteile der subjektiven Wahrnehmung des Menschen entstammen. Auf Grund dieser Relativierung von Wertaussagen wurde ihnen unter anderen von Platon der Vorwurf der Beliebigkeit bzw. des Relativismus gemacht. Dennoch ist die Bedeutung dieser skeptischen Haltung nicht zu unterschätzen, liegt darin doch eine Frühform der Aufklärung verborgen. Selbst der berühmte Ausspruch des Sokrates »Ich weiß, dass ich nichts weiß« geht auf einen frühen Skeptizismus zurück und gerät bei ihm zu einer Methode des konsequenten Hinterfragens, das auf eine allein der Vernunft verpflichtete Erkenntnis zielt.

Diese Form des Z., wie sie in der griechischen Philosophie als ein zum Weiterfragen motivierendes Schwanken anzutreffen ist, ist der Welt des AT vollkommen fremd. Wo der Z. in den Schriften dennoch auftaucht, zeugt er eher von Glaubensschwäche, von Wankelmütigkeit oder gar von Unglaube. Bereits das Verlangen nach einem Zeichen als Bestätigung für eine Verheißung kann so unter dem Verdacht der Abkehr vom Glauben stehen (Jes 7,11f.).

Im NT ändert sich die Haltung gegenüber dem Z. nicht grundsätzlich, so kann in dem frühen judenchristlichen Jakobus-Brief der »zwiespältige Mann« als unbeständig charakterisiert werden: »Der Zweifler gleicht der Welle des Meeres, die vom Wind bewegt und getrieben wird« (Jak 1,6). Zugleich lässt sich jedoch im NT eine intensivere Auseinandersetzung mit der skeptischen Haltung beobachten. Zwar plädiert auch Jesus eindeutig für die Macht des ungetrübten Glaubens (Mk 11,23: »Wer in seinem Herzen nicht zweifelt, sondern glaubt, ... dem wird es zuteil werden«) und schilt Petrus gar ob seines Zweifels einen »Kleingläubigen« (Mt 14,31); aber zugleich ist es doch auffallend, in welchem Maße sich der Z. immer wieder auch der Jünger bemächtigt. Von der Erscheinung des Auferstandenen heißt es ausdrücklich, dass einige der Jünger zweifelten, bis Jesus sie direkt ansprach (Mt 28,17); und in der Erzählung von dem ungläubigen Thomas, der präziser als zweifelnder Jünger zu bezeichnen wäre, findet sich ein Paradebeispiel für den religiösen Z.; denn Thomas, der sich beharrlich weigert zu glauben, solange er keine Beweise in der Hand hält, bekommt diese Beweise durch Jesus geliefert. Zwar wird der Umgang mit dem Zweifler durch die Ermahnung begleitet »Selig sind die, welche nicht gesehen und doch geglaubt haben« (Joh 20,29), so dass der Z. als etwas zu Umgehendes erscheint, jedoch gibt sich bei dem zweifelnden Jünger zumindest ansatzweise eine reflektierende Haltung zu erkennen, die nicht automatisch mit dem Abfall vom Glauben identifiziert wird, sondern als Korrektiv der Vernunft zum Glauben dienen kann. Deutlich wird dabei jedoch die Zusage, dass der Zuspruch Gottes den zweifelnden Menschen nicht ausgrenzt. Dass diese Episode vom zweifelnden Thomas nur bei Joh zu finden ist, dem Evangelium, das sich an griechisch sprechende und somit in der griech. Kultur beheimatete Menschen richtet, mag auf einen Einfluss der skeptischen Philosophie hinweisen.

Für die Zeit nach der Aufklärung lässt sich der Z. als treibende Kraft des kritischen Bewusstseins letztlich gar nicht mehr umgehen und prägt dabei auch die Haltung zum Glauben, der ohne Selbstzweifel und skeptische Nachfragen schnell zum Fundamentalismus oder zur Gutgläubigkeit geraten kann. Aus diesem Umstand zieht insbesondere der Systematiker Paul Tillich die Konsequenzen, wenn er vom Z. spricht, der jedem Glauben untrennbar innewohnt (Glaube und Offenbarung). Dabei bezieht sich Tillich auf einen existentiellen Z., der gerade nicht danach fragt, was wahr oder falsch ist, sondern die Ungewissheit bedenkt, die jeder existentiellen Situation innewohnt. Allein die Tatsache, dass der Glaube als Hinwendung des Endlichen zum Unendlichen begriffen wird, bedingt ein Quantum an Unsicherheit oder auch Entfremdung, so dass man zugleich »immer im Glauben und im Zweifel« steht. Diese Aussage ist nicht bloß theoretische Reflexion, sondern hat praktische Folgen. Indem der Z. als Grundstruktur des Glaubens und nicht als sein Hemmnis empfunden wird, entfallen Ängste, Gefühle des Versagens oder das Empfinden von Schuld bei jenen, die um den Glauben ringen und dabei eigene Z. nicht ausschließen können oder es nicht wollen. [MV]

Zwei-Reiche-Lehre   Die von Martin Luther vertretene Z. (auch Zwei-Regimenter-Lehre) gehört neben der Rechtfertigungslehre (→ Rechtfertigung) zum Grundbestand lutherischer Theologie. Sie ist vor allem für das politische Handeln des Christen und für die Stellung der Kirche in der Welt von Bedeutung. Mit der Z. versuchte Luther die Kirche als Gegenentwurf zum Staat zu definieren, um sowohl einem Kirchenstaat als auch einer Staatskirche entgegenzuwirken. Im Unterschied zur römisch-katholischen, aber auch zur reformierten Auffassung betont die lutherische Tradition mit dieser Trennung von Thron und Altar die grundsätzliche Andersartigkeit von Staat und Kirche, der zufolge das Reich Christi zwar in dieser Welt, aber nicht von dieser Welt ist. Bei dieser Unterscheidung steht allerdings nicht die Trennung, sondern die Unterscheidung im Vordergrund, es geht also nicht um eine Entpolitisierung der Kirche bzw. um den Rückzug aus der christlichen Weltverantwortung, wie es immer wieder als Einwand gegen die Z. formuliert worden ist, sondern um das befruchtende und freundschaftliche Gegenüber. Kirche und Staat sollten, der Ansicht Luthers folgend, gerade durch ihre prinzipielle Unabhängigkeit voneinander zugleich doch aufeinander bezogen bleiben und dadurch christliche Weltverantwortung ermöglichen.

Grundlegend für die Argumentation Luthers, die er vornehmlich in der Schrift »Von weltlicher Obrigkeit« (1523) zusammenfasste, waren einerseits die theokratischen Ansprüche der Kirche, die sich durch die Instrumente des Banns bzw. der Absetzung von Kaiser und König als oberste Instanz auch über die weltliche Herrschaft setzte, andererseits aber auch die radikale Haltung der Schwärmer. In dieser Situation argumentierte der Reformator, dass Gott mit der Unterteilung zwischen dem geistlichen Regiment des Wortes und dem weltlichen Regiment des Schwertes zwei gleichberechtigte Ämter geschaffen habe, die weder miteinander verwechselt noch voneinander gelöst werden sollten. Beide Regimenter sind in Gott eins, verhalten sich aber wie die linke und die rechte Hand; während die rechte Hand dem Wort und dem Sakrament gilt, dabei auf Gnade, Vergebung und die Freiheit des Christenmenschen ausgerichtet ist (vgl. hierzu im → Bekenntnis die Formulierung über Jesus Christus: »Er sitzt zur Rechten Gottes«), zielt die linke Hand der weltlichen Obrigkeit auf die Ordnung der Gesetze, auf Gerechtigkeit und Strafe. Weder die Flucht aus der Welt in ein frommes Leben noch der Rückzug aus dem Glauben in ein rein weltliches Leben entspricht dieser Z., die gerade aus der gegenseitigen Beziehung und Verschränkung zur Herausforderung wird. Diese Spannung soll also nicht zur Distanzierung von der Welt führen – insofern auch nicht entpolitisierend wirken –, aber sowohl die Regimenter differenzieren und nicht miteinander verwechseln, als auch Kirche und Welt in Beziehung zueinander halten. Durch diese doppelte Perspektive bewegt sich die christliche Existenz stets in dem Spannungsfeld desjenigen, der schon erlöst ist und doch noch in der Welt lebt (*simul justus et peccator*): D.h., der Mensch ist zwar erlöst, er lebt aus der Gnade Gottes, steht dabei doch zugleich in der Welt, die als sündhaft gilt, und bleibt ihr verhaftet.

Mit seinen Ausführungen zur Z. konnte sich Luther u.a. auf den Franziskaner Wilhelm von Ockham berufen, der unter dem Hinweis auf die nicht zu relativierende Bedeutung der Freiheit des Evangeliums und den dienenden Charakter der Nachfolge eine grundsätzliche Unterscheidung zwischen der »geistlichen Macht des Ewigen« und der »weltlichen Macht des Zeitlichen« konstatiert und es deshalb von der Kirche erwartet, dass diese weder mit der weltlichen Macht konkurriert noch über diese herrscht, ihr aber dienend zur Seite steht.

Auch wenn sich die Z. direkt auf Luther bezieht, stammt der Begriff doch nicht von ihm selbst. Er hat sich erst aus der Diskussion um die politische Ethik zwischen Vertretern der lutherischen und der reformierten Tradition, die der Z. die »Königsherrschaft Christi« gegenüberstellen, ergeben. Die kontroverse Situation, in der die Z. im 20. Jh. innerhalb des Protestantismus interpretiert wurde, zeigt sich vor allem an dem Gegenüber der Bekenntnisse. Während es im *Augsburger Bekenntnis* im Artikel 16 heißt: Von dem »weltlichen Regiment wird gelehrt, dass alle Obrigkeit in der Welt und geordnetes Regiment und Gesetze gute Ordnung sind, die von Gott geschaffen und eingesetzt sind, und dass alle Christen ohne Sünde in Obrigkeit, Fürsten- und Richteramt tätig sein können, nach kaiserlichen und anderen geltenden Rechten Urteile und Recht sprechen, Übeltäter mit dem Schwert bestrafen, rechtmäßige Kriege führen, in ihnen mitstreiten, kaufen und verkaufen, auferlegte Eide leisten, Eigentum haben können« usw.; dieser der Z. verpflichtete Ansatz wird in der *Barmer Erklärung* deutlich revidiert, heißt es doch in der 2. These: »Wir verwerfen die falsche Lehre, als gebe es Bereiche unseres Lebens, in denen wir nicht Jesus Christus, sondern anderen Herren zu Eigen wären, Bereiche, in denen wir nicht der Rechtfertigung und Heiligung durch ihn bedürfen.« Diese Gegenüberstellung zeigt die Schwierigkeit, die lutherische Z. im Sinne einer rein ethischen Theorie zu interpretieren, die lediglich das Verhältnis des Christen zum Staat thematisiert. Vielmehr geht es dabei, wie Gerhard Ebeling betont hat, um eine fundamentaltheologische Fragestellung oder sogar um eine konkrete Einübung in die Unterscheidung von Gesetz und Evangelium. In diesem Sinne darf die Z. auf keinen Fall mit einer machiavellistischen Trennung von Staat und Kirche und auch nicht mit einem laizistischen Staatsverständnis verwechselt werden. Ihr liegt vielmehr das Prinzip der Aufgabenteilung zugrunde, demzufolge die Gesellschaft schon als christliche begriffen wird, in dieser Struktur aber dsie Hinwendung zur Schöpfung und zur eschatologischen Dimension des Glaubens unterschiedlicher Perspektiven bedarf. [MV]

Verzeichnis der Autorinnen / Autoren

Dr. Dr. Gerd Bockwoldt, Eutin [GB]
– Prof. für Praktische Theologie und Religionspädagogik

Dr. Hans-Jürgen Greschat, Marburg [HJG]
– Prof. für Religionswissenschaften

Dr. Volker Hermann, Schwalmstadt [VH]
– Prof. für Diakoniewissenschaft

Dr. Bernd Kollmann, Siegen [BK]
– Prof. für die Theologie des Neuen Testaments

Dr. Jörg Lauster, München [JL]
– PD für Systematische Theologie

Dr. Wolfgang Reinbold, Hannover [WR]
– PD für die Theologie des Neuen Testaments

Dr. Matthias Viertel, Hofgeismar [MV]
– Direktor der Ev. Akademie Hofgeismar

Pater Dr. Gerhard Voss [GV]
– Benediktiner-Abtei Niederalteich

Dr. Wolfgang Zwickel, Mainz [WZ]
– Prof. für Altes Testament und Biblische Archäologie

Religion und Theologie

Bitte besuchen Sie uns im Internet: www.dtv.de